완성품의 직접재료원가 = 직접재료원가의 단위당 당기원가×완성품의 직접재료원가 당기작업량
+기초재공품 직접재료원가
완성품의 가공비 = 가공비의 단위당 당기원가×완성품의 가공비 당기작업량+기초재공품 가공비
기말재공품의 직접재료원가 = 직접재료원가의 (완성품환산량) 단위당 당기원가
×기말재공품의 직접재료원가 완성품환산량
기말재공품의 가공비 = 가공비의 (완성품환산량) 단위당 당기원가
×기말재공품의 가공비 완성품환산량

5장

순실현(가능)가치 = 추가가공 후 총판매가치－분리가능원가(추가가공비)

6장

지원부문 상호배부후 원가 = 자체원가+다른 지원부문으로부터의 배부원가

7장

활동원가 배부율(원가동인 단위당 활동원가) = 총활동원가 / 총원가동인량
활동원가 배부액 = 원가대상 원가동인량×활동원가 배부율

8장

예상 직접재료원가 = 재료 예상사용량×재료 예상가격
예상 직접노무원가 = 작업 예상시간×시간당 임금

9장

총직접재료원가 = 재료단가×총직접재료사용량
= 재료단가×제품단위당 직접재료량×총생산량
= 제품단위당 직접재료원가×총생산량
총직접노무원가 = 시간당 임금×총직접노무시간
= 시간당 임금×제품단위당 직접노무시간×총생산량
= 제품단위당 직접노무원가×총생산량
무차별점 생산량 = 고정원가 증가액 / 단위당 변동원가 감소액
단위당 변동원가 감소액 = 단위당 고정원가 증가액
단위당 변동원가 감소액 = 고정원가 증가액 / 무차별점 생산량
공헌이익 = 매출－변동원가
전부원가계산의 영업이익 － 변동원가계산의 영업이익
= 변동원가계산에서 비용화된 고정제조원가
－전부원가계산에서 비용화된 고정제조원가
= 고정제조간접원가 배부율×(생산량－판매량)
[고정제조간접원가 배부율이 기초와 기말 제품에 같고 재공품 변동이 없을 때]
재료처리량 공헌이익 = 매출－초변동매출원가(비용화된 직접재료원가)

COST & MANAGEMENT ACCOUNTING

제8판

공인회계사 · 세무사 · 감정평가사 · 관세사 · 보험계리사 · 경영지도사
재경관리사 · 주택관리사 · 세무직 9급 문제 수록

K-IFRS 반영

원가관리회계

백태영

신영사

머리말

부족한 본인의 『원가관리회계』 저서를 이용해 주시는 교수님과 학생들, 일반 독자분들에게 늘 감사드립니다. 좀더 나은 학습을 위해 제8판에서는 최근 기출문제로 대폭 교체하면서 풀이 제공에 좀더 신경을 썼습니다. 한 문제에 대해 다양한 풀이가 존재할 수 있는데, 일부 시중의 풀이를 보면 불필요하게 복잡하여 시간이 많이 걸리고 이해하기 어렵게 작성된 것을 종종 발견합니다. 가급적 간단하고 이해하기 쉬운 풀이를 만들어 제공하도록 노력하였습니다.

KOCW(www.kocw.net)에 있는 성균관대학교 경영대학의 원가관리회계 강의 동영상보다는 성균관대학교 공개강의 시스템인 SKKUOCW(socw.skku.edu)에 있는 원가관리회계 정규강좌 동영상이 상대적으로 최근의 강의이므로 사용하시면 편리합니다. 2022년 2학기부터 IFRS재단의 ISSB(국제지속가능성기준위원회) 상근위원으로 근무하면서 더 이상 성균관대학교에서 원가관리회계 강의를 하지 않아 최신판의 강의동영상을 제공하지 못하게 됨을 죄송하게 생각합니다. 교재 사용시의 어떤 질문이나 제안사항이든 편하게 신영사 게시판을 통해 문의해 주시면 신속히 자세히 답변해 드리겠습니다.

항상 가장 큰 후원자인 사랑스런 아내와 선우, 선호에게 깊은 고마움을 느낍니다.

2024. 1

저 자

차 례

I 원가관리회계의 기초개념

1 원가관리회계란 무엇인가?

2 원가개념
원가는 무엇이며 어떤 종류가 있는가?

II 제품과 서비스의 원가계산

3 개별원가계산
제조간접원가의 배부

4 종합원가계산
완성품과 재공품 간의 원가배부

5 결합원가계산

연산품간의 원가배부

6 부문별 원가계산

부문별로 원가를 집계한다

III 원가와 이익의 추정과 분석

8 원가의 변동성과 원가추정
원가의 행태를 어떻게 추정하는가?

9 변동원가계산
고정제조원가를 기간원가로 처리한다

IV 의사결정과 성과평가

13 의사결정과 관련원가
가격, 제품배합, 아웃소싱, 제품추가·폐지를 결정한다

14 전략적 원가관리
품질원가, 제약이론, 원가기획을 사용한다

균형성과표

17 사내대체가격

사내내부거래제도를 사용한다

기사 및 사례

Ⅰ

원가관리회계의 기초개념

1 원가관리회계란 무엇인가?

2 원가개념

원가는 무엇이며 어떤 종류가 있는가?

제Ⅰ부는 원가관리회계 분야를 소개하는 제1장과 원가의 기초개념을 소개하는 제2장으로 구성되어 있다. 제1장은 보통 '회계원리'로 불리는 회계 기초과목에서 학습하는 재무회계와 이 책이 소개하는 관리회계를 대비해서 설명한다. 재무회계는 재무보고서 또는 재무제표를 작성하고 이해하는 분야이며, 관리회계는 조직의 운영관리를 위해 회계정보를 내부적으로 사용하는 분야이다. 조직에서는 관리회계시스템을 관리통제시스템이라고도 한다.

관리회계에서 활용하는 정보 중에 원가정보가 중요하여, 다양한 원가계산방법을 다루는 원가회계 분야도 이 책의 제Ⅱ부에서 다룬다. 원가정보는 내부의사결정을 위한 관리회계에서도 필요하고, 재무제표 작성을 위해 재무회계에서도 필요하다. 특히, 제조원가계산은 재무회계 분야에서 다루지 않고 원가회계에서 다룬다. 엄밀히 말하면 관리회계와 원가회계는 서로 다른 분야이므로 이 책은 제Ⅱ부의 원가회계와 제Ⅲ부, 제Ⅳ부의 관리회계를 모두 포함한다는 뜻으로 원가관리회계로 부른다.

제Ⅱ부에서 여러 원가계산방법을 자세히 설명하기 전에 제Ⅰ부의 제2장에서 원가의 주요 용어와 개념을 소개한다. 제조원가의 재고자산 사이의 흐름과 이를 정리한 제조원가명세서도 설명한다.

1 원가관리회계란 무엇인가?

일을 하려면 돈이 필요하다. 사업을 하거나 단체를 운영관리하려면 돈을 계획성 있게 써야 한다. 즉, 예산을 세워서 사용해야 효과적으로 돈을 쓸 수 있다. 또한 무엇을 하는 데 얼마나 돈이 드는지 알아야 여러 가지 결정을 올바르게 할 수 있다. 원가계산을 할 수 있어야 어디서 얼마나 원가를 절감할 수 있는지 안다. 제1장은 이러한 주제를 다루는 원가관리회계에 대한 기본적인 소개를 한다. 다음의 내용이 주로 다루어진다.

- 관리회계는 경영관리자의 의사결정을 위한 회계이다.
- 관리회계는 기업과 단체의 어느 부서에서나 필요한 지식이다.
- 관리회계와 재무회계는 관련되나 몇 가지 중요한 차이가 있다.
- 원가회계와 관리회계는 서로 밀접하게 관련되어 있다.
- 원가관리회계는 생산관리, 경영전략 등의 다른 경영학 분야와 관련성이 높다.

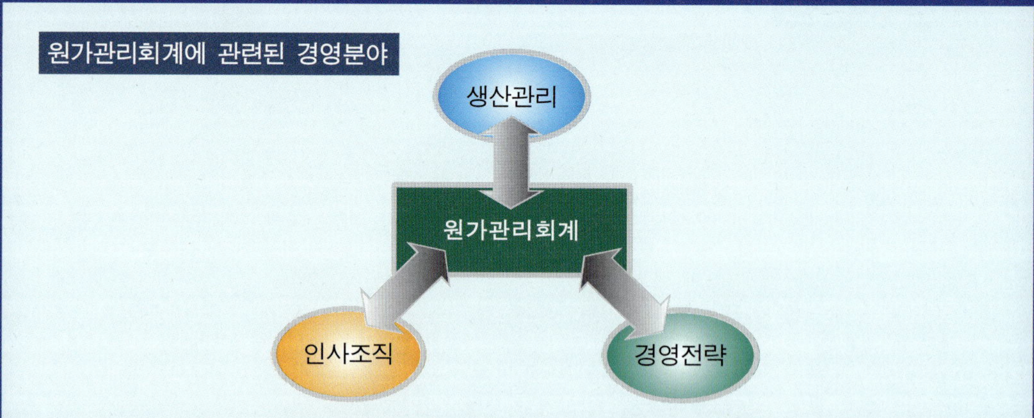

원가의 발생과 흐름 : 조직의 업무내용과 생산 및 기타 프로세스와 밀접한 관계임

1

- 관리회계란 무엇인가?
- 누구에게 원가관리회계 지식이 필요한가?
- 관리회계와 재무회계는 어떻게 다른가?
- 원가회계와 관리회계는 과연 다른가?
- 원가관리회계와 관련된 다른 경영학 분야는 무엇인가?

아파트 분양가와 분양원가

아파트 분양원가를 공개해야 하는가에 대한 논란이 크다. 급격히 오르고 있는 아파트 분양가에 대해 '너무 높다. 폭리이다'라고 주장하는 소비자단체와 시민들은 분양원가 공개를 통해 거품을 걷어내고 분양가 하락을 달성할 수 있다고 믿는다. 그러나 주택건설업체는 모든 원가를 반영하면 적절한 가격이라는 입장이다.

사회적으로 큰 이슈가 된 아파트 분양가의 적절성에 대한 판단은 분양원가 정보가 핵심이다. 과연 아파트의 분양원가를 어떻게 계산하여 어떻게 분양가 결정 등에 활용할 것인가 하는 문제들을 이 책에서 학습할 수 있다. 한 시민단체는 분양가를 분양대상 아파트 주변 시세 평균가와 비교하여 분양가가 높다고 하나 이는 기존 아파트와 분양아파트의 질의 차이를 반영하지 못할 수 있다. 이 시민단체는 분양건축비가 건교부 평당 표준건축비의 3.8배로 높다고 밝히기도 하였다. 이 역시 표준건축비와 해당 분양건축비의 세부적인 비교 분석을 필요로 한다. 건축공사비와 분양가를 단순 비교하여 36~76%의 시공사 이익률의 막대한 폭리를 주장하는 기사도 있으나, 건축공사비에는 주요 원가인 택지비와 기타 사업비가 제외되어 적절한 비교가 아니다. 즉, 원가분석을 위한 정확한 이해와 자료 없이는 부적절한 결론을 내리기 쉽다.

서울주택도시공사(SH공사)가 서울 구로구 항동 공공주택지구 4단지 분양아파트의 건설원가를 2020년 8월 공개하였다. 이번에 SH공사가 공개한 61개 항목 중 59개는 직접공사비이며, 나머지 2개는 건설자금이자와 직접인건비 및 경비이다(자세한 기사는 본장 [토론] 참조).

관리회계란 무엇인가?

이윤을 추구하는 기업은 직원의 채용과 교육, 제품의 생산량 결정, 신제품의 개발, 생산기술의 연구와 개발, 제품가격의 결정, 기업광고 및 기타 마케팅 실시 등 크고 작은 의사결정을 끊임없이 한다. 정부기관이나 교육기관, 사회복지기관 등의 공익성을 가진 비영리단체도 직원의 채용과 교육, 사업 프로그램의 개발과 운영, 기관홍보 등 여러 가지 업무를 위한 의사결정을 한다. 이러한 결정을 할 때 의사결정을 하는 사람은 각 활동이 어떤 효과를 주는가도 생각하지만 이를 위해 어떤 자원이 얼마나 필요한가도 생각해야 한다. 이렇게 사용되는 자원의 양을 화폐단위로 표시한 것이 원가(Cost)이다.[1)]

원가
사용된 자원의 양을 화폐단위로 표시한 것

예를 들어, 기업이나 대학에서 기관홍보를 위한 일손의 부족으로 신규 인력을 충원하고자 하는 경우를 생각하자. 이때 선택할 수 있는 방안에는 몇 가지가 있다. 업무경험이 없는 사람을 낮은 급여로 고용할 수도 있고, 경험이 많은 사람을 높은 급여를 주고 고용할 수도 있다. 심지어 그 업무를 더 이상 내부적으로 처리하지 않고 외부 전문기관에 수수료를 주고 위탁할 수도 있다.[2)] 각 방안에 있어 그 달성 효과가 다르지만 그 원가도 서로 다르다. 급여나 외부수수료가 다른 것은 분명한데 눈에 쉽게 보이지 않는 원가의 차이도 있다. 해당 업무에 경험이 없는 사람을 고용한다면 업무훈련을 위한 교육비가 추가로 든다. 또한 외부기관에 위탁을 한다면 내부 직원의 급여뿐만 아니라 사무실 운영비도 절약이 된다.

관리회계
원가 등의 회계자료를 수집하여 의사결정을 하는 방법을 다루는 회계분야

관리회계(Management Accounting)는 기업이나 단체의 경영관리자가 이러한 여러 가지 의사결정을 할 때 각 선택대안마다 소요되는 자원의 양, 즉 원가 등의 회계자료를 수집하여 합리적 의사결정을 하는 방법을 다룬다.

---

1) 원가라는 말 대신에 비용이나 경비라는 말이 흔히 사용되나 정확한 의미는 서로 다르며 그 차이는 제2장에서 설명된다.
2) 이 문제를 내부조달과 외부조달 선택문제라 하며 제13장에서 다룬다.

누구에게 원가관리회계 지식이 필요한가?

원가의식(Cost Mind)은 누구에게나 필요

기업이나 다른 모든 조직과 단체에서 일하는 모든 관리자와 직원에게 원가관리회계 지식이 필요하다. 누구나 자신이 속한 조직의 자원을 사용하는데, 자원의 사용이 곧 원가 발생이기 때문이다. 어떻게 자원을 효율적이고 효과적으로 사용하며 원가를 절약할 수 있는지 알기 위해서는 원가가 무엇이며, 어떻게 발생하는지를 우선 알아야 한다. 즉 원가의식(Cost Mind)이 누구에게나 필요하다.

그런 면에서는 일반개인이나 가정주부도 원가개념이 필요하다. 예를 들어, 돌잔치 등의 가족행사나 휴가경비 계획을 세우기 위해서도 원가개념이 필요하다. 가계부를 쓰고 생활비를 요모조모 따져보면서 왜 예금잔고가 이번 달에 많이 줄었는지 알아본다면 이것도 일종의 원가분석이다.

기업과 단체의 좀더 구체적인 업무별로 본다면, 기획관련 부서에서는 미래의 계획을 세우기 위해 예산을 편성하고, 사업계획을 수립한다. 또한, 설비나 연구개발에의 투자안을 평가하고, 미래 손익을 추정하는 등에 관리회계 지식이 요구된다. 구매부서에서는 생산에 필요한 원자재와 부품을 구매하는 원가를 추정하고, 재료원가를 절감하며, 납품업체와 가격을 협상하는 업무 등에 원가회계 지식이 필요하다. 마케팅부서에서는 여러 마케팅 및 판촉 활동의 원가와 효과를 비교하는 데에 원가관리회계 지식을 사용한다. 생산부서의 엔지니어와 설계자에게도 원하는 제품의 기능을 달성하면서 원가를 최소화하는 방법을 찾는 원가기획 지식이 필요하다. 내부감사 부서에서는 제조원가에 대한 개념이 필수적이다.

납품업체의 원가추정

납품업체와 가격협상을 할 때 그 납품업체의 원가를 추정할 수 있으면 짧은 시간에 효과적인 협상을 할 수 있다. 납품업체의 원가를 비교적 정확히 추정할 수 있는 방법은 그 업체의 생산시설을 방문하여 생산과정을 관찰하고 필요한 질문을 하는 것이다. 구매, 생산, 엔지니어링 담당자가 팀을 이루어 생산시설을 방문하는데, 구매담당자는 납품업체가 사용하는 재료를 파악하며, 생산담당자는 생산인력을 파악하며, 엔지니어는 생산설비를 파악하여 원가추정을 한다.

관리회계와 재무회계는 어떻게 다른가?

회계학
기업이나 단체에 대한 재무정보를 수집, 정리, 보고하여 의사결정에 도움을 주는 분야

관리회계는 회계학의 한 세부분야이다. 회계학(Accounting)은 기업이나 단체에 대한 재무정보를 수집, 정리, 보고하여 의사결정에 도움을 주는 분야이다. 회계정보는 대부분 화폐단위로 보고된다. 회계학에는 재무회계, 관리회계, 회계감사, 세무회계 등 많은 세부분야가 있다. 이 중 가장 기초적인 재무회계와 관리회계를 비교하여 보자.

재무회계(Financial Accounting)는 기업이나 단체가 부채를 얼마나 가지고 있는지, 현금과 재고의 운영자금은 얼마나 가지고 있는지 등의 재무상태와, 이익을 얼마나 내고 있는지의 재무성과에 대하여 그 주주나 채권자에게 알려주는 분야이다. 반면 관리회계(Management Accounting)는 기업이나 단체를 효율적이고 효과적으로 운영하도록 경영관리자에게 원가 등의 회계정보를 제공하고 의사결정을 도와주는 분야이다. 한마디로 재무회계는 기업의 재무보고(Financial Reporting)를 위한 회계이고, 관리회계는 조직의 관리운영을 위한 회계이다.

재무회계와 관리회계의 가장 큰 차이는 누구를 위한 회계정보를 제공하는가이다. 재무회계의 경우, 그 기업의 현재 주주나 채권자 또는 그 기업에 관심이 있는 투자자 등의 외부자가 재무회계정보를 주로 이용한다. 재무회계정보를 이용하는 외부자로는 이외에도 정부기관, 협력업체, 노조 등이 있다. 반면, 관리회계는 기업이나 단체를 운영하는 최고경영자나 중간관리자에게 필요한 회계정보를 제공하고자 한다. 이러한 내부 이용자는 제품가격결정, 사업영역 확장여부, 설비투자결정 등 주요 경영의사결정에 관리회계정보를 이용한다.

재무회계는 결산보고서를 어떻게 작성하고 어떻게 해석하는지를 주요 내

원가관련 실무자의 근무부서별 분포

우리나라의 중소기업에서 원가관련 실무자들은 다음과 같이 다양한 부서에 분포하고 있음을 한 실태조사가 보여준다.

	생산부서			사무부서					계
	생산관리 부서	현장작업 담당	제품설계개발 등의 기술관련 부서	경리회계 부서	기획 및 원가전담 부서	영업판매 부서	최고 경영자	기타	
구성비율(%)	31.2	5.8	6.9	13.3	8.7	7.5	20.8	5.8	100

(신준용 · 손무선, 회계저널, 1995년 12월)

재무회계
기업이나 단체의 재무상태와 재무성과에 대하여 외부이해관계자에게 알려주는 회계분야

관리회계
기업이나 단체를 효율적이고 효과적으로 운영하도록 경영관리자에게 원가 등의 회계정보를 제공하고 의사결정을 도와주는 분야

용으로 다룬다. 주요 재무제표에는 기업의 재무상태를 보여주는 재무상태표(Statement of Financial Position), 수익성을 보여주는 (포괄)손익계산서(Income Statement), 현금흐름의 자세한 내용을 보여주는 현금흐름표(Cash Flow Statement), 자본총액의 전체적인 변화를 보여주는 자본변동표(Statement of Owners' Equity)가 있다.

관리회계는 부문/제품별 재무보고서를 작성하거나 조직전체의 예산보고서를 작성한다. 관리회계의 주요 내용은 예산을 어떻게 편성하는가와 손익분기를 위한 생산량 분석 등의 기획기법, 원가가 왜 계획과 달리 발생하는가를 분석하는 차이분석 등의 통제기법, 외주/하청/아웃소싱, 생산제품 배합 등의 의사결정기법 등이다.

기업의 주식이나 채권에 투자하는 사람은, 관심있는 여러 기업들이 얼마나 돈을 잘 벌고 있는지의 수익성과, 혹시 빚이 너무 많아서 망하지는 않는지의 안정성, 판매대금을 잘 회수하는지 등의 유동성 등을 회계자료를 이용하여 비교한다. 이렇게 재무회계정보를 이용하는 사람은 여러 기업을 비교할 것이므로 재무회계정보의 객관성, 기업간의 비교가능성이 중요하다. 이를 위해 사회적으로 통일된 회계처리를 요구하는 기준이 존재한다. 이것이 한국채택국제회계기준(IFRS)을 중심으로 하는 '일반적으로 인정된 회계원칙(GAAP : Generally Accepted Accounting Principles)'이다.

원가관리회계 관련 시험

한국공인회계사 1차 시험과목 중 회계학 과목의 약 1/4이 원가관리회계 분야에서 출제된다. 2차 시험 중에서는 원가회계 과목이 원가관리회계 전범위에서 출제된다. 한국세무사 1차 시험 중 회계학 과목의 1/3이 원가관리회계 분야이며, 2차 시험 중 회계학 1부의 40%가 원가관리회계이다. 행정고시 2차 시험 선택과목 중 하나가 회계학이며 이 과목의 30~40%가 원가관리회계 범위에서 출제된다.

국가공인 회계관련 자격시험으로 국내 최대 회계법인인 삼일회계법인(www.samilexam.com)이 주관하는 재경관리사가 있다. 재무회계, 세무회계, 원가관리회계 3가지 과목으로 구성되어 있다. 9급 공무원 공채, 9급 세무직, 주택관리사, 감정평가사, 경영지도사, 보험계리사 등의 회계학 시험에도 원가관리회계 내용이 포함되어 있다.

미국 공인회계사 시험에도 원가관리회계 분야가 있으나 비중은 높지 않다. 미국의 관리회계사회(Institute of Management Accountants, IMA)는 Certified Management Accountant(CMA, 공인관리회계사) 자격제도를 운영하고 있다. 관리회계사로서 필요한 다음 분야에 대한 시험을 통과해야 자격을 얻는다.

Part 1 : Financial Planning, Performance and Control (재무계획, 성과 및 통제)

- External Financial Reporting Decisions (외부 재무보고결정, 15%)
- Planning, Budgeting and Forecasting (기획, 예산편성 및 예측, 20%)
- Performance Management (성과관리, 20%)

반면, 관리회계정보는 내부자의 의사결정용이므로 다른 기업과 통일된 방식으로 제공될 필요가 없다. 따라서 사회적으로 요구되는 기준이 없고 그 기업의 규모와 사업내용 등에 적합한 관리회계 시스템이 경제성의 원칙에 따라 선택될 수 있다. 즉, 규모가 크고 사업내용이 복잡한 기업은 정교한 원가관리 시스템을 많은 인력과 자원을 사용하여 운영할 가치가 있으나, 규모가 작고 사업내용이 간단한 기업은 단순하고 운영이 간단한 원가관리 시스템이 경제적이다. 재무회계와 관리회계의 차이를 〈표 1.1〉이 정리한다.

표 1.1 재무회계와 관리회계의 차이

차이점	재무회계	관리회계
이용자	외부자(주주, 채권자)	내부자(관리자)
주요 내용	재무제표 작성과 분석	기획, 통제, 의사결정 기법
재무보고서	조직전체 결산보고서	부문/제품별 재무보고서, 조직전체 예산보고서
사회적 기준 존재여부	회계기준 등 존재	자율적 선택
요구되는 특성	객관성, 비교가능성	경제성

- Cost Management (원가관리, 15%)
- Internal Controls (내부통제, 15%)
- Technology and Analytics (기술과 애널리틱스, 15%)

Part 2 : Financial Decision Making (재무의사결정)

- Financial Statement Analysis (재무제표분석, 20%)
- Corporate Finance (기업재무, 20%)
- Decision Analysis (의사결정분석, 25%)
- Risk Management (위험관리, 10%)
- Investment Decisions (투자결정, 10%)
- Professional Ethics (직업윤리, 15%)

CMA 자격은 특정 회계업무를 위해 반드시 필요한 자격은 아니나, 회계관련 업무수행능력을 공인하는 자격증으로 인정받고 있다. 관리회계사(management accountant)라는 용어는 재무회계가 아닌 관리회계 분야의 전문가라는 의미가 아니라 회계법인에 근무하는 공공회계사(public accountant)가 아닌 기업이나 비영리단체에서 회계를 담당하는 회계담당자라는 의미이다.

원가회계와 관리회계는 과연 다른가?

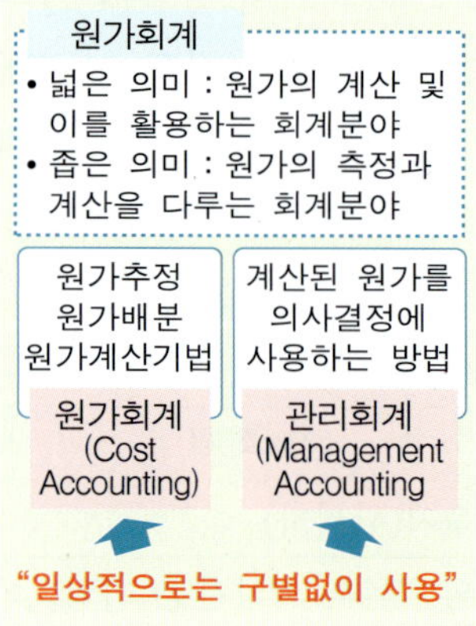

일상적으로는 원가회계와 관리회계라는 용어가 구별없이 사용된다. 한국 공인회계사 2차 시험과목의 하나가 '원가회계'이나 관리회계 주제도 당연히 같이 포함된다. 대부분의 우리나라 교과서는 원가회계와 관리회계란 명칭을 분리하여 저술되고 있으나 미국 교과서는 대부분 그 구분이 없이 그 이름이 관리회계이든 원가회계이든 원가관리회계의 모든 주제를 다루고 있다.

좁은 의미로 말하면, 원가회계(Cost Accounting)는 원가의 측정과 계산을 다루는 회계분야이다. 주요 주제로는 각종 원가계산기법, 원가배분 등이 있다. 반면 관리회계는 계산된 원가를 의사결정에 사용하는 기법을 주로 다룬다. 원가계산과 활용은 서로 밀접하게 관련되어 있으므로 이 책은 원가관리회계라는 이름으로 두 분야를 같이 다룬다.

한 가지 주목할 사실은 제조원가계산은 판매된 제품의 원가인 매출원가를 손익계산서에 나타내고, 남아 있는 재고자산 잔액을 재무상태표에 나타내는데 필요하다는 점이다. 재무회계를 위해 원가정보가 사용되기 때문에 기업의 원가계산방식을 최소한으로 규정하는 원가계산준칙이 존재하며 기업은 원가회계에서 이 준칙을 따라야 한다. 원가계산준칙은 원가계산에 대한 주요 용어와 방법만을 정리하므로 기업의 생산제품과 생산과정 등의 구체적 내용에 따라 자체 원가계산방법을 개발해야 한다. 한국채택국제회계기준(IFRS)은 회계기준서 제1002호 재고자산이 원가회계와 관련된 내용을 가지고 있다.

원가관리회계와 관련된 다른 경영학 분야는 무엇인가?

기업이나 단체는 업무활동을 위하여 자원을 사용한다. 따라서 원가의 발생과 흐름은 그 조직의 업무내용과 생산 및 기타 프로세스와 서로 떼어놓을 수 없는 관계를 갖는다. 이런 면에서 관리회계는 조직의 생산업무 프로세스와 재고관리 문제를 다루는 생산관리와 관련성을 갖는다. 품질원가와 적시생산시스템(JIT) 등의 주제가 공통적으로 다루어지나 원가관리회계에서는 경영혁신기법의 도입과 혜택에 관련된 원가에 대한 좀더 깊은 분석이 이루어진다. 제14장이 이 문제를 다룬다.

관리회계에서 오래전부터 책임회계라는 주제로 조직부서의 성과평가문제를 다루어 왔다. 이는 인사조직관리의 성과평가와 관련이 깊다. 최근에 관리회계학자가 개발한 균형성과표(BSC : Balanced Scorecard)는 성과평가의 새로운 시각을 제공하여 많은 관심을 끌고 있다. 제16장이 이 주제를 다룬다.

관리회계의 새로운 흐름은 전략적 시각의 도입이라고 요약될 수 있다. 최근 전략적 원가관리, 전략적 관리회계 등의 용어가 많이 사용되며, 그 구체적인 내용으로는 전략달성을 위한 균형성과표의 사용, 전략적 원가분석, 경쟁사 원가분석 등이 있다.

출판사의 원가 마인드

1998년 10월 작은 소동이 일어났다. 중소기업청이 주는 '이 달의 중소기업상'을 수상한 업체가 출판사였기 때문이었다. 아마도 역사와 전통을 자랑하며 소위 잘나가는 메이저급 출판사였다면 작은 소동은 일지 않았을지도 모른다. 메이저급이라 할지라도 의외성은 마찬가지이었겠지만 화제를 불러일으키지는 않았을 것이다. 그 주인공이 바로 도서출판 '푸른숲'이다.

당시 중소기업청이 푸른숲을 수상자로 선정하기까지 적지 않은 논란이 있었다고 한다. 특히 수출과는 무관한 출판사에게 상을 준다는 것이 말이 되느냐는 지적이 있었다고 한다. 그러나 철저한 시장분석을 통해 시장의 변화를 정확히 예측하고 발 빠르게 대응, IMF 핵폭풍을 맞은 출판계 현실 속에서 오히려 책값을 내리고 판매부수를 늘리는 결과를 만들어낸 푸른숲의 과학적 마케팅 전략을 알고 나면 의혹의 시선은 곧바로 긍정으로 바뀐다.

푸른숲은 베스트셀러였던 '영혼을 위한 닭고기 스프'가 삶에 지친 IMF 인생을 보듬어 줄 수 있는 위안과 용기와 지혜를 줄 수 있는 책이어서 독자들이 부담 없이 사 읽을 수 있도록 해야 한다는 생각이 들었으나 기존의 책으로 제작을 고집하면 오히려 책값을 올려야 할 형편이었다.

그래서 푸른숲은 보급판을 만들자는 생각에서 책의 크기를 기존의 것보다 약간 줄여 변형판으로 하되 재생지를 사용하고, 책날개 및 속표지를 없애는 한편 표지 인쇄도 컬러(4도)가 아닌 2도 인쇄를 하여 원가를 44%나 낮췄다. IMF로 종잇값이 40% 이상 오른 것을 감안하면 획기적인 조치였다. 그리하여 책값을 6,000원에서 4,900원으로 내려 출고했다. 결과는 성공이었다. 이렇듯 푸른숲은 기존의 출판사 이미지를 완전히 바꿔 경영마인드가 도입되도록 하는 데 결정적인 역할을 한 출판사로 기억된다.

(www.bookoo.co.kr/review/9/front/go_press.htm)

우리나라 관리회계의 발전

우리나라의 관리회계 실무는 1950년대에서 시작되어 거의 매 10년을 주기로 획기적인 발전을 계속해왔다는 연구가 있다. 연구자는 대기업의 회계실무자로 시작하여 최고경영자의 직위로 오른 사람으로 자신의 경험적 관찰에 기반을 두고 연대별 특징을 다음과 같이 요약하였다.

"1950년대는 복식부기원리를 중심으로 대차평균의 원리, 재무제표의 작성원리, 내부통제원리와 초보적인 원가자료 집계 및 재무비율 분석 등이 실무에 정착된 시기였다. 당시의 대표적인 회계담당 조직은 총무부로, 직원은 주로 창업자의 친인척이나 특수관계인들이 많았고, 자금출납이 가장 큰 비중을 차지했다. 따라서 이때를 「복식부기시대」 또는 「총무부장시대」라고 할 수 있을 것이다.

1960년대는 많은 현대식 공장건설에 따른 원단위계산과 공정별 원가계산을 기초로 실제원가와 표준원가회계가 도입되고 정착된 시기였다. 회계담당조직은 총무부에서 분리되고 경리부가 신설되고 회계전문가들이 회계를 담당하기 시작하였다. 이 시기는 「원가회계시대」 또는 「경리부장시대」로 부를 수 있을 것이다.

1970년대는 기업의 수도 늘고 규모도 확대되어 기업회계도 과거의 기록을 중심으로 발전하던 「기록회계」가 미래예측과 의사결정을 위한 「보고회계」로 전환된 시기였다. 사업규모확대에 따라 사업부회계가 발전했고, 투자규모확대에 따라 자금회계가 발전하여 고정예산회계제도가 널리 확산되었다. 담당조직도 과거의 「경리부」가 재무회계와 세무회계를 담당하는 「계리부」, 자금관리를 담당하는 「자금부」, 그리고 관리회계를 전담하는 「기획관리부」로 전문화되고 부서의 규모도 크게 확대되었다. 이 시기는 「고정예산관리시대」 또는 「기획관리부장시대」라 할 수 있다.

1980년대는 수출이 늘고 외국과의 거래가 많아지면서 외환관리가 중요하게 되었고, 기업규모의 확대와 사업의 다양화로 과거의 고정예산제도는 변동예산제도로 전환되지 않을 수 없었던 시기였다. 또한 기업에서 권한이양과 자율경영이 강조되고 개인용 컴퓨터가 보급되고 회계의 분산처리와 사업별 전략개념이 도입되어 기업문화의 중요성이 강조되었다. 많은 기업이 관리회계 담당조직을 기획관리부에서 전략기획부로 바꾸었다. 이때를 「변동예산시대」 또는 「전략기획부장시대」라 할 수 있다.

1990년 이후는 기업들의 해외생산법인과 판매법인의 수가 증가되고 경영활동이 더욱 다양화되어 국제금융과 국제회계로 발전하고 참여예산제도가 정착되는 시기이다. 관리회계 담당조직도 「전략경영실」로 명칭을 바꾸어서 1990년대를 「참여예산시대」 또는 「전략경영실시대」라 할 수 있다."

(정장호, 회계저널, 1996년 6월)

토 론

식당도 재료 공개 하는데… 주택시장이 못할 이유 없다

-건설원가 공개한 SH공사

지난달 말 부동산시장에선 의미 있는 시도가 있었다. 서울주택도시공사(SH공사)가 서울 구로구 항동 공공주택지구 4단지 분양아파트의 건설원가를 공개한 것이다. 공사 측은 앞으로도 준공 이후 건설원가를 모두 밝히겠다는 방침이다. 정부는 시장의 반응을 살펴본 뒤 민간 건설업자들에게도 원가 공개를 유도키로 했다. 부동산가격 안정화를 위해선 긍정적 신호가 될 수 있기 때문이다.

항동 4단지 387억여원 건설비 공개
평당 750만원으로 폭리 못 취해
싼 자재 사용은 감리로 감시해야
설계부터 시공·준공 과정도 공개

이번에 SH공사가 공개한 '준공 이후 건설원가'는 모두 61개 항목이다. 기존에 일부 공개한 분양가격 공시 내역과는 다르다. 분양가 공시는 모집공고 시점에 추정원가비율을 배분한 것으로 실제 공사비와는 차이가 많이 난 데다 실효성도 크지 않았다.

SH공사 김세용 사장은 "우리가 식당에서 음식을 사 먹더라도 재료가 무엇인지, 어떠한 요리과정을 거쳤는지를 아는데 주택시장은 전혀 그렇지 않다"고 공개를 강행한 배경을 설명했다. SH공사 사장으로 취임한 이후부터 공사의 신뢰도를 높일 방법을 찾았다는 그는 공공기관이 가지고 있는 정보에 대한 개방성을 확대하는 것이 최우선이라고 생각하게 됐다고 밝혔다. "최근 급등한 주택가격을 안정화시키기 위해선 공급가격에 대한 정확한 정보를 제공할 필요성을 느꼈다, 원가 공개를 못할 이유가 없다고 판단했다."

이번에 SH공사가 공개한 61개 항목 중 59개는 직접공사비이며, 나머지 2개는 건설자금이자와 직접인건비 및 경비 등이다. 직접공사비는 47개 항목의 도급공사비와 각 6개 항목의 지급자재비와 기타 직접공사비로 분류된다. 〈표 참조〉

12~15층 규모의 4개동 총 190세대 중 분양아파트 건설비는 387억여원으로 가구당 평균 2억 300만여원의 공사비가 들어간 것으로 집계됐다. 2년 6개월의 공사기간을 감안할 때 적당한 비용이라는 것이 공사 측의 설명이다.

김 사장은 "공사비를 공개하면 건설업체가 얼마의 이윤을 남겼는지를 다 알 수 있어 입주자들을 상대로 폭리를 취하는 것은 사실상 불가능하게 된다"며 "이는 부동산시장을 안정시킬 수 있는 효율적인 방안이 될 것"이라고 말했다. 25평 아파트를 기준으로 할 때 평당 통상 공사비는 750만원으로 모두 2억 250만원의 공사비가 합리적이라는 말이다. 여기에 지역의 땅 값을 감안해 분양가가 산정돼야 하는데도 대부분의 주택 소비자들은 '깜깜이 공사비'에 손해를 보거나 피해를 볼 수밖에 없는 실정이다. 4단지 입주주민들도 이번 조치에 상당한 만족감을 표시했다.

그러나 일선 민간 건설업체들은 SH공사 측의 방침에 부정적인 의견을 보였다. 건설원가 공개가 부실공사로 이어질 수 있다는 얘기다. 또 대형 건설업체 위주로 주택시

항동 공공주택지구 4단지 분양아파트 준공 건설원가 내역서 (단위 : 천원)

분 야			공 종	금 액
I. 직접공사비	도급 공사비 (47)	토 목 (9)	1. 조경공사	658,449
			2. 토공사	1,013,289
			3. 흙막이공사	702,698
			4. 옹벽공사	76,060
			5. 석축공사	1,267
			6. 우수공사	56,788
			7. 오수공사	17,388
			8. 포장공사	42,748
			9. 부대시설공사	5,354
			소 계	2,574,041
		건 축 (19)	10. 공동가설공사	614,635
			11. 가설공사	277,411
			12. 기초 및 토공사	67
			13. 철근콘크리트공사	4,401,411
			14. 조적공사	860,915
			15. 미장공사	290,101
			16. 방수공사	516,932
			17. 목공공사	94,899
			18. 금속공사	334,723
			19. 지붕 및 홈통공사	26,340
			20. 창호공사	1,264,696
			21. 유리공사	324,954
			22. 석공공사	247,447
			23. 타일공사	218,025
			24. 도장공사	436,175
			25. 수장공사	1,161,319
			26. 기타공사	697,247
			27. 골재비 및 운반비	76,000
			28. 품질시험비	166,085
			소 계	12,009,382
		기계설비공사 (8)	29. 급수설비공사	131,284
			30. 급탕설비공사	118,504
			31. 오배수 및 환기설비공사	568,307
			32. 위생기구설비공사	514,629
			33. 난방설비공사	556,649
			34. 가스설비공사	74,387

			35. 특수설비공사 (냉매+가대+냉난방기)	158,238
			36. 자동제어설비공사	49,253
			소 계	2,171,251
		그 밖의 공정 (4)	37. 소방설비공사	1,174,951
			38. 승강기공사	517,236
			39. 전기공사	1,286,493
			40. 정보통신공사	1,066,928
			소 계	4,045,608
		그 밖의 공사비 (7)	41. 제경비 등의 간접비	3,343,279
			42. 수급사 일반관리비	906,435
			43. 수급사 이윤	119,455
			44. 수수료 및 용역비 등	72,078
			45. 시운전비	20,112
			46. 물가변동	2,125,361
			47. 매입세 등 제세공과금	1,022,058
			소 계	7,608,778
		도급공사비 계		28,409,060
	지급자재비 (6)		48. 건축공사	2,827,687
			49. 토목공사	197,886
			50. 조경공사	193,279
			51. 기계공사	242,631
			52. 전기공사	474,634
			53. 통신공사	87,468
			지급자재비 계	4,023,585
	기타 직접공사비 (6)		54. 감리비	1,178,532
			55. 설계비	888,238
			56. 이설비	462,075
			57. 폐기물처리비	230,606
			58. 기타부대비*	817,978
			59. 하자보수적립액**	39,488
			기타 직접공사비 계	3,616,917
	직접공사비 계			36,049,562
II. 그 밖의 비용 (2)			60. 건설자금이자	1,783,328
			61. 직접인건비 및 경비	922,198
			그 밖의 비용 계	2,705,526
건설원가 총계(61)				38,755,088

장이 개편될 수 있는 위험성을 안고 있다고도 했다. 이들은 "건설업자들이 건설원가를 낮추기 위해 싼 자재 등을 사용할 수 있는 데다 엉터리 공개로 인해 시장혼란을 부추길 수 있다"고 지적했다. 원가 공개로 인해 규모가 작은 건설업체들은 재정적 압박으로 인해 경영의 어려움이 예상된다는 주장도 있었다.

이에 대해 김 사장은 "준공 이후 건설원가 공개가 싸구려 자재 사용으로 둔갑하는 논리 자체가 모순"이라며 "건설 프로세스에는 엄연히 감리의 과정이 있는데 어떻게 부실공사를 할 수 있겠느냐"고 반박했다. 대형 건설업체들이 시장을 지배하게 된다는 주장에 대해서도 "정보공개로 인해 시장이 투명화되면 오히려 영세 건설업체들이 더 이익을 볼 수 있게 될 것"이라고 말했다. 건설업자들에 대한 오해가 풀리고, 건설산업을 선진화시키는 시발점이 될 수 있다는 것이다.

SH공사는 앞으로도 준공 및 정산이 완료되는 단지에 대해 순차적으로 건설원가를 공개할 예정이다. 보통 준공 이후 정산까지 1년 안팎의 기간이 소요되는 것을 감안할 때 올해 말 준공 예정인 고덕 강일 4, 8, 14단지는 내년 하반기쯤 건설원가를 발표할 것으로 예상된다.

김 사장은 "건설원가 공개는 시작에 불과하다. 앞으로는 아파트 건설과 관련된 모든 과정을 하나로 묶어 공개해 서울시민들의 알 권리를 보장하고 싶다"고 말했다. 이에 공사 측은 시범적으로 아파트 준공단지를 선정해 설계부터 시공, 준공 등 건설공정 전 단계의 비용과 기간, 변경사항 등에 대한 공개를 추진한다는 계획이다. 특히 설계 변경 과정에서 발생하는 추가비용과 공기 지연 등 작은 부분까지 모두 밝혀 소비자들의 권익을 최대한 보호키로 했다.

이를 위해 공사는 홈페이지에 별도의 특집 카테고리를 만들어 관심 있는 아파트에 대한 정보를 한 번의 클릭만으로도 전달할 수 있도록 할 계획이다. 세부적으로는 해당 사업의 지구 지정과 관련된 고시 및 토지 이용 계획을 게재하고 아파트 설계의 조감도, 평면도, 유형별 세대수, 시공 추진 현황 등을 세밀하게 수록하고 업데이트한다는 것이다.

(중앙일보, 2020.8.24)

토론해 보자

(1) 분양원가와 분양가격의 차이와 관계를 정리해 보자.

(2) 분양가격의 적정성을 판단하기 위해 어떤 원가자료와 기타 자료가 필요한지 논의해 보자.

요약정리

원가관리회계는 기업이나 단체에 대한 재무정보를 수집, 정리, 보고하는 회계학의 한 분야이다. 손익계산서나 재무상태표와 같은 재무제표를 통하여 조직 전체의 재무상태나 재무성과를 주주나 채권자 등의 외부자에게 보고하는 재무회계와 달리, 원가관리회계는 경영관리자에게 의사결정에 필요한 원가나 세부부문의 재무정보를 제공한다. 원가관리회계는 원가측정 및 계산을 주로 다루는 원가회계와 원가정보를 의사결정에 사용하는 기법을 다루는 관리회계로 세분하기도 한다. 원가관리회계는 각종 업무활동을 위해 사용된 자원, 즉 원가를 측정, 관리, 분석하는 분야이므로 기획, 구매, 판매, 생산, 설계 등 모든 분야의 경영관리자에게 필수적인 지식이다.

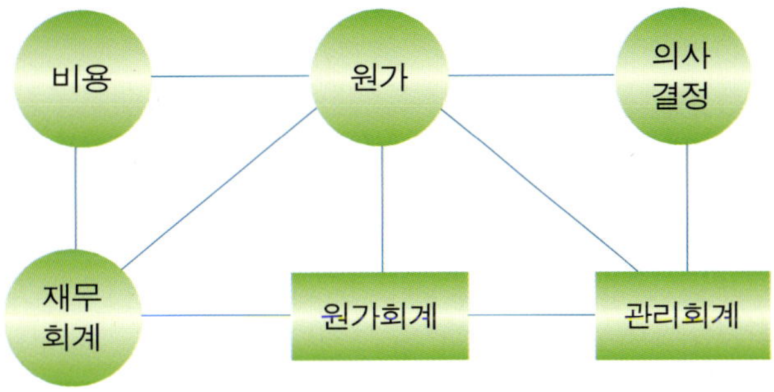

〈강추! 한 권의 책〉

왜 회사는 연봉부터 깎을까?

관리회계 개념, 스토리텔링으로 쉽게

이익이 발생했는데도 기업이 도산하는 이유는 뭘까. 인건비를 줄이면 이익이 증가할까. 비용 절감의 최선의 방법은 무엇일까.

《왜 회사는 연봉부터 깎을까?》(하야시 아츠무 지음, 한경BP, 1만3,000원)는 이런 질문에 대해 흥미로운 방식으로 답을 제시한다. 어려운 회계를 스토리텔링으로 풀어내 베스트셀러가 된 《회계학 콘서트》의 세 번째 책이자 완결판. 주제는 '고정비와 변동비의 비밀'이다. 2세대 경영인 유키가 위기에 처한 한나어패럴을 살리기 위해 고군분투하는 과정을 통해 관리회계의 개념을 쉽게 설명한다. 유키가 재무상태표, 현금흐름표, 손익계산서에 명시된 숫자들을 제대로 보는 법부터 재고와 재공품의 낭비 없는 관리, 기업의 인수·합병에 반드시 필요한 체크포인트 등 회계의 기본을 점검하고 실전에 응용하는 과정을 흥미롭게 펼쳐낸다.

유키의 멘토인 아즈미는 진정한 이익이 무엇인지, 투자와 지출의 명확한 개념이 무엇인지를 제시하며 어려움에 처한 경영인과 직장인이 스스로 일어서는 법을 전한다. 기업 회계담당자는 물론 경영자, 자영업자, 창업희망자 등이 궁금해할 내용들이 담겨 있다. 회계의 기본에서 응용까지 스토리텔링으로 짜여져 학교 수업에서는 맛볼 수 없는 회계의 재미를 느낄 수 있다.

(한국경제, 2012.2.17)

1 연습문제

객관식

01 회계의 분류

다음 중 제품과 서비스의 원가를 계산하는 회계분야는?

① 원가회계 ② 재무회계 ③ 회계감사
④ 관리회계 ⑤ 회계원리

02 관리회계의 특징

다음 중 관리회계의 특징으로 옳은 것은?

① 주주와 채권자를 위한 정보를 제공함 ② 재무제표의 작성을 다룸
③ 기업회계기준을 따라야 함 ④ 원가정보의 활용방법을 다룸
⑤ 회계처리방법을 변경할 수 없음

03 원가회계의 특징

다음 중 원가회계의 특징이 아닌 것은?

① 원가계산준칙을 고려해야 함
② 재무제표 작성과 관련됨
③ 객관적인 자료만 사용됨
④ 한국채택국제회계기준(K-IFRS)의 영향을 받음
⑤ 비영리단체에서도 적용가능함

04 원가의 개념

다음 중 원가의 정의로 가장 올바른 것은?

① 이익계산을 위해 특정기간의 수익과 대응되는 수치
② 특정시점의 자산의 가치
③ 사업을 위해 특정기간에 지출된 현금 액수
④ 사업초기에 조달된 총투자액
⑤ 특정자원을 얻기 위해 포기한 자원의 가치

05 관리회계의 특징 (13. 경영지도사)

원가회계의 관리회계적 측면을 기술한 것으로 옳지 않은 것은?

① 통제를 위한 원가자료 제공
② 기업 특수의사결정을 위한 원가자료 제공
③ 전반적인 경영계획을 위한 원가자료 제공
④ 기업 외부의 이해관계자들을 위한 원가자료 제공
⑤ 생산부서의 성과평가를 위한 원가자료 제공

06 원가회계의 특징 (10. 재경관리사)

원가회계는 재무회계와 관리회계에서 필요로 하는 원가정보를 제공한다. 다음 중 원가회계가 제공하는 정보와 거리가 가장 먼 것은?

① 제조와 영업 활동 등에 대한 원가정보를 제공하며 합리적인 의사결정을 위한 기초자료를 제공한다.
② 회사의 모든 자산과 부채에 대한 평가자료를 제공한다.
③ 외부공표용 재무제표에 계상될 매출원가와 기말재고자산평가의 근거자료가 된다.
④ 경영자와 종업원의 활동의 성과를 평가하기 위한 기본적인 정보를 제공한다.

주관식

07 원가관리회계와 사회

원가나 관리회계와 관련된 기사를 찾아서 이에 대해 논의해 보시오.

08 재무회계와 관리회계의 비교

재무회계와 관리회계의 공통점과 차이점을 정리해 보시오.

2 원가개념

원가는 무엇이며 어떤 종류가 있는가?

지금 읽고 있는 이 책을 만들어 파는 데 얼마의 돈이 들었을까? 이 책의 생산판매원가를 어떻게 나누어 계산해야 비교적 정확한가? 종이와 잉크값, 인쇄기의 전기값, 직원의 월급 이외에 어떠한 항목이 있을까? 과연 원가가 정확히 계산될 수 있는가? 제2장은 이러한 의문에 답을 얻기 위해 필요한 원가의 여러 가지 종류와 개념을 설명한다. 다음의 내용이 다루어진다.

- 원가를 관련활동에 따라 제조원가와 판매관리비로 나눈다.
- 제조원가는 재료원가, 노무원가, 제조경비의 3가지 요소로 나눌 수 있다.
- 제조원가의 흐름은 제조원가명세서가 보여준다.
- 원가를 직접 집계할 수 있는지에 따라 직접원가와 간접원가로 나눈다.

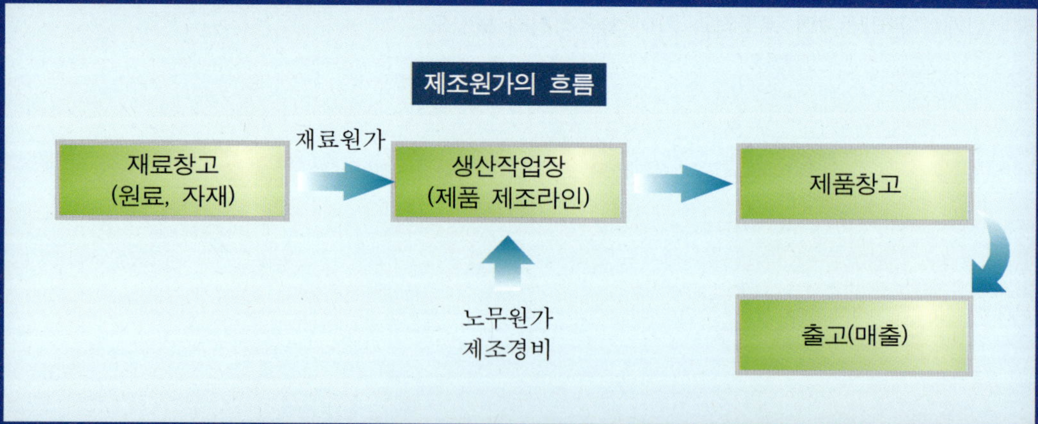

2

- 원가란 무엇인가?
- 제조원가와 판매관리비를 구분한다
- 제품원가와 기간원가는 어떻게 다른가?
- 제조원가의 흐름을 제조원가명세서로 이해한다
- 직접원가와 간접원가를 구분한다
- 변동원가와 고정원가를 구분한다
- 의사결정에 필요한 관련원가를 찾는다

4,900원 와인의 비밀은… '자동화 · 대량매입'

–사람 대신 기계가 포도 따고
–1백만병 계약해 원가절감
–"사실상 수제품 아닌 공산품"
–가성비 좋지만 첨가물도 多

대형마트를 중심으로 초저가 와인 판매가 급증하고 있다. 750㎖ 한 병에 5,000원도 안 되는 다소 '충격적'이기까지 한 가격이 경쟁력이다. 이마트는 4,900원짜리 와인을 판매 개시 1년도 안 돼 200만병 넘게 팔았고 롯데마트가 출시한 3,900원짜리 와인은 하루에 1만병씩 판매된다.

와인 한 병이 프랜차이즈 커피 한 잔 값보다 저렴해진 이유는 무엇일까. '자동화'와 '대량 생산'이다. 저렴한 비용으로 한 번에 아주 많은 양을 생산해내는 것이 핵심이다. 업계 관계자들은 "가격경쟁력을 확보하려면 무엇보다 산지에서 원가를 큰 폭으로 낮추는 것이 중요하다"고 입을 모은다.

원산지인 와이너리에서 주원료인 포도를 기계가 수확하느냐 사람이 수확하느냐는 부분에서부터 원가가 달라진다. 초저가 와인은 100% 기계 수확이다. 줄어드는 '인건비'만큼 원가가 절감된다. 최근에는 저가 와인 확산에 힘입어 수확부터 제조까지 전 단계에 기계설비를 갖춘 공장화된 와이너리가 늘어나는 추세다. 업계 관계자는 "프랑스 유명 와이너리는 사람이 일일이 손으로 흠집 없고 잘 익은 포도만을 골라 따서 만드니 수확단계에서부터 많은 비용이 든다"며 "반면 이를 기계로 대체하면 생산단가는 크게 낮출 수 있다"고 말했다. (중략)

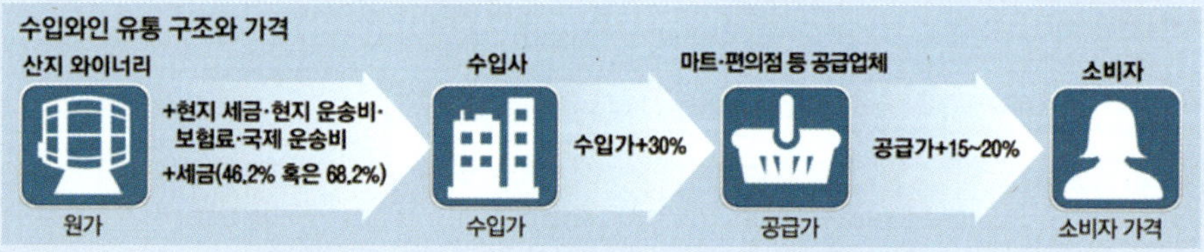

수입와인 가격은 어떻게 정해질까. 산지에서 만들어진 와인은 보통 컨테이너에 실려 배를 타고 항만으로 들어온다. 한국 항만에 도착하는 순간 와인 도착가격이 결정된다. 도착가격은 '원가, 현지 세금, 현지 운송비, 보험료, 국제운송비'를 합한 것이다. 여기에 또 세금이 붙는다. 자유무역협정(FTA) 국가에서 수입할 때에는 46.2%, 비FTA 국가에서 수입할 때에는 68.2% 세율이 적용된다. 국내 수입 주종 가운데 위스키 다음으로 높은 세율이다.

수입사들은 도착가격에 세금이 더해진 가격에 통상 30% 정도 높은 가격으로 백화점이나 마트 같은 공급업체에 넘긴다. 대형마트는 통상 수입사에서 넘겨받은 가격에 15~25%를 붙여 소비자에게 판매한다. 인건비나 임대료 등을 떼고 나면 유통업체에 돌아가는 실제 이익은 얼마 안 된다. 국내 최대 와인 수입사인 신세계L&B의 작년 영업이익률이 3%에 불과한 것도 이 때문이다. (후략)

(매일경제, 2020.8.2)

원가란 무엇인가?

물건을 사온 경우

- 물건의 원가
  =제조업체나 도매상에서 사올 때 지불한 가격
  =**취득원가**

※ 각종 부대비용(운송료, 부가세 등)은 취득원가에 포함함

직접 만든 경우

- 물건의 원가
  =물건을 만들 때 든 돈
  =**제조원가**

※ 물건을 만든 종업원급여도 제조원가에 포함됨

가끔 길을 가다 보면 원가판매라는 가게의 표시판을 볼 수 있다. 현금이 급하게 필요하거나 가게를 닫게 되어 원가에 물건을 싸게 판다는 것이다. 이때 이 가게주인이 말하는 원가란 무엇일까? 원가(Cost)는 '원래의 가격'으로 풀이되는데, 가장 기본적으로는 가게주인이 팔 물건(상품)을 제조업체나 도매상에서 사올 때 지불한 가격일 것이다. 이를 상품의 취득원가(Acquisition Cost)라 한다. 만약 가게주인이 이 물건을 재료를 사다가 직접 만들었다면 원가는 이 물건(제품)을 만들 때 든 돈일 것이다. 이를 제조원가(Manufacturing Cost)라 한다. 물건을 팔 때 가게운영비도 원가로 고려해야 한다. 가게임대료, 전기수도료, 종업원급여를 고려하지 않고 물건가격을 정한다면 밑지는 장사가 될 것이다.

원가
특정자원을 얻기 위해 포기된 자원의 가치

원가라는 용어를 좀더 정확히 설명하면 '특정자원을 얻기 위해 포기된 자원의 가치'이다. 한 기업이 건물을 100억원에 샀다면 이 건물이라는 자원을 얻기 위해 포기한 100억원이 건물의 취득원가이다. 건물의 총취득원가를 정확히 계산하려면 부동산중개료, 등록세, 취득세 등의 부대비용도 포함해야 한다. 직원에게 200만원의 월급을 주고 고용하였다면 직원의 노동력이라는 자원을 얻기 위해 포기한 200만원이 노무원가 또는 인건비라는 원가이다. 이때 월급 이외에 연금, 건강보험료 등의 부대비용도 넓은 의미의 인건비로 포함해야 한다.

비용
수익을 발생시키면서 사용된 자원의 가치

원가와 비용이라는 용어는 같은 뜻으로 사용하는 경우도 있으나 서로 정확히 구별하여 써야 하는 경우도 있다. 비용(Expense)은 매출 등의 수익을 발생시키면서 사용된 자원의 가치를 말한다. 반면 원가는 자원을 취득하면서 발생한다. 즉, 원가는 자원의 취득시점에서, 비용은 자원의 사용시점에서 발생한다.[1] 예를 들면 본사 건물이 구입될 때 취득원가가 발생하고, 이 건물이 기업의 수익창출에 기여하면서 이용될 때 감가상각비라는 비용으로 보고된다. 소매업체가 도매업체에서 판매할 상품을 구입할 때 취득원가가 발생하고, 이 상품이 판매되면서 매출을 창출할 때 매출원가라는 비용이 발생한다.

원가와 자산가치를 흔히 혼동하는 사람이 많은데, 원가는 재고나 설비 등의 자원을 획득하는 당시에 포기된 자원의 가치이나, 자산(장부)가치는 그 자산의 현재 장부상의 가치를 말한다. 본사 건물을 100억원에 구입하여 50년간 사

1) 물론 자원의 취득과 발생이 동시에 발생한다면 원가와 비용이 분리될 필요가 없으며 그러한 예가 뒤에 설명할 기간원가이다.

용하려고 매년 2억원의 감가상각을 한다고 하자. 구입 당시의 원가와 자산가치는 모두 100억원이나, 1년 후에는 원가는 여전히 100억원인 반면 자산가치는 감가상각된 2억원을 제외한 98억원이다.

표 2.1 원가와 자산가치

(단위 : 억원)

	취득 당시	1년 후	2년 후	3년 후
취득원가	100	100	100	100
감가상각비	0	2	2	2
감가상각누계액	0	2	4	6
자산가치	100	98	96	94

원가는 제품이나 자산에 대하여 흔히 계산되지만 다른 대상에 대해서도 계산될 수 있다. 기업이나 단체의 일부부서, 특정사업 프로그램이나 프로젝트, 또는 특정세부활동이나 프로세스도 원가계산대상 또는 원가대상(Cost Object)이 될 수 있다. 예를 들면 노동부의 실업자 재취업사업의 원가를 계산하거나, 현대자동차의 연구개발부의 운영비를 계산하거나, 영종도 신공항의 건설비를 계산하는 것이 가능하다.

원가대상
원가를 계산하는 대상
(예) 제품, 서비스,
기업이나 단체의 부서,
사업 프로그램이나 프로젝트,
세부활동이나 프로세스

제조원가와 판매관리비를 구분한다

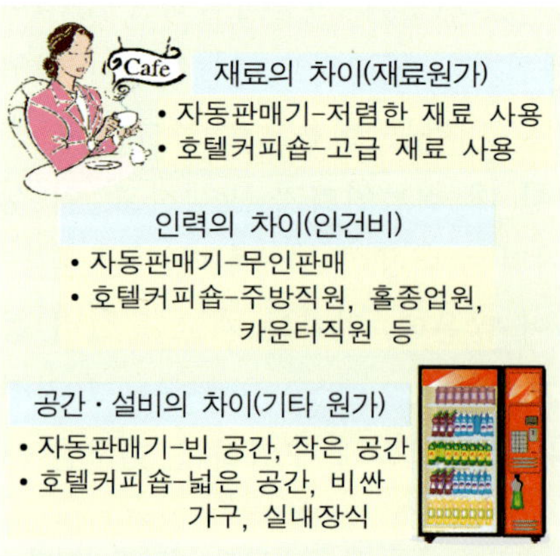

자동판매기의 커피가격에 비해 호텔커피숍의 커피가격은 왜 그렇게 비싼가? 호텔에서 폭리를 취해서 그런 것인가? 반드시 그렇지는 않다. 호텔커피숍 커피는 여러 가지 많은 원가를 발생시키기 때문이다. 우선 호텔 커피의 재료가 자동판매기 커피보다 맛과 품질이 좋고 비싸다. 자동판매기 커피를 위해서는 가끔 재료를 보충하고 현금을 수거해 가는 사람만이 필요하나, 커피숍에서는 주방직원, 홀종업원, 카운터직원 등 많은 사람이 일한다. 또한 자동판매기는 빈 공간에 설치되는데 커피숍에는 넓은 공간에 비싼 탁자, 의자, 실내장식이 있다. 이러한 원가차이 때문에 가격차이가 있는 것이 당연하다. 이러한 원가를 어떻게 분류하며 파악할 수 있는지 알아보자.

제조원가
제조활동을 위한 원가

물건을 직접 만들어 파는 기업을 제조업이라 하는데 동네 빵집부터 거대한 유조선을 만드는 조선업에 이르기까지 규모나 업종이 다양하다. 제조업의 원가는 제조활동을 위한 제조원가와 판매관리활동을 위한 판매관리비로 나눈다. 제조원가(Manufacturing Cost)는 제조활동을 위한 원가이다. 제과점에서 빵을 만들려면 밀가루, 버터, 계란, 우유 등의 재료가 필요하므로 재료원가가 첫 번째 제조원가이다. 밀가루와 다른 재료를 반죽하고 굽는 수고가 필요하니 노무원가가 두 번째 제조원가이다. 빵을 만들기 위한 그릇과 오븐 등의 설비가 필요하니 제조경비가 마지막 제조원가이다.[2)]

판매관리비
판매와 관리 활동을 위한 원가

총원가
제조원가와 판매관리비의 합

제과점에서 빵을 만든 후 팔아야 돈을 벌 수 있으므로 판매활동이 있고, 사업을 전체적으로 관리하는 관리활동이 있다. 제과점에는 매장에서 일하는 점원이 필요하고, 손님이 앉을 의자와 탁자가 필요하며, 빵을 진열할 진열대가 필요하다. 현금출납과 세금보고, 사업계획 등의 관리업무는 주인이 직접 하거나 관리자를 고용한다. 이러한 판매관리활동을 위해 사용되는 돈이 판매관리비(Selling, General & Administrative Expense) 또는 비제조원가이다. 제품의 가격을 결정한다거나 제품별 수익성을 계산할 때 제조원가만 생각하고 판매관리비를 고려하지 않는다면, 원가를 과소평가하여 가격을 너무 낮게 정하거나, 제품의 수익성을 너무 높게 평가하는 잘못된 판단을 하게 된다. 따라서 이러한 경우 제조원가에 판매관리비를 더한 총원가(Full Cost)를 사용해야 한다.[3)]

그림 2.1 원가의 구성

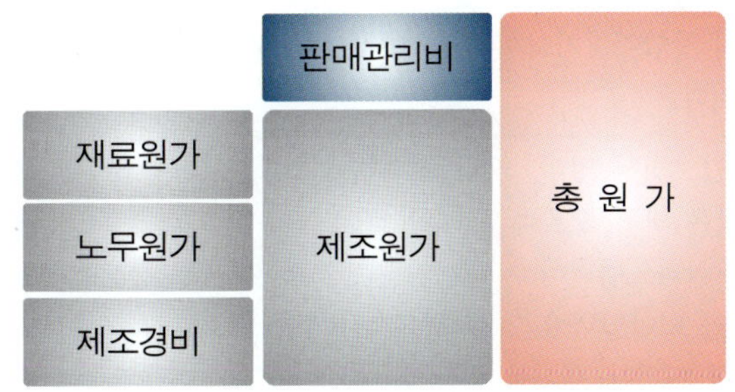

2) 제조경비를 흔히 경비라 하나 일반경비와 구별하기 위해 제조경비라고 부르는 것이 더 좋다.
3) 공기업의 경우 제조원가, 판매관리비에 투자액의 자본원가를 더한 금액을 총원가로 부르는 경우도 있다.

제품원가와 기간원가는 어떻게 다른가?

재고가능원가
재고가 된 후 비용이 되는 원가

기간원가
발생한 기간에 비용이 되는 원가

제조원가와 판매관리비는 관련활동의 차이 이외에 또 하나 중요한 차이가 있다. 제조원가는 제품을 만드는 원가이므로 제품의 원가이다. 제품원가(Product Cost)는 그 제품이 팔리기 전까지는 재고자산의 원가로 남아 있다가, 제품이 팔리면 판매된 기간에 매출원가로 손익계산서에 보고된다. 제조원가의 이러한 속성을 재고가능원가(Inventoriable Cost)라는 용어로 표현한다. 그 반면 판매관리비는 각 기간별로 판매와 관리 활동을 위해 자원이 즉각적으로 사용되므로, 자원이 사용되는 기간에 비용항목으로 손익계산서에 보고된다. 이러한 속성을 기간원가(Period Cost) 또는 재고불가능원가(Non-inventoriable Cost)라는 용어로 표현한다.

YouTube 각 업종의 원가

유튜브에서 원가를 검색해 보면 많은 이야기들이 있다. 여러 업종의 원가에 대한 설명이 있어 도움이 되지만 대부분이 재료원가만을 원가로 부르는 잘못된 용어 사용이 있다. 이런 용어 문제만 제외하면 재료원가와 다른 원가의 구성이나 비율을 자세히 보여주는 예시는 해당업종의 창업희망자나 현재 운영자로서 참고가 된다. 다음은 각 업종의 원가에 대해 상대적으로 설명이 구체적인 유튜브 동영상 제목들이다.

- 원가 얼마 하지도 않으면서 말야, 커피 왜 비싼 거야 －DBR tv
- 원가 얼만데 치킨값은 자꾸 오르네 －팩폭 튜브
- 옷 원가 모든 것을 알려드립니다 －패션일꾼 TV
- 원룸건축원가는 과연 얼마일까요? －원룸멘토링스쿨
- 백종원, 장사의 신이 말하는 원가율의 비밀 "30～35%가 이상적" －SBS Entertainment

많은 동영상에서 각 원가의 대략적인 비율을 가이드라인처럼 말하나 이 비율들은 평균적인 수치일 수 있으니 절대적인 기준은 될 수 없다. 매출액 대비로 재료원가처럼 변동원가도 있고 임차료처럼 고정원가도 있으니 매출이 증가할 때, 고정원가 비율은 줄어들고 변동원가 비율은 변하지 않을 것이다. 커피전문점에서 임차료가 매출의 10% 정도이어야 한다는 것은 그 이상이 되면 이익을 내기 어렵다는 경험을 말하는 것이다.

표 2.2 제조원가와 비제조원가의 비교

	제조원가	비제조원가
관련활동	제조활동	판매관리활동
세부항목	재료원가, 노무원가, 제조경비	판매직 · 관리직 급여, 광고선전비
해당비용	매출원가	판매비와 관리비
재고화 여부	재고가능원가	기간원가

제조원가의 흐름을 제조원가명세서로 이해한다

제조원가명세서
제조원가의 세부금액과 원가흐름을 보여주는 부속명세서

K-IFRS
손익계산서의 비용을 기능별로 분류하여 작성할 때에만 매출원가가 판매관리비와 구분되어 보고된다. 비용이 성격별로 분류되어 보고될 때에는 매출원가와 판매관리비의 구분 없이 인건비, 감가상각비 등 비용항목별 합계금액이 보고된다.

재료원가
생산과정에 투입된 재료의 원가

제조기업은 제조원가를 제조원가명세서에 보고한다. 제조원가명세서는 재무제표의 부속명세서 중의 하나로 재료원가, 노무원가, 제조경비의 세부금액과 제조원가의 흐름을 보여준다. 상장기업의 재무제표와 부속명세서는 금융감독원(www.fss.or.kr, dart.fss.or.kr)이나 한국거래소(www.krx.co.kr)의 전자공시를 이용하여 볼 수 있다. 제조원가명세서의 외부공시가 더 이상 강제적이지 않으므로, 많은 기업이 최근에 제조원가명세서의 공시를 중단하였다.

제조원가의 흐름은 [그림 2.2] 또는 [그림 2.3]과 같이 표시할 수 있다. 제조기업에는 3가지 주요 재고자산이 있는데 재료, 재공품, 제품 재고이다. 제조원가는 이 3가지 재고자산을 차례대로 거치면서 흘러가다가 제품이 팔리면 매출원가라는 비용으로 손익계산서에 보고된다.

제조원가명세서의 첫 번째 부분은 재료원가를 계산한다. 재료원가(Material

그림 2.2 제조원가의 흐름

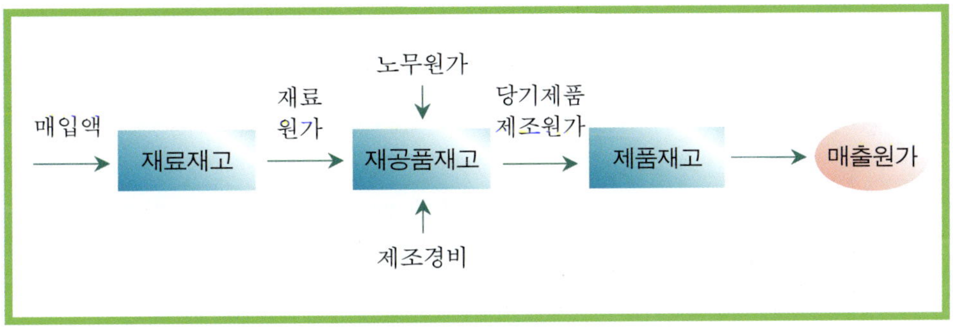

그림 2.3 제조원가의 재고계정간 흐름

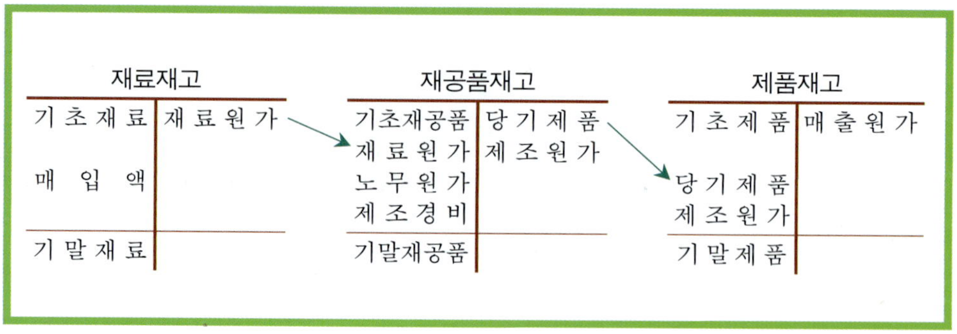

Cost)는 생산과정에 투입된 재료의 원가이다. 재료는 생산에 투입되기 전에 미리 구입되어 재료재고계정에 기록되어 있다가 필요할 때 생산에 이용된다. 따라서 당기에 사용된 재료원가를 계산하기 위해 재료재고의 변화와 당기의 매입액을 사용한다. 즉, 재료재고의 기초잔액에 당기의 재료매입액을 더하고 기말재료재고액을 빼면 재료원가가 된다(타계정 대체액이 차감되는 경우도 있다).

I. 재료원가	=	기초재료재고액	+	당기재료매입액	−	기말재료재고액
10,600	=	200	+	10,700	−	300

국회제과는 20×6년 1월 1일에 200만원의 재료재고액이 있었고 20×6년도 중에 10,700만원의 재료를 협력업체에서 구입하였다. 기말에 재료재고가 300만원어치 남아 있으므로 20×6년도의 재료원가는 10,600만원이다.

노무원가
제조관련 직원의 인건비

제조원가명세서의 두 번째 부분은 노무원가(Labor Cost)를 보여준다. 제조원가명세서의 노무원가는 제조활동과 관련된 직원의 인건비를 보여준다. 근무시간별로 계산되는 임금, 월급으로 일정하게 고정급으로 지급되는 급료, 직장을 퇴직할 때 지급되는 퇴직금을 미리 인건비로 반영하는 퇴직급여,[4] 상여금과 수당이 노무원가의 세부내용이다.

제조경비
제조원가 중 재료원가와 노무원가를 제외한 나머지

제조원가명세서의 세 번째 부분은 제조경비를 상세히 보여준다. 제조경비 중 제조설비의 감가상각비가 대체로 가장 큰 금액이다. 참고로 말하면, 판매관리활동과 관련된 설비의 감가상각비는 판매관리비로 보고된다. 두 번째로 큰 제조경비 항목이 대체로 복리후생비인데 복리후생비는 직원에 대한 인건비성

4) 퇴직급여충당금 전입액이라고도 한다.

제조원가명세서

국희제과 20×6. 1. 1부터 12. 31까지 (단위 : 만원)

과 목	금 액
Ⅰ. 재료원가	10,600
1. 기초재료재고액	200
2. 당기재료매입액	10,700
3. 기말재료재고액	300
Ⅱ. 노무원가	1,300
1. 임 금	500
2. 급 료	200
3. 퇴 직 급 여	150
4. 상 여 금	400
5. 연월차수당	50
Ⅲ. 제조경비	1,400
1. 복리후생비	200
2. 동력용수비	150
3. 보 험 료	10
4. 소 모 품 비	30
5. 수 선 비	100
6. 특허사용료	20
7. 감가상각비	500
8. 개발비상각	110
9. 기 타	280
Ⅳ. 당기총제조원가	13,300
Ⅴ. 기초재공품재고액	100
Ⅵ. 기말재공품재고액	150
Ⅶ. 당기제품제조원가	13,250

경비이므로 노무원가 부분에 포함하는 기업도 간혹 볼 수 있다.[5] 복리후생비에는 개인별로 지급되지 않고 직원 전체의 복지후생을 위한 편의시설 등을 위해 사용되는 원가와 건강보험 등 개인별로 추적가능한 원가가 있다. 제조경비는 이외에도 조세공과금, 접대비, 여비교통비, 차량비, 통신비, 임차료 등의 약 30가지의 세부항목으로 보고된다. 세부항목 전체의 내용은 본장 끝의 쌍용자동차(주)의 사례에 나타나 있다.

5) 기업회계기준의 별지 서식의 제조원가명세서는 복리후생비를 (제조)경비에 포함시키고 있다.

당기총제조원가
당기의 재료원가, 노무원가, 제조경비를 합산한 금액

재료원가, 노무원가, 제조경비를 합산한 금액이 당기총제조원가(Total Manufacturing Cost)[6]이다. 국희제과의 20×6년도 총제조원가는 재료원가 10,600만원, 노무원가 1,300만원, 제조경비 1,400만원을 합한 13,300만원이다.

IV. 당기총제조원가 = I. 재료원가 + II. 노무원가 + III. 제조경비
13,300 = 10,600 + 1,300 + 1,400

재공품
생산과정에 있는 미완성품

당기제품제조원가
당기에 완성된 제품의 제조원가

생산과정중의 제품이 회계연도말인 12월 31일 자정까지 완성되지 않으면 재공품(在工品, Work In Progress)재고로 분류되어 다음 기의 생산완료를 위해 이월된다.[7] 회계연도중에 완성된 제품은 제품재고로 분류된다. 따라서 당기에 생산된 제품의 원가, 즉 당기제품제조원가(Cost of Goods Manufactured)는 기초재공품재고액에 당기총제조원가를 더하고 기말재공품재고액을 차감하여 계산한다.

VII. 당기제품제조원가 = IV. 당기총제조원가 + V. 기초재공품재고액 − VI. 기말재공품재고액
13,250 = 13,300 + 100 − 150

당기제품제조원가와 당기총제조원가는 이름이 비슷하나 서로 다른 원가수치이다. 당기총제조원가는 그 기간에 투입된 모든 생산요소 투입물(input)의 원가이나 당기제품제조원가는 그 기간에 완성된 제품, 즉 산출물(output)의 원가이다. 일반적으로 두 금액은 크게 차이가 나지 않으나 생산량 수준이 크게 변화하거나 투입요소의 가격이 크게 변한다면 무시할 수 없는 차이를 보인다.

제품이 판매되면 비로소 매출원가라는 비용항목으로 손익계산서에 보고된다. 제조업의 매출원가와 제품재고의 관계는 다음과 같다.

매출원가 = 기초제품재고액 + 당기제품제조원가 − 기말제품재고액

매출원가의 계산을 보여주는 위의 관계를 손익계산서에 나타내는 기업도 있고, 매출원가만을 손익계산서에 표시하는 기업도 있다.

6) 실무에서는 '당기총제조비용'이라고 불리나 '당기총제조원가'가 좀더 정확한 이름이다.
7) 완성품이 아니지만 미완성품 상태로 판매가능한 것은 반제품이라 불린다.

표 2.3 제조업 전체 2022년 제조원가 현황

	금 액(백만원)	구성비(%)
당기총제조원가	1,776,376,501	100.00
재 료 원 가	1,209,927,998	68.11
노 무 원 가	133,207,946	7.50
제 조 경 비	433,240,556	24.39
복리후생비	17,866,689	1.01
전 력 비	24,424,945	1.37
가스수도비	21,678,037	1.22
감가상각비	82,186,835	4.63
세금과공과	3,526,850	0.20
임 차 료	5,145,914	0.29
보 험 료	3,561,999	0.20
수 선 비	18,021,188	1.01
외주가공비	120,779,549	6.80
운반・하역・보관・포장비	15,671,835	0.88
경상개발비	7,436,753	0.42
기 타 경 비	112,939,962	6.36
기초재공품원가	64,045,634	3.61
기말재공품원가	77,935,251	4.39
유형자산(타계정)대체액	26,271,325	1.48
당기제품제조원가	1,736,215,560	97.74

〈표 2.3〉은 한국은행 기업경영분석에서 보고된 우리나라 제조업 전체의 2022년 제조원가 현황이다. 당기총제조원가는 약 1,776조원으로, 이 중 재료원가는 약 68.1%, 노무원가는 약 7.5%, 제조경비는 약 24.4%이다. 제조경비 중 가장 큰 것이 외주가공비이며, 다음으로 기타경비, 감가상각비 순서이다. 같은 기간에 당기제품제조원가는 약 1,736조원, 매출원가는 약 2,040조원이었다.

직접원가와 간접원가를 구분한다

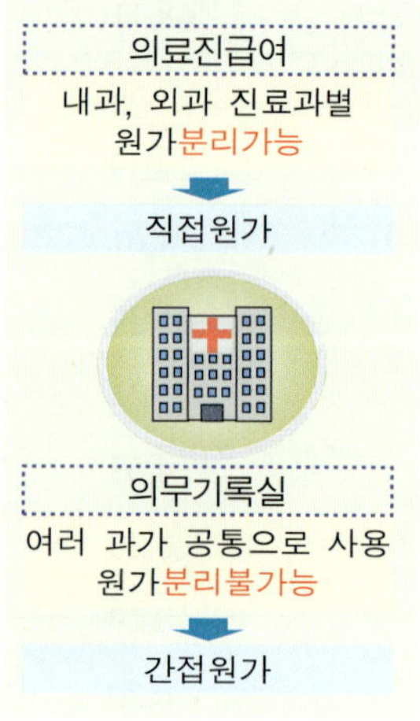

직접원가 [개별원가]
원가대상별로 분리 또는 추적이 가능한 원가

간접원가 [공통원가]
원가대상별로 분리 또는 추적이 불가능한 원가

발생한 원가를 집계할 때 원가대상인 제품, 부서, 사업, 또는 프로젝트별로 분리가 가능한 원가가 있고 분리가 불가능한 원가가 있다. 예를 들어 병원에 내과와 외과가 같이 있다면 각 진료과의 의사와 간호사의 급여는 진료과별로 분리가 가능하나 내과와 외과가 공통적으로 사용하는 의무기록실의 인원과 설비에 대한 원가는 분리가 불가능하다. 이렇게 원가대상별로 분리 또는 추적이 가능한 원가를 직접원가(Direct Cost) 또는 개별원가(Separable Cost)라 하고, 불가능한 원가를 간접원가(Indirect Cost) 또는 공통원가(Common Cost)라고 한다. 원가대상별로 직접적 또는 개별적으로 발생하는 직접원가(개별원가)는 단순히 측정하여 집계하면 되나, 원가대상에 간접적 또는 공통적으로 발생하는 간접원가(공통원가)는 전체 금액을 측정한 후 필요하면 원가대상에 배분한다. 원가의 추적가능성은 기술적인 측면뿐만 아니라 추적의 경제성에 의해 결정된다. 개별원가로 분리 집계하는 수고에 비해 혜택이 적다면 공통비로 처리하는 것이 편리하다. 실무적으로 원가계산이 복잡한 이유는 이 공통원가를 여러 가지 방법으로 배분해야 하기 때문이며 공통원가 배분 문제는 제3장에서 다룬다.

직접재료원가
제품에 추적가능한 재료원가

직접노무원가
제품에 추적가능한 노무원가

제조간접원가
제품에 추적불가능한 제조원가

제품의 원가를 계산할 때 재료원가와 노무원가를 직접원가와 간접원가로 나눈다. 자동차의 재료원가 중 그 금액이 크거나 제품별로 쉽게 분리되는 철판, 타이어 등의 주요 재료는 직접재료원가(Direct Material Cost)로 직접 집계된다. 그러나 윤활유, 납땜 등 금액이 작고 제품별로 분리하는 것이 어려운 재료는 간접재료원가로 분류된다. 노무원가 중 특정 자동차 생산라인에서 일하는 생산직의 급여는 직접노무원가(Direct Labor Cost)이고 여러 제품의 생산을 지원하는 구매부나 설계부, 자재관리부 등에서 일하는 직원이나 감독자의 급여는 간접노무원가이다. 감가상각비, 동력용수비 등의 제조경비는 대부분이 제품별로 분리하기 어려운 간접원가이다. 만약 특정 제품의 생산과정에 외주가공비가 발생하거나, 특정 제품라인에서만 사용하는 전용설비가 있어 감가상각비나 수선비가 발생하면 이 금액은 직접경비이다. 이런 예외적인 경우를 제외하고 일반적으로 제조경비 전체와 간접재료원가, 간접노무원가를 합하여 제조간접원가(Overhead Cost)로 부른다.

제조간접원가 = 간접재료원가 + 간접노무원가 + 제조경비

직접재료원가와 직접노무원가가 가장 기초적인 제조원가이므로 기초원가[8](Prime Cost)라고 부른다. 직접노무원가와 제조간접원가는 직접재료를 가공하는 원가이므로 가공비(Conversion Cost)라고 부른다.

K-IFRS

기업회계기준서 제1002호의 12는 전환원가라는 용어를 사용하나, 실무에서 가공비라는 용어를 주로 사용하므로 본 저서는 가공비라는 용어를 계속 사용한다.

기초원가 = 직접재료원가 + 직접노무원가

가 공 비(전환원가) = 직접노무원가 + 제조간접원가

제조원가의 구분을 종합하면 [그림 2.4]와 같다.

그림 2.4 제조원가의 구분

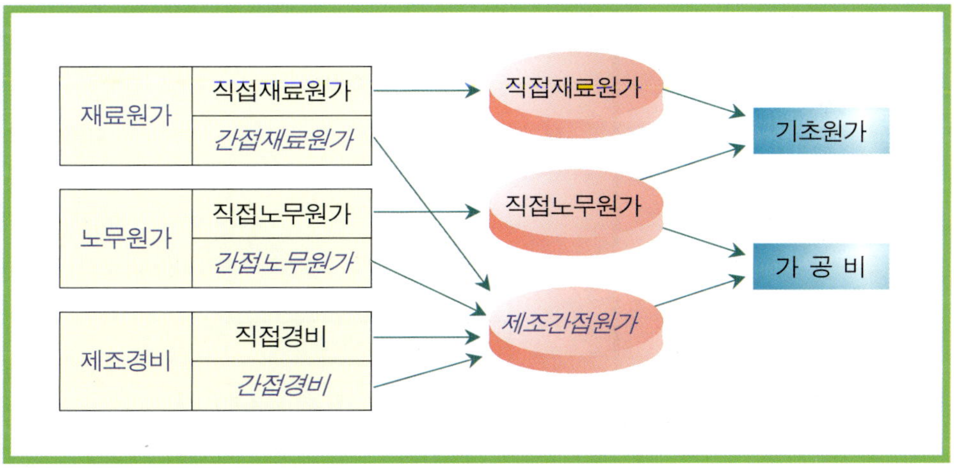

변동원가와 고정원가를 구분한다

변동원가
활동수준에 따라 크기가 변하는 원가

휴대폰 요금 중 기본료는 통화량과 무관하게 일정한 원가가 발생한다. 그러나 통화료는 통화량에 따라 요금이 변동한다. 이렇게 활동의 수준에 따라 변동하는 원가를 변동원가(Variable Cost)라 하고 활동의 수준과 무관하게 고정되어 있

8) 기본원가라고도 부른다.

고정원가
활동수준과 무관하게 일정한 원가

기본료
통화량과 무관하게 일정한 요금이 발생

고정원가

통화요금
통화량에 따라 요금이 변동

변동원가

는 원가를 고정원가(Fixed Cost)라 한다. 원가의 변동성여부는 이미 발생한 원가를 측정하는 경우보다 미래원가를 추정하고 의사결정을 하는 데 중요하다. 원가의 크기에 영향을 미치는 발생요인은 생산량, 판매량 또는 다른 활동수준일 수 있다. 과자를 만들 때 밀가루, 우유 등의 직접재료원가, 제과설비의 동력비 등은 생산량에 비례하여 발생하는 변동원가이다. 이에 비해 사장 등 임원의 급여나 설비 감가상각비 등은 생산량과 무관하게 일정한 고정원가이다.

변동원가와 고정원가의 원가행태를 수식과 그림으로 보이면 다음과 같다.

고정원가 : $Y=a$	Y : 원가	a : 총고정원가
변동원가 : $Y=bX$	X : 활동수준	b : 활동단위당 변동원가

그림 2.5 원가행태

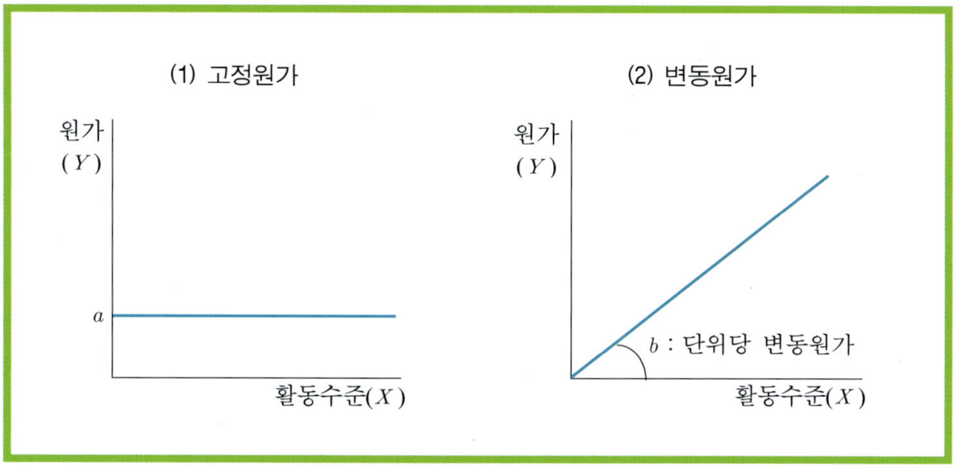

원가의 행태에 대한 분석과 활용에 대한 깊이 있는 논의는 제Ⅲ부에 있다.

의사결정에 필요한 관련원가를 찾는다

한 달 전에 서점에서 어떤 관리회계 책을 2만원에 사서 읽기 시작하였다고 하자. 처음 보기와 달리 이 책은 이해가 어렵고 지루하며 중요한 내용이 빠져 있

기발생원가 [매몰원가]
이미 발생하여 변경될 수 없는 원가

관련원가
의사결정과 관련된 원가

기회원가
포기된 기회(대안)의 가치

다는 것을 알게 되었고, 친구의 소개로 더 좋은 책을 알게 되었다고 하자. 이때 이미 산 책을 계속 읽을 것인가 아니면 더 좋은 책을 다시 살 것인가? 많은 사람은 책값 2만원이 아까워서 계속 그 책을 읽을 것이다. 그러나 이미 지불한 책의 가격 2만원은 환불이 불가능하므로 기발생원가(Sunk Cost) 또는 매몰원가이다. 이 금액은 이미 없어진 돈이므로 더 이상 미련을 두지 말아야 한다. 새 책을 살 것인가 말 것인가를 결정할 때 고려하지 말아야 하는, 의사결정과 무관한 원가, 즉 비관련원가(Irrelevant Cost)이기 때문이다. 새 책을 살 것인가 말 것인가의 결정에는 새 책의 가격과 지금 가진 책을 읽으면서 낭비되는 시간과 노력의 가치가 고려되어야 한다. 이 금액들이 의사결정에 필요한 관련원가(Relevant Cost)이다. 비효과적인 책 때문에 낭비되는 시간과 노력의 가치를 기회원가(Opportunity Cost)라고 하는데 측정하기는 어렵지만 중요한 원가개념이다. 만약 나의 시간과 노력의 가치가 새 책의 가격 이상이라면 새 책을 사는 것이 더 현명하다. 여러 가지 의사결정의 경우에 관련된 원가를 찾는 방법에 대해서는 제13장에서 자세히 다룬다.

원가정보의 경영의사결정 활용

우리나라의 중소기업에서 원가정보가 다음과 같이 활용되고 있음을 한 실태조사가 보여준다.

	구성비율
제품별 원가계산을 통한 원가분석	16.6
제품가격 결정	13.8
가격협상을 위한 원가견적	13.3
제품별 수익성 분석	12.4
손익분기점 분석	11.3
원가절감 추진	7.7
신제품 개발	7.5
경영계획 수립 및 통제	5.8
예산편성	4.7
신설비 도입을 위한 경제성 평가	3.9
세무보고서 관련의 원가자료 제공	3.0
계	100

(신준용 · 손무선, 회계저널, 한국회계학회, 1995년 12월)

쌍용자동차(주)의 제조원가

쌍용자동차(주)의 2006년도 제조원가명세서를 이용하여 제조원가를 분석하자.

먼저 재료원가를 보자. 쌍용자동차(주)는 2006년 1월 1일에 79십억원의 재료재고액이 있었고 2006년도중에 1조 932십억원의 재료, 즉 철판, 타이어, 페인트 등의 주요 재료와 부품을 포항제철, 한국타이어, 고려화학과 부품하청업체에서 구입하였다. 재료와 관련하여 타계정에서 17십억원이 대체되었다. 이 중 일부 다른 계정으로 보내진 것이 231십억원이고 기말에 재료재고가 85십억원 남아 있으므로 2006년도의 재료원가는 1조 712십억원이다.

I. 재료원가＝기초재료재고액＋당기재료매입액＋타계정에서 대체－기말재료재고액－타계정으로 대체액
＝79십억원＋1,932십억원＋17십억원－231십억원－85십억원
＝1,712십억원

두 번째, 제조원가명세서의 노무원가는 임금, 급료, 퇴직급여충당금전입액, 상여금, 수당을 합하여 총 253십억원이다. 이 노무원가는 제조활동과 관련된 직원의 인건비만을 보여주므로, 기업의 총인건비는 이 노무원가에 손익계산서의 판매관리비에 포함되어 있는 판매관리직의 인건비를 더한 금액이다. 쌍용자동차(주)의 경우 노무원가는 약 2천 5백억원이며 판매관리비 중의 급여와 퇴직급여의 합계가 약 1천 3백억원이므로 2006년도의 쌍용자동차(주) 전체의 총인건비는 약 3천 8백억원이다. 복리후생비도 직원에 대한 인건비성 경비이므로 제조경비와 판매관리비의 복리후생비 304억원과 70억원을 포함하여, 쌍용자동차(주)의 총인력관련원가를 계산하면 총 약 4천 2백억원이다. 이 금액은 2001년 총매출액 2조 9,500억원의 14%에 해당하는 금액이다.

세 번째, 제조경비를 보자. 쌍용자동차(주)의 경우 총제조경비 2천 8백억원 중 감가상각비가 1천 3백억원으로 약 46%를 차지하는 가장 큰 항목이다. 두 번째로 큰 제조경비 항목이 45십억원의 수수료 항목이다.

쌍용자동차(주)의 2006년도 재료원가, 노무원가, 제조경비를 합산한 총제조원가는 2조 252십억원이며 그 구성비는 다음과 같다.

	금액(십억원)	구성비(%)
재료원가	1,713	76.1
노무원가	253	11.2
제조경비	286	12.7
총제조원가	2,252	100

쌍용자동차(주)의 재료원가 구성비가 76.1%로 상당히 높은 이유는 완성차 업체의 상당부분 부품이 하청업체에서 생산되어 납품되는데 이 부품들이 재료원가에 포함되기 때문이다. 쌍용자동차(주)의 총재료원가의 55%가 협력업체에서 납품하는 브레이크, 트랜스미션, 엔진부품, 타이어, 유리, 전장품, 고무, 플라스틱 등임을 사업보고서가 밝히고 있다. 제조업 전체의 재료원가 구성비는 약 60%이다.

생산과정중의 자동차가 회계연도말인 12월 31일 자정까지 완성되지 않으면 재공품재고로 분류되어, 다음 기의 작업을 위해 이월된다. 회계연도중에 완성된 자동차는 제품재고로 분류된다. 쌍용자동차(주)의 경우, 2006년도에 투입된 총제조원가가 2조 252십억원이나 완성차의 제품제조원가는 2조 202십억원으로 50십억원 더 적다. 2006년도의 제품제조원가를 2006년도에 생산된 자동차 총수량 117,139대로 나누면 자동차의 1대당 평균제조원가를 18,804천원으로 추정할 수 있다.

제품인 자동차가 판매되면 비로소 매출원가라는 비용항목으로 손익계산서에 보고된다. 쌍용자동차(주)의 경우, 직접 제조한 제품 이외에 협력업체에서 매입하여 바로 판매하는 부품 등의 상품도 매출액에 포함되므로, 당기상품매입액 253십억원도 매출원가 계산에 필요하다. 생산된 자동차를 팔지 않고 업무에 사용한다면 이 제품은 유형자산으로 대체된다. 이것이 제품이 타계정대체되는 예이다. 쌍용자동차(주)의 2006년도 매출원가는 2조 386십억원이다.

제조원가명세서

쌍용자동차(주) 2006년 (단위 : 천원)

과 목	금 액
원재료비	1,712,789,719
기초원재료재고액	79,642,111
당기매입액	1,932,236,355
타계정에서 대체	17,529,617
타계정으로 대체	231,385,866
기말원재료재고액	85,232,498
노무비	253,320,028
급료 및 임금	146,352,972
제수당	80,315,026
퇴직급여	26,652,030
경 비	286,429,607
전력비	10,802,410
수도광열비	15,771,071
감가상각비	138,052,887
수선비	6,794,373
세금과공과	12,398,324
임차료비용	341,704
보험료	1,647,114
소모품비	4,954,911
운임, 운반비	1,451,911
외주가공비	13,647,685
접대비(기밀비)	55,729
여비, 교통비	343,295
통신비	295,507
수수료비용	45,084,246
차량유지비	1,111,595
도서구입 및 인쇄비	216,494
교육훈련비, 연수비	404,933
복리후생비	30,431,901
전산처리비	679,242
기 타	1,944,277
당기총제조비용	2,252,539,354
기초재공품재고액	35,290,241
타계정에서 대체	363,162,505
합 계	2,650,992,100
기말재공품재고액	34,869,704
타계정으로 대체	458,120,762
당기제품제조원가	2,158,001,634

손익계산서

쌍용자동차(주) 2006년 (단위 : 천원)

과 목	금 액	과 목	금 액
매출액	2,951,836,878	판매촉진비	14,981,409
총매출액	2,952,583,309	해외시장개척비	1,256,868
상품매출액	360,353,369	수출비용	64,386,457
제품매출액	2,551,693,974	A/S비	61,123,840
(제품매출)	2,551,693,974	기 타	139,129,846
기타매출액	40,535,967	경상개발비	100,682,825
매출할인	746,431	무형자산상각	37,321,381
매출원가	2,386,681,403	산업재산권상각	381,774
상품매출원가	231,862,912	전용시설이용권상각	41,730
기초재고	40,248,595	개발비상각	34,696,830
매 입	253,912,578	기타무형자산상각	2,201,047
타계정으로 대체	10,098,837	기 타	1,125,640
기말재고	52,199,424	영업이익	27,269,701
제품매출원가	2,121,050,101	영업외수익	93,188,350
기초재고	67,575,927	이자수익	6,492,176
당기제품제조원가	2,158,001,634	배당금수익	9,200
관세환급금	16,698,048	수수료수익	27,374,051
타계정으로 대체	4,277,303	보험차익	10,837
기말재고	83,552,109	외환차익	14,924,235
기타매출원가	33,768,390	외화환산이익	1,025,229
매입/제조	33,768,390	파생상품거래이익	3,564,857
매출총이익	565,155,475	파생상품평가이익	2,238,622
판매비와관리비	537,885,775	대손충당금환입	937,841
인건비	68,263,226	투자자산처분이익	178,408
급료와 임금	53,167,613	매도가능증권처분이익	4,318
퇴직급여충당금전입액	7,295,239	유, 무형, 리스자산처분이익	481,675
복리후생비	7,800,374	지분법평가이익	211,676
일반관리비	61,949,318	기 타	35,735,225
여비교통비	904,900	영업외비용	178,185,907
통신비	827,926	이자비용	38,592,680
수도, 광열비	927,118	기부금	661,185
세금과공과	6,303,730	외환차손	11,881,495
임차료비용	8,011,225	파생상품거래손실	10,264,844
감가상각비	20,034,705	파생상품평가손실	6,250,007
수선비	977,595	자산평가손실	779,159
보험료	251,084	외화환산손실	779,159
소모품비	294,572	기타대손상각	1,780,810
도서인쇄비	418,609	감가상각비	205,637
차량유지비	315,539	유, 무형, 리스자산처분손실	2,286,150
교육훈련비	1,039,933	투자자산처분손실	204,779
수수료비용	16,782,170	매도가능증권처분손실	98,209
전산처리비	4,656,753	유형자산감액손실	6,994,532
기타관리비	203,460	기 타	98,186,420
판매비	268,543,384	경상이익	−57,727,857
접대비(기밀비)	481,751	법인세차감전순이익	−57,727,857
광고선전비	24,604,714	법인세등	138,233,898
포장비	1,249,476	당기순이익	−195,961,754
운반비	6,030,816	(주당경상이익)	−1,622
판매수수료	94,428,054	(주당순이익)	−1,622

토론

모방 논란 '코리아구스' 소재, 캐나다구스와 비교해 보니

판매가격이 100만원이 훌쩍 넘는 캐나다구스 패딩점퍼가 여러 유통채널에서 잇따라 완판(출고된 물량이 모두 판매된 상황을 표현하는 신조어) 행렬을 이어가는 가운데, 국내・외 중저가 패션 브랜드들이 앞다퉈 캐나다구스를 표방한 유사 패딩 제품을 내놓고 있다. 이들 브랜드의 패딩은 백화점 판매가격이 10만원대에 불과한 데다 와펜(재킷의 가슴이나 모자 등에 다는 방패 모양의 기장이나 장식)은 캐나다구스의 것과 매우 유사해, 인터넷상에서 '코리아구스'라는 별칭으로 불리며 논란이 되고 있다.

• 캐나다구스, 36% 할인행사 시작하자마자 하루 만에 200벌 '완판'

지마켓은 2일부터 1주일간 캐나다구스의 패딩 200벌을 한정판매하겠다고 밝혔지만, 준비한 물량 중 90%가 특가판매행사가 시작된 당일에 판매된 것으로 알려졌다. 나머지 10%는 'XX스몰' 등 수요가 거의 없는 사이즈의 상품이기 때문에 사실상 완판된 것이나 다름없다는 것이 회사측 설명이다. 특히 '시타델'과 '트릴리움', '익스페디션' 등 일부 인기 모델은 비(非)인기 사이즈까지 전량 품절됐다. 백화점 판매가가 125만원인 시타델과 익스페디션은 각각 36%씩 할인된 79만8,000원에, 105만원 상당의 트릴리움은 34% 할인된 69만8,000원에 판매됐다.

지마켓은 지난달 초 캐나다구스의 1차 할인행사를 진행했을 때도 150개 물량을 2시간 만에 모두 팔았다. 당시 지마켓은 캐나다구스를 백화점가에 비해 44% 할인된 가격에 내놨다. 이마트의 저가 제품 판매점 '트레이더스'도 지난달 20일부터 23일까지 익스페디션 등 15개 모델을 평균 30%씩 할인판매했다. 당시 트레이더스에서 준비한 물량은 3일 만에 전량 품절된 것으로 알려졌다. 이마트 관계자는 "캐나다구스의 인기가 워낙 높아 후속 할인행사를 준비하고 있지만, 해외에서 물량을 수급하는 게 어려울 정도로 수요가 많다"고 말했다. 소셜커머스 업체 쿠팡도 지난달 22일부터 7일간 캐나다구스 할인행사를 열어 61개 물량을 모두 판매했으며, 이보다 앞선 18일부터 20일까지 3일에 걸친 1차 할인행사에서도 80개 물량을 완판했다.

▲ 캐나다구스의 '시타델'과 '트릴리움' (지마켓 홈페이지)

이처럼 병행수입(국내 공식 수입사 외의 다른 수입업자가 제3국이나 홍콩, 마카오 등지의 자유무역항의 판매업자를 경유해 상품을 수입해오는 방식)이나 해외직구매(해외 현지의 글로벌 셀러가 물건을 직접 사들여 국내에 들여와 판매하는 방식)를 통해 할인판매되는 상품뿐 아니라, 국내 공식 수입사를 거쳐 수입되는 제품도 인기가 높다.

롯데백화점은 서울 소공동 본점 에비뉴엘에 입점한 캐나다구스의 10~11월 평균 매출이 4억원을 기록했다고 밝혔다. 신세계백화점도 올 겨울 캐나다구스의 입고 물량을 작년에 비해 2배나 늘렸다. 신세계백화점 관계자는 "1차로 입고한 물량은 추석 전에 모두 품절됐고 2차 물량 역시 거의 대부분 팔린 상태"라면서 "매장에 물건이 부족해 못 팔 정도"라고 전했다.

• 모방 논란 '코리아구스', 캐나다구스와 거의 같은 소재… "가격은 5분의 1"

이처럼 수백만원에 달하는 패딩점퍼가 큰 인기를 끌자 국내 중저가 브랜드들은 프리미엄 브랜드를 표방해 비슷한 디자인의 오리털점퍼를 출시하며 '알뜰족' 잡기에 나섰다. 이들 중 일부 브랜드의 제품은 캐나다구스의 것과 유사한 와펜을 부착하기도 했다.

한국산 모방 제품을 뜻하는 코리아구스의 대표 상품으로는 '엠폴햄'과 '클라이드'가 꼽힌다. 엠폴햄의 오리털패딩에 부착된 와펜에는 독도 지도가 그려져 있다. 북극해를 형상화한 지도를 그려넣은 캐나다구스의 와펜과 매우 유사한 모습이다. 붉은색 띠를 두른 원 안에 파란색과 흰색으로 지도를 표현한 것도 비슷하다. 클라이드도 오리털 패딩점퍼의 와펜에 영국 지도를 그려넣어 비슷한 분위기를 연출했다.

이 같은 코리아구스 상품 출시가 속출하자 캐나다구스측은 소송을 검토하겠다고 나섰다. 캐나다구스의 국내 공식 수입사 코넥스솔루션은 "캐나다구스 본사에서 법적인 소송을 검토중"이라며 강경하게 대응하겠다고 밝힌 상태다.

▲ 엠폴햄(왼쪽)과 클라이드(오른쪽)의 오리털 패딩. 점퍼와 와펜의 디자인이 캐나다구스의 것과 유사해 논란이 되고 있다. (롯데백화점 인터넷몰)

그렇다면 이들 코리아구스 제품들은 캐나다구스와 비교해 품질, 보온성 측면에서 어떨까. 캐나다구스는 브랜드명(goose · 거위라는 뜻)과는 달리 180만원대의 일부 제품군을 제외하곤 모두 오리털로 제작된다. 캐나다구스의 최고 인기 모델로 꼽히는 익스페디션의 충전재는 오리솜털 80%와 오리깃털 20%로 구성되어 있다. 후드(모자)에는 라쿤(미국 너구리) 털을 적용했다.

업계에서는 패딩점퍼의 충전재는 솜털의 비율이 80%가 넘어야 이상적이라고 본다. 솜털이 깃털보다 공기를 많이 함유해, 보온력을 높일 수 있기 때문이다. 엠폴햄의 패딩점퍼는 충전재의 성분으로만 보면 캐나다구스 제품과 비슷하다. 오리솜털 80%와 오리깃털 20%로 이루어졌으며, 후드에는 라쿤 털을 적용했다. 판매가격은 캐나다구스(125만원짜리 익스페디션 기준)의 5분의 1도 안 되는 23만9,000원이다.

클라이드의 패딩점퍼는 오리솜털 70%와 오리깃털 30%로 제작됐다. 후드에는 라쿤털이 적용됐고 가격은 16만5,000원이다. 이 제품은 현재 롯데백화점 인터넷몰에서 전량 품절이 될 정도로 높은 인기를 끌고 있다. 지바이게스의 오리털점퍼는 더 저렴한 15만9,000원에 팔리고 있다. 이 제품 역시 오리솜털 80%, 오리깃털 20%로 구성된 충전재로 만들어졌다. 후드에도 캐나다구스와 마찬가지로 라쿤 털이 적용됐다.

웨스트우드의 오리털패딩은 충전재 중 솜털의 비율로만 보면 캐나다구스 제품보다 오히려 우수하다. 오리솜털 90%와 오리깃털 10%로 이루어져 있으며 가격은 19만6,000원이다. 와펜은 빨간 띠를 두른 원 안에 파란색 바탕의 그림이 있는 형태로, 캐나다구스의 것과 매우 유사하다.

캐나다구스가 이들 코리아구스 브랜드를 대상으로 소송을 제기하겠다고 나선 것에 대해 업계와 소비자의 의견은 분분하다. 디자인을 베껴 지적 재산권을 침해한 것은 크게 문제가 된다는 주장도 나오는 반면, 일각에서는 '표절'의 기준이 모호하다는 지적도 나온다. 서울시내 한 백화점에 패딩점퍼를 사러 들렀다는 직장인 김모 씨는 "와펜의 도안은 몰라도, 패딩점퍼의 디자인은 브랜드마다 대부분 비슷하기 때문에 이를 문제 삼아 소송을 건다는 것은 납득이 잘 안 간다"면서 "초고가 캐나다구스와 충전재나 후드털은 비슷하면서 가격은 훨씬 저렴한 제품들이 소비자들의 선택을 받는 것은 당연한 일이 아니냐"고 반문했다. (조선일보, 2013.12.3)

토론해 보자

(1) 고가의 수입 패딩점퍼와 중저가의 국산 제품의 원가구성은 어떻게 다를지 다른 기사나 자료를 찾아서 논의해 보자.

(2) 외국제품의 병행수입이나 해외직구매가 판매관리비를 어떻게 줄여주는지를 논의해 보자.

요약정리

원가는 자원의 취득과정에서, 비용은 자원의 사용과정에서 발생한다. 제품의 제조과정에서 발생한 원가는 제조원가이며 재고자산에 포함되어 있다가 제품이 판매되면 매출원가라는 비용이 된다. 판매관리활동을 위한 원가는 발생 즉시 판매관리비라는 비용 항목으로 처리된다. 제조원가는 재료원가, 노무원가, (제조)경비의 요소별로 구분된다. 당해 기간에 투입된 재료원가, 노무원가, 경비의 합계액을 당기총제조원가라 한다. 회계기간말에 아직도 생산과정중에 있어서 미완성된 재고자산을 재공품이라고 한다. 당해 기간에 완성된 제품의 제조원가를 당기제품제조원가라 한다. 제조원가의 흐름을 제조원가명세서가 보여준다. 제조원가명세서는 재무제표의 부속명세서로 작성된다. 원가를 제품, 서비스, 부서, 프로그램 등의 원가대상에 추적하여 집계할 수 있느냐에 따라 직접원가(개별원가)와 간접원가(공통원가)로 나눈다.

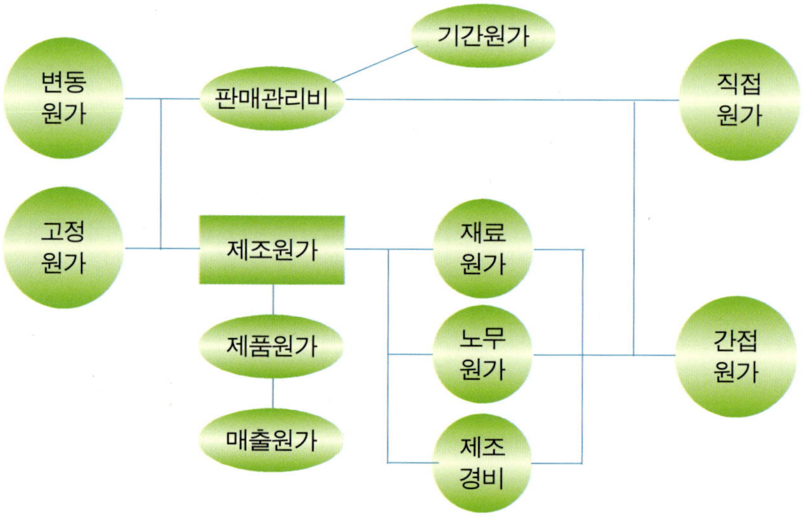

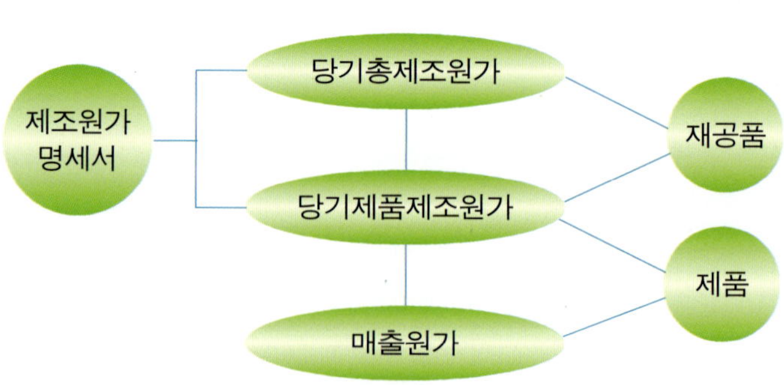

2 연습문제

객관식

01 **원가개념** (18. 감정평가사)

원가가산 가격결정방법에 의해서 판매가격을 결정하는 경우 ( )에 들어갈 금액으로 옳은 것은? (단, 영업이익은 총원가의 30%이고, 판매비와관리비는 제조원가의 50%이다)

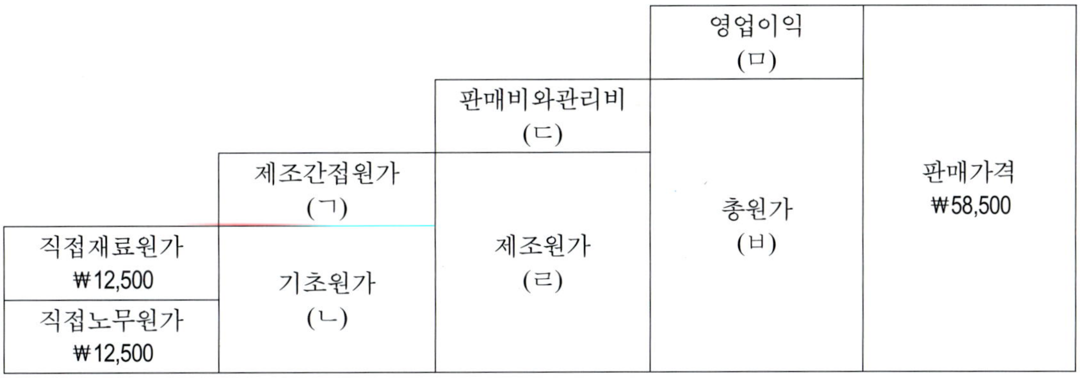

	(ㄱ)	(ㄴ)	(ㄷ)	(ㄹ)	(ㅁ)	(ㅂ)
①	₩5,000	₩25,000	₩15,000	₩30,000	₩13,500	₩45,000
②	5,000	25,000	17,500	35,000	10,500	48,000
③	10,000	25,000	15,000	30,000	13,500	45,000
④	10,000	25,000	17,500	35,000	10,500	48,000
⑤	10,000	25,000	17,500	30,000	10,500	48,000

02 **원가개념** (22. 감정평가사)

원가에 관한 설명으로 옳지 않은 것은?

① 가공원가(전환원가)는 직접노무원가와 제조간접원가를 합한 금액이다.
② 연간 발생할 것으로 기대되는 총변동원가는 관련범위 내에서 일정하다.
③ 당기제품제조원가는 당기에 완성되어 제품으로 대체된 완성품의 제조원가이다.
④ 기초고정원가는 현재의 조업도수준을 유지하는 데 기본적으로 발생하는 고정원가이다.
⑤ 회피가능원가는 특정한 의사결정에 의하여 원가의 발생을 회피할 수 있는 원가로서 의사결정과 관련 있는 원가이다.

03 원가개념 (19. 경영지도사)

원가 및 원가행태에 관한 설명으로 옳은 것은?

① 관련범위 내에서 단위당 고정원가는 각 생산량의 수준에서 일정하다.
② 관련범위 내에서 단위당 변동원가는 생산량이 증가함에 따라 감소한다.
③ 제품의 생산과 관련하여 비정상적으로 발생한 경제적 자원의 소비는 제조원가에 포함하지 아니한다.
④ 제조기업의 제품배달용 트럭의 감가상각비는 재고가능원가이다.
⑤ 서비스기업의 본사에서 사용하는 컴퓨터 전기료는 재고가능원가이다.

04 기초원가와 가공원가 (18. 재경관리사)

다음은 (주)삼일의 20×1년 제조원가명세서 중 일부이다. 다음 자료를 이용하여 기초원가와 가공원가를 계산하면 얼마인가?

제조원가명세서
20×1. 1. 1～20×1.12.31

Ⅰ. 직접재료원가	₩400,000
Ⅱ. 직접노무원가	500,000
Ⅲ. 제조간접원가	240,000
Ⅳ. 당기총제조원가	1,140,000

	기초원가	가공원가		기초원가	가공원가
①	₩740,000	₩180,000	②	₩740,000	₩900,000
③	900,000	240,000	④	900,000	740,000

05 기초원가와 가공원가 (21. 국가직 9급)

다음은 (주)한국이 생산하는 제품에 대한 원가자료이다.

단위당 직접재료원가	₩28,000
단위당 직접노무원가	40,000
단위당 변동제조간접원가	60,000
월간 총고정제조간접원가	200,000

(주)한국의 제품단위당 기초(기본)원가와 단위당 가공(전환)원가는? (단, 고정제조간접원가는 월간 총생산량 20단위를 기초로 한 것이다)

	단위당 기초(기본)원가	단위당 가공(전환)원가
①	₩68,000	₩110,000
②	68,000	128,000
③	110,000	68,000
④	128,000	68,000

06 변동원가와 고정원가 (18. 주택관리사)

(주)한국의 최근 2개월간 생산량 및 제조원가가 다음과 같을 때, 6월의 기타제조원가는? (단, 5월과 6월의 단위당 변동원가와 고정원가 총액은 동일하다)

구 분		5월	6월
생산량		9,000단위	10,000단위
제조원가 (총액)	직접재료원가	₩18,000	?
	고정임차료	8,000	?
	기타제조원가	39,000	?
	합 계	₩65,000	₩70,000

① ₩37,000 ② ₩38,000 ③ ₩40,000
④ ₩41,000 ⑤ ₩42,000

07 관련원가 (14. 계리사)

(주)한국에서는 컴퓨터를 ₩2,000(추정내용연수 4년, 추정잔존가치 10%, 정액법에 의한 감가상각)에 구입하여 2년 동안 사용하다가 신형 컴퓨터(취득원가 ₩2,500으로 추정)로 대체할 것인지에 대한 의사결정을 하고자 한다. 신형 컴퓨터로 대체할 경우 기존 컴퓨터의 처분금액은 ₩500으로 추정된다. 다음 중 컴퓨터의 대체의사결정시 관련원가(relevant cost)에 해당하는 것으로 옳은 것은?

(가) 기존 컴퓨터의 취득원가 (나) 기존 컴퓨터의 장부금액
(다) 기존 컴퓨터의 처분금액 (라) 신형 컴퓨터의 취득원가

① (가), (나) ② (가), (다)
③ (나), (라) ④ (다), (라)

08 제조원가의 분류 (17. 보험계리사)

제조기업인 (주)한국의 20×1년 원가자료는 다음과 같다. (주)한국의 20×1년 제조간접원가 총액은 얼마인가?

직접재료원가	₩500	직접노무원가	₩300
본사관리부직원 급여	400	본사건물 화재보험료	100
본사건물 감가상각비	150	공장건물 감가상각비	250
공장건물 화재보험료	150	공장기계 리스료	50
영업부직원 판매수수료	200	공장장 급여	200
본사건물 재산세	50	공장토지 재산세	100

① ₩750 ② ₩800
③ ₩850 ④ ₩900

09 제조원가의 분류 (17. 재경관리사)

(주)삼일은 한 공장에서 100명의 직원 모두가 팀 구분 없이 승용차와 트럭을 생산하고 있다. 승용차 생산과 관련하여 원가를 원가행태와 추적가능성에 따라 아래와 같이 분류하는 경우 (ㄱ)의 사례로 가장 옳은 것은?

	직접원가	간접원가
변동원가	(ㄱ)	(ㄴ)
고정원가	(ㄷ)	(ㄹ)

① 승용차용 타이어 원가 ② 공장 감가상각비
③ 공장장 급여 ④ 식당 운영비

10 제조원가의 분류와 흐름 (18. 주택관리사)

(주)한국의 20×1년도 원가자료가 다음과 같을 때, 당기제품제조원가는? (단, 본사에서는 제품생산을 제외한 판매 및 일반관리 업무를 수행한다)

직접재료원가	₩3,000	전기료－공장	₩120
직접노무원가	2,000	전기료－본사	50
간접노무원가	1,000	기타 제조간접원가	1,000
감가상각비－공장	250	기초재공품재고액	6,000
감가상각비－본사	300	기말재공품재고액	5,000

① ₩6,370 ② ₩7,370 ③ ₩7,720
④ ₩8,370 ⑤ ₩8,720

11 제조원가의 분류와 흐름 (16. 국가직 9급)

다음 자료를 토대로 계산한 (주)대한의 매출총이익은?

- 당기중 직접재료원가는 전환원가의 50%이다.
- 직접노무원가 발생액은 매월말 미지급임금으로 처리되며 다음 달 초에 지급된다. 미지급임금의 기초금액과 기말금액은 동일하며, 당기중 직접노무원가의 지급액은 ₩450이다.
- 재공품 및 제품의 기초금액과 기말금액은 ₩100으로 동일하다.
- 기타 발생비용으로 감가상각비(생산현장) ₩100, 감가상각비(영업점) ₩100, CEO 급여 ₩150, 판매수수료 ₩100이 있다. CEO 급여는 생산현장에 1/3, 영업점에 2/3 배부된다.
- 매출액은 ₩2,000이다.

① ₩1,050　② ₩1,100
③ ₩1,150　④ ₩1,200

12 제조원가의 흐름 (21. 지방직 9급)

(주)한국의 다음 자료를 이용한 변동제조원가 발생액은? (단, 기초제품재고와 기초 및 기말 재공품재고는 없다)

당기제품생산량	50,000개
당기제품판매량	50,000개
변동매출원가	₩900,000

① ₩600,000　② ₩700,000
③ ₩800,000　④ ₩900,000

13 제조원가의 흐름 (21. 공인회계사)

(주)대한의 20×1년 재고자산과 관련된 자료는 다음과 같다.

	직접재료	재공품	제 품
기초금액	₩23,000	₩30,000	₩13,000
기말금액	12,000	45,000	28,000

20×1년 직접재료매입액은 ₩55,000이며, 가공원가는 ₩64,000이다. 이 경우 (주)대한의 20×1년 당기제품제조원가에서 매출원가를 차감한 금액은 얼마인가?

① ₩12,000　② ₩15,000　③ ₩23,000
④ ₩28,000　⑤ ₩30,000

14 제조원가의 흐름 (18. 국가직 7급)

(주)대한의 20×1년 기초 및 기말 재고자산 가액은 다음과 같다.

	기 초	기 말
원 재 료	₩34,000	₩10,000
재 공 품	37,000	20,000
제 품	10,000	48,000

원재료의 제조공정 투입금액은 모두 직접재료원가이고, 20×1년중 매입한 원재료는 ₩56,000이다. 20×1년의 기본(기초)원가는 ₩320,000이고, 가공(전환)원가의 60%가 제조간접원가이다. (주)대한의 20×1년 매출원가는?

① ₩659,000　　② ₩695,000
③ ₩899,000　　④ ₩959,000

15 제조원가의 흐름 (20. 국가직 9급)

(주)한국은 단일제품을 생산하고 있다. 20×1년 자료가 다음과 같을 때, 당기직접재료매입액과 당기에 발생한 직접노무원가는?

• 재고자산

	기초재고	기말재고
직접재료	₩18,000	₩13,000
재 공 품	25,000	20,000

• 기본원가 ₩85,000
• 가공원가 75,000
• 당기제품제조원가 130,000
• 매출원가 120,000

	직접재료매입액	직접노무원가
①	₩45,000	₩35,000
②	₩45,000	₩40,000
③	50,000	35,000
④	50,000	40,000

16 제조원가의 흐름 (19. 국가직 9급)

(주)한국의 20×1년 4월초와 4월말 재고자산 금액은 다음과 같다.

	20×1. 4. 1	20×1. 4. 30
직접재료	₩18,000	₩16,000
재 공 품	4,000	14,000
제 품	16,000	12,000

4월중 직접재료매입액은 ₩150,000이고, 가공원가는 ₩594,000이다. (주)한국의 4월 매출원가는?

① ₩726,000　　② ₩738,000
③ ₩740,000　　④ ₩752,000

17 제조원가의 흐름 (22. 주택관리사)

(주)한국은 실제원가계산을 적용하고 있으며, 20×1년의 기초 및 기말 재고자산은 다음과 같다.

	기 초	기 말
직접재료	₩10,000	₩12,000
재 공 품	100,000	95,000
제 품	50,000	55,000

당기매출원가가 ₩115,000일 경우, 당기총제조원가는?

① ₩115,000　　② ₩120,000　　③ ₩125,000
④ ₩130,000　　⑤ ₩135,000

18 제조원가의 흐름 (22. 공인회계사)

(주)대한은 의료장비를 생산하고 있으며, 20×1년 2월 원가 관련 자료는 다음과 같다.

- 재료구입액은 ₩4,000, 재료 기말재고액은 ₩1,400이다.
- 노무원가는 공장에서 발생한 것이며, 노무원가의 80%는 생산직 종업원의 임금이다.
- 지급한 노무원가는 ₩3,700, 기초미지급노무원가는 ₩200, 기말미지급노무원가는 ₩500이다.
- 기본원가(기초원가, prime costs)는 ₩5,700이다.
- 제조경비는 ₩2,100이며, 전액 제조간접원가이다.

20×1년 2월 (주)대한의 제조간접원가는 얼마인가? (단, 기초재고자산은 없다)

① ₩2,100　　② ₩2,200　　③ ₩2,800
④ ₩3,000　　⑤ ₩3,100

19 제조원가의 흐름 (21. 주택관리사)

(주)한국의 20×1년도 매출액은 ₩115,000이며 매출총이익률은 40%이다. 같은 기간 직접재료매입액은 ₩22,000이고, 제조간접원가 발생액은 직접노무원가의 50%이다. 20×1년 기초 및 기말 재고자산이 다음과 같을 때, 20×1년에 발생한 제조간접원가는?

	직접재료	재공품	제 품
기초재고	₩4,000	₩8,000	₩20,400
기말재고	5,200	7,200	21,000

① ₩10,400 ② ₩16,000 ③ ₩20,800
④ ₩26,400 ⑤ ₩32,000

20 제조원가의 흐름 (18. 감정평가사)

다음 자료를 이용하여 계산한 매출원가는?

기초재공품	₩60,000	기초제품	₩45,000	기말재공품	₩30,000
기말제품	60,000	직접재료원가	45,000	직접노무원가	35,000
제조간접원가	26,000				

① ₩121,000 ② ₩126,000 ③ ₩131,000
④ ₩136,000 ⑤ ₩141,000

21 제조원가의 흐름 (18. 관세사)

20×1년 (주)관세의 제조와 관련된 원가가 다음과 같을 때 직접노무원가는?

당기제품제조원가	₩1,400,000
기본원가(prime cost)	1,200,000
가공원가(전환원가)	1,100,000
기초재공품	100,000
기말재공품	200,000

① ₩400,000 ② ₩500,000 ③ ₩600,000
④ ₩800,000 ⑤ ₩900,000

22 제조원가의 흐름 (18. 보험계리사)

(주)한국의 20×1년 재고자산의 기초 및 기말 잔액은 다음과 같다.

	20×1년 1월 1일	20×1년 12월 31일
직접재료	₩2,000	₩4,000
재 공 품	8,000	10,000
제 품	12,000	15,000

(주)한국의 20×1년 제조 관련 추가자료는 다음과 같다.

- 20×1년중 직접재료매입액은 ₩22,000이다.
- 20×1년에 발생한 직접노무원가는 기본원가(prime cost)의 50%이다.
- 20×1년에 발생한 제조간접원가는 전환원가(conversion cost)의 80%이다.

(주)한국의 20×1년 당기제품제조원가는?

① ₩70,000　　② ₩74,000
③ ₩118,000　　④ ₩122,000

23 제조원가의 흐름 (19. 세무사)

(주)세무의 기초 및 기말 재고자산은 다음과 같다.

	기초잔액	기말잔액
원 재 료	₩27,000	₩9,000
재 공 품	30,000	15,000
제　품	35,000	28,000

원재료의 제조공정 투입금액은 모두 직접재료원가이며 당기중 매입한 원재료는 ₩83,000이다. 기초원가(prime cost)는 ₩306,000이고, 전환원가(conversion cost)의 50%가 제조간접원가이다. (주)세무의 당기제품제조원가와 당기매출원가는?

	당기제품제조원가	매출원가
①	₩408,500	₩511,000
②	₩511,000	₩511,000
③	511,000	526,000
④	526,000	526,000
⑤	526,000	533,000

24 제조원가의 흐름 (18. 경영지도사)

다음은 (주)한국의 제조원가명세서이다. 직접노무원가가 제조간접원가의 70%일 경우, 제조간접원가는?

Ⅰ. 직접재료원가	
1. 기초재고액	₩40,000
2. 당기매입액	100,000
3. 기말재고액	30,000
Ⅱ. 직접노무원가	(?)
Ⅲ. 제조간접원가	(?)
Ⅳ. 당기총제조원가	(?)
Ⅴ. 기초재공품재고액	40,000
Ⅵ. 기말재공품재고액	25,000
Ⅶ. 당기제품제조원가	210,000

① ₩40,000　　② ₩50,000　　③ ₩60,000
④ ₩70,000　　⑤ ₩80,000

25 제조원가의 흐름 (21. 공인회계사)

(주)대한의 20×1년 재고자산과 관련된 자료는 다음과 같다.

	원재료	재공품	제 품
기초금액	₩23,000	₩30,000	₩13,000
기말금액	12,000	45,000	28,000

20×1년 원재료매입액은 ₩55,000이며, 가공원가는 ₩64,000이다. 이 경우 (주)대한의 20×1년 당기제품제조원가에서 매출원가를 차감한 금액은 얼마인가?

① ₩12,000 ② ₩15,000 ③ ₩23,000
④ ₩28,000 ⑤ ₩30,000

26 제조원가의 흐름과 이익 (19. 감정평가사)

단일제품을 생산하는 (주)감평은 매출원가의 20%를 이익으로 가산하여 제품을 판매하고 있다. 당기의 생산 및 판매 자료가 다음과 같다면, (주)감평의 당기 직접재료매입액과 영업이익은?

• 재고자산

	기초재고	기말재고
직접재료	₩17,000	₩13,000
재 공 품	20,000	15,000
제 품	18,000	23,000

• 기본(기초)원가 ₩85,000
• 가공(전환)원가 98,000
• 매 출 액 180,000
• 판매관리비 10,000

	직접재료매입액	영업이익
①	₩46,000	₩15,000
②	₩48,000	₩15,000
③	48,000	20,000
④	52,000	20,000
⑤	52,000	26,000

27 제조원가의 흐름과 이익 (21. 국가직 7급)

다음은 (주)한국의 20×1년 기초 및 기말 재고자산과 관련한 자료이다.

	기 초	기 말
직접재료	₩2,000	₩7,000
재 공 품	8,000	5,000
제 품	7,000	10,000

(주)한국은 매출원가의 20%를 매출원가에 이익으로 가산하여 제품을 판매하고 있으며, 20×1년 매출액은 ₩60,000이다. (주)한국의 20×1년 직접재료매입액은 ₩15,000이고, 제조간접원가는 가공원가(conversion cost)의 40%일 때, 20×1년의 기초원가(prime cost)는?

① ₩24,000 ② ₩32,800
③ ₩34,000 ④ ₩40,000

28 제조원가의 흐름과 이익 (17. 관세사)

(주)관세의 20×1년 3월 매출액은 ₩302,500이며, 매출총이익률은 20%이다. 3월에 발생한 제품원가 관련 자료가 다음과 같을 때 당월 직접재료매입액은?

	월 초	월 말
직접재료	₩20,000	₩40,000
재 공 품	100,000	40,000
제 품	90,000	120,000
직접재료매입액	?	
직접노무원가	₩70,000	
제조간접원가	52,000	

① ₩50,000 ② ₩70,000 ③ ₩90,000
④ ₩110,000 ⑤ ₩212,000

29 제조원가의 흐름과 이익 (17. 보험계리사)

(주)한국의 20×1년도 생산 및 판매 관련 자료는 다음과 같다. (주)한국의 20×1년 영업이익은 얼마인가?

기초재공품재고액	₩50,000	기말재공품재고액	₩70,000
기초제품재고액	80,000	기말제품재고액	90,000
당기총제조원가	60,000	매출액	45,000
판매관리비	10,000		

① ₩5,000 ② ₩10,000
③ ₩15,000 ④ ₩20,000

30 제조원가의 흐름과 이익 (19. 관세사)

다음은 (주)관세의 20×1년 생산・판매와 관련된 자료이다.

기초재공품	₩170,000	전환원가(가공원가)	₩2,250,000
기말재공품	320,000	기초제품	130,000
직접재료원가	830,000	기말제품	110,000
직접노무원가	750,000	매출액	3,835,000

위 자료를 이용하여 계산한 (주)관세의 20×1년 매출총이익은?

① ₩135,000 ② ₩885,000 ③ ₩905,000
④ ₩925,000 ⑤ ₩965,000

31 제조원가의 흐름과 이익 (22. 세무사)

(주)세무의 20×1년 1월의 재고자산 자료는 다음과 같다.

	직접재료	재공품	제 품
20×1. 1. 1	₩80,000	₩100,000	₩125,000
20×1. 1. 31	60,000	75,000	80,000

20×1년 1월중 직접재료의 매입액은 ₩960,000이고, 직접노무원가는 제조간접원가의 40%이다. 1월의 매출액은 ₩2,500,000이며, 매출총이익률은 16%이다. 20×1년 1월의 기본원가(prime costs)는?

① ₩1,050,000 ② ₩1,160,000 ③ ₩1,280,000
④ ₩1,380,000 ⑤ ₩1,430,000

32 제조간접원가의 계산 (19. 세무사)

다음은 (주)세무의 당기 및 전기 제조간접원가에 관련된 자료이다. 이 자료에 의할 때 (주)세무의 당기제조간접원가 발생액은?

	당기지급액	당기말 잔액		전기말 잔액	
		선급비용	미지급비용	미지급비용	선급비용
공장관리비	₩250,000	₩150,000	−	₩25,000	−
수도광열비	300,000	−	₩100,000	25,000	−
복리후생비	150,000	−	100,000	−	₩35,000

① ₩615,000 ② ₩735,000 ③ ₩765,000
④ ₩965,000 ⑤ ₩1,065,000

Ⅱ

제품과 서비스의 원가계산

3 개별원가계산

제조간접원가의 배부

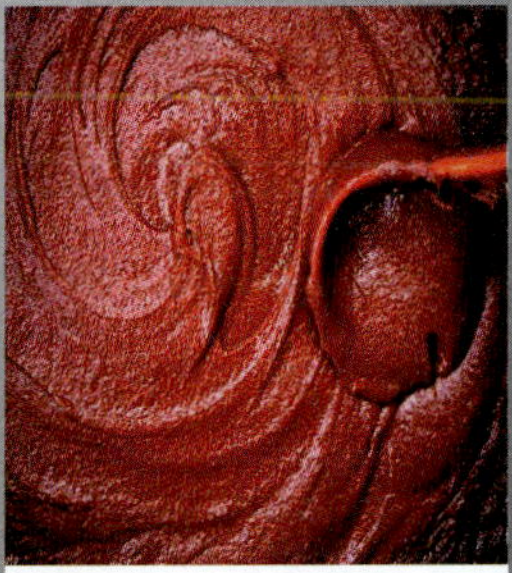

4 종합원가계산

완성품과 재공품 간의 원가배부

5 결합원가계산

연산품간의 원가배부

6 부문별 원가계산

부문별로 원가를 집계한다

7 활동기준 원가계산

활동별로 원가를 집계하면 정확하다

제Ⅱ부는 제품과 서비스의 생산 프로세스를 고려한 다양한 원가계산방법을 소개한다. 주로 제조업의 제조원가계산방법으로 여겨지지만 같은 방법이나 조금 변형된 방법이 서비스업이나 유통업에 사용되기도 한다. 각 원가계산방법은 고유의 방식이 있으나 모두 공통원가 배부라는 닮은 점이 있다.

제3장의 개별원가계산은 개별생산 프로세스를 사용하는 경우, 개별 제품이나 개별 서비스에 직접 분리가 가능한 원가는 원가대상별로 집계하고, 공통적으로 발생하여 배부가 필요한 원가는 배부기준을 정하여 배부하는 방법이다. 제4장의 종합원가계산은 연속적인 생산프로세스를 사용할 때, 완성된 제품과 미완성된 재공품 사이의 공통적인 제조원가를 배부하는 방법이다. 제5장의 결합원가계산은 결합생산 프로세스에서 여러 제품이 분리될 때, 결합생산원가를 동시에 생산된 연산품에 배부하는 방법이다. 제6장의 부문별 원가계산은 조직부문간의 원가배부를 통해 최종적으로 각 제품이나 서비스의 원가를 계산하는 방법이다. 제7장의 활동기준원가계산은 부문 대신에 활동 분류에 의해 공통원가를 집계한 후 제품, 서비스, 고객 등 다양한 원가대상별로 배부하는 방법이다.

3 개별원가계산

제조간접원가의 배부

이 장은 건설업, 조선업, 인쇄업, 가구제조업, 차량정비업 등의 업종에서 제품의 원가를 어떻게 계산하는지를 설명한다. 이들 업종의 특징은 개별제품이 특정재료와 인원을 사용하여 생산되므로 재료원가와 노무원가의 대부분을 제품별로 직접 집계하고 나머지 제조간접원가는 제품별로 배분한다. 이 개별원가계산의 가장 어려운 부분은 제조간접원가를 어떻게 배분할 것인가이다. 다음의 내용이 제3장에서 다루어진다.

- 작업원가표를 이용하여 개별원가를 집계한다.
- 제조간접원가는 배부율을 정하여 작업간에 배부한다.
- 실제원가계산에서는 제조간접원가 실제배부율을 이용한다.
- 정상원가계산에서는 제조간접원가 예정배부율을 이용한다.
- 정상원가계산에서 제조간접원가 배부차이는 매출원가 등에 조정한다.

활용분야

조선업 인쇄업 가구제조업 차량정비업 법률서비스

개별제품이 특정재료와 인원을 사용하여 생산 → • 재료원가와 노무원가 : 제품별로 대부분 직접 집계
• 제조간접원가 : 제품별로 배분

개별원가계산의 핵심은 제조간접원가의 배분

3

개별원가계산

- 개별작업별로 원가계산을 한다
- 작업원가표로 개별원가계산을 한다
- 제조간접원가 배부율은 어떻게 정하는가?

실제원가계산

- 실제원가계산에서는 실제원가가 흘러간다
- 실제원가계산은 제조간접원가 실제배부율을 사용한다
- 실제원가계산은 기간말까지 기다려야 한다

정상원가계산

- 예정배부율을 사용하면 편리하다
- 정상제조간접원가와 실제제조간접원가의 차이를 매출원가 등에서 조정한다

예제와 서비스업원가계산

- 개별원가계산의 제조원가흐름 종합예제
- 서비스업의 개별원가계산

스타벅스 커피 1잔의 원가는 얼마일까?

스타벅스 1호점이 1999년에 개장한 이래, 327호점이 2010년 5월에 개장했다. 전세계적으로 가장 커피 전문점이 성업중인 우리나라에서 스타벅스, 커피빈, 자바커피에서의 커피 1잔의 가격은 약 4,000원이다. 이 중 원가가 얼마이며, 이익이 얼마나 될 것인가? 또한 원가 중 어떤 항목이 가장 큰 비중을 차지할 것인가? 커피의 원가는 원두, 우유, 설탕 등의 재료비, 종업원과 관리자의 인건비, 장소의 임차료, 인테리어와 가구 및 설비의 감가상각비, 수도전기료 등 여러 가지 원가로 구성되어 있다. 대부분의 스타벅스 매장이 번화가 1층에 위치하였으므로 임차료가 큰 부분을 차지할 것을 예상할 수 있다(본장 [토론] 참조).

커피 1잔의 원가를 정확히 계산하는 것이 쉽지는 않다. 한 매장에서 다양한 커피와 음료, 과자 등이 판매되므로 커피의 원가로 쉽게 분리되는 원두 재료비 이외에 매장에서 공통적으로 발생하는 임차료, 수도전기료 등이 있다. 이 공통비(간접비)는 커피와 다른 품목 사이에 배부되어야 한다. 공통비 중에는 커피 판매량에 무관한 고정비도 있으므로 커피 판매량에 따라 커피 1잔의 원가가 달라진다.

개별원가계산

개별작업별로 원가계산을 한다

커피전문점에서 커피 1잔을 파는 데 발생하는 원가를 계산하기 위해, 먼저 커피를 만들고 파는 데 발생한 원가로 분리가능한 원가를 집계한다. 다음으로 이 커피전문점에서 커피판매와 다른 식음료 판매에 공통적으로 발생한 원가를 커피판매량에 배분한다. 이러한 방법이 개별원가계산이다.

개별작업별로 직접원가를 별도로 집계하고 간접원가는 배분하여 원가를 계산하는 방법을 개별원가계산(Job-Order Costing)이라 한다.[1] 개별원가계산에서는 개별작업이 각각 보조원장에 있는 작업별 재공품계정을 사용하여 직접제조원가를 집계하고 제조간접원가를 배부받는다. 특정작업이 완성되면 그 제조원가는 당기제품제조원가에 포함되고 제품계정으로 옮겨 간다. 이를 그림으로 요약하면 [그림 3.1]과 같다.

개별원가계산
개별작업별로 직접원가를 별도로 집계하고, 간접원가는 배분하여 원가를 계산하는 방법

그림 3.1 개별원가계산의 제조원가흐름

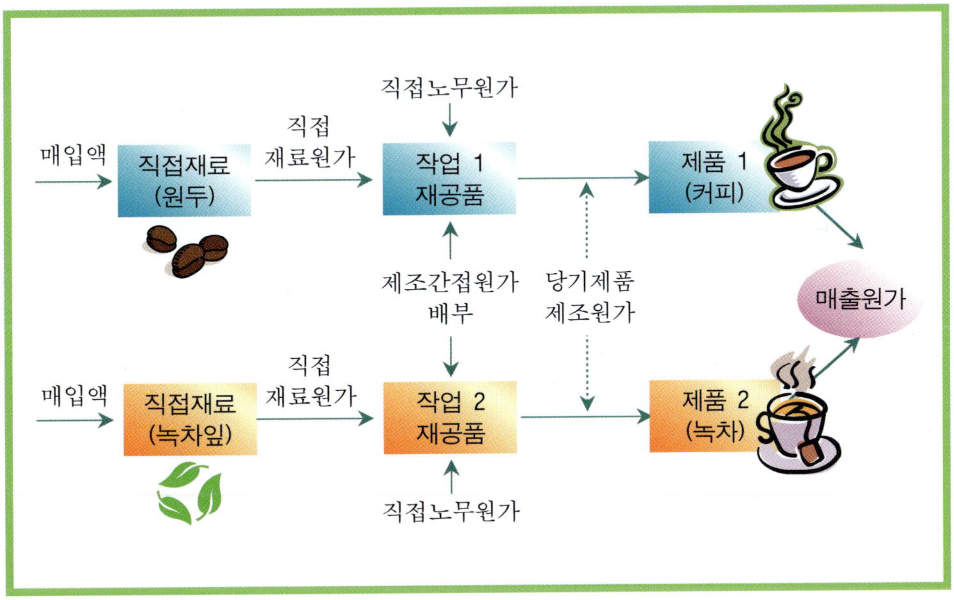

1) 일부 국내 서적에서 Job-Order Costing을 작업별 원가계산으로 직역하였으나, 원가계산준칙 제18조가 개별원가계산이라는 용어를 사용하고, 작업별 원가계산은 실무에서 다른 원가계산방법을 의미하므로 개별원가계산이 더 적절한 용어이다.

커피 1잔의 원가를 계산하기 위해 어떤 달에 판매된 6,000잔의 커피를 하나의 작업으로 보고 개별원가계산을 적용한다.

작업원가표로 개별원가계산을 한다

작업원가표
원가항목별로 집계하는 표

개별원가계산에서 작업별 원가를 계산할 때 작업원가표를 작성하면 편리하다. 작업원가표(Job-Cost Sheet)는 직접재료원가, 직접노무원가, 제조간접원가를 항목별로 기입하여 집계하는 표이다.

우선, 작업별로 필요한 재료를 파악한다.

직접재료원가 = 재료수량 × 재료단위당 가격

작업원가표의 직접재료원가 부분이 이 계산을 보여준다.

표 3.1 작업원가표의 직접재료원가 부분

직접재료원가			
재료명	수 량	단 가	원 가
커피원두	42kg	kg당 30,000원	126만원
합 계			126만원

둘째로, 각 작업에 필요한 작업시간을 계산하고 그 시간당 노무원가를 계산한다.

주방직원의 시간당 임금이 10,000원이고 커피준비시간이 총 600시간이면 총노무원가는 600만원이다. 각 작업자의 노무원가는 작업자의 시간당 임금과 작업시간의 곱으로 계산된다.

직접노무원가 = 작업시간 × 시간당 임금

작업원가표의 직접노무원가 부분이 이 계산을 보여준다.

표 3.2 작업원가표의 직접노무원가 부분

직접노무원가				
작업자명		작업시간	시간당 임금	원 가
주방직원	김가배	200시간	10,000원	200만원
	이슬비	250시간	10,000원	250만원
	박찬호	150시간	10,000원	150만원
합 계		600시간		600만원

셋째로, 제조간접원가를 포함해야 한다.

전기수도료, 설비와 도구의 감가상각비 등의 간접원가를 고려한다. 이들 간접원가는 개별작업별로 직접 집계가 되지 않는다. 직접 집계가 되지 않는다고 무시할 수는 없고 기준을 정하여 각 작업에 배분한다. 전기수도료와 설비수선비 등의 제조간접원가의 대부분이 작업시간의 길이에 따라서 발생한다면 직접노무시간을 배부기준으로 정할 수 있다. 커피 1잔을 준비하는 데 6분이 걸리는데 이 6분에 대하여 얼마의 제조간접원가를 할당해야 하는가? 이는 직접노무시간당 제조간접원가, 즉 제조간접원가 배부율을 얼마로 정하는가에 달려 있다. 배부율 계산방법은 뒤에서 설명하므로, 일단 이 커피전문점의 직접노무시간당 제조간접원가는 2,000원이라고 가정하자. 그러면 제조간접원가는 직접노무시간과 제조간접원가 배부율을 곱하여 다음과 같이 총 120만원으로 계산된다.

제조간접원가 = 배부기준량 × 제조간접원가 배부율

표 3.3 작업원가표의 제조간접원가 부분

제조간접원가			
	배부기준량 (작업시간)	배부율 (작업시간당 제조간접원가)	원 가
배부액	600시간	2,000원	120만원
합 계			120만원

제조간접원가 배부율은 어떻게 정하는가?

직접노무시간을 기준으로 제조간접원가를 배부한다면 모든 작업의 총직접노무시간과 총제조간접원가가 필요하다. 제조간접원가는 작업별로 분리할 수 없으므로 서로 다른 종류의 작업이라도 같은 1시간의 작업시간에 같은 크기의 제조간접원가가 발생한다고 가정한다. 따라서 직접노무시간당 제조간접원가는 총제조간접원가를 총직접노무시간으로 나눈 평균값이다. 일반적으로 제조간접원가 배부율(Overhead Rate)은 총제조간접원가를 총배부기준량으로 나눈 값이다.

제조간접원가 배부율 = 총제조간접원가 / 총배부기준량

제조간접원가 배부율
총제조간접원가를 총배부기준량으로 나눈 값

커피전문점의 예에서 직접노무시간당 제조간접원가를 계산하려면 몇 가지 선택을 해야 한다. 첫째, 총제조간접원가와 총직접노무시간을 계산할 때 실제 발생할 수치를 쓸 것인가 아니면 예상수치를 쓸 것인가를 결정해야 한다. 둘째, 총제조간접원가와 총직접노무시간을 각각 합산하는 기간을 1개월, 1년 또는 다른 어떤 기간으로 할 것인가를 결정해야 한다. 각 선택에는 장단점이 있는데 이를 다음에서 설명한다.

배부기준의 일반적 선정기준

어느 원가계산에서나 공통원가(간접원가) 배부는 중요한 문제이다. 개별원가계산에서는 제조간접원가의 작업으로의 배부가 있다. 공통원가 배부의 핵심적인 문제는 배부기준을 선택하는 일이다. 어느 배부기준을 이용하느냐에 따라 배부결과가 많이 달라진다. 배부기준을 선정하는 기준으로 다음 몇 가지 기준이 있다. 쉬운 이해를 위해 친구 몇 사람이 회식비용을 나누는 경우를 생각하자.

- 인과관계 : 원가를 많이 발생시킨 사람이 더 많은 원가를 배부받는다. 주량이 크거나 식성이 좋은 사람이 더 많은 술과 음식을 먹었을 것이므로 더 많은 돈을 내야 한다. 가장 합리적이지만 이 기준을 만족시키는 객관적인 지표를 찾기가 어렵다.
- 수혜기준 : 혜택을 많이 받은 사람이 더 많이 부담한다. 술과 음식을 많이 먹지 않더라도 회식을 더 즐긴 사람이 더 많이 낸다. 수혜정도를 측정하는 것이 쉽지 않다.
- 부담능력 : 원가를 부담할 능력이 큰 사람이 더 많이 부담한다. 즉 재산이 많거나 수입이 좋은 친구가 더 많이 낸다. 기업에서 매출액 규모에 따른 원가배부가 대표적인 예이다.
- 공정성 : 원가배부가 공정하게 이루어져야 한다. 무엇이 공정한 것인지는 주관적인 판단이 존재하므로 의견이 일치하기 어렵다. 흔히, 똑같이 부담하는 것이 공정하다고 생각할 수 있는데 모든 사람이 동의하지는 않는다.

실제원가계산

실제원가계산에서는 실제원가가 흘러간다

실제원가계산
실제 발생한 직접재료원가, 직접노무원가, 제조간접원가를 사용하여 제조원가를 계산하는 방법

제품원가나 작업원가를 계산할 때 실제 발생한 원가를 알고 싶으므로 직접재료원가, 직접노무원가, 제조간접원가 모두를 실제원가로 계산하는 경우가 많다. 이 방법을 실제원가계산(Actual Costing)이라 한다. 실제원가계산에서의 제조원가흐름도와 계정간 흐름은 다음 그림과 같다.

그림 3.2 실제원가계산의 제조원가흐름

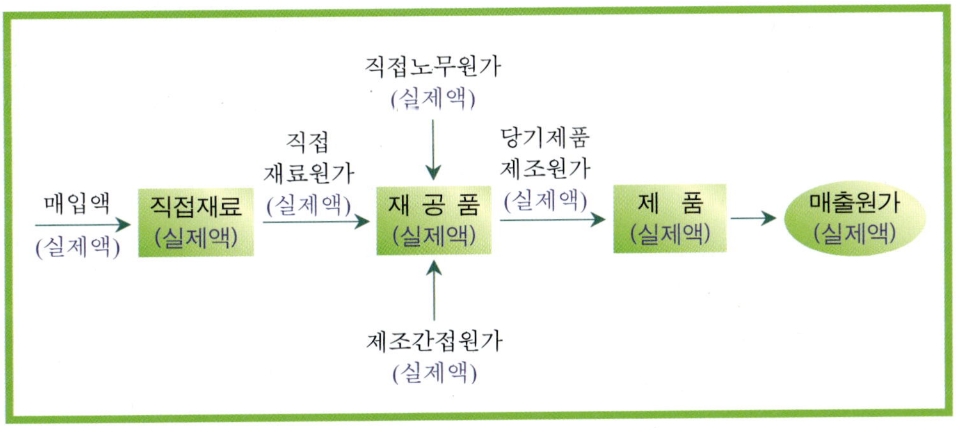

그림 3.3 실제원가계산에서의 제조원가의 재고계정간 흐름

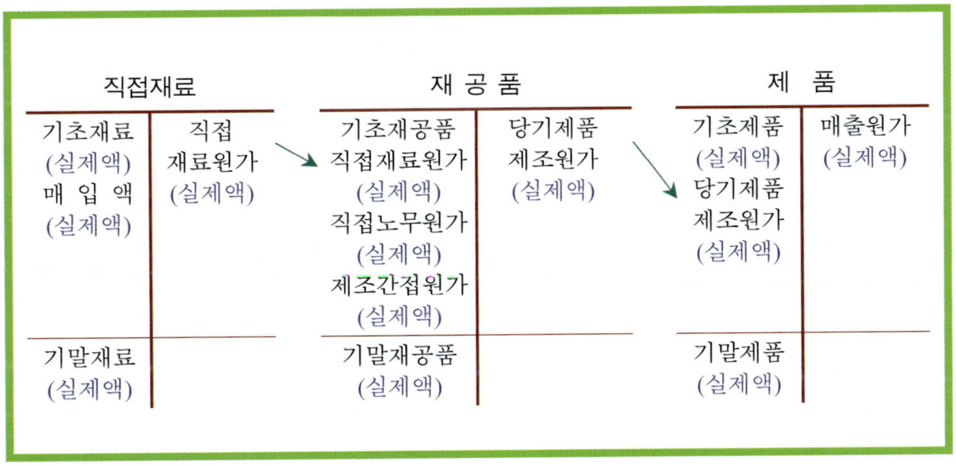

커피전문점의 예에서 실제원가계산의 분개로 나타나는 한 달간의 원가의 흐름은 다음과 같다.

1. 직접재료 사용

재 공 품	1,260,000	
커 피 원 두		1,260,000

2. 직접노무의 투입

재 공 품	6,000,000	
미지급임금		6,000,000

3. 제조간접원가 발생2)

재 공 품	2,000,000	
주방보조인건비		1,000,000
감가상각비		800,000
부 재 료 비		100,000
수도광열비		100,000

실제원가계산은 제조간접원가 실제배부율을 사용한다

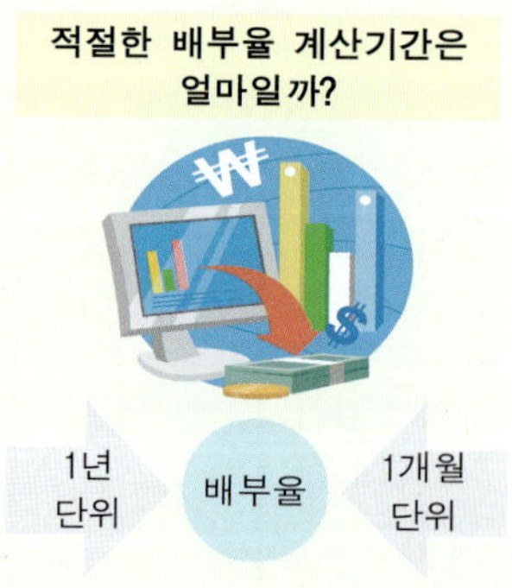

실제원가계산에서는 실제 발생한 직접재료원가와 직접노무원가가 제품별로 집계되고 제조간접원가는 제조간접원가 실제배부율이 사용되어 합산된다. 제조간접원가 실제배부율(Overhead Actual Allocation Rate)은 실제 발생한 총제조간접원가를 실제 발생한 총배부기준량으로 나눈 값이다.

제조간접원가 실제배부율 = 실제 총제조간접원가 / 실제 총배부기준량

커피전문점이 실제원가계산을 한다면, 실제배부율을 구하기 위해 실제 총제조간접원가와 실제 총배부기준량을 구해야 하는데 그 합산 기간을 1개월로

2) 이 분개는 커피 제공에 대한 제조간접원가 배부액에 관한 것이 아니라 기간중에 실제 발생한 총제조간접원가에 관한 것이다.

실제배부율
실제 발생한 총제조간접원가를 실제 발생한 총배부기준량으로 나눈 값

해 보자. 즉 매달말에 그 달에 발생한 전기수도료, 감가상각비 등의 제조간접원가를 합산하고 그 금액을 그 달의 총작업시간으로 나누어 제조간접원가 배부율을 결정한다. 이렇게 짧은 기간별로 실제배부율을 계산한다면 각 기간의 배부율이 서로 크게 다를 수 있다. 어느 달에는 많은 양의 커피를 판매하고 다른 달에는 적은 양을 판매하면 실제배부율이 월별로 서로 달라진다. 이는 제조간접원가 중에 실제작업시간과 무관하게 일정하게 매달 발생하는 감가상각비, 임차료 등의 고정원가가 있을 때, 실제배부율에 포함되어 있는 작업시간당 고정원가가 작업시간이 많아질수록 작아지기 때문에 일어나는 현상이다. 또한, 어느 달에만 수선비 등의 특정 원가가 많이 발생하거나 계절별로 냉방비, 난방비 등이 다르게 발생하면, 실제배부율이 그 달만 높아진다. 월별로 배부율이 다르면 같은 종류의 작업에 대해서도 월별로 원가와 수익성이 달리 계산되는 불합리성이 있다.

K-IFRS

기업회계기준서 제1002호 13은 "고정제조간접원가는 생산설비의 정상조업도에 기초하여 전환원가에 배부하는데, 실제조업도가 정상조업도와 유사한 경우에는 실제조업도를 사용할 수 있다. … 생산단위당 고정제조간접원가 배부액은 낮은 조업도나 유휴설비로 인해 증가되지 않으며, 배부되지 않은 고정제조간접원가는 발생한 기간의 비용으로 인식한다. 그러나 비정상적으로 많은 생산이 이루어진 기간에는, 재고자산이 원가 이상으로 측정되지 않도록 생산단위당 고정제조간접원가 배부액을 감소시켜야 한다. 한편, 변동제조간접원가는 생산설비의 실제 사용에 기초하여 각 생산단위에 배부한다"고 하였다. 즉 고정제조간접원가는 실제원가계산을 사용하되 실제조업도가 정상조업도보다 낮은 경우 그 차액을 기간비용으로 처리한다.

실제원가계산은 기간말까지 기다려야 한다

월별로 실제배부율이 변하는 것을 원하지 않는다면 실제배부율을 1년 정도의 기간을 단위로 계산하면 된다. 즉 매년말에 그 해의 실제 총제조간접원가와 실제 총작업시간을 합산하여 실제배부율을 계산하여 사용한다. 1년 단위로 실제배부율을 계산할 때의 문제점은 실제 총제조원가를 계산하기 위해서 연말까지 기다려야 하는 점이다. 한 달 단위로 커피판매량에 대한 실제재료원가와 실제노무원가는 알 수 있어도 실제제조간접원가는 연말이 되어야 알 수 있다. 따라서 연말까지 총작업원가와 수익성을 계산할 수 없다. 한마디로 말하면, 제조간접원가 실제배부율을 계산하는 단위기간을 늘리면 배부율의 안정성은 높아지지만 적시성이 낮아진다.

정상원가계산

예정배부율을 사용하면 편리하다

정상원가계산
직접재료원가와 직접노무원가는 실제원가로, 제조간접원가는 예정배부율로 계산하는 방법

실제원가계산에서 제조간접원가 실제배부율을 사용할 때의 불편한 점을 위에서 보았다. 제조간접원가 배부율의 안정성과 적시성을 동시에 달성할 수 있는 방법이 무엇일까? 1년 단위의 배부율을 미리 정하여 1년 내내 같은 배부율을 모든 작업에 즉시 적용하는 방법이다. 이것을 정상원가계산이라 한다. 정상원가계산(평준화원가계산, Normal Costing)에서는 직접재료원가와 직접노무원가는 실제원가계산과 같이 실제원가를 사용하나 제조간접원가는 예정배부율을 사용한 예정원가를 계산한다.[3]

표 3.4 실제원가계산과 정상원가계산 비교

	실제원가계산	정상원가계산
직접재료원가	실제원가	실제원가
직접노무원가	실제원가	실제원가
제조간접원가	실제원가	예정원가

정상원가계산에서의 제조원가흐름은 다음과 같다.

그림 3.4 정상원가계산의 제조원가흐름

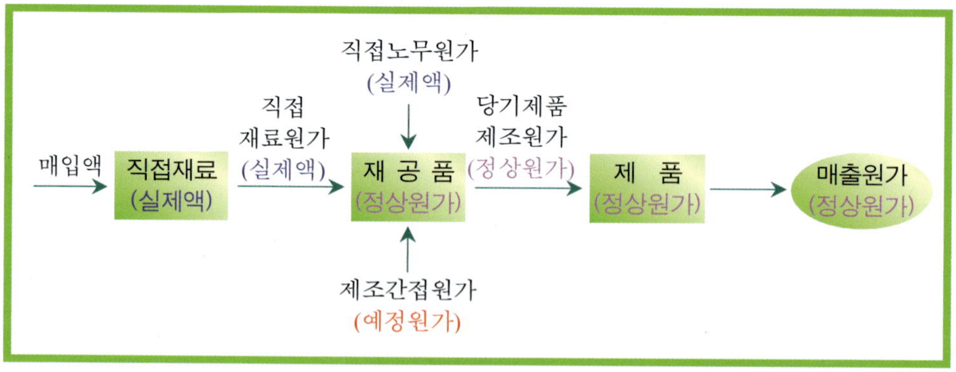

3) 원가계산준칙에서는 정상원가계산의 용어를 사용하지 않으나 제13조에서 "제조간접비는 예정배부율을 적용하여 계산할 수 있다"고 함으로써 정상원가계산을 허용한다.

그림 3.5 정상원가계산에서 제조원가의 재고계정간 흐름

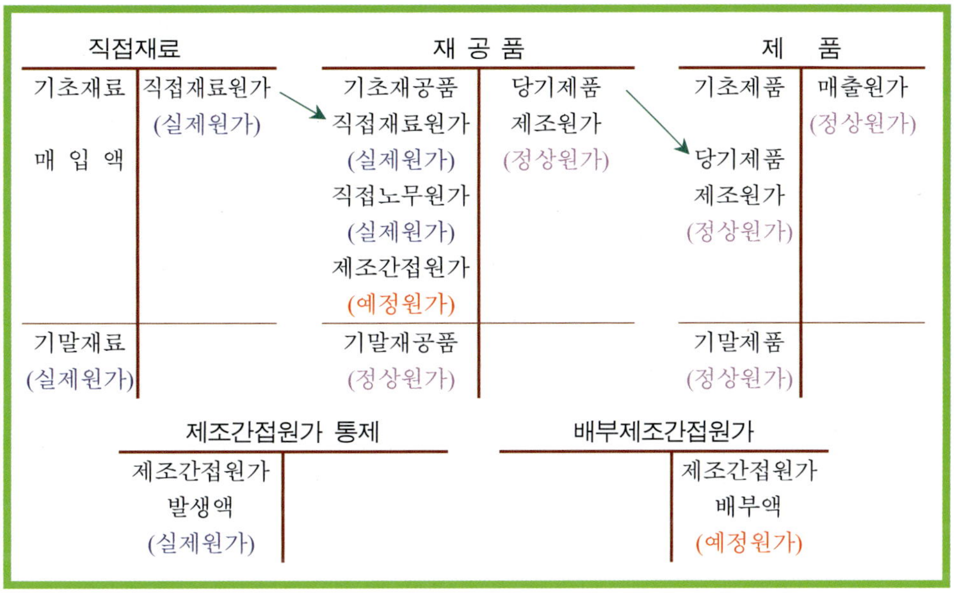

제조간접원가 통제계정은 정상원가계산에서 실제 발생한 제조간접원가를 집계하는 계정이다. 이에 비해 배부제조간접원가 계정은 예정배부율에 의해 개별작업에 배부된 제조간접원가를 집계하는 계정이다.

커피전문점의 특정 한 달에 일어난 거래의 예를 정상원가계산의 분개로 표시하면 다음과 같다.

1. 직접재료 사용

	차변	대변
재 공 품	1,260,000	
커 피 원 두		1,260,000

2. 직접노무의 투입

	차변	대변
재 공 품	6,000,000	
미지급임금		6,000,000

3. 제조간접원가 발생

	차변	대변
제조간접원가 통제	2,000,000	
주방보조인건비		1,000,000
감가상각비		800,000
부 재 료 비		100,000
수도광열비		100,000

4. 제조간접원가 배부

재 공 품	1,200,000	
배부제조간접원가		1,200,000

예정배부율
해당 기간이 시작되기 전에 예상한 총제조간접원가를 예상 총배부기준량으로 나누어 미리 계산한 배부율

예정배부율(Predetermined Allocation Rate)은 해당 기간이 시작되기 전에 예상한 총제조간접원가를 예상 총배부기준량으로 나누어 계산한다. 즉, 실제배부율은 기간말에 사후적으로 계산되지만, 예정배부율은 연초에 사전적으로 계산된다.

제조간접원가 예정배부율 = 예상 총제조간접원가 / 예상 총배부기준량

커피전문점의 예에서 20×5년말에 예상하기에 20×6년도에 5명의 주방직원이 매일 8시간씩 300일 작업한다고 추정한다면 예정 총작업시간은 12,000시간(=5명×8시간 / 명·일×300일)이다. 20×6년도에 제조간접원가가 총 24,000,000원 발생이 예상되면 작업시간당 예정배부율은 시간당 2,000원(=24,000,000원/12,000시간)이다. 이 예정배부율에 실제 발생한 배부기준량을 곱하여 정상원가계산에서의 제조간접원가 정상원가를 결정한다.

제조간접원가 배부액(예정원가) = 실제배부기준량 × 예정배부율

정상제조간접원가와 실제제조간접원가의 차이를 매출원가 등에서 조정한다

연초에 정한 예정배부율을 사용하여 적용된 연간 총제조간접원가 배부액이 연말까지의 실제 총제조간접원가와 일치하기는 거의 불가능하다. 총제조간접원가와 총배부기준량이 예상과 달리 발생하는 것이 흔하기 때문이다. 이때 이 차이를 어떻게 해야 하나? 원가계산준칙 제33조에 의해 예정배부율에 기초한 정상원가를 실제원가로 연말에 조정해야 한다. 이 차이조정은 대개 제품별로 하지 않고 모든 제품에 대해 전체적으로 이루어진다.

그림 3.6 예정배부율의 결정과 적용, 차이조정

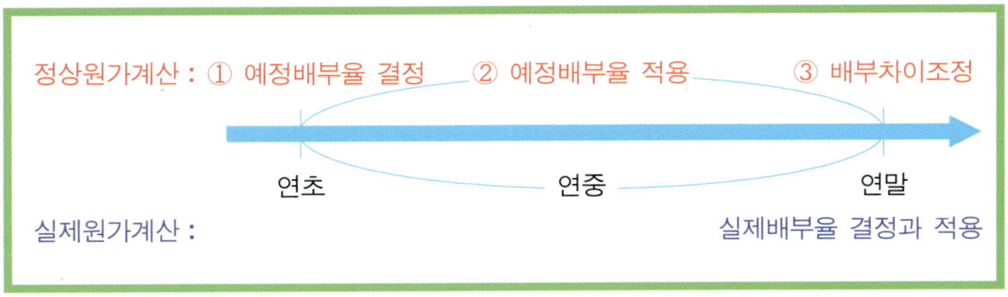

과대배부액
제조간접원가 배부액이 실제원가보다 큰 차액

과소배부액
제조간접원가 배부액이 실제원가보다 작은 차액

제조간접원가 정상원가, 즉 제조간접원가 배부액이 실제원가보다 크면 그 차이를 과대배부액(Over-applied Overhead)이라 하고 배부액이 실제원가보다 작으면 그 차이를 과소배부액(Under-applied Overhead)이라 한다.

제조간접원가 배부차이 = 제조간접원가 총배부액 − 실제 총제조간접원가

제조간접원가 과대배부액이 있으면 이 금액은 조정전의 제조원가가 실제원가보다 과대계산되었음을 알려주므로 매출원가, 재공품재고원가, 제품재고원가를 하향조정해야 한다.

표 3.5 제조간접원가 배부차이

배부차이	과대배부	과소배부
차이 방향	배부액 > 실제원가	배부액 < 실제원가
정상 제조원가 계산오류	과대계산	과소계산
매출원가/재고원가 조정	하향조정	상향조정

배부차이의 안분
정상원가 배부차이를 재공품, 제품, 매출원가 계정에 나누어 조정함

제조원가는 재료재고, 재공품재고, 제품재고, 매출원가의 순서로 흘러가므로, 제조간접원가 배부차이액은 제조간접원가가 투입된 재공품재고 이후의 제조원가 관련계정, 즉 재공품재고, 제품재고, 매출원가 모두에 영향을 미친다. 따라서 배부차이액을 정확히 조정하자면 배부차이액을 세 계정에서 모두 조정해야 한다. 이를 배부차이의 안분(Proration)이라 한다. 배부차이액이 크지 않다면 간단하게 매출원가에서만 배부차이액 전액을 조정하는 방법도 있다.

그림 3.7 제조간접원가 과소배부의 영향

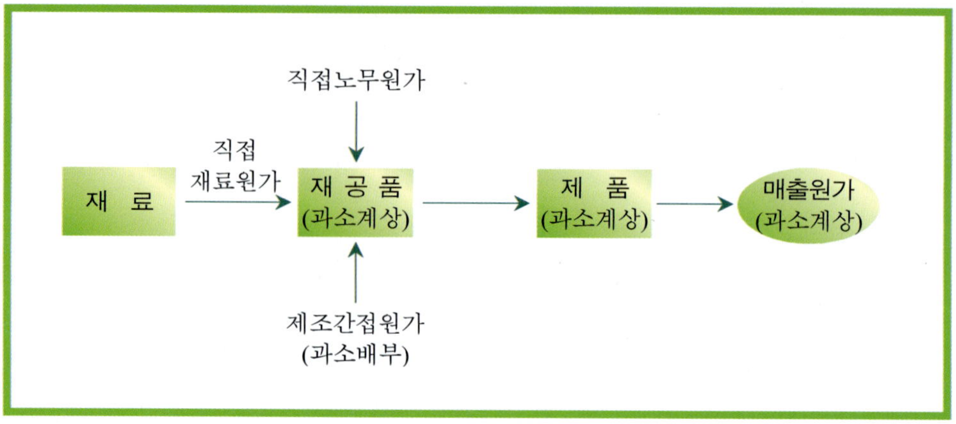

커피전문점에서 20×6년도에 총 10,000시간의 작업시간이 실제로 발생하였다면 제조간접원가 배부액 합계는 20,000,000원(=10,000시간×2,000원/시간)이다. 20×6년도의 실제제조간접원가 합계가 21,000,000원이면 제조간접원가 과소배부액 1,000,000원이 존재한다. 이 과소배부액을 모두 매출원가에서 조정한다면 20×6년도 매출원가는 1,000,000원이 증가된다. 좀더 정확한 조정을 원한다면 과소배부액을 재공품재고, 제품재고, 매출원가에 나누어 조정한다.

1,000,000원의 과소배부액을 세 계정에 어떻게 나누어 조정할 것인가? 쉬운 방법은 이 세 계정의 조정전 기말잔액의 크기에 비례하여 배분하는 것이다.[4] 조정전 기말잔액이 크면 그 안에 포함된 제조간접원가의 과소계상금액이 그만큼 크다고 가정하는 것이다. 커피전문점의 조정전 기말재고잔액과 매출원가를 가정하고 이에 따라 조정한 예는 〈표 3.6〉과 같다.

표 3.6 제조간접원가 과소배부차이의 안분

(단위 : 천원)

	조정전 기말잔액	구성비	과소배부액 조정	조정후 기말잔액
재공품	4,000	4%	40	4,040
제 품	1,000	1%	10	1,010
매출원가	95,000	95%	950	95,950
합 계	100,000	100%	1,000	101,000

4) 이를 총원가법이라 한다.

〈표 3.6〉에 의한 과소배부차이조정을 위한 분개는 다음과 같다.

재 공 품	40,000	
제 품	10,000	
매 출 원 가	950,000	
배부제조간접원가	20,000,000	
제조간접원가 통제		21,000,000

이 분개에 의해 제조간접원가 통제계정과 배부제조간접원가 계정이 마감되고 재공품 기말잔액, 제품 기말잔액, 당기매출원가가 상향조정된다.

매출원가와 기말재고잔액에 비례한 조정은 실제원가로의 정확한 조정을 달성하지는 않는다. 매출원가와 재고의 조정전 금액에는 제조간접원가 이외에 직접재료원가, 직접노무원가가 포함되어 있고 이 세 가지 제조원가의 구성비가 재공품, 제품, 매출원가 계정에서 일정하지 않으므로, 조정전 기말잔액이 크다고 반드시 과소배부된 제조간접원가의 금액이 그만큼 비례적으로 크지 않을 수 있다. 또한 기말잔액은 당기의 배부액뿐만 아니라 기초금액의 영향도 받으므로 기말잔액이 당기배부액에 반드시 비례하지는 않는다. 가장 정확한 배부차이조정은 각 계정에 포함된 제조간접원가 당기배부액을 기준으로 한다.[5]

어느 정도로 정확한 배부차이조정을 실시할 것인가는 배부차이금액의 중요성, 정확한 원가정보의 가치, 복잡한 계산의 번거로움을 비교하는 경제성 원칙 또는 원가-효익(Cost-Benefit) 비교에 의해 결정한다. 즉, 배부차이금액이 중요하지 않거나 매출원가가 재공품과 제품 기말재고에 비해 상당히 큰 금액이라면 매출원가에만 배부차이 전액을 조정해도 큰 문제가 없을 것이다.[6] 커피 전문점의 예에서, 매출원가에 배부차이 전액(100%)을 조정한 조정후 매출원가 96,000,000원과, 매출원가(95%)와 재고자산(5%)에 나누어 조정한 경우의 조정후 매출원가 95,950,000원이 큰 차이가 없으므로 배부차이를 여러 계정에 나누어 조정하는 수고를 할 필요가 없다.

5) 이를 원가요소법이라 한다.

6) 예를 들어, 주문생산의 경우 생산 즉시 납품될 것이므로 제품재고 수준이 낮으며, 적시(JIT)생산시스템에서는 재공품과 제품 재고가 낮다.

예제와 서비스업원가계산

개별원가계산의 제조원가흐름 종합예제

개별원가계산은 작업별로 원가를 계산하므로 작업이 완성되면 그 작업의 원가가 당기제품제조원가에 포함된다. 따라서 기말재공품 잔액은 미완성 작업의 원가이다. 이에 비해 당기 총제조원가는 당기에 그 작업이 완성되든 아직 미완성이든 당기의 작업에 투입된 총제조원가이다. 특정 작업이 당기 전에 시작되었다면 그 작업의 총원가는 전기의 제조원가를 포함한다. 개별원가계산에서의 이러한 제조원가의 흐름을 다음의 예제가 종합한다.

[종합예제]

완벽건설(주)는 20×4년에 한강다리 건설을 시작하여 20×6년에 완료하였다. 20×5년에는 부산에 고층사무실건물 공사를 시작하였고 20×6년에는 광주에 쇼핑센터 건설을 시작하였다. 20×6년말까지 부산과 광주의 공사는 완료되지 않았다. 20×6년에 서울, 부산, 광주의 건설공사를 위해 발생한 원가와 기초재공품재고액은 다음과 같다. 20×6년초의 재공품 원가는 20×4년과 20×5년에 발생한 서울과 부산의 공사원가이다.

표 3.7 20×6년 공사별 원가 (단위 : 억원)

	서 울	부 산	광 주	합 계
실제직접재료원가	90	50	60	200
실제직접노무원가	20	12	18	50
실제직접제조원가	110	62	78	250
실제제조간접원가				100
당기 실제 총제조원가				350
기초재공품재고	200	50	0	250
합 계				600

이 기업은 제조간접원가를 직접제조[공사]원가를 기준으로 개별공사에 배

부한다.[7] 건설공사별 원가는 실제제조간접원가를 사용하거나 예정 제조간접원가를 사용하여 구할 수 있다.

실제원가계산

이 기업이 실제원가계산을 한다면, 실제로 발생한 제조간접원가를 배부기준인 실제직접제조원가에 따라 각 공사에 〈표 3.8〉과 같이 배부한다. 실제 총제조간접원가를 실제 총직접제조원가로 나눈 실제배부율 0.4(=100/250)를 각 공사의 직접제조원가에 곱하여 제조간접원가를 구한다.

표 3.8 실제원가계산 (단위 : 억원)

	서 울	부 산	광 주	합 계
실제직접재료원가	90	50	60	200
실제직접노무원가	20	12	18	50
실제지접제조원가	110	62	78	250
실제제조간접원가	**44** **(110×0.4)**	**24.8** **(62×0.4)**	**31.2** **(78×0.4)**	100
당기 실제 총제조원가	**154**	**86.8**	**109.2**	350
기초재공품재고	200	50	0	250
합 계	354	136.8	109.2	600

실제원가계산에서 당기총제조원가는 당기의 실제 총제조원가인 350억원이다. 그러면, 당기제품제조원가와 기말재공품재고는 얼마인가? 20×6년중에 서울공사만 완료되었으므로 서울공사의 총원가인 354억원이 당기제품제조원가이고 20×6년말까지 완성되지 않은 부산과 광주의 공사원가의 합인 246억원(=136.8+109.2)이 기말재공품재고이다.

이를 제조원가명세서 양식으로 정리하면 〈표 3.9〉와 같다.

건설공사는 완료 즉시 발주자에게 넘겨지므로 제품재고가 존재하지 않는다. 이 기업은 공사완료 시점에서 공사의 총수익을 보고한다고 가정하면 당기제품제조원가 354억원이 모두 매출원가로 보고된다.

7) 건설업회계처리준칙 제7조 3항은 "간접비용의 배부는 공사직접원가, 직접노무비 또는 직접작업시간을 기준으로 하거나 그 밖에 당해 비용의 성격에 적합한 기준을 선택 적용하여 계산한다"고 한다.

표 3.9 실제원가계산의 20×6년 제조원가명세서 (단위 : 억원)

	합 계	비 고
직접재료원가	200	
직접노무원가	50	
제조간접원가	100	
당기총제조원가	350	서울, 부산, 광주 당기 공사원가
기초재공품재고	250	서울, 부산 당기초 공사원가 누계액
(−)기말재공품재고	246	부산, 광주 당기말 공사원가 누계액
당기제품제조원가	354	서울 총공사원가

정상원가계산

만약 기업이 공사별 원가정보를 빨리 얻기 위해 정상원가계산을 사용한다면, 20×6년초에 제조간접원가 예정배부율을 미리 결정한다. 20×6년의 예상 총제조간접원가가 120억원이고 예상 총직접제조원가가 240억원이라면 예정배부율은 0.5이다.

제조간접원가 예정배부율 = 예상 총제조간접원가 / 예상 총배부기준량

= 120억원 / 240억원

= 0.5

이 예정배부율을 각 공사의 실제직접제조원가에 곱하여 구한 제조간접원가를 각 공사에 배부한 결과는 다음과 같다.

표 3.10 정상원가계산 (단위 : 억원)

	서 울	부 산	광 주	합 계
실제직접재료원가	90	50	60	200
실제직접노무원가	20	12	18	50
실제직접제조원가	110	62	78	250
제조간접원가 배부액 (예정원가)	**55 (110×0.5)**	**31 (62×0.5)**	**39 (78×0.5)**	125
당기총제조원가	**165**	**93**	**117**	375
기초재공품재고	200	50	0	250
합 계	365	143	117	625

정상원가계산에서 당기총제조원가는 375억원이다. 당기제품제조원가와 기말재공품재고는 얼마인가? 20×6년중에 서울 공사만 완료되었으므로 서울 공사의 총원가인 365억원이 당기제품제조원가이고 20×6년말까지 완성되지 않은 부산과 광주의 공사원가의 합인 260억원(=143+117)이 기말재공품재고이다. 이를 제조원가명세서 양식으로 정리하면 다음과 같다.

표 3.11 정상원가계산의 제조원가명세서 (단위 : 억원)

	합 계	비 고
직접재료원가	200	
직접노무원가	50	
제조간접원가	125	
당기총제조원가	375	서울, 부산, 광주 당기 공사원가
기초재공품재고	250	서울, 부산 당기초 공사원가 누계액
(−)기말재공품재고	260	부산, 광주 당기말 공사원가 누계액
당기제품제조원가	365	서울 총공사원가

건설공사는 완료 즉시 발주자에게 넘겨지므로 제품재고가 존재하지 않는다. 이 기업은 공사완료시점에서 공사의 총수익을 보고한다고 가정하면 당기제품제조원가 365억원이 모두 (조정전) 매출원가로 보고된다.

정상원가계산에 의한 제조간접원가 배부액은 125억원인데 실제제조간접원가는 100억원이니, 25억원의 과대배부액이 존재한다. 이 25억원을 조정하자. 제품재고는 존재하지 않으나 재공품재고액이 상당히 크므로, 과대배부액을 매출원가와 재공품재고에 나누어 하향조정하면 다음과 같다. 제품의 기초, 기말 재고가 존재하지 않으므로 제품제조원가가 매출원가와 같다.

표 3.12 기말잔액에 의한 제조간접원가 배부차이의 조정 (단위 : 억원)

	조정전 기말잔액	구성비	과대배부액 하향조정	조정후 기말잔액
재공품	260	41.6%	10.4	249.6
제 품	0	0%	0	0
매출원가	365	58.4%	14.6	350.4
합 계	625	100%	25	600

정확한 배부차이조정을 위하여 재공품과 매출원가의 당기제조간접원가 배부액을 기준으로 배부차이를 안분하면 다음과 같다.

표 3.13 당기제조간접원가 배부액에 의한 제조간접원가 배부차이의 조정 (단위 : 억원)

	당기제조간접원가 배부액	구성비	과대배부액 하향조정	조정전 기말잔액	조정후 기말잔액
재공품 (부산, 광주)	70	56%	14	260	246
제 품	0	0%	0	0	0
매출원가 (서울)	55	44%	11	365	354
합 계	125	100%	25	625	600

조정후 재공품 기말잔액과 매출원가가 실제원가계산의 결과와 같음을 알 수 있다.

조선업의 개별원가계산

현대미포조선(주)는 여러 가지 선박과 해양구조물을 제작한다. 페리선, 컨테이너운반선, LPG운반선, 화학품운반선 등 다양한 선박을 제작하는데 각 선박의 제작에 필요한 재료와 작업내용은 서로 많이 다를 것이다. 선박의 목적에 따라 구조가 다르고 다른 설비를 설치할 것이다. 화학품운반선은 화학물질을 안전하게 보관하기 위한 탱크시설을 갖추고, 페리선은 승객과 차량을 싣기 위한 구조와 편의시설을 갖추어야 할 것이다. 따라서 화학품운반선과 페리선의 제조원가를 정확히 계산하기 위해 철판, 엔진 등의 직접재료원가와 용접공 급여 등의 직접노무원가를 건조중인 선박별로 별도로 집계한다. 관리자 급여와 동력비 등 제조간접원가는 직접비나 직접재료비 등을 기준으로 각 선박에 배분한다. 현대미포조선(주) 홈페이지(www.hmd.co.kr)에 선박건조과정에 대한 동영상과 사이버야드투어 애니메이션이 있다.

서비스업의 개별원가계산

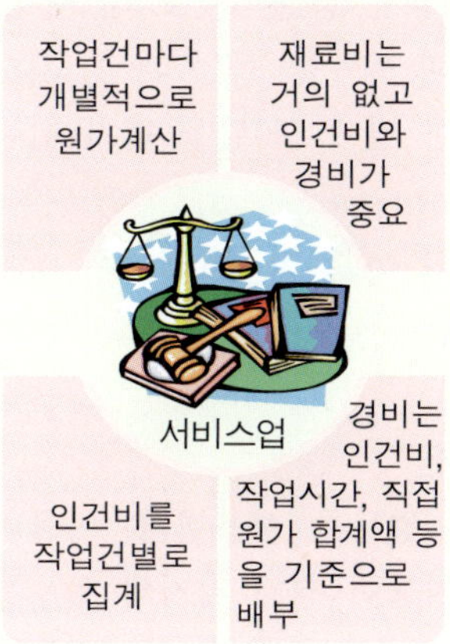

법률법인이나 회계세무법인, 광고대행사 등의 전문직 서비스업에서는 의뢰 작업건마다 개별적으로 원가를 계산한다. 서비스업에서는 재료비가 거의 없으므로 인건비와 경비가 중요하며 특히 인건비가 큰 비중을 차지한다. 인건비를 작업건별로 집계하기 위해 관련 인원의 개별 작업시간을 기록하는 것이 필요하다. 경비는 인건비, 작업시간, 직접원가 합계액 등을 기준으로 배부한다.

일반적으로 서비스업에는 매출원가가 없으므로 모든 영업비용이 판매관리비인 기간비용이므로, 재무보고 목적으로는 원가계산이 중요하지 않다. 서비스업의 원가계산은 내부의사결정 목적이 주가 된다. 운송업이나 컨설팅업과 같은 서비스업에서는 매출원가를 보고하는 관행이 있다. 영업현장에서 발생하는 직원인건비와 장비감가상각비 등은 매출원가로 분류하고 지원부서에서 발생하는 비용은 판매관리비로 분류한다.

토론

편의점 커피나 스타벅스 커피나 원두 원가는 400~500원

−커피업계 "로스팅 기술 · 임대료 · 인건비에서 가격차이"
1천원대 편의점 커피부터 4천~5천원에 이르는 전문점 커피까지, 국내 원두커피 시장이 바야흐로 춘추전국 시대를 맞았다. 하지만 이처럼 다양한 가격대의 커피를 바라보는 소비자는 혼란스럽기만 하다. 과연 가격이 네 배 비싼 커피는 품질 · 맛도 네 배 좋은 것일까. 업계 관계자들의 얘기를 종합해 보면 로스팅(커피 원두를 볶는 과정) 기술의 격차 등을 감안해야 하지만, 원두 자체의 원가는 커피 한 잔에 500원을 넘기 힘든 구조다.

결국 나머지 가격차이는 모두 업체별로 다른 매장 임대료 · 인건비 등에 따른 것이라는 얘기다.

• 편의점 "콜롬비아 등 최상급 원두 써도 1잔 원가 400~500원"
15일 스타벅스코리아에 따르면 스타벅스는 고급 아라비카 원두를 사용한다. 아울러 1971년 설립 이후 40여 년간 1천명이 넘는 원두 감별 전문가들이 세계 각지의 원두를 다양한 비율로 섞어(블렌딩) 테스트하며 높은 원두 품질을 유지하고 있다. 하지만 "최고급 원두를 사용한다"는 주장은 커피 가격이 스타벅스의 4분의 1 수준인 편의점들도 마찬가지다.

지난해 12월 '카페 겟(Cafe GET)'이라는 원두커피 자체브랜드(PB)를 선보인 씨유(CU)의 경우, 12온스(약 340g) 아메리카노 한 잔을 1천200원에 팔고 있다. 이는 비슷한 용량(355ml 톨사이즈)의 스타벅스 아메리카노 가격(4천100원)보다 2천900원이나 싸다.

씨유를 운영하는 BGF리테일에 따르면 '카페 겟' 원두로는 세계 최고 원두산지로 분류되는 콜롬비아(70%)와 탄자니아 원두(30%)만이 사용된다. 더구나 두 산지의 커피 중에서도 최상급만 엄선된다. 콜롬비아는 최상위 등급인 '수프리모'와 바로 아래 단계인 '엑셀소' 이외 원두는 아예 수출하지 않기로 유명하고, 탄자니아산 원두의 경우 BGF리테일 상품개발팀이 50여 개 농장으로부터 샘플을 받아 시음한 뒤 최상위 'AA' 등급만 선별했다.

이처럼 세계적으로 가장 좋은 원두로 만든 '카페 겟' 커피 한 잔 가격에서 원두 원가(로스팅 · 물류 비용 포함)가 차지하는 비중은 30~40% 수준이다. 1천200원짜리 아메리카노에서 360~480원 정도만 원두 자체와 관련된 값이라는 얘기다. 역시 1천~1천200원대 원두 드립커피('세븐카페')로 인기를 끌고 있는 세븐일레븐 관계자도 "컵 등 부자재 비용까지 모두 포함해도 커피 자체의 원가는 400원 안팎 수준"이라며 "그럼에도 원두커피는 편의점 품목 가운데 이익률이 매우 높은 편"이라고 전했다. 아메리카노 보통 크기 한 잔에 많아야 400~500원 수준인 원두 원가는 커피전문점들에서도 큰 차이가 있을 수 없다는 게 업계 관계자들의 설명이다.

BGF리테일 상품기획자(MD)가 콜롬비아 현지에서 커피 생두를 살펴보는 모습

편의점과 커피전문점에 모두 로스팅까지 마친 원두를 납품하는 한 업체 관계자는 "각 업체들이 요구하는 향과 맛을 내기 위해 따로 로스팅해서 원두를 공급할 뿐, 편의점 납품 원두 가격과 커피전문점 납품 원두 가격에 별 차이는 없다"고 말했다. 이 관계자는 "원두·블렌딩·로스팅 등의 비용을 모두 포함해도 커피전문점의 아메리카노 한 잔의 원가는 일반적으로 판매가의 5~10% 이하"라며 "더구나 커피 한 잔에 들어가는 원두 양이 10~12g으로 매우 소량이기 때문에, 로스팅 기술이나 비용 등의 차이를 인정한다 해도 한 잔당 원가차이는 많아야 100~200원 수준"이라고 덧붙였다.

• 스타벅스 등 "인테리어 등 서비스 질, 풍미 다르다"

이처럼 원가에 거의 차이가 없음에도 원두커피 가격이 천차만별인 것은, 임대료·인테리어·인건비 등 매장 관리와 관련된 비용이 업체마다 크게 다르기 때문이라는 게 업계와 전문가들의 공통적 분석이다. 쉽게 말해 스타벅스 같은 대형 커피전문점들은 시내 요지에 대형 매장을 운영하며 수십 명의 직원을 고용하고 비싼 인테리어를 갖춰야 하지만, 편의점은 기존 점포의 인력과 공간을 그대로 쓰면서 커피머신(기계)만 갖추면 되기 때문에 그만큼 싼 값에 커피를 내놓을 수 있다는 얘기다. 상대적으로 기존 대형 커피전문점들에 비해 큰 점포나 화려한 인테리어에 집착하지 않는 '빽다방'이 1천500원에 아메리카노를 내놓을 수 있는 배경도 비슷하다.

스타벅스 관계자도 "스타벅스에는 아르바이트생이 없고 4대 보험과 조식 쿠폰, 택시비 등이 지원되는 정직원만 있다"며 "또 각 매장마다 인테리어 콘셉트가 모두 다르고, 책상 하나를 설치하더라도 그 지역과의 '동화(로컬라이제이션)'에 신경을 쓸 만큼 인테리어에 공을 들인다"며 '차별화한 서비스를 위한 비용' 부분을 강조했다. 와이파이(무선인터넷) 서비스 하나도 단순히 공유기를 통해 제공하는 게 아니라 막대한 비용을 들여 자체 콘덴서를 갖췄다고 스타벅스 측은 덧붙였다. 실제로 스타벅스의 2014년도 사업보고서를 보면, 연간 임차료(100% 직영·971억원)와 인건비(883억원)가 각각 매출(6천171억원)의 16%, 14%에 이를 정도이다. 아울러 스타벅스 등 대형 커피전문점들은 "원두값은 비슷할지라도, 앞선 블렌딩·로스팅 기술과 노하우로 독특하고 풍부한 맛과 향을 선보이는 만큼 더 값을 받을 자격이 있다"는 주장도 비싼 가격의 근거로 내세우고 있다.

하지만 이 모든 차이를 감안하더라도, 원두 원가(400~500원)의 8배가 넘는 가격은 도가 지나친 것이라는 지적도 여전히 많다. 지난달 20일 소비자시민모임이 발표한 13개국 주요 도시 현지 조사 결과에 따르면, 스타벅스 아메리카노 커피 한 잔의 국내 가격은 4천100원으로 13개 나라 가운데 두 번째로 비쌌다. 이웃 일본(4위·3천475원)보다 18%, 미국(12위·2천821원)보다 45%나 높은 수준이었다. (연합뉴스, 2016.2.15)

토론해 보자

(1) 커피전문점에서 커피 1잔의 원가구성을 논의해 보자.

(2) 커피전문점 커피 1잔의 원가와 자판기 커피 1잔의 원가가 크게 다른 이유를 논의해 보자.

(3) 커피전문점의 공통비(간접비) 배분문제를 논의해 보자.

요약정리

건설업, 인쇄업, 가구제조업, 차량정비업 등의 업종에서는 개별원가계산을 사용하여 제품이나 서비스의 원가를 계산한다. 건설현장별, 인쇄작업별, 가구종류별, 차량수리건별로 사용된 재료원가와 인건비를 직접 집계하고 나머지 원가는 간접원가로 배부하는 방법이다. 직접원가는 작업원가표에 항목별로 집계하고 간접원가는 배부기준을 정하여 배부기준 단위당 원가인 배부율을 사용하여 계산한다.

모든 제조원가를 실제 발생한 원가로 계산하는 방법이 실제원가계산이다. 실제 직접재료원가와 직접노무원가를 개별작업별로 집계하고 실제 총제조간접원가를 실제배부기준량으로 나눈 실제배부율을 사용한다. 특정 작업의 실제직접원가는 작업이 완료되는 시점에서 알 수 있지만, 실제 총제조간접원가가 회계기간말에 비로소 모두 집계되므로 작업에 배부되는 간접원가는 회계기간말이 돼서야 계산된다. 그러나 실제원가계산이 외부보고용 재무제표를 위해 요구되는 방법이므로 많이 사용된다.

개별원가계산의 적시성 문제를 해결하는 한 방법이 예정배부율에 의한 정상원가의 사용이다. 예정 총제조간접원가를 예정 총배부기준량으로 나눈 예정배부율을 미리 정하고, 회계기간 내내 이 예정배부율을 실제 발생한 배부기준량에 적용해 정상 제조간접원가를 계산한다. 재무제표 작성을 위해서는 정상원가를 실제원가로 전환해야 하므로 예정배부율에 의한 제조간접원가 총배부액과 실제 총발생액의 차이인 배부차이를 매출원가와 다른 관련 계정에서 소성한다.

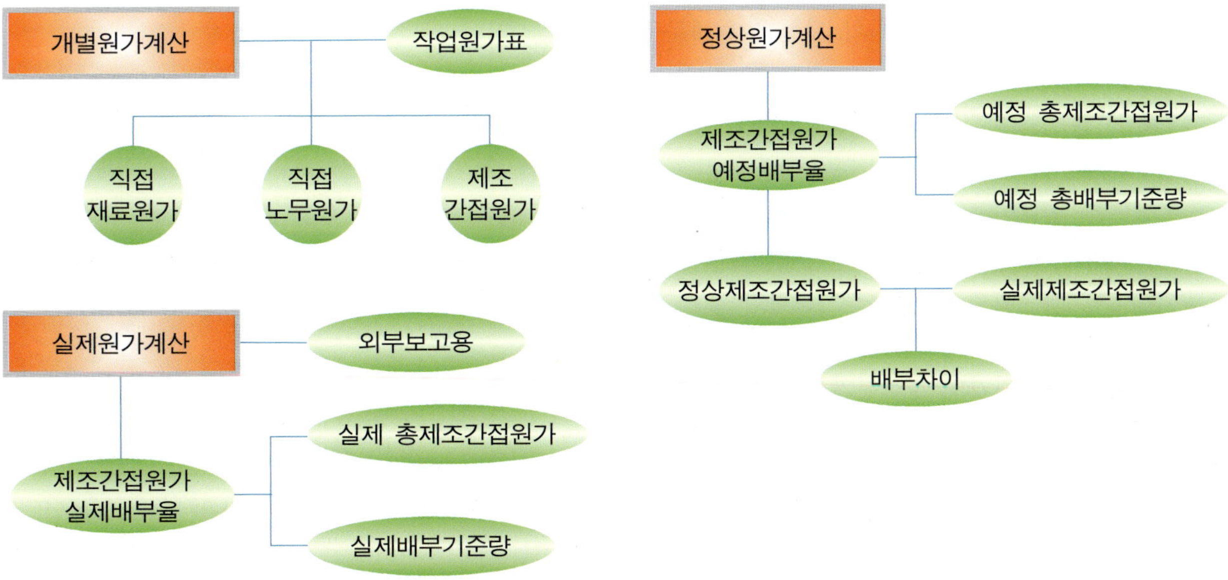

3 연습문제

객관식

01 개별원가계산의 특징 (19. 재경관리사)

다음 중 개별원가계산에 관한 설명으로 가장 옳은 것은?

① 제조간접원가는 개별작업과 관련하여 직접적으로 추적할 수 없으므로 이를 배부하는 절차가 필요하다.
② 개별원가계산은 해당제품으로 직접 추적할 수 있기 때문에 실제원가계산만 가능하다.
③ 개별원가계산은 제품원가를 개별작업별로 구분하여 집계하므로 제조직접원가와 제조간접원가의 구분이 중요하지 않다.
④ 각 작업별로 원가가 계산되기 때문에 원가계산자료가 상세하고 복잡하며 오류가 발생할 가능성이 적어진다.

02 개별원가계산의 특징 (18. 재경관리사)

다음 중 개별원가계산에 관한 설명으로 가장 올바르지 않은 것은?

① 수요자의 요구에 따라 개별적으로 제품을 생산하는 업종에서 주로 사용한다.
② 직접원가와 간접원가의 구분이 중요하다.
③ 개별작업에 집계되는 실제원가를 예산액과 비교하여 미래예측에 이용할 수 있다.
④ 각 작업별로 원가가 계산되기 때문에 비용과 시간이 절약된다.

03 개별원가계산의 특징

개별원가계산의 특징이 아닌 것은?

① 조선업에서 사용하기에 적당하다.
② 작업원가표를 사용하면 편리하다.
③ 배부율을 계산하여 사용한다.
④ 모든 제조원가를 작업별로 직접 추적한다.
⑤ 실제원가나 정상원가를 사용할 수 있다.

04 개별원가계산의 특징

다음 중 개별원가계산에 대한 설명으로 틀린 것은?

① 여러 가지 제품을 주문에 의해 생산하거나 동종의 제품을 일정간격을 두고 비반복적으로 생산하는 업종에 적합한 원가계산제도이다.

② 조선업, 기계제작업 등과 같이 수요자의 주문에 기초하여 제품을 생산하는 업종에서 주로 사용한다.

③ 종합원가계산에 비해 각 제품별로 원가를 집계하기 때문에 직접원가와 간접원가의 구분이 더욱 중요한 의미를 갖는다.

④ 개별원가계산은 제조간접원가의 배부절차가 반드시 필요하므로, 개별원가계산을 사용하면서 변동원가계산제도를 채택하는 것은 불가능하다.

05 개별원가계산 (18. 감정평가사)

실제개별원가계산제도를 사용하는 (주)감평의 20×1년도 연간 실제원가는 다음과 같다.

직접재료원가	₩4,000,000	직접노무원가	₩5,000,000
제조간접원가	1,000,000		

(주)감평은 20×1년중 작업지시서 #901을 수행하였는데 이 작업에 320시간의 직접노무시간이 투입되었다. (주)감평은 제조간접원가를 직접노무시간을 기준으로 실제배부율을 사용하여 각 작업에 배부한다. 20×1년도 실제 총직접노무시간은 2,500시간이다. (주)감평이 작업지시서 #901에 배부해야 할 제조간접원가는?

① ₩98,000 ② ₩109,000 ③ ₩128,000
④ ₩160,000 ⑤ ₩175,000

06 개별원가계산 (17. 재경관리사)

(주)삼일은 일반형 전화기와 프리미엄 전화기 두 종류의 제품을 생산하고 있다. 4월 한 달 동안 생산한 두 제품의 작업원가표는 아래와 같다.

	일반형 전화기	프리미엄 전화기
직접재료 투입액	₩400,000	₩600,000
직접노무시간	100시간	200시간
직접노무원가 임률	₩1,000/시간	₩2,000/시간

(주)삼일은 실제 발생한 제조간접원가를 실제조업도에 의해 배부하는 원가계산방식을 채택하고 있다. 동 기간 동안 발생한 회사의 총제조간접원가는 ₩3,000,000이며, 제조간접원가를 직접노무시간 기준으로 배부할 경우와 직접노무원가 기준으로 배부할 경우 4월 한 달 동안 생산한 프리미엄 전화기의 제조원가 차이는 얼마인가?

① ₩0 ② ₩400,000
③ ₩1,000,000 ④ ₩1,800,000

07 개별원가계산 (17. 재경관리사)

(주)삼일은 개별원가계산제도를 채택하고 있으며, 제품 A의 작업원가표가 아래와 같을 때 제품 A의 제조원가는 얼마인가?

직접재료 투입액	₩100,000
직접노무시간	200시간
직접노무원가 임률	₩500/시간
제조간접원가 배부율(직접노무시간당)	₩750/시간

① ₩350,000 ② ₩385,000
③ ₩412,500 ④ ₩435,000

08 개별원가계산 (18. 재경관리사)

(주)삼일은 개별원가계산제도를 채택하고 있으며, 제품 A의 작업원가표가 아래와 같을 때 제조간접원가 배부율(직접노무시간당)은 얼마인가?

직접재료 투입액	₩100,000
직접노무시간	200시간
직접노무원가 임률	₩500/시간
제품 A의 제조원가	₩360,000

① ₩500 ② ₩750
③ ₩800 ④ ₩1,000

09 개별원가계산 (19. 경영지도사)

(주)대한은 개별원가계산제도를 사용한다. 전기말 현재 작업 #101(총제조원가 ₩510)이 미완성이었으며, 당기중 작업 #102, #103, #104가 새로 시작되었고, #101, #102는 완성되어 판매되었다. 당기중 작업별 직접원가 발생액이 다음과 같고, 당기제조간접원가 실제발생액 ₩816을 직접노무원가 기준으로 배부한다고 할 때 당기매출원가는?

항 목	#101	#102	#103	#104	합 계
직접재료원가	–	₩400	₩150	₩700	₩1,250
직접노무원가	₩20	250	90	320	680
계	₩20	₩650	₩240	₩1,020	₩1,930

① ₩950 ② ₩994 ③ ₩1,404
④ ₩1,504 ⑤ ₩1,852

10 개별원가계산 (16. 세무사)

(주)세무는 개별원가계산방법을 적용한다. 제조지시서 #1은 전기부터 작업이 시작되었고, 제조지시서 #2와 #3은 당기초에 착수되었다. 당기중 제조지시서 #1과 #2는 완성되었으나, 당기말 현재 제조지시서 #3은 미완성이다. 당기제조간접원가는 직접노무원가에 근거하여 배부한다. 당기에 제조지시서 #1 제품은 전량 판매되었고, 제조지시서 #2 제품은 전량 재고로 남아 있다. 다음 자료와 관련된 설명으로 옳지 않은 것은?

구 분	#1	#2	#3	합 계
기초금액	₩450	–	–	
[당기투입액]				
직접재료원가	₩6,000	₩2,500	(　　)	₩10,000
직접노무원가	500	(　　)	(　　)	1,000
제조간접원가	(　　)	1,000	(　　)	4,000

① 당기제품제조원가는 ₩12,250이다.
② 당기총제조원가는 ₩15,000이다.
③ 기초재공품은 ₩450이다.
④ 기말재공품은 ₩2,750이다.
⑤ 당기매출원가는 ₩8,950이다.

11 개별원가계산 (12. 감정평가사)

다음은 개별원가계산제도를 이용하고 있는 (주)한국의 원가계산 자료이다. 제조간접원가는 기본원가(prime costs)를 기준으로 배부한다.

원가항목	작업 #1	작업 #2	작업 #3	합 계
기초재공품	₩2,000	₩4,000	–	₩6,000
직접재료원가	2,800	3,000	₩2,200	8,000
직접노무원가	4,000	5,000	3,000	12,000
제조간접원가	(　　)	(　　)	(　　)	6,000

작업 #1과 작업 #3은 완성되었고, 작업 #2는 미완성되었다. (주)한국이 기말재공품으로 계상할 금액은?

① ₩9,600
② ₩10,200
③ ₩12,500
④ ₩13,600
⑤ ₩14,400

12 개별원가계산 (재경관리사)

(주)삼일은 개별원가계산제도를 채택하고 있으며, 제품 파랑과 초록을 생산하고 있다. 기초재공품은 없으며 제품 파랑과 초록은 기말에 완성되었다. 관련자료는 아래와 같고, 제조간접원가를 직접노무원가 발생액에 비례하여 배부하는 경우 제품 파랑의 제조원가는 얼마인가?

	파 랑	초 록
직접재료원가 :		
기초재고액	₩200,000	₩150,000
당기매입액	500,000	220,000
기말재고액	150,000	110,000
직접노무원가 :		
전기말 미지급액	₩220,000	₩200,000
당기지급액	450,000	670,000
당기말 미지급액	180,000	120,000
당기발생된 제조간접원가 : ₩200,000		

① ₩993,000
② ₩1,042,000
③ ₩1,332,000
④ ₩1,360,000

13 개별원가계산 (재경관리사)

(주)Treco는 개별원가계산제도를 채택하고 있으며, 직접노무원가를 기준으로 제조간접원가를 배부한다. 2007년도의 제조간접원가 배부율은 A부문에 대해서는 200%, B부문에 대해서는 50%이다. 제조지시서 #04는 2007년중에 시작되어 완성되었으며, 원가 발생액은 다음과 같다.

	A부문	B부문
직접재료원가	₩50,000	₩10,000
직접노무원가	?	40,000
제조간접원가	60,000	?

제조지시서 #04와 관련된 총제조원가는 얼마인가?

① ₩170,000
② ₩190,000
③ ₩210,000
④ ₩270,000

14 개별원가계산 (12. 재경관리사)

(주)삼일은 직접노동시간을 기준으로 제조간접원가를 예정배부하고 있으며 연간 제조간접원가는 ₩2,000,000으로, 연간 직접노동시간은 40,000시간으로 예상하고 있다. 2012년 12월중 작업지시서 #369와 #248을 시작하여 #369만 완성되었다면 12월말 재공품원가는 얼마인가? (단, 월초에 재공품은 없다고 가정한다)

	#369	#248	계
직접재료원가	₩150,000	₩90,000	₩240,000
직접노무원가	60,000	30,000	90,000
직접노동시간	2,400시간	1,600시간	4,000시간

① ₩190,000　② ₩195,000
③ ₩198,000　④ ₩200,000

15 개별원가계산 (08. 9급 공채)

다음 원가계산 자료에서 제조지시서 #1과 #2는 완성되었으나 제조지시서 #3은 미완성이다. 재공품계정의 월말재고액은? (단, 제조간접비는 직접재료비에 근거하여 배부한다)

비 목	지시서 #1	지시서 #2	지시서 #3	합 계
직접재료비	₩2,000	₩2,000	₩1,000	₩5,000
직접노무비	5,000	6,000	2,500	13,500
제조간접비	(　　)	(　　)	(　　)	9,000

① ₩1,800　② ₩5,300
③ ₩10,600　④ ₩11,600

16 개별원가계산 (07. 9급 공채)

5월의 생산 및 원가자료는 다음과 같다.

〈원가계산표〉

과 목	제조지시서 #1	제조지시서 #2
월초재공품	₩180,000	－
직접재료비	950,000	₩380,000
직접노무비	650,000	200,000
제조간접비	220,000	100,000
합 계	₩2,000,000	₩680,000

월초제품재고액은 ₩400,000이고, 월말제품재고액은 ₩500,000이다. 그리고 제조지시서 #1은 완성되었으나, 제조지시서 #2는 완성되지 못하였다. 손익계산서에 계상될 매출원가는 얼마인가?

① ₩1,800,000　② ₩1,900,000
③ ₩2,000,000　④ ₩2,100,000

17 부문별 제조간접원가 배부율 (18. 재경관리사)

다음 자료를 읽고 문제에 답하시오.

(1) (주)삼일은 두 개의 제조부문(A, B)이 있다. 다음은 당기의 자료이다.

	A부문	B부문	합 계
제조간접원가	₩400,000	₩800,000	₩1,200,000
직접기계시간	2,000시간	8,000시간	10,000시간

(2) 당기중 착수하여 완성된 #1B 작업의 원가자료는 다음과 같다.

	A부문	B부문	합 계
직접재료원가	₩30,000	₩10,000	₩40,000
직접노무원가	20,000	30,000	50,000
직접기계시간	120시간	240시간	360시간

(3) 회사는 직접기계시간을 기준으로 제조간접원가를 배부하고 있다.

부문별 제조간접원가 배부율을 사용할 경우 #1B의 가공원가는 얼마인가?

① ₩98,000　　② ₩100,000

③ ₩102,000　　④ ₩104,000

18 서비스업의 개별원가계산 (02. 세무사)

E세무법인은 계약건별로 추적이 가능한 원가는 직접원가로 파악하고, 간접원가에 대해서는 복수의 간접원가집합으로 분류한 다음 각각의 간접원가 배부율을 적용하여 원가계산을 한다. 다음 자료를 토대로 G회사의 세무조정계약건에 대한 원가를 산출하시오.

(1) 직접노무원가 : G회사의 계약건과 관련하여 책임세무사 200시간, 담당세무사 400시간이 투입되었으며, 관련자료는 다음과 같다.

구 분	인원수	연간총투입시간(조업도)	연간급여
책임세무사	10명	1,600시간×10명＝16,000시간	₩800,000,000
담당세무사	40명	1,600시간×40명＝64,000시간	1,600,000,000
계		80,000시간	₩2,400,000,000

(2) G회사의 세무조정계약건에서 발생된 직접노무원가 이외의 직접원가 : ₩2,600,000

(3) 간접원가는 연간 총 ₩496,000,000이며, 관련 자료는 다음과 같다.

[가] 일반관리비(세무사 총투입시간에 비례하여 배분) : ₩240,000,000

[나] 보험료(세무사 직접노무원가에 비례하여 배분) : 96,000,000

[다] 비서실운영비(책임세무사 투입시간에 비례하여 배분) : 160,000,000

계 ₩496,000,000

① ₩22,600,000　② ₩26,300,000　③ ₩27,200,000
④ ₩27,750,000　⑤ ₩35,300,000

19 정상원가계산 (21. 감정평가사)

(주)감평은 제조간접원가를 기계작업시간 기준으로 예정배부하고 있다. 20×1년 실제기계작업시간은?

제조간접원가(예산)	₩928,000	제조간접원가(실제)	₩960,000
제조간접원가 배부액	840,710	기계작업시간(예산)	80,000시간

① 70,059시간　② 71,125시간　③ 72,475시간
④ 73,039시간　⑤ 74,257시간

20 정상원가계산 (17. 세무사)

(주)세무는 단일제품을 생산하며 개별정상원가계산을 사용한다. 제조간접원가는 직접노무시간당 ₩6을 예정배부한다. 재료계정의 기초금액은 ₩10,000이며, 기말금액은 ₩15,000이다. 재료는 모두 직접재료로 사용되고 간접재료로 사용되지 않는다. 당기총제조원가는 ₩650,000이며 당기제품제조원가는 ₩640,000이다. 직접노무원가는 ₩250,000이며, 실제 발생한 직접노무시간은 20,000시간이다. (주)세무가 당기에 매입한 재료금액은?

① ₩270,000　② ₩275,000　③ ₩280,000
④ ₩285,000　⑤ ₩290,000

21 정상원가계산 (21. 국가직 9급)

(주)한국은 정상(예정)개별원가계산을 적용하며, 기계시간을 기준으로 제조간접원가를 예정배부한다. 20×1년 예정기계시간이 10,000시간이고 원가 예산이 다음과 같을 때, 제조간접원가 예정배부율은?

직접재료원가	₩25,000	간접재료원가	₩5,000
직접노무원가	32,000	공장건물 임차료	20,000
공장설비 감가상각비	7,000	판매직원 급여	18,000
공장설비 보험료	13,000	광고선전비	5,000

① ₩4/기계시간　② ₩4.5/기계시간
③ ₩7.2/기계시간　④ ₩10.2/기계시간

22 실제원가계산과 정상원가계산 (19. 재경관리사)

(주)삼일은 직접노무시간을 기준으로 제조간접원가를 예정배부하고 있으며 연간 제조간접원가는 ₩2,000,000으로, 연간 직접노무시간은 5,000시간으로 예상하고 있으나 실제로는 4,000시간이 발생하였다. 실제제조간접원가가 ₩2,000,000이 발생한 경우 #A의 예정배부와 실제배부의 제조간접원가 차이는 얼마인가?

	#A	#B	계
예상 직접노무시간	3,000시간	2,000시간	5,000시간
실제직접노무시간	2,000시간	2,000시간	4,000시간

① ₩100,000 ② ₩200,000
③ ₩300,000 ④ ₩400,000

23 제조간접원가 배부차이 (16. 세무사)

(주)세무는 기계시간 기준으로 제조간접원가를 예정배부하는 정상원가계산방법을 적용한다. 20×1년에 실제제조간접원가는 ₩787,500이 발생되었고, 기계시간당 ₩25으로 제조간접원가를 예정배부한 결과 ₩37,500만큼 과대배부되었다. 20×1년 실제조업도가 예정조업도의 110%인 경우, (주)세무의 제조간접원가 예산액은?

① ₩715,000 ② ₩725,000 ③ ₩750,000
④ ₩800,000 ⑤ ₩825,000

24 제조간접원가 배부차이 (17. 서울시 7급)

(주)서울은 정상개별원가계산을 사용하고 있다. 제조간접원가는 직접노무시간을 기준으로 작업별로 예정배부를 하고 있는데, 20×1년 제조간접원가 예정배부율은 직접노무시간당 ₩100이다. 20×1년 한 해 동안 제조간접원가는 ₩52,500이 실제 발생하였으며, ₩2,500이 과대배부된 것으로 나타났다. 그리고 실제직접노무시간은 예정직접노무시간을 50시간 초과하였다. 20×1년 제조간접원가 예산은 얼마인가?

① ₩50,000 ② ₩55,000
③ ₩60,000 ④ ₩65,000

25 제조간접원가 배부차이 (14. 주택관리사)

(주)한국은 정상원가계산(normal costing)을 적용하고 있으며, 제조간접원가 배부기준은 직접노무시간이다. 20×1년 제조간접원가 예산은 ₩10,000이고, 예정 직접노무시간은 100시간이었다. 20×1년 실제직접노무시간은 90시간, 제조간접원가 부족(과소)배부액은 ₩1,000이었다. 제조간접원가 실제발생액은?

① ₩7,000 ② ₩8,000 ③ ₩9,000
④ ₩10,000 ⑤ ₩11,000

26 제조간접원가 배부차이 (21. 지방직 9급)

정상개별원가계산을 적용하는 경우 발생할 수 있는 제조간접원가 배부차이에 대한 설명 중 옳지 않은 것은?

① 제조간접원가 배부차이는 회계기간중에 배부된 제조간접원가 예정배부액과 회계기말에 집계된 제조간접원가 실제발생액의 차이로 발생한다.

② 원가요소별 비례배부법은 기말의 재공품, 제품 및 매출원가에 포함되어 있는 제조간접원가 실제배부액의 비율에 따라 제조간접원가 배부차이를 조정한다.

③ 제조간접원가 배부시 실제배부율은 사후적으로 계산되지만, 예정배부율은 기초에 사전적으로 계산된다.

④ 제조간접원가 과대배부액을 매출원가조정법에 의해 회계처리하는 경우, 매출원가가 감소하게 되므로 이익이 증가하는 효과가 있다.

27 제조간접원가 배부차이 (18. 경영지도사)

(주)한국은 정상원가계산제도를 채택하고 있으며, 직접노무시간을 기준으로 제조간접원가를 배부하고 있다. 20×1년 제조간접원가 예산은 ₩2,040,000이고, 예정 직접노무시간은 800,000시간이다. 20×1년 제조간접원가 실제발생액이 ₩2,160,000이고, 실제직접노무시간이 840,000시간이라면, 제조간접원가 배부차이는?

① ₩0 ② ₩9,000 과소배부 ③ ₩9,000 과대배부
④ ₩18,000 과소배부 ⑤ ₩18,000 과대배부

28 제조간접원가 배부차이 (18. 관세사)

(주)관세는 제조간접원가를 직접노무시간에 따라 예정배부한다. 20×1년 예산 및 동년 3월의 자료가 다음과 같을 때 3월의 제조간접원가 실제발생액은?

연간 직접노무시간(예산)	3,700시간
연간 제조간접원가(예산)	₩192,400
3월 직접노무시간(실제)	450시간
3월 제조간접원가 배부차이	₩1,300(과대배부)

① ₩21,200 ② ₩22,100 ③ ₩23,200
④ ₩23,400 ⑤ ₩24,700

29 제조간접원가 배부차이 (19. 보험계리사)

(주)한국은 정상개별원가계산을 사용하며 기계작업시간을 기준으로 제조간접원가를 배부하고 있다. 20×1년 연간 제조간접원가 예산은 ₩3,960,000이다. 20×1년 실제 발생한 제조간접원가는 ₩3,800,000이고 실제기계작업시간은 20,000시간이다. 20×1년 제조간접원가 과소배부액이 ₩200,000이라고 할 때, 20×1년 제조간접원가 예정배부액은 얼마인가?

① ₩3,400,000　② ₩3,600,000
③ ₩3,760,000　④ ₩4,160,000

30 제조간접원가 배부차이 (19. 국가직 7급)

(주)대한은 정상개별원가계산을 적용하고 있으며, 제조간접원가 배부기준은 직접노무시간이다. 20×1년 제조간접원가 예산은 ₩2,000이고, 예정 직접노무시간은 200시간이었다. 20×1년 실제직접노무시간은 210시간, 제조간접원가 과대배부액이 ₩200이었다. 제조간접원가 실제발생액은?

① ₩1,700　② ₩1,800
③ ₩1,900　④ ₩2,000

31 제조간접원가 배부차이조정 (11. 세무사)

제조간접원가를 예정배부하는 경우 배부차이조정에 관한 설명으로 옳지 않은 것은?

① 원칙적으로 배부차액은 재료재고와 재공품재고, 매출원가의 세 계정에서 조정해야 한다.
② 배부차액이 크지 않고 재고수준이 낮은 기업에서는 매출원가조정법을 적용할 수 있다.
③ 예정배부율은 예상 총제조간접원가를 예상 총배부기준량으로 나누어 계산한다.
④ 과소배부는 실제제조간접원가가 예정배부액보다 클 때 발생한다.
⑤ 제조간접원가의 예정배부액은 실제배부기준량에 예정배부율을 곱하여 계산한다.

32 제조간접원가 배부차이조정 (17. 관세사)

(주)관세가 행한 다음 분개와 관련된 설명으로 옳은 것을 모두 고른 것은?

(차) 매 출 원 가	60,000	(대) 제조간접원가 배부차이	60,000

ㄱ. 제조간접원가 실제 배부시 발생하는 분개이다.
ㄴ. 표준원가계산에서 원가차이를 조정하는 분개이다.
ㄷ. 제조간접원가는 ₩60,000만큼 과소배부되었다.
ㄹ. 매출원가에 제조간접원가 배부차이 ₩60,000을 가산한다.
ㅁ. 매출총이익은 ₩60,000만큼 감소한다.

① ㄱ, ㄴ　② ㄴ, ㅁ　③ ㄷ, ㄹ
④ ㄱ, ㄷ, ㅁ　⑤ ㄷ, ㄹ, ㅁ

33 제조간접원가 배부차이의 매출원가조정 (22. 세무사)

(주)세무는 20×1년에 영업을 시작하였으며, 정상원가계산을 적용하고 있다. 다음은 (주)세무의 20×1년 배부차이를 조정하기 전의 제조간접원가계정과 기말재공품, 기말제품 및 매출원가에 관한 자료이다.

제조간접원가	
₩630,000	?

	기말재공품	기말제품	매출원가
직접재료원가	₩225,000	₩250,000	₩440,000
직접노무원가	125,000	150,000	210,000
제조간접원가	150,000	200,000	250,000
합 계	₩500,000	₩600,000	₩900,000

제조간접원가의 배부차이를 매출원가조정법으로 회계처리하는 경우, 총원가비례배부법에 비해 당기순이익이 얼마나 증가(혹은 감소)하는가?

① ₩16,500 감소 ② ₩16,500 증가 ③ ₩13,500 증가
④ ₩13,500 감소 ⑤ ₩30,000 증가

34 제조간접원가 배부차이의 매출원가조정 (21. 세무사)

(주)세무는 정상개별원가계산을 사용하고 있으며, 제조간접원가는 직접노무시간을 기준으로 배부하고, 제조간접원가 배부차이는 전액 매출원가에 조정하고 있다. 당기의 직접재료매입액은 ₩21,000이고, 제조간접원가 배부차이는 ₩7,000(과소배부)이며, 제조간접원가 배부차이 조정 전 매출원가는 ₩90,000이다. 당기재고자산 관련 자료는 다음과 같다.

	직접재료	재공품	제 품
기초재고	₩3,000	₩50,000	₩70,000
기말재고	4,000	45,000	60,000

직접노무원가가 기초원가(prime cost)의 60%인 경우, 당기에 실제 발생한 제조간접원가는?

① ₩18,000 ② ₩25,000 ③ ₩30,000
④ ₩32,000 ⑤ ₩37,000

35 제조간접원가 배부차이의 매출원가조정 (21. 주택관리사)

(주)한국은 정상개별원가계산제도를 채택하고 있다. 제조간접원가는 직접노무원가를 기준으로 예정배부하고 있으며, 제조간접원가 배부차이는 전액 매출원가에서 조정하고 있다. 당기 원가자료가 다음과 같을 때, 당기제품제조원가는? (단, 제조간접원가 예정배부율은 매 기간 동일하다)

	직접재료원가	직접노무원가	제조간접원가
기초재공품	₩2,500	₩2,800	₩4,200
당기실제발생액	15,000	18,000	25,500
기말재공품	3,000	3,800	?

① ₩55,500 ② ₩56,000 ③ ₩56,500
④ ₩57,000 ⑤ ₩57,500

36 제조간접원가 배부차이의 매출원가조정 (22. 공인회계사)

(주)대한은 정상원가계산제도를 채택하고 있다. 제조간접원가 예정배부율은 직접노무원가의 50%이며, 제조간접원가 배부차이는 전액 매출원가에서 조정한다. (주)대한의 20×1년 2월 원가 관련 자료는 다음과 같다.

- 직접재료 구입액은 ₩40,000이다.
- 직접노무원가는 기본원가(기초원가, prime costs)의 40%이다.
- 직접재료 기말재고액은 ₩10,000, 제품 기말재고액은 ₩4,000이다.
- 당기제품제조원가에는 직접재료원가 ₩25,500이 포함되어 있다.
- 기말재공품에는 제조간접원가 배부액 ₩1,500이 포함되어 있다.
- 실제 발생한 제조간접원가는 ₩8,000이다.

제조간접원가 배부차이를 조정한 후 (주)대한의 2월 매출원가는 얼마인가? (단, 기초재고자산은 없다)

① ₩44,000 ② ₩45,000 ③ ₩46,000
④ ₩47,000 ⑤ ₩49,000

37 제조간접원가 배부차이의 안분 (18. 세무사)

(주)세무는 정상원가계산을 적용하고 있으며, 제조간접원가는 기본원가(prime costs)의 50%를 예정배부한다. (주)세무는 제조간접원가 배부차이를 원가요소기준 비례배부법으로 조정한다. 9월의 기본원가, 매출액과 배부차이조정후 기말재고자산은 다음과 같다.

기본원가	₩750,000	매출액	₩1,000,000
기말재공품	120,000	기말제품	180,000

9월의 배부차이조정후 매출원가율이 80%일 때, 배부차이는? (단, 기초재고자산은 없다)

① ₩10,000 과대배부 ② ₩15,000 과소배부 ③ ₩15,000 과대배부
④ ₩25,000 과소배부 ⑤ ₩25,000 과대배부

38 **제조간접원가 배부차이의 안분** (20. 국가직 9급)

(주)한국은 정상원가계산을 적용하여 제조간접원가 배부차이금액을 재공품, 제품, 매출원가의 조정전 기말잔액의 크기에 비례하여 배부한다. 다음 자료를 이용하여 제조간접원가 배부차이조정 전후 설명으로 옳지 않은 것은?

	조정전 기말잔액
재 공 품	₩500,000
제 품	300,000
매출원가	1,200,000
합 계	₩2,000,000

• 실제 발생 제조간접비 ₩1,000,000
• 예정배부된 제조간접비 ₩1,100,000
• 재공품과 제품의 기초재고는 없는 것으로 가정한다.

① 조정전 기말잔액에 제조간접원가가 과대배부되었다.
② 제조간접원가 배부차이금액 중 기말재공품에 ₩25,000이 조정된다.
③ 제조간접원가 배부차이조정후 기말제품은 ₩315,000이다.
④ 제조간접원가 배부차이조정후 매출원가 ₩60,000이 감소된다.

39 **제조간접원가 배부차이의 안분** (21. 공인회계사)

(주)대한은 20×1년초에 설립되었으며 정상원가계산을 적용하고 있다. 제조간접원가 배부기준은 기계시간이다. (주)대한은 20×1년초에 연간 제조간접원가를 ₩80,000으로, 기계시간을 4,000시간으로 예상하였다. (주)대한의 20×1년 생산 및 판매 관련 자료는 다음과 같다.

• 20×1년중 작업 #101, #102, #103을 착수하였다.
• 20×1년중 작업별 실제 발생한 원가 및 기계시간은 다음과 같다.

	#101	#102	#103	합 계
직접재료원가	₩27,000	₩28,000	₩5,000	₩60,000
직접노무원가	25,000	26,000	13,000	64,000
기계시간	1,400시간	1,800시간	600시간	3,800시간

• 20×1년 실제 발생한 제조간접원가는 총 ₩82,000이다.
• 작업 #101과 #102는 20×1년중 완성되었으나, #103은 20×1년말 현재 작업중이다.
• 20×1년중 #101은 ₩120,000에 판매되었으나, #102는 20×1년말 현재 판매되지 않았다. (주)대한의 매출은 #101이 유일하다.

(주)대한이 총원가기준 비례배부법을 이용하여 배부차이를 조정한다면, 20×1년 매출총이익은 얼마인가?

① ₩24,600 ② ₩27,300 ③ ₩28,600
④ ₩37,600 ⑤ ₩39,400

40 제조간접원가 배부차이의 안분 (19. 공인회계사)

(주)대한은 정상개별원가계산을 사용하고 있으며, 제조간접원가 배부기준은 기본원가(prime costs)이다. 20×1년 제조간접원가 예정배부율은 기본원가의 40%이었다. 20×1년도 생산 및 판매 자료는 다음과 같다.

(1) 기초재고자산 중 재공품 및 제품의 작업별 원가는 다음과 같다.

항 목	기초재공품		기초제품
	작업 #102	작업 #103	작업 #101
기본원가	₩4,000	₩3,500	₩5,000
제조간접원가	2,000	1,750	2,500
합 계	₩6,000	₩5,250	₩7,500

(2) 당기에 작업 #102와 #103에 소비된 기본원가는 각각 ₩1,500과 ₩1,000이었다.
(3) 당기에 신규로 착수된 작업은 없었고, 작업 #102와 #103은 완성되었다.
(4) 당기에 작업 #101과 #102는 각각 ₩8,300과 ₩10,000에 판매되었다.
(5) 당기에 제조간접원가 실제발생액은 ₩1,250이었다.
(6) (주)대한은 배부차이를 원가요소기준 비례배부법으로 조정한다.

배부차이조정후 매출총이익은 얼마인가?

① ₩2,210 ② ₩2,320 ③ ₩2,440
④ ₩2,520 ⑤ ₩2,550

41 제조간접원가 배부차이의 안분 (19. 관세사)

(주)관세는 20×1년 영업을 개시하여 우주선을 제작·판매하고 있으며, 정상개별원가계산을 채택하고 있다. 제조와 관련된 원가 및 활동 자료는 다음과 같다.

	단거리 우주선	중거리 우주선	장거리 우주선
직접재료원가	₩240,000	₩370,000	₩480,000
직접노무원가	150,000	300,000	450,000
실제기계시간	495시간	1,485시간	1,980시간

(주)관세는 20×1년초 연간 제조간접원가는 ₩1,280,000, 제조간접원가 배부기준인 기계시간은 4,000시간으로 예상하였으며 20×1년에 실제 발생한 제조간접원가는 ₩1,170,000이다. 20×1년말 단거리 우주선은 완성되어 판매되었고 중거리 우주선은 완성되었으나 판매되지 않았으며 장거리 우주선은 미완성 상태이다. (주)관세는 제조간접원가 배부차이를 원가요소별 비례배부법으로 조정한다. 제조간접원가 배부차이를 조정한 후의 매출원가는?

① ₩451,200 ② ₩536,250 ③ ₩560,550
④ ₩562,150 ⑤ ₩645,600

42 제조간접원가 배부차이의 매출원가조정 (13. 관세사)

다음은 정상개별원가계산제도를 채택하고 있는 (주)관세의 20×3년도 원가계산 자료이다. 제조지시서 #1은 완성되어 판매되었고, 제조지시서 #2는 완성되었으나 판매되지 않았으며, 제조지시서 #3은 미완성되었다.

원가항목	제조지시서 #1	제조지시서 #2	제조지시서 #3
기초재공품	₩30,000	₩20,000	–
직접재료원가	22,000	12,000	₩6,000
직접노무원가	30,000	25,000	15,000

제조간접원가는 직접노무원가의 200%를 예정배부하며, 20×3년도에 발생한 실제 총제조간접원가는 ₩120,000이다. 제조간접원가의 배부차이를 매출원가에서 전액 조정한다고 할 때, 제조간접원가 배부차이를 조정한 후의 매출원가는 얼마인가?

① ₩82,000 ② ₩122,000 ③ ₩132,000
④ ₩142,000 ⑤ ₩202,000

주관식

43 실제원가계산의 당기제품제조원가

마포조선(주)는 2011년중에 유조선과 유람선을 완성하여 주문자에게 인도하였다. 2011년말에 미완성된 화물선이 있다. 2011년의 실제원가 관련자료가 다음과 같다.

	유조선	유람선	화물선	합 계
직접재료원가	15억원	20억원	8억원	43억원
직접노무원가	3억원	4억원	2억원	9억원
직접노무시간	20,000시간	30,000시간	10,000시간	60,000시간
기초재공품	20억원	25억원	5억원	50억원

이 기업은 직접노무시간을 제조간접원가 배부기준으로 사용하는 실제원가계산을 사용하고 있다. 2011년에 발생한 총제조간접원가가 30억원일 때, 당기제품제조원가와 기말재공품재고를 구하시오.

44 정상원가계산의 종합문제

마포조선(주)는 2011년중에 유조선과 유람선을 완성하여 주문자에게 인도하였다. 2011년말에 미완성된 화물선이 있다. 2011년의 실제원가 관련자료가 다음과 같다.

	유조선	유람선	화물선	합 계
직접재료원가	15억원	20억원	8억원	43억원
직접노무원가	3억원	4억원	2억원	9억원
직접노무시간	20,000시간	30,000시간	10,000시간	60,000시간
기초재공품	20억원	25억원	5억원	50억원

이 기업은 직접노무시간을 제조간접원가 배부기준으로 사용하는 정상원가계산을 사용하고 있다. 2011년에 예상된 총제조간접원가는 32억원이고 실제원가는 30억원이며 예상 직접노무시간은 80,000시간이었다. 2011년에 발생한 총제조간접원가는 30억원이다. 2011년초와 연말에 제품재고가 존재하지 않는다.

[요구사항]

1. 당기제품제조원가와 조정전 기말재공품재고를 구하시오.
2. 제조간접원가 배부차이를 매출원가에 전액 조정하여, 조정후 매출원가를 구하시오.
3. 제조간접원가 배부차이를 매출원가와 재공품재고의 조정전 기말잔액을 기준으로 조정하시오.
4. 제조간접원가 배부차이를 매출원가와 재공품재고의 당기제조간접원가 배부액을 기준으로 조정하시오.

4 종합원가계산

완성품과 재공품 간의 원가배부

유류, 화학품, 설탕, 종이, 섬유 등의 제품은 자동화된 생산설비에서 밤낮으로 끊임없이 생산된다. 이러한 제품의 원가는 어떻게 계산되는가? 이 제품들은 여러 공정을 거쳐 유사한 제품이 계속 생산되므로 공정별로 제조원가를 계산하는 것이 정확하다. 이 장은 공정별 원가계산을 위한 종합원가계산을 소개한다. 제4장의 주요 내용은 다음과 같다.

- 완성품과 재공품의 물량 단위당 원가를 달리해야 한다.
- 완성도를 반영한 완성품환산량을 이용하는 것이 편리하다.
- 직접재료원가와 가공비의 완성품환산량 단위당 원가를 구하여 원가계산을 한다.
- 복수공정의 종합원가계산은 전(前)공정원가를 고려한다.
- 기초재공품이 있을 때에는 가중평균법, 선입선출법, 후입선출법을 사용한다.

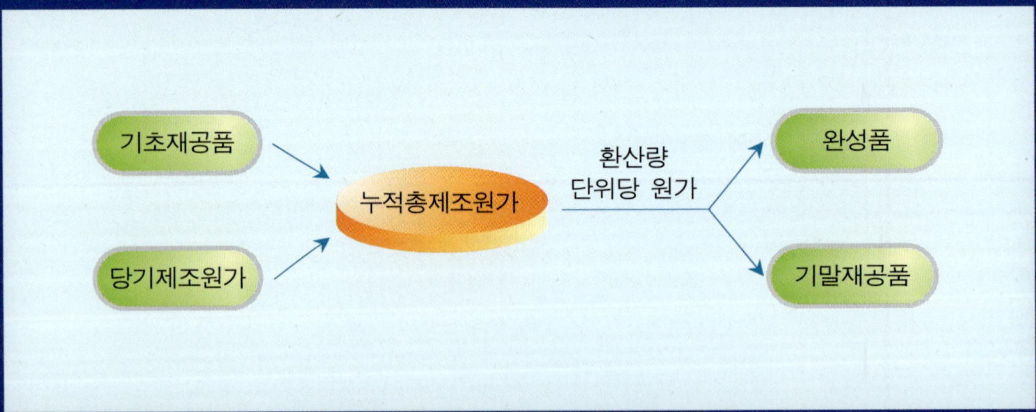

4

- 제품(완성품)과 재공품(미완성품)의 단위당 원가는 다르다
- 완성품환산량 단위당 원가를 이용한다
- 직접재료원가와 가공비의 완성도가 다르면 완성품환산량을 각각 계산한다
- 가중평균법 : 기초재공품원가와 당기원가를 합하여 원가계산한다
- 선입선출법과 후입선출법 : 기초재공품원가와 당기원가를 분리하여 원가계산한다
- 원가계산(재고자산평가)방법에 따라 이익수치와 법인세가 달라진다
- 선입선출법 : 당기작업량만으로 단위당 당기원가를 계산하여 원가계산한다
- 복수공정의 생산품은 공정별로 원가계산한다
- 개별원가계산과 종합원가계산을 혼합한다

제품(완성품)과 재공품(미완성품)의 단위당 원가는 다르다

과거에는 집집마다 직접 만들어 먹던 간장과 고추장을 이제는 많은 집에서 사 먹는 시대가 되었다. 공장에서 생산되는 고추장 1통의 제품원가는 어떻게 계산할 수 있는가?

앞에서 보았듯이 제조원가는 재료원가, 노무원가, 경비의 합계 또는 직접재료원가, 직접노무원가, 제조간접원가의 합계로 계산된다. 고추장 1통의 원가를 계산하기 위해 찹쌀가루, 고춧가루 등의 직접재료원가와 생산직원의 직접노무원가와 전기수도료, 감가상각비 등의 제조간접원가를 합산하여 총생산량으로 나누면 된다. 20×6년 1월 한 달간의 고추장 제조원가의 금액과 생산량 등의 수치가 다음과 같다고 하자.

표 4.1 1월의 생산자료

	물량(천통)
완성품량(제품생산량)	20
재공품 기말재고	8
합 계	28

표 4.2 1월의 원가자료

제조원가	금액(천원)	구성비
직접재료원가	66,000	55%
직접노무원가	6,000	5%
제조간접원가	48,000	40%
총제조원가	120,000	100%

20×6년 1월이 고추장 생산을 시작한 첫 달이라고 하자. 고추장 1통의 제품원가가 얼마인가? 1월의 총제조원가 120,000,000원을 총완성품량 20,000통으로 나눈 6,000원이라고 말하면 옳은가? 그렇지 않다. 총제조원가 120,000,000원은 생산이 완료된 고추장 20,000통뿐만 아니라 생산과정중에 아직 남아 있는 고추장인 기말재공품 8,000통을 위해서도 쓰였기 때문이다. 그러면 총제조원가

고추장 생산공정

대상(주)는 순수 국내자본과 기술로 1956년 설립 이래 반세기 동안 세계적인 발효전문기업 및 국내 대표적인 종합식품회사로서 매출액 약 1조원, 3,000명의 종업원, 국내외 25개의 자회사와 함께 사업을 확대하고 있다. 국내 대표적인 종합식품브랜드인 '청정원'을 중심으로 순창고추장 등 전통 장류부터 천연지향의 고급조미료 감치미, 맛나 등의 조미료류, 식초, 당면, 까나리 액젓 등의 농수산식품, 서구식품, 냉동식품 등을 생산하고 있다.

대상(주) 홈페이지(www.daesang.co.kr)의 '고객 서비스' 중 '사이버 견학' 사이트는 몇 가지 제품의 생산공정을 보여준다. 그중 고추장 공정은 크게 5가지 공정(증자/제국→혼합→숙성→열처리→포장)으로 구성되어 있다. 이렇게 여러 생산공정 단계를 거쳐 제품이 생산될 때에는 종합원가계산과 공정별 원가계산이 사용된다.

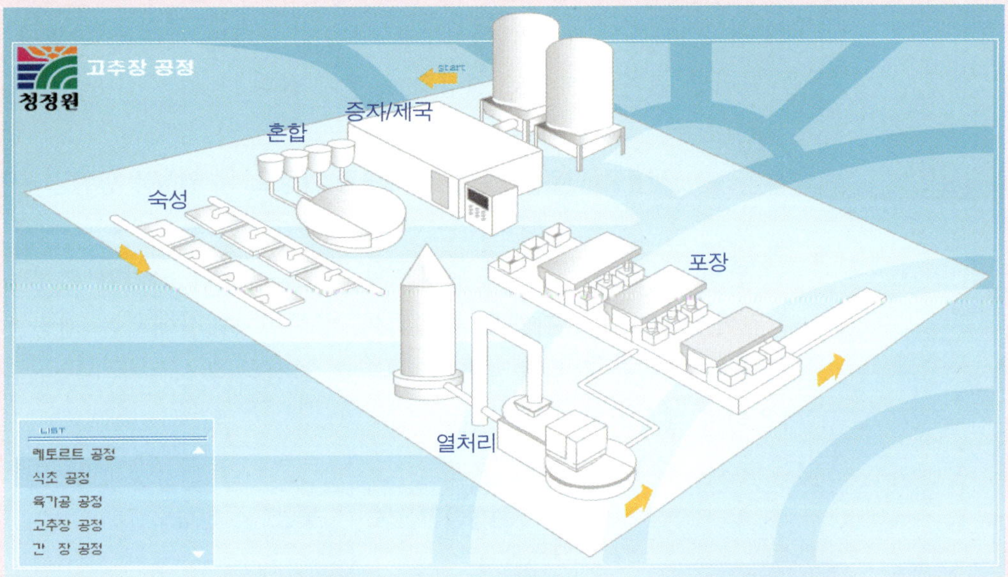

- 증자/제국 : 엄선된 곡물을 2시간 이상 물에 담가둔 후 일정 압력하에서 증기를 이용하여 익힌다. 익혀진 곡물에 발효균을 접종하여 적정온도 및 습도를 맞추어 단백질 및 탄수화물을 분해하는 효소를 배양하는 과정이다.
- 혼 합 : 제국이 완료된 곡자와 고춧가루, 메주, 국(KOJI), 식염 등을 일정비율로 혼합하는 과정이다.
- 숙 성 : 저장 탱크에서 고추장 원료의 영양성분이 인체에 유익한 미생물들의 작용에 의해 발효되어 특유한 맛과 향기를 갖게 만드는 과정이다.
- 열처리 : 적정온도에서 15분 동안 살균으로 숙성 완료시점의 최적품질을 유지하며, 각종 미생물 효소를 사멸시키는 과정으로 유통중 제품의 안전성과 품질을 유지시켜 주는 과정이다.
- 포 장 : 자동화된 생산라인과 위생적 설비를 통하여 단시간 내에 최적화된 제품을 정량단위로 포장 및 라벨링하는 과정이다.
  ※ 사진은 포장용기를 에어(AIR)로 세척하는 장면이다.

120,000,000원을 총물량 28,000통으로 나눈 4,286원이 정확한 제품원가인가? 이것도 옳지 않다. 완성품과 재공품 모두 1통의 원가를 똑같이 4,286원으로 계산할 수 없다. 완성품은 생산이 완료되었으므로 완전한 제품원가를 할당받아야 하지만, 재공품은 생산과정중에 남아 있으므로 생산이 완료되기 전까지 제조원가가 추가될 것이므로 재공품 1통의 원가는 완성품 1통의 원가보다 낮아야 한다.

재공품의 단위당 원가는 완성품의 단위당 원가보다 얼마나 낮아야 하는가? 이것은 재공품의 완성도에 달려 있다. 재공품의 완성도가 높을수록 재공품의 단위당 원가가 완성품의 단위당 원가에 가까울 것이다. 예를 들어 고추장 재공품 8,000통이 50%의 완성도를 가지고 있다면 재공품 단위당 원가는 완성품 단위당 원가의 50%로 결정하는 것이 옳다.

재공품 단위당 원가 = 재공품 완성도 × 완성품 단위당 원가

완성품환산량
재공품의 완성도를 반영하여 재공품 물량을 완성품 단위로 환산한 양

달리 이야기하면, 50% 완성도의 재공품 2통의 원가가 완성품 1통의 원가와 같아야 한다. 이 관계를 이용하여, 종합원가계산에서는 재공품의 완성도를 반영하여 재공품 물량을 완성품 단위로 환산한 완성품환산량(Equivalent Units)을 이용하여 제품원가를 계산한다.

완성품환산량 = 물량 × 완성도

완성품환산량 단위당 원가를 이용한다

20×6년 1월의 고추장 생산물량을 완성품환산량으로 표시하면 다음과 같다.

표 4.3 1월의 완성품환산량(단일 완성도의 재공품 경우)

생산자료	물량(천통)	완성도	완성품환산량(천통)
완성품량	20	100%	20
재공품 기말재고	8	50%	4
합 계	28		24

이제 정확한 고추장 1통의 원가를 계산할 수 있다. 총제조원가 120,000,000원을 총완성품환산량 24,000통으로 나눈 5,000원이 정확한 단위당 제품원가이다.

완성품환산량 단위당 원가 = **총제조원가 / 완성품환산량**
= 120,000,000원 / 24,000통
= 5,000원/통

따라서 1월에 완성된 20,000통의 완성품원가 또는 1월 제품제조원가는 100,000,000원(=5,000원/통×20,000통)이다. 재공품 기말재고의 총원가는 20,000,000원(=5,000원/통×4,000통)이고 재공품 1통의 원가는 2,500원(=20,000,000원/8,000통)이다. 원했던 대로, 재공품 1통의 원가는 완성품 1통의 원가의 50%이다. 또한, 예상대로 완성품원가와 재공품 기말재고액의 합계가 120,000,000원으로 총제조원가와 같음을 확인할 수 있다. 이는 기초재공품재고가 0이기 때문이다. 기초재공품이 있으면 기말재공품원가와 완성품원가의 합이 당기총제조원가와 기초재공품재고액의 합과 같다.

기초재공품재고액 + **당기총제조원가** − **기말재공품재고액** = **완성품원가**
기초재공품재고액 + **당기총제조원가** = **완성품원가** + **기말재공품재고액**
0 + 120,000,000원 = 100,000,000원 + 20,000,000원

종합원가계산
완성품(제품)과 재공품의 원가를 계산할 때, 재공품의 완성도를 반영하여, 공통적으로 발생한 총제조원가를 완성품과 재공품에 배부하는 원가계산방법

이렇게 종합원가계산(Process Costing)의 핵심은 완성품(제품)과 재공품의 원가를 계산할 때, 재공품의 완성도를 반영하여, 공통적으로 발생한 총제조원가를 완성품과 재공품에 배부하는 것이다.[1)]

위의 고추장회사의 예에서, 20×6년 1월말에 생산중에 있는 고추장, 즉 재공품 때문에 원가계산이 어렵다면 이 고추장 생산이 모두 완료될 때까지 왜 기다리지 않는가? 만약 2월중에 이 고추장의 생산이 모두 완료된다면 그때까지의 총제조원가와 총생산량을 사용하여 단위당 원가를 정확히 계산할 수 있다. 이것은 개별원가계산의 방법이다. 종합원가계산을 사용하는 업종의 경우 그 제품의 생산이 단기간에 완료되지 않고 상당히 오랜 기간 계속되므로 생산이 완료될 때까지 기다렸다가 제품원가계산을 할 수는 없다.

1) 일부 국내 서적에서 Process Costing을 공정별 원가계산으로 직역하였으나, 원가계산준칙에서 공정별 원가계산은 복수의 공정별로 종합원가계산을 하는 경우로 정의하므로 원가계산준칙에 따라 종합원가계산으로 부르는 것이 바람직하다.

직접재료원가와 가공비의 완성도가 다르면 완성품환산량을 각각 계산한다

위의 예에서는 재공품의 직접재료원가, 직접노무원가, 제조간접원가 모두 같은 완성도 50%를 가졌다고 가정하였다. 그러나 현실적으로는 직접재료원가의 완성도가 다른 제조원가의 완성도와 다른 것이 일반적이다. 주요 재료는 전체 생산공정 초기에 주로 투입되고 생산공정 마지막에 포장재료 등이 사용된다. 이 반면, 가공비 즉 직접노무원가와 제조간접원가는 생산공정 내내 계속적으로 발생된다. 따라서 재료원가와 가공비를 따로 분리하여 완성도를 계산하여 사용하는 것이 더 바람직하다. 종합원가계산을 사용하는 업종은 대부분 자동화된 생산설비로 생산공정이 진행되므로 직접노무원가의 비중이 상당히 낮다. 따라서 직접노무원가를 따로 분류 집계하지 않고 제조간접원가와 합산된 가공비로 처리하는 것이 일반적이다.

고추장회사의 예에서 기말재공품의 직접재료원가와 가공비의 완성도가 다음과 같이 다른 경우, 좀더 정확한 원가계산을 해 보자.

표 4.4 1월의 완성품환산량(직접재료원가와 가공비 완성도를 구분한 경우)

생산자료	물량(천통)	완성도		완성품환산량(천통)	
				직접재료원가	가공비
완성품량	20	100%		20	20
기말재공품재고	8	직접재료원가	80%	6.4	
		가공비	50%		4
합 계	28			26.4	24

표 4.5 1월의 원가자료

제조원가	금액(천원)
직접재료원가	66,000
가공비	54,000
당기총제조원가	120,000

기말재공품재고에 포함된 직접재료원가와 가공비의 완성도가 다르므로 완성품환산량이 서로 다르다. 따라서 단위당 제조원가를 직접재료원가와 가공비로 각각 따로 계산한다.

직접재료원가의 완성품환산량 단위당 원가 = 총직접재료원가 / 직접재료원가 완성품환산량
= 66,000천원 / 26.4천통
= 2,500원/통

가공비의 완성품환산량 단위당 원가 = 총가공비 / 가공비 완성품환산량
= 54,000천원 / 24천통
= 2,250원/통

따라서 완성품 1통의 원가는 4,750원(=2,500원+2,250원)이며, 완성품 20,000통의 총원가 또는 1월의 제품제조원가는 95,000,000원(=4,750원×20,000통)이다. 기말재공품원가를 구하기 위해서는 직접재료원가와 가공비를 따로 계산하여 합산한다.

기말재공품의 직접재료원가 = 직접재료원가의 완성품환산량 단위당 원가
× 기말재공품의 직접재료원가 완성품환산량
= 2,500원/통 × 6,400통
= 16,000,000원

기말재공품의 가공비 = 가공비의 완성품환산량 단위당 원가
× 기말재공품의 가공비 완성품환산량
= 2,250원/통 × 4,000통
= 9,000,000원

두 금액을 합하면 기말재공품원가는 25,000,000원(=16,000,000원+9,000,000원)이다. 기말재공품원가와 완성품원가를 합하면 120,000,000원으로 기초재공품이 없으므로 당기총제조원가와 같다.

표 4.6 1월의 제조원가계산

	직접재료원가	가공비	합 계
완성품환산량 단위당 원가	2,500원/통	2,250원/통	4,750원/통
완성품원가 (당기제품제조원가)			95,000,000원 (4,750원 ×20,000통)
기말재공품	16,000,000원 (2,500원/통 ×6,400통)	9,000,000원 (2,250원/통 ×4,000통)	25,000,000원
합 계			120,000,000원

가중평균법 : 기초재공품원가와 당기원가를 합하여 원가계산한다

위의 20×6년 1월의 예에서는 그 달의 제조원가만이 원가계산에 사용되었으므로 상대적으로 계산이 간단하였다. 20×6년 1월의 기말재공품재고액 25,000,000원이 2월에는 기초재공품재고로 존재한다. 따라서, 이 2월의 기초재고액이 2월의 제조원가계산에 포함되어야 한다. 문제는 이 기초재고액을 2월 완성품원가에 포함할 것인가 아니면 2월말 재공품재고액에 포함할 것인가이다. 완성품원가와 기말재공품원가에 모두 포함시키는 방법도 있다. 1월에 발생한 단위당 제조원가가 2월에 발생한 단위당 제조원가와 다르다면 각 방법은 서로 다른 제품원가를 제공한다.

가중평균법
기초재공품원가의 원가와 당기제조원가를 합하여 계산한 평균원가를 사용하여 기말재공품원가와 완성품원가를 계산하는 방법

가장 간단한 방법은 기초재공품원가에 들어 있는 과거의 원가와 당기제조원가에 들어 있는 현재의 원가를 합하여 계산한 한 가지 평균원가만을 사용하는 것이다. 이 평균원가는 기초재공품 물량과 당기작업량의 물량의 크기에 의해 가중평균된 원가이므로 이 방법은 가중평균법(Weighted Average Method)이라 불린다.

그림 4.1 가중평균법

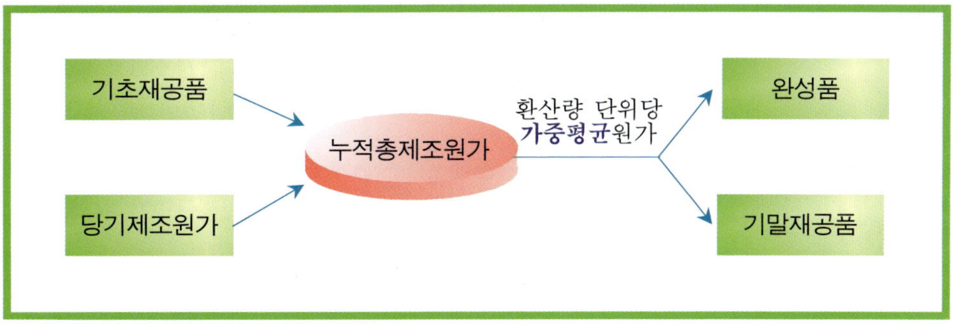

고추장회사의 2월에 발생한 원가와 생산 관련자료가 다음과 같다고 하자. 이 중 기초재공품에 대한 자료는 1월의 수치가 이월되었고 나머지 자료는 새로 가정되었다.

표 4.7 2월의 물량과 환산량

(단위 : 천통)

	물 량	완성도		완성품환산량	
				직접재료원가	가공비
완성품량	25	100%		25	25
기말재공품재고	10	직접재료원가	80%	8	
		가공비	50%		5
합 계	35			33	30

표 4.8 2월의 원가자료

(단위 : 천원)

	직접재료원가	가공비	합 계
기초재공품원가	16,000	9,000	25,000
당기제조원가	55,000	45,000	100,000
누적제조원가	71,000	54,000	125,000

직접재료원가와 가공비의 완성품환산량 단위당 가중평균원가를 구하면 다음과 같다.

직접재료원가의 (완성품환산량 단위당) 가중평균원가
= **누적총직접재료원가 / 직접재료원가 총완성품환산량**
= 71,000천원 / 33천통
= 2,152원/통

가공비의 (완성품환산량 단위당) 가중평균원가 = **누적총가공비 / 가공비 총완성품환산량**
= 54,000천원 / 30천통
= 1,800원/통

따라서 완성품 1통의 평균원가는 3,952원(=2,152원+1,800원)이며 2월의 완성품 총원가 또는 제품제조원가는 98,800,000원(=3,952원×25,000통)이다. 기말재공품잔액을 구하기 위해서는 직접재료원가와 가공비를 따로 계산하여 합산한다.

기말재공품의 직접재료원가 = **직접재료원가의 (완성품환산량 단위당) 가중평균원가**
× **기말재공품의 직접재료원가 완성품환산량**
= 2,152원/통 × 8,000통
= 17,216,000원

기말재공품의 가공비 = **가공비의 (완성품환산량 단위당) 가중평균원가**
× **기말재공품의 가공비 완성품환산량**
= 1,800원/통 × 5,000통
= 9,000,000원

두 금액을 합하면 기말재공품잔액은 26,216,000원(=17,216,000원+9,000,000원)이다. 기말재공품잔액 완성품원가를 합하면 125,016,000원(=26,216,000원+98,800,000원)으로 기초재공품과 당기총제조원가의 합인 누적총제조원가 125,000,000원보다 16,000원이 큰데, 이는 직접재료원가 가중평균원가를 계산할 때 소수 첫째 자리에서 반올림한 오차이다. 이 원가계산 부분을 표로 정리하면 다음과 같다.

표 4.9 2월의 제조원가계산 : 가중평균법

	직접재료원가	가공비	합 계
완성품환산량 단위당 가중평균원가	2,152원/통	1,800원/통	3,952원/통
완성품원가 (당기제품제조원가)			**98,800,000원** (3,952원 ×25,000통)
기말재공품	17,216,000원 (2,152원/통 ×8,000통	9,000,000원 (1,800원/통 ×5,000통)	**26,216,000원**
합 계			**125,016,000원**

선입선출법과 후입선출법 : 기초재공품원가와 당기원가를 분리하여 원가계산한다

앞에서 사용한 가중평균법에서는 기초재공품재고에 있는 과거의 원가와 당기에 발생한 제조원가를 합하여 단일의 단위당 원가를 사용하였다. 선입선출법과 후입선출법에서는 과거의 원가와 현재의 원가를 분리하여 완성품과 기말재공품의 원가계산을 한다. 이를 그림으로 표시하면 다음과 같다.

그림 4.2 선입선출법

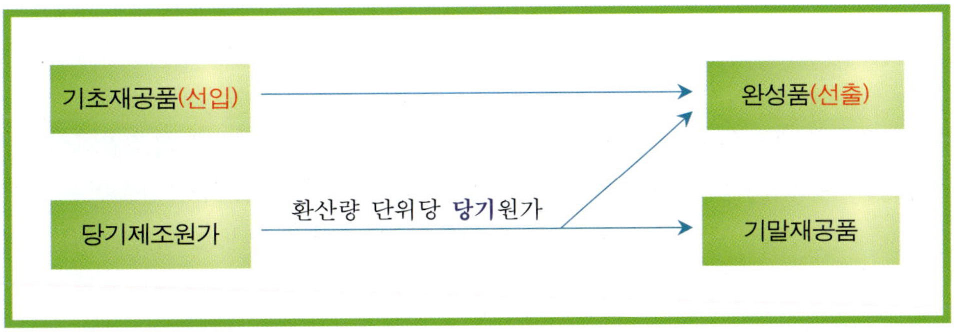

그림 4.3 후입선출법

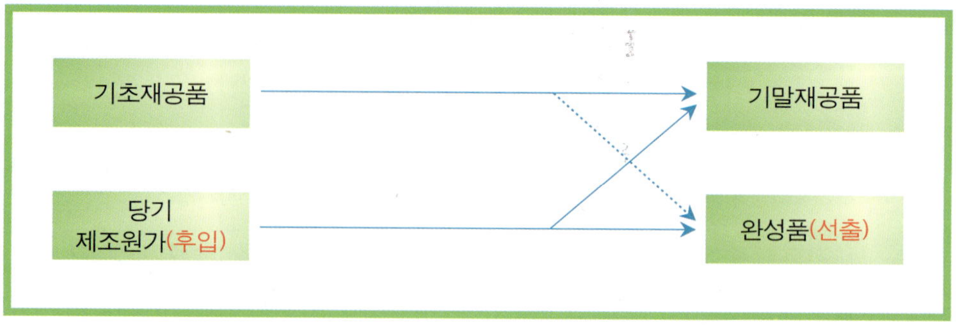

선입선출법
생산공정중에 이미 있는 재공품이 우선적으로 먼저 생산완료되는 원가흐름을 가정하는 원가계산법

기초재공품재고액을 완성품원가에 포함시키는 것이 선입선출법(FIFO, First-In First-Out)이다. 생산공정중에 이미 있는 재공품의 (선입)원가를 우선적으로 먼저 당기의 완성품(선출)원가에 포함시키는 원가흐름을 가정한다. 자동화설비에 의한 생산업종에서의 실제적인 물량흐름과 일치하는 방법이다. 선입선출법은 기말재공품원가에 가장 최근의 원가를 사용하므로 재무상태표의 재고자산평가가 적절한 장점이 있다. 그러나 완성품원가에 과거의 원가인 기초재공품원가를 포함시키므로, 완성품원가와 손익계산서의 매출원가가 가장 최근의 원가와 다른 문제점이 있다. 만약 과거의 원가가 현재의 원가보다 낮다면 완성품원가가 과소평가되고 결국 매출원가가 과소평가되어 기업의 이익이 과대평가된다. 과거의 원가가 현재의 원가보다 높다면 그 반대의 현상이 나타난다.

후입선출법
이번 기간에 새로 작업이 시작된 물량이 먼저 생산 완료되고, 생산공정중에 이미 있는 재공품이 가장 나중에 작업되는 원가흐름을 가정하는 방법

선입선출법에서는 기초재공품재고액이 당기완성품에 포함되었는데 이와 반대로, 당기제조원가를 당기완성품에 포함하는 것이 후입선출법(LIFO, Last-In First-Out)이다. 이번 기간에 새로 투입된 (후입)원가가 먼저 완성품(선출)원가에 포함되고, 생산공정중에 이미 있는 기초재공품원가가 기말재공품에 포함되는 원가흐름을 가정한다.[2] 자동화설비에 의한 생산업종에서의 실제적인 물량흐름과 일치하지 않는 방법이다. 그러나 제조원가의 흐름에 대한 가정은 실제 물량의 흐름과 일치할 필요가 없다. 후입선출법은 완성품원가와 매출원가가 가장 최근의 원가를 나타내는 장점이 있다. 그러나 기말재공품원가에 과거의 원가인 기초재공품원가가 포함되어 있어 가장 최근의 원가와 다른 문제점이 있다. 만약 과거의 원가가 현재의 원가보다 낮다면 재무상태표의 재고자산이 과소평가되어 기업의 총자산이 과소평가된다. 과거의 원가가 현재의 원가보다 높다

2) 기초재공품과 기말재공품의 완성품환산량의 크기에 따라 당기제조원가 일부가 기말재공품에 포함되거나 기초재공품원가가 완성품원가에 포함된다.

면 재고자산이 과대평가되어 기업의 총자산이 과대평가된다.

요약하면, 후입선출법은 손익계산서의 매출원가가 현재 원가를 반영하여 이익수치를 적절하게 표시하는 반면, 재무상태표의 재고자산평가가 현재 원가를 반영하지 못하여 자산평가가 적절하지 못하다. 이와 대조적으로 선입선출법은 손익계산서의 매출원가가 현재 원가를 반영하지 못하여 이익수치를 적절하게 표시하지 못하는 반면, 재무상태표의 재고자산평가가 현재 원가를 반영하여 자산평가가 적절하다. 가중평균법은 과거의 원가와 현재의 원가를 합하여 재고자산평가와 매출원가계산에 같이 사용하므로, 선입선출법과 후입선출법의 중간 수치를 보인다. 즉, 재고자산잔액과 매출원가에 모두 과거와 현재의 원가가 섞여 있다.

K-IFRS
K-IFRS는 후입선출법을 허용하지 않고 일반기업회계기준에서는 허용한다.

원가계산(재고자산평가)방법에 따라 이익수치와 법인세가 달라진다

기업의 입장에서는 원가계산방법에 따라 매출원가가 달리 계산되어 이익과 법인세가 달라지는 것에 관심이 많다. 제조원가가 상승하는 경우에는 기초재공품의 원가가 당기의 원가보다 낮아서, 기초재공품원가를 모두 완성품원가에 포함시키는 선입선출법이 가중평균법이나 후입선출법보다 낮은 완성품원가와 매출원가를 보고하여 매출총이익을 높게 보고한다. 이때 법인세는 높다. 제조원가가 하락하는 경우에는 반대현상이 나타난다. 이를 표로 정리하면 다음과 같다.

표 4.10 원가계산법의 비교

(1) 원가가 증가하는 경우

항 목	원가계산법 비교	비 고
기말재고자산	선입선출법 > 가중평균법 > 후입선출법	
매출원가	선입선출법 < 가중평균법 < 후입선출법	
매출총이익	선입선출법 > 가중평균법 > 후입선출법	매출은 일정
법인세	선입선출법 > 가중평균법 > 후입선출법	

(2) 원가가 감소하는 경우

항 목	원가계산법 비교	비 고
기말재고자산	선입선출법 < 가중평균법 < 후입선출법	
매출원가	선입선출법 > 가중평균법 > 후입선출법	
매출총이익	선입선출법 < 가중평균법 < 후입선출법	매출은 일정
법인세	선입선출법 < 가중평균법 < 후입선출법	

원가의 변화방향을 고려하여 이익의 조정을 위하거나 법인세 절감을 위해 기업이 원가계산방법을 변경하는 경우가 있다.

선입선출법 : 당기작업량만으로 단위당 당기원가를 계산하여 원가계산한다

가중평균법에 사용되었던 것과 같은 기초 자료를 사용하여 선입선출법에 의한 종합원가계산을 해보자.

표 4.11 2월의 물량과 환산량 : 선입선출법 (단위 : 천통)

	물 량	완성도		완성품환산량	
				직접재료원가	가공비
완성품	25	100%		25	25
(−)기초재공품재고	8	직접재료원가	80%	6.4	
		가공비	50%		4
완성품 당기착수량/작업량	17[3]			18.6[4]	21[4]
기말재공품재고	10	직접재료원가	80%	8	
		가공비	50%		5
당기총작업량				26.6	26

3) 물량 열(column)의 17천통은 완성품 중 당기착수량이다.
4) 완성품 중 당기착수량 17천통 이외에 기초재공품에 대한 작업량이 포함되어 완성품 당기작업량이 더 크다.

선입선출법에서 기초재공품의 원가 전액이 당기완성품원가에 포함되므로 당기발생제조원가만을 당기완성품과 기말재공품에 배부하게 된다. 이때 당기발생제조원가는 완성품의 당기작업량에만 적용되어야 한다. 완성품량에서 기초재공품의 완성품환산량을 빼면 완성품 당기작업량이 된다. 이 수치에 기말재공품의 완성품환산량을 더하면 당기총작업량의 완성품환산량이 구해진다. 이 환산량이 당기발생원가에 대응하는 작업량이다.

표 4.12 2월의 원가자료 (단위 : 천원)

	직접재료원가	가공비	합 계
기초재공품	16,000	9,000	25,000
당기제조원가	55,000	45,000	100,000
합 계	71,000	54,000	125,000

당기총작업량을 사용하여 직접재료원가와 가공비의 완성품환산량 단위당 당기원가를 구하면 다음과 같다.

직접재료원가의 (완성품환산량) 단위당 당기원가

= **당기직접재료원가 / 직접재료원가 당기총작업량**

= 55,000천원 / 26.6천통

= 2,068원/통

가공비의 (완성품환산량) 단위당 당기원가

= **당기가공비 / 가공비 당기총작업량**

= 45,000천원 / 26천통

= 1,731원/통

따라서 완성품 1통의 당기원가는 3,799원(=2,068원+1,731원)이다. 그러나 완성품 총 25천통 중에 일부만이 이 당기원가로 평가되고 나머지는 기초재공품 재고원가로 평가된다. 완성품의 당기작업량이 원가요소별로 다르므로 완성품의 직접재료원가와 가공비를 따로 구한다.

완성품의 직접재료원가

= **직접재료원가의 (완성품환산량) 단위당 당기원가**

× **완성품의 직접재료원가 당기작업량** + **기초재공품 직접재료원가**

= 2,068원/통 × 18,600통 + 16,000,000원

= 54,464,800원

완성품의 가공비

= **가공비의 (완성품환산량) 단위당 당기원가**

× **완성품의 가공비 당기작업량** + **기초재공품 가공비**

= 1,731원/통 × 21,000통 + 9,000,000원

= 45,351,000원

2월의 완성품 총원가 또는 제품제조원가는 99,815,800원(=54,464,800원+45,351,000원)이다. 기말재공품의 직접재료원가와 가공비도 따로 계산하여 합산한다.

기말재공품의 직접재료원가 = **직접재료원가의 (완성품환산량) 단위당 당기원가**

×**기말재공품의 직접재료원가 완성품환산량**

= 2,068원/통 × 8,000통

= 16,544,000원

기말재공품의 가공비 = **가공비의 (완성품환산량) 단위당 당기원가**

× **기말재공품의 가공비 완성품환산량**

= 1,731원/통 × 5,000통

= 8,655,000원

두 금액을 합하면 기말재공품잔액은 25,199,000원(=16,544,000원+8,655,000원)이다. 기말재공품잔액과 완성품원가를 합하면 125,014,800원(=25,199,000원+99,815,800원)으로 기초재공품과 당기총제조원가의 합인 125,000,000원보다 14,800원이 큰데, 이는 직접재료원가와 가공비의 단위당 당기원가를 계산할 때 소수 첫째 자리에서 반올림한 오차이다. 이 원가계산 부분을 표로 정리하면 다음과 같다.

표 4.13 2월의 제조원가계산 : 선입선출법

		직접재료원가	가공비	합 계
완성품환산량 단위당 당기원가		2,068원/통	1,731원/통	3,799원/통
완성품원가 (당기제품제조원가)	당기원가	38,464,800원 (2,068원/통 ×18,600통)	36,351,000원 (1,731원/통 ×21,000통)	
	기초재공품	16,000,000원	9,000,000원	
	합 계	54,464,800원	45,351,000원	99,815,800원
기말재공품		16,544,000원 (2,068원/통 ×8,000통)	8,655,000원 (1,731원/통 ×5,000통)	25,199,000원
합 계				125,014,800원

선입선출법과 가중평균법의 원가계산을 비교하면 다음 표와 같다.

표 4.14 선입선출법과 가중평균법 비교

	선입선출법	가중평균법	차 이
완성품원가	99,815,800원	98,800,000원	1,015,800원(1%)
기말재공품	25,199,000원	26,216,000원	−1,017,000원(4%)
합 계	125,014,800원	125,016,000원	−1,200원

완성품원가는 선입선출법이 가중평균법보다 더 높고 기말재공품은 선입선출법이 더 낮다. 이는 기초재공품의 단위당 원가가 4,750원(〈표 4.6〉의 1월 단위당 원가)으로 2월의 단위당 원가 3,799원(〈표 4.13〉)보다 높으므로, 〈표 4.10 (2)〉의 예상과 같은 결과이다. 합계가 약간 다른 것은 단위당 원가를 계산할 때의 반올림 오차 때문이다. 두 방법의 차이가 완성품은 1%, 기말재공품은 4%의 크기를 보인다. 이 차이가 중요하다고 생각되지 않으면 복잡한 선입선출법을 사용할 필요가 없다. 두 방법의 금액차이는 기초재공품과 당기원가의 단위당 원가차이가 클수록, 기초재공품의 물량이 많을수록, 기말재공품의 물량이 많을수록 커진다.

복수공정의 생산품은 공정별로 원가계산한다

공정별 원가계산
종합원가계산을 공정별로 실시하는 원가계산

전공정원가
앞공정의 원가로서 다음 공정에 합산되는 원가

정유업, 화공업, 제당업, 제지업 등은 여러 공정을 거쳐 많은 양의 유사한 제품을 계속적으로 생산한다. 제품원가를 구하기 위해 공정별로 원가자료를 집계하고 재공품의 완성도와 원가를 공정별로 계산하는 것이 더 정확하다. 종합원가계산을 공정별로 실시하는 것을 공정별 원가계산(Multi-stage Process Costing)이라 한다.

공정별 원가계산이 단일공정을 가정한 단순 종합원가계산과 다른 점은 전(前)공정원가(Transferred-In Cost)의 존재이다. 기업의 1번째 공정의 완성품원가는 2번째 공정의 전공정원가가 되고, 2번째 공정의 완성품원가는 3번째 공정의 전공정원가이다. 이처럼 후속공정의 전공정원가는 그 이전공정에서 계속 누적되어 온 제조원가를 나타낸다. 마지막 공정의 최종 완성품원가가 당기의 제품제조원가가 된다. 이를 그림으로 표시하면 다음과 같다.

그림 4.4 공정별 원가계산의 원가흐름

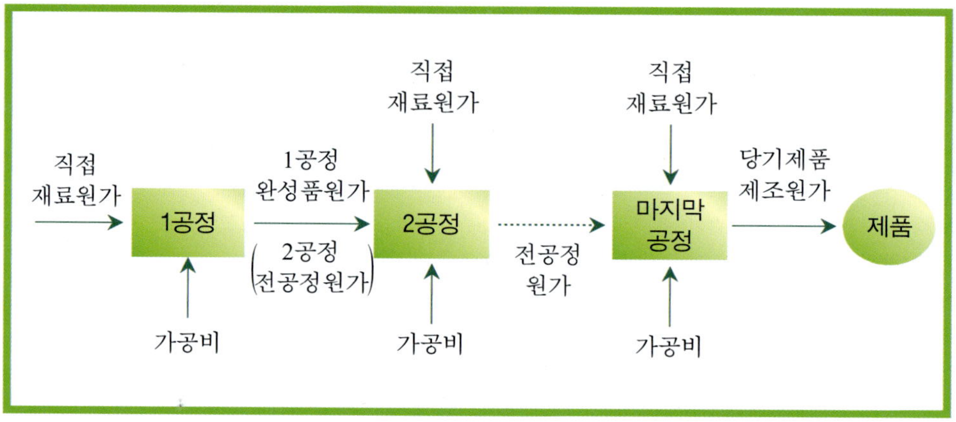

그림 4.5 공정별 원가계산의 계정간 원가흐름

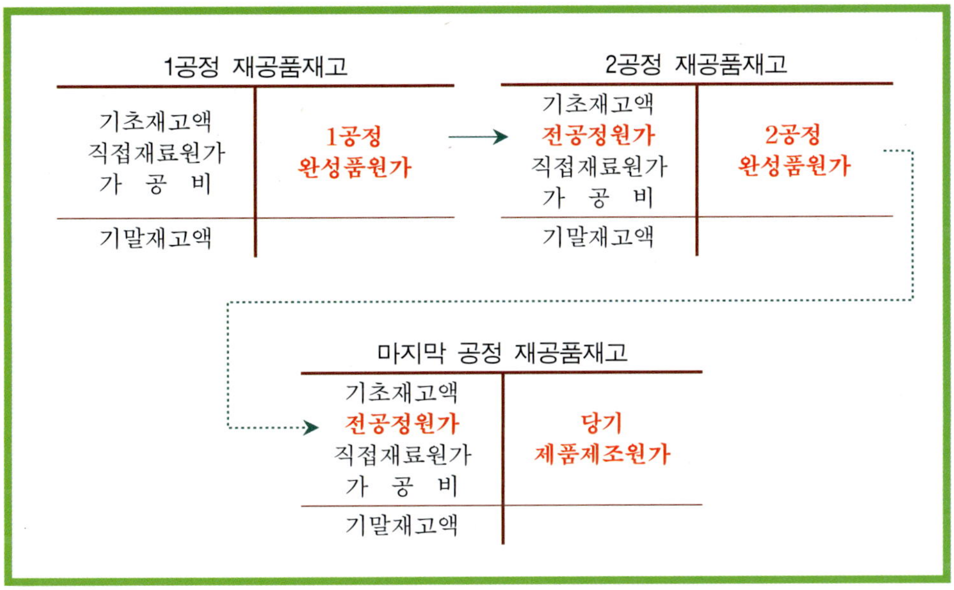

전공정원가는 전공정의 작업이 완료되어 다음 공정으로 넘어온 원가이므로 그 완성도는 항상 100%이다. 고추장회사가 원가분석을 정확히 하기 위해 전체공정을 증자부터 열처리까지의 1공정과 포장의 2공정으로 나누어 2월의 생산과 원가 자료를 다음과 같이 수집하였다고 하자.

표 4.15 2월의 공정별 생산자료

생산자료(천통)	물 량	완성도		완성품환산량	
				직접재료원가	가공비
1공정 완성품	30	100%		30	30
1공정 기말재공품	4	직접재료원가	100%	4	
		가공비	50%		2
1공정 합계	34			34	32
2공정 완성품	25	100%		25	25
2공정 기말재공품	6	직접재료원가	20%	1.2	
		가공비	50%		3
2공정 합계	31			26.2	28

표 4.16 2월의 공정별 원가자료

(단위 : 천원)

	전공정원가	직접재료원가	가공비	합 계
1공정 기초재공품	0	15,000	6,000	21,000
1공정 당기제조원가	0	49,000	30,000	79,000
1공정 누적제조원가	0	64,000	36,000	100,000
2공정 기초재공품	2,500	500	1,000	4,000
2공정 당기제조원가	?5)	6,000	15,000	?
2공정 누적제조원가	?	6,500	16,000	?

이제 각 공정별로 가중평균법 원가계산을 하자. 1공정의 원가계산은 단일 공정 종합원가계산과 같은 방법이다.

표 4.17 2월의 1공정 원가계산

	직접재료원가	가공비	합 계
1공정 누적제조원가(천원)	64,000	36,000	100,000
(÷)총완성품환산량(천통)	34	32	
완성품환산량 단위당 평균원가(원/통)	1,882	1,125	3,007
1공정 완성품원가(천원)			90,210 (3,007원/통 ×30천통)
1공정 기말재공품원가(천원)	7,528 (1,882원/통 ×4천통)	2,250 (1,125원/통 ×2천통)	9,778
1공정 원가 합계(천원)			99,988

〈표 4.17〉의 1공정 원가 합계는 1공정 누적제조원가 합계 100,000,000원과 같아야 하나, 완성품환산량 단위당 평균원가를 계산할 때 소수점 이하를 절사하였으므로 약간의 오차를 보인다.

2공정의 원가계산은 1공정의 완성품원가를 전공정원가로 고려하여 다음과 같이 계산한다. 합계가 약간 다른 것은 단위당 원가를 계산할 때의 반올림 오차 때문이다.

5) 2공정에 당기에 투입된 전공정원가는 1공정의 당기완성품원가와 같으며 1공정의 원가계산이 끝나야 알 수 있다.

표 4.18 2월의 2공정 원가계산

	전공정원가	직접재료원가	가공비	합 계
2공정 누적제조원가(천원)	92,710[6)]	6,500	16,000	115,210
(÷)총완성품환산량(천통)	31	26.2	28	
완성품환산량 단위당 평균원가(원/통)	2,991	248	571	3,810
2공정 완성품원가(천원) (당기제품제조원가)				95,250 (3,810원/통 ×25천통)
2공정 기말재공품원가(천원)	17,946 (2,991원/통 ×6천통)	298 (248원/통 ×1.2천통)	1,713 (571원/통 ×3천통)	19,957
2공정 원가 합계(천원)				115,207

1, 2 공정을 모두 포함한 전체생산공정을 단일공정으로 취급하여 제품원가를 계산한 단순종합원가계산 〈표 4.9〉의 제품 단위당 원가는 3,952원이었다. 전체공정을 두 공정으로 나누어 계산한 공정별 원가계산 〈표 4.18〉의 제품 단위당 원가는 3,810원이다. 두 방법의 계산결과의 차이는 제품 단위당 142원이다. 이는 좀더 정확한 공정별 원가계산 수치 3,810원의 3.7%에 해당하는 차이이다. 이 차이가 중요한지 여부는 상황에 따라 다르다. 두 가지 종합원가계산의 기말재공품과 당기제품제조원가의 차이는 다음 표와 같으며, 약간의 반올림 오차를 보인다.

표 4.19 단일공정 원가계산과 공정별 원가계산의 비교 (단위 : 천원)

	단일공정 원가계산	공정별 원가계산	차 이
제품 단위당 원가	3,952	3,810	142(3.7%)
당기제품제조원가	98,800	95,250	3,550(3.7%)
기말재공품원가	26,216	29,735 (1공정 : 9,778 2공정 : 19,957)	−3,519(−11.9%)
합 계	125,016	124,985	

6) 2공정 기초재공품의 전공정원가 2,500천원과 2공정 당기투입 전공정원가, 즉 1공정의 당기완성품원가 90,210천원의 합이다.

얼마나 자세히 공정을 세분화하여 좀더 정확한 원가계산을 할지는, 복잡한 공정별 원가계산을 하는 수고, 시간의 원가와 정확한 수치를 활용하여 얻을 수 있는 혜택을 비교해야 하는 선택의 문제이다.

우편서비스의 프로세스별 원가

우체국 우편서비스나 민간 택배서비스는 여러 처리단계를 거쳐 우편물을 수취인에게 배달한다. 우체국의 경우 우편물은 다음 그림과 같이 창구 접수나 우체통을 통한 수집, 발송, 운송, 도착, 배달의 프로세스를 거쳐 처리된다.

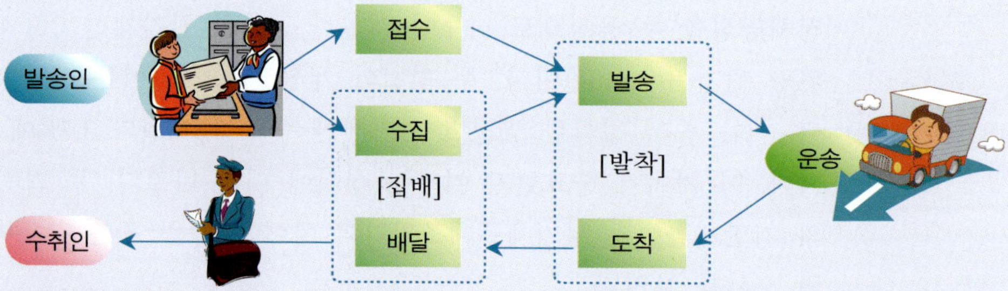

우체통을 통한 우편물 수집과 배달은 집배원에 의해 이루어지므로 수집과 배달 활동은 집배활동으로 분류된다. 발송과 도착 우편물 구분도 같은 부서에서 이루어지므로 발착활동으로 같이 분류된다.

한 연구용역 보고서에 의한 2012년 국내일반통상 보통 비감면 우편물의 활동별 원가구성은 다음과 같다, 물자비는 소모품비이며 경비는 감가상각비, 대송상각비, 운송비, 일반경비로 구분할 수 있다. 인건비가 많이 발생하는 집배활동의 원가가 전체의 절반 이상을 차지함을 볼 수 있다.

(단위 : 백만원)

	인건비	물자비	경 비	계
접수활동	42,719	6,845	45,514	95,078
발착활동	21,762	1,573	18,326	41,661
운송활동	232	108	6,092	6,432
집배활동	153,323	10,137	65,542	229,003
계	218,036	18,665	135,473	372,174

개별원가계산과 종합원가계산을 혼합한다

개별작업별로 원가계산을 하는 개별원가계산과 연속적으로 생산되는 단일 제품의 원가계산을 하는 종합원가계산은 가장 단순한 두 극단의 원가계산방법이다. 많은 산업에서는 이 두 가지 원가계산방법이 혼합된 혼합원가계산(Hybrid Costing)이 사용된다. 예를 들어 전자제품 제조기업의 경우, TV 생산라인과 VTR 생산라인 사이에는 서로 다른 부품이 사용되므로 직접재료원가는 개별원가계산에서처럼 라인별로 구분되어 집계된다. 그러나 각 생산라인은 연속적으로 해당 제품을 생산하므로 종합원가계산의 완성품환산량 개념을 사용하여 재공품과 완성품 원가를 계산한다. 혼합원가계산에는 작업별원가계산(operation costing)과 조별원가계산(class costing)이 있다.

토 론

"
현대자동차 울산공장 투어
"

쇳물에서 자동차까지

자동차 생산 과정 소개(Manufacturing Process)

자동차 생산 과정은
철판을 가공하여 외형 판넬을 만드는 **프레스**(Stamping),
판넬을 용접 및 조립하여 스타일을 만드는 **차체조립**(Welding),
외관에 색을 칠하는 **도장**(Paint),
차체의 내·외장 및 부품을 조립하는 **의장**(Assembly),
완성차 검수항목에 따른 최종 **검수**(Inspection)의
5단계로 이루어진다.

1. 프레스(Stamping)

자동차를 만드는 첫 과정으로, 자동차 총 중량의 50% 이상을 차지하는 철판을 프레임, 바디 판넬 등으로 생산해낸다. 상하운동을 하는 기계에 금형을 장착 후 강한 압력을 통해 철판을 변형시켜 판넬을 제작하는 공정이다.

2. 차체조립(Welding)

프레스 가공으로 만든 판넬들을 조립, 용접하여 차의 모양을 만드는 공정으로 높은 정밀도가 요구되는 공정이다. 차의 스타일을 처음 형성하며, 튼튼한 조립으로 안전성을 확보하는 중요한 공정이다.

3. 도장(Paint)

도장은 부식으로부터 소재 보호, 아름다운 색채로 외관 향상, 그리고 다른 차량과 구별하는 기능을 한다. 세계 각지의 다양한 기후와 환경에서 사용되는 자동차의 내구성을 높이는 공정이다.

4. 의장(Assembly)

도장된 차체에 내장, 계기판, 시트 등 실내외 부품을 장착하고 엔진, 트랜스미션, 차축 등의 기계부품을 조립하여 전장부품과 배선, 배관작업을 하여 차량을 완성하는 최종 공정이다.

5. 검수(Inspection)

완성된 차량은 휠얼라인먼트 조정, 브레이크 및 배기가스 테스트 등 기능 검사를 수행하고 하자 발견시 수정작업을 하며, 오염물질 제거 후 도로주행 테스트를 마치면 비로소 차량이 출고된다.

토론해 보자

(1) 자동차공장에서 어떠한 원가계산방법을 사용하는 것이 좋을지 논의해 보자.
(2) 원가계산방법을 구체적으로 설계해 보자.

요약정리

연속적인 제조공정을 거쳐 제품이 생산되는 업종에서는 제품의 원가를 공정별로 계산하고 통제한다. 각 공정에 투입된 원가는, 각 공정에서 가공이 완료되어 다음 공정으로 이전되는 물량과 기간말에 재공품으로 남아 있는 물량에 배부되어야 한다. 이 배부를 위해 재공품의 완성품환산량을 파악하여 단위당 원가를 계산하는 종합원가계산을 사용한다. 완성품환산량은 제조원가 요소별로 다를 수 있으므로 각각 따로 계산한다. 공정별 원가계산은 해당 공정에서 발생한 원가와 앞 공정에서 발생하여 대체되어 온 전공정원가를 사용하여 공정별로 종합원가계산을 하는 것이다. 공정별로 발생한 원가가 여러 공정을 거치면서 누적되어 총제조원가가 계산된다.

공정별 원가계산을 위해서는 각 공정별 원가흐름을 가정한다. 원가흐름은 가중평균법, 선입선출법, 후입선출법으로 처리할 수 있다. 기초재공품에 포함되어 있는 과거의 (선입)원가가 당기에 발생한 (후입)원가와 섞여서 당기완성품과 기말재공품에 배부하는 방법이 가중평균법이다. 과거의 (선입)원가가 완성품에 포함되어 먼저 공정을 빠져나가게(선출) 처리하는 방법이 선입선출법이다. 후입선출법에서는 기초재공품에 포함되어 있는 과거의 (선입)원가보다 당기에 발생한 (후입)원가가 먼저 공정을 빠져나가게(선출) 원가계산한다.

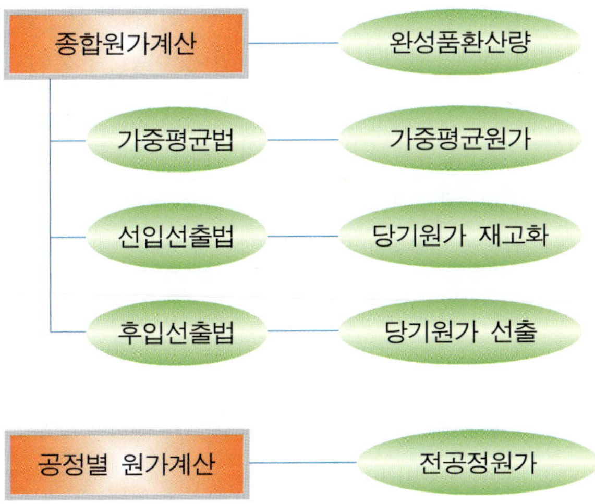

4 연습문제

객관식

01 개별원가계산과 종합원가계산 (12. 재경관리사)

다음 중 개별원가계산과 종합원가계산에 대한 설명으로 가장 옳지 않은 것은?

	구 분	개별원가계산	종합원가계산
①	특 징	제조과정을 통해 특정제품이 다른 제품과 구분되어 가공됨	제품이 동일규격이기 때문에 제조과정을 통해 동일하게 가공됨
②	원가계산방법	발생한 총원가를 총생산량으로 나누어 단위당 평균제조원가계산	작업원가표에 집계된 제조원가를 작업한 수량으로 나누어 계산
③	원가보고서	각 작업별로 보고서 작성	각 공정별로 보고서 작성
④	적용에 적합한 업종사례	특별주문에 의해 소량을 수작업으로 제작, 판매하는 시계 제조업	특정디자인을 대량생산하는 기성의류 제조업

02 종합원가계산의 특징 (17. 재경관리사)

다음 중 종합원가계산에 관한 설명으로 가장 올바르지 않은 것은?

① 특정기간 동안 특정공정에서 가공된 제품은 원가 측면에서 서로가 동일하다고 가정한다. 즉 제품원가를 평균개념에 의해서 산출한다.
② 원가의 집계는 공정과 상관없이 개별작업별로 작업지시서를 통해 이루어진다.
③ 종합원가계산의 원가요소별 단위당 원가는 완성품환산량에 기초하여 계산된다.
④ 원가통제 및 성과평가는 개별작업이 아닌 공정이나 부문별로 수행되는 것이 일반적이다.

03 완성품환산량 단위당 원가 (19. 재경관리사)

다음은 (주)삼일의 원가자료이다. (주)삼일은 종합원가계산을 하며, 원재료는 공정 시작시점에서 전량 투입되고 가공원가는 공정중 고르게 투입된다.

〈수량〉

기초재공품수량	0개	완성수량	1,200개
착수수량	2,000개	기말재공품수량	800개(50%)

〈원가〉

	재료원가	가공원가
당기발생원가	₩1,000,000	₩800,000

(주)삼일의 (ㄱ) 재료원가와 (ㄴ) 가공원가의 완성품환산량 단위당 원가는 얼마인가?

	(ㄱ)	(ㄴ)		(ㄱ)	(ㄴ)
①	₩625	₩500	②	₩625	₩400
③	500	500	④	500	400

04 **평균법 완성품환산량** (18. 세무사)

(주)세무는 가중평균법에 의한 종합원가계산제도를 채택하고 있다. 직접재료는 공정 초기에 전량 투입되고, 전환원가(conversion costs)는 공정 전반에 걸쳐 균등하게 발생한다. 20×1년 직접재료원가에 대한 총완성품환산량은 20,000단위, 전환원가에 대한 총완성품환산량은 18,000단위, 완성품수량은 15,000단위이다. 20×1년 기말재공품의 전환원가 완성도는?

① 50% ② 60% ③ 75%
④ 80% ⑤ 90%

05 **평균법 완성품환산량** (14. 지방직 9급)

(주)한국은 종합원가계산을 사용하고 있으며, 가중평균법을 적용하여 완성품환산량을 계산하고 있다. 회사의 기초제품수량은 25,000개, 당기판매량은 20,000개, 기말제품수량은 15,000개이다. 기초재공품수량은 1,000개(완성도 70%), 기말재공품수량은 5,000개(완성도 50%)일 때, 회사의 당기가공원가에 대한 완성품환산량은? (단, 가공원가는 공정 전반에 걸쳐 균등하게 발생한다)

① 10,000개 ② 12,500개
③ 13,500개 ④ 15,000개

06 **평균법** (17. 세무사)

(주)세무는 가중평균법을 적용한 종합원가계산으로 제품원가를 계산한다. 기말재공품의 물량은 8,000단위이고, 직접재료원가 완성도는 70%이며 가공원가(전환원가) 완성도는 75%이다. 기말재공품의 원가가 ₩220,000이고 완성품환산량 단위당 직접재료원가가 ₩20이라면, 완성품환산량 단위당 가공원가(전환원가)는?

① ₩18 ② ₩19 ③ ₩20
④ ₩21 ⑤ ₩22

07 **평균법** (19. 보험계리사)

(주)한국은 종합원가계산을 사용하고 있으며, 가중평균법을 적용하여 완성품환산량을 계산하고 있다. 다음 자료에 의하여 기말재공품의 완성도를 계산하면 몇 %인가?

기초재공품 가공원가	₩150,000
당기투입 가공원가	350,000
기말재공품 가공원가	100,000
당기완성품수량	800개
기말재공품수량	400개

① 35% ② 40%
③ 45% ④ 50%

08 **평균법** (18. 보험계리사)

(주)한국은 단일제품을 생산하고 있으며, 가중평균법에 의한 종합원가계산을 적용하여 제품원가를 계산하고 있다. 직접재료는 공정 초에 전량 투입되며, 전환원가는 공정 전반에 걸쳐 균등하게 발생한다. (주)한국의 20×1년 4월 생산 및 원가 자료는 다음과 같다.

	물량단위	전환원가 완성도	직접재료원가	전환원가
기초재공품	200단위	60%	₩120,000	₩40,000
당기착수	1,000단위	?	360,000	132,800
당기완성품	?	?		
기말재공품	400단위	40%		

(주)한국의 20×1년 4월의 원가요소별 완성품환산량 단위당 원가는? (단, 공손 및 감손은 없다)

	직접재료원가	전환원가		직접재료원가	전환원가
①	₩300	₩128	②	₩400	₩128
③	400	180	④	300	180

09 **평균법과 선입선출법** (13. 9급 공채)

종합원가계산에서 완성품환산량 산출시 선입선출법이나 평균법 어느 것을 적용하든지 완성품환산량의 단위당 원가가 동일한 경우는?

① 기초재고가 전혀 없는 경우
② 표준원가계산 방법을 사용하는 경우
③ 기말재고가 전혀 없는 경우
④ 기초재고와 기말재고의 완성도가 50%로 동일한 경우

10 제조원가의 흐름과 선입선출법 (16. 세무사)

(주)세무는 단일제품 A를 생산하는데 연간 최대생산능력은 70,000단위이며, 20×1년에 제품 A를 45,000단위 판매할 계획이다. 원재료는 공정 초에 전량 투입(제품 A 1단위 생산에 4kg 투입)되며, 제조과정에서 공손과 감손 등으로 인한 물량 손실은 발생하지 않는다. 20×1년초 실제재고와 20×1년말 목표재고는 다음과 같다.

	20×1년초	20×1년말
원 재 료	4,000kg	5,000kg
재 공 품	1,500단위(완성도 60%)	1,800단위(완성도 30%)
제 품	1,200단위	1,400단위

재공품 계산에 선입선출법을 적용할 경우, (주)세무가 20×1년에 구입해야 하는 원재료(kg)는?

① 180,000kg ② 182,000kg ③ 183,000kg
④ 184,000kg ⑤ 185,600kg

11 선입선출법 완성품환산량 (17. 보험계리사)

(주)한국은 선입선출법에 의한 종합원가계산을 채택하고 있다. 직접재료는 공정 초에 전량 투입되며, 전환원가(가공원가 : conversion costs)는 전체 공정에 걸쳐 균등하게 발생한다. 20×1년 4월 월초 재공품은 3,000단위(전환원가 완성도 : 20%), 당월 완성품은 18,000단위, 월말 재공품은 2,000단위(전환원가 완성도 : 40%)이다. 20×1년 4월 직접재료원가와 전환원가의 당기작업량 완성품환산량은 각각 얼마인가? (단, 공손 및 감손은 없다고 가정한다)

	직접재료원가	전환원가		직접재료원가	전환원가
①	17,000단위	16,400단위	②	17,000단위	18,200단위
③	20,000단위	16,400단위	④	20,000단위	18,200단위

12 평균법과 선입선출법의 완성품환산량 (22. 세무사)

(주)세무는 종합원가계산제도를 채택하고 있다. 직접재료는 공정의 초기에 전량 투입되며, 전환원가(conversion cost)는 공정 전반에 걸쳐 균등하게 발생한다. 당기 제조활동과 관련하여 가중평균법과 선입선출법에 의해 각각 계산한 직접재료원가와 전환원가의 완성품환산량은 다음과 같다.

	직접재료원가 완성품환산량	전환원가 완성품환산량
가중평균법	3,000단위	2,400단위
선입선출법	2,000단위	1,800단위

기초재공품의 전환원가 완성도는?

① 20% ② 30% ③ 40%
④ 50% ⑤ 60%

13 평균법과 선입선출법의 완성품환산량 (17. 재경관리사)

다음은 (주)삼일의 원가자료이다. 원재료는 공정 시작시점에서 전량 투입되고 가공원가는 공정 전반에서 균등하게 투입된다.

〈수량〉

기초재공품수량	600개(60%)	완성수량	2,000개
착수수량	1,900개	기말재공품수량	500개(70%)

평균법과 선입선출법을 적용하여 종합원가계산을 하는 경우 가공원가 완성품환산량 차이는 얼마인가?

① 평균법이 360개 더 크다.　② 평균법이 360개 더 작다.
③ 선입선출법이 240개 더 크다.　④ 선입선출법이 240개 더 작다.

14 평균법과 선입선출법의 완성품환산량 (22. 주택관리사)

(주)한국은 종합원가계산을 사용하고 있다. 20×1년 생산에 관련된 자료는 다음과 같다.

	수 량	완성도
기초재공품	200단위	30%
당기착수량	1,300단위	
당기완성량	1,000단위	
기말재공품	500단위	40%

가공원가(전환원가)가 공정 전반에 걸쳐 균등하게 발생한다면, 가중평균법과 선입선출법 간에 가공원가(전환원가)의 완성품환산량 차이는?

① 60단위　② 120단위　③ 180단위
④ 240단위　⑤ 300단위

15 평균법과 선입선출법의 완성품환산량 (19. 세무사)

(주)세무는 단일제품을 생산하고 있으며, 종합원가계산제도를 채택하고 있다. 재료는 공정이 시작되는 시점에서 전량 투입되며, 전환원가는 공정 전체에 걸쳐 균등하게 발생한다. 재료원가의 경우 평균법에 의한 완성품환산량은 87,000단위이고, 선입선출법에 의한 완성품환산량은 47,000단위이다. 또한 전환원가의 경우 평균법에 의한 완성품환산량은 35,000단위이고 선입선출법에 의한 완성품환산량은 25,000단위이다. 기초재공품의 전환원가 완성도는?

① 10%　② 20%　③ 25%
④ 75%　⑤ 80%

16 평균법과 선입선출법의 완성품환산량 (18. 감정평가사)

(주)감평은 종합원가계산제도를 채택하고 단일제품을 생산하고 있다. 재료는 공정이 시작되는 시점에서 전량 투입되며, 가공(전환)원가는 공정 전체에 걸쳐 균등하게 발생한다. 가중평균법과 선입선출법에 의한 가공(전환)원가의 완성품환산량은 각각 108,000단위와 87,000단위이다. 기초재공품의 수량이 70,000단위라면 기초재공품 가공(전환)원가의 완성도는?

① 10% ② 15% ③ 20%
④ 25% ⑤ 30%

17 평균법과 선입선출법의 완성품환산량 (18. 경영지도사)

(주)한국은 종합원가계산을 적용하여 제품원가를 계산하고 있다. 원재료는 공정 초에 전량 투입되며 가공원가는 공정 전반에 걸쳐 균등하게 발생한다. (주)한국의 생산관련 자료는 다음과 같다.

기 초	2,000단위 (?%)	완 성	5,000단위
착 수	6,000단위	기 말	3,000단위 (완성도 60%)
	8,000단위		8,000단위

선입선출법에 의한 가공원가의 완성품환산량이 6,000단위이고, 평균법에 의한 가공원가의 완성품환산량이 6,800단위라면, 기초재공품의 가공원가 완성도는?

① 20% ② 30% ③ 40%
④ 50% ⑤ 60%

18 평균법 (22. 감정평가사)

다음은 종합원가계산제도를 채택하고 있는 (주)감평의 당기 제조활동에 관한 자료이다.

기초재공품	₩3,000(300단위, 완성도 60%)
당기투입원가	₩42,000
당기완성품수량	800단위
기말재공품	200단위(완성도 50%)

모든 원가는 공정 전체를 통하여 균등하게 발생하며, 기말재공품의 평가는 평균법을 사용하고 있다. 기말재공품원가는? (단, 공손 및 감손은 없다)

① ₩4,200 ② ₩4,500 ③ ₩5,000
④ ₩8,400 ⑤ ₩9,000

19 평균법 (21. 주택관리사)

(주)한국은 가중평균법에 의한 종합원가계산제도를 채택하고 있으며, 모든 원가는 공정 전반에 걸쳐 균등하게 발생한다. (주)한국의 당기 제조활동에 관한 자료는 다음과 같다.

• 기초재공품 :	수량	200단위
	직접재료원가	₩25,000
	전환원가	₩15,000
	완성도	30%
• 당기투입원가 :	직접재료원가	₩168,000
	전환원가	₩92,000
• 완성품 :	수량	900단위
• 기말재공품 :	수량	400단위
	완성도	?

(주)한국의 당기완성품 단위당 원가가 ₩250일 경우, 기말재공품의 완성도는? (단, 공정 전반에 대해 공손과 감손은 발생하지 않는다)

① 55% ② 60% ③ 65%
④ 70% ⑤ 75%

20 **선입선출법** (17. 서울시 9급)

2017년에 영업을 시작한 (주)서울은 종합원가계산제도를 채택하고 있다. 2017년 당기착수량은 100개, 기말재공품은 40개(완성도 50%), 당기투입원가는 직접재료원가와 가공원가가 각각 ₩10,000과 ₩24,000이다. 직접재료원가는 공정 초기에 전량 투입되고 가공원가는 공정 전체를 통하여 균등하게 발생한다. 기말재공품의 원가는 얼마인가?

① ₩9,600 ② ₩10,000
③ ₩11,000 ④ ₩12,000

21 **선입선출법** (16. 세무사)

(주)세무는 단일제품 A를 대량생산하고 있으며, 종합원가계산방법(선입선출법 적용)을 사용한다. 직접재료는 공정 초에 전량 투입되고, 가공원가는 공정 전반에 걸쳐 균등하게 발생된다. 제품 A의 관련 자료가 다음과 같을 때, (주)세무의 제품 A 완성품 단위당 원가는? (단, 생산과정 중 감손이나 공손 등 물량 손실은 없다)

	물 량(완성도)
기초재공품	100개(30%)
당기착수품	2,100개
당기완성품	( )개
기말재공품	200개(40%)

	직접재료원가	가공원가
기초재공품	₩28,000	₩25,000
당기발생원가	630,000	205,000
계	₩658,000	₩230,000

① ₩384 ② ₩390 ③ ₩404
④ ₩410 ⑤ ₩420

22 평균법과 선입선출법 (18. 재경관리사)

다음 중 평균법과 선입선출법에 의한 종합원가계산의 차이점에 관한 설명으로 가장 올바르지 않은 것은?

① 평균법은 완성품환산량 산출시 기초재공품을 포함한다.
② 선입선출법은 완성품환산량 산출시 기초재공품과 당기투입량을 구분한다.
③ 평균법의 원가배분대상액은 기초재공품원가와 당기투입원가의 합계액이다.
④ 선입선출법의 완성품환산량 단위당 원가에는 전기의 원가가 포함되어 있다.

23 평균법과 선입선출법 (19. 재경관리사)

다음 중 종합원가계산의 설명으로 옳은 것은?

ㄱ. 종합원가계산은 소품종 대량생산에 적합한 원가계산방법이다.
ㄴ. 종합원가계산에서 물량은 환산량보다 항상 작거나 같다.
ㄷ. 기초재공품이 없는 경우 선입선출법과 평균법에 의한 완성품환산량이 동일하다.
ㄹ. 평균법에 의한 종합원가계산에서는 기초재공품의 완성도가 사용되지 않는다.

① ㄱ ② ㄱ, ㄴ
③ ㄱ, ㄹ ④ ㄱ, ㄷ, ㄹ

24 평균법과 선입선출법 (17. 관세사)

다음은 종합원가계산을 적용하고 있는 (주)관세의 가공원가와 관련된 자료이다. 기말재공품에 포함된 가공원가를 평균법과 선입선출법에 의해 각각 계산한 금액은? (단, 가공원가는 공정 전체를 통해 균등하게 발생하며 공손 및 감손은 발생하지 않았다)

	물 량	가공원가
기초재공품(완성도 40%)	5,000단위	₩1,050,000
당기 착수량 및 발생원가	20,000단위	17,000,000
기말재공품(완성도 20%)	7,500단위	?

	평균법	선입선출법		평균법	선입선출법
①	₩1,425,000	₩1,500,000	②	₩1,412,500	₩1,425,000
③	1,425,000	1,593,750	④	1,500,000	1,425,000
⑤	1,500,000	1,593,750			

25 완성도의 수정 (17. 공인회계사)

(주)한국은 종합원가계산을 적용하여 제품원가를 계산하고 있다. 직접재료는 공정 초에 전량 투입되며, 전환원가는 공정 전반에 걸쳐 균등하게 발생한다. 20×1년 2월 1일에 처음으로 생산을 시작한 (주)한국의 당월중 완성품수량은 9,000단위이다. (주)한국은 20×1년 2월말 재공품의 각 원가요소를 다음과 같이 보고하였다.

	금 액	완성도	완성품환산량
직접재료원가	₩75,000	100%	5,000단위
전환원가	40,000	50%	2,500단위

(주)한국의 외부감사인은 위의 자료를 검토하였는데, 20×1년 2월말 재공품의 직접재료원가 관련 항목들은 모두 올바른 것으로 파악하였다. 그러나 외부감사인은 20×1년 2월말 재공품의 전환원가 완성도가 50%로 과다하게 추정되었음을 발견하고, 추가로 검토하였는데 실제는 20%인 것으로 확인하였다. 게다가 위의 전환원가 ₩40,000은 완성도 50%에서는 올바르게 배부된 금액이었지만, 실제로 파악된 완성도 20%에서는 적절하게 수정되어야 한다.

(주)한국이 20×1년 2월말 재공품의 전환원가 금액 및 완성품환산량을 올바르게 수정하는 경우, 20×1년 2월말 재공품원가와 20×1년 2월 완성품원가는? (단, 공손이나 감손은 없다고 가정한다)

	재공품원가	완성품원가		재공품원가	완성품원가
①	₩93,400	₩300,600	②	₩93,400	₩302,600
③	94,600	300,600	④	94,600	301,400
⑤	94,600	302,600			

26 평균법과 선입선출법 (21. 공인회계사)

(주)대한은 종합원가계산을 적용하고 있다. 직접재료는 공정의 시작시점에서 100% 투입되며, 가공원가는 공정 전반에 걸쳐 균등하게 발생한다. (주)대한의 생산 관련 자료는 다음과 같다.

	물 량	직접재료원가	가공원가
기초재공품	2,000단위 (가공비완성도 60%)	₩24,000	₩10,000
당기착수량	10,000단위		
기말재공품	4,000단위 (가공비완성도 50%)		
당기투입원가		1,500,000	880,000

(주)대한의 종합원가계산과 관련된 다음의 설명 중 옳지 않은 것은? (단, 당기중에 공손이나 감손은 발생하지 않았다고 가정한다)

① 평균법을 사용한다면 가공원가에 대한 완성품환산량은 10,000단위이다.
② 평균법을 사용한다면 기말재공품원가는 ₩686,000이다.
③ 선입선출법을 사용한다면 완성품원가는 ₩1,614,000이다.
④ 선입선출법을 사용한다면 기초재공품원가는 모두 완성품원가에 배부된다.
⑤ 완성품원가는 선입선출법으로 계산한 값이 평균법으로 계산한 값보다 크다.

27 공정별 원가계산 (13. 공인회계사)

(주)나라는 연속적인 공정을 통해 단일의 제품을 대량으로 생산하고 있다. 당사는 제품원가의 정확한 계산과 효율적인 원가관리를 위해 가장 적합한 원가계산방법으로 종합원가계산방법을 선택하였다. 다음의 설명 가운데 그 특징을 모두 열거한 것은?

(가) 모든 제품단위가 완성되는 시점을 별도로 파악하기가 어려우므로 인위적인 기간을 정해 원가를 산정한다.
(나) 원가계산에서 가장 중요한 서류는 작업된 단위, 부서에 할당된 원가, 작업된 단위원가, 부서에서 이전될 원가 및 기말재공품원가 등이 요약보고된 작업원가집계표이다.
(다) 각 공정별로 원가가 집계되므로 원가에 대한 책임소재가 명확해진다.
(라) 주어진 상황에 따라 직접재료원가, 직접노무원가 및 제조간접원가로 구분하여 원가를 계산하지만, 일반적으로는 원가를 재료원가와 가공원가로 구분하여 원가계산을 실시한다.

---

① (가), (나)　② (다), (라)　③ (나), (다), (라)
④ (가), (다), (라)　⑤ (가), (나), (다), (라)

28 공정별 원가계산 (08. 감정평가사)

H회사는 종합원가계산시스템을 채택하고 있고, 최초 공정은 A공정이며, 최종 공정은 B공정이다. 평균법을 적용한 B공정의 2010년 4월의 완성품환산량 단위당 원가는 다음과 같다.

직접재료원가	₩100/개	가공원가	₩200/개
전공정(A공정)원가	₩500/개		

B공정에서 직접재료는 공정 50% 시점에서 일괄 투입되며, 가공원가는 B공정 전체에 걸쳐 균등하게 발생한다. 4월말 B공정의 재공품은 1,000개이며, 가공원가의 완성도는 40%이다. 이때 B공정의 기말재공품원가는?

① ₩480,000　② ₩580,000　③ ₩680,000
④ ₩780,000　⑤ ₩880,000

29 공정별 원가계산 (18. 국가직 9급)

(주)한국은 종합원가계산을 사용하며 선입선출법을 적용한다. 제품은 제1공정을 거쳐 제2공정에서 최종 완성되며, 제2공정 관련 자료는 다음과 같다.

	물량단위	가공비완성도
기초재공품	500개	30%
전공정대체량	5,500개	
당기완성량	?	
기말재공품	200개	30%

제2공정에서 직접재료가 가공비완성도 50% 시점에서 투입된다면, 직접재료비와 가공비 당기작업량의 완성품환산량은? (단, 가공비는 공정 전반에 걸쳐서 균일하게 발생하며, 제조공정의 공손·감손은 없다)

	직접재료비 완성품환산량	가공비 완성품환산량
①	5,300개	5,300개
②	5,800개	5,650개
③	5,800개	5,710개
④	5,800개	5,800개

30 혼합원가계산 (01. 세무사)

P회사는 세 가지 형태의 제품 A · B · C를 생산하고 있다. 이들 제품은 두 가지의 가공작업 Ⅰ, Ⅱ를 거쳐 최종제품으로 완성되는데, C제품은 반제품 형태로 판매되기 때문에 Ⅱ작업이 불필요하다. 가공작업 Ⅰ, Ⅱ의 원가는 각 제품의 수량에 비례하여 균등하게 발생한다.

(1) 당월중의 생산량 및 재료원가 :

	생산량	직접재료원가
제품 A	9,000개	₩2,070,000
제품 B	4,000개	1,320,000
제품 C	6,000개	1,740,000

(2) 당월중의 가공비 발생액 :

	작업 Ⅰ	작업 Ⅱ
직접노무원가	₩500,000	₩1,000,000
제조간접원가	70,000	300,000

기초 및 기말의 재공품은 없다고 가정할 때, 당월중 B제품의 단위당 제조원가는 얼마로 계산되는가? (단, 원 미만은 반올림한다)

① ₩400 ② ₩414 ③ ₩428
④ ₩460 ⑤ ₩474

31 혼합원가계산 (11. 공인회계사)

(주)카이는 고객의 주문에 따라 고급 카메라를 생산하고 있다. 고객은 외부표면재료 및 도료 등을 선택할 수 있지만, 카메라의 기본적인 조립 및 가공 작업은 주문별로 차이가 없다. 이러한 점을 감안하여 (주)카이는 재료원가에 대해서는 주문별로 집계하는 개별원가계산방식을 적용하고, 가공원가에 대해서는 종합원가계산방식을 적용하는 소위 혼합원가계산(hybrid costing)을 사용하고 있다. 가공원가는 공정 전체를 통해 균등하게 발생하며, 동 원가에 종합원가계산방식을 적용할 때 사용하는 원가흐름가정은 선입선출법이다. (주)카이의 4월 생산 및 원가 관련 자료는 다음과 같다.

(1) 월초 재공품

주문번호	#101
수량	200개
직접재료원가	₩1,500,000
가공원가	960,000
가공원가 완성도	80%

(2) 당월 주문 및 생산착수

주문번호	#105	#206	#207
수량	200개	100개	150개

(3) 당월 발생원가

주문번호	#101	#105	#206	#207	합 계
직접재료원가	₩500,000	₩1,800,000	₩3,200,000	₩2,400,000	₩7,900,000
가공원가	?	?	?	?	4,092,000

(4) 월말 재공품

주문번호	#105	#207
수량	200개	150개
가공원가 완성도	50%	60%

4월 완성품의 원가는 얼마인가?

① ₩5,436,000 ② ₩6,556,000 ③ ₩7,396,000
④ ₩7,896,000 ⑤ ₩7,956,000

다음 자료를 이용하여 **32**와 **33**에 답하시오.

- (주)대한은 선입선출법에 의한 종합원가계산을 적용하여 제품원가를 계산하고 있다.
- 원재료는 공정 초에 전량 투입되고, 전환원가는 공정 전반에 걸쳐 균등하게 발생한다.
- 공정의 80% 시점에서 품질검사를 실시하며, 정상공손 허용수준은 합격품의 10%이다. 정상공손원가는 합격품원가에 가산되고, 비정상공손원가는 기간비용으로 처리된다.
- 공손품은 모두 폐기되며, 공손품의 처분가치는 없다.
- 다음은 20×1년 2월 공정의 생산 및 원가 자료이다. (단, 괄호 안의 숫자는 전환원가의 완성도를 의미한다)

	물량단위	직접재료원가	전환원가
기초재공품	2,000(70%)	₩70,000	₩86,000
당기투입	10,000	2,000,000	860,000
완성품	8,000		
기말재공품	3,000(40%)		

32 선입선출법에 의한 공정별 원가계산 (22. 공인회계사)

(주)대한의 20×1년 2월 직접재료원가와 전환원가의 완성품환산량 단위당 원가를 계산하면 각각 얼마인가?

	직접재료원가	전환원가		직접재료원가	전환원가
①	₩200	₩100	②	₩200	₩80
③	220	100	④	220	80
⑤	250	100			

33 선입선출법에 의한 공정별 원가계산 (22. 공인회계사)

(주)대한의 20×1년 2월 완성품 단위당 원가는 얼마인가?

① ₩242 ② ₩250 ③ ₩252
④ ₩280 ⑤ ₩282

5 결합원가계산

연산품간의 원가배부

정유업, 화공업과 같은 산업에서는 공통의 재료가 공통의 가공공정을 거친 후에 여러 가지의 제품으로 분리되어 생산된다. 공통 재료원가와 가공비의 결합원가를 동시에 생산되는 연산품에 배부하는 방법을 결합원가계산이라 한다. 결합원가를 배부하는 기준으로 다음이 사용된다.

- 물량
- 분리점에서의 판매가치
- 추가가공후의 순실현가치

분리점 이후의 추가가공여부 결정과 결합원가계산에서의 성과평가 문제도 다룬다.

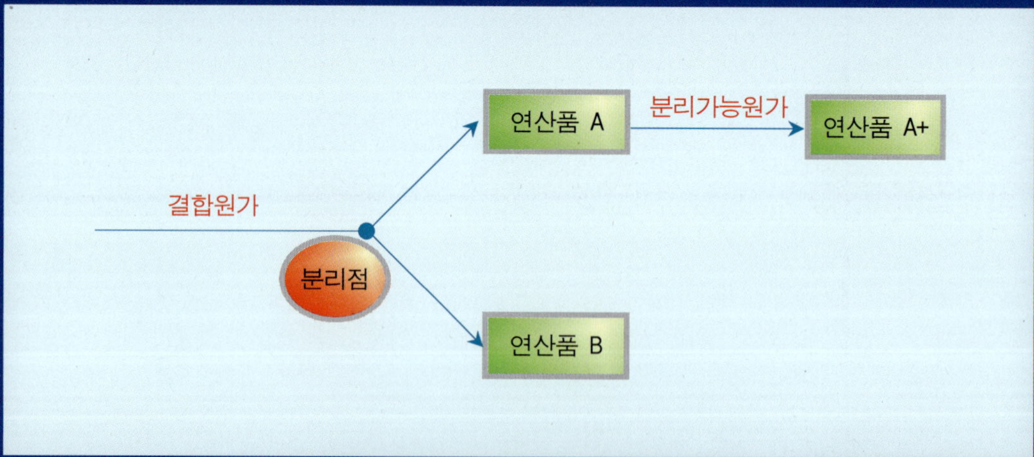

5

- 결합원가란 무엇인가?
- 결합원가는 공통원가와 다른가?
- 물량을 기준으로 결합원가를 연산품간에 나눌 수 있다
- 연산품의 판매가치를 반영하여 결합원가를 나눌 수 있다
- 추가가공을 고려하여 결합원가를 나눌 수 있다
- 연산품별 매출총이익률을 같게 할 수 있다
- 추가가공을 하는 것이 유리한가?
- 순실현가치로 성과평가를 한다
- 부산물과 작업폐물 회계

YouTube 제철소 제강 부산물로 도로의 블록을 제작한다?

내레이터 : 이곳에 환경보존을 위한 기술이 개발되고 있다는데.

PD : 지금 어떤 거 하시는 거예요?

직　원 : 지금 친환경 신소재 만들고 있는 거예요.

내레이터 : 아니 대체 그게 뭐길래? 설마 이 까맣고 동그란 것들이 친환경 신소재?

직　원 : 제강에서 나온 부산물로 만들어진 친환경 신소재입니다.

내레이터 : 제철소에서 고철을 용광로에서 녹일 때 철 이외의 불순물, 즉 제강 부산물이 모이게 되는데, 이렇게 모인 부산물을 재활용한 부산물이 친환경 신소재라는데.

직　원 : 슬래그(제강 부산물)를 부어서 땅에 떨어지기 직전에 초속 200m 이상의 강한 압력의 바람을 쏘게 됩니다. 그럼 이게 날아가면서 비처럼 쏟아지거든요.

내레이터 : 철을 녹이는 과정에서 발생한 부산물에 강한 바람을 주입시켜 급랭시키면 뜨거운 열기 속에 있던 부산물이 차가운 바람에 다 팽창하면서 이 구형의 소재로 탄생한단다.

직　원 : 지하수오염이나 수질오염이나 비아(날림)먼지의 발생 없이 생산할 수 있는 게 장점이고요. 그로 인해서 넓은 면적이 필요 없고 좁은 공간에서도 작업이 가능하기 때문에 경제적으로 원가절감이 되는 거죠.

내레이터 : 제철소에서 발생하는 부산물을 매립할 경우, 침출수로 인한 수질, 토양 오염이 발생하여 다른 방식의 처리법을 찾아야 했다. 그래서 탄생한 게 바로 이곳의 친환경 신소재! 다음으로 거쳐야 하는 과정이 하나 더 있다는데.

직　　원 : 원료를 저기 투입하면 용도별로 크기가 있어요. 저 위를 보면 망이 다 있는데 망을 통해 선별해 나오는 거예요.

내레이터 : 제철소에서 특수설비를 통해 동그랗게 급랭된 신소재들은 각각의 고유한 크기를 갖게 되는데, 이 기계를 통해 같은 크기의 소재끼리 분류해진다.

직　　원 : 총 4단계가 있는데요. 일단 제일 위는 큰 크기부터 그 다음 더 작은 크기 이런 식으로 내려오거든요.

내레이터 : 0.2mm부터 25mm까지 크기도 천차만별. 이렇게 크기별로 선별해 주는 데는 특별한 이유가 있다는데.

직　　원 : 친환경 소재로 조선소나 철 구조물 같은 데 녹물이나 페인트, 금속 부식된 표면을 처리해 주는 연마재로 사용되고요. 세탁기 같은 데 중심을 잡아주는 웨이트재(무게추)로 사용되고 있습니다.

내레이터 : 소재의 크기별로 조선소나 탱크의 부식된 금속을 제거하는 연마재, 세탁기의 중심추 등 그 활용되는 용도가 다르기 때문. 특히 물이 잘 통과해 블록 제조에도 쓰이고 있다. (YTN 사이언스, 2019.4.23)

결합원가란 무엇인가?

연산품 [결합제품]
공동의 재료를 가공하여 동시에 얻는 여러 종류의 제품

분리점
재료가 가공되어 여러 연산품으로 분리되는 단계

결합원가
분리점 이전에 공통적으로 발생한 원가

분리가능원가
제품별로 별도로 발생하는 원가

어떤 산업에서는 공통의 원료를 가공하여 여러 제품을 동시에 얻는다. 도축업에서는 소 한 마리를 잡아서 고기, 뼈, 가죽, 내장 등을 얻는다. 고기도 안심, 등심, 갈비, 사태고기 등 가치가 다른 여러 부위별 고기를 얻는다. 정유업에서는 원유를 가공하여 휘발유, 등유, 경유 등을 생산한다. 이렇게 공동의 재료를 가공하여 동시에 얻는 여러 종류의 제품을 연산품 또는 결합제품(Joint Product)이라 한다.

재료가 가공되어 여러 연산품으로 분리되는 시점을 분리점(Split-off Point)이라 한다. 분리점 이전에 발생한 원가가 결합원가(Joint Cost)이다. 공동 직접재료의 원가와 분리점까지의 가공비, 즉 직접노무원가와 제조간접원가가 결합원가이다. 분리점 이후에는 제품별로 추가가공을 위한 개별원가 또는 분리가능원가(Separable Cost)가 발생할 수 있다. 이를 그림으로 표시하면 [그림 5.1]과 같다.

정유업의 결합원가

정유공정을 〈그림 1〉과 같이 요약할 수 있다. 원유가 탈염기 → 열교환기 → 가열로를 거쳐 상압증류탑에서 여러 제품으로 나누어지기 시작하므로 상압증류탑이 정유업에서의 분리점이다. 따라서 원유의 원가와 원유부두부터 상압증류탑까지의 설비에서 발생하는 가공비가 결합원가이다.

〈그림 1〉 정유공정

① 원유부두
② 저장탱크
③ 탈염기
④ 열교환기
⑤ 가열로
⑥ 상압증류탑
⑦ 제품공정

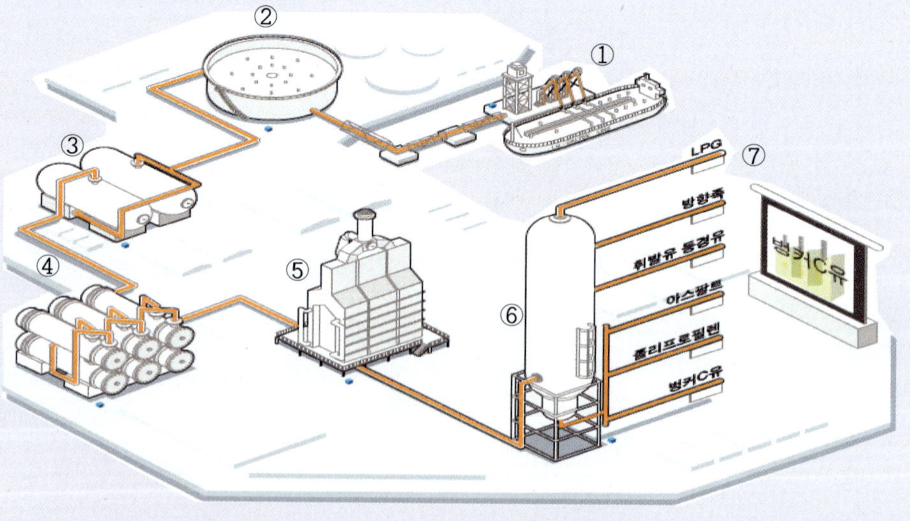

그림 5.1 결합원가와 분리가능원가

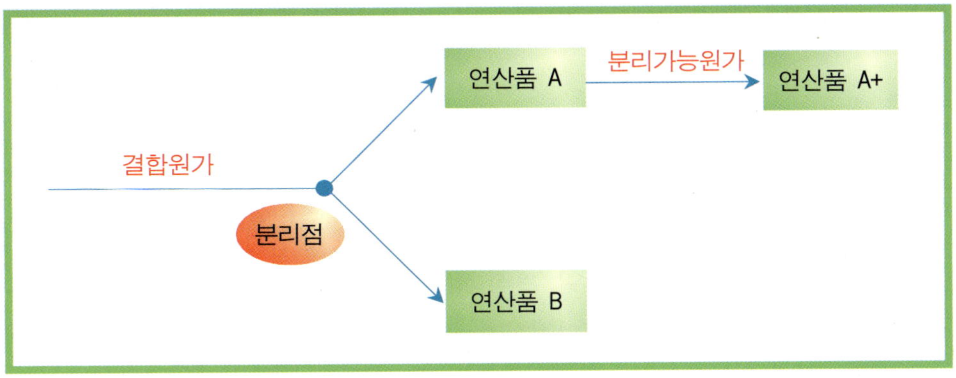

정유업의 경우, 분리점에 도착하기까지 여러 공정을 거쳐 원유가 가공된다. 분리점 이후에서도 여러 가공공정을 거치므로 결합원가계산과 공정별 원가계산이 혼합되어 사용된다.

상압증류탑 이후에 각 제품별 공정에서 발생하는 원가는 분리가능원가이다. 휘발유, 등유, 경유는 반응기와 분리탑의 탈황공정을 추가로 거쳐서 생산된다.

〈그림 2〉 **탈황공정**(Hydro De-sulfurizer)

상압증류탑에서 나온 등유, 경유 유분이나 중질유분해시설(RFCC)에서 나온 유분에서 황성분을 제거하는 공정입니다.

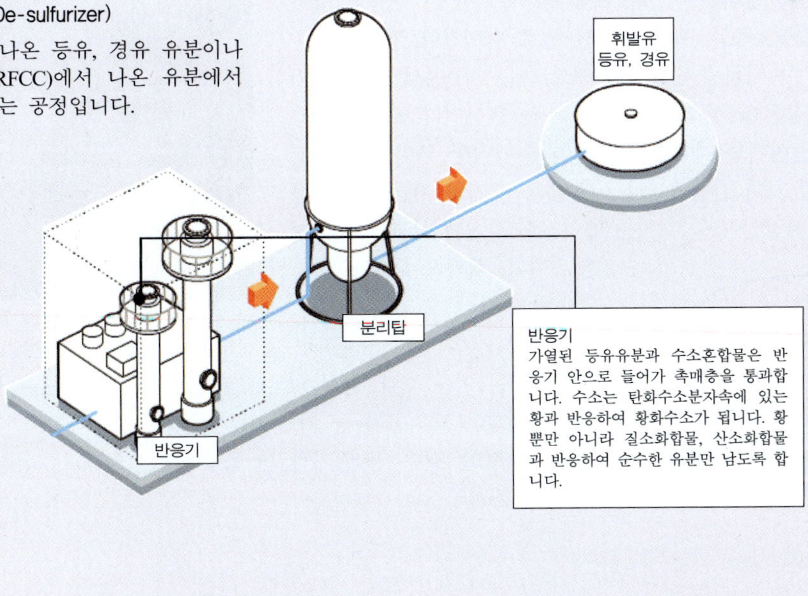

결합원가는 공통원가와 다른가?

결합원가도 특정 제품의 추적이 불가능하고 여러 제품의 생산을 위해 공통적으로 발생하므로 일종의 공통원가이다. 그러나 결합원가는 공동의 공정을 거쳐 여러 제품이 동시에 생산되는 특징이 있다. 이러한 결합원가의 특징이 연산품의 경우 다양한 배부기준(원가동인)의 적용을 어렵게 한다. 결합원가에서는 분리점까지 공통의 공정을 거친 후 연산품으로 분리되므로, 제품별로 다양한 원가동인량을 별도로 측정하는 것이 불가능하다.

삼겹살, 진실 혹은 거짓

지난달 25일 오전 서울 성동구 마장동 축산물시장 내 금강축산은 돼지 가공 작업으로 분주했다. 숙련된 기술자가 돼지 한 마리를 해체하는 데 걸리는 시간은 보통 10~15분. 눈 깜짝할 사이에 뼈가 발라지고 삼겹살, 목살, 갈비 등 부위별로 나눠진다. 한쪽에서는 지방질을 제거하는 아주머니들의 손놀림이 재빠르다. 이곳에서만 하루 80마리 정도가 가공·포장된다. 삼겹살이 만들어지는 현장이다. …

삼겹살이란 돼지의 갈비뼈를 떼어낸 복부의 넓고 납작한 부위를 말한다. 살과 비계가 세 겹처럼 보여 삼겹살이라고 불린다. 고기와 지방질이 적절히 섞여 인기가 높다. 서양인이 즐겨 먹는 베이컨도 사실은 삼겹살을 훈제한 것이다. 식탁에 오르는 돼지고기는 대개 생후 6개월 정도 자란 돼지다. 이 정도 사육하면 몸무게가 120kg가량 나간다. 돼지 한 마리에서 나오는 삼겹살 양은 아주 적다. 몸무게의 10% 정도인 12~13kg에 불과하다. … 양이 적게 나오는 삼겹살은 돼지고기 중 가장 비싼 부위이기도 하다. 현재 냉장육도매 시세로 1kg에 1만원 정도. 같은 양에 가장 싼 엉덩이살은 3,500원, 삼겹살 다음으로 비싼 목살이 8,000원 정도다.

부위별 명칭

(세계일보, 2005.6.3)

물량을 기준으로 결합원가를 연산품간에 나눌 수 있다

물량기준법
연산품의 물량을 기준으로 결합원가를 배부하는 방법

결합원가를 연산품간에 배부하기 위해 임의의 배부기준을 선택해야 한다. 가장 간편한 배부기준은 연산품의 물량이다. 이 물량은 측정이 쉽고 항상 그 상대적 비율이 거의 일정하므로 한번 측정후 계속 사용할 수 있다. 물량기준법(물리적 단위법, Physical Measure Method)을 쓰면 어느 제품이나 단위당 결합원가배부액이 같아진다. 〈표 5.1〉에서 연산품 A와 B의 생산물량이 각각 1천톤, 4천톤일 때, 결합원가 3십억원을 물리적 단위에 의해 배부하면 배부된 결합원가는 톤당 600천원으로 동일하다.

표 5.1 물량기준법

	연산품 A	연산품 B	합 계
생산물량(천톤)	1	4	5
생산물량 비율	0.2	0.8	1
결합원가배부액(십억원)	0.6 (0.2×3)	2.4 (0.8×3)	3
단위당 결합원가 배부액(천원/톤)	600	600	

고기와 뼈의 1g당 결합원가배부액이 같으면 합리적인가? 고기는 판매가격이 뼈보다 훨씬 높을 것이므로 물량을 기준으로 결합원가를 배부하는 것이 부자연스럽다. 또한 같은 유전에서 원유와 천연가스가 생산될 때 원유는 액체이고 천연가스는 기체이므로 물량기준법을 쓰기 위해서는 물량단위를 통일시켜야 하는 어려움이 있다.

연산품의 판매가치를 반영하여 결합원가를 나눌 수 있다

분리점판매가치법
분리점에서의 연산품 판매가치를 기준으로 결합원가를 배부하는 방법

연산품의 판매가치를 반영하여 결합원가를 배분하는 방법이 있다. 분리점판매가치법(Sales Value at Split-off Method)에서는 연산품의 분리점에서의 판매가치,[1)]

K-IFRS
기업회계기준서 제1002호
<문단 14>
연산품이 생산되거나 주산물과 부산물이 생산되는 경우처럼 하나의 생산과정을 통하여 동시에 둘 이상의 제품이 생산될 수도 있다. 이 경우, 제품별 전환원가를 분리하여 식별할 수 없다면, 전환원가를 합리적이고 일관성 있는 방법으로 각 제품에 배부한다. 예를 들어, 각 제품을 분리하여 식별가능한 시점 또는 완성시점의 제품별 상대적 판매가치를 기준으로 배부할 수 있다.…
(일반기업회계기준 문단 7.9도 이와 유사함)

즉 분리점에서의 물량과 예상판매가를 곱한 금액을 기준으로 결합원가를 배분한다. 이 경우 단위당 결합원가배부액은 단위당 판매가격에 비례한다. 〈표 5.2〉에서 연산품 A의 판매가격이 톤당 2백만원으로 연산품 B의 2배인데 단위당 결합원가배부액도 연산품 A가 B에 비해 2배임을 볼 수 있다. 분리점에서는 결합원가배부액이 제품별로 유일한 제조원가이고 연산품의 단위당 판매가와 결합원가배부액이 비례적이므로 분리점에서 매출총이익률은 연산품간에 같아진다. 〈표 5.2〉에서 연산품 A와 B 모두 50%의 예상매출총이익률을 보여준다.[2)]

표 5.2 분리점판매가치법

	연산품 A	연산품 B	합 계	비 고
생산물량(천톤)	1	4	5	
분리점에서의 단위당 판매가 (백만원/톤)	2	1		
분리점에서의 판매가치 (십억원)	**2**	**4**	**6**	물량×판매가
판매가치 비율	1/3	2/3	1	
결합원가배부액 (십억원)	**1 (1/3×3)**	**2 (2/3×3)**	**3**	
단위당 결합원가배부액 (백만원/톤)	1	0.5		
예상매출총이익(십억원)	1	2	3	판매가치－결합원가배부액
분리점에서의 예상매출총이익률	50%	50%	50%	$\frac{\text{예상매출총이익}}{\text{판매가치}}$

수의계약이나 공공요금의 경우, 판매가가 시장에서 결정되지 않고 원가에 기초하여 결정된다. 이때는 판매가에 기초한 결합원가배부가 불가능하고 물량기준을 사용할 수밖에 없다.

1) 판매가치(Sales Value)는 생산량이 전부 판매되었을 때 받을 금액을 말하는 데 비해, 매출액(Sales)은 특정 기간 동안의 판매량에 대한 수익을 말하므로 엄격히 보면 다른 개념이다. 결합원가배분은 생산공정상의 분리점에서 산출물에 대한 원가계산을 하여 재고자산평가를 하는 것이므로 판매량이 아닌 생산량을 이용한다.

2) 각주 1)에서 설명하였듯이 판매가치는 판매량이 아닌 생산량에 대한 잠재적 총매출액이다. 따라서 〈표 5.2〉와 그 이후의 표에서 계산된 연산품의 매출총이익은 당기에 실현된 매출총이익이 아니며 연산품의 생산량이 창출할 총매출총이익이다.

추가가공을 고려하여 결합원가를 나눌 수 있다

순실현가치법
추가가공후의 판매가치에서 추가개별비를 차감한 순실현가치를 기준으로 결합원가를 배부하는 법

K-IFRS
기업회계기준서 제1002호
<문단 6>
순실현가능가치 : 통상적인 영업과정의 예상 판매가격에서 예상되는 추가 완성원가와 판매비용을 차감한 금액
<문단 7>
순실현가능가치는 통상적인 영업과정에서 재고자산의 판매를 통해 실현할 것으로 기대하는 순매각금액을 말한다.···

연산품을 제품별로 추가가공해야 판매가 가능하거나, 추가가공하면 제품가치가 크게 높아져서 추가가공을 하는 것이 유리한 경우에는 추가가공비를 고려하여 결합원가를 배분하는 것이 합리적이다. 이때 순실현가치법을 쓴다. 순실현가치법(Net Realizable Value Method)에서는 추가가공후의 최종제품의 판매가치에서 제품별 분리가능원가인 추가가공비와 개별판매비를 차감한 순실현(가능)가치를 배부기준으로 사용한다. 이때 최종판매가와 분리가능원가는 분리점에서 추정하여 사용하므로 추정순실현가치법이라고도 한다.

순실현가치법과 분리점판매가치법 둘 다 연산품의 가치를 기준으로 결합원가를 배부하는 점에서는 같다. 그러나 분리점판매가치법은 추가가공 없이 분리점에서의 상태로 판매될 때의 가치를 사용하고, 순실현가치법은 추가가공한 후의 순(실현)가치를 사용하는 점에서 다르다. 순실현가치법과 분리점판매가치법 모두 제품의 가치에 따라 원가를 배부하므로 부담능력에 의해 배부된 것이다.

표 5.3 순실현가치법

	연산품 A+	연산품 B	합 계	비 고
생산물량(천톤)	1	4	5	
추가가공후 단위당 판매가 (백만원/톤)	4	1		제품 B는 분리점의 판매가
추가가공후 총판매가치 (십억원)	4	4	8	물량×단위당 판매가
분리가능원가(십억원)	1	0	1	
순실현가치(십억원)	**3**	**4**	**7**	판매가치－분리가능원가
순실현가치 비율	3/7	4/7	1	
결합원가배부액(십억원)	**1.3 (3/7×3)**	**1.7 (4/7×3)**	**3**	
예상매출총이익(십억원)	1.7	2.3	4	판매가치－분리가능원가 －결합원가배부액 ＝순실현가치 －결합원가배부액
예상매출총이익률	42.5%	57.5%	50%	$\frac{\text{예상매출총이익}}{\text{판매가치}}$

연산품 A를 추가가공하면 제품 A+가 되고, 그 단위당 판매가가 4백만원이며 추가가공비 등의 분리가능원가를 1십억원으로 추정하였다고 하자. 이때 순실현가치에 의한 결합원가의 배분과 예상매출총이익 계산은 〈표 5.3〉과 같다. 예상매출총이익은 판매가치에서 분리가능원가와 결합원가배부액을 차감하거나, 순실현가치에서 결합원가배부액을 차감하여 구한다.[3)]

연산품별 매출총이익률을 같게 할 수 있다

〈표 5.3〉에서 순실현가치에 의해 결합원가를 배부하면 예상매출총이익률이 제품별로 같지 않음을 볼 수 있다. 추가가공을 하는 경우에도 분리점판매가치법에서처럼 최종제품별 예상매출총이익률을 같게 만드는 결합원가배부법을 사용할 수 있다. 균등이익률법(불변 매출총이익률 순실현가치법, Constant Gross Margin Percentage Net Realizable Value Method)은 연산품 전체 매출총이익률을 계산하여 각 연산품의 매출총이익률이 이와 같게 되도록 결합원가를 배분한다. 이를 위해 제품별 손익계산서를 만들어 매출총이익률부터 출발하여 결합원가배부액을 역산하여 찾아낸다. 이를 표로 정리하면 〈표 5.4〉와 같다.

균등이익률법
각 연산품의
매출총이익률이 같도록
결합원가를 배부하는 법

표 5.4 균등이익률법 (단위 : 십억원, %)

	연산품 A+	연산품 B	합 계	비 고
예상매출총이익률	50%	50%	50%	
판매가치(매출액)	4	4	8	
예상매출총이익	2	2	4	매출총이익률×판매가치
매출원가	2	2	4	판매가치－매출총이익 ＝(1－매출총이익률)×판매가치
분리가능원가	1	0	1	
결합원가배부액	**1**	**2**	**3**	**매출원가－분리가능원가**

3) 매출액에서 분리가능원가와 결합원가배부액을 차감한 금액은 엄밀한 의미에서는 매출총이익이 아니다. 이는 분리가능원가에 가공비 이외에 제품별 판매비가 포함되어 있기 때문이다. 그러나 이 이익수치가 기업 전체의 공통 판매비나 관리비를 고려하지 않았으므로 영업이익보다는 매출총이익에 가까운 이익수치이다.

〈표 5.4〉에서 연산품 전체의 매출총이익률은 판매가치합계에서 결합원가와 분리가능원가의 합계를 차감하여 구한다.[4)]

	판매가치합계	8십억원
(−)	분리가능원가합계	1십억원
(−)	결합원가	3십억원
	매출총이익	4십억원
	(매출총이익률 50%)	

순실현가치법과 균등이익률법에서는 분리점 이후의 추가가공비와 판매가를 고려해야 하므로 분리점판매가치법보다 복잡하다. 분리점이 하나 이상인 경우 이 복잡성은 더욱 심해진다. 이제까지 소개한 여러 가지 결합원가배부법을 표로 정리하면 〈표 5.5〉와 같다.

표 5.5 결합원가배부법 비교

	물량기준법	분리점판매가치법	순실현가치법	균등이익률법
배부 기준	물량	분리점에서의 판매가치	순실현가치	추가가공후 매출총이익률이 같도록 역산
특징	단위당 결합원가 배부액 동일	분리점에서의 매출총이익률 동일		추가가공후 매출총이익률 동일
장점	판매가격 자료가 없을 때 사용가능	추가가공에 대한 자료가 불필요하므로 계산이 간편	추가가공의 현실을 고려하므로 배부가 정교함	추가가공의 현실을 고려하므로 배부가 정교함

4) 각주 1)에서 논의한 것과 같이 엄밀한 의미의 매출총이익률을 사용하려면 분리가능원가 중 판매비는 제외하고 계산해야 한다. 그러나 거의 모든 기존 저서에서 개별판매비를 포함한 분리가능원가를 사용하여 매출총이익을 계산하고, 이것은 기업의 편의에 따른 선택의 문제이므로 여기에서도 개별판매비를 분리가능원가에서 제외하지 않는다.

추가가공을 하는 것이 유리한가?

연산품을 추가가공할지 말지는 추가가공의 득실을 비교하여 결정한다. 추가가공의 혜택은 추가가공에 따른 수익의 증가분, 즉 증분수익이며, 추가가공시의 분리가능원가가 원가증가분, 즉 증분원가이다. 증분수익이 증분원가보다 크면 추가가공이 증분수익과 증분원가의 차이만큼의 이익 증가를 가져다주므로 추가가공을 해야 한다. 이때 주의할 점은, 결합원가배부액은 어떤 배부방법을 쓰나 그 총금액이 일정하므로 추가가공 결정과 무관하다는 것이다. 달리 말하면, 결합원가는 분리점에서 보아 이미 발생한 기발생원가(매몰원가)이므로 분리점 이후의 추가가공여부를 결정하는 데에는 비관련원가이다.

〈표 5.2〉와 〈표 5.3〉의 자료를 사용하면, 연산품 A를 추가가공할 때 이익이 증가하므로 추가가공이 바람직하다. 이를 〈표 5.6〉으로 정리한다.

표 5.6 추가가공의 증분이익

	연산품 A	비 고
생산물량(천톤)	1	
분리점에서의 단위당 판매가(백만원/톤)	2	
추가가공후 단위당 판매가(백만원/톤)	4	
증분수익(십억원)	2	물량×판매가 증가액
증분원가(분리가능원가)(십억원)	1	
증분이익(십억원)	1	증분수익－증분원가

순실현가치로 성과평가를 한다

연산품별로 담당자가 달라서 제품별 성과평가를 실시하려고 한다. 성과평가지표로 어떤 수치를 사용해야 하는가? 만약, 매출총이익률로 성과평가를 하면 결합원가배부액이 제품의 매출총이익률에 영향을 미치므로 바람직하지 않은 추가가공여부 결정을 유도할 수 있다. 추가가공하지 않을 경우의 순실현가치는 분리점에서의 판매가치와 같으므로, 〈표 5.2〉와 〈표 5.3〉을 비교하면 순실현가치법을 사용할 때 추가가공여부에 따른 순실현가치, 매출총이익과 매출총이익률의 변화를 볼 수 있다. 이를 〈표 5.7〉에 정리한다.

표 5.7 연산품 A의 추가가공여부에 따른 이익변화 (단위 : 십억원)

	추가가공여부	연산품 A	연산품 B	전 체	비 고
순실현가치	×	2	4	6	〈표 5.2〉 (분리점에서의 판매가치)
	○	3	4	7	〈표 5.3〉
매출총이익	×	1	2	3	〈표 5.2〉
	○	1.7	2.3	4	〈표 5.3〉
매출총이익률	×	50%	50%	50%	〈표 5.2〉
	○	42.5%	57.5%	50%	〈표 5.3〉

〈표 5.7〉은 연산품 A가 추가가공되었을 때 매출총이익률이 50%에서 42.5%로 하락함을 보인다. 이는 추가가공후 제품 A의 결합원가분담률이 1/3에서 3/7으로 증가하여 결합원가를 3억원 추가적으로 부담하기 때문이다. 만약 각 제품부문이 매출총이익률에 의해 평가를 받는다면 제품 A 부문은 매출총이익률의 하락을 염려하여 추가가공을 포기할 것이다. 이는 회사 전체의 이익증가액 10억원을 포기하는 것이므로 바람직하지 않다.

각 연산품 부문을 순실현가치로 평가하면 역기능적 동기부여를 막을 수 있다. 추가가공에 의한 증분수익이 증분원가보다 커서 이익이 증가하는 경우, 순실현가치도 같은 금액으로 증가하므로 순실현가치에 의한 성과평가는 바람직한 추가가공여부 결정을 유도할 수 있다. 이를 수식으로 보이면 다음과 같다.

순실현가치 = 최종 판매가치 − 분리가능원가

순실현가치 증가분 = 최종 판매가치 증가분 − 분리가능원가 증가분
= 증분수익 − 증분원가
= 증분이익

부산물과 작업폐물 회계

결합공정에 의해 여러 제품이 생산될 때, 다른 제품보다 가치가 낮은 제품이 있으면 부산물(Byproduct)이나 작업폐물로 보아 회계처리를 단순히 한다. 순실현가치가 낮으나 양수(+)이면 부산물이고 음수(−)이면 작업폐물이다.

부산물에까지 다른 주산물(Main product)과 같은 방법으로 결합원가를 배부하는 것은 계산의 복잡성에 비해 그 혜택이 별로 없다. 부산물의 회계처리에는 여러 방법이 있을 수 있으나 가장 많이 소개된 두 가지 방법만 설명한다.

부산물의 추정된 판매가치에서 추정된 분리가능원가를 차감한 추정 순실현가치만큼 결합원가를 부산물에 배부하는 생산기준법이 있다. 이 경우 주산물에 배부될 결합원가는 그만큼 감소한다. 부산물 재고는 추정 순실현가치와 추가되는 분리가능원가의 합계액, 즉 추정 판매가치로 평가되므로 예상대로 판매되면 이익을 발생시키지 않는다. 부산물의 재고를 전혀 인식하지 않는 더 단순한 방법도 있다. 생산된 부산물에 결합원가를 전혀 배부하지 않고 있다가 부산물이 판매될 때 추가비용을 차감한 순수익만을 잡수익으로 보고하는 판매기준법이다.

작업폐물은 처리비가 판매가치보다 크므로 처리비에서 판매가치를 차감한 금액을 주산품의 제조원가에 가산하거나 별도의 손실로 처리한다.

K-IFRS

기업회계기준서 제1002호

<문단 14>

… 한편 대부분의 부산물은 본래 중요하지 않은데, 이 경우 부산물은 흔히 순실현가능가치로 측정하며 주산물의 원가에서 차감된다. 따라서 주산물의 장부금액은 원가와 중요한 차이가 없다.

(일반기업회계기준 문단 7.9도 이와 유사함)

토 론

"집에서 번거롭잖아"
곰국 소비 줄자
사골-우족 가격 뚝

－잡뼈 · 꼬리뼈도 80% 이상 떨어져… 끓이는 과정 힘들고 오래 걸리는 탓
재고 늘자 고급부위 값 인상 부추겨… 대형마트, 반값 · 반조리 판매 잇달아

한국인의 대표적인 보양식인 곰국을 끓여 먹는 집이 줄었다. 시대가 바뀌면서 사람들의 생활은 바빠졌지만 곰국은 끓이는 데 시간이 매우 많이 걸려 번거롭기 때문이다. 이런 쇠고기 사골 가격은 10년 사이 10분의 1로 떨어졌다. 대형마트에는 '반값 사골'까지 등장했다.

21일 축산물품질평가원에 따르면 이날 사골의 경락 가격은 kg당 2,962원으로 10년 전인 2003년의 2만5,339원의 11.7%에 불과하다. 다시 말해 사골 가격이 예전의 10분의 1 수준으로 곤두박질친 것이다. 10년 전 kg당 경락 가격이 2만6,220원이었던 소 우족도 현재 가격이 6,012원(예전 가격의 22.9%)밖에 되지 않는다. 같은 기간 소 잡뼈값은 7,504원에서 1,483원으로, 소꼬리는 1만6,003원에서 6,491원으로 급락했다.

사골을 비롯한 한우 부산물이 '애물단지' 신세가 된 것은 곰국 조리에 시간이 오래 걸리는 데다 그 과정도 복잡하기 때문이다. 곰국을 끓이려면 적어도 반나절 동안 사골에서 나온 핏물을 버리고 물을 다시 끓이는 과정을 수시로 반복해야 한다. 24시간 이상 끓이는 경우도 적지 않은데, 연탄불이 아닌 가스불 옆에 지키고 서서 곰국을 끓이는 것은 결코 만만치가 않다. 또 패스트푸드와 외식에 익숙한 1970년대 이후 출생 세대는 곰국을 접할 기회가 상대적으로 적었다는 것도 소비 감소에 한몫을 했다.

곰국 재료인 쇠고기 부산물의 소비량은 매년 줄어들고 있다. 롯데마트의 지난해 쇠고기 부산물 매출액은 2008년에 비해 24.3%나 줄었다. 이권재 롯데마트 축산팀장은 "곰국거리 수요가 줄면서 한우 농가도 어려움을 겪고 있다"고 전했다.

한우 부산물 가격 하락의 또 다른 문제는 등심과 안심 등 다른 부위의 가격인상을 부추긴다는 점이다. 농협경제연구소에 따르면 한우 한 마리 가격 중 채끝과 등심, 안심 등 고급 부위의 가격이 차지하는 비중은 2005년 35.1%에서 올해(9월말 기준) 45.1%로 높아졌다. 이는 쇠고기 부산물이 제값을 받지 못하자 한우 농가와 유통업자 등이 손실을 메우기 위해 고급 부위 가격을 올린 데 따른 것으로 풀이된다. 황명철 농협경제연구소 축산경제연구실장은 "한우 부산물의 소비 저조로 재고가 쌓이면서 냉동 보관비와 창고 유지비 등의 비용 부담도 커졌다"며 "결국 쇠고기의 고급 부위 가격이 올랐다"고 설명했다.

한국인의 대표 보양식이던 곰국의 위상이 예전만 못하다. 삶이 바빠지면서 손이 많이 가는 음식을 기피하는 가정이 많아졌기 때문이다. 덕분에 비싸던 사골 가격이 뚝 떨어졌다.

이런 가운데 그나마 매년 가격이 떨어지는 사골과 우족 등을 시중 가격의 절반에 내놓는 할인 행사도 열린다. 롯데마트는 24일부터 30일까지 전국한우협회와 함께 사골과 우족을 개당(약 1.3kg) 9,500원에 판매할 예정이다.

사골과 우족을 2개 이상 사면 한우 잡뼈 1kg을 덤으로 얹어준다.

긴 조리과정을 번거로워하는 소비자들을 위해 한우 부산물을 조리해서 파는 업체도 늘고 있다. 농협안심축산은 최근 한우 부산물을 활용한 사골곰탕을 주문자상표부착생산(OEM) 방식으로 판매하기 시작했다. 곰탕 프랜차이즈를 운영하는 다하누 곰탕은 이달 준공을 목표로 한우 사골과 잡뼈를 가공해 반조리된 곰탕을 제조하는 공장을 짓고 있다. (동아일보, 2013.10.22)

토론해 보자

(1) 소나 돼지를 도축할 때 생기는 연산품과 부산물의 종류를 토론해 보자.

(2) 소나 돼지를 도축할 때의 결합원가를 연산품과 부산물에 배부하는 방법을 토론해 보자.

(3) 소나 돼지 각 부위의 가격과 산출량, 원가와 관련된 정보를 구하거나 가정해서 결합원가계산을 실제로 여러 명이 같이 해보자.

요약정리

도축업, 제당업, 정유업 등의 산업에서는 공통의 원재료를 공통의 공정을 거쳐 가공한 후 여러 가지 제품으로 분리하여 최종 제품들을 생산한다. 이때 분리점까지 발생한 공통의 재료원가와 가공원가를 결합원가라고 한다. 결합원가를 분리된 연산품 사이에 배부하여 연산품의 제조원가를 계산하는 방법을 결합원가계산이라 한다.

결합원가의 배부기준으로 연산품의 물량을 사용하면 간단하지만, 연산품의 가치가 서로 크게 다를 때에는 가치가 상당히 낮은 제품에 지나치게 많은 원가를 배부하게 되어 비합리적이다. 연산품의 판매가치를 기준으로 결합원가를 배부하는 방법은 연산품의 부담능력에 의한 결합원가배부이므로 합리적이다. 연산품의 분리점 이후 추가가공을 고려하지 않고 분리점에서의 판매가치를 배부기준으로 사용하는 방법과 추가가공후의 판매가치에서 추가가공비와 개별판매비를 차감한 순실현가치를 배부기준으로 사용하는 방법이 있다. 모든 연산품의 매출총이익률을 같게 만드는 방식으로 결합원가를 배부하는 방법도 있다.

각 연산품에 배부된 결합원가는 개별 연산품의 추가가공비와 함께 제조원가를 구성한다. 그러나 배부된 결합원가는 개별 연산품의 추가가공여부의 결정에는 비관련원가이므로 고려되지 않아야 한다. 추가가공이 순실현가치를 증가시킬 때, 즉 추가가공에 의한 판매가치의 증가가 추가가공비보다 더 클 때 추가가공이 가치 있다.

결합원가배부액이 반영된 매출총이익률은 개별 연산품 가공부서의 성과평가지표로 적당하지 않다. 추가가공이 연산품의 순실현가치를 높여서 회사전체의 이익을 증가시키는 경우에, 추가가공에 의한 순실현가치 증가가 결합원가배부액을 높여서 매출총이익률을 낮출 수 있다. 해당 부문 관리자가 매출총이익률에 의해 평가를 받는다면 바람직한 추가가공을 기피할 수 있다.

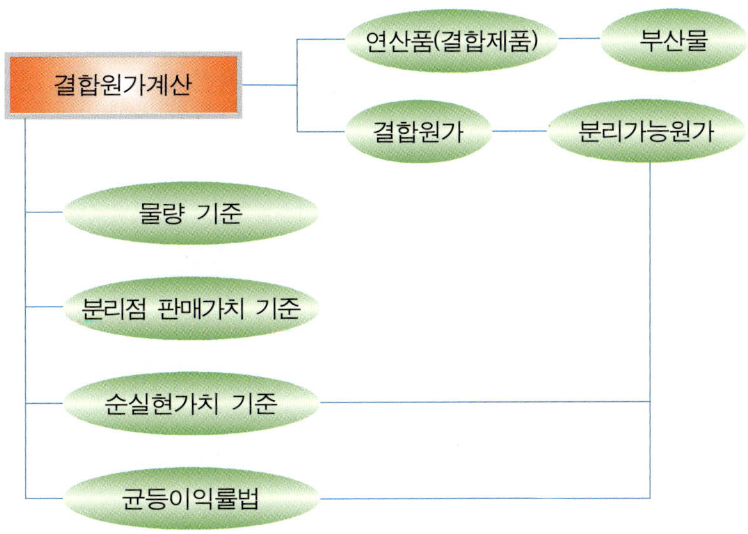

5 연습문제

객관식

01 **각 계산방법의 비교** (16. 세무사)

결합원가계산에 관한 설명으로 옳지 않은 것은?

① 물량기준법은 모든 연산품의 물량 단위당 결합원가배부액이 같아진다.
② 분리점판매가치법(상대적 판매가치법)은 분리점에서 모든 연산품의 매출총이익률을 같게 만든다.
③ 균등이익률법은 추가가공 후 모든 연산품의 매출총이익률을 같게 만든다.
④ 순실현가치법은 추가가공 후 모든 연산품의 매출총이익률을 같게 만든다.
⑤ 균등이익률법과 순실현가치법은 추가가공을 고려한 방법이다.

02 **분리점판매가치법** (12. 주택관리사)

(주)한국은 20×1년 6월 결합공정을 거쳐 결합제품 A와 B를 각각 500단위와 400단위 생산하였다. 분리점에서 결합제품 A와 B의 단위당 판매가격은 각각 ₩200과 ₩150이다. 분리점에서의 판매가치를 기준으로 결합제품 A에 배분된 결합원가가 ₩20,000일 경우 결합원가의 총액은? (단, 재공품은 없다)

① ₩32,000 ② ₩33,000 ③ ₩34,000
④ ₩35,000 ⑤ ₩36,000

03 **순실현가치법** (08. 감정평가사)

(주)오성의 공정 A에서는 반제품을 생산하고 있으며, 이후 공정 B와 C로 분리되어 추가가공된다. 공정 B를 거치면 표준제품이 생산되고, 공정 C를 거치면 고급제품이 생산된다. 2010년중 공정 A의 결합원가는 ₩1,200,000이었다. 공정 B의 추가가공원가는 ₩40,000이고, 공정 C의 추가가공원가는 ₩160,000이었다. 2010년중 표준제품은 800개가 생산되어 개당 ₩950에 판매되었고, 고급제품은 1,200개가 생산되어 개당 ₩1,200에 판매되었다면 순실현가치법에 의한 고급제품의 제조원가는 얼마인가? (단, A와 B, C 공정 모두 재공품은 없다)

① ₩432,000 ② ₩778,000 ③ ₩928,000
④ ₩945,000 ⑤ ₩975,000

04 순실현가치법 (19. 경영지도사)

(주)대한은 원재료를 이용해서 결합생산공정으로부터 제품 A와 제품 B를 제조하며, 결합원가는 순실현가치법을 이용하여 배부한다. 제품 B에 배부된 결합원가가 ₩750이라면, 다음 자료를 이용할 때 배부 전 결합원가 총액은?

제 품	생산량	단위당 추가가공원가	단위당 최종판매가격
A	4개	–	₩40
B	6개	₩10	90

① ₩200 ② ₩400 ③ ₩600
④ ₩800 ⑤ ₩1,000

05 순실현가치법 (17. 세무사)

(주)세무는 결합원가 ₩15,000으로 제품 A와 제품 B를 생산한다. 제품 A와 제품 B는 각각 ₩7,000과 ₩3,000의 추가가공원가(전환원가)를 투입하여 판매된다. 순실현가치법을 사용하여 결합원가를 배분하면 제품 B의 총제조원가는 ₩6,000이며 매출총이익률은 20%이다. 제품 A의 매출총이익률은?

① 23% ② 24% ③ 25%
④ 26% ⑤ 27%

06 순실현가치법 (19. 국가직 9급)

(주)한국은 결합제품 A, B를 생산하고 있으며, 결합원가는 분리점에서의 상대적 순실현가치를 기준으로 배분한다. (주)한국의 20×1년 원가자료는 다음과 같다.

구 분	제품 A	제품 B
생산량	2,000단위	5,000단위
단위당 추가가공원가	₩100	₩80
추가가공후 단위당 판매가격	₩400	₩160
결합원가	₩350,000	

기초와 기말 제품재고는 없다고 가정할 때, 20×1년도 제품 A와 제품 B의 매출총이익은?

	제품 A	제품 B		제품 A	제품 B
①	₩325,000	₩325,000	②	₩390,000	₩260,000
③	425,000	225,000	④	500,000	150,000

07 순실현가치법 (22. 감정평가사)

(주)감평은 동일 공정에서 결합제품 A와 B를 생산하여 추가로 원가(A : ₩40, B : ₩60)를 각각 투입하여 가공한 후 판매하였다. 순실현가치법을 사용하여 결합원가 ₩120을 배분하면 제품 A의 총제조원가는 ₩70이며, 매출총이익률은 30%이다. 제품 B의 매출총이익률은?

① 27.5% ② 30% ③ 32.5%
④ 35% ⑤ 37.5%

08 순실현가치법과 종합원가계산 혼합 (22. 세무사)

(주)세무는 결합공정을 통하여 연산품 A, B를 생산한다. 제품 B는 분리점에서 즉시 판매되고 있으나, 제품 A는 추가가공을 거친 후 판매되고 있으며, 결합원가는 순실현가치에 의해 배분되고 있다. 결합공정의 직접재료는 공정 초에 전량 투입되며, 전환원가는 공정 전반에 걸쳐 균등하게 발생한다. 당기 결합공정에 기초재공품은 없었으며, 직접재료 5,000kg을 투입하여 4,000kg을 제품으로 완성하고, 1,000kg은 기말재공품(전환원가 완성도 30%)으로 남아 있다. 당기 결합공정에 투입된 직접재료원가와 전환원가는 ₩250,000과 ₩129,000이다. (주)세무의 당기 생산 및 판매 자료는 다음과 같다.

제 품	생산량	판매량	추가가공원가총액	단위당 판매가격
A	4,000단위	2,500단위	₩200,000	₩200
B	1,000단위	800단위	−	200

제품 A의 단위당 제조원가는? (단, 공손 및 감손은 없다)

① ₩98 ② ₩110 ③ ₩120
④ ₩130 ⑤ ₩150

09 균등이익률법 (18. 관세사)

(주)관세는 균등이익률법을 적용하여 결합원가계산을 하고 있다. 당기에 결합제품 A와 B를 생산하였고, 균등매출총이익률은 30%이다. 관련 자료가 다음과 같을 때 결합제품 A에 배부되는 결합원가는? (단, 재공품재고는 없다)

제 품	생산량	판매가격(단위당)	추가가공원가(총액)
A	300단위	₩30	₩2,100
B	320단위	25	3,200

① ₩2,400 ② ₩3,200 ③ ₩3,800
④ ₩4,200 ⑤ ₩5,100

10 균등이익률법 (17. 국가직 9급)

(주)한국은 단일의 공정을 거쳐 A, B 두 종류의 결합제품을 생산하고 있으며, 사업 첫해인 당기에 발생한 결합원가는 ₩200이다. 다음의 자료를 이용하여 결합원가를 균등이익률법으로 배부할 경우 제품 A와 B에 배부될 결합원가로 옳은 것은?

제 품	추가가공 후 판매가치	추가가공원가
A	₩100	₩50
B	300	50

	제품 A	제품 B		제품 A	제품 B
①	₩175	₩25	②	₩150	₩50
③	50	15	④	25	175

11 순실현가치법 : 분리점 2개 (16. 공인회계사)

(주)한국화학은 20×1년 2월초 영업을 개시하여 당월에 제1공정에서 원재료 R을 가공하여 결합제품 A와 B를 생산한다. 제품 A는 제2공정에서 추가가공을 거쳐 판매되고, 제품 B는 제3공정에서 결합제품 C와 D로 분리된 후 각각 제4공정과 제5공정에서 추가가공을 거쳐 판매된다. 20×1년 2월의 각 공정에서 발생한 원가자료는 다음과 같다.

• 제1공정 : 제품 A, B의 결합원가	₩100,000
• 제2공정 : 제품 A의 개별원가(분리원가)	15,000
• 제3공정 : 제품 B의 개별원가(분리원가)	70,000
• 제4공정 : 제품 C의 개별원가(분리원가)	50,000
• 제5공정 : 제품 D의 개별원가(분리원가)	20,000

20×1년 2월 (주)한국화학의 제품별 생산량과 kg당 판매가격은 다음과 같다.

제 품	생산량	kg당 판매가격
A	500kg	₩120
C	1,000kg	200
D	800kg	150

(주)한국화학이 순실현가능가치를 기준으로 결합원가를 배부하는 경우, 20×1년 2월 제품 D의 총제조원가는 얼마인가?

① ₩60,000 ② ₩70,000 ③ ₩80,000
④ ₩90,000 ⑤ ₩100,000

12 균등이익률법 (22. 세무사)

(주)세무는 원유를 투입하여 결합제품 A를 1,000단위, B를 1,500단위 생산하였다. 분리점 이전에 발생한 직접재료원가는 ₩1,690,000, 직접노무원가는 ₩390,000, 제조간접원가는 ₩520,000이다. 제품 A와 B는 분리점에 시장이 형성되어 있지 않아서 추가가공한 후에 판매하였는데, 제품 A는 추가가공원가 ₩850,000과 판매비 ₩125,000이 발생하며, 제품 B는 추가가공원가 ₩1,100,000과 판매비 ₩200,000이 발생하였다. 추가가공 후 최종 판매가치는 제품 A가 단위당 ₩2,000이며, 제품 B는 단위당 ₩3,000이다. 균등매출총이익률법에 따라 결합원가를 각 제품에 배부할 때, 제품 A에 배부되는 결합원가는?

① ₩525,000 ② ₩550,000 ③ ₩554,000
④ ₩600,000 ⑤ ₩604,000

13 균등이익률법 (22. 공인회계사)

(주)대한은 결합생산공정을 통해 결합제품 X와 Y를 생산 및 판매하고 있으며, 균등매출총이익률법을 적용하여 결합원가를 배부한다. (주)대한은 20×1년에 결합제품 X와 Y를 모두 추가가공하여 전량 판매하였으며, 추가가공원가는 각 제품별로 추적가능하고 모두 변동원가이다. (주)대한의 20×1년 생산 및 판매 관련 자료는 다음과 같다.

제 품	생산량	추가가공원가	최종판매단가
X	6,000단위	₩30,000	₩50
Y	10,000단위	20,000	20

20×1년중 발생한 결합원가가 ₩350,000일 경우, (주)대한이 제품 X와 Y에 배부할 결합원가는 각각 얼마인가? (단, 공손 및 감손은 없으며, 기초 및 기말 재공품은 없다)

	제품 X	제품 Y		제품 X	제품 Y
①	₩200,000	₩150,000	②	₩210,000	₩140,000
③	220,000	130,000	④	230,000	120,000
⑤	240,000	110,000			

14 추가가공 의사결정 (19. 세무사)

(주)세무는 결합공정에서 제품 A, B, C를 생산한다. 당기에 발생된 결합원가 총액은 ₩80,000이고 결합원가는 분리점에서의 상대적 판매가치를 기준으로 제품에 배분되며 관련 자료는 다음과 같다. 추가가공이 유리한 제품만을 모두 고른 것은? (단, 결합공정 및 추가가공과정에서 공손과 감손은 발생하지 않고, 생산량은 모두 판매되며 기초 및 기말 재공품은 없다)

제 품	분리점에서의 단위당 판매가격	생산량	추가가공원가	추가가공 후 단위당 판매가격
A	₩20	3,000단위	₩10,000	₩23
B	30	2,000단위	15,000	40
C	40	2,000단위	15,000	50

① A ② A, B ③ A, C
④ B, C ⑤ A, B, C

15 추가가공 의사결정 (14. 주택관리사)

(주)한국은 결합공정에서 제품 A, B, C를 생산한다. 당기에 발생된 결합원가 총액은 ₩40,000이며, 결합원가는 분리점에서의 상대적 판매가치를 기준으로 제품에 배분된다. 분리점에서의 단위당 판매가격과 생산량은 다음과 같다.

제 품	단위당 판매가격	생산량
A	₩10	1,500단위
B	15	1,000단위
C	20	1,000단위

추가가공할 경우, 제품별 추가가공원가와 추가가공 후 단위당 판매가격은 다음과 같다.

제 품	추가가공원가	추가가공 후 단위당 판매가격
A	₩5,000	₩12
B	4,000	20
C	10,000	35

추가가공이 유리한 제품만을 모두 고른 것은? (단, 추가가공 공정에서 공손과 감손은 발생하지 않고, 생산량은 모두 판매되며, 기초 및 기말 재공품은 없다)

① A ② B ③ A, B
④ A, C ⑤ B, C

16 추가가공 의사결정 (19. 감정평가사)

(주)감평은 동일한 원재료를 투입하여 제품 X, 제품 Y, 제품 Z를 생산한다. (주)감평은 결합원가를 분리점에서의 상대적 판매가치를 기준으로 결합제품에 배부한다. 결합제품 및 추가가공과 관련된 자료는 다음과 같다.

	제품 X	제품 Y	제품 Z	합 계
생산량	150단위	200단위	100단위	450단위
결합원가	₩15,000	?	?	?
분리점에서의 단위당 판매가격	200	₩100	₩500	
추가가공원가	3,500	5,000	7,500	₩16,000
추가가공 후 단위당 판매가격	220	150	600	

(주)감평은 각 제품을 분리점에서 판매할 수도 있고, 분리점 이후에 추가가공을 하여 판매할 수도 있다. (주)감평이 위 결합제품을 전부 판매할 경우, 예상되는 최대 매출총이익은? (단, 결합공정 및 추가가공과정에서 재공품 및 공손은 없다)

① ₩25,000 ② ₩57,000 ③ ₩57,500
④ ₩82,000 ⑤ ₩120,000

17 **균등이익률법과 추가가공 의사결정** (17. 공인회계사)

(주)한국은 결합생산공정을 통해 결합제품 A와 B를 생산하고 있으며, 균등매출총이익률법을 적용하여 결합원가를 배부한다. 각 결합제품은 분리점에서 즉시 판매될 수도 있으며, 필요하다면 추가가공한 후 판매될 수도 있다. 추가가공원가는 각 제품별로 추적가능하고 모두 변동원가이다. (주)한국은 20×1년에 결합제품 A와 B를 모두 추가가공하여 전량 판매하였으며 20×1년중 발생한 결합원가는 ₩300,000이다. (주)한국의 20×1년 생산 및 판매 관련 자료는 다음과 같다.

	A	B
생산·판매량	3,000단위	5,000단위
분리점에서의 총판매가치	₩250,000	₩330,000
추가가공원가	45,000	60,000
추가가공 후 매출액	300,000	375,000

(주)한국의 20×1년도 생산 및 판매와 관련하여 옳은 설명은?

① 회사 전체의 매출총이익은 ₩250,000이다.
② 회사 전체의 매출총이익률은 35%이다.
③ A의 단위당 원가는 B의 단위당 원가보다 크다.
④ A에 배부되는 결합원가 금액은 B에 배부되는 결합원가 금액보다 크다.
⑤ 회사가 B를 추가가공하지 않고 분리점에서 즉시 판매하였다면, 이익은 ₩5,000 증가하였을 것이다.

18 **부산물회계** (15. 공인회계사)

(주)한국은 결합생산공정으로부터 두 종류의 주산품 A, B와 부산품 C를 생산하며, 부산품 C의 회계처리에는 생산기준법하에서의 원가차감법을 사용한다. 당기의 결합원가 발생액은 ₩54,000이며, 각 제품에 관한 자료는 다음과 같다. 단, 기초재고와 기말재공품은 없다.

제 품	분리점 이후 추가가공원가	생산량	최종판매가치
A	₩10,000	1,000단위	₩70,000
B	15,000	1,500단위	55,000
C	2,000	500단위	6,000

(주)한국이 순실현가능가치(net realizable value)를 기준으로 결합원가를 배부한다면, 주산품 A에 배부되는 결합원가는 얼마인가?

① ₩20,000 ② ₩25,000 ③ ₩30,000
④ ₩35,000 ⑤ ₩40,000

19 부산물회계 (18. 세무사)

(주)세무는 주산품 A, B와 부산품 S를 생산한다. 당기중 발생한 결합원가는 ₩9,500이다. 결합원가는 분리점에서 순실현가능가치(NRV)를 기준으로 각 제품에 배부하며, 당기의 생산 및 원가 자료는 다음과 같다.

제 품	분리점 이후 추가가공원가(총액)	추가가공후 단위당 판매가격	생산량	판매량
A	₩2,000	₩40	200단위	180단위
B	1,000	20	250단위	200단위
S	500	15	100단위	90단위

주산품 B의 당기매출총이익은? (단, 기초재고자산은 없으며, 부산품 S는 생산시점에서 순실현가능가치로 인식한다)

① ₩480　② ₩560　③ ₩580
④ ₩750　⑤ ₩810

20 부산물회계 (19. 공인회계사)

(주)대한은 결합공정과 추가공정을 통해 제품을 생산하며, 분리점에서 순실현가능가치를 기준으로 결합원가를 배부한다. 20×1년의 생산 및 원가 자료는 다음과 같다.

(1) 제1공정
제1공정에서는 원재료를 투입하여 제품 A 100단위와 제품 B 300단위를 생산하였으며, 결합원가는 총 ₩40,000이었다. 제품 A는 단위당 ₩200에 판매되고, 제품 B는 제2공정에서 추가가공을 거쳐 제품 C로 판매된다.

(2) 제2공정
당기에 제1공정으로부터 대체된 제품 B는 제품 C 280단위로 생산되었으며, 추가가공원가는 총 ₩12,400이었다. 제품 C의 단위당 판매가격은 ₩150이다. 제품 B를 제품 C로 추가가공하는 과정에서 부산물 20단위가 생산되었다. 부산물은 단위당 ₩20에 즉시 판매할 수 있다. 부산물은 생산시점에 순실현가능가치로 인식한다.

제품 C의 총제조원가는 얼마인가? (단, 각 공정의 기초 및 기말 재공품은 없다)

① ₩35,600　② ₩36,000　③ ₩36,400
④ ₩36,700　⑤ ₩37,000

6 부문별 원가계산

부문별로 원가를 집계한다

기업이나 단체의 규모가 커지면 조직 내에 여러 부문을 만들어 업무를 분담한다. 업무의 부문별 분담은 업무를 수행할 인원과 자원의 부문별 할당을 요구하며 이는 원가가 부문별로 발생하게 한다. 이때 최종 제품이나 서비스 원가를 계산하기 위해 부문별 원가계산을 이용한다. 이 장에서는 다음의 내용을 다룬다.

- 부문조직의 원가계산에는 부문별 원가계산이 편리하다.
- 지원부문은 생산부문을 지원한다.
- 지원부문 원가는 제조간접원가이므로 생산부문에 배부한다.
- 지원부문의 원가를 생산부문에 배부하는 방법에는 몇 가지가 있다.
- 부문별 원가계산을 통해 제품원가를 계산한다.

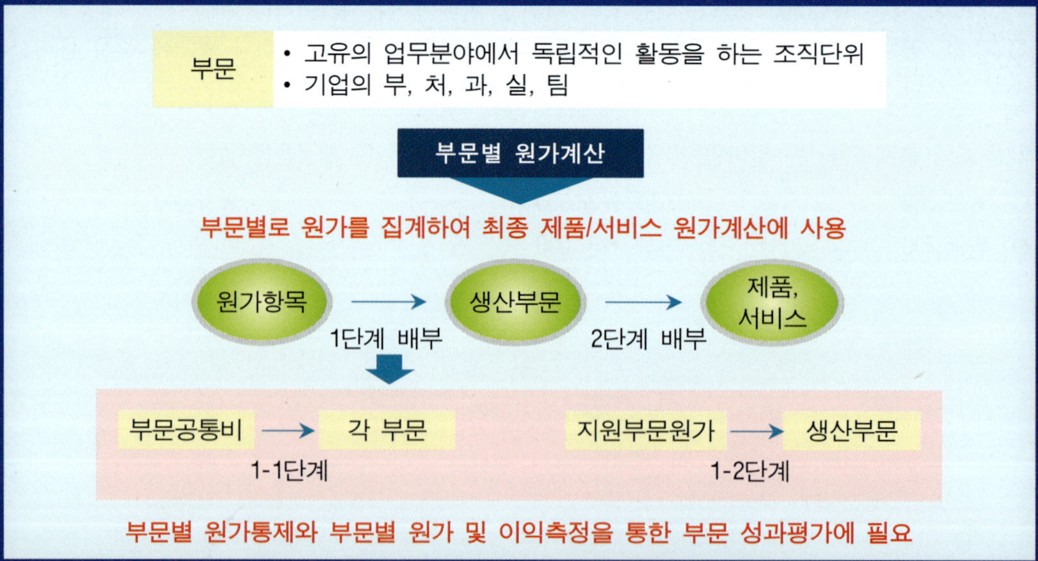

6

- 조직의 부문별로 원가를 계산한다
- 지원부문은 생산부문을 지원한다
- 지원부문 원가를 생산부문에 배부하는 3가지 방법이 있다
- 지원부문 원가를 생산부문에 직접배부하는 것이 가장 간단한 방법이다 - 직접배부법
- 지원부문 원가의 상호배부를 하면 가장 정확하다 - 상호배부법
- 복잡한 상호배부를 할 가치가 있는가?
- 지원부문 원가를 하나씩 단계적으로 배부하는 방법이 있다 - 단계배부법
- 단계배부법은 쓸모가 있는가?
- 변동원가와 고정원가를 구분하여 배부할 수 있다 - 이중배부율
- 부문별 원가로부터 제품원가를 구한다
- 서비스업의 부문별 원가계산

조직의 부문별로 원가를 계산한다

	동네 제과점	제과회사
판매대상	동네주민	전국
구성	주인 및 직원 몇 명	부문 또는 부서조직

동네의 제과점에서는 주인과 직원 몇 명이 빵과 과자를 만들어 손님에게 판매한다. 그러나 크라운제과나 롯데제과처럼 대형화된 제과회사는 전국에 많은 점포와 직원을 관리하면서 사업을 한다. 이를 위해 체계화된 기업조직을 사용한다. 가장 보편적인 형태의 조직이 부문 또는 부서조직(Departmental Organization)이다. 업무분업을 위한 부문조직은 미국의 General Motors사가 20세기 중반에 기존의 소형 자동차회사인 Buick, Oldsmobile, Pontiac, Chevrolet 등을 합병하여 대형화하면서 처음 도입되었으며, 그 후 지금까지 거의 모든 기업의 전형적인 조직구조로 사용되고 있다. 보통 부, 처, 과, 실 등으로 불리는 각 부문은 각각 고유의 업무분야에서 독립적인 활동을 하는 조직단위이다.[1)]

각 부문이 맡은 업무를 수행하기 위해 자원을 사용한다. 즉 원가가 부문별로 발생하므로 부문별로 원가를 집계하여 기업과 단체의 원가계산에 사용하는

그림 6.1 부문별 원가계산의 단계

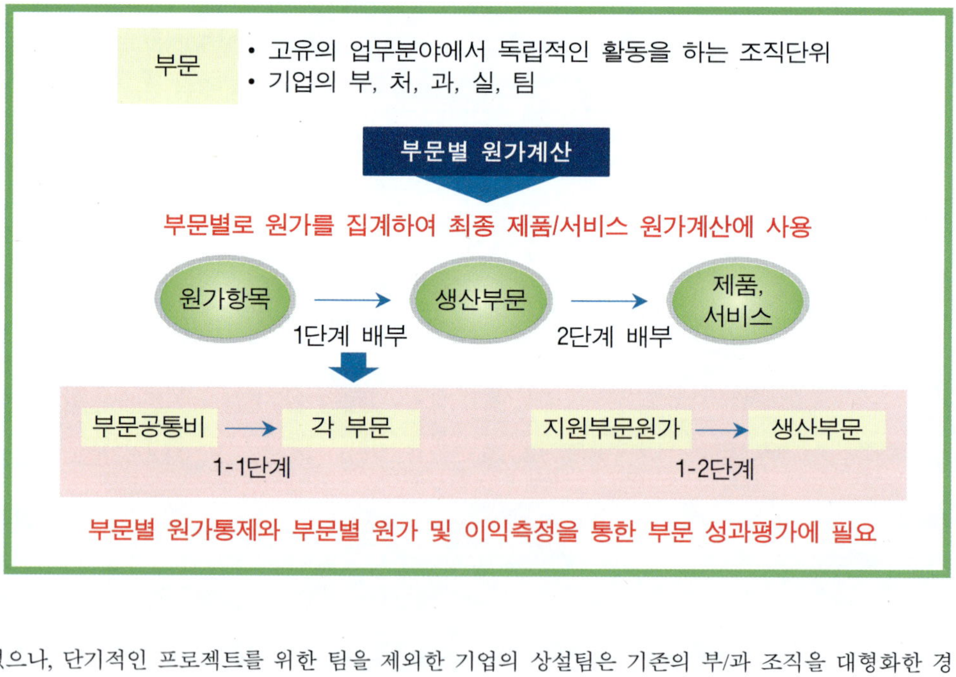

1) 최근 팀조직이 많이 활성화되었으나, 단기적인 프로젝트를 위한 팀을 제외한 기업의 상설팀은 기존의 부/과 조직을 대형화한 경우이므로 팀조직도 부문조직이라 할 수 있다.

원가계산준칙

제14조(원가부문별 계산)

① 원가계산은 원가의 발생을 관리하고 제품원가의 계산을 정확히 하기 위하여 부문별로 계산할 수 있다. 이 경우 원가의 비목별 계산에서 집계된 원가요소는 그 전부 또는 일부를 다시 원가부문별로 집계한 후, 이를 다시 제품별로 배분할 수 있다.

② 원가부문은 원가요소를 분류·집계하는 계산상의 구분으로서 제조부문과 보조부문으로 구분한다.

③ 제조부문은 직접 제조작업을 수행하는 부문을 말하며 제조활동 등에 따라 세분할 수 있다.

④ 보조부문은 직접 생산활동을 수행하지 아니하고 제조부문을 지원·보조하는 부문으로서 그 수행하는 내용에 따라 세분할 수 있다.

것이 편리하다. 판매관리 업무를 담당한 부문에서 발생하는 원가는 판매관리비로 집계되고, 생산관련 업무를 담당한 부문에서 발생한 원가는 제조원가로 집계되어 최종 제품원가 계산에 사용된다. 생산지원부문에서 발생한 원가를 생산부문에 배부한 후 최종적으로 제품에 배부하는 방법을 부문별 원가계산이라 한다. 부문별 원가계산은 부문별 원가통제와 부문별 이익측정을 통한 부문 성과평가에도 필요하다.

YouTube 선배가 알려주는 동원시스템즈 생산지원 직무의 모든 것!

Q. 간단한 자기소개 부탁드립니다.

안녕하세요. 저는 동원시스템즈 개선혁신팀에서 근무하는 방현지 주임입니다.

Q. 어떤 업무를 담당하고 계신지 소개 부탁드립니다.

우리 회사는 연포장, CAN, 산업용 필름, 알루미늄 호일 등과 같은 다양한 포장재를 각각 다른 공장에서 생산하고 있습니다. 저는 본사에서 근무하면서 생산과 관련된 모든 실적을 통합관리하는 역할을 하고 있습니다. 사업장 인사관리, 용역도급관리에서부터 외주관리, 원가관리, 재고관리까지 폭넓은 업무를 수행하고 있고요. 또한 생산성 향상과 직결되는 사내표준 수립과 시스템 개선 등과 같은 개선혁신활동도 중요한 업무 중의 하나입니다.

Q. 현재 직무에 관심을 갖고 지원하신 계기가 있으신가요?

고분자공학을 전공하면서 재료의 물성이나 활용에 관심이 많아 다양한 필름이나 포장재를 개발하고 생산하는 이 분야가 잘 맞을 거라고 생각했었고 또 우리 회사는 사업장별로 다양한 제품을 생산하고 있는데 전체 사업장의 생산에 관련된 모든 업무를 총괄하는 업무가 매력적으로 다가와서 지원하게 되었습니다.

Q. 하루 일과는 어떻게 되나요?

먼저, 출근을 하면 팀원들과 간단히 업무에 대해 미팅을 하고 제일 먼저 하는 것은 전날 6개 사업장의 설비별 생산량 실적을 모니터링하고, 전년 대비, 계획 대비 실적분석을 통해 특이사항이 있으면 담당자와 통화하여 관련 내용을 파악합니다. 또한 사업장별 공정이나 프로세스에 대해 누구보다 잘 알아야 하므로 설비 CAPA, 원가나 생산프로세스에 대해서 틈틈이 공부하고 있습니다.

Q. 직무를 수행하는 데 필요한 역량은 무엇인가요?

아무래도 저희 직무 같은 경우에는 전체 공장을 관리하기 때문에 공장장님을 비롯한 여러 부서의 담당자들이랑 소통하고 업무 협조를 구하는 일이 많기 때문에 커뮤니케이션 스킬이 중요한 것 같고, 생산량과 원가 같은 중요한 숫자를 다루는 업무이기 때문에 꼼꼼함과 분석 마인드가 중요합니다.

(동원TV, 2019.8.26)

지원부문은 생산부문을 지원한다

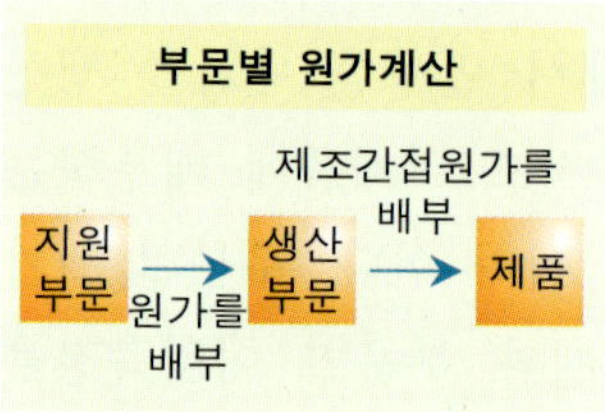

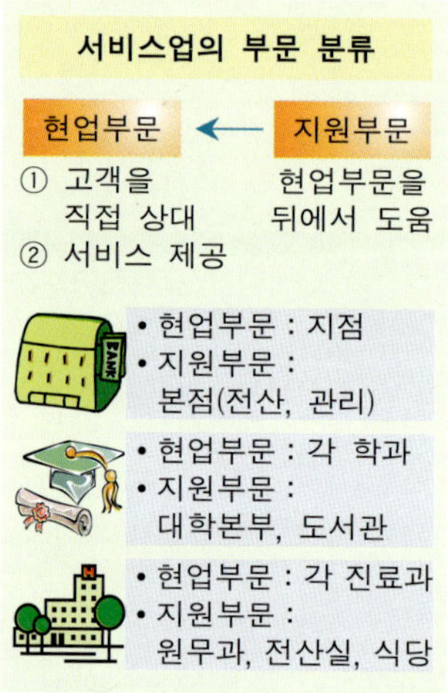

기업의 생산관련 부문에는 제품생산을 직접 담당하는 생산부문과 생산을 지원하는 지원부문이 있다. 생산부문(Production Department)에서는 부품생산, 조립, 가공처리 등을 수행하면서 제품생산에 직접 관여한다. 생산부문은 비슷한 제품라인별로 조직되거나 공정별로 조직된다. 이에 비해, 지원부문(Support Department)에서는 재료의 구입과 보관, 생산설비 점검과 유지보수, 시설관리와 청소, 경비 등을 담당한다.2)

서비스업에서도 이와 유사한 부문 분류가 가능한데 현업부문과 지원부문으로 부르는 것이 적당하다. 서비스업의 현업부문은 고객을 직접 상대하면서 서비스를 제공하는 부문이며 지원부문은 이 현업부문을 뒤에서 도와준다. 은행의 경우, 고객을 직접 대하는 지점의 부문이 현업부문이고 본점의 전산부문, 관리부문이 지원부문이다. 대학의 경우, 현업부문은 각 학과이며 지원부문은 대학본부, 도서관 등이다. 종합병원의 경우, 현업부문은 내과, 외과, 소아과 등의 각 진료과이며 지원부문은 원무과, 전산실, 식당 등이다. 서비스업의 부문

생산부문
부품생산, 조립, 가공처리 등을 수행하면서 제품생산에 직접 관여하는 부문

지원부문
재료의 구입과 보관, 생산설비 점검과 유지보수, 시설관리와 청소, 경비 등을 담당하는 생산지원부문

그림 6.2 부문조직도와 해당 원가

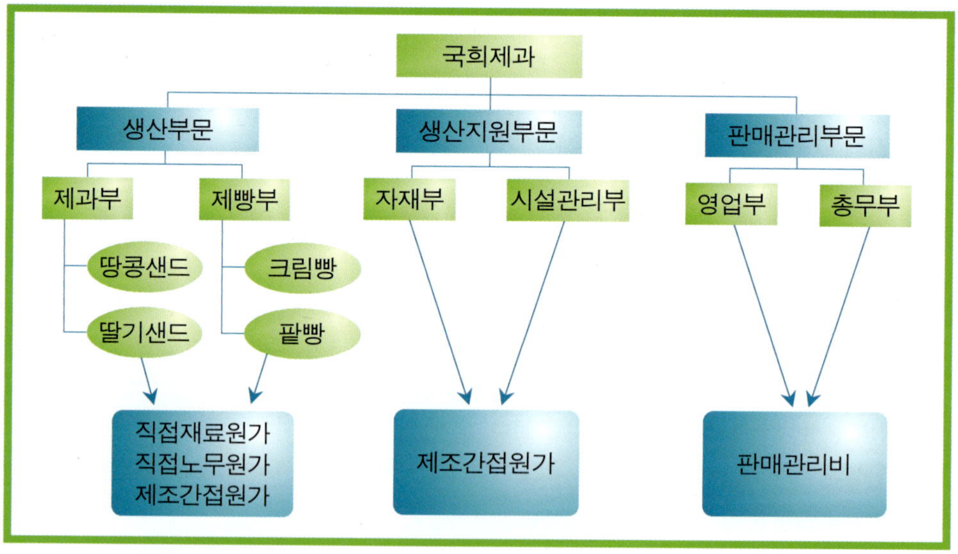

2) 지원부문을 보조부문이나 서비스부문으로 부르기도 한다. 지원부문은 외부고객에게 서비스를 제공하는 부문이 아니라 내부고객인 다른 부문에게 지원서비스를 제공하는 부문이다.

별 원가계산 사례로 종합병원 원가계산을 본장 [토론]에 소개한다.

국희제과의 사업이 확장되어, 제과부와 제빵부로 생산부문이 조직되고, 밀가루 등의 재료를 구입관리하는 자재부와 기계설비와 다른 공장시설을 유지관리하는 시설관리부가 지원부문으로 신설되었다. 제과부에서는 땅콩샌드와 딸기샌드를 생산하고 제빵부에서는 크림빵과 팥빵을 생산한다. 이외에 판매를 담당하는 영업부와 기획과 총괄적인 관리를 담당하는 총무부가 있다. 국희제과의 전체 부문조직도와 해당 원가는 [그림 6.2]와 같다.

생산부문인 제과부와 제빵부에서는 4가지 생산제품에 대해 직접 추적이 가능한 직접재료원가와 직접노무원가 이외에 제조간접원가가 발생한다. 생산부서장의 급료와 공용설비의 감가상각비 등이 생산부문의 제조간접원가이다. 지원부문에서 발생하는 모든 원가는 4가지 최종 제품별로 추적이 불가능하기 때문에 제조간접원가이다. 4가지 제품의 원가를 구하기 위해 생산부문의 제조간접원가와 지원부문의 제조간접원가를 같이 고려해야 한다. 이를 위해 지원부문의 원가를 생산부문에 배부한 후 최종 제품에 배부한다.

지원부문 원가를 생산부문에 배부하는 3가지 방법이 있다

국희제과에는 자재부와 시설관리부가 지원부문으로 존재한다. 자재부가 시설관리부를 위해 일부 자재를 구입해 주고, 시설관리부가 자재부의 시설을 관리해 주면, 이것이 지원부문간의 상호 서비스 제공이다. 부문간의 서비스 제공을 [그림 6.3]이 보여준다.

그림 6.3 부문간의 서비스 제공

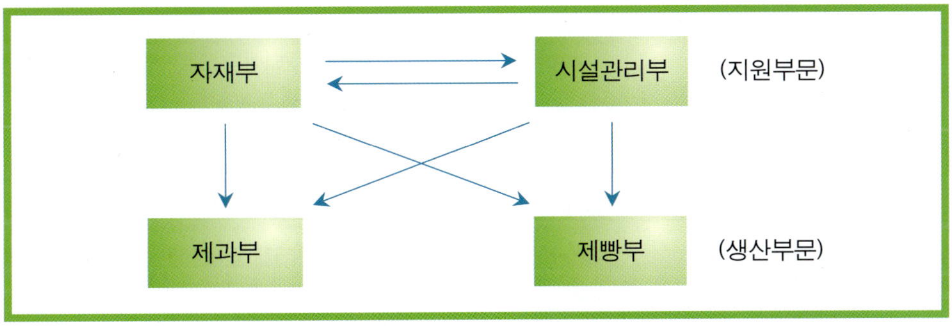

지원부문 사이의 서비스 제공을 원가배부에 얼마나 반영하는가에 따라, 지원부문의 원가를 생산부문에 배부하는 3가지 방법이 존재한다. 가장 간단하나 부정확한 직접배부법(Direct Method)에서는 지원부문간의 상호 지원을 완전히 무시하고 지원부문 원가를 직접 생산부문에만 배부한다. 가장 복잡하나 정확한 상호배부법(Reciprocal Method)만이 지원부문간의 상호 서비스 제공을 완전히 반영한다. 단계배부법(Step Method)에서는 지원부문간의 서비스 제공을 한 방향만 고려하여 그 방향에 따라 지원부문 원가를 단계적으로 배부한다. 따라서 단계배부법은 중간 정도의 정확성과 복잡성을 가진다. 이를 그림으로 보이면 [그림 6.4]와 같다.

그림 6.4 지원부문의 원가배부

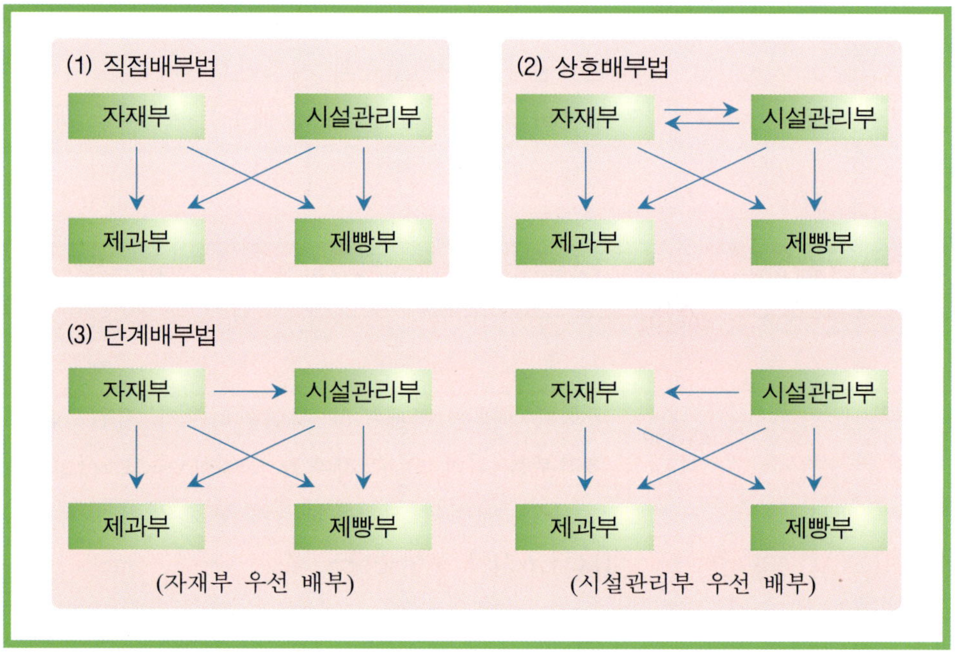

한 지원부문의 원가를 다른 부문에 배부하기 위해서는 배부기준이 필요하다. 배부기준은 그 부문에서 제공하는 서비스의 양을 가장 잘 나타낼 수 있는 지표를 사용한다. 자재부는 자재의 구입과 관리를 담당하므로 다른 부문에 제공되는 자재의 종류 수나 총자재원가를 배부기준으로 사용할 수 있다. 시설관리부는 다른 부서가 보유하고 있는 시설의 취득가액이나 순장부가액을 배부기준으로 사용할 수 있다.

원가계산준칙

제15조(부문비 계산의 절차)

① 원가의 부문별 계산은 원가요소를 제조부문과 보조부문에 배부하고, 보조부문비는 직접배부법·단계배부법 또는 또는 상호배부법 등을 적용하여 각 제조부문에 합리적으로 배부한다.

② 제조부문에 집계된 원가요소는 필요에 따라 그 부문의 소공정 또는 작업단위별로 집계할 수 있다.

제16조(부문개별비와 부문공통비)

① 원가요소는 발생한 원가의 직접적인 집계가능성여부에 따라 부문개별비와 부문공통비로 구분한다.

② 부문개별비는 원가발생액을 당해 발생부문에 직접부과하고, 부문공통비는 인과관계 또는 효익관계 등을 감안한 합리적인 배부기준에 의하여 관련부문에 배부한다.

직접배부법
지원부문간의 상호 제공을 완전히 무시하고 지원부문 원가를 직접 생산부문에만 배부하는 방법

상호배부법
지원부문간의 상호 서비스 제공을 완전히 반영하여 부문간 원가를 배부하는 방법

단계배부법
지원부문간의 서비스 제공을 한 방향만 고려하여 그 방향에 따라 지원부문원가를 단계적으로 배부하는 방법

국희제과는 자재부와 시설관리부의 배부기준으로 자재원가와 시설취득가를 사용하기로 결정하고 부서별 자료를 〈표 6.1〉과 같이 수집하였다. 또한 부서별 원가자료도 〈표 6.2〉와 같이 집계하였다.3)

표 6.1 부서간 배부기준 자료 (단위 : 백만원)

공급부서 \ 사용부서	자재부	시설관리부	제과부	제빵부	합 계	배부기준명
자재부		10	90	100	200	자재원가
시설관리부	100		300	600	1,000	시설취득가

표 6.2 지원부문의 원가 자료 (단위 : 백만원)

	원 가
자재부	100
시설관리부	100

지원부문 원가를 생산부문에 직접배부하는 것이 가장 간단한 방법이다 - 직접배부법

가장 간단한 직접배부법을 사용할 때 지원부문간의 상호 서비스 제공이 무시되므로, 자원부문 원가를 생산부문에 직접배부할 때 사용할 배부기준량의 수치와 비율은 〈표 6.3〉과 같다.

표 6.3 직접배부법의 배부기준량 (단위 : 백만원)

공급부서 \ 사용부서	제과부	제빵부	합 계
자재부	90 (47%=90/190)	100 (53%=100/190)	190 (100%)
시설관리부	300 (33%=300/900)	600 (67%=600/900)	900 (100%)

3) 각 지원부문의 자체소모분이 존재할 수 있으나 이 서비스량은 원가배부에 무시되므로 빈칸으로 둔다.

이 배부기준 비율을 사용하여 지원부문의 원가를 직접 생산부문에 〈표 6.4〉와 같이 배부한다.

표 6.4 직접배부법의 지원부문 원가배부결과 (단위 : 백만원)

공급부서 \ 사용부서	제과부	제빵부	합 계
자재부	47 (47%×100)	53 (53%×100)	100
시설관리부	132 (33%×400)	268 (67%×400)	400
합 계	**179**	**321**	**500**

지원부문 원가의 상호배부를 하면 가장 정확하다 - 상호배부법

가장 복잡하지만 정확한 상호배부법에서는 지원부문간의 상호배부가 고려되므로 부서간 배부기준량과 배부비율은 〈표 6.5〉와 같다.

표 6.5 상호배부법의 부문간 배부기준 자료 (단위 : 백만원)

공급부서 \ 사용부서	자재부	시설관리부	제과부	제빵부	합 계
자재부		10 (5%)	90 (45%)	100 (50%)	200 (100%)
시설관리부	100 (10%)		300 (30%)	600 (60%)	1,000 (100%)

상호배부법을 사용하여 지원부문 원가를 생산부문에 배부하려면 지원부문간의 상호배부를 먼저 실시해야 한다. 자재부와 시설관리부가 서로 자기 부서의 원가를 상대 부서로 보내므로 한 부서씩 차례대로 원가배부를 할 수 없다. 지원부문간의 원가배부를 동시적으로 하기 위해 수식을 이용해야 한다. 지원부문의 상호배부후 원가는 배부 전 자체원가와 다른 지원부문으로부터 배부

된 원가의 합이다.

지원부문 상호배부후 원가 = 자체원가 + 다른 지원부문으로부터의 배부원가

자재부의 상호배부후 원가를 M이라 하고 시설관리부의 상호배부후 원가를 F라 하면 다음의 수식이 성립된다.

$$M = 100 + 0.1F \qquad \text{식 (1)}$$

$$F = 400 + 0.05M \qquad \text{식 (2)}$$

시설관리부 원가의 10%가 자재부로 배부되므로 식 (1)의 두 번째 항의 계수가 0.1이다. 마찬가지로, 자재부 원가의 5%가 시설관리부로 배부되므로 식 (2)의 두 번째 항의 계수가 0.05이다. 이 두 계수를 서로 반대로 사용하는 실수가 상당히 흔하므로 조심해야 한다.

M과 F를 구하기 위해 식 (2)를 식 (1)에 대입하여 다음과 같이 M을 구한다.

$$\begin{aligned} M &= 100 + 0.1F = 100 + 0.1(400 + 0.05M) \\ &= 100 + 40 + 0.005M \qquad \text{식 (3)} \end{aligned}$$

식 (3)을 M에 대해 정리하면 다음과 같다.

$$0.995M = 140 \qquad \text{식 (4)}$$

식 (4)는 중요한 사실을 보여준다. 식 (4) 왼쪽편의 계수 0.995는 자재부가 제공하는 서비스의 99.5%만이 실제로 다른 부서를 위해 사용되고 0.5%는 자재부가 간접 자가소비하는 부분임을 보여준다. 이 0.5%(=10%×5%)는 자재부가 시설관리부에 제공한 서비스 5% 중에서 시설관리부가 자재부에게 제공한 서비스를 위해 사용된 10%로, 자재부가 자기 부서를 위해 자가소비한 부분이다.

즉 $M = 140/0.995 = 140.7$백만원이다. 이 값을 식 (2)에 대입하면 다음과 같이 F가 구해진다.

$$F = 400 + 0.05M = 400 + 0.05 \times 140.7 = 407\text{백만원}$$

이제 지원부문의 상호배부후 원가를 생산부문에 배부하면 배부과정이 끝난다. 지원부문간의 상호배부가 이미 상호배부후 금액에 반영되었으므로 상호배부후 원가를 생산부문에 배부한다. 그 계산결과가 〈표 6.6〉에 있다.

표 6.6 상호배부법의 지원부문 원가배부결과 (단위 : 백만원)

공급부서 \ 사용부서	자재부	시설관리부	제과부	제빵부	합 계
배부전 원가	100	400			**500**
자재부	**−140.7**	7 (5%×140.7)	63.3 (45%×140.7)	70.4 (50%×140.7)	
시설관리부	40.7 (10%×407)	**−407**	122.1 (30%×407)	244.2 (60%×407)	
배부후 원가	0	0	**185.4**	**314.6**	**500**

〈표 6.6〉에서 음수는 지원부문의 상호배부후 원가가 다른 부문으로 배부되어 나간 것을 표시한다. 생산부문의 배부후 원가 합계 500백만원이 지원부문의 배부전 원가 합계와 일치하는 것에 주목하라. 이것은 지원부문의 원가가 모두 생산부문으로 배부된 것을 확인시켜준다. 만약 두 금액이 일치하지 않으면 계산상의 착오가 있거나 배부비율 계산시 반올림 오차에 의한 차이이다.

복잡한 상호배부를 할 가치가 있는가?

국회제과의 예에서는 2개의 지원부문이 존재하여 상호배부를 하기 위해 2개의 연립방정식을 사용하였다. 만약 지원부문이 총 10개가 있다면 10개의 방정식을 풀어야 한다. 상호배부법을 사용하기 위해서는 연립방정식을 풀 뿐만 아니라 방정식을 위한 자료도 수집해야 한다. 지원부문이 10개이면 상호배부법은 지원부문간의 서비스 제공에 대한 90개(=10×9)의 배부기준 수치를 수집해야 한다. 직접배부법은 이 수치가 필요 없다. 간단한 직접배부법 대신에 이렇게 복잡한 상호배부법을 사용할 가치가 있는가? 이것은 상호배부법의 수치가 직접배부법에 의한 수치보다 얼마나 정확한지에 달려 있다. 국회제과의 예에서

두 방법에 의해 배부된 금액은 〈표 6.7〉과 같다.

표 6.7 직접배부법과 상호배부법의 배부원가차이

(단위 : 백만원)

배부법 \ 생산부서	제과부	제빵부	합 계
직접배부법	179	321	500
상호배부법	185.4	314.6	500
오 차 (비율)	−6.4 (−3.5%)	6.4 (2%)	0

〈표 6.7〉의 차이금액은 직접배부법이 상호배부법에 비해, 서비스원가를 각 생산부문에 얼마나 과소배부(음수) 또는 과대배부(양수)하는지를 보여준다. 이 예에서 각 생산부문이 6.4백만원의 오차를 보인다. 이 차이가 절대금액과 비율 면에서 중대한 오차인지는 판단의 문제이다. 이 오차는 지원부문간의 상호지원의 상대적 정도에 따라 정해진다. 이 예에서는 상호지원의 비중이 각각 5%, 10%인데, 이 비율이 작아지면 오차도 작아져서 어렵게 상호배부법을 사용할 필요가 없어진다.

직접배부법은 오차가 커서 싫고 상호배부법은 너무 복잡하여 싫다면, 상호배부법과 직접배부법의 절충안인 단계배부법을 사용할 수 있다. 단계배부법은 엑셀 등의 스프레드시트에서 사용가능하므로 편리하다.

지원부문 원가를 하나씩 단계적으로 배부하는 방법이 있다 - 단계배부법

국희제과에서 자재부와 시설관리부의 상호지원 중에서 한 방향만 원가계산에 고려하기로 한다. 어느 방향을 고려하고 어느 방향을 무시할 것인가? 이 예에서 시설관리부의 원가 400백만원이 자재부의 원가 100백만원보다 크고, 시설관리부에서 자재부에 제공한 서비스 비중이 10%로 자재부에서 시설관리부에 제공한 비중 5%보다 크다. 따라서 시설관리부에서 자재부로 제공한 서비스를 원가계산에 포함하는 것이 더 바람직하다. 이를 위해 시설관리부 원가를 자재부보다 먼저 배부한다. 그 다음 자재부는 시설관리부에서 배부받은 원가를 포함한 금액을 생산부문에만 배부한다. 이때 필요한 배부기준 자료와 배부결과를 정리하면 〈표 6.8〉 및 〈표 6.9〉와 같다.

표 6.8 단계배부법의 부문간 배부기준 자료 (단위 : 백만원)

사용부서 / 공급부서	자재부	시설관리부	제과부	제빵부	합 계
시설관리부	100 (10%)		300 (30%)	600 (60%)	1,000 (100%)
자재부			90 (47%)	100 (53%)	190 (100%)

표 6.9 단계배부법의 지원부문 원가배부결과 (단위 : 백만원)

사용부서 / 공급부서	자재부	시설관리부	제과부	제빵부	합 계
배부전 원가	100	400			**500**
시설관리부	40 (10%×400)	−**400**	120 (30%×400)	240 (60%×400)	
자재부	−**140**		65.8 (47%×140)	74.2 (53%×140)	
배부후 원가	0	0	**185.8**	**314.2**	**500**

단계배부법은 쓸모가 있는가?

이 예에서 단계배부법은 상호배부법과 상당히 비슷한 결과를 달성하였다. 〈표 6.10〉이 보이듯이 오차의 정도가 0.2% 이하이다. 오차가 작은 이유는 단계배부법에서 무시된, 자재부가 시설관리부에 제공한 서비스의 규모가 상대적으로 작기 때문이다.

표 6.10 단계배부법과 상호배부법의 배부원가차이 (단위 : 백만원)

배부법 \ 생산부서	제과부	제빵부	합 계
단계배부법	185.8	314.2	500
상호배부법	185.4	314.6	500
오 차 (비율)	0.4 (0.2%)	−0.4 (−0.1%)	0

지원부문간의 서비스 제공을 한 방향만 고려하는 단계배부법은 상호배부법보다는 적은 수의 자료를 요구한다. 만약 서비스 부문의 수가 10개라면 상호배부법은 90개의 지원부문간 배부기준 자료가 필요하나 단계배부법은 그 반수인 45개의 자료가 필요하다. 또한 배부가 단계적으로 이루어지므로 방정식을 사용할 필요가 없다. 직접배부법에 의한 오차는 너무 크고, 단계배부법의 오차가 크지 않다고 판단되면 계산과정이 상호배부법보다 간단한 단계배부법이 쓸모가 있다.

변동원가와 고정원가를 구분하여 배부할 수 있다 - 이중배부율

지원부문의 원가를 다른 부문에 배부할 때 변동원가와 고정원가를 서로 다른 기준으로 배부하는 것이 좀더 합리적이다. 지원부문의 변동원가 발생은 다른 부문의 서비스 사용량과 관련되나, 고정원가 발생은 사용량과 무관하기 때문이다, 지원부문의 고정원가는 서비스 제공능력의 크기와 관련된다. 이 제공능력은 서비스를 사용하는 부문들의 최대사용가능량을 고려하여 설정된다. 따라서 지원부문의 고정원가는 사용부문의 최대사용가능량을 기준으로 배부하는 것이 합리적이다. 이 관점에서 지원부문의 변동원가는 사용부문의 사용량을 기준으로, 고정원가는 최대사용가능량을 기준으로 배부하는 이중배부율을 사용할 수 있다.

이중배부율의 문제점은 사용부문의 최대사용가능량을 해당 부문만이 알고 있을 때, 그 부문이 최대사용가능량을 의도적으로 축소 보고하여 고정원가를 덜 배부받는 잘못된 행동이 일어날 수 있는 점이다. 이러한 축소보고는 지원부문의 서비스 수요를 과소하게 예측하게 하고 서비스 제공능력을 부족하게 준비하게 하여, 사용부문의 실제수요에 대해 충분한 서비스 제공을 할 수 없게 만드는 문제를 초래할 수 있다.

부문별 원가로부터 제품원가를 구한다

지원부문의 원가가 생산부문으로 배부되면 이제 제품별 원가를 계산할 수 있다. 제품의 직접재료원가와 직접노무원가는 생산부문에서 제품별로 집계된다. 이에 더하여, 생산부문 자체의 제조간접원가와 지원부문에서부터 배부된 제조간접원가를 합산한 생산부문별 총제조간접원가를 제품별로 배부한다.

생산부문별 제조간접원가를 제품별로 배부하기 위해서는 배부기준이 필요하다. 이 배부기준으로는 제품별 직접노무원가, 직접노무시간, 기계가동시간, 직접원가 합계, 생산량 등이 사용된다. 다른 배부기준이 사용되기 어려운 이유는, 생산부문별 제조간접원가에는 여러 가지 자체 제조간접원가 항목과 지원부문의 원가가 섞여 있어 달리 적절한 배부기준을 찾기가 어렵기 때문이다. 이러한 배부기준의 불합리함을 극복하고자 하는 새로운 방법이 최근에 개발된 활동기준원가계산(ABC, Activity-Based Costing)으로 이 기법은 다음 장에서 다루어진다.

제과부의 제품별 원가를 계산해 보자. 직접원가와 제조간접원가 배부기준 및 생산량 자료를 〈표 6.11〉처럼 수집하였다. 제조간접원가 배부액 185.8백만원은 단계배부법으로 구한 부문별 원가계산 결과이다.

중소기업의 제조간접원가 배부기준

우리나라의 중소기업에서 제조간접원가의 배부에 사용되는 기준은 다음과 같음을 한 실태조사가 보여준다.

배부 기준	직접 재료원가	직접 노무원가	직접 노무시간	기계 시간	제품 단위	둘 이상의 복수 기준	기 타	계
구성비율	17.9	13.0	15.8	3.8	31.5	16.8	1.2	100

(신준용 · 손무선, 회계저널, 1995년 12월)

표 6.11 제과부의 제품원가계산 자료

자료 \ 제품			땅콩샌드	딸기샌드	합 계
원 가 (백만원)	직접재료원가		300	100	400
	직접노무원가		60	30	90
	제조 간접원가	자체 금액			100
		배부액			185.8
제조간접원가 배부기준량 (기계시간 : 천시간)			70 (70%)	30 (30%)	100 (100%)
제품생산량(백만개)			20	5	25

이 자료를 이용하여 제품별 원가를 계산하면 〈표 6.12〉와 같다. 기계시간을 배부기준으로 이용하여 제조간접원가를 제품별로 배부한다. 제품단위당 원가는 총제조원가를 총생산량으로 나눈 값이다. 제빵부의 제품원가도 이와 비슷한 방법으로 구할 수 있다.

표 6.12 제과부의 제품원가계산 결과

자료 \ 제품		땅콩샌드	딸기샌드	합 계
원 가 (백만원)	직접재료원가	300	100	400
	직접노무원가	60	30	90
	제조간접원가	200.1 (70%)	85.7 (30%)	285.8 (100%)
	총제조원가	560.1	215.7	775.8
(÷)제품생산량(백만개)		20	5	25
제품단위당 원가(원/개)		28.01	43.14	

서비스업의 부문별 원가계산

제조업의 부문별 원가계산은 제조간접비의 원가계산과정이다. 서비스업은 제조원가가 없고 판매비와 관리비만이 있다. 판매비와 관리비는 재무보고용으로는 기간비용으로 원가배분이 필요 없으나, 관리목적상 서비스별 원가배분이 필요하다. 서비스업에서도 부문별 원가계산을 사용한다.

병원의 부문별 원가계산을 예로 들면 [그림 6.5]와 같다. 병원의 부서를 직접진료부서, 간접진료부서, 진료지원부서로 나눈다. 1단계 배부는 부서공통비를 각 부서에 배부한다. 2단계 배부는 진료지원부서의 원가를 간접진료부서와 직접진료부서에 배부한다. 3단계 배부는 간접진료부서의 원가를 직접진료부서로 배부한다(좀더 자세한 내용은 본장 [토론] 참조).

그림 6.5 종합병원의 부문별 원가계산

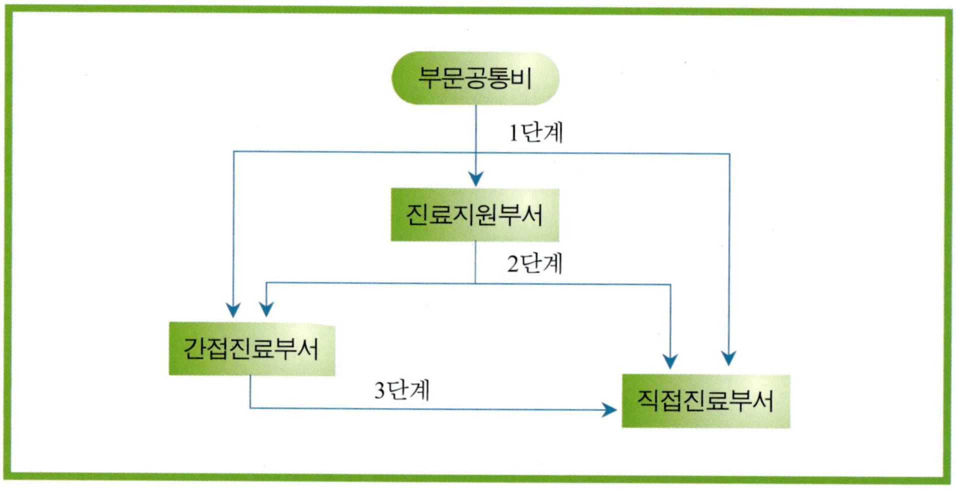

토 론

병원의 부문별 원가계산

• 원가의 요소

원가의 계산절차를 살펴보기에 앞서 원가의 요소를 알아보기로 하자. 병원의 원가는 각 과별로 인건비, 재료비, 경비의 세 가지 요소로 구분되어 집계된다.

· 인건비 : 인건비는 의료수익 창출활동을 위한 노동력 소비와 관련하여 발생되는 원가요소를 말한다. 즉, 진료와 관련되는 종사자에게 지급되는 모든 임금(본봉과 제 수당 및 상여금)을 포함하며 성격에 따라 통제가능 인건비와 통제불가능 인건비로 나누어진다. 인건비는 병원진료 원가 가운데 가장 많은 비중을 차지하는 비용이다.

· 재료비 : 재료비는 환자진료에 관련되어 사용되는 소모성 물품을 말하는데, 약품비, 위생재료비, 급식재료비, 혈액비, 침구 및 피복비의 5개 항목으로 구성되어 있다. 각각의 항목을 세분하면 다음과 같다.

① 약품비 : 내복약, 외용약, 주사약, 제제품, 마취약, 조영제, 시약, 비보험약품비
② 위생재료비 : 방사선료, 재활물리치료비, 수술비, 방사선치료비, 검사실 위생재료비, 부외자산, 비보험 위생재료비
③ 급식재료비 : 영양과에서 발생되는 주식 및 부식 재료비로 환자에게 제공되는 환자식과 보호자 및 직원들을 위한 일반식을 제공할 때 발생된다.
④ 혈액비 : 환자에게 혈액을 제공하기 위하여 외부에서 혈액을 구입하는 비용
⑤ 침구 및 피복비 : 직물창고에서 각 부서에 직물을 제공함으로써 발생되는 재료비로 환자에게 직접 제공되는 원단 및 진료용 직물과 사무용 직물로 구분되는데, 원단 및 진료용 직물은 재료비로 분류되고 사무용 직물은 경비로 분류된다.

· 경비 : 경비는 의료활동과 관련된 비용 중에서 인건비와 재료비를 제외한 모든 비용을 말한다. 경비는 부서별로 구분가능 항목과 구분불가능 항목으로 구분하는데, 세부항목은 다음과 같다.

① 부서별 구분가능 항목 : 복리후생비, 지급임차료, 수선비, 피복비, 헌혈사업비, 도서인쇄비, 의료보상금, 의료선교사업비, 소모품비, 일반경비(접대비, 회의비, 행사비, 경조비, 기밀비, 잡비)
② 부서별 구분불가능 항목 : 연료비, 보험료, 수수료, 교육훈련비, 감가상각비(건물, 장비), 이자비용, 전화료, 수도료, 전기료, 세탁비, 기타 경비(여비교통비, 통신비, 차량비, 세금과 공과금, 개발비, 광고선전비, 기부금, 잡손실)

이 중에서 부서별로 구분이 불가능한 비용들은 각 부서별로 배분기준을 이용하여 배분한다. 경비의 배분은 입원과 외래를 구분하여 가중치를 달리하는데, 입원은 외래에 비해 3배의 가중치를 부여하고 있다. 이와 같은 이유는 외래환자를 위한 병원시간이 8시간인 데 비해 입원환자는 24시간 가동되기 때문이다. 예를 들면 연료비와 교육훈련비의 배분방법은 다음과 같다.

$$\text{과 연료비} = \text{연료비} \times \frac{\text{과 외래면적} + \text{과 입원면적} \times 3}{\text{총 외래면적} + \text{총 입원면적} \times 3}$$

$$\text{과 교육훈련비} = \text{교육훈련비} \times \frac{\text{과 외래교직원} + \text{과 입원교직원} \times 3}{\text{총 외래교직원} + \text{총 입원교직원} \times 3}$$

〈표 1〉 경비항목의 종류 및 배분기준

경비항목	추적가능여부	고정비/변동비	배분기준
복리후생비	가능	고정비	
지급임차료	가능	고정비	
수선비	가능	고정비	
피복비	가능	고정비	
헌혈사업비	가능	고정비	
도서인쇄비	가능	고정비	
의료보상금	가능	고정비	
의료선교사업비	가능	고정비	
일반경비	가능	고정비	
소모품비	가능	변동비	
연료비	불가능	고정비	건물연면적
보험료	불가능	고정비	건물연면적
수수료	불가능	고정비	건물연면적
교육훈련비	불가능	고정비	교직원수
감가상각비-건물	불가능	고정비	건물연면적
감가상각비-장비	불가능	고정비	의료장비가액
지급이자	불가능	고정비	차관장비가액
기타경비	불가능	고정비	교직원수
전화료	불가능	변동비	전화회선수
수도료	불가능	변동비	건물연면적
전기료	불가능	변동비	건물연면적
세탁비	불가능	변동비	입원환자수

이와 같은 배분방식은 나머지 경비에도 대부분 동일하게 적용된다. 그러나 세탁비는 입원부문에서 주로 발생하기 때문에 입원환자수만을 기준으로 하여 배분한다.

$$\text{과 세탁비} = \text{세탁비} \times \frac{\text{과 입원환자수}}{\text{총 입원환자수}}$$

• 원가의 계산절차

원가계산은 직접진료부서, 검사실, 간접진료부서, 진료지원부서의 모든 부서별로 인건비, 재료비, 경비가 계산되어 원가중심점별 원가의 집계가 가능하다. 이 병원의 원가계산절차는 다음과 같다.

제1단계 : 원가중심점(직접진료부서, 간접진료부서, 진료지원부서)별 원가의 집계
제2단계 : 서비스부문(진료지원부서) 원가의 배분
제3단계 : 간접진료부서 원가의 배분
제4단계 : 직접진료부서별 원가계산

· 제1단계 : 원가중심별 원가의 집계

각 원가중심점(직접진료부서, 간접진료부서, 진료지원부서)에서 발생한 원가를 원가요소별로 계산한다. 원가요소인 인건비, 재료비, 경비의 계산은 앞에서 설명한 바와 같다.

· 제2단계(제1차 배분) : 서비스부문(진료지원부서) 원가의 배분

서비스부문인 진료지원부서의 원가를 직접진료부서와 간접진료부서에 배분한다. 진료지원부서의 원가를 진료부서에 배분하는 방법은 수익과 비용의 대응성의 원칙과 업무성격 등을 감안하여 배분기준을 설정한다. 진료지원부서 원가의 배분기준은 〈표 2〉와 같다.

〈표 2〉 진료지원부서 원가의 배분기준

진료지원부서	업무내용	배분기준
의무기록과	입원 및 외래 기록의 보관 및 관리	총환자수
서무과	각종 의식 및 행사지원 업무	총환자수
병원장실	임상 및 행정부서 지휘 및 관리	총환자수
기획관리실	기획 및 예산	총환자수
직물관리실	직물의 공급 및 세탁	입원환자수
원무1과	입·퇴원 관련 업무, 입원환자 진료비계산	입원환자수
원무2과	외래환자 관련 업무	외래환자수
원무3과	미수금 청구 및 회수	총환자수
보험심사과	진료비 심사 및 청구	총환자수
물품관리과	진료재료 및 의약품 구입	총환자수
의료장비과	의료장부 보수 및 유지 관리	총환자수
사회사업과	자원봉사대 및 안내센터 운영	총환자수
원목실	종교행사 주관 및 신앙 상담	총환자수
행정부서 I	의료원 기획, 예산, 홍보, 감사업무	총환자수
행정부서 II	인사, 경리, 구매, 관리, 시설 업무	총환자수

대부분의 진료지원부서의 원가가 총환자수에 의해 배분되는데, 총환자수에 의한 배분방법은 해당 부서의 원가를 입원원가와 외래원가로 구분한 다음, 외래원가는 외래환자수의 비율로 배분하고 입원원가는 입원환자수의 비율에 의해 배분한다. 예를

들면 의무기록과의 원가를 진료부서에 배분하는 방법을 설명하면 다음과 같다.

① 먼저 의무기록과의 원가를 입원환자와 외래환자수의 비례에 의해 입원원가와 외래원가로 구분한다.

$$\text{외래원가} = \text{의무기록과 원가} \times \frac{\text{과 외래환자수}}{\text{과 외래환자수} + \text{과 입원환자수} \times 3}$$

$$\text{입원원가} = \text{의무기록과 원가} \times \frac{\text{과 입원환자수} \times 3}{\text{과 외래환자수} + \text{과 입원환자수} \times 3}$$

② 의무기록과의 외래원가와 입원원가를 각 진료부서의 환자수에 따라 배분한다.

$$\text{의무기록과 외래원가} \times \frac{\text{과 외래환자수}}{\text{총 외래환자수}} + \left(\text{의무기록과 입원원가} \times \frac{\text{과 입원환자수}}{\text{총 입원환자수}}\right)$$

· 제3단계(제2차 배분) : 간접진료부서 원가의 배분

간접진료부서의 원가를 직접진료부서에 배분하는데, 배분기준은 〈표 3〉과 같으며 배분방법은 진료지원부서의 원가를 배분하는 방법과 마찬가지로 간접진료부서의 원가를 외래원가와 입원원가로 구분하여 배분기준을 각각 적용한다.

〈표 3〉 간접진료부서 원가의 배분기준

간접진료부서	배분기준
진단방사선과	방사선료 수익(입원+외래)
마취과	마취료 수익(입원+외래)
임상병리과	검사료 수익(입원+외래)
수술실	수술료 수익(입원+외래)
중환자실	환자수(입원+외래)
약제과	주사약대 수익(입원+외래)
영양과	식대 수익(입원+외래)
응급실	응급실 수익(입원+외래)
특수진료소	특수진료소 수익
병리학교실	병리조직검사 수익(입원+외래)
중앙연구실	중앙연구실 수익(입원+외래)
초음파연구실	초음파 수익(입원+외래)
교육수련부	인턴 인원수(입원+외래)
간호부	환자수(입원+외래)

· 제4단계 : 직접진료부서별 원가의 집계

위의 단계를 거쳐서 모든 원가는 직접진료부서까지 배분되어 직접진료부서별 원가가 집계된다. 직접진료부서는 최종 원가대상이 되며 직접진료부서에 소속되어 있는 검사실의 원가는 직접진료부서의 원가에 포함된다.

직접진료부서의 원가=직접진료부서의 직접원가(인건비, 재료비, 경비)
+서비스부문 원가의 배분+간접진료부서 원가의 배분

한편, 검사실의 원가는 별도로 직접원가와 배분받은 원가를 합하여 계산된다. 또한 서비스부문의 원가를 두 단계에 걸쳐 간접진료부서와 직접진료부서에 배분하는 이유는 간접진료부서의 원가를 별도로 집계하여 간접진료부서의 영업성적을 독립적으로 평가하기 위함이다.

(김지홍 · 이경태, 「회계저널」, 한국회계학회, 1997년 6월)

토론해 보자

제조업과 서비스업의 부문별 원가계산시스템의 공통점과 차이점을 논의해 보자.

요약정리

사업조직이 커지면 부문별 조직구조를 사용하게 된다. 인력과 예산이 부문별로 편성 집행되므로 원가계산도 부문별로 하는 것이 편리하다. 부문은 크게 제품이나 서비스를 생산하는 생산부문과 이를 지원하는 지원부문으로 나뉜다. 제품이나 서비스의 원가계산을 위해서 지원부문에서 발생한 원가를 생산부문으로 배부한 후 다시 최종 제품이나 서비스에 배부한다.

지원부문의 원가를 생산부문에 배부하는 방법에는 3가지가 있다. 가장 단순하게 지원부문 원가를 생산부문에 직접 배부하는 직접배부법이 있다. 직접배부법은 지원부문 사이의 상호지원을 완전히 무시하고 배부하는 방법이므로 가장 부정확하다. 가장 정확하게 지원부문 사이의 상호지원을 모두 반영하여 지원부문간에 원가를 상호배부하는 방법이 상호배부법이다. 상호배부법은 지원부문간의 원가배부를 동시적으로 계산해야 하므로 연립방정식을 사용해야 하는 불편함이 있다. 지원부문간의 상호지원을 한 방향만 고려하여 지원부문 원가를 단계적으로 배부하는 단계배부법은 계산 복잡성과 정확성이 직접배부법과 상호배부법의 중간 정도이다.

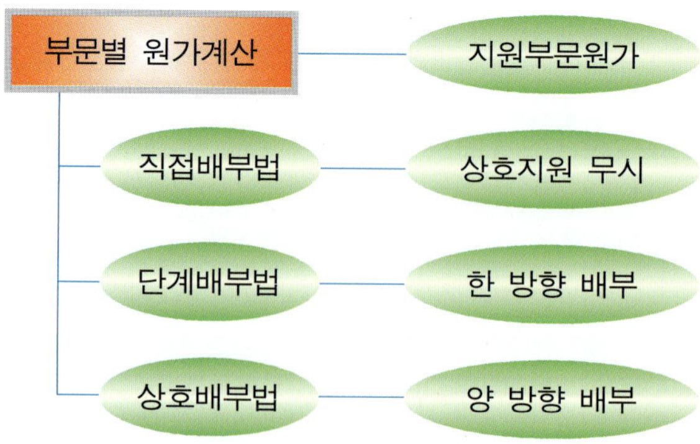

6 연습문제

객관식

01 보조부문원가 배부방법 (19. 보험계리사)

다음 중 보조부문원가의 배부에 대한 설명으로 옳은 것은?

① 보조부문원가는 제조부문에 배부하지 않고 기간비용으로 처리해야 한다.
② 단계배부법은 보조부문의 배부순서가 달라져도 배부금액에 차이가 나지 않는다.
③ 상호배부법은 보조부문 상호간의 용역수수관계가 중요하지 않을 때 적용하는 것이 타당하다.
④ 직접배부법은 보조부문 상호간의 용역수수관계를 고려하지 않는 방법이다.

02 보조부문원가 배부방법 (16. 세무사)

부문별 원가계산에 관한 설명으로 옳지 않은 것은?

① 단계배부법은 보조부문의 배부순서가 달라져도 배부금액은 차이가 나지 않는다.
② 단계배부법은 보조부문간의 서비스 제공을 한 방향만 고려하여 그 방향에 따라 보조부문의 원가를 단계적으로 배부한다.
③ 상호배부법은 보조부문간의 상호배부를 모든 방향으로 반영한다.
④ 단계배부법은 한 번 배부된 보조부문의 원가는 원래 배부한 보조부문에는 다시 배부하지 않고 다른 보조부문과 제조부문에 배부한다.
⑤ 직접배부법은 보조부문간에 주고받는 서비스 수수관계를 전부 무시한다.

03 보조부문원가 배부방법 (17. 재경관리사)

다음 중 원가배부에 관한 설명으로 가장 옳은 것은?

① 부문별 제조간접원가 배부율을 사용하는 경우에는 보조부문원가 배분방법에 의해 제조간접원가 배부율이 영향을 받지 않는다.
② 이중배부율법은 변동원가와 고정원가를 구분해서 변동원가는 최대사용가능량을 기준으로 배분하고 고정원가는 서비스의 실제사용량을 기준으로 배분한다.
③ 공장 전체 제조간접원가 배부율을 사용하는 경우에는 보조부문의 원가를 제조부문에 배분할 필요가 없다.
④ 단계배부법과 상호배부법에서는 배분순서와 관계없이 배분후의 결과는 일정하게 계산된다.

04 직접배부법 (22. 주택관리사)

(주)한국은 두 개의 보조부문(S_1, S_2)과 두 개의 제조부문(P_1, P_2)으로 제품을 생산하고 있다. 각 부문원가와 용역수수관계는 다음과 같다.

구 분	보조부문		제조부문		계
	S_1	S_2	P_1	P_2	
부문원가	?	₩140,000	–	–	
S_1	–	40%	20%	40%	100%
S_2	30%	–	40%	30%	100%

직접배부법으로 보조부문원가를 배부한 결과, P_1에 배부된 보조부문의 원가 합계액이 ₩120,000인 경우, S_1에 집계된 부문원가는?

① ₩100,000 ② ₩110,000 ③ ₩120,000
④ ₩130,000 ⑤ ₩140,000

05 직접배부법 (19. 관세사)

(주)관세는 제조부문(절단, 조립)과 보조부문(수선, 동력)을 이용하여 제품을 생산하고 있다. 수선부문과 동력부문의 부문원가는 각각 ₩250,000과 ₩170,000이며 수선부문은 기계시간, 동력부문은 전력소비량(kWh)에 비례하여 원가를 배부한다. 각 부문간의 용역수수 관계는 다음과 같다.

제공부문 \ 사용부문	제조부문		보조부문	
	절 단	조 립	수 선	동 력
수 선	60시간	20시간	8시간	12시간
동 력	350kWh	450kWh	140kWh	60kWh

(주)관세가 보조부문원가를 직접배부법으로 제조부문에 배부할 경우, 절단부문에 배부될 보조부문원가는? (단, 보조부문의 자가소비분은 무시한다)

① ₩189,500 ② ₩209,500 ③ ₩226,341
④ ₩236,875 ⑤ ₩261,875

06 단계배부법 (16. 서울시 9급)

(주)서울은 두 개의 보조부문 동력부(S_1), 수선부(S_2)와 두 개의 제조부문 절단부(P_1), 조립부(P_2)를 운영하고 있다. 2016년중 부문 상호간의 용역수수관계와 부문별로 집계된 원가는 다음과 같다. (주)서울은 단계배부법에 의하여 보조부문원가를 배분하고 있다. 동력부(S_1)의 원가부터 배분할 경우 절단부(P_1)의 배분 후 원가는 얼마인가?

제공 \ 사용	보조부문		제조부문		계
	동력부(S_1)	수선부(S_2)	절단부(P_1)	조립부(P_2)	
동력부(S_1)	–	50%	20%	30%	100%
수선부(S_2)	20%	–	40%	40%	100%
부문별 원가	₩100,000	₩50,000	₩200,000	₩250,000	₩600,000

① ₩265,000　② ₩270,000
③ ₩275,000　④ ₩280,000

07 **단계배부법** (14. 지방직 9급)

보조부문인 수선부와 전력부에서 발생한 원가는 각각 ₩20,000과 ₩12,000이며, 수선부 원가에 이어 전력부 원가를 배부하는 단계배부법으로 제조부문인 A공정과 B공정에 배부한다. 보조부문이 제공한 용역이 다음과 같을 때, 보조부문의 원가 ₩32,000 중에서 A공정에 배부되는 금액은?

사용제공	수선부	전력부	A공정	B공정	합 계
수선부	–	4,000	4,000	2,000	10,000시간
전력부	8,000	–	4,000	4,000	16,000kWh

① ₩13,000　② ₩14,000
③ ₩16,000　④ ₩18,000

08 **단계배부법** (03. 세무사)

부문별 개별원가계산을 채택하고 있는 대한조선의 다음 원가계산자료를 이용하여 화물선에 배부될 제조간접비를 구하시오.

(1) 제조간접비에 대한 부문비 내역

구 분	제조부문		보조부문		
	제1공장	제2공장	수선부	동력부	생산관리부
금 액	₩3,800,000	₩3,200,000	₩1,100,000	₩900,000	₩2,000,000

(2) 보조부문비의 배부는 단계(계단식)배부법을 사용하며, 보조부문 상호간의 배부순서는 생산관리, 동력, 수선 부문의 순으로 하여 다음의 배부기준에 의한다.

구 분	제1공장	제2공장	수선부	동력부
생산관리부	40%	40%	15%	5%
동력부	50%	40%	10%	–
수선부	60%	40%	–	

(3) 제품별 제조간접비 배부를 위한 공장별 작업시간집계표

구 분	화물선	유조선	군 함	합 계
제1공장	800시간	500시간	700시간	2,000시간
제2공장	400시간	300시간	300시간	1,000시간

① ₩4,400,000 ② ₩4,595,000 ③ ₩4,658,000
④ ₩4,686,000 ⑤ ₩4,690,000

09 단계배부법 (17. 주택관리사)

(주)한국은 보조부문 A와 B, 제조부문 X와 Y를 가지고 있다. 단계배부법을 적용할 때 제조부문 X에 집계된 부문원가 총액은? (단, 보조부문 B부터 배부한다)

• 부문원가 및 배부기준

구 분	보조부문		제조부문		합 계
	A	B	X	Y	
부문개별원가	₩12,000	₩26,000	₩30,000	₩40,000	₩108,000
부문공통원가					40,000
부문공통원가 배부기준	200kWh	100kWh	300kWh	400kWh	1,000kWh

• 각 부문간 용역수수관계

제공처 \ 사용처	보조부문		제조부문	
	A	B	X	Y
A	–	20%	60%	20%
B	30%	–	40%	30%

① ₩71,400 ② ₩73,670 ③ ₩75,750
④ ₩76,400 ⑤ ₩77,600

10 단계배부법 (13. 세무사)

(주)세무는 제조부문(P_1, P_2)과 보조부문(S_1, S_2)을 이용하여 제품을 생산하고 있으며, 단계배부법을 사용하여 보조부문원가를 제조부문에 배부한다. 각 부문간의 용역수수관계와 부문원가가 다음과 같을 때 P_2에 배부될 보조부문원가는? (단, 보조부문원가는 S_2, S_1의 순으로 배부한다)

구 분	제조부문		보조부문		합 계
	P_1	P_2	S_1	S_2	
부문원가	–	–	₩100,000	₩120,000	
S_1	24시간	40시간	20시간	16시간	100시간
S_2	400kWh	200kWh	200kWh	200kWh	1,000kWh

① ₩92,500 ② ₩95,000 ③ ₩111,250
④ ₩120,500 ⑤ ₩122,250

11 **단계배부법** (12. 공인회계사)

(주)갑은 현재 보조부문의 원가를 생산부문의 부문직접원가를 기준으로 배부하고 있다. 생산부문과 보조부문의 관련자료는 아래와 같다.

구 분	생산부문		보조부문	
	A	B	C	D
부문직접원가	500만원	400만원	300만원	600만원
서비스 제공비율				
보조부문 C	40%	50%	–	10%
보조부문 D	30%	60%	10%	–

(주)갑은 보조부문 C의 원가를 우선 배부하는 단계배부법으로 보조부문의 원가배부방법을 변경하고자 한다. 이 변경이 생산부문 A에 배부되는 보조부문원가에 미치는 영향은?

① 90만원 감소 ② 120만원 증가 ③ 150만원 증가
④ 170만원 감소 ⑤ 190만원 증가

12 **단계배부법** (13. 공인회계사)

(주)동산의 원가계산을 담당하고 있는 김 과장은 다른 보조부문에 대한 용역제공비율 순서로 보조부문의 원가를 배분하고 있다. 그런데 김 과장이 단계배부법에 의해 보조부문의 원가를 배부하는 중 실수로 다른 보조부문으로부터 배부받은 원가를 누락하고 다음과 같이 보조부문의 원가를 배부하였다.

제공부서	제조부문		보조부문		
	M_1	M_2	A_1	A_2	A_3
배부전 원가	₩17,500	₩25,000	₩7,500	₩10,000	₩5,000
A_3	1,500	1,000	1,500	1,000	
A_2	3,750	3,750	2,500		
A_1	3,750	3,750			
배부후 원가	26,500	33,500			

다음 중 아래의 질문 (가)와 (나)의 답안이 바르게 짝지어진 것은?

(가) 김 과장의 실수로 인해 제조부문에 배부되지 못한 보조부문의 원가는 얼마인가?
(나) 김 과장의 실수를 바로잡았을 때 제조부문 M_1과 M_2의 배부후 원가는 얼마인가?

	(가)	(나)	
		M_1	M_2
①	₩5,000	₩26,500	₩33,500
②	5,000	29,000	36,000
③	5,000	29,500	35,500
④	5,250	28,000	37,000
⑤	5,250	30,000	35,000

13 상호배부법 (22. 감정평가사)

(주)감평은 두 개의 제조부문 X, Y와 두 개의 보조부문 S_1, S_2를 운영하고 있으며, 배부 전 부문발생원가는 다음과 같다.

부 문		부문발생원가
보조부문	S_1	₩90
	S_2	180
제조부문	X	158
	Y	252

보조부문 S_1은 보조부문 S_2에 0.5, 제조부문 X에 0.3, 보조부문 S_2는 보조부문 S_1에 0.2의 용역을 제공하고 있다. 보조부문의 원가를 상호배부법에 의해 제조부문에 배부한 후 제조부문 X의 원가가 ₩275인 경우, 보조부문 S_2가 제조부문 X에 제공한 용역제공비율은?

① 0.2 ② 0.3 ③ 0.4
④ 0.5 ⑤ 0.6

14 상호배부법 (13. 감정평가사)

(주)감평은 두 개의 보조부문(수선부문과 동력부문)과 두 개의 제조부문(조립부문과 포장부문)으로 구성되어 있다. 수선부문에 집계된 부문원가는 노무시간을 기준으로 배부하며, 동력부문에 집계된 부문원가는 기계시간을 기준으로 배부한다. 보조부문원가를 제조부문에 배부하기 이전, 각 부문에 집계된 원가와 배부기준 내역은 다음과 같다.

구 분	보조부문		제조부문	
	수선부문	동력부문	조립부문	포장부문
노무시간	2,000시간	2,400시간	3,200시간	2,400시간
기계시간	5,000시간	5,000시간	10,000시간	10,000시간
부문원가	₩40,000	₩35,000	₩150,000	₩100,000

상호배부법을 사용하여 보조부문의 원가를 제조부문에 배부하면, 조립부문에 집계된 부문원가 합계액은? (단, 보조부문 용역의 자가소비분은 무시한다)

① ₩135,000　② ₩185,000　③ ₩190,000
④ ₩195,000　⑤ ₩200,000

15 상호배부법 (18. 감정평가사)

(주)감평은 수선부문과 동력부문의 두 개의 보조부문과 도색부문과 조립부문의 두 개의 제조부문으로 구성되어 있다. (주)감평은 상호배부법을 사용하여 보조부문의 원가를 제조부문에 배부한다. 20×1년도 보조부문의 용역제공은 다음과 같다.

제공부문	보조부문		제조부문	
	수 선	동 력	도 색	조 립
수 선	–	400시간	1,000시간	600시간
동 력	2,000kWh	–	4,000kWh	4,000kWh

20×1년도 보조부문인 수선부문과 동력부문으로부터 도색부문에 배부된 금액은 ₩100,000이고, 조립부문에 배부된 금액은 ₩80,000이었다. 동력부문의 배부전 원가는?

① ₩75,000　② ₩80,000　③ ₩100,000
④ ₩105,000　⑤ ₩125,000

16 상호배부법 (14. 세무사)

(주)세무는 두 개의 제조부문인 P_1, P_2와 두 개의 보조부문인 S_1, S_2를 운영하여 제품을 생산하고 있다. S_1은 기계시간, S_2는 전력소비량(kWh)에 비례하여 보조부문원가를 제조부문에 배부한다. (주)세무의 각 부문에서 20×1년 4월중 발생할 것으로 예상되는 원가 및 용역수수관계는 다음과 같다.

	보조부문		제조부문		합 계
	S_1	S_2	P_1	P_2	
부문원가	₩10,800	₩6,000	₩23,000	₩40,200	₩80,000
부문별 예상 기계시간 사용량	20시간	20시간	30시간	50시간	120시간
부문별 예상 전력소비량	160kWh	100kWh	320kWh	320kWh	900kWh

(주)세무는 상호배부법을 이용하여 보조부문원가를 제조부문에 배부한다. 이 경우 20×1년 4월말 제조부문 P_2에 집계될 부문원가의 합계액은 얼마인가?

① ₩32,190　② ₩33,450　③ ₩35,250
④ ₩49,450　⑤ ₩49,850

17 상호배부법 (17. 세무사)

(주)세무는 가공부문(도색 및 조립)과 보조부문(수선 및 동력)으로 구성된다. 다음의 서비스 공급량 자료를 이용하여 상호배부법으로 보조부문의 원가를 가공부문에 배부한다.

	보조부문		가공부문	
	수 선	동 력	도 색	조 립
수 선		75시간	45시간	30시간
동 력	200kW		100kW	200kW

수선부문과 동력부문에 각각 집계된 원가는 ₩300,000과 ₩200,000이다. 가공부문에 배부된 원가는 도색횟수와 조립시간에 비례하여 각각 제품 A와 제품 B에 전액 배부된다. 제품 A와 제품 B에 사용된 도색횟수와 조립시간이 다음과 같을 때, 제품 B에 배부되는 보조부문의 총원가는?

	제품 A	제품 B
도색횟수	10회	13회
조립시간	200시간	100시간

① ₩210,000 ② ₩220,000 ③ ₩240,000
④ ₩250,000 ⑤ ₩280,000

18 상호배부법 (18. 세무사)

(주)세무는 세 개의 제조부문(P_1, P_2, P_3)과 두 개의 보조부문(S_1, S_2)을 운영하고 있으며, 보조부문원가를 상호배부법에 의해 제조부문에 배분하고 있다. 각 부문의 용역수수관계는 다음과 같다.

사용부문 / 제공부문	제조부문			보조부문	
	P_1	P_2	P_3	S_1	S_2
S_1	40%	20%	20%	–	20%
S_2	30%	30%	30%	10%	–

두 개의 보조부문(S_1, S_2)으로부터 제조부문 P_1, P_2, P_3에 배분된 금액이 각각 ₩150,000, ₩120,000, ₩120,000일 경우, 보조부문원가를 배분하기 이전의 각 보조부문 S_1과 S_2에 집계된 원가는?

	S_1	S_2
①	₩100,000	₩290,000
②	₩120,000	₩270,000
③	150,000	300,000
④	270,000	120,000
⑤	300,000	150,000

19 직접배부법 – 이중배부율법 (17. 국가직 9급)

(주)한국은 보조부문인 동력부와 제조부문인 절단부, 조립부가 있다. 동력부는 절단부와 조립부에 전력을 공급하고 있으며, 각 제조부문의 월간 전력 최대사용가능량과 3월의 전력 실제사용량은 다음과 같다.

구 분	절단부	조립부	합 계
최대사용가능량	500kW	500kW	1,000kW
실제사용량	300kW	200kW	500kW

한편, 3월중 각 부문에서 발생한 제조간접원가는 다음과 같다.

구 분	동력부	절단부	조립부	합 계
변동원가	₩50,000	₩80,000	₩70,000	₩200,000
고정원가	100,000	150,000	50,000	300,000
합 계	₩150,000	₩230,000	₩120,000	₩500,000

이중배부율법을 적용할 경우 절단부와 조립부에 배부될 동력부의 원가는?

	절단부	조립부
①	₩75,000	₩75,000
②	80,000	70,000
③	90,000	60,000
④	100,000	50,000

20 직접배부법 – 이중배부율법 (19. 국가직 9급)

(주)한국은 제조부문인 조립부문과 도장부문이 있으며, 보조부문으로 전력부문이 있다. 20×1년 3월중에 부문별로 발생한 제조간접원가와 제조부문이 사용한 전력의 실제사용량과 최대사용가능량은 다음과 같다. 한편, 전력부문에서 발생한 제조간접원가 ₩325,000은 변동원가가 ₩100,000이고, 고정원가는 ₩225,000이다.

구 분	전력부문	조립부문	도장부문	합 계
제조간접원가	₩325,000	₩250,000	₩400,000	₩975,000
실제사용량		300kW	700kW	1,000kW
최대사용가능량		500kW	1,000kW	1,500kW

(주)한국이 이중배부율법을 적용하여 보조부문원가를 제조부문에 배부할 때, 조립부문에 배분되는 전력부문의 원가는?

① ₩97,500
② ₩105,000
③ ₩108,330
④ ₩120,000

주관식

21 각 방법의 비교

첨단금속(주)는 지원부문인 구매부와 시설관리부의 원가를 배부할 때 구매원가와 시설취득가를 사용하기로 결정하였다. 이에 대한 부서별 자료와 부서별 원가자료는 다음과 같다.

(단위 : 억원)

사용부서 / 공급부서	배부기준량					발생원가
	구매부	시설관리부	절삭부	조립부	합 계	
구매부		6	15	9	30	6
시설관리부	50		200	250	500	5

[요구사항]

1. 직접배부법으로 지원부문 원가를 절삭부와 조립부에 배부하시오.
2. 단계배부법으로 지원부문 원가를 절삭부와 조립부에 배부하시오. 구매부 원가를 시설관리부보다 먼저 배부하시오.
3. 상호배부법으로 지원부문 원가를 절삭부와 조립부에 배부하시오.

7 활동기준원가계산

활동별로 원가를 집계하면 정확하다

기업의 자동화 · 전산화로 제조간접원가 비중이 점점 커지면서, 기존의 방식대로 제조간접원가를 제품에 배분하면 무시 못할 크기의 원가계산 왜곡을 초래할 것이 염려되었다. 이에 대한 대응으로 등장한 활동기준원가계산이 점점 널리 퍼지고 있다. 이 장은 다음의 내용을 다룬다.

- 환경변화에 따른 활동기준원가계산의 필요성
- 활동기준원가계산의 절차
- 활동원가의 계층구조
- 기존 원가계산방식의 한계
- 기존 원가계산방식과 활동기준원가계산의 비교
- 활동기준원가관리와 부가가치활동

활동기준원가계산

- ABC(Activity Based Costing)
- 기업이나 단체의 원가를 활동별로 계산하여 제품원가계산이나 의사결정에 사용하는 원가계산방법

활동	활동의 정의	조직의 운영에 필요한 세부적인 업무 프로세스
	활동수행주체	소속직원이나 설비 등에 의해 수행
	활동분류의 필요성	부문조직구조보다 세분화되거나 여러 부문에서 동일한 활동이 수행되므로 필요함

7

- 생산자동화, 제품다양화, 경쟁심화가 활동기준원가계산을 필요로 한다
- 원가를 활동별로 집계한다
- 원가동인을 사용하여 활동원가를 배부한다
- 활동원가로 제품별 원가를 구한다
- 활동기준원가계산과 부문별 원가계산은 두 가지 점에서 다르다
- 생산량에 비례하지 않는 활동원가가 있다 - 활동원가의 계층구조
- 판매관리비에도 활동기준원가계산을 적용한다
- 서비스업에도 활동기준원가계산이 적용된다
- 비부가가치 활동을 줄여 원가를 절감한다
- 활동기준원가계산은 도입할 가치가 있는가?
- 활동기준원가계산을 성공적으로 도입하려면 무엇을 해야 하는가?
- 활동기준원가계산은 완벽하지 않다
- 활동기준원가계산은 운영이 어려울 수 있다
- 시간동인 활동기준원가계산이 대안이다
- 시간동인 활동기준원가계산은 처리능력 원가율과 사용량을 이용한다

자동차산업의 활동기준원가계산

■ 기업의 개요

S기업은 승용차를 생산하기 위하여 1994년 4월 26일 일본 닛산자동차와 기술도입을 체결한 후, 1995년 3월 28일 법인을 설립하였으며, 1995년 4월 28일 공장을 착공하였다.

총 50만평 부지에 1단계로 중형차 생산 위주의 240,000대/년(현재 185,000대/년) 생산규모의 8개 공장(조립, 도장, 프레스, 차체, 부품, 알루미늄주조, 엔진, 트랜스액슬)으로 구성되어 있으며, 이 중 220개의 로봇을 이용해 자동화율이 95%에 달하는 차체공장과 국내 최초로 컴퓨터제어에 의해 소형에서 대형까지 8개 자동차 모델을 동시에 생산이 가능한 설비를 갖추고, 1998년 1월 3일 생산을 시작하여, 1998년 4월 1일부터 판매를 개시하였으며, 2단계로 중형 및 소형 생산공장 건설을 추진중에 있으며, 총투자액은 3조 8천억원이다.

S기업의 조직은 서울본사・영업본부, 부산공장, 수원연구소의 4개 부문으로 크게 나뉘어 있다. 본 연구의 대상이 되는 부산공장은 2본부(제조본부・자재본부) 1실(생산지원실) 30개의 부・팀으로 조직되어 있다. 부산공장의 총인원수는 1,600명으로 생산직 960명, 관리 및 생산지원직 640명으로 구성되어 있다.

■ S기업의 제조공정

S기업의 제조공정은 자동차의 첫 번째 공정인 프레스공장에서 철판을 필요한 모양으로 자르는 공정과 프레스기계로 압력을 가하여 평평한 자동차용 강판을 자동차 각 부분에 맞는 모양으로 만든 후, 차체공장으로 이동되며 차체공장에서는 여러 프레스 부품을 한데 모아 로봇으로 차체의 바닥과 옆부분을 용접・조립한 다음 지붕을 연결하고, 앞뒤문짝을 달아 도장공장으로 이동된다.

도장공장은 자동차의 철판이 쉽게 녹이 슬거나 돌이 튀어 바닥면이 상하게 되는 경우를 대비해 차체보호를 위한 특수처리도 하며, 전처리(세척공장)→전착(녹방지도장)→실링(틈새녹방지처리)→언더코팅(바닥면코팅)→중도(중간도장)→상도(마무리 도장)의 공정을 통해 좋은 품질을 오랫동안 유지하기 위한 자동차에 색깔을 입히고 조립공장으로 이동된다.

조립공장은 도장공장을 거쳐 컨베이어로 들어온 차체에 라인을 지나면서 2만여개의 각종 부품을 조립하여 자동차를 완성하는 공정이다. 다음으로는 완성차의 외관 및 사양을 검사하는 공정을 거쳐 법규 및 기능, 성능검사를 하는 완성차 검사공정후 차량을 출고한다.

이러한 공정으로 자동차가 만들어지며 제품마다 고객별로 옵션이 부과되기 때문에 복잡하고 다양한 제품이 생산되고 있다.

■ ABC의 도입배경

S기업은 전통적인 생산방법 대신에 공장자동화 등으로 유연생산시스템, 적시생산, 컴퓨터 통합생산과 같은 생산시스템을 도입하였으므로 설비자산에 상당히 큰 금액을 투자하였다. 따라서 대규모 설비투자가 이루어짐에 따라 제조원가 중에서 직접노무비의 비중이 감소하고 제조간접비의 비중이 증가하므로 전통적 원가계산의 대안으로 ABC를 도입하게 되었다.

ABC를 도입하고자 프로젝트팀을 구성하였는데 내부에서는 팀장을 포함한 8명, 외부에서는 공인회계사, 전문가 등 12명으로 총 20명으로 구성되었다. 그리고 도입과 관련된 기간은 약 6개월이 소요되었으며, S기업의 구성원들은 ABC도입에 대하여 긍정적으로 이해하고 매우 협조적이었다.

S기업의 원가관리시스템은 원가를 단순배부기준에 따라 임의배부하는 방식이기 때문에 원가정보의 정확성 및 전략적 활용에 한계가 있으며, 경영성과와 효율측정에도 여러 가지 문제점이 노출되어 왔다. 특히 제반 혁신활동 수행에 따른 효과가 원가에 반영되지 못하여 정보이용자의 불만을 초래하였다.

이러한 S기업의 원가시스템은 다음과 같은 문제점을 가지고 있었다.

① 직접비는 인과관계가 있는 기준을 사용하여 원가계산을 하나, 간접비는 직접비의 배부기준인 표준공수 또는 생산량, 인원 등을 사용함으로써 기종원가가 왜곡되며, 이러한 부정확한 원가정보로 인하여 경영의사결정에 혼선을 초래하였다.

② 제조직접비의 경우 생산과 단위로 원가를 집계하여 표준공수로 기종원가를 산정하므로 생산라인의 효율이나 성과를 반영하지 못하였다.

③ 조직단위별, 계정과목별 원가집계 및 관리로 인하여 원가발생 원인에 따른 원가의 추적관리가 되지 못하며 원가절감에 대한 동기부여나 간접부서의 성과측정이 미흡하였다.

④ 모든 원가계산단위가 기종별 원가로 단일화되어 있고, 본사 중심의 결산체제로 인하여 각 현업부문별로 전략적인 의사결정을 위한 원가정보 제공에 한계가 있었다.

⑤ 원가계산시 하위관련 시스템과 연계체제 미비로 수작업에 의하여 기초 자료를 수집하는 경우가 많으며, 이로 인하여 시스템의 효율저하, 조직 및 환경변화에 대해 유연성이 부족하였다.

⑥ 조직 및 원가계산기준의 빈번한 변경 및 원가의 정책적 배부로 인하여 원가정보의 비교가능성 및 추이분석, 사업성 판단 등 의사결정에 활용하기에 어려움이 있었다.

(조군재 · 김진영, S기업의 활동기준원가계산 도입에 관한 사례분석,
대한경영학회지, 2001.9 발췌)

생산자동화, 제품다양화, 경쟁심화가 활동기준원가계산을 필요로 한다

기업의 생산시설이 점점 자동화, 전산화되어 많은 비싼 설비가 사용된다. 이는 큰 액수의 설비 감가상각비와 수선유지비를 발생시킨다. 또한 제품의 다양성과 품질에 대한 소비자들의 높은 요구는 다양한 제품 디자인과 설계, 엄격한 품질관리를 요구하여, 이와 관련된 높은 제조간접원가를 발생시킨다. 제품종류수의 증가와 제품의 다양화는, 이러한 변화를 반영하지 못하는 기존의 단순한 제조간접원가 배부방식에 의한 원가계산을 점점 비현실적으로 만든다. 총제조원가 중 제조간접원가의 비중 증가는 제조간접원가 계산오차가 제품원가에 미치는 영향을 무시할 수 없는 정도로 만들었다. 더욱이 국내와 국외로부터의 기업간 경쟁은 제품의 이윤 폭을 점점 줄여서, 작은 원가 차이도 중요하게 여기게 되었다.

이렇게 최근에 제조간접원가계산에 대한 중요성과 정확한 원가계산의 혜택이 커지는 반면 원가계산시스템의 도입 및 운영원가는 작아졌다. 전산설비와 소프트웨어의 가격이 급격히 하락하여, 과거에는 거의 불가능하거나 비경제적이었던 상당히 복잡한 원가계산이 이제는 저렴한 원가로 가능하게 되었다. 과거에 비해 좀더 정확한 제조간접원가계산의 요구와 가능성이 활동기준원가계산이 등장하게 된 배경이다.

미국에서 약 40년 전에 시작된 활동기준원가계산이 국내에 처음 도입된 것은 1993년 아남산업 사례이다.[1] 그 이후 활동기준원가계산은 대기업을 중심

활동기준 원가관리

아남산업은 지난해까지 ABC(Activity Based Costing)기법을 활용한 제품원가 산출작업을 마치고 올해부터 ABM(Activity Based Management)으로 확대해 나가기로 했다. 이 회사가 ABC개념을 처음 접한 것은 지난 1990년 9월. 미국현지법인인 암코사 기획담당매니저였던 로버트 필립스키(현 부사장)가 아남산업의 제품원가 계산방식에 문제가 있다며 ABC기법을 통해 원가를 새롭게 산출하는 것이 어떠냐는 제안을 해왔다. 실제로는 적자판매이나 원가계산 잘못으로 흑자판매로 둔갑하거나 그 반대의 경우가 많아 고객선정에 문제가 있다는 지적이었다.

아남산업은 고객의 주문에 따라 제품을 생산하고 판매하는 반도체업체이다. 이 회사는 제품수량과 단가가 매번 다른 고객의 주문에 대해 각각의 제품원가를 정확히 계산해야 이윤이 많이 남는 쪽으로 판매를 늘릴 수 있었다. 정확한 제품원가 산정이 이윤확대로 직결되는 상황이었다.

(한국경제, 1994.3.29)

---

1) 아남산업 사례의 자세한 내용은 이주원, '활동기준원가회계의 국내도입사례에 관한 연구'(이화여자대학교 대학원, 1992)에 있다.

으로 빠르게 확산되어 왔다. 국내의 컨설팅업체와 회계법인들이 활동기준원가계산의 구축을 활발히 자문하고 있다.

원가를 활동별로 집계한다

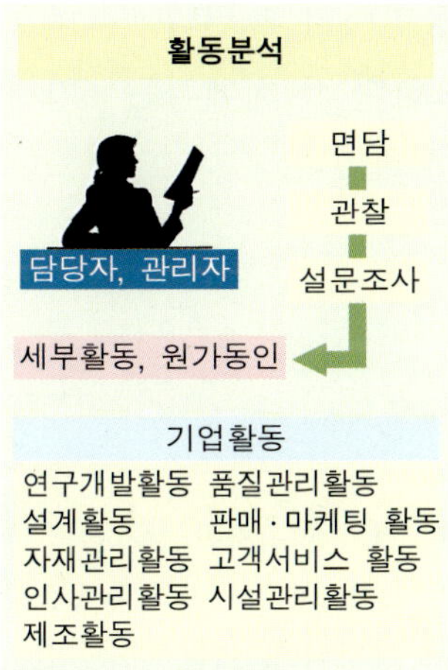

활동기준원가계산(ABC, Activity Based Costing)은 말 그대로 활동별 원가계산이다. 기업이나 단체의 원가를 활동별로 계산하여 제품원가계산이나 의사결정에 사용한다. 그러면 활동은 무엇인가? 활동(Activity)은 기업이나 단체에서 그 조직의 운영에 필요한 세부적인 업무 프로세스이다. 이 활동은 소속 직원이나 설비에 의해 수행된다. 제품이 고객에게 제공되기 위해 기업내 활동이 요구되고 이 활동이 사용하는 자원이 제품의 원가라는 것이 활동기준원가계산의 시각이다.

어느 기업이나 크게 보면 생산활동, 판매활동, 관리활동이 있다. 이를 연구개발활동, 설계활동, 자재관리(구매 및 보관)활동, 인사관리(채용 및 교육훈련)활동, 제조활동, 품질관리활동, 판매 및 마케팅 활동, 고객서비스 활동, 시설관리활동 등으로 좀더 세분화할 수도 있다. 비영리단체에도 거의 유사한 활동이 존재한다. 정부나 지방자치단체도 인원과 자재를 조달하여 고객이 원하는 서비스를 공급하고 홍보와 시설관리도 한다.

활동기준원가계산
기업이나 단체의 원가를 활동별로 계산하여 제품원가계산이나 의사결정에 사용하는 원가계산방법

기업이나 단체의 활동분류가 부문조직구조와 유사할 수 있다. 그러나 활동은 부문구조보다 더 세분화되거나 여러 부문에서 동일한 활동이 수행되기도 한다. 예를 들어 시설관리부문에서 시설유지보수활동과 보안경비활동을 분류하여 원가를 집계하는 것이 편리할 수 있다. 또한, 품질관리활동은 여러 부서에서 공통적으로 나타날 수 있다. 활동기준원가계산을 위해 조직내의 세부활동을 파악하는 것이 필요하다. 이를 위해 해당 활동의 담당자나 관리자와의 면담, 관찰, 설문조사 등 여러 가지 방법으로 활동분석(Activity Analysis)을 한다.

활동분석
해당 활동의 담당자나 관리자와의 면담, 관찰, 설문조사 등 여러 가지 방법으로 조직내의 세부활동과 그에 대한 원가동인을 파악하는 것

국희제과는 생산지원활동을 조사하여 제품연구개발, 재료구매, 운송, 품질관리, 시설유지보수, 보안경비의 6가지 활동으로 세분화하였다. 이에 따라 이 기업의 모든 제조간접원가를 이 6가지 활동별로 집계한다.

원가동인을 사용하여 활동원가를 배부한다

원가동인의 선택 · 결정
- 활동분석시 같이 결정
- 담당자의 경험 · 직관적 판단 사용
- 과거자료 통계분석 가능

제조간접원가를 활동별로 집계한 후 활동원가를 제품에 배부한다. 이를 위해 배부기준이 필요하다. 활동별로 사용되는 배부기준을 원가동인(原價動因, Cost Driver)이라 부른다. 원가동인은 활동원가를 발생시킨 활동의 수준을 측정하는 계량지표이다. 이 계량지표는 사실상 활동원가의 배부기준으로 사용되지만, 원가발생을 초래하는 원가발생요인이라는 의미로 원가동인이라 불린다.

활동의 분류에 못지않게 원가동인의 선택이 중요하다. 국회제과는 6가지 생산지원활동에 대해 〈표 7.1〉과 같이 원가동인을 결정하였다.

자동차산업의 활동과 원가동인

본장 서두에서 소개한 자동차를 생산하는 S기업의 경우, 활동의 종류와 그 원가동인은 다음과 같다.

설비유지활동이란 생산설비와 관련해서 발생한다. 설비유지활동은 공장 및 인력의 관리 및 재무와 같이 관리적인 성격으로 공장에서 제품을 생산할 수 있게 하는 데에는 필요하지만 개별제품의 생산량이나 제품믹스와는 관련이 없다. 이러한 활동은 공장시설관리, 홍보활동, 인사 및 노사관리활동, 재무관리활동, 총무일반활동, 산업안전관리활동 등이 이에 해당되며, 이들 원가동인은 매출액에 의해 결정된다.

제품유지활동은 개별제품이 생산되고 판매될 수 있도록 수행되는 활동이다. 따라서 개별제품의 종류가 많아지면 많아질수록 제품유지활동의 양도 많아지게 된다. 생산계획 및 실적관리활동, 부품개발활동, 품질비용관리활동, 부품품질보증활동, 제품수정활동 등이 이에 해당되며, 이들 원가동인은 생산량, 부품수, 제품 수정시간 등에 의해 결정된다.

배치기준활동은 작업준비 등과 같이 배치(Batch) 생산이 이루어질 때마다 수행되는 활동으로 협력업체로부터 부품을 조달하는 활동과 생산라인에 부품을 조달하는 활동, 원자재구매활동, 설비보전활동, 공정개선활동, 제품검사활동 등이며, 이들은 부품수, 기계표준시간, 제품검사시간 등에 의해 결정된다.

단위기준활동이란 제품의 생산량에 따라 비례적으로 발생하는 활동으로 생산에 직접 투입되는 기계생산활동, 노동생산활동, 금형활동, 휴지활동 등이다. 이들의 원가동인은 표준시간, 기계표준시간, 인표준시간, 휴지시간 등에 의해 결정된다.

〈표 1〉 자동차 생산활동의 유형과 원가동인

활동유형	활 동	원가동인	활동유형	활 동	원가동인
설비 유지 활동	공장시설 및 시설관리활동	매출액	제품 유지 활동	제조임원활동	매출액
	환경관리활동	매출액		생산계획 및 실적관리활동	생산량
	홍보활동	매출액		부품개발활동	부품수
	인사 및 노사관리활동	매출액		협력업체 경영분석 및 관리활동	부품수
	재무관리활동	매출액		수출입 통관활동	KD부품수
	총무일반활동	매출액		품질비용관리활동	생산량
	산업안전관리활동	매출액		시장품질 및 정보수집활동	판매량

표 7.1 활동과 원가동인의 예

활 동	원가동인
제품연구개발	제품종류 수
재료구매	재료종류 수
운 송	운송횟수
품질관리	품질검사 건수
시설유지보수	시설 장부가, 기계시간
보안경비	해당 면적

원가동인
활동원가를 발생시킨 활동의 수준을 측정하는 계량지표이며 활동기준원가계산에서 활동원가의 배부기준

활동유형	활 동	원가동인	활동유형	활 동	원가동인
제품 유지 활동	BOM관리활동	부품수	단위 기준 활동	차체 조립 휴지활동	인표준시간
	생산성관리활동	표준시간		도장 기계활동	기계표준시간
	전산시스템개발활동	매출액		도장 기계 휴지활동	기계표준시간
	부품품질보증활동	부품수		도장 노동활동	인표준시간
	국산화 개발활동	국산화 부품수		도장 노동 휴지활동	인표준시간
	생산기술지원활동	표준시간		차량 조립활동	인표준시간
	제품수정활동	제품 수정시간		차량 조립 휴지활동	인표준시간
	공구관리활동	표준시간		범퍼 사출활동	기계표준시간
배치 기준 활동	생산물류활동	부품수		범퍼 도장활동	기계표준시간
	조달물류활동	LP부품수		범퍼 휴지활동	기계표준시간
	공정관리활동	생산량		부품 용접활동	기계표준시간
	원부자재 구매활동	원부재료 부품수		부품 용접 휴지활동	기계표준시간
	해외부품 조달활동	G/S부품수		주조 활동	기계표준시간
	공정개선활동	표준시간		주조 휴지활동	기계표준시간
	설비보전활동	기계표준시간		주조 금형활동	기계표준시간
	금형보전활동	기계표준시간		엔진 가공활동	기계표준시간
	제품검사활동	제품 검사시간		엔진 가공 휴지활동	기계표준시간
단위 기준 활동	프레스활동	표준시간		엔진 조립활동	인표준시간
	프레스 금형활동	표준시간		엔진 조립 휴지활동	인표준시간
	프레스 휴지활동	표준시간		미션 가공활동	기계표준시간
	차체 용접활동	기계표준시간		미션 가공 휴지활동	기계표준시간
	차체 용접 휴지활동	기계표준시간		미션 조립활동	인표준시간
	차체 조립활동	인표준시간		미션 조립 휴지활동	인표준시간

활동분석을 할 때 각 활동에 대한 원가동인을 같이 결정한다. 각 활동에 적절한 원가동인을 고르기 위해 담당자의 경험과 직관적인 판단이 주로 사용된다. 과거의 자료가 충분히 있다면 통계분석을 하여 적절한 원가동인을 선택하거나 이미 사용하고 있는 원가동인이 적절한지를 확인할 수 있다. 이때 사용할 수 있는 통계분석방법은 제9장의 원가추정 부분에서 다룬다.

원가동인은 해당 활동의 정도를 잘 나타내는 것도 중요하지만 자료수집도 쉬워야 한다. 이미 수집하고 있는 자료를 활용할 수 있으면 좋고, 새로 자료를 수집해야 한다면 그 수집원가가 낮아야 한다. 이러한 현실적인 제약 때문에 실제 사용되는 원가동인의 종류 수는 그리 많지 않다.

활동원가로 제품별 원가를 구한다

활동원가계산 단계

1. 활동분석으로 활동분류와 원가동인의 결정
   ⬇
2. 활동원가와 원가동인량의 집계
   ⬇
3. 활동원가 배부율을 계산하여 활동원가를 원가대상에 배부

생산지원활동의 원가를 제품별로 파악하기 위해 우선 각 활동원가와 원가동인량을 집계한다. 그 다음 활동별 배부율(원가동인 단위당 원가)을 결정한다. 국회제과가 6가지 활동과 그 원가동인에 대해 〈표 7.2〉와 같이 자료를 수집하여 배부율(원가동인 단위당 원가)을 구하였다.

표 7.2 활동원가와 원가동인 자료

활 동	활동별 원가 (백만원) [가]	원가동인	총원가동인량 [나]	배부율 [다]=[가]/[나]
제품연구개발	100	제품종류 수	4가지	25백만원/가지
재료구매	20	재료종류 수	200가지	10만원/가지
운 송	150	운송횟수	1,500회	10만원/회
품질관리	500	품질검사 건수	200,000회	2,500원/회
시설유지보수	60	기계시간	30,000시간	2,000원/시간
보안경비	30	해당 면적	60,000km^2	500원/km^2
합 계	860			

활동원가 배부율은 각 활동원가를 그 활동의 총원가동인량으로 나눈 값이다.

활동원가 배부율(원가동인 단위당 원가) = 총활동원가 / 총원가동인량

예를 들어, 제품개발원가는 1가지 제품에 대해서 25백만원이 발생하였고 운송원가는 1회에 10만원이 발생하였다. 제품별로 활동원가를 배부하려면 제품별 원가동인량 자료가 필요하다. 땅콩샌드의 원가동인량을 가정하여 그에 따른 활동원가를 구한 예가 〈표 7.3〉이다.

표 7.3 땅콩샌드의 원가동인량과 활동원가계산

활 동	배부율 [다]	원가동인	원가동인량 [라]	활동원가 (백만원) [마]=[다]×[라]
제품연구개발	25백만원/가지	제품종류 수	1가지	25
재료구매	10만원/가지	재료종류 수	40가지	4
운 송	10만원/회	운송횟수	700회	70
품질관리	2,500원/회	품질검사 건수	8,000회	20
시설유지보수	2,000원/시간	기계시간	5,000시간	10
보안경비	500원/km^2	해당 면적	5,000km^2	2.5
합 계				131.5

제조간접원가를 활동별로 구하여 땅콩샌드의 제품원가를 구한 결과를 제6장의 제품원가계산 결과인 〈표 6.12〉와 비교하면 〈표 7.4〉와 같다.

〈표 7.4〉를 보면 활동기준원가계산에 의해 계산된 땅콩샌드 1개의 원가가 24.58원으로 부문별 원가계산에 의한 제품원가 28.01원보다 3.43원 낮아 (활동원가기준계산 수치 대비로) 14%가 낮다. 이것은 두 방법이 직접제조원가에서는 차이가 없으나 제조간접원가를 계산하는 방법이 달라 활동기준원가계산에 의한 제조간접원가가 부문별 원가계산에 의한 수치보다 68.6백만원(52%) 낮기 때문이다.

표 7.4 제품원가계산 결과 비교

<table>
<tr><th colspan="2">제품 / 자료</th><th colspan="2">활동기준원가계산</th><th>부문별 원가계산</th><th>차 이</th></tr>
<tr><td rowspan="10">원 가
(백만원)</td><td>직접재료원가</td><td colspan="2">300</td><td>300</td><td>0</td></tr>
<tr><td>직접노무원가</td><td colspan="2">60</td><td>60</td><td>0</td></tr>
<tr><td rowspan="7">제조간접원가</td><td>제품연구개발</td><td>25</td><td rowspan="7">200.1</td><td rowspan="7">68.6
(52%)</td></tr>
<tr><td>재료구매</td><td>4</td></tr>
<tr><td>운 송</td><td>70</td></tr>
<tr><td>품질관리</td><td>20</td></tr>
<tr><td>시설유지보수</td><td>10</td></tr>
<tr><td>보안경비</td><td>2.5</td></tr>
<tr><td>합 계</td><td>131.5</td></tr>
<tr><td>총제조원가</td><td colspan="2">491.5</td><td>560.1</td><td>68.6
(14%)</td></tr>
<tr><td colspan="2">제품 생산량(백만개)</td><td colspan="2">20</td><td>20</td><td></td></tr>
<tr><td colspan="2">제품 단위당 원가
(원/개)</td><td colspan="2">24.58</td><td>28.01</td><td>3.43
(14%)</td></tr>
</table>

활동기준원가계산과 부문별 원가계산은 두 가지 점에서 다르다

활동기준원가계산과 부문별 원가계산은 어떻게 다른 것인가? 우선 계산과정이 다르다. 기존에 사용되던 부문별 원가계산에서는 모든 제조간접원가를 부문별로 집계한 후, 이를 다시 생산부문으로 모으고, 마지막으로 제품별로 계산한다. 전통적인 부문별 원가계산에서는 2단계 원가배부가 이루어진다. 제조간접원가를 생산부문별로 모으는 단계를 1단계 배부, 생산부문에 모인 원가로 제품원가를 구하는 단계를 2단계 배부라고 한다.

이 기존의 방법과 달리, 활동기준원가계산에서는 제조간접원가를 우선 활동별로 모은 후 이를 원가동인을 사용하여 제품별로 배분한다. 결국, 첫 번째 차이는 제품별 제조간접원가를 구하기 위한 중간단계로 부문을 사용하는가 아

그림 7.1 활동기준원가계산과 부문별 원가계산

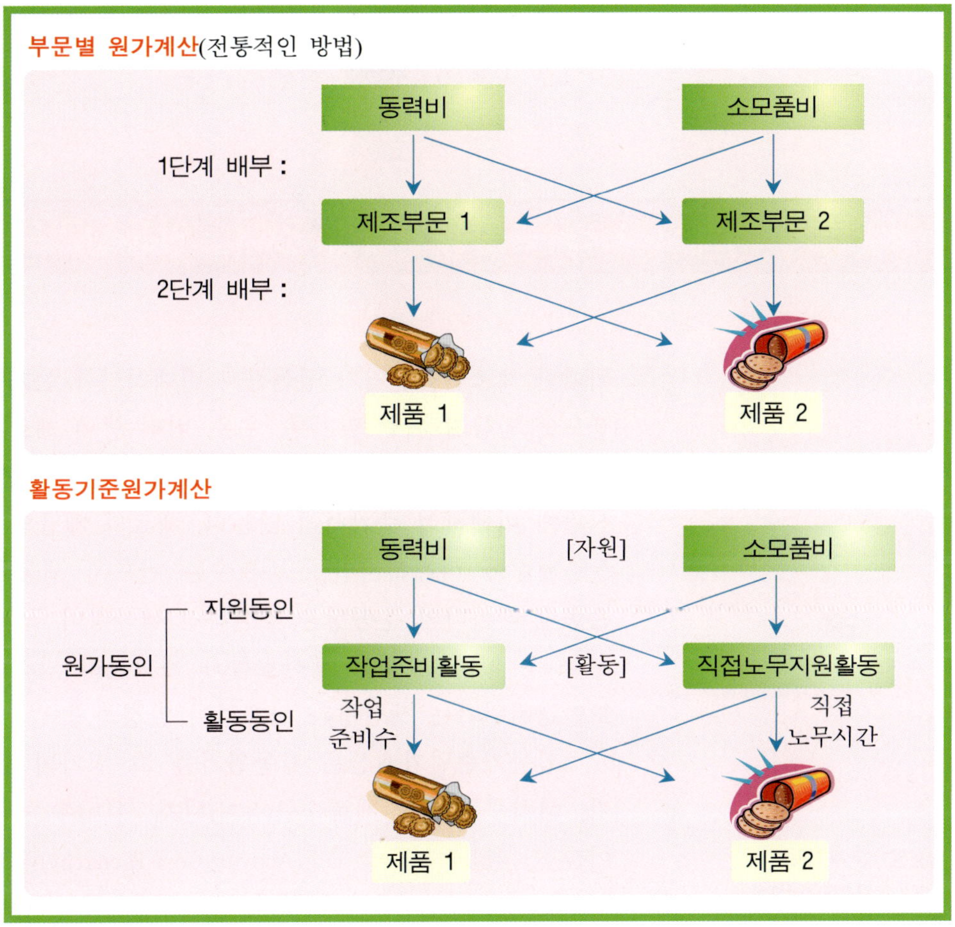

니면 활동을 사용하는가이다. 기업내 활동분류는 부문조직구조보다 자세히 나누어지므로 원가배부가 더 정교해진다.

활동기준원가계산과 부문별 원가계산의 두 번째 차이는 배부기준이다. 기존의 부문별 원가계산에서 생산부문으로부터 제품으로 제조간접원가를 배부할 때, 이 2단계 배부기준으로 주로 직접노무원가, 직접노무시간, 기계시간, 생산량, 직접원가(기초원가) 등이 사용된다. 이들 배부기준의 특징은 이 수치들의 크기가 생산량에 대체적으로 비례한다는 점이다. 이 점에서 이들 배부기준은 생산량[조업도]기준 배부기준(Volume-based Allocation Base)이라 불린다. 생산량기준 배부기준이 과연 적절한가? 제조간접원가가 생산량에 비례하여 발생한다면 생산량기준 배부기준으로 제조간접원가를 배부하는 것이 적절하나, 제조간접원

생산량(조업도)기준 배부기준
전통적인 제품원가계산인 2단계 배부방식의 2단계 배부기준으로 사용되는 직접노무원가, 직접노무시간, 기계시간, 생산량, 직접원가(기초원가) 등

가 중에 생산량에 비례하지 않는 항목이 있다면 원가계산이 왜곡된다. 이러한 항목에 대해 적절한 원가동인을 찾아내어 원가배부를 하면 좀더 정확히 제품 원가를 구할 수 있다.2)

생산량에 비례하지 않는 활동원가가 있다 - 활동원가의 계층구조

어떠한 제조간접원가가 생산량과 비례하지 않는가? 국희제과에서 맛있는 땅콩 샌드를 만들기 위한 밀가루, 우유, 버터 등의 재료 적정배합과 과자를 굽는 적정온도를 찾아야 한다. 이를 위한 노력과 원가는 한 번 제품이 개발된 후에 생산량에 비례하여 증가하지 않는다. 재료와 제품의 공장내 운송을 위한 원가는 운송횟수에 비례하지만 운송횟수는 반드시 생산량에 비례하지 않는다. 한번 운송할 때마다의 운송량을 조절하면 생산량이 늘어도 운송횟수는 그만큼 늘지 않을 수 있다. 오히려 생산흐름과 재고관리 방식에 따라 운송횟수가 변한다. 보안경비원가는 생산량과 관계없이 일정하게 발생한다.

활동원가의 계층구조
활동기준원가계산에서 활동원가를 그 원가의 발생 유형에 따라 단위수준원가, 배치수준원가, 제품수준원가, 설비수준원가의 4가지로 나눈 것

단위수준원가
생산단위에 비례하여 발생하는 원가

배치수준원가
작업의 묶음 단위인 배치별로 발생하는 원가

활동기준원가계산은 활동원가를 그 원가의 발생유형에 따라 단위수준원가, 배치수준원가, 제품수준(유지)원가, 설비수준(유지)원가의 4가지로 나눈다. 이를 활동원가의 계층구조(Activity Cost Hierarchy)라고 한다. 이 중 단위수준원가(Unit-level Cost)는 생산단위(생산량)에 비례하여 발생하는 원가로 동력비, 수도료, 수선유지비 등이 있다. 배치수준원가(Batch-level Cost)는 작업의 묶음 단위인 배치(Batch)별로 발생하는 원가이다. 생산작업의 로트(lot), 운송을 할 때 한꺼번에 같이 운송되는 물품이나, 재료를 구입할 때 같이 구매되는 재료의 묶음이 배치의 예이다. 제품 품질을 검사할 때 그날의 생산량과 관계없이, 작업 배치별로 처음 생산되는 10개의 제품의 품질을 검사한다면 검사활동도 배치수준 활동이다. 이러한 배치수준 활동원가는 배치수를 나타낼 수 있는 횟수나 건수 등의 비화폐 계량지표를 원가동인으로 쓴다.3)

2) 일부 기업은 부문별 원가계산과 활동원가계산을 같이 복합하여 사용한다. 이 기업들은 일단 부문별 원가계산을 한 후 활동원가계산을 실시한다.

3) 배치수준 원가동인을 선정할 때, 거래건수나 업무건수 등의 건수동인(transaction driver)을 사용하는 것이 가장 일반적이다. 그러나 각 업무건이 동질적이지 않아서 자원소모량이 건별로 다르다면, 건수 대신에 건별 처리시간 등의 시간동인(duration driver)이나 건별 업무강도를 나타내는 강도동인(intensity driver)을 사용해야 좀더 정확한 활동원가계산이 가능하다.

제품수준(유지)원가
제품의 개발, 유지, 개선을 위해 제품별로 발생하는 원가

제품수준(유지)원가(Product Level/Sustaining Cost)는 제품의 개발, 유지, 개선을 위해 발생하는 원가이다. 이 원가는 제품별로 발생하므로 생산량이나 배치수와 관계없이 제품별로 일정하게 발생한다. 제품연구개발비가 그 예이다. 자동차제조업체는 제품수준원가를 절약하기 위해 모델간의 플랫폼을 공유한다.

설비수준(유지)원가
설비의 유지관리를 위하여 일정하게 발생하는 원가

설비수준(유지)원가(Facility Level/Sustaining Cost)는 설비의 유지관리를 위하여 발생하므로 생산량, 배치수, 제품수 어느 것과도 무관하게 거의 일정하게 발생한다. 이 원가는 설비의 규모에만 비례하므로 단기적으로 적절한 원가동인이 없다. 설비유지원가는 배부되지 않거나 임의로 배부된다. 활동계층구조와 원가동인의 예를 〈표 7.5〉에서 볼 수 있다.

표 7.5 활동의 계층구조 분류

	단위수준	배치수준	제품수준	설비수준
활동의 예	전수검사, 생산설비보수	운송, 초기생산품 품질검사	제품연구개발, 재료구매	보안경비, 설비유지보수
원가동인의 예	생산량, 기계시간	운송횟수, 품질검사 건수	제품종류 수, 재료종류 수	해당 면적

자동차도 '얼짱'이 대접받는다

원가 줄이려 플랫폼 공유… 판매량은 큰 차이

지난해 선을 보인 쌍용차의 9, 11인승 레저차량 로디우스는 대형차인 체어맨의 플랫폼을 사용했다. 승용차 플랫폼을 이용해 레저차량을 만들고 있는 추세에 따른 것이다. 지난해 국내에 들어온 혼다의 SUV인 CR-V도 소형차 '시빅'의 플랫폼을 사용한 것이다. 플랫폼을 공유한 차량을 처음 개발한 회사는 일본 업체였다. 그들은 1980년대 초반부터 플랫폼을 공유해 미국 업체보다 모델 교체 주기를 2~3년 정도 앞당겼다.

한국에서 플랫폼이 같은 차량이 등장한 것은 1990년대 중반, 자동차 업계에 비용절감 바람이 불면서 시작됐다. 업계는 신차 개발 비용을 최고 50%까지 절감할 수 있었다. 현대기아차 관계자는 "플랫폼을 공유할 경우 최소 2,000억원 이상의 비용을 절감할 수 있다"고 말했다. 이런 장점도 있지만 때로는 역효과를 낳기도 한다. (중략)

현대차의 EF쏘나타 플랫폼은 무려 네 차종에 쓰인다. 싼타페·그랜저XG·트라제XG·옵티마(기아)다. 옵티마의 경우 쏘나타와 외관은 차별화했지만 실내장식이 크게 바뀌지 않아 쏘나타보다 판매에 뒤졌다. 그랜저XG는 고급스러운 감각을 가미해 성공을 거둔 대표적인 사례다. 최근에는 뉴쏘나타가 출시됨에 따라 이들 차량의 스타일이 모두 바뀔 수밖에 없게 됐다. 뉴그랜저XG는 올 상반기, 뉴옵티마는 올 하반기에 나온다. (중략)

· **플랫폼이란** : 자동차의 주요 뼈대를 말한다. 넓게는 자동차의 골격뿐 아니라 엔진 성능을 좌우하는 파워 트레인(엔진과 변속기)과 노면의 충격을 흡수하는 서스펜션, 차 바닥 뼈대 등으로 이뤄진다. 같은 플랫폼을 사용하더라도 서스펜션과 엔진의 출력 조정, 내외장 디자인에 따라 전혀 다른 모델이 만들어진다. (중앙일보, 2005.1.5)

활동의 계층구조 분류는 확정적이지 않다. 예를 들어, 재료구매 활동은 재료 종류 수에 따라 결정되거나 재료구매량에 따라 결정된다. 검사활동의 경우, 생산 배치별로 초기생산품의 품질을 검사한다면 이는 배치수준 활동이다. 그러나 만약 모든 생산제품을 검사하는 전수검사나 생산량에 비례하는 표본검사를 한다면 이러한 검사활동은 생산량에 비례하는 단위수준원가를 발생시킨다. 설비유지보수 활동도 생산량에 비례하여 실시하는 유지보수작업과 일정기간마다 실시하는 유지보수작업이 있을 수 있다. 이 두 작업을 분리할 수 없다면 그 비중이 큰 작업을 기준으로 원가동인을 정할 수밖에 없다.

기존 원가계산방식은 그 2단계 배부에서 생산량(조업도)기준 원가배부를 하므로 배치수준원가와 제품수준원가를 생산량에 따라 배부하는 잘못을 범한다. 제품수준원가는 생산량이 작은 소량생산제품에서도 대량생산제품만큼 발생한다. 예를 들어, 생산량과 무관하게 제품연구개발은 해야 하기 때문이다. 배치수준원가는 배치수에 비례하는데 생산량이 많으면 배치수가 많아지겠지만 대량생산제품은 소량생산제품보다 배치 크기가 대개 크므로 대량생산제품의 배치수준원가는 생산량에 비례하여 증가하지는 않는다. 예를 들어, 대량생산품의 생산량이 소량생산품의 생산량의 10배라고 하자. 만약 대량생산품의 배치크기가 소량생산품의 2배라면 대량생산품의 배치수는 소량생산품의 5배이다. 이때 대량생산품의 배치수준원가는 소량생산품의 5배이지 생산량 비율인 10배가 아니다. 따라서 생산량에 비례하여 대부분의 제조간접원가를 배부하는 기존 원가배부방식은 활동기준원가계산보다 대량생산제품을 과대계산하고 소량생산제품을 과소계산하는 오류를 초래한다.

판매관리비에도 활동기준원가계산을 적용한다

활동기준원가계산은 제조간접원가뿐만 아니라 판매관리비에도 적용할 수 있다. 판매관리비는 기간비용이므로 외부 재무보고를 위해서는 재무회계적 관점에서는 제품이나 서비스별로 분리할 필요가 없다. 그러나 판매관리비를 포함한 제품과 서비스의 총원가를 고려하여 정확한 수익성을 파악하려면 판매관리비를 제품과 서비스에 배부하는 것이 필요하다. 또한 고객유형별, 유통경로

(Distribution Channel)별 수익성을 파악하여 판매관련 의사결정을 하려면 판매비를 고객이나 유통경로 지원활동내용에 따라 계산하는 것이 필요하다.

전통적으로 판매비는 매출액이나 판매량에 따라 배부되었다. 그러나 매출액이나 판매량이 많다고 반드시 비례적으로 많은 판매지원활동을 요구하지는 않는다. 판매수수료(Sales Commission)나 판매성과급이 매출액에 비례한다면 이 비용은 매출액에 따라 할당하는 것이 정확하다. 그러나 고객주문처리원가, 고객방문활동원가, 배달활동원가 등은 매출액이나 판매량에 비례적으로 발생하지는 않는다. 정확한 고객수익성 분석(Customer Profitability Analysis)을 위해 고객관련 원가를 활동원가구조에 따라 분석할 수 있다. 고객원가 계층구조는 제조간접원가의 계층구조와 비슷하게 다음과 같이 분류한다.[4]

－판매단위수준원가
－배치수준원가
－상품수준원가
－유통경로수준원가
－기업수준원가

서비스업에도 활동기준원가계산이 적용된다

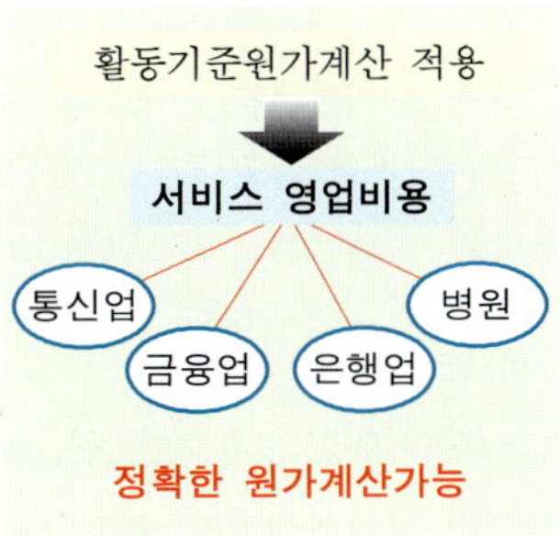

서비스업의 영업비용은 판매비와 관리비이므로 제조업의 판매관리비와 마찬가지로 활동기준원가계산이 적용된다. 금융업, 통신업, 운송업, 교육업 등의 서비스업의 경우도 다양한 서비스가 공통의 설비와 인력에 의해 제공되므로 공통원가를 서비스별로 배부하여 정확한 원가계산을 하기 위해 활동기준원가계산이 필요하다. KT와 은행업, 병원의 사례가 최근 활발한 서비스업의 활동기준원가계산 도입을 잘 보여준다.

4) Kaplan and Cooper의 *Cost and Effect*(1998) 참조.

표 7.6 서울대병원의 ABC 원가관리시스템 도입 전과 후

구 분	ABC	전통적 원가계산
원가대상	진료과/교수/주요실방	진료과
배부기준	314개	약 20개
보고서	계정별, 프로세스별, 활동별 원가계산서	계정별 원가보고서
보고주기	월 1회	연 2회
장 점	원가발생원인 추적 직접 귀속, 다양한 원가대상의 정의, 프로세스 원가파악, 경영개선 영역파악	원가계산의 단순
단 점	기간시스템에 대한 의존 및 복잡성	불합리한 원가계산결과 시스템의 미비

의료수가 원가보존율

–25일 의정협의 앞두고 국감서 '수가 원가보존율' 관련 의미 있는 발언 나와
–'의원급 수가 원가보존율 62.2%' · 김용익 이사장 관련 연구용역 발언 등 쟁점화 예상

대한의사협회와 보건복지부가 의료수가 적정화 협의를 위한 의정 실무협의를 본격화할 예정인 가운데, 현 수가의 원가보존율에 대한 관심이 고조되고 있다. 현 저수가의 적정화를 위한 협의가 원활하게 진행되기 위해서는 의료계와 학계는 물론 정부와 시민사회계가 동의할 수 있는 원가보존율 설정이 무엇보다 중요하기 때문이다.

그간 의료계에서는 60% 초반에서 70% 중반대의 원가보존율을 주장하며, 매년 수가협상 때마다 적게는 7~8%에서 10% 중반의 수가인상을 요구해왔다. 그러나 의료계 주장에 동의하지 않는 시민사회계와 수가 대폭 인상에 부담을 느낀 정부 태도 등으로 최근 몇 년간 의원급 수가는 2% 후반에서 3% 초반 수준에 결정됐다.

수가 원가보존율에 대한 시각차가 여전한 상황에서 의료계와 정부가 수가 적정화 협의를 예고해, 적정 수가에 대한 의료계 안팎의 관심이 집중되고 있는 가운데 이번 국회 보건복지위원회 국정감사에서 의미 있는 관련 발언이 나와 이목을 끌고 있다. 첫 발언의 주인공은 더불어민주당 윤일규 의원이다. 윤 의원은 19일 국민건강보험공단 · 건강보험심사평가원 · 건보공단 일산병원 등 국감에서 현 수가 원가보존율에 대한 한 연구 결과를 부각했다. 윤 의원은 지난해 연세대학교 산학협력단이 건보공단 일산병원 청구자료를 바탕으로 '원가계산시스템 적정성 검토 및 활용도 제고방안 2단계' 연구 결과를 상기시켰다.

해당연구는 지난해 당시 진료영역별 적용 원가보존율을 산출하기 위해 일산병원의 2013년 활동기준 행위별 원가계산 결과로부터 산출한 각 행위별 원가, 수익 정보와 2,552개 의료행위를 ▲진찰료 ▲입원료 ▲검사료 ▲영상진단 및 방사선치료료 ▲주사료 ▲마취료 ▲이학요법료 ▲정신요법료 ▲처치 및 수술료 ▲치과 등 10개 영역으로 나눠 원가를 분석한 것이다.

연구 결과 현 수가 원가보존율은 진찰료 50.5%, 입원료 46.4%, 주사료 69.9%, 마취료 72.7%, 처치 및 수술료 77.6%, 치과 56% 등으로 낮은 반면, 영상진단 및 방사선치료료 141.6%, 이학요법료 109%, 정신요법료 104.7% 등으로 파악됐다. 특히 의원급 의료기관 수가 원가보존율이 62.2%로 파악됐다. 윤 의원은 이 수치를 강조하면서 정부가 수가 적정화 협의과정에서 비급여 급여화(문재인 케어) 손실 보전과 기존 저수가 적정화를 하나의 사안으로 인식하는 것을 경계했다. (후략) (의협신문, 2018.10.23)

비부가가치 활동을 줄여 원가를 절감한다

활동기준원가계산은 원가절감에 대한 새로운 시각을 제시하였다. 원가를 절감하려면 노무원가, 전기수도료 등 원가항목 자체를 줄이지 말고 원가를 발생시키는 활동 자체를 효과적으로 관리해야 한다는 시각이다. 흔히 기업에서 손쉬운 원가절감 정책으로 모든 원가항목을 일괄적으로 몇 % 줄이도록 요구한다. 이러한 정책은 비현실적이다. 일부 원가항목에는 여유가 있어 절감이 가능할지 모른다. 그러나 꼭 필요한 원가를 무작정 줄이면 단기적으로는 절감된 듯이 보이나 장기적으로는 더 큰 손해를 볼 수 있다. 예를 들어, 꼭 필요한 기계수선유지를 하지 않는다면 결국 기계의 수명이 짧아지거나 효율성이 떨어져서 더 큰 손실을 입는다.

은행 '비용분석' 시스템 강화

은행들이 앞다퉈 ABC(Activity-based Costing : 단위별 원가분석)제도의 도입·확산을 서두르고 있다. 각종 공과금 수납수수료 부과, 개인고객 서비스 수수료 인상 등을 앞두고 ABC제도를 통해 이를 뒷받침하기 위한 움직임이다. 금융계는 이르면 다음달부터 각종 공과금 수납수수료에 대해 수수료를 받을 예정으로 현재 원가 이하로 제공하면서 수익성 저하요인으로 작용하고 있는 개인고객 서비스(송금·계좌이체·현금자동지급기 이용 등) 수수료도 하반기부터 현실화할 수밖에 없다는 입장이다. ABC제도는 은행 영업과 관련한 모든 활동에 대해 원가를 꼼꼼히 분석, 관리해 수익성 극대화를 꾀하는 작업으로 이 제도가 확산되면 조직 선진화, 보상시스템 촉진 등 파급 효과가 클 것으로 예상된다.

국민은행은 지난 95년 도입에 이어 지난해(2000년)말 기본 시스템 구축을 마무리한 상태로 최근 주택은행과의 합병을 앞두고 ABC제도의 시스템 통합작업을 벌이고 있다. 앞으로 이 제도를 사업부제 운영의 효율성 점검, 직원에 대한 보상시스템 구축 등에 활용할 계획이다. 외환은행은 현재 분기별 원가분석을 실시중으로 향후 영업점 평가시 본부 부문에서 발생한 원가까지 정확히 반영해 각 영업점의 독립채산제화를 적극 유도키로 했다. 종합기획부 류근형 과장은 "자동화기기, 현금자동입출금기(ATM), 인터넷뱅킹 등 고객과의 접점이 더욱 확장되고 있어 분석 단위를 세분화하고 있다"고 말했다.

한빛은행(현 우리은행)은 각 점포와 본부에 대한 비용분석을 실시하고 있는데 앞으로 이 제도를 고객별 차별화 전략 수립, 수익성 위주의 영업환경 구축 등에 적극 활용할 계획이다. 서울은행(현 하나은행)은 올초 실제원가산출 방식의 ABC제도를 도입한 데 이어 앞으로 전문 컨설팅업체를 통해 전 영업활동에 대한 원가분석시스템을 갖출 계획이다. 제일은행(현 SC제일은행)은 현재 업무·상품·지점별 원가분석을 실시중으로 향후 고객별 원가분석, 고객접촉 채널별 원가분석을 위한 시스템 도입을 서두르고 있다.

(내외경제신문, 2001.6.7)

원가를 줄인다고 현재 하는 일은 그대로 두고 모든 부서의 인원을 일정비율로 줄이기보다는, 불필요한 일을 줄이거나 현재 하는 일을 좀더 효과적으로 하는 방법을 찾아야 한다. 일을 줄이지 않고 사람을 줄이면 결국 사기가 떨어지고 품질이나 고객만족도가 떨어져 장기적으로 기업에 손해이다. 과연 무엇이 불필요한 일인가? 어떤 일이 필요한지 불필요한지는 고객의 시각에서 판단해야 한다.

부가가치 활동
고객에게 가치를 주는 활동

활동기준관리(ABM, Activity-Based Management)[5]는 기업의 활동을 부가가치 활동(Value-Added Activity)과 비부가가치 활동(Non-Value-Added Activity)으로 나눈다. 부가가치 활동은 고객이 가치 있게 여기는 활동이며 비부가가치 활동은 고객이 가치 없게 여기는 활동이다. 비부가가치 활동은 고객에게 아무런 만족을 주지 못하면서 원가를 발생시키므로, 이러한 활동원가를 찾아내어 없애는 것이 가장 효과적인 원가절감이다. 비부가가치 활동의 예는 무엇인가?

기업이 제품을 생산한 후 품질문제가 발견되면 잘못된 부분을 찾아내어 고친다. 이를 재작업(Rework)이라 한다. 이 재작업은 가치 있는 활동인가 가치 없는 활동인가? 불량품을 버리는 것보다는 고쳐서 파는 것이 더 나으므로 기

포스코, 새 원가관리 기법(ABM) 시동

포스코가 활동기준 원가관리 기법인 ABM을 적극 활용, 원가관리 혁신에 도전하고 있다. "ABM을 잘 활용하면 어떤 활동에서 원가가 많이 발생했는지를 분석할 수 있으며 공장별 활동을 서로 비교해 벤치마킹도 할 수 있어 현재보다 더 과학적으로 원가를 관리할 수 있다." 이구택 회장의 ABM 활용에 대한 확고한 의지다.

14일 포스코는 지난 2월 본격 가동한 ABM(Activity Based Management : 활동기준 원가관리)을 기반으로 자율적인 원가관리 활동을 활성화하는 한편 원가개선 요소를 적극 발굴, 개선함으로써 원가경쟁력을 더욱 향상시킬 계획이라고 밝혔다.

활동기준 제품원가 계산과 제품별·고객사별·영업부서별 수익성 분석, 프로세스 원가와 성과 측정, 물류 및 품질, 환경 등 목적비용 분석을 주요 골자로 하는 ABM은 부서별 업무(Activity) 중심으로 원가를 계산하고 관리하는 새로운 경영관리 기법이다. 아울러 ABM은 저부가가치 활동이나 비효율적인 활동을 효율적으로 제거하거나 개선하는 것이 가능해 프로세스의 개선과 동시에 원가절감을 이룰 수 있다.

이번 4월 운영회의시 보고된 ABM 활용 분석 결과에 따르면 고로공정의 경우 포항 1개 공장의 가공비가 다른 고로에 비해 높았지만 이를 활동별로 분석한 결과 원가가 높은 고로라도 일부 활동에 있어서 효율이 더 높은 것으로 나타났다. 따라서 고로공장간 공정별 활동원가를 분석해 상호 벤치마킹할 필요가 있는 것으로 분석됐다. 또한 투입인원 분석에서는 열연 롤 정비공정의 경우 포항제철소와 광양제철소의 공정별 투입인원이 다르고 공정 내 롤 가공활동 등 활동별로도 투입인원 차이가 크게 나타나 활동별 효율성에 대한 검증과 개선이 필요한 것으로 보고됐다. 이와 함께 물류, 환경, 재고 등 목적비용에서도 양 제철소의 원가 차이

5) 활동원가 정보를 활용하는 모든 관리기법을 활동기준관리라고 부를 수 있다.

업내부의 입장에서는 재작업이 가치 있다. 그러나 고객의 입장에서 불량품이 재작업된 제품을 사려 할 것인가? 고객은 수리된 제품보다 처음부터 이상이 없었던 제품을 더 원할 것이다. 이는 재작업이 고객입장에서 비부가가치 활동임을 보인다. 기업이 재작업으로 품질문제를 해결하기보다는 처음부터 불량품을 생산하지 않도록 노력하는 것이 더 바람직하다. 기업이 품질문제의 예방을 위해 총체적 품질관리(TQM, Total Quality Management)를 실시하는 것이 이 때문이다.

재고보관활동은 가치 있는 활동인가? 재료나 제품의 수요가 불규칙하거나, 생산공정흐름의 불균형으로 인해, 또는 대량구매의 원가절감을 위해서 재고가 존재한다. 즉 기업내의 구매 및 생산과정의 문제점을 해결하기 위해 재고를 이용한다. 그러나 고객의 입장에서 재고보관이 가치 있는 활동인가? 그렇지 않다. 고객에게 방금 생산된 제품과 1년 전에 생산되어 보관된 같은 제품 중에 하나를 선택하라 하면 당연히 방금 생산된 제품을 택할 것이다. 재고보관활동 자체는 고객에게 가치 없는 일이다. 기업이 최소한의 재고를 보관하려면 적시생산시스템(JIT, Just-In Time System)을 도입해야 한다.

가 활동별로 다르게 나타나 상호 비교 분석을 통한 근본적인 원가구조 개선 노력이 필요한 것으로 분석됐다.

특히 ABM 활용 분석 보고를 받은 이구택 회장은 "ABM을 잘 활용하기 위해서는 직책 보임자들이 먼저 관심을 가지고 학습해야 한다"고 강조했던 것으로 알려졌다. 이에 따라 포스코는 이번 ABM 활용 분석을 계기로 조업 부서에서는 데이터의 정합성을 지속적으로 유지하는 한편, ABM을 다양한 원가구조 개선활동에 적극 활용해 나갈 계획이다. 아울러 원가지원부서에서는 원가개선 포인트를 발굴하고 조업 현장의 니즈에 맞는 맞춤형 원가서비스를 더욱 강화해 나갈 예정이다.

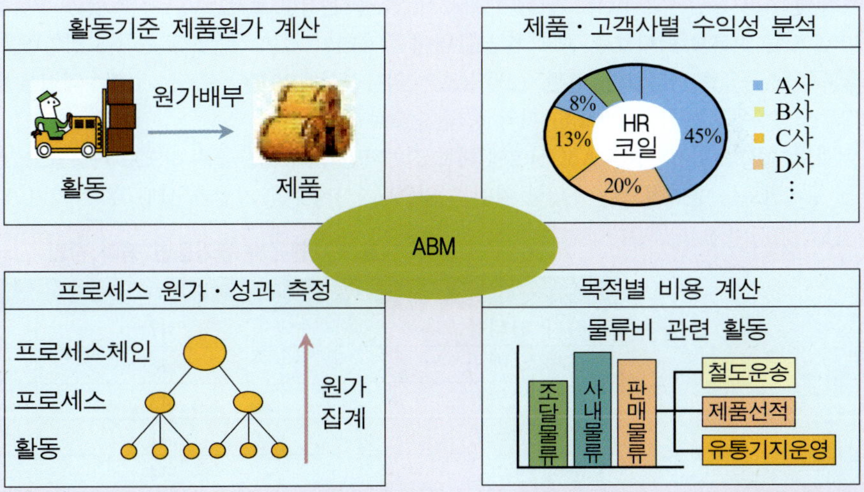

(EBN, 2005.4.14)

마지막으로, 운송(물류)활동을 생각해 보자. 원자재 공급지와 생산지, 또는 생산지와 제품시장 사이가 멀어서 운송활동이 필요하다. 생산공정의 배치 때문에 운송활동이 필요하기도 하다. 기업의 현재 상황에서는 운송활동이 불가피하다고 할지라도 고객 입장에서는 가까운 거리에서 생산되는 제품보다 지구를 반 바퀴 돌면서 생산되는 제품을 좀더 가치 있게 느낄 이유가 없다. 최근 기업이 협력업체에게 자기 공장내 여유부지를 제공하여 물류거리를 줄이려 노

활동기준원가계산의 국내기업 활용실태

이주원 외[2004]는 2003년 4월 현재 활동기준원가계산(ABC)의 국내기업 활용실태를 분석하였다. 설문조사에 응답한 총 166개 기업을 분석한 결과는 다음과 같다.

첫째, 166개 표본기업 중 137개 기업이 ABC 도입을 검토한 바 있는 것으로 파악되었고, 이 중 ABC를 실제로 도입한 기업은 75개였고, 이 중 54개 기업이 1999년 이후에 ABC를 도입한 것으로 파악되었다.

둘째, ABC도입기업의 60% 정도가 외부용 재무제표를 작성하는 재무시스템과 통합하지 않고 별도의 시스템으로 ABC를 구축하였으며, 80% 이상의 기업이 ABC를 처음부터 전사적 프로그램으로 개발하였다. ABC시스템 내의 활동 수는 평균 262개, 자원동인의 수는 평균 62개, 활동동인의 수는 평균 204개이고 기업 및 업종별로 편차가 큰 것으로 나타났다. 또한 ABC시스템 개발기간은 평균 14개월로 대부분 1년 내에 ABC프로젝트가 완성되었으며, 전용 ABC소프트웨어를 사용한 기업은 41.3%이고, 자체적으로 프로그램을 개발한 기업은 28%였다. ABC를 제안하고 주도적으로 추진한 사람은 주로 최고경영자였지만 적지 않게 회계담당자인 기업도 다수 나타났다. 제조업보다는 서비스업이 좀더 복잡한 ABC시스템을 가지고 있었으며, ERP를 구축한 기업일수록 ABC를 도입한 비율이 높게 나타났다.

셋째, ABC도입기업의 50% 이상이 ABC시스템을 운영(프로세스)정보시스템과 통합하였고, 사업부의 경쟁전략과 연결하여 사용하고 있는 것으로 나타났다. ABC정보를 많이 활용하고 있는 부문으로는 최고경영층을 비롯하여 재무, 마케팅, 생산관리, 디자인, 물류부문 순으로 나타났다. 한편, ABC정보의 의사결정에의 활용정도는 고객수익성분석, 제품/서비스원가계산이나 가격결정, 원가절감노력 유도, 원가왜곡정도의 파악 등의 순으로 나타났다.

넷째, ABC도입기업들의 ABC실행에 대한 전반적인 만족도는 높은 것으로 나타났고, ABC성공에 대한 인식차이는 업종별, ABC추진 주체별로는 통계적으로 유의한 차이는 없으나, 실행중인 기업과 실행 후 포기기업 간에는 통계적으로 유의한 차이를 보였다.

〈표 1〉 활동과 원가동인 정의 방법

방 법	빈도(개)	비율(%)
관리자 인터뷰	47	62.7
프로세스 매핑	46	61.3
기존서류분석	43	57.3
작업자 인터뷰	41	54.7
설문지	24	32.0
관찰	18	24.0
집단 인터뷰	12	16.0
기타	4	5.3

력하는 이유도 운송(물류)활동이 비부가가치 활동임을 알기 때문이다.

활동기준원가계산은 각 활동의 원가를 계산하여 활동의 혜택과 비교할 수 있게 한다. 활동의 원가가 혜택(효익)보다 높다면 이 활동을 좀더 효율적으로 하거나 새로운 방법으로 같은 효과를 달성할 수 있는 대안을 찾아야 한다.

〈표 2〉 부문별 ABC정보의 활용 정도*

부문별 ABC정보의 활용도	ABC도입기업 (75개 중 비율)	ABC실행중 기업 (50개 중 비율)
기업재무(회계) 부서	42개(56.0%)	39개(78.0%)
마케팅 부서	38개(50.7%)	36개(72.0%)
최고경영자	38개(50.7%)	36개(72.0%)
생산(운영)관리 부서	28개(37.3%)	28개(56.0%)
생산 엔지니어링 부서	27개(36.0%)	26개(52.0%)
디자인(설계) 부서	25개(33.3%)	23개(46.0%)
물류 부서	22개(29.3%)	21개(42.0%)

* 부문별 ABC의 활용 정도를 파악하기 위하여 본 설문에서는 각 항목에 대해 7점 척도로 측정하였다. 빈도분석 결과는 각 항목에 대하여 5점 이상(매우 많이 사용한다)을 체크한 응답분포를 나타낸 것이다.

〈표 3〉 의사결정에서의 ABC정보 활용 정도*

의사결정내용별 ABC정보의 활용도	ABC도입기업 (75개 중 비율)	ABC실행중 기업 (50개 중 비율)
고객수익성 분석	47개(62.7%)	42개(84.0%)
제품/서비스원가계산, 가격 결정	43개(57.3%)	38개(76.0%)
원가절감 노력	42개(56.0%)	39개(78.0%)
원가왜곡 정도와 정확한 원가파악	41개(54.7%)	38개(76.0%)
비정규적인 특별보고서(off-line analysis) 작성	40개(53.3%)	36개(72.0%)
성과측정치	38개(50.7%)	34개(68.0%)
프로세스 개선 노력	36개(48.0%)	31개(62.0%)
제품/서비스 mix 결정	34개(45.3%)	32개(64.0%)
예산 편성	33개(44.0%)	28개(56.0%)
아웃소싱 결정	28개(37.3%)	25개(50.0%)
공표재무제표 작성	16개(21.3%)	15개(30.0%)

* 의사결정내용별 ABC정보의 활용 정도를 파악하기 위하여 본 설문에서는 각 항목에 대해 7점 척도로 측정하였다. 빈도분석 결과는 각 항목에 대하여 5점 이상(매우 많이 사용한다)을 체크한 응답분포를 나타낸 것이다.

(이주원 외, 국내기업의 ABC(Activity Based Costing) 도입실태에 관한 연구, 회계저널, 2004년 12월)

활동기준원가계산은 도입할 가치가 있는가?

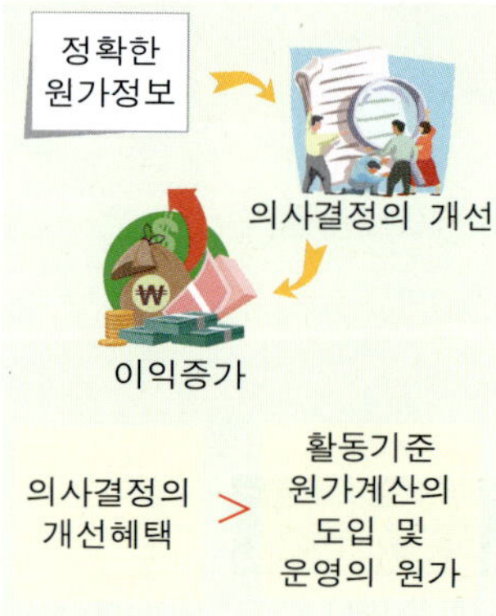

활동기준원가계산을 도입하려면 무엇에 얼마나 돈이 들까? 활동원가계산은 기존원가계산 방식에 비해 복잡한 계산절차를 요구하므로 전산시스템이 잘 갖추어져야 한다. 기존 전산시스템이 충분하지 않다면 컴퓨터와 네트워크 설비 등의 하드웨어가 필요하다. 활동기준원가계산의 프로그램 소프트웨어도 필요한데 기성 제품을 사거나 자체 개발할 수 있다. 따라서 설비와 프로그램의 구입비나 개발비가 든다.

활동기준원가계산을 도입하려면 이를 주도할 인력이 필요하다. 활동기준원가계산 구축을 전문으로 컨설팅하는 컨설팅 회사나 회계법인 컨설팅 팀들이 있는데 이들을 고용하거나 자체 인력으로 도입팀을 구성할 수 있다. 외부 자문기관에 지급된 컨설팅료와 자체 인력에 대한 급여가 원가로 발생한다.

활동기준원가계산 도입의 중요한 단계가 활동분석이다. 조직 각 부문에서 수행되는 활동과 이에 대한 원가동인을 파악하는 과정인 활동분석은 주로, 각 부문 담당자와 도입팀의 면담을 통해 진행된다. 면담시간 동안 각 부문 담당자가 다른 업무를 볼 수 없으므로 업무시간에 대한 기회원가가 발생한다. 새로운 원가시스템의 성공적 도입에는 모든 관련 직원의 교육이 필수적인데 이 교육시간에 대한 참여 직원들의 기회원가도 발생한다.

활동기준원가계산을 도입하여 얻을 수 있는 혜택은 무엇인가? 원가계산을 정확히 하여 얻는 혜택은 의사결정을 위한 좀더 적절한 원가정보의 획득이다. 이 개선된 원가정보가 그 자체로 가치가 있는 것은 아니다. 이 개선된 정보가 판매가격 결정, 매출배합 결정, 신규 생산라인 도입여부 결정, 우수고객 파악 및 확보 등의 의사결정의 개선으로 이어져야 가치가 있다. 달리 이야기하면, 우선 활동기준원가계산이 제공하는 원가정보가 의사결정에 변화를 가져올 정도로 기존 원가정보와 충분히 달라야 한다. 그 다음, 의사결정 개선의 혜택이 활동기준원가계산 도입 및 운영의 원가보다 더 커야 진정한 가치가 있다.

활동기준원가계산을 실제로 도입하기 전에는 도입 후의 혜택을 정확히 알 수 없지만, 다음의 상황에서 혜택이 클 것으로 예상된다.

- 현재의 원가계산이 간접원가의 규모에 비해 너무 단순한 경우
  –상당히 큰 간접원가 금액이 한두 가지의 배부기준에 의해 배부된다.

- 거의 모든 간접원가가 조업도기준 원가배부기준에 의해 배부된다.

• 제품의 다양성이 큰 경우
  - 제품의 물량, 처리공정, 배치 크기, 복잡성 등의 차이에 의해 서로 다른 정도의 자원을 제품들이 소비한다.

• 현재 계산된 원가와 이익수치가 비현실적이어서 원가계산 왜곡이 의심되는 경우
  - 경쟁우위가 있다고 여겨지는 제품이 낮은 이익을 보이고, 경쟁우위가 없다고 여겨지는 제품이 높은 이익을 보인다.
  - 생산, 판매가 복잡한 제품이 높은 이익을 보이고, 단순한 제품이 낮은 이익이나 손실을 보인다.
  - 생산, 판매 부문의 담당자가 원가부서가 계산한 원가수치가 비현실적이라고 느낀다.

새로운 원가시스템의 도입은 도입혜택과 원가를 추정하여 결정할 수밖에 없다. 원가와 혜택을 추정할 때, 비슷한 업종의 도입사례를 조사하여 분석하면 도움이 된다. 이때 몇 가지 조심할 점이 있다. 첫째로, 성공사례는 홍보효과를 위해 널리 알려지나 실패사례는 잘 공개되지 않는다. 둘째로, 도입원가는 단기적으로 발생하나 효과는 장기적으로 나타나는 부분이 많으므로 성공 · 실패 여부를 단기간에 파악하기 어렵다. 셋째로, 원가시스템의 혜택은 생산공정, 업종의 특징, 시스템 구조 등의 기술적인 특징뿐만 아니라 원가정보를 이용하는 의사결정자의 태도와 활용방법, 조직문화 등의 인간행태적인 특징에 크게 영향을 받는다.

활동기준원가계산을 성공적으로 도입하려면 무엇을 해야 하는가?

활동기준원가계산 시스템의 도입은 단순히 원가계산방법의 변경이나 전산시스템의 변화만을 의미하지 않는다. 원가계산방법의 변화는 제품별, 부문별, 고객별, 유통경로별 수익성 평가의 변화를 가져오며 이에 따른 인력 및 조직의 변화를 초래할 수 있다. 또한 새로운 원가계산방법의 도입은 기존 방법에 익숙해

있던 직원들에게 새로운 방법을 배워야 하는 불편함과 자신에게 미칠 불리한 영향에 대한 막연한 우려를 주기 때문에, 변화에 대한 거부감이나 저항이 나타나기도 한다. 이를 극복하기 위해서 변화관리(Change Management)를 실시해야 새로운 제도를 성공적으로 도입할 수 있다.

새로운 제도의 성공적인 도입을 위한 요인이 다음과 같이 밝혀졌다. 첫째로, 최고경영자가 새로운 제도에 대한 확고한 지지를 보여주어, 이 새로운 제도가 조금 해보다가 말 일시적인 유행이 아님을 전직원들에게 인식시켜야 한다. 둘째로, 새로운 제도 도입을 주도하는 팀이 모든 다른 부문들의 이해와 협조를 얻기 위해, 도입 전과정에 걸쳐 조직전체의 참여를 유도해야 한다. 중요

활동기준원가계산(ABC)은 병원경영의 만병통치약인가?

■ 병원경영의 화두, ABC원가분석

최근 원가관리시스템을 도입하는 병원이 늘고 있다. 병원이 원가관리시스템을 도입하는 이유는 과거와 달리 높은 수익증가가 용이하지 않은 상황에서 이익을 지속적으로 실현하기 위해 원가관리가 필수적이라고 판단했기 때문이다. 원가분석 결과를 활용하여 성과가 우수한 임상과나 의사에 대한 보상을 강화하고, 집중투자할 분야를 선정할 수 있다. 하지만, 병원에서의 원가분석은 쉬운 일이 아니다. 한 명의 환자를 치료하기 위해 의사, 간호사, 의료기사 등 많은 의료진이 투입되고, 이들을 지원하기 위한 사무직, 기능직 등의 노력도 고려해야 한다. 즉, 병원은 직접 대응이 가능한 직접비보다 배부가 필요한 간접비의 비중이 더 크고 다양하다.

간접비 배부를 위해 과거에는 수익, 근무시간 등 한두 개의 기준만을 적용한 전통적 원가계산방법을 활용했다. 하지만 병원처럼 원가를 발생시키는 주체나 요인이 다양한 조직에서 전통적 방법으로 원가를 배분하면 왜곡가능성이 커진다. 즉 병동근무 간호사 인건비와 MRI 장비의 감가상각비를 동일한 기준(예를 들어, 환자수)에 의해 배부해서는 안 된다.

이러한 전통적 원가계산방법의 문제점을 개선하고, 원가분석의 정확성을 높이기 위해 등장한 것이 활동기준원가계산(Activity Based Costing : ABC)이다. ABC는 모든 원가를 활동별로 집계한 후 집계된 원가를 활동별 원가배부기준으로 배부하는 것을 의미한다.

최근 병원들도 ABC에 의한 원가관리시스템을 도입하고 있다. 서울대병원, 일산병원, 서울아산병원 등이 ABC시스템을 이미 도입했고, 삼성서울병원, 한림대의료원 등이 ABC시스템 도입을 고려중이다. 전통적 원가시스템을 활용하고 있는 병원은 고려대병원, 아주대병원 정도이다.

그러나 ABC가 전통적 원가계산방법에 비해 많은 장점을 지녔음에도 불구하고, 현재 ABC를 도입한 병원들이 최초 도입시에 기대했던 효과를 제대로 누리고 있는가에 대해서 의문이다.

모 병원은 ABC시스템을 구축하고도 ABC 원가분석 결과를 신뢰하지 못해 과거처럼 수작업에 의존한 원가분석결과를 의사 성과평가에 활용한다. 심지어는 ABC에 필요한 정보를 산출하지 못하여 ABC시스템을 활용하지 못하는 경우도 발생하고 있다.

또, 어떤 병원의 ABC시스템은 원가집계가 필요한 활동수가 1,100여 개에 이르고 부서별 평균 활동 수가 13개에 달하고 있다. 각 부서의 원가를 평균 13개 활동으로 신뢰성 있게 구분하는 것이 가능한지, 가능하다고 해도 그것이 과연 어떤 의미가 있을까?

활동별로 원가를 집계하기 위해서는 각 부서의 직무를 분석하고 각 직무별 비중을 측정해야 하는데, 현재 대부분의 병원은 각 부서에서 주관적으로 판단하여 제시한 자료에 의존하고 있다. 이처럼 객관성이 결여된 데이터를 기반으로 산출된 원가분석결과를 중요한 성과평가나 투자의사결정에 활용하기는 힘들다.

한 것은 새로운 제도의 도입 자체가 아니며 도입후의 활용이다.

활동기준원가계산 등의 새로운 경영기법이 성공하려면 기계적인 시스템의 변화뿐만 아니라 이를 사용할 직원들의 이해와 협조가 필수적이다. 이를 위해 새로운 경영기법의 필요성과 목적을 이해시키는 직원교육이 필요하다. 직원교육에 새로운 기법을 도입할 경우, 감원이나 높은 업무강도를 초래하지 않으며 성공적인 도입의 혜택이 궁극적으로 직원들에게 돌아감을 인식시켜야 한다. 교육 분위기가 위협적이지 않아야 하고, 불필요한 어려운 용어를 사용하지 않으며, 자신들의 이익을 위한 직원들의 상호 협조가 필수적임이 교육기간 내내 강조되어야 한다.

■ ABC 도입시 세 가지 고려사항

그럼, 앞으로 어떻게 해야 할까? ABC를 버리고, 여러 가지 문제에도 불구하고 전통적인 원가계산으로 돌아가야 하는가? 물론 대답은 '아니오'다. ABC를 적용하는 방법에 문제가 있었을 뿐이지, ABC가 가진 장점을 포기할 필요는 없기 때문이다.

ABC의 장점을 잘 살리면서도 시행착오를 줄이기 위해서는 다음의 세 가지를 고려해야 한다.

첫째, ABC의 기반이 되는 병원의 현재 정보화수준을 사전에 검토해야 한다. ABC시스템을 제대로 활용하기 위해서는 많은 정보들이 필요한데, 병원의 OCS, MIS 등 기존 운영계 시스템에서 산출되는 정보수준이 어느 정도인지를 고려해야 한다. 그렇지 않을 경우, 원가분석을 위해 필요한 정보를 산출하지 못해 결국은 ABC시스템을 활용하지 못하게 될 것이다. 특히 병원의 특성을 고려하지 않고, 제조업 등 일반 기업에 적용되는 ABC 패키지를 그대로 적용하는 과정에서 이런 오류가 자주 발생한다.

둘째, 원가배부과정의 임의성, 주관성을 최대한 배제하기 위해 활동수와 배부기준 수를 과감히 줄이는 것이 필요하다. 성과평가와 같이 다소 민감한 의사결정에 활용하기 위해서는 원가분석결과에 대한 신뢰성이 요구된다. 이를 위해 원가배부과정이 단순하고 명쾌하여 쉽게 이해될 수 있어야 한다.

의료서비스와의 직접적인 연관성이 낮고 그 기여도를 명확히 측정하기 어려운 행정부서 원가는 공통 배부기준에 의해 단순하게 배부하는 것이 바람직하다.

마지막으로, ABC는 어디까지나 병원의 성과관리를 지원하는 일부임을 기억해야 한다. 즉, ABC는 병원의 재무적인 성과를 정확하게 측정하기 위한 하나의 수단에 불과하며, 병원의 성과관리를 위해서는 이보다 훨씬 더 중요한 요소들이 산재해 있다. 자칫 원가분석의 엄밀성을 높이는 데 너무 많은 시간과 노력을 투입하다 보면 숲은 보지 못하고 나무만 보게 되는 오류에 빠질 위험이 있다.

과거 병원들이 충분한 고려 없이 고가의 의료장비를 구입하였다가 제대로 활용하지 못하고 방치한 경우가 많았다. 요즘 경쟁적으로 도입하고 있는 ABC시스템의 경우도 다르지 않다. 병원의 정보화수준이나 원가시스템의 활용목적에 대한 고민없이 성급하게 도입한다면, 진료실 한 구석에서 먼지만 쌓여가고 있는 의료장비와 동일한 신세가 되지 않으리라고 장담할 수 없을 것이다.

(대한병원협회지, 2006.6~7)

활동기준원가계산은 완벽하지 않다

활동기준원계산의 한계

모든 활동 파악 불가능

- 각 활동의 원가동인을 모두 찾아내는 것은 매우 어려움
- 방대한 자료의 측정, 수집, 관리가 비효율적일 가능성 존재

부정확성의 여러 이유

- 적절한 원가동인을 찾기 어려운 항목에는 자의적인 배부기준 사용
- 원가항목간의 상호 영향으로 인해 독립적 분리가 가능하지 않는 경우
- 활동원가가 원가동인에 비례하여 발생하지 않는 경우

원가계산의 정확성은 정도의 문제

- 증가한 원가정보의 정확성이 의사결정 개선효과를 가져다줄 때 가치 있음

단일의 진정한 원가(True Cost)는 존재하지 않음

활동기준원가계산은 간접원가의 발생요인을 원가동인으로 파악하여 원가계산함으로써 기존 원가계산보다 정확한 원가정보를 제공한다. 하지만 활동기준원가계산이 완벽하게 정확한 원가정보를 제공하지는 못한다. 우선 기업이나 조직에서 이루어지는 모든 활동을 파악하여 활동별 원가를 분류하는 것이 불가능하다. 또한 각 활동을 위한 원가동인을 모두 찾아내는 것도 어렵다. 상당히 자세히 분류된 활동과 원가동인 자료를 얻는 것이 혹시 기술적으로 가능하다 하더라도, 그 방대한 자료를 측정, 수집, 관리하는 원가가 너무 커져서 원가정보 획득의 원가가 원가정보의 혜택보다 커진다면 비경제적이다. 실제로 기업들은 자료수집 관리가 가능한 수준으로 200개 이내의 활동원가 분류와 100개 이내의 원가동인을 사용하는 것이 일반적이다.

제한적인 범위의 활동 분류와 원가동인 사용 이외의 다른 한계점들도 활동기준원가계산을 부정확하게 만든다. 활동원가계산을 하더라도 여전히 적절한 원가동인을 찾기 어려운 원가항목은 자의적인 배부기준에 의해 배부할 수밖에 없다. 또한 원가항목간에 서로 미치는 영향 때문에 각 활동원가가 독립적으로 분리가능하지 않거나, 활동원가가 원가동인에 대해 비례적으로 발생하지 않는 경우에는 활동원가계산에 의한 원가정보가 부정확하다. 이러한 한계점들이 활동기준원가계산을 무가치하게 만들지는 않는다. 어차피 원가계산의 정확성은 상대적인 정도의 문제이므로, 복잡한 원가계산을 하여 증가한 원가정보의 정확성이 충분한 의사결정 개선효과를 가져다준다면 가치 있는 일이다.

활동기준원가계산이나 어떤 다른 원가계산방법이 완벽하게 정확하다 하더라도 여전히 문제가 남아 있다. 원가정보를 의사결정에 사용할 때 필요한 것은 정확성(Accuracy)뿐만이 아니라 적절성(Relevance)이다. 의사결정에 필요한 정보는 상황에 따라 다르며 모든 상황에 사용할 수 있는 단일의 진정한 원가(True Cost)는 존재하지 않는다. '서로 다른 목적을 위한 서로 다른 원가(Different Costs for Different Purposes)'라는 오래된 표현이 이를 잘 나타내 준다. 예를 들어, 정상적인 제품 판매가를 정하기 위해서는 모든 제조원가, 판매관리비를 포함한 총원가를 사용해야 하고, 임시적인 특별 할인행사를 위한 할인가격을 결정할 때에는 이 행사에 관련된 원가증가분만을 고려하는 것이 적절하다. 의사결

정 상황에 적절한 관련원가를 파악하는 문제는 제13장에서 다룬다. 활동기준원가계산으로 단 한 가지 원가수치를 얻어 모든 상황에서 사용하려 하지 말고, 의사결정 상황에 맞게 활동기준원가계산을 적절히 변형하여 활용해야 한다.

활동기준원가계산은 운영이 어려울 수 있다

활동기준원가계산을 실무적으로 운영하는 데에는 많은 문제점이 있다, 보통 이론적으로 활동기준원가계산을 자원 ⇒ 활동 ⇒ 원가대상의 3층 2단계 배부구조로 설명한다. 그러나 실무적으로는 이런 단순한 구조로 원가를 배부할 수 없어 자원간의 배부나 활동간의 배부가 추가로 사용되어 상당히 복잡한 배부구조를 가진다. 또한 자원원가를 활동원가로 배부하는 데 흔히 사용되는 방법인 담당자들의 인터뷰를 통해 원가동인과 업무 간의 시간비율을 추정하는 것이 시간과 노력을 많이 요구하고 그 추정결과도 주관적이어서 정확하지도 않다.

활동기준원가계산의 정확성을 높이기 위해 수많은 자원간의 배부와 활동간의 배부가 포함된 복잡한 배부구조를 가진 활동기준원가시스템이 운영될 때 계산처리능력이 뛰어난 전산시스템도 처리에 시간이 오래 걸릴 정도이다. 원가계산의 신속성을 위해 원가시스템 설계를 단순화하면 정확성이 낮아지는 문제가 있다. 또한 업무환경이 변할 때 활동기준원가계산은 시스템을 재설계하는 것도 어렵다.

시간동인 활동기준원가계산이 대안이다

시간동인 활동기준원가계산 (TDABC)
시간방정식과 처리능력 원가율을 사용하는 원가계산방법

이러한 활동기준원가계산시스템의 운영상 문제점을 해결하기 위해 창안된 것이 시간동인 활동기준원가계산이다. 시간동인 활동기준원가계산(TDABC, Time Driven ABC)은 활동별 원가를 계산하는 대신에 프로세스와 시간방정식을 사용하여 원가를 계산한다. 대분류된 각 자원의 최대처리능력(capacity)을 시간으로 파악하여 시간당 원가를 계산하고, 자원사용을 프로세스로 파악한 후 관련된 다양한 활동을 시간방정식으로 요약하여 원가대상(거래)별 원가를 계산한다. 자원에 따라서는 시간 대신에 면적 등의 다른 측정치를 사용하기도 한다. 시간동인 활동기준원가계산은 원가의 배부구조를 단순화시키면서 시간방정식으로 다양한 활동을 반영하는 장점이 있다. ERP시스템에서 제공되는 실제거래량 자

표 7.7 ABC와 TDABC의 비교

핵심 이슈	(전통적) ABC	TDABC
원가계산의 핵심 요소 및 특징	• 활동동인을 이용한 push-model	• 부서의 처리능력 원가율 및 거래별 처리능력 사용량 2 변수만 필요
	• 활동을 이용한 자원소비와 원가대상의 연계가 가능	• push-model에 해당함
핵심 구조	• 자원 → 활동원가 → 원가대상 관계를 이용한 인과관계의 강조	• 부문비용을 프로세스를 매개로 삼아 원가대상에 부과
	• 단위, 배치, 제품, 설비 수준의 4단계 원가계층구조를 이용	• 시간방정식(time equation)을 이용하여 복잡성을 원가추정에 반영
주된 장점 및 정확성	• 활동의 세분화 정도에 따라 정보의 정확성 제고(원가 vs 효익 분석)	• 시간측정을 이용한 단순 모델링+ERP와의 연계를 통한 자료 확보
	• 고객 수익성 분석 등이 가능	• 인터뷰 및 서베이 불필요
사전원가계산 vs 사후원가계산	• 실제 full cost 산정에 초점	• 경영계획 및 M&A 대상 기업의 잠재력 평가
	• 사전계획은 ABB를 통해 강조하기 시작	• 예정원가 등 사후적 원가보다는 사전 예측을 강조
미사용 처리능력의 식별 및 관리	• 초기에는 관심이 낮았지만 후반기에는 ABM과 연계하여 중요성을 강조	• 실질 처리능력의 활용을 공식적으로 강조함
	• MeNair(1998) 및 CAM-I 모델이 대표적	• 미사용 처리능력 식별 및 관리를 핵심 장점 영역으로 강조
시스템의 유지 및 보수, 업데이트	• 활동의 추가 및 관련 원가동인의 선정 및 자료 수집 및 업데이트가 보완된 데이터베이스 용량 확보가 관건임	• 시간방정식의 보완을 통한 업데이트가 용이함
		• ERP시스템과의 연동이 장점

(출처 : 신홍철, 'TDABC에 관한 소고', 상업교육연구 29권 6호)

그림 7.2 시간동인 활동기준원가계산의 구조

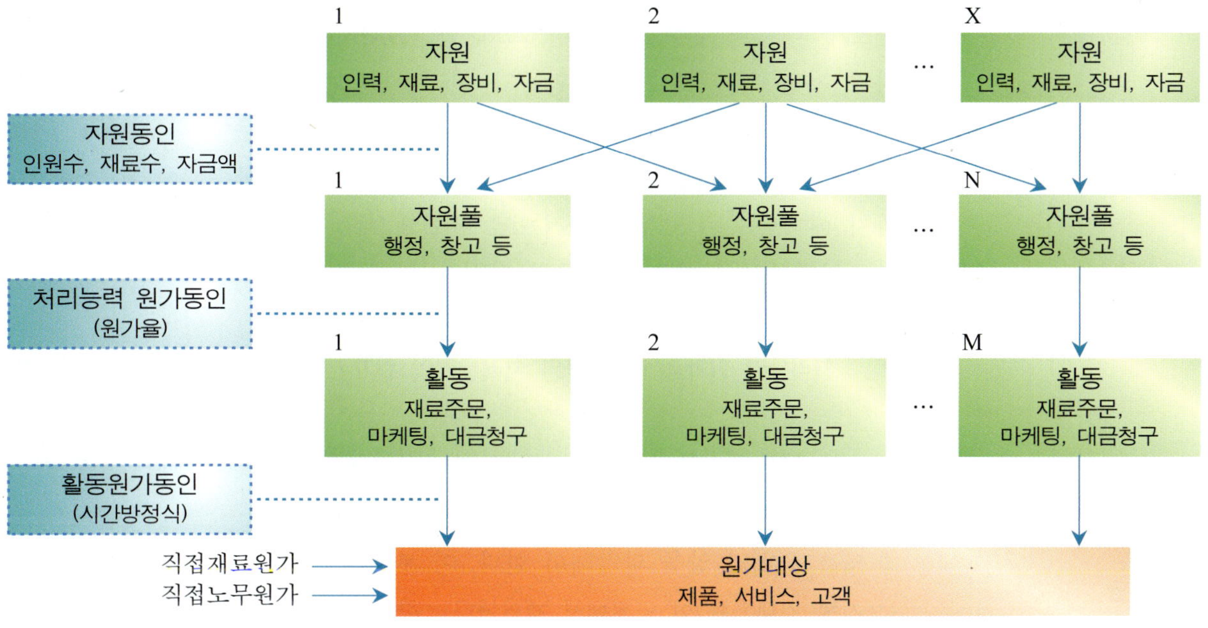

(출처 : TDABC model based on Everaert, Bruggeman, Sarens, et al., 2008)

료를 활용하여 상대적으로 단순화된 배부구조에서도 정확성을 달성한다. 또한 유휴 처리능력에 해당하는 원가를 명시적으로 분리해 내는 장점도 있다.

〈표 7.7〉은 활동기준원가계산과 시간동인 활동기준원가계산을 요약하여 비교한 것이다. [그림 7.2]는 시간동인 활동기준원가계산의 구조를 보여준다.

시간동인 활동기준원가계산은 처리능력 원가율과 사용량을 이용한다[5)]

분기별 총운영비가 56만7,000달러인 고객서비스부서를 예로 들어보자. 이 경비에는 고객서비스 담당자에 대한 인건비, 감독자에 대한 인건비, 부서의 정보기술 및 통신, 장소 점유 비용 등이 포함된다. 그리고 총 56만7,000달러라는 분기별 예산은 부서의 업무량과 상관없이 불변이라고 가정해 보자.

TDABC는 우선 활동을 정의하는 단계를 생략하기 때문에 부서의 원가를 그 부서에서 수행된 다수의 활동별로 할당할 필요가 없다. TDABC 모델은 시간과 비용이 많이 들고 객관성이 결여되어 있는 전통적 ABC의 활동 관련 설문조사 과정을 모두 생략한다. 그 대신 TDABC는 독창적인 시간방정식을 이용하여 자원 원가를 수행된 활동과 처리된 거래에 직접적으로 자동 할당한다. TDABC를 위해 필요한 것은 '부서의 처리능력 원가율'과 부서에서 처리하는 '거래별 처리능력 사용량(capacity usage)' 두 가지 매개변수뿐이다. 그리고 이 두 가지 매개변수는 모두 객관적으로 손쉽게 추정할 수 있다.

처리능력 원가율은 다음과 같이 정의된다.

처리능력 원가율 = 공급된 처리능력의 원가 / 공급된 자원의 실질 처리능력

공급된 처리능력 원가는 물론 분기별로 56만7,000달러이다. 실질 처리능력을 측정하기 위해서 TDABC 팀은 실제로 업무를 수행하는 자원(통상적으로 인원 또는 장비)의 양을 파악해야 한다. 이 부서의 일선 직원은 28명이고(감독자 또는 지원 스태프는 이 인원에서 제외된다), 한 달 평균 20일(분기당 60일) 근무하여 매일 7.5시간의 근무시간에 대해 급료를 받는다고 가정해 보자. 그러면 각 종업원은 1분기당 약 450시간(2만7,000분) 근무하게 된다.

하지만 이 유급 근무시간 전체가 다 생산적인 업무에 사용되는 것은 아니다. 고객서비스부서의 종업원들은 보통 하루에 약 75분 정도를 휴식, 훈련, 교육 등에 소비하므로 각 종업원의 실질 처리능력은 1분기당 약 2만2,500분(=375분×60일)이 된다. 그리고 이 부서의 일선 직원은 28명이므로 부서 전체의 실질 처리능력은 63만 분이 된다. 이렇게 해서 TDABC 모델의 첫 번째 추정치인 '처리능력을 공급하는 원가율'(분당)을 산출할 수 있다.

처리능력 원가율=567,000달러 / 630,000분=분당 0.90달러

종업원 1인 또는 장비 1대당 실질 처리능력을 추정하는 일은 지극히 직접적이고 간단하다. 이것은 종업원과 기계장치가 한 달에 평균 며칠 동안 작업하는지 그리고 예정된 휴식, 교육훈련, 회의, 보수유지 활동, 그 밖에 다른 정지시간을 제외하고 하루에 몇 시간 또는 몇 분 정도를 실제 업무에 투입하는지

6) 이하 설명은 역자의 허가를 얻고 TDABC(캐플란 · 앤더슨 저, 웨슬리퀘스트 역, 비즈니스북스)에서 발췌한 것이다.

를 계산하면 된다. 그리고 이 양은 정확히 계산될 필요도 없다. 몇 퍼센트 정도의 사소한 오류는 대세에 별 영향을 주지 않으며, 만약 중요한 오류가 있었다 하더라도 예기치 않았던 처리능력의 부족 또는 과잉을 통해 그것을 감지할 수 있기 때문이다.

TDABC 모델에 필요한 두 번째 추정치는 각 거래를 수행하는 데 소요된 처리능력(이번 사례를 포함한 대부분의 경우 '시간')의 양이다. 전통적 ABC는 대략 비슷한 양의 시간이 소요되는 활동들(예를 들면, 기계장치의 설치, 구매주문 발주, 고객요구 처리 등)이 발생할 때 '거래동인'(transaction driver)이라는 개념을 사용한다. 반면, TDABC는 이런 거래동인의 개념을 사용하지 않고 단순히 프로젝트 팀에게 이 거래활동 각각에 소요되는 시간을 추정하도록 한다. 이 시간 추정치는 직접적인 관찰이다. 면접 조사를 통해 확보할 수 있다. 실질 처리능력을 추정할 때와 마찬가지로 이 시간 추정치도 완전히 정확할 필요는 없으며 어느 정도의 정확성을 갖추는 것만으로 충분하다. 그리고 종업원들의 주관적인 추정에 의존하는 전통적 ABC 모델의 비율들과는 달리 TDABC의 처리능력 소비량 추정치는 단순한 관찰만으로도 그 유효성을 쉽게 검증할 수 있다.

그러면 이제 좀더 명확한 이해를 위해 다시 구체적인 수치들을 적용해 보자. TDABC팀이 3가지 고객관련 활동에 대해 다음과 같은 평균단위시간 추정치를 얻어냈다고 가정해 보자.

고객주문처리 : 8분
고객문의처리 : 44분
고객신용조사 수행 : 50분

이제 프로젝트 팀은 처리능력 원가율에 각 활동의 단위시간 추정치를 곱하여 고객서비스부서에서 수행되는 3가지 유형의 활동 각각에 대한 원가동인율을 간단히 산출해낼 수 있다.

활 동	TDABC 원가동인	
	단위시간(분)	원가율(분당 0.90달러)
고객주문처리	8	7.20달러
고객문의처리	44	39.60달러
고객신용조사 수행	50	45.00달러

또한 전통적 ABC 모델의 3가지 고객서비스 활동을 다음과 같이 한 개의 시간방정식으로 간략히 요약해서 표현할 수 있다.

고객서비스 시간(분) = 8 × 처리된 주문 건수
+ 44 × 고객문의 횟수
+ 50 × 고객신용조사 횟수

TDABC의 원가동인율은 전통적 ABC 모델로 측정한 것보다 약간 더 낮게 나온다. 왜 이런 차이가 나는지는 현재 우리가 예를 들고 있는 고객서비스 부서에서 최근 분기 동안 수행된 3가지 활동에 대한 원가를 재산정해 보면 명확히 알 수 있다.

활 동	단위시간(분)	양	분(합계)	총원가(달러)
고객주문처리	8	49,000	392,000	352,800
고객문의처리	44	1,400	61,600	55,440
고객신용조사 수행	50	2,500	125,000	112,500
사용 처리능력			578,600	520,740
미사용 처리능력(8.2%)			51,400	46,260
합 계			630,000	567,000

이 분석을 통해 우리는 이 기간 동안 공급된 자원의 실질 처리능력의 약 92%(=578,600÷630,000)만이 생산적인 업무를 위해 사용되었다는 사실을 알 수 있다. 그러므로 이 기간 동안에는 총비용 56만 7,000달러의 92%만이 고객에게 할당된 것이다. 전통적인 ABC 모델의 활동배분 설문조사는 그 자체의 상당한 정확도(이 설문조사가 추정한 70, 10, 20의 비율 조합은 3가지 활동의 실제 생산적 업무 비율 조합인 67.7, 10.6, 21.6과 상당히 근사하다)에도 불구하고 사용된 자원 처리능력의 원가와 사용되지 않은 자원 처리능력의 원가를 모두 산입하게 되므로 결국 활동 수행원가를 과대평가하는 결과를 낳게 된다. 각 활동의 수행에 필요한 단위시간을 명확히 적시함으로써 조직은 활동 수행을 위해 공급된 자원 중 사용되지 않은 처리능력의 양(51,400분)과 원가(46,260달러)는 물론이고 각 활동별 원가와 효율성에 관해서도 좀더 유효한 시그널을 얻게 된다.

TDABC 모델은 과거의 데이터를 토대로 측정하지만 그 주된 효용은 미래를 예측하는 데 있다. 예를 들어 다음 기간 동안에는 5만 1,000건의 고객주문, 1,150건의 고객문의, 2,700건의 신용조사가 각각 예상된다고 가정해 보자. 회사는 이 기간에 대해 TDABC 모델을 표준원가 모델로 채용하여(물론 전통적인 표준원가 모델보다 훨씬 더 많은 원가동인을 가지겠지만) 실질 처리능력을 통해 산정된 표준율(주문당 7.20달러, 고객문의당 39.60달러, 신용조사당 45.00달러)을 기반으로 원가를 주문과 고객별로 할당할 수 있다. 회사는 거래가 발생할 때마다 이러한 계산을 실시간으로 수행하여 고객관리비용을 즉시 개별 고객들에게 할당할 수 있다. 또한 이 표준원가율은 신규 비즈니스를 받아들이거나 가격책정에 대해 고객과 논의할 때에도 유용하게 활용할 수 있다.

만약 그 기간이 끝날 무렵 실제로 수행된 활동의 양이 위에서 가정한 예상치와 동일하다면, 회사는 회계기간이 종료된 직후에 곧바로 다음과 같은 간결하고도 유용한 보고서를 얻을 수 있다.

활 동	양	단위시간	총시간	단위당 원가(달러)	총할당원가 (달러)
고객주문처리	51,000	8	408,000	7.20	367,200
고객문의처리	1,150	44	50,600	39.60	45,540
고객신용조사 수행	2,700	50	135,000	45.00	121,500
사용 처리능력			593,600		534,240
미사용 처리능력(5.8%)			36,400		32,760
합 계			630,000		567,000

회사는 이 보고서를 통해 3가지 활동을 수행하는 데 필요한 시간과 그 자원원가를 알 수 있다. 이 보고서는 또한 공급된 처리능력(양 및 원가)과 실제로 사용된 처리능력 간의 차이를 부각시켜 준다. 관리자들은 3만 2,760달러의 미사용 처리능력(unused capacity)에 대한 원가 내용을 검토한 후, 다음 기간에 미사용 자원을 공급하는 데 드는 원가를 절감할 것인지 또 만약 절감한다면 어떤 식으로 할 것인지 등을 심사숙고할 수 있다.

관리자들은 현재의 미사용 처리능력을 감축하기보다는 미래 성장을 위해 그 처리능력을 비축해 두기로 결정할 수도 있다. 관리자들은 신제품 도입, 신규 시장 확장, 제품 및 고객 수요의 증가 등에 대비해 기존의 처리능력과 확장된 비즈니스 사이의 격차를 저울질해 볼 수 있다. 예를 들어 피츠버그에 있는 호스 및 벨트 제조회사 루이스 고츠(Lewis-Goetz)의 운영담당 부사장은 한 공장의 가동률이 단지 27%에 불과하다는 사실을 발견했다. 하지만 그는 그해 말에 예상되는 대규모 수주계약에 대비해 공장의 규모를 축소하기보다는 그 처리능력을 계속 유지하기로 결정했다. 관리자들은 또한 예측된 수요의 증가가 현재 이용가능한 처리능력을 초과하게 되면, 어떤 부분에서 처리능력의 부족 현상이 일어날지 미리 예상할 수 있다.

토 론

"시간동인 ABC 모델에 의한 제품원가계산 적용사례 연구 : H사 Chemical-Product 사업부를 중심으로"

지성권과 이진석(관리회계연구 제10권 제1호 2010년 6월)의 연구는 자동차부품 제조기업인 H사 화학제품 사업부를 중심으로 TDABC 방법을 적용시켜 보았다. 사례 사업부는 월평균 130억원 정도의 매출액과 212명의 인원을 보유하고 있다. 사업부의 4가지 제품은 자동차부품 및 기타 화학제품을 생산하기 위한 기초화학소재용으로서 이 제품을 필요로 하는 국내 80여개의 주요 기업들에 공급되고 있다. 특히, A-Type과 B-Type 제품은 이 사업부의 주력제품으로서 국내에서 70%가 넘는 시장점유율을 확보하고 있으며 C-Type은 최근 1~2년 사이에 생산을 시작한 신제품으로서 향후 매출확대가 예상되고 있다. T/Service 제품은 상기 3개의 제품과는 달리 2009년 하반기부터 사업부가 추진하는 신규사업인데, 화학제품 제조에 관한 모든 기술적인 지원을 외부기업에 수행함으로써 그 용역에 대한 수수료를 매출로 인식하는 형태이다.

[그림 1] Chemical-Product사업부의 TDABC 모델구축단계

준비단계 →	희소자원 원가동인율 →	시간방정식 모델구축 →	모델적용 →	전략적 의사결정
PJT TEAM 구성	희소자원 구분	프로세스 확정	희소자원별 제품원가	수익성 및 판매예측
⇩	⇩	⇩	⇩	⇩
부서별 원가 산출	희소자원 조업도 원가	소요시간/ 활동량 산출	부서별 제품원가	수정예산
⇩	⇩	⇩	⇩	⇩
공통원가 귀속	실질조업도 산출	시간방정식 모델구축	제품별 이익 비교	희소자원 수요예측
⇩	⇩	⇩	⇩	⇩
부서별 원가 확정	원가동인율 확정	유휴조업도 원가산출	의사결정	완료

사업부 내 경영전략팀 2명, 재무회계팀 3명, 전산팀 3명을 중심으로 기타 실무부서 1명씩이 포함된 TDABC 프로젝트 팀을 구성하였다.

원가동인율은 다음과 같다.

원가동인율＝희소자원의 조업도사용원가/희소자원의 실질조업도

여기서 희소자원(resources supplied)의 의미는 부가가치 창출을 위하여 한 부서 또는 프로세스에 공급되는 모든 자원(인원, 설비, 기술, 장비, 건물 등)이며, 조업도사용원가(cost of capacity supplied)는 이 자원의 투입으로 인해 발생하는 원가이다. 그리고 실질조업도(practical capacity)란 자원의 투입에 의하여 부가가치를 창출할 수 있는 실제능력으로서 제조업에서 의미하는 생산능력(production capacity)뿐만 아니라 영업활동, 기

술연구활동 등 직접생산부문 외의 능력을 의미하기도 한다. 여기서 중요한 점은 실질조업도는 예정된 조업도의 100% 능력을 의미하는 최대조업도(maximum capacity)가 아니라, 생산설비의 기계고장, 수선, 대기시간, 휴식시간 등 불가피한 작업중단에 따른 조업도의 감소가 고려된다.

TDABC 프로젝트 팀은 사업부의 희소자원집단을 크게 8가지로 나누기로 하였다. 이 8가지의 희소자원 사용에 대한 조업도사용원가를 산출하기 위하여, 확정된 부서 및 회계계정과목별 원가데이터를 각각의 희소자원집단으로 나누었다. 〈표 1〉에서는 각각의 부서별 회계계정과목들에 대하여 희소자원집단에 따라 구분한 결과를 제시하고 있다.

〈표 1〉 회계계정과목별 희소자원 구분기준

희소자원	구분기준	해당 회계계정과목	조업도사용원가(천원)
인적자원	인적자원의 사용과 관련되는 모든 원가	인건비, 복리후생비, 법인균등할주민세, 교육훈련비, 노무관리비, 전화료, 교통(출장)비, 사무용품대, 인쇄비, 전산시스템유지보수비, 접대비, 송금추심료, 인지 및 증지대, 회의비, 비품감가상각비 등	1,094,582
설비	제품을 생산하기 위한 설비의 사용과 관련되는 모든 원가	기계장치/공기구 감가상각비, 전력비, 수선비, 생산소모품비, 기계장치화재보험료, 폐기물처리비 등	493,103
건물	건물사용과 관련된 모든 원가	건물/구축물 감가상각비, 사업소세, 건물화재보험료, 소화기설치/구입대 등	11,046
외부용역	생산 및 운반에 필요한 외부용역 사용에 따라 발생되는 원가	생산 및 자재운반 용역수수료	26,960
pallet	직접생산라인에 필요한 pallet 사용에 따라 발생되는 원가	pallet 관련 포장비	39,581
원재료	생산을 위한 원재료 원가	제품별 직접재료비	10,773,084
외주가공	협력업체에 대한 임가공원가	B-Type 제품 외주가공비	313,820
포장/운반	제품판매를 위한 원가	포장자재비, 운반비	179,154
합 계	총원가	합 계	12,931,331

조업도사용원가가 확정되면, 각 부서별 그리고 희소자원별로 실질조업도(practical capacity)를 측정해야 한다. 이를 위하여 TDABC 프로젝트 팀은 인적자원과 용역인원에 대하여 각 운영부서와 지원부서의 근무형태, 기본근무시간, 유휴시간, 실제근무시간을 조사하였다. 그리고 설비에 대해서는 공정별 시간, 작업일수, 실제가동시간을, 건물에 대해서는 각 부서가 전체건물에서 차지하는 공간면적(m^2)을, pallet에 대해서는 전체 개

수와 사용횟수를 각각 조사하였다. 그리고 부서별 희소자원 조업도사용원가에서 실질조업도를 각각 나누어 조업도단위원가(unit cost)인 원가동인율(cost capacity rate)을 산출하였다. 〈표 2〉는 인적자원에 대한 부서별 조업도사용원가와 실질조업도 그리고 원가동인율을 각각 산출한 결과이다.

〈표 2〉 부서별 인적자원 원가동인율(cost capacity rate) 산출결과

부서 \ 내용	조업도사용원가 (천원－Ⓐ)	인원 (명)	근무 (日)	전체근무시간 (분)	미사용시간 (분)	실질조업도 (분)－Ⓑ	원가동인율 (원)－Ⓐ/Ⓑ
생산1팀	219,966	50	22	1,254,000	374,000	880,000	250
생산2팀	262,433	63	23	2,086,560	738,990	1,347,570	195
생산3팀	44,875	10	22	250,800	68,200	182,600	246
T-PJT팀	27,474	3	21	35,910	16,380	19,530	1,407
영업팀	76,567	13	21	147,420	40,950	106,470	719
품질관리팀	50,528	12	21	136,080	45,360	90,720	557
설비관리팀	65,685	11	21	124,740	41,580	83,160	790
기술연구팀	90,880	22	25	297,000	165,000	132,000	688
인사총무팀	26,884	5	21	56,700	9,450	47,250	569
재무회계팀	13,838	3	24	38,880	8,640	30,240	458
경영전략팀	14,505	3	21	34,020	5,670	28,350	512
전산팀	17,153	3	21	34,020	5,670	28,350	605
자재관리팀	21,138	6	21	68,040	15,120	52,920	399
임원실	162,654	8	21	90,720	10,080	80,640	2,017
합 계	1,094,582	212		4,654,890	1,545,090	3,109,800	352

주1) 전체근무시간(분) : 근무시간(H)/日×60(min.)×인원수×근무일수/月
주2) 미사용시간 : 휴식, 식사, 교육, 회의시간(H)/日×60(min.)×인원수×근무일수/月
주3) 실질조업도 : 실제 총근무시간(전체근무시간－유휴시간)

희소자원별 실질조업도에 대한 원가동인율이 확정되면, 다음 단계로서 시간방정식 모델을 구축해야 한다. 이 과정에서 부서별 작업 및 업무 프로세스를 확정하여 생산제품의 실제원가와 유휴조업도에 의한 유휴원가가 산출될 수 있도록 한다. 실질조업도, 프로세스시간 그리고 유휴시간을 다음과 같이 각각 정의하고 있다.

프로세스시간(process time)$=\beta_0+\beta_1X_1+\beta_2X_2+\beta_3X_3+\beta_4X_4+\beta_5X_5+\cdots\cdots+\beta_iX_i$ ················ [식 1]

β_0 : 한 프로세스에서 기본적 활동에 필요한 표준시간
β_i : 추가되는 활동 i에 대한 소요시간
X_i : 추가되는 활동 i 횟수

실질조업도＝프로세스시간＋유휴시간 ·· [식 2]

제품원가＝프로세스시간×원가동인율＋유휴시간×원가동인율 ······················ [식 3]

상기에서 언급된 실질조업도는 각 부서별 희소자원별로 사용가능한 총시간이며 실제 활동에 의하여 발생된 프로세스시간을 제외한 나머지가 유휴시간이 된다. 즉, 유휴시간에 의하여 유휴원가가 발생하며 제품별로는 이 유휴원가를 제외한 실제 프로세스 시간에 의한 원가만을 반영하게 된다.

부서별 업무 프로세스는 각 희소자원별로 도식화하여 [식 1]과 같이 시간방정식을 구축하면 된다. 우선, 사업부 희소자원 중 가장 큰 비중을 차지하는 인적자원에 대한 업무 프로세스를 도식화하면 [그림 2]와 같다.

[그림 2] 부서별 인적자원 업무 프로세스

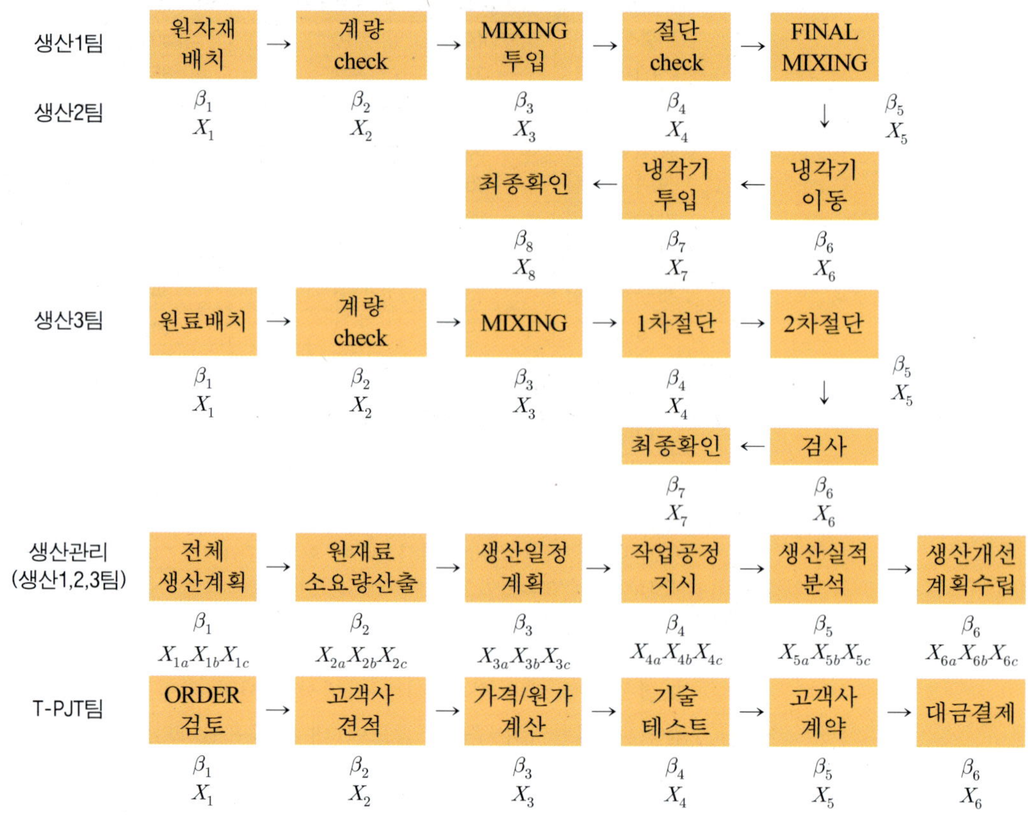

[그림 3]은 Kaplan과 Anderson(2007)이 제시한 제품원가 배분모델을 참고하여 TDABC 프로젝트 팀이 화학제품 사업부 전체부서에 대하여 희소자원원가가 제품에 배분되는 과정을 도식화한 것이다. 그림에서 보는 바와 같이 운영부서 및 지원부서의 업무 프로세스가 확정되면, 각 프로세스별로 시간방정식 구축을 통하여 각 희소자원별 또는 부서별 실제원가가 제품별로 최종 배분된다. 이때 각 제품과 연관되는 지원부서의 활동인 X_{ia}, X_{ib}, X_{ic}, X_{it}의 명확한 구분을 통하여 각 제품별로 실제원가를 배분할 수 있다.

[그림 3] TDABC 모델에 의한 화학제품 사업부 제품원가 배분과정

희소자원	인적자원	설비	건물	외부용역
	pallet	원재료	외주가공	포장/운반
	⇩	⇩	⇩	⇩
원가동인	시간	시간	면적	시간
	사용횟수	직접원가	직접원가	직접원가
	⇩	⇩	⇩	⇩
지원부서	영업팀	품질관리팀	설비관리팀	기술연구팀
	자재관리팀	인사총무/회계	경영전략/전산	임원실
	⇩	⇩	⇩	⇩
활동횟수	X_{ia}	X_{ib}	X_{ic}	X_{it}
	⇩	⇩	⇩	⇩
운영부서	생산1팀	생산2팀	생산3팀	T-PJT팀
	⇩	⇩	⇩	⇩
원가대상	A-Type	B-Type	C-Type	T/Service

희소자원 원가동인율과 시간방정식 구축단계까지 완료되면 네 번째 단계로서 실제원가와 유휴원가를 기준으로 각 제품별 원가 및 수익성을 검토해야 한다. 〈표 3〉은 희소자원 원가동인율과 각 부서 프로세스 시간의 곱으로 각각 산출된 제품별 손익계산서이다. 이 손익계산서에서는 각 제품 A-Tpye, B-Type, C-Type 그리고 T/Service에 대하여 부서별 제품원가를 보여주고 있으며 이에 따른 각 제품의 영업이익률을 나타내고 있다. 예를 들어, 아래 손익계산서상 생산2팀 원가의 경우 생산2팀 각 희소자원별 원가동인율과 이에 해당하는 프로세스시간의 곱으로 산출되었다. 마찬가지로 유휴원가의 경우도 각 희소자원별 원가동인율과 유휴시간의 곱으로 산출되었다. 지원부서 원가의 경우도 운영부서와 동일한 방법으로 산출되었는데 차이가 있다면 시간방정식에 의해 각 제품별로 원가가 배분된 점이다.

〈표 3〉 TDABC 모델에 의한 화학제품 사업부 손익계산서

(단위 : 천원)

	A-Type	B-Type	C-Type	T/Service	합 계	유휴원가	실적원가
매출액	4,235,791	7,839,006	607,876	204,572	12,887,246		
unit	14,232	35,234	4,358	40	53,864		
재료비	3,578,567	6,598,456	446,783	154,276	10,773,083		10,773,083
외주가공비		313,820			313,820		313,820
포장/운반비	55,538	96,743	26,873		194,154		194,154
생산1팀 원가	280,680				280,680	79,373	360,053
생산2팀 원가		554,754			554,754	37,693	592,447
생산3팀 원가			77,114		77,114	27,469	104,583
T-PJT팀 원가				21,382	21,382	6,585	27,967
영업팀 원가	13,255	21,846	9,036		44,138	32,823	76,961
품질관리팀 원가	10,094	16,084	5,384		31,561	19,213	50,774
설비관리팀 원가	12,979	22,875	8,467		44,321	21,789	66,110
기술연구팀 원가	31,739	40,883	15,842		88,464	2,761	91,224
인사총무팀 원가	4,368	9,292	4,526	3,970	22,156	4,956	27,112
재무회계팀 원가	3,641	3,884	3,520	2,483	13,528	605	14,134
경영전략팀 원가	3,080	3,354	2,729	2,460	11,623	3,030	14,653
전산팀 원가	3,885	4,377	4,140	4,377	16,780	472	17,251
자재관리팀 원가	16,363	28,115	5,281	0	49,759	9,267	59,026
임원실 원가	38,080	36,379	38,193	9,561	122,214	40,765	162,978
원가합계	4,052,270	7,745,863	647,887	198,510	12,644,530	286,800	12,931,331
영업이익	183,521	93,143	−40,011	6,062	242,716	−286,800	−44,085
영업이익률(%)	4.3%	1.2%	−6.6%	3.0%	1.9%		−0.3%
per unit 판매단가	298	222	139	5,114	239		
per unit 총원가	285	220	149	4,963	235		

토론해 보자

(1) 사례의 TDABC 방식을 요약해서 설명해 보자.

(2) 이 방식의 장점과 단점을 논의해 보자.

요약정리

제조원가 중 제조간접비의 비중이 커지고 기업간 경쟁이 심해져서 이익 마진이 줄어들면서, 제조간접비의 정확한 계산이 필요하게 되었다. 활동기준원가계산은 제조간접비를 활동별로 분류하여, 활동의 수준을 나타내는 원가동인의 발생 정도에 따라 제품에 배분하는 방법이다. 제조간접비를 생산부문별로 집계한 후 직접노무시간, 기계시간 등의 생산량기준 배부기준에 의해 제품에 배부하는 기존 방법보다 정교한 방법이다.

활동의 내용에 따라 이에 적합한 원가동인을 찾아야 하는데, 활동은 단위수준, 배치수준, 제품유지, 설비유지 활동의 계층적 구조로 이해할 수 있다. 활동기준원가계산을 실시하려면 우선 기업내 활동을 파악하고 활동별 원가동인을 결정한다. 활동별로 집계한 제조간접비를 해당 총원가동인량으로 나누어 활동원가 배부율을 정한다. 제품별로 측정한 원가동인량에 활동원가 배부율을 적용하여 제품별 제조간접비를 계산한다.

제품의 총체적 수익성 계산과 고객별이나 유통채널별 수익성 계산을 위해, 판매관리비의 활동기준원가계산도 이용되고 있다. 금융기관, 통신회사, 종합병원 등의 서비스업에의 활동기준원가계산 도입도 최근 활발하다.

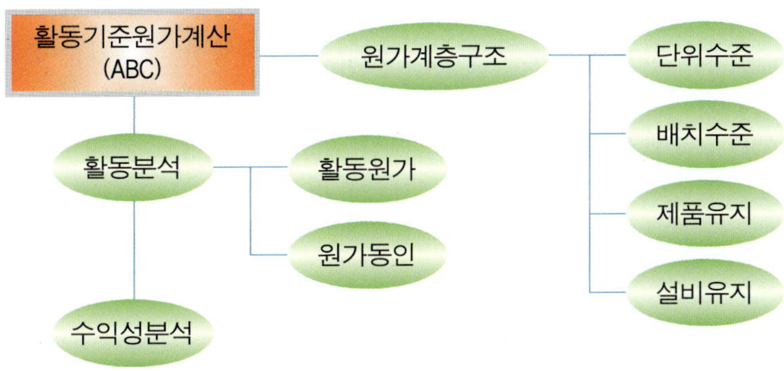

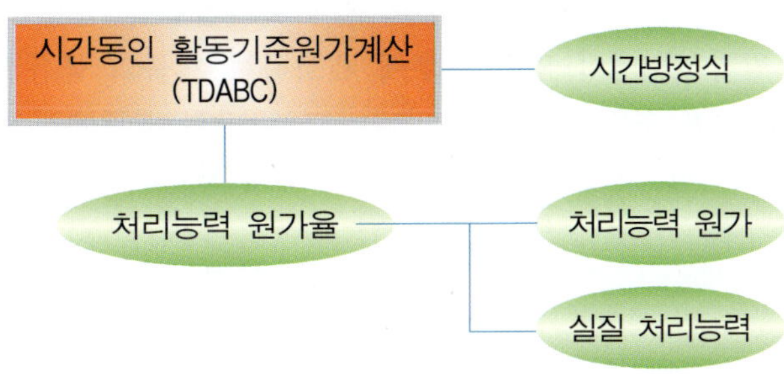

7 연습문제

객관식

01 **활동기준원가계산의 특징** (17. 보험계리사)

활동기준원가계산(ABC, Activity-Based Costing) 및 활동기준경영(ABM, Activity-Based Management)에 대한 다음 설명 중 옳지 않은 것은?

① 총원가 중 간접원가가 차지하는 비율이 높고 다품종 소량생산체제를 유지하고 있는 기업의 경우 활동기준원가계산을 도입함으로써 보다 큰 효과를 볼 수 있을 것이다.
② 활동기준원가계산을 사용할 때 대량으로 생산·판매되는 제품의 단위당 원가가 전통적인 원가계산방법에 의해 계산된 것보다 더 커지는 경향이 있다.
③ 활동기준경영에 의해 파악된 비부가가치활동에는 검사, 이동, 대기, 저장 등의 활동이 있다.
④ 활동기준경영은 제품설계에서부터 판매 후 고객서비스까지 모든 과정에서의 개선을 목표로 한다.

02 **활동기준원가계산의 특징** (17. 세무사)

활동기준원가계산에 관한 설명으로 옳지 않은 것은?

① 간접원가의 비중이 높을수록 활동기준원가계산의 도입효과가 크다.
② 전통적인 간접원가 배부방법에 비해 다양한 배부기준이 사용된다.
③ 판매관리비에는 활동기준원가계산을 적용하지 않는다.
④ 활동원가의 계층구조 중 배치(묶음)수준원가는 배치수나 활동시간 등을 원가동인으로 사용한다.
⑤ 전통적인 간접원가 배부방법에 비해 인과관계를 반영하는 배부기준을 찾아내는 데 많은 노력을 들인다.

03 **활동기준원가계산의 특징** (19. 재경관리사)

다음 중 활동기준원가계산제도의 도입에 따른 효익이 크게 나타날 수 있는 기업의 조건이 아닌 것은?

① 아주 큰 비중의 간접원가가 한두 개의 원가집합을 사용해서 배부되는 경우
② 기존의 원가시스템이 확립된 후에 제조하는 제품의 종류가 크게 감소하고 있는 경우
③ 복잡한 제품은 수익성이 높게 나타나고, 간단한 제품에서는 손실이 발생되는 것처럼 보이는 경우
④ 생산량, 작업량, 제조과정의 다양성 때문에 제품의 자원소비가 다양한 경우

04 개별원가계산, 종합원가계산, 활동기준원가계산 (18. 보험계리사)

다음 중 원가계산시스템에 대한 설명으로 옳지 않은 것은?

① 정상개별원가계산에서는 실제 발생한 직접재료원가를 작업별로 추적하여 집계한다.

② 개별원가계산은 제품별로 원가를 집계하는 반면, 활동기준원가계산은 활동별로 원가를 집계한다.

③ 종합원가계산은 동일제품을 대량생산하는 업종에 적용되는 반면, 개별원가계산은 여러 종류의 제품을 소량으로 생산하는 업종에 적용된다.

④ 실제개별원가계산에서는 실제 발생한 제조간접원가를 제조간접원가 예정배부율을 이용하여 작업별로 배부한다.

05 활동기준원가계산의 절차 (17. 재경관리사)

다음 중 활동기준원가계산의 절차로 가장 옳은 것은?

a. 각 활동별로 제조간접원가를 집계
b. 활동별 원가동인(배부기준)의 결정
c. 활동분석
d. 제조간접원가 배부율의 결정
e. 원가대상별 원가계산

① a – d – b – c – e
② a – e – d – b – c
③ c – a – b – d – e
④ e – a – d – b – c

06 활동기준원가계산의 개념과 기본문제 (17. 국가직 9급)

(주)한국은 제품 A와 제품 B를 생산하고 있으며, 최근 최고경영자는 활동기준원가계산제도의 도입을 검토하고 있다. 활동기준원가계산 관점에서 분석한 결과가 다음과 같을 때, 옳지 않은 것은?

활 동	제조간접비	원가동인	제품 A	제품 B
제품설계	₩400	부품수	2개	2개
생산준비	600	준비횟수	1회	5회

① 제품설계활동의 원가동인은 부품수, 생산준비활동의 원가동인은 준비횟수이다.

② 활동기준원가계산하에서 제품 A에 배부되는 제조간접비는 ₩300, 제품 B에 배부되는 제조간접비는 ₩700이다.

③ 만약 (주)한국의 제품종류가 더 다양해지고 각 제품별 생산수량이 줄어든다면 활동기준원가계산제도를 도입할 실익이 없다.

④ 기존의 제품별 원가와 이익수치가 비현실적이어서 원가계산의 왜곡이 의심되는 상황이면 활동기준원가계산제도의 도입을 적극 고려해 볼 수 있다.

07 활동기준원가계산 기본문제 (17. 서울시 9급)

(주)서울은 두 종류의 제품 A, B를 생산하고 있다. 회사는 활동기준원가계산에 의하여 제품원가를 계산하고 있으며, 회사의 활동 및 활동별 제조간접원가 자료는 다음과 같다. 제품 A를 100개 생산하기 위한 직접재료원가가 ₩30,000, 직접노무원가가 ₩10,000이며, 재료의 가공을 위해 소요된 기계작업은 500시간, 조립작업은 200시간이다. 이렇게 생산한 제품 A의 단위당 판매가격이 ₩700이고, 매출총이익 ₩20,000을 달성하였다면, 제품 A의 제조를 위한 생산준비횟수는 몇 회인가? (단, 기초재고자산과 기말재고자산은 없다고 가정한다)

구 분	원가동인	단위당 배부액
생산준비	생산준비횟수	₩50
기계작업	기계시간	15
조립작업	조립시간	10

① 8회 ② 10회
③ 12회 ④ 14회

08 활동기준원가계산 기본문제 (22. 감정평가사)

제품 A와 B를 생산・판매하고 있는 (주)감평의 20×1년 제조간접원가를 활동별로 추적한 자료는 다음과 같다.

활 동	원가동인	제품 A	제품 B	추적가능원가
자재주문	주문횟수	20회	35회	₩55
품질검사	검사횟수	10회	18회	84
기계수리	기계가동시간	80시간	100시간	180

제조간접원가를 활동기준으로 배부하였을 경우 제품 A와 B에 배부될 원가는?

	제품 A	제품 B		제품 A	제품 B
①	₩100	₩219	②	₩130	₩189
③	150	169	④	189	130
⑤	219	100			

09 활동기준원가계산 기본문제 (18. 감정평가사)

다음은 활동기준원가계산을 사용하는 제조기업인 (주)감평의 20×1년도 연간 활동원가 예산자료이다. 20×1년에 회사는 제품 A를 1,000단위 생산하였는데 제품 A의 생산을 위한 활동원가는 ₩830,000으로 집계되었다. 제품 A의 생산을 위해서 20×1년에 80회의 재료이동과 300시간의 직접노동시간이 소요되었다. (주)감평이 제품 A를 생산하는 과정에서 발생한 기계작업시간은?

• 연간 활동원가 예산자료

활 동	활동원가	원가동인	원가동인총수량
재료이동	₩4,000,000	이동횟수	1,000회
성 형	3,000,000	제품생산량	15,000단위
도 색	1,500,000	직접노동시간	7,500시간
조 립	1,000,000	기계작업시간	2,000시간

① 400시간　② 500시간　③ 600시간
④ 700시간　⑤ 800시간

10 활동기준원가계산 기본문제 (19. 감정평가사)

(주)감평은 활동기준원가계산방법에 의하여 제품의 원가를 계산하고 있다. 다음은 (주)감평의 연간 활동제조간접원가 예산자료와 작업 #203의 원가동인에 관한 자료이다.

• 연간 활동제조간접원가 예산자료

활 동	활동별 제조간접원가	원가동인	원가동인수량
생산준비	₩200,000	생산준비시간	1,250시간
재료처리	300,000	재료처리횟수	1,000회
기계작업	500,000	기계작업시간	50,000시간
품질관리	400,000	품질관리횟수	10,000회

• 작업 #203의 원가동인 자료

작 업	생산준비시간	재료처리횟수	기계작업시간	품질관리횟수
#203	60시간	50회	4,500시간	500회

작업 #203의 제조원가가 ₩300,000이라면, 작업 #203의 기본(기초)원가는?

① ₩210,400　② ₩220,000　③ ₩225,400
④ ₩230,400　⑤ ₩255,400

11 활동기준원가계산 기본문제 (19. 관세사)

세 종류의 스키를 생산・판매하는 (주)관세의 제조간접원가를 활동별로 분석하면 다음과 같다.

활 동	제조간접원가	원가동인	원가동인수		
			초급자용 스키	중급자용 스키	상급자용 스키
절 단	₩70,000	절단횟수	150회	250회	300회
성 형	180,000	제품생산량	400대	300대	200대
도 색	225,000	직접노무시간	400시간	600시간	500시간
조 립	88,000	기계작업시간	100시간	?	150시간

(주)관세가 활동기준원가계산에 의해 중급자용 스키에 제조간접원가를 ₩208,000 배부하였다면 중급자용 스키 생산에 소요된 기계작업시간은?

① 100시간 ② 120시간 ③ 150시간
④ 200시간 ⑤ 300시간

12 활동기준원가계산 기본문제 (19. 주택관리사)

(주)한국은 복수의 제품을 생산·판매하고 있으며, 활동기준원가계산을 적용하고 있다. (주)한국은 제품원가계산을 위해 다음과 같은 자료를 수집하였다.

구 분	활동원가	원가동인	총원가동인수
조립작업	₩500,000	조립시간	25,000시간
주문처리	75,000	주문횟수	1,500회
검사작업	30,000	검사시간	1,000시간

제 품	생산 수량	단위당 직접제조원가		조립 작업	주문 처리	검사 작업
		직접재료원가	직접노무원가			
A	250개	₩150	₩450	400시간	80회	100시간

(주)한국이 당기에 A제품 250개를 단위당 ₩1,000에 판매한다면, A제품의 매출총이익은?

① ₩65,000 ② ₩70,000 ③ ₩75,000
④ ₩80,000 ⑤ ₩85,000

13 2단계 활동기준원가계산 (19. 세무사)

(주)세무는 고객별 수익성 분석을 위하여 판매관리비에 대해 활동기준원가계산을 적용한다. 당기초에 수집한 관련 자료는 다음과 같다.

(1) 연간 판매관리비 예산 ₩3,000,000(급여 ₩2,000,000, 기타 ₩1,000,000)
(2) 자원소비단위(활동)별 판매관리비 배분비율

	고객주문처리	고객관계관리	계
급 여	40%	60%	100%
기 타	20%	80%	100%

(3) 활동별 원가동인과 연간 활동량

활 동	원가동인	활동량
고객주문처리	고객주문횟수	2,000회
고객관계관리	고객수	100명

(주)세무는 당기중 주요 고객인 홍길동이 30회 주문할 것으로 예상하고 있다. 홍길동의 주문 1회당 예상되는 (주)세무의 평균매출액은 ₩25,000이며, 매출원가는 매출액의 60%이다. 활동기준원가계산을 적용하여 판매관리비를 고객별로 배분하는 경우 (주)세무가 당기에 홍길동으로부터 얻을 것으로 예상되는 영업이익은?

① ₩255,000 ② ₩265,000 ③ ₩275,000
④ ₩279,500 ⑤ ₩505,000

14 2단계 활동기준원가계산 (14. 세무사)

상품매매기업인 (주)세무는 활동기준원가계산에 의하여 간접원가를 고객별로 배부한다. 활동기준원가계산을 적용하기 위해 20×1년초에 수집한 연간 예산 및 관련 자료는 다음과 같다.

(1) 간접원가 연간 자료

구 분	금 액
급 여	₩250,000
마케팅비	160,000
계	₩410,000

(2) 자원소비단위(활동)별 간접원가 배부비율

구 분	주문처리	고객지원	배부불능*	계
급 여	20%	70%	10%	100%
마케팅비	10%	80%	10%	100%

* 배부불능은 활동별로 배부되지 않은 원가로 기업 전체 수준으로 배부되며 고객별로 배부되지는 않는다.

(3) 활동별 원가동인과 연간 활동량

활 동	원가동인	활동량
주문처리	주문횟수	4,000회
고객지원	고객수	40명

20×1년중 고객 A가 6회 주문할 경우, 이 고객에게 배부될 간접원가 총액은 얼마인가?

① ₩7,674 ② ₩7,774 ③ ₩7,874
④ ₩7,974 ⑤ ₩8,074

15 2단계 활동기준원가계산 (15. 공인회계사)

상품매매기업인 (주)한국유통이 활동기준원가계산을 적용하여 간접원가(overheads)를 고객별로 배부하기 위해, 20×1년초에 수집한 연간 예산자료는 다음과 같다.

(1) 연간 간접원가

간접원가항목	금 액
급 여	₩1,200,000
판매비	800,000
계	₩2,000,000

(2) 활동별 간접원가 배부비율

간접원가항목	활 동		계
	고객주문처리	고객관계관리	
급 여	20%	80%	100%
판매비	40%	60%	100%

(3) 활동별 원가동인과 연간 활동량

활 동	원가동인	활동량
고객주문처리	고객주문횟수	500회
고객관계관리	고객수	50명

(주)한국유통은 20×1년중 주요 고객인 (주)대한이 20회의 주문을 할 것으로 예상하고 있다. (주)대한의 주문 1회당 예상되는 평균매출액은 ₩20,000이며, 매출원가는 매출액의 75%이다. 활동기준원가계산을 적용하여 간접원가를 고객별로 배부하는 경우, (주)한국유통이 20×1년중 (주)대한으로부터 얻을 것으로 예상할 수 있는 이익은 얼마인가? (단, 매출원가를 제외한 어떠한 직접원가도 발생하지 않는다)

① ₩46,300 ② ₩48,800 ③ ₩50,400
④ ₩52,600 ⑤ ₩54,500

16 전통적 방법과 활동기준원가계산의 비교 (13. 감정평가사)

감평회계법인은 컨설팅과 회계감사서비스를 제공하고 있다. 지금까지 감평회계법인은 일반관리비 ₩270,000을 용역제공시간을 기준으로 컨설팅과 회계감사서비스에 각각 45%와 55%씩 배부해 왔다. 앞으로 감평회계법인이 활동기준원가계산을 적용하기 위해, 활동별로 일반관리비와 원가동인을 파악한 결과는 다음과 같다.

활 동	일반관리비	원가동인
스태프지원	₩200,000	스태프수
컴퓨터지원	50,000	컴퓨터사용시간
고객지원	20,000	고객수
합 계	₩270,000	

컨설팅은 스태프수 35%, 컴퓨터사용시간 30% 그리고 고객수 20%를 소비하고 있다. 활동기준원가계산을 이용하여 컨설팅에 집계한 일반관리비는 이전 방법을 사용하는 경우보다 얼마만큼 증가 또는 감소하는가?

① ₩32,500 감소 ② ₩32,500 증가 ③ ₩59,500 감소
④ ₩59,500 증가 ⑤ 변화 없음

17 **전통적 방법과 활동기준원가계산의 비교** (11. 세무사)

(주)국세는 가구판매업체로, 두 종류의 상품인 원목옷장과 자개옷장을 구입하여 판매하고 있다. 현재 (주)국세는 간접원가인 입고처리원가(receiving cost) ₩400,000을 옷장의 직접구입원가 기준으로 상품에 배부하는 원가계산방법을 사용하고 있다. (주)국세의 원가관리담당자는 자개옷장이 원목옷장보다 더 무겁고 조심스럽게 취급되며, 원목옷장은 자개옷장보다 1회 입고시 더 많은 수량이 입고된다는 사실을 파악하였다. 현재의 원가계산방법을 변경하기 위해, (주)국세의 원가관리담당자는 활동분석을 통해 파악한 원가동인인 입고처리시간을 기준으로 입고처리원가를 상품에 추적하는 방안을 고려하고 있다. (주)국세의 원가관리담당자가 입고처리활동을 분석한 결과, 다음과 같은 자료를 수집하였다.

	원목옷장	자개옷장
구입량	20,000개	1,000개
단위당 구입원가	₩500	₩2,500
입고횟수	12회	12회
입고횟수당 처리시간	5시간	3시간

위 자료에 근거한 설명으로 옳지 않은 것은?

① 현재 사용하고 있는 원가계산방법에서는 입고처리원가가 상품의 직접구입원가에 비례하여 발생한다고 전제하고 있다.
② 현재 사용하고 있는 원가계산방법은 상대적으로 자개옷장의 원가를 과소평가하고 있다.
③ 입고 1회당 입고수량 차이는 두 원가계산방법에 따른 원가차이를 설명하는 요인이 될 수 있다.
④ 새로운 원가계산방법을 적용하면 현재의 원가계산방법을 사용한 경우보다 원목옷장의 원가가 높아진다.
⑤ 상품입고과정의 복잡성이나 난이도가 두 원가계산방법에 따른 원가차이를 설명하는 요인이 될 수 있다.

18 **전통적 방법과 활동기준원가계산의 비교** (09. 공인회계사)

두 종류의 제품(X와 Z)을 생산하고 있다. 이 회사의 원가담당자는 간접비 중 엔지니어링 변경원가에 관심을 가지고 있다. 1회 엔지니어링 변경에 소요되는 원가는 ₩600이다. 제품별 생산량, 엔지니어링 변경횟수, 기계시간은 다음과 같다.

	X제품	Z제품
생산량	1,000단위	1,000단위
엔지니어링 변경횟수	14회	6회
생산량 단위당 기계시간	1시간	2시간

엔지니어링 변경원가를 엔지니어링 변경횟수가 아닌 기계시간을 기준으로 배부한다면, X제품에 과대배부 혹은 과소배부되는 금액은 얼마인가?

① ₩15,000 과소배부　② ₩14,400 과대배부　③ ₩12,200 과소배부
④ ₩7,200 과대배부　⑤ ₩4,400 과소배부

19 **고객수익성 분석** (16. 공인회계사)

(주)한국은 소매업체들을 대상으로 판매촉진 관련 지원서비스를 제공하고 있다. (주)한국은 적절한 이익을 창출하고자 각 고객별 주문과 관련하여 발생한 재료원가에 100%의 이윤폭(markup)을 가산하여 각 고객에 대한 지원서비스 청구액(=재료원가×200%)을 결정해 왔다. 최근 들어 (주)한국은 새로운 고객관계관리 소프트웨어를 사용하여 활동분석을 수행한 결과, 활동, 활동원가동인 및 활동원가동인당 배부율을 다음과 같이 파악하였다.

활 동	활동원가동인	활동원가동인당 배부율
정규주문처리	정규주문처리 건수	정규주문처리 건당 ₩5
긴급주문처리	긴급주문처리 건수	긴급주문처리 건당 ₩15
고객이 요구한 특별서비스처리	특별서비스처리 건수	특별서비스처리 건당 ₩50
고객관계관리	연간 고객수	고객당 ₩100

고객관계관리 소프트웨어를 이용하여 20×1년 한 해 동안 이 회사의 고객들에 관한 데이터를 수집하였으며, 총 고객 60명 중 2명의 고객 A, B에 대한 자료와 회사 전체의 자료는 다음과 같다.

	고객 A	고객 B	회사 전체
매출액(지원서비스 청구액)	₩1,400	₩750	₩60,000
정규주문처리 건수	25건	8건	1,000건
긴급주문처리 건수	10건	8건	500건
특별서비스처리 건수	4건	7건	200건
고객수	1명	1명	60명

위에 주어진 활동분석 자료에 입각하여 20×1년 한 해 동안 고객 A, B 각각으로부터 창출된 이익(손실)을 계산하면 얼마인가?

	고객 A	고객 B		고객 A	고객 B
①	₩175	(₩235)	②	₩175	(₩300)
③	175	(325)	④	125	(235)
⑤	125	(325)			

주관식

20 전통적 방법과 활동기준원가계산의 비교 (10. 보험계리사)

(주)나라식품은 햄과 냉동식품 두 가지 제품을 생산하고 있다. 회사는 원래 전통적 원가계산방법을 적용하여 직접재료원가와 직접노무원가 합계액의 30%를 제조간접원가로 배부하고 있다. 회사의 외부경영자문을 맡고 있는 하나컨설팅은 활동기준원가계산방법을 적용할 것을 제안하였고, 회사의 경영진은 이에 대해 신중하게 검토하고 있다. 하나컨설팅에서는 네 가지의 활동과 각 활동에 대한 활동별 원가율을 다음과 같이 확인하였다.

	활동별 원가율	
주 문	구매주문 1회당	₩10,000
배달과 접수	배달 1회당	7,000
선반진열	시간당	3,000
고객지원	판매항목당	40

영업활동에 관한 자료는 아래와 같으며, 기초와 기말 재고자산은 없다.

	햄	냉동식품
매 출	₩7,000,000	₩5,500,000
직접재료원가	3,000,000	2,600,000
직접노무원가	2,000,000	1,900,000
주 문	30회	14회
배달과 접수	95회	25회
선반진열	120시간	90시간
고객지원	15,500항목	8,000항목

[요구사항]

1. 전통적 원가계산방법을 적용하여 햄 제품의 순이익을 계산하시오.
2. 전통적 원가계산방법을 적용하여 냉동식품 제품의 순이익을 계산하시오.
3. 활동기준원가계산방법을 적용하여 햄 제품의 순이익을 계산하시오.
4. 활동기준원가계산방법을 적용하여 냉동식품 제품의 순이익을 계산하시오.

III

원가와 이익의 추정과 분석

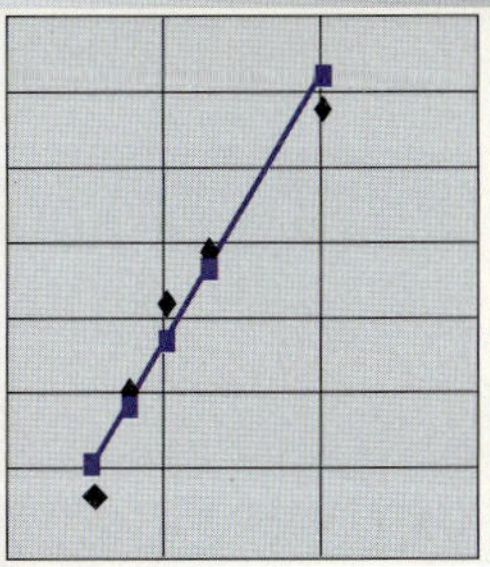

8 원가의 변동성과 원가추정

원가의 행태를 어떻게 추정하는가?

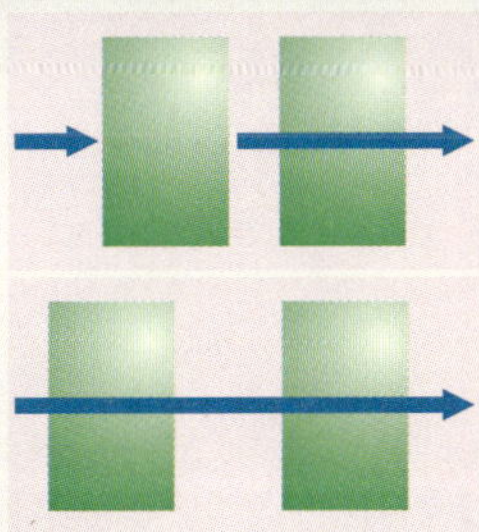

9 변동원가계산

고정제조원가를 기간원가로 처리한다

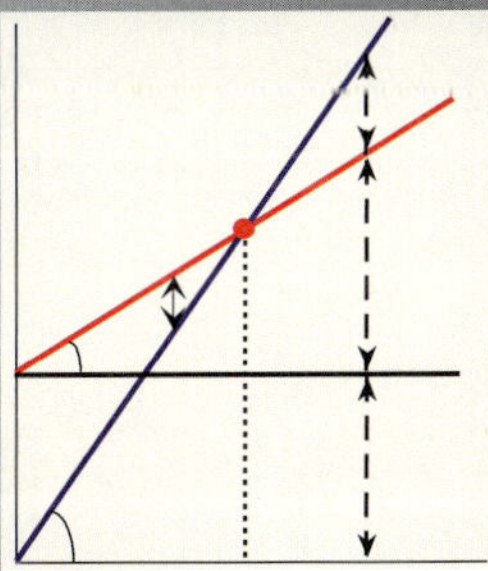

10 원가 - 조업도 - 이익 분석

생산판매량, 원가, 이익의 관계를 이해한다

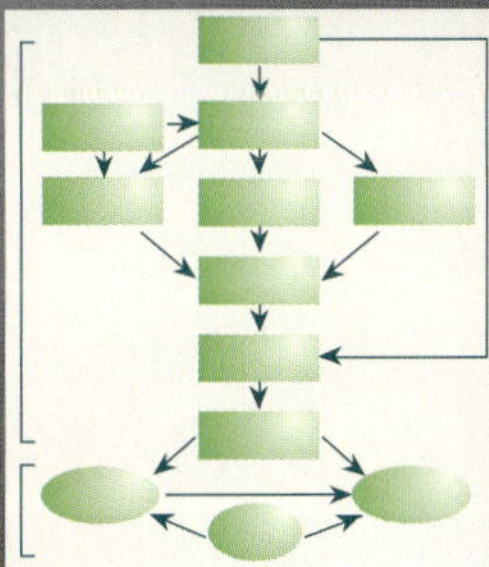

11 종합예산

예산을 세워 미래를 준비한다

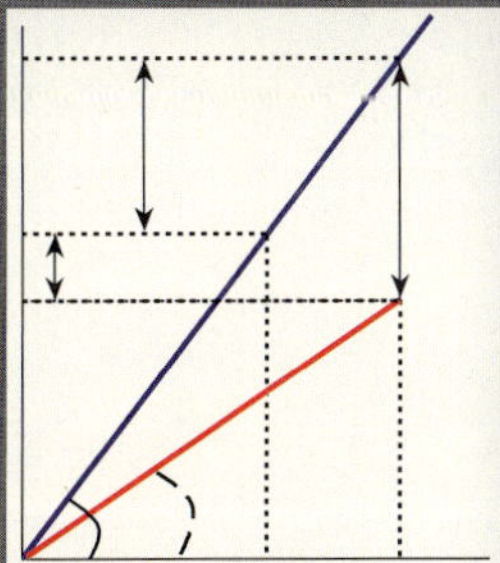

12 차이분석과 표준원가계산

왜 예상과 결과가 차이가 나는가?

제III부에서는 원가의 변동성을 고려하여 원가와 이익을 추정하고 분석하는 방법을 다룬다. 제8장은 원가의 변동성(행태)에 따라 원가를 분류하고 추정하는 방법을 소개한다. 제9장은 제조원가와 판매관리비를 변동원가와 고정원가로 나누어 이익을 계산하는 변동원가계산을 회계기준이 인정하는 전부원가계산과 비교한다. 제10장은 원가의 변동성을 반영하여 생산판매량(조업도)과 이익의 관계를 수식으로 분석하고 활용하는 원가-조업도-이익 분석을 학습한다. 제11장은 원가의 변동성과 제조원가의 흐름을 반영하여 손익과 현금흐름을 추정하는 종합예산제도를 소개한다. 종합예산에 의한 손익추정은 제10장의 원가-조업도-이익 분석에 의한 손익추정보다 복잡한 현실을 반영할 수 있다. 종합예산의 손익추정은 제9장의 변동원가계산을 사용하기도 한다. 제12장은 수익과 비용의 예산액과 실제액의 차이를 분석한다. 제조원가차이의 자세한 분석은 표준원가계산과 관련된다.

8 원가의 변동성과 원가추정

원가의 행태를 어떻게 추정하는가?

이제까지 실제 발생한 원가를 사용하여 제품원가를 어떻게 구하는가를 보았다. 기업이나 단체의 여러 의사결정을 위하여 과거의 원가를 이해하는 것도 중요하지만 미래의 원가를 예측하는 것도 중요하다. 의사결정은 미래의 바람직한 결과를 얻기 위해 지금 선택을 하는 것이다. 미래의 결과 중에 원가가 중요한 부분이다. 내년에 생산량이 10% 증가한다면 원가가 얼마나 증가할까? 생산설비를 확대하면 운영비가 얼마나 증가할 것인가? 이러한 원가변동성을 추정하는 방법을 제8장이 다룬다. 주요 내용은 다음과 같다.

- 변동원가, 고정원가, 혼합원가를 이해한다.
- 혼합원가는 관련범위내 원가추정에 쓸모 있다.
- 설비확대는 계단원가의 행태를 보인다.
- 미래원가를 과거의 원가로 추정하는 계정분석법, 고저점법, 최소자승법이 있다.
- 과거의 자료가 없으면 공학분석법으로 원가를 추정한다.
- 최소자승법의 추정은 엑셀로 쉽게 할 수 있다(부록 A).
- 학습효과를 고려한 추정도 가능하다(부록 B).

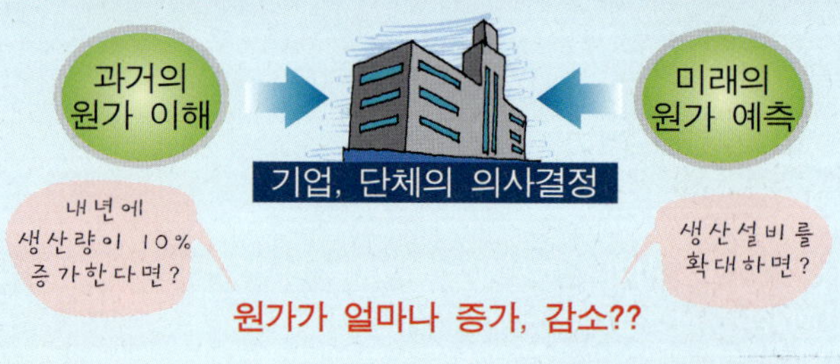

원가행태	원가동인수준에 따라 원가가 변하는지를 파악
원가추정	원가가 원가동인수준에 따라 얼마나 변하는지를 추정

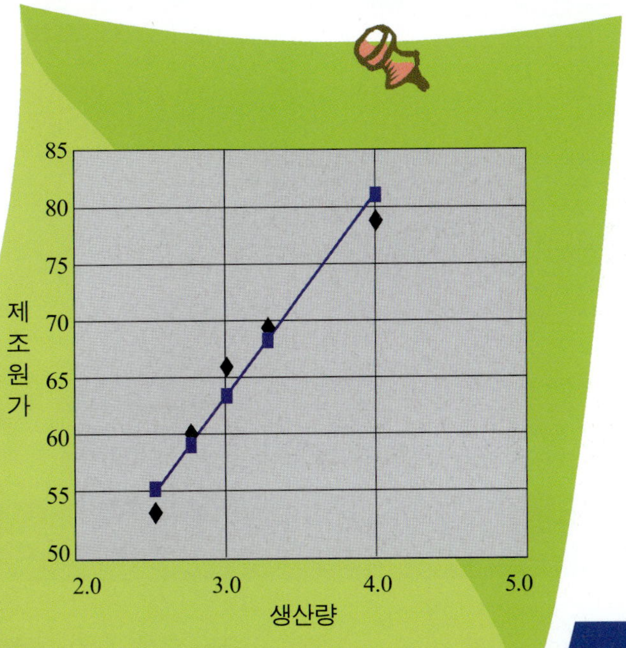

8

- 변동원가, 고정원가, 혼합원가를 이해한다
- 혼합원가는 관련범위내 원가추정에 쓸모 있다
- 계단원가는 설비의 확대와 관련된다
- 올해의 원가로 내년의 원가를 추정한다 – 계정분석법
- 지난 2년간의 자료로 내년의 원가를 추정한다 – 고저점법
- 지난 수년간의 자료로 내년의 원가를 추정한다 – 회귀분석법
- 과거자료로 미래원가를 추정할 때 주의할 점이 있다
- 과거자료 없이 미래원가를 추정한다 – 공학분석법

[부록 A] 엑셀로 원가추정하기

[부록 B] 학습효과

“399달러짜리 ‘아이폰SE’, 부품원가는 160달러”

IHS 분석… “아이폰SE는 5s · 6 · 6s의 융합, 부품원가 160달러 수준”

애플이 지난 달 첫 선을 보인 보급형폰 ‘아이폰SE’의 부품원가가 160달러 수준이라는 분석이 나왔다. 5일 시장조사업체 IHS는 애플의 엔트리 레벨 스마트폰 아이폰SE의 미국 버전 16기가바이트(GB) 모델의 부품원가가 156.20달러로 공정 중 추가비용 등을 감안하면 160달러 수준이라고 분석했다. 애플이 지난 달 21일(현지시간) 발표한 아이폰SE 16GB의 판매가격은 399달러다.

앤드류 라스와일러 IHS 시니어 디렉터는 “아이폰SE는 아이폰5s, 아이폰6, 아이폰6s 등 아이폰 세 가지 세대의 융합을 보여주고 있다”며 “이를 통해 새로운 모습을 보여주고 있다”고 말했다. 그는 “아이폰5s와 디자인이 유사함에도 불구하고 훨씬 좋은 성능을 보여준다”고 덧붙였다.

IHS는 아이폰SE가 전작들에서 같거나 매우 유사한 부품을 상당수 차용했다고 전했다. 아이폰SE는 2013년 출시된 아이폰5s와 외관이 거의 같다. IHS는 아이폰SE의 디스플레이 크기와 해상도는 아이폰5s와 같으나 테두리 등의 부품은 미세하게 다르다고 전했다.

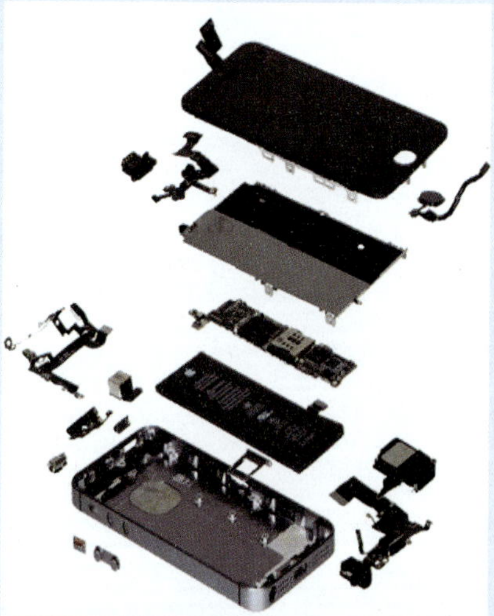

▲ 아이폰SE 부품 이미지 (사진 : IHS)

아이폰6와는 LTE 연결을 위한 무선주파수(RF) 부품이 같으며 아이폰6에서 찾아볼 수 있는 퀄컴 부품(MDM9625)이 들어갔다. 모델에 따라 아이폰SE는 18개 글로벌 LTE 밴드를 지원한다. 이는 아이폰6와 같은 수준이고 아이폰6s에는 못 미치는 정도다. 아이폰SE는 또 아이폰6와 같은 120만 화소 전면 카메라를 장착했다. 아이폰6s와는 애플리케이션 프로세서(AP)가 A9으로 같다. 1,200만 화소 메인 카메라 모듈도 동일하다.

애플은 아이폰5c로 로엔드 스마트폰 시장까지 영역을 확대한 바 있다. IHS는 애플이 이번에도 역시 16GB 모델의 상대적으로 낮은 가격을 앞세워 신흥 시장에 도전장을 내밀 것으로 봤다. IHS는 애플이 아이폰SE 64GB를 판매할 때 16GB 대비 이익 증가분이 약 89달러 수준에 이를 것으로 예상했다.

(아시아경제, 2016.4.5)

변동원가, 고정원가, 혼합원가를 이해한다

변동원가
원가동인수준에 따라 변하는 원가

고정원가
원가동인수준과 무관하게 일정하게 발생하는 원가

혼합원가
변동원가와 고정원가가 합해진 원가행태

여러 가지 의사결정에 필요한 미래원가를 추정하려면 원가가 발생하는 행태에 대해 알아야 한다. 원가행태(Cost Behavior)란 원가동인수준에 따라 어떻게 원가가 변하는지를 의미한다. 원가의 발생행태에 따라 가장 기본적으로 변동원가와 고정원가로 나눈다. 변동원가(Variable Cost)는 원가동인수준에 따라 변하는 원가이고 고정원가(Fixed Cost)는 원가동인수준과 무관하게 일정하게 발생하는 원가이다. 원가동인은 생산량, 판매량, 또는 다양한 활동수준일 수 있다. 과자를 만들 때, 밀가루, 우유 등의 직접재료원가, 제과설비 동력비 등은 생산량에 비례하여 발생하는 변동원가이다. 이에 비해, 사장 등 임원의 급여나 설비 감가상각비 등은 생산량과 무관하게 발생하는 일정한 고정원가이다.

변동원가가 반드시 생산량 등의 원가동인수준에 정확히 비례하지 않을 수 있다. 생산량이 증가할수록 작업숙련도와 효율성이 높아져 재료기 절감되고 작업시간이 줄어드는 경우가 그 예이다. 원가동인수준에 정확히 비례하는 변동원가를 순수변동원가라고도 하나 보통 변동원가라는 용어가 순수변동원가를 의미하기 위해 쓰인다. 전기수도료 등은 총금액이 월정기본료 고정원가와 사용료 변동원가의 2부분이 합쳐 있다. 원가관리회계에서는 실제 원가행태가 복잡하더라도 가장 단순한 변동원가와 고정원가의 합으로 분석하는 경우가 많다. 변동원가와 고정원가가 합해진 행태를 혼합원가(Mixed Cost) 또는 준변동원가(Semi-Variable Cost)라고 한다.

이러한 여러 가지 원가행태를 수식과 그림으로 보이면 다음과 같다.

고정원가 : $Y = a$ Y : 원가 a : 총고정원가
변동원가 : $Y = bX$ X : 원가동인수준 b : 원가동인단위당 변동원가
혼합원가 : $Y = a + bX$

그림 8.1 여러 원가행태

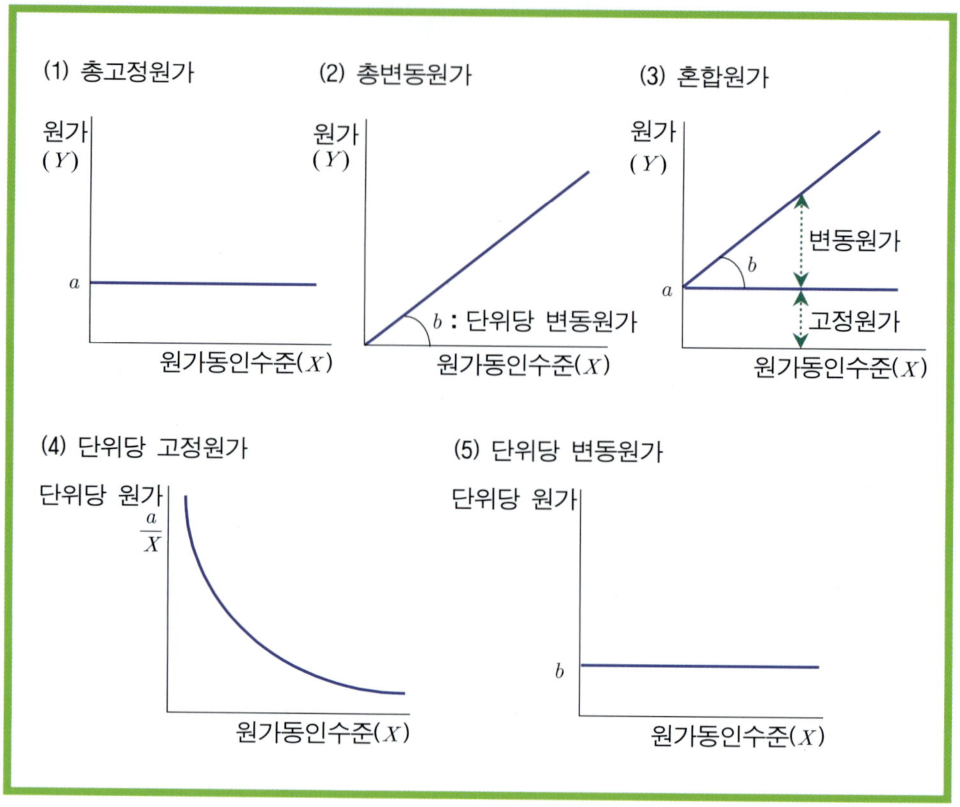

혼합원가는 관련범위내 원가추정에 쓸모 있다

실제로 복잡한 원가행태를 혼합원가로 추정하는 것이 충분한가? 그렇다. 혼합원가가 원가추정에 충분한 이유는 복잡한 곡선의 원가관계도 제한된 범위에서는 직선의 혼합원가로 상당히 비슷하게 추정할 수 있기 때문이다. 이 범위를 관련범위(Relevant Range)라 하는데 이 범위를 벗어나면 혼합원가 추정선이 큰 오차를 가질 수 있다. 이를 [그림 8.2]가 보여준다.

관련범위
원가관계를 단순히 추정하는 범위

그림 8.2 혼합원가 추정선과 관련범위

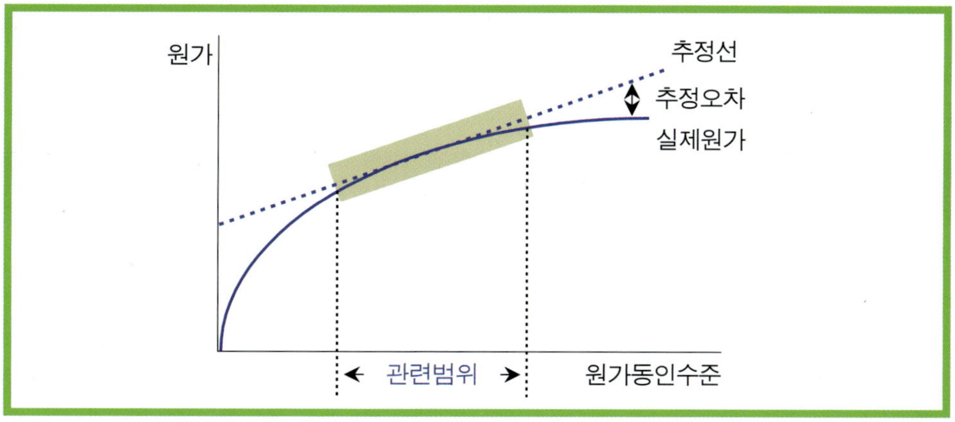

계단원가는 설비의 확대와 관련된다

계단원가 [준고정원가]
서로 다른 범위에서 다른 고정원가 수준을 가지는 원가행태

국희제과가 현재의 설비를 완전가동하여 과자를 연간 500만개 생산한다고 하자. 생산량이 500만개 이하로 줄어도 이 설비의 감가상각비는 줄지 않는 고정원가이다. 만약 생산량을 10% 늘려 550만개를 생산하려면 생산설비를 추가해야 하는데 추가가능한 최소규모의 생산설비가 200만개라고 하자. 이 200만개 생산능력의 설비를 추가하면 총생산능력이 700만개로 늘고 이 범위 안에서 설비 감가상각비는 새로운 높은 수준에서 일정하다. 이렇게 서로 다른 원가동인 수준 범위에서 다른 고정원가 수준을 가지는 원가행태를 계단원가(Step Cost) 또는 준고정원가(Semi-Fixed Cost)라 한다. 이를 [그림 8.3]이 보여준다.

그림 8.3 계단원가 또는 준고정원가

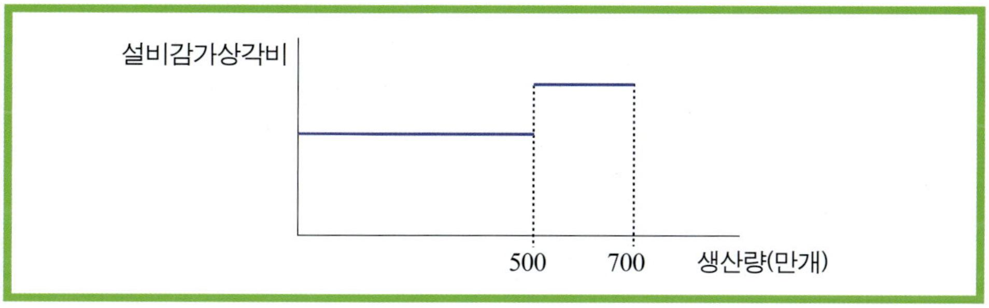

즉, 계단원가는 어떤 원가동인수준을 초과하면 고정원가의 수준이 한 단계 높아지는 원가행태이다.

올해의 원가로 내년의 원가를 추정한다 - 계정분석법

계정분석법
과거의 원가계정들을 변동원가와 고정원가로 구분하여 총고정원가와 단위당 변동원가를 추정하는 법

국희제과가 20×5년에 과자를 400만개 생산하는데 20×6년에 500만개를 생산할 계획이라 하자. 내년에 발생할 원가를 어떻게 추정할 수 있나? 한 가지 방법은 올해의 원가 세부항목 자료로 내년의 원가를 예측하는 방법이다. 계정분석법(Account Analysis)이라 불리는 이 방법에서는 과거 1년의 원가계정들을 변동원가와 고정원가로 구분한 후 미래의 고정원가는 과거의 같은 금액을, 변동원가는 생산량 등의 원가동인의 크기 변화를 고려하여 조정한다.

수식으로 설명하면 원가추정식 $Y=a+bX$에서 a는 과거의 고정원가계정의 합으로 추정한다. 원가동인 단위당 변동원가인 b는 과거의 변동원가 합계를 과거의 원가동인량으로 나누어 구한다.

국희제과의 올해 원가 및 생산량 자료가 〈표 8.1〉과 같다고 하자.

표 8.1 20×5년 원가 및 생산량 자료 (단위 : 백만원)

	원가행태	변동원가금액	고정원가금액	합 계
직접재료원가	변동원가	50		
직접노무원가	변동원가	10		
제조간접원가				
전기수도료	변동원가	3		
소모품비	변동원가	5		
간접노무원가	고정원가		2	
화재보험료	고정원가		2	
감가상각비	고정원가		8	
원가합계		68	12	80
(÷)생산량	4백만개			
단위당 원가		17원/개	3원/개	20원/개

생산량을 변동원가의 유일한 원가동인으로 가정하여 변동원가 단위당 원가 17원을 구하고, 고정원가 총액을 12백만원으로 구하였다. 즉, 계정분석법에 의한 원가추정식이 다음과 같다.

예상 총제조원가＝17원/개×예상 생산량＋12백만원

이때 20×6년의 생산량이 5백만개로 예상되면 총제조원가는 97백만원으로 추정된다.

예상 총제조원가＝17원/개×5백만개＋12백만원＝97백만원

20×5년보다 20×6년의 생산량이 1백만개 증가하면 변동원가가 17백만원 증가하여 총제조원가가 올해의 80백만원보다 17백만원 증가한 97백만원이 됨을 알 수 있다.

계정분석법의 문제는 각 계정을 변동원가와 고정원가로 구분하는 것이 자의적이고, 일부 계정은 변동원가와 고정원가의 성격을 같이 가지고 있으나 두 부분으로 나눌 수가 없는 점이다.

지난 2년간의 자료로 내년의 원가를 추정한다 - 고저점법

국회제과의 지난 2년간 원가자료를 이용하여 내년의 원가를 추정해 보자. 〈표 8.2〉는 지난 2년간 자료이다.

2년간의 자료가 있으므로, 계정분석법의 자의적인 원가분류의 잘못을 피할 수 있는 고저점법으로 내년의 원가를 추정할 수 있다. 고저점법(High-Low Method)은 과거의 자료 중 원가동인수준의 최고점과 최저점의 원가수치를 이용하여 혼합원가 추정식을 구한다. 추정식에 두 점의 원가와 원가동인수준 값을 대입하면, 단위당 변동원가(b)와 총고정원가(a)를 구할 수 있다.[1)]

고저점법
과거의 자료 중 원가동인수준의 최고점과 최저점의 원가수치를 이용하여 원가를 추정하는 방법

1) 본문에서 총원가 수치를 사용하여 총혼합원가를 추정하였으나 개별 원가항목별로 원가행태를 추정할 수도 있다.

표 8.2 지난 2년간의 원가 및 생산량 자료 (단위 : 백만원)

	20×4년	20×5년
직접재료원가	40	50
직접노무원가	8	10
제조간접원가		
전기수도료	2.5	3
소모품비	4	5
간접노무원가	1.5	2
화재보험료	2	2
감가상각비	8	8
원가합계	66	80
생산량	3백만개	4백만개

총제조원가 $= a + b \times$ **원가동인수준(생산량)**

80백만원 $= a + b \times$ 4백만개

66백만원 $= a + b \times$ 3백만개

b＝단위당 원가

＝(80백만원－66백만원)/(4백만개－3백만개)＝14원/개

20×5년의 생산량이 20×4년에 비해 100만개 증가할 때 총제조원가가 14백만원 증가하였으므로 단위당 변동원가가 14원으로 추정된다. 고정원가는 먼저 구한 단위당 변동원가를 20×5년의 원가식에 대입하여 구한다.

80백만원＝a＋14원/개×4백만개

⇒ a＝총고정원가

＝총제조원가－총변동원가

＝80백만원－56백만원＝24백만원

500만개를 생산할 20×6년의 원가는 앞에서와 같이 원가추정식을 이용하여 구한다.

예상 총제조원가＝24백만원＋14원/개×5백만개＝94백만원

20×5년보다 20×6년의 생산량이 1백만개 증가하면 변동원가가 14백만원 증가하여 총제조원가가 20×5년의 80백만원보다 14백만원 증가하여 94백만원이 됨을 알 수 있다.

지난 수년간의 자료로 내년의 원가를 추정한다 - 회귀분석법

지난 5년간의 원가 및 생산량 자료가 있다면 미래의 원가를 좀더 정확히 추정할 수 있는 방법이 있을까?

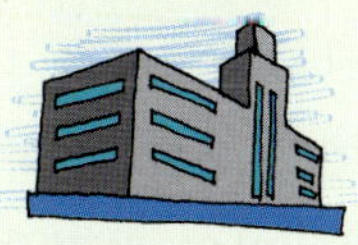

고저점법 : 2기간만의 자료를 이용하므로 추정이 정확하지 않음

회귀분석

국희제과에 지난 5년간의 원가 및 생산량 자료가 있다면 미래의 원가를 좀더 정확히 추정할 수 있는 방법이 있을까? 지난 수년간의 자료가 존재할 때 그중 최고생산량의 기간과 최저생산량의 기간의 자료만을 이용하여 고저점법을 적용할 수도 있다. 고지점법은 2기간만의 자료를 이용하므로 추정이 정확하지 않다.

2기간 이상의 자료가 존재하면 이 자료를 모두 사용하는 회귀분석을 할 수 있다. 회귀분석(Regression Analysis)은 자료를 이용하여 설명변수인 X와 이에 따라 변하는 피설명변수 Y의 관계를 가장 적절히 나타내는 추정식을 찾아내는 통계기법이다.

회귀분석
자료를 이용하여 설명변수인 X와 이에 따라 변하는 피설명변수 Y의 선형관계를 가장 적절히 나타내는 추정식을 찾아내는 통계기법

국희제과의 지난 5년간 원가 및 생산량 자료가 〈표 8.3〉과 같다.

표 8.3 지난 5년간 원가 및 생산량 자료

연 도	20×1년	20×2년	20×3년	20×4년	20×5년
총제조원가(백만원)	55	60	70	66	80
생산량(백만개)	2.5	2.7	3.3	3	4

이 5년간의 자료를 설명변수인 생산량(X)과 피설명변수인 총제조원가(Y)의 축으로 나타낸 [그림 8.4]를 산포도라 한다.

그림 8.4 산포도

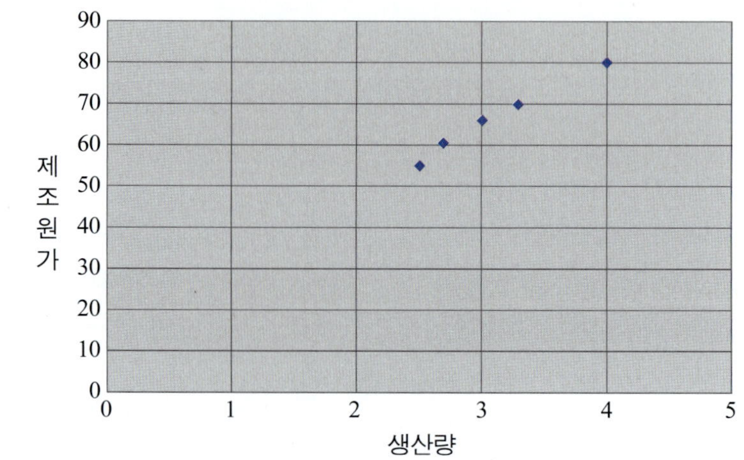

산포도
(X, Y) 자료가 $X-Y$ 평면에 어떻게 분산되어 있나를 보여주는 그림

산포도(Scatter Diagram)는 (X, Y) 자료가 $X-Y$ 평면에 어떻게 분산되어 있나를 보여주는 그림이다. 이 산포도에 고저점법에 의한 원가추정선을 더하면 [그림 8.5]가 된다. 고저점법의 원가추정선은 최저생산량(가장 왼쪽 점)과 최고생산량(가장 오른쪽 점)의 두 점을 연결한 선이다. 이때의 기울기와 절편은 다음과 같다.

$$b = 16.67 = \frac{80-55}{4-2.5}$$

$$a = 13.33 = 55 - 16.67 \times 2.5$$

그림 8.5 산포도와 고저점법 추정선

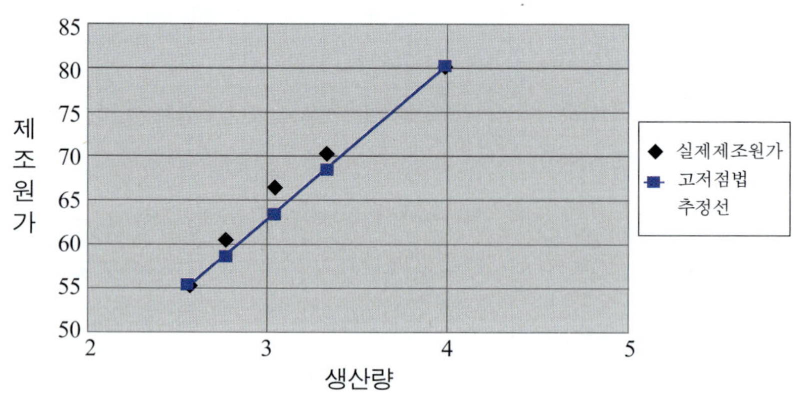

표 8.4 고저점법의 추정오차

연 도	생산량	실제제조원가	고저점법 추정치	추정오차	추정오차 자승(제곱)
20×1년	2.5	55	55.0	0.0	0
20×2년	2.7	60	58.3	−1.7	2.89
20×3년	3.3	70	68.3	−1.7	2.89
20×4년	3	66	63.3	−2.7	7.29
20×5년	4	80	80.0	0.0	0
합 계	15.5	331	324.9	−6.1	13.07

최소자승법
추정선과 실제 자료점의 수직거리로 나타나는 추정오차의 자승(제곱)의 합을 최소화하는 추정선을 찾는 방법

실제제조원가와 고저점법의 추정제조원가를 비교하면 〈표 8.4〉와 같다. 〈표 8.4〉는 고저점법이 20×2~20×4년의 원가를 과소추정함을 보여준다. 이러한 문제를 피하기 위해 5년간의 자료를 회귀분석한다. 회귀분석 중 가장 기본적이고 흔히 사용되는 것이 최소자승법이다. 최소자승법(Least-Squares Method)은 추정선과 실제 자료점의 수직거리로 나타나는 추정오차의 자승(제곱)의 합을 최소화하는 추정선을 찾는 방법이다. 추정오차 자체를 최소화하지 않고 자승값을 최소화하는 이유는, 오차는 음과 양의 값을 가지므로 제곱하지 않으면 서로 상쇄되기 때문이다.

최소자승법은 $Y = a + bX$의 a와 b를 다음과 같이 계산한다.

$$b = \frac{\text{자료수} \times X\text{와 } Y\text{의 곱의 합} - X\text{의 합} \times Y\text{의 합}}{\text{자료수} \times X\text{제곱의 합} - X\text{의 합의 제곱}}$$

$$= \frac{n\sum XY - (\sum X)(\sum Y)}{n\sum X^2 - (\sum X)^2}$$

n은 자료의 수(지금 예에서 5)이며 $\sum$는 해당 수치의 합을 나타낸다.

$$a = Y\text{평균} - b \times X\text{평균}$$

이 공식을 엑셀 등의 전자계산표(스프레드시트)로 계산하거나 엑셀의 최소자승법 계산기능을 사용하면 된다. 엑셀로 최소자승법을 사용하는 방법은 본 장 [부록 A]에서 설명한다. 최소자승법으로 구한 a와 b는 다음과 같다.

$$b = 16.23$$

$$a = 15.88$$

이 추정식을 산포도에 같이 그리면 [그림 8.6]과 같다.

그림 8.6 산포도와 최소자승법 추정선

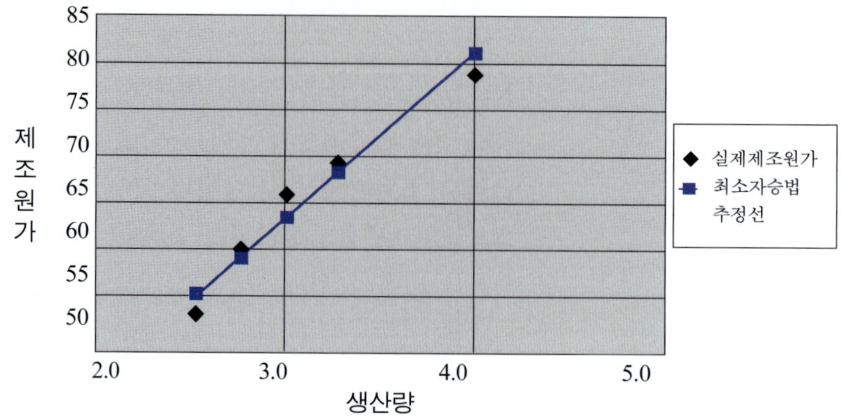

실제제조원가와 최소자승법의 추정제조원가를 비교하면 〈표 8.5〉와 같다.

표 8.5 최소자승법의 추정오차

연 도	실제제조원가	최소자승법추정치	추정오차	추정오차자승(제곱)
20×1년	55	56.5	1.5	2.25
20×2년	60	59.7	−0.3	0.09
20×3년	70	69.5	−0.5	0.25
20×4년	66	64.6	−1.4	1.96
20×5년	80	80.8	0.8	0.64
합 계	331	331.1	0.1	5.19

〈표 8.5〉와 〈표 8.4〉를 비교하면 최소자승법이 고저점법보다 더 정확한 방법임을 알 수 있다. 고저점법에서는 추정오차자승의 합이 13.07이나 최소자승법에서는 추정오차자승의 합이 5.19이다.

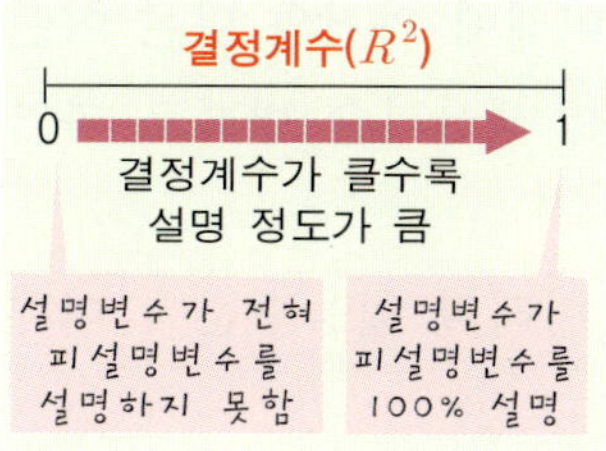

회귀분석의 추정 정확성의 지표로는 결정계수가 사용된다. 결정계수(R^2)는 설명변수인 X(생산량)의 변화가 피설명변수인 Y(제조원가)의 변화를 몇 %나 설명하는지를 측정한다. 결정계수는 0과 1 사이의 값으로 수치 0은 설명변수가 전혀 피설명변수를 설명하지 못함을, 수치 1은 설명변수가 피설명변수를 100% 설명함을 뜻한다(결정계수가 1이면 추정오차가 전혀 없고 모든 실제 자료점이 추정선 위에 일치한다). 즉, 결정계수가 클수록 X가 Y를 설명하는 정도가 크다.

과거자료로 미래원가를 추정할 때 주의할 점이 있다

과거자료로 미래원가를 추정할 때 주의할 점

과거자료로부터 추정식을 도출할 때 주의점

- 분석자료의 충분성과 동질성을 동시에 고려
- 단위수준(생산량) 이외의 다른 비단위수준의 원가동인을 설명변수로 사용

추정식으로 미래를 예측할 때 주의점

- 미래의 변화요소 고려
- 과거자료의 관련범위 내에만 미래원가 추정이 유효

과거의 자료로 추정식을 구할 때 두 가지 주의할 점이 있다.

과거의 자료 수가 많을수록 원가추정이 정확해진다. 5년간의 자료보다는 10년간의 자료가 회귀분석의 정확도를 높인다. 그러나 자료수집의 기간이 길어지면 다른 문제점이 생긴다. 10년 동안의 자료가 동질적이라고 할 수 있는가? 국희제과의 예에서 생산량만을 원가의 변화를 설명하는 변수로 분석에 사용하였지만, 긴 기간 동안에는 물가의 변화, 생산기술의 변화 등이 원가의 크기에 영향을 미칠 수 있다.

자료의 동질성을 높이면서 자료의 수를 늘리기 위해 연간자료 대신 월간자료나 주간자료를 사용할 수 있다. 그러나 많은 기초자료가 연간자료만으로 수집되고 이 연간수치를 임의적으로 배분하여 월간 또는 주간수치로 바꾼 것은 분석에 도움이 되지 않는다.

즉, 첫째로 분석자료의 충분한 확보와 동질성의 문제를 같이 고려하여 적절한 자료수집 기간을 선택하는 것이다.

둘째로, 원가추정을 잘하기 위해서는 생산량 이외의 다른 원가동인을 설명변수로 사용하는 것이 좋다. 활동원가 중 배치수준원가와 제품유지원가에 대해서는 적절한 원가동인을 찾아내어 원가추정을 하면 추정오차를 줄일 수 있다. 활동기준원가계산에서 적절한 원가동인을 선택하기 위해 회귀분석 결과를 이용하기도 한다.

과거의 자료로 추정식을 구한 후 이 추정식을 미래에 적용할 때도 주의점이 두 가지 있다.

첫째로, 어느 방법에 의해 추정식을 구하더라도, 미래에 과거와 다른 어떤 변화가 있는지를 생각해야 한다. 물가증가나 임금상승, 생산기술 변화로 과거와 다른 행태의 원가가 발생할 수 있다.

둘째로, 과거의 설명변수 자료의 범위를 벗어난 미래의 활동수준에 대해 추정식을 적용한다면 추정이 정확하지 않다는 점이다.

국희제과의 예에서 과거의 생산량 범위는 250~400만개였는데, 이 범위의 자료에서 추정된 식으로 미래 500만개의 제조원가를 추정하는 것에는 한계가 있다. 달리 말하면 500만개의 미래 생산량은 선형 추정식의 관련범위를 벗어났으므로 이 추정식을 사용하는 것이 부적절하다. 이 관련범위의 문제는 설명변수와 피설명변수의 관계가 비선형일 때 심각한데 비선형관계의 추정문제는 본장의 [부록 B]에서 다룬다.

과거자료 없이 미래원가를 추정한다 - 공학분석법

공학분석법
제품의 생산방법에 대한 공학적인 분석을 기초로 직접재료원가, 직접노무원가, 제조간접원가를 추정하는 방법

국희제과가 신제품 초코쿠키를 생산하려 한다. 재료, 생산방식이 과거에 생산하던 과자와 많이 달라서 과거의 자료를 쓸 수 없다면 어떻게 원가를 추정할 수 있나? 이때 공학분석법을 사용한다. 공학분석법(Engineering Analysis)은 제품의 생산방법에 대한 공학적인 분석을 기초로 직접재료원가, 직접노무원가, 제조간접원가를 추정한다.

직접재료원가는 제품의 설계도나 생산계획안으로부터 재료별 예상사용량을 구하고 예상 재료가격을 구한다. 초코쿠키의 직접재료원가를 추정하기 위해 필요한 재료의 종류와 배합비율을 파악하여 재료사용량을 예상하고 재료단가를 곱한다.

예상 직접재료원가 = 재료 예상사용량 × 재료 예상가격

시간동작연구 등의 산업공학기법을 이용하여 필요작업시간을 구하고 임금을 예상하여 직접노무원가를 구한다. 초코쿠키를 생산하기 위해 필요한 작업종류와 시간을 구한 후 이에 시간당 임금을 곱하여 구한다.

예상 직접노무원가 = 작업 예상시간 × 시간당 임금

공학분석법은 직접재료원가와 직접노무원가를 비교적 정확히 추정하나 제조간접원가는 단순하게 추정한다. 제조간접원가는 과거의 경험을 토대로 대개 직접원가의 일정비율로 추정한다.

YouTube 건축공사 원가견적

건축공사원가에 대해 설명하는 YouTube 동영상들이 있다. '[광성TV] 박대표의 건축: 인테리어'는 다양한 건축원가를 자세히 공개하여 설명하는 채널이다. 동영상 중의 하나인 '[공사견적서] 시공사가 공개하는 공사견적 잡는 법'(2020.2.16)은 공학분석법에 의해 도면을 바탕으로 계산한 공사원가 견적의 예를 세부 항목별로 자세히 설명한다.

'선례의 건축이야기' 채널의 '8강 설계도면 보는 법(1)'(2019.2.24) 동영상에서는 건물 건축을 위해서는 공사비를 산출하는 내역서를 포함한 6가지 설계도서가 필요함을 설명한다. 그 6가지 설계도서는 건물이 완성되었을 때를 자세하게 표현하는 설계도면, 어떤 기준과 계산에 따라 설계했는지 보여주는 계산서, 이 건물을 어떻게 짓느냐를 보여주는 시방서, 이 건물에 어떤 자재가 얼마나 들어가느냐를 위치별, 부재별로 수량을 뽑아 놓은 수량산출서, 수량산출서를 기본으로 공사비를 산출하는 내역서이다. 건물의 기둥공사를 예로 들면, 설계도면이 기둥을 자세히 그려서 보여주고, 계산서가 기둥의 크기와 철근의 굵기와 개수가 결정된 이유를 보여주며, 시방서는 기둥을 공사하는 방법을 알려준다. 수량산출서는 기둥에 철근과 레미콘이 얼마나 필요한지를 알려주고, 내역서는 공사비를 계산한다.

부록 A 엑셀로 원가추정하기

엑셀로 원가추정을 하려면 우선 자료를 시트(sheet)에 입력한다. 설명변수(X)와 피설명변수(Y)의 순서로 자료를 행으로 입력하는 것이 편리하다. 본문의 자료를 입력한 것이 다음 표이다.

표 8.6 자료 입력

	A	B	C
1	연 도	생산량(X)	실제제조원가(Y)
2	20×1년	2.5	55
3	20×2년	2.7	60
4	20×3년	3.3	70
5	20×4년	3	66
6	20×5년	4	80

이 자료로 산포도를 만들려면 엑셀 차트 마법사에서 분산형 차트를 선택한다. 이때 연도 행을 제외하고 X와 Y의 행만을 차트를 위한 영역으로 이용해야 한다. [그림 8.4]가 이렇게 만들어졌다.

고저점법의 공식을 〈표 8.7〉과 같이 추가로 입력하면 〈표 8.4〉와 같이 원가가 추정된다.

표 8.7 고저점법 추정

	A	B	C	D	E
1	연 도	생산량	실제제조원가	고저점법추정치	추정오차자승
2	20×1년	2.5	55	=$B$9*B2+$B$10	=(D2−C2)^2
3	20×2년	2.7	60	=$B$9*B3+$B$10	=(D3−C3)^2
4	20×3년	3.3	70	=$B$9*B4+$B$10	=(D4−C4)^2
5	20×4년	3	66	=$B$9*B5+$B$10	=(D5−C5)^2
6	20×5년	4	80	=$B$9*B6+$B$10	=(D6−C6)^2
7	합계	=SUM(B2:B6)	=SUM(C2:C6)	=SUM(D2:D6)	=SUM(E2:E6)
8					
9	*b*=	=(C6−C2)/(B6−B2)			
10	*a*=	=C6−(B9*B6)			

산포도에 최소자승법에 의한 추세선을 추가하기 위해서는 엑셀의 (선형)추세선 기능을 사용하면 된다. 또는 추정치의 그래프를 추가해도 된다. 분산형 차트를 사용하여 산포도를 그린 후, 차트에 나타난 자료 점을 마우스 왼쪽 버튼을 클릭하여 지정한 후 오른쪽 버튼을 클릭하여 나타난 메뉴 중 추세선 추가를 선택한다.

그림 8.7 회귀분석의 추세선 기능

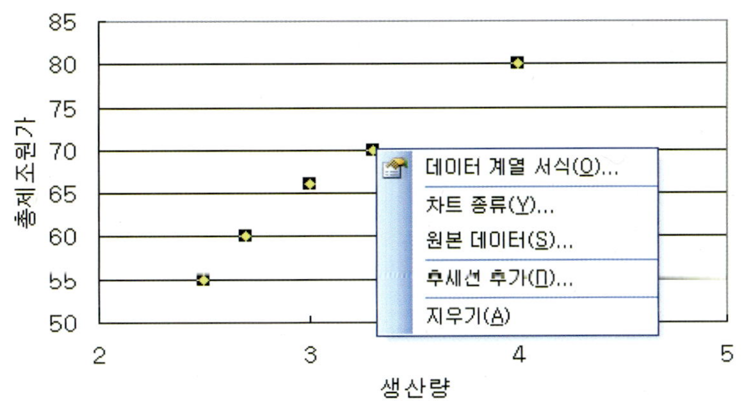

엑셀에서는 [그림 8.8]의 추세선 옵션에서 '추세/회귀 유형' 중 '선형', 맨 아래의 '수식을 차트에 표시'와 'R-제곱값을 차트에 표시'를 선택하여 실행하면, 차트에 추세선(회귀선)과 회귀식, R-제곱(결정계수)값이 나타난다.

엑셀로 최소자승법의 결과를 자세히 얻으려면 메뉴의 데이터－데이터 분석－회귀분석을 선택한다. 이 분석기능이 없으면 분석도구 추가기능을 선택하여 분석도구를 추가해야 한다.2) 회귀분석 창에서 설명변수와 피설명변수의 자료범위를 X, Y축 입력범위로 지정하고 분석결과를 기록할 출력범위를 지정하여 확인하면 회귀분석이 실시되고 a, b 추정치, 결정계수 외의 다양한 통계분석 결과가 얻어진다.

2) 데이터 분석도구를 추가하는 방법은 다음과 같다.
① 파일 탭을 클릭하고 옵션을 클릭한 다음 추가기능 범주를 클릭한다.
② 관리상자에서 Excel 추가기능을 선택한 다음 이동을 클릭한다.
③ 사용가능한 추가기능 상자에서 분석도구 확인란을 선택한 다음 확인을 클릭한다.
(이때 사용가능한 추가기능 상자에 분석도구가 나열되지 않은 경우 찾아보기를 클릭하여 찾는다. 현재 컴퓨터에 분석도구가 설치되지 않았다는 메시지가 나타나면 예를 클릭하여 설치한다)

그림 8.8 엑셀의 추세선 옵션 입력창

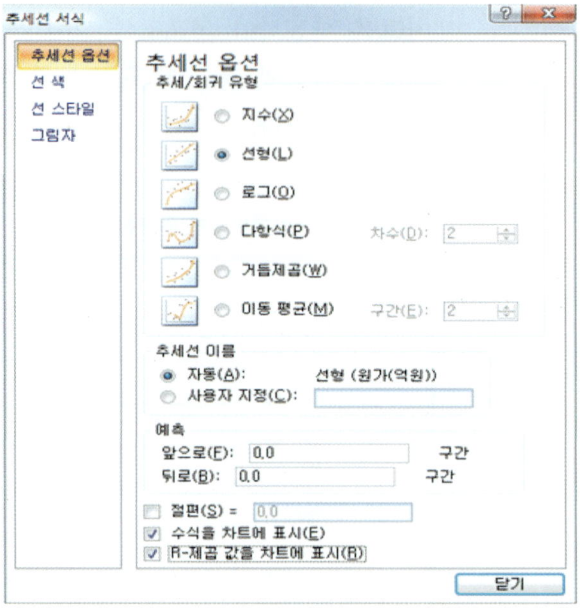

그림 8.9 엑셀의 회귀분석 입력창

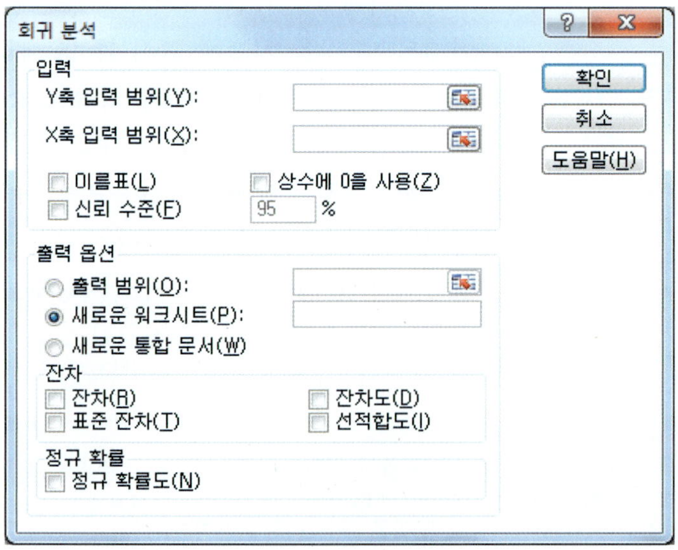

부록 B 학습효과

학습효과
생산량이 증가하여 근로자의 숙련도가 높아져서 단위당 노무시간이 단축되는 효과

사랑하는 사람을 위해 100마리 또는 1,000마리 종이학을 접어서 선물하는 것이 유행한 적이 있었다. 당신은 종이학을 많이 접어보거나 아이들을 위해 조립식 자동차를 여러 대 조립해 본 적이 있는가? 같은 일을 반복하게 되면 실수를 하지 않고 점점 빠른 속도로 같은 일을 할 수 있게 된다. 이러한 현상을 학습효과(Learning Effect)라고 한다. 기업에서는 생산량이 점점 증가함에 따라 근로자의 숙련도가 증가하여 단위당 노무시간이 단축되는 학습효과가 나타난다.[3] 학습효과가 클 때에는 이를 고려한 노무시간 추정치에 임률을 적용하여 노무원가를 추정해야 좀더 정확한 원가추정이 가능하다.

학습효과를 계량화하기 위해 학습률을 사용한다. 학습률은 평균시간이나 증분시간으로 측정할 수 있다. 예를 들어 평균시간이 70%의 학습률을 보인다면 (누적)생산량[4]이 두 배가 될 때마다 전체 (누적)평균시간이 이전 수준의 70%로 줄어듦을 말한다. 이때 시간감소율은 30(=100−70)%이므로 학습률이 낮을수록 학습효과가 큼을 조심해야 한다. 학습률 70%일 때 이 첫 번째 제품의 작업시간이 100시간이었다면, 두 번째 제품까지의 2제품의 평균작업시간이 70(=100×0.7)시간이고, 네 번째 제품까지의 4제품의 평균작업시간이 49(=70×0.7)시간이 된다. 이를 〈표 8.8〉과 [그림 8.10], [그림 8.11]이 나타낸다. (누적)평균시간 또는 (누적)증분시간이 누적생산량의 증가에 따라 감소하는 학습효과를 보여주는 함수를 학습곡선(Learning Curve)이라 한다. 학습효과가 나타날 때, 단위당 증분작업시간이 점차로 감소하므로 총(누적)시간선은 직선이 아니고 곡선이 된다.

표 8.8 70% 누적평균시간 학습효과

누적생산량	누적평균시간	식	총누적시간	누적증분시간
1	100.00		100.00	100
2	70.00	100×0.7	140.00	40
4	49.00	70×0.7	196.00	
8	34.30	49×0.7	274.40	

3) 생산량이 누적적으로 증가할 때 기업내 여러 가지 경험이 축적하여 노무원가뿐만 아니라 재료원가, 경비, 판매관리비 등도 총체적으로 절감되는 현상은 경험효과(Experience Effect)라고 부르기도 한다.
4) 학습효과는 기간별 생산량과 무관하게 누적된 생산량에 따라 나타나므로 학습효과는 누적생산량에 대해 측정한다.

그림 8.10 누적평균시간 학습곡선

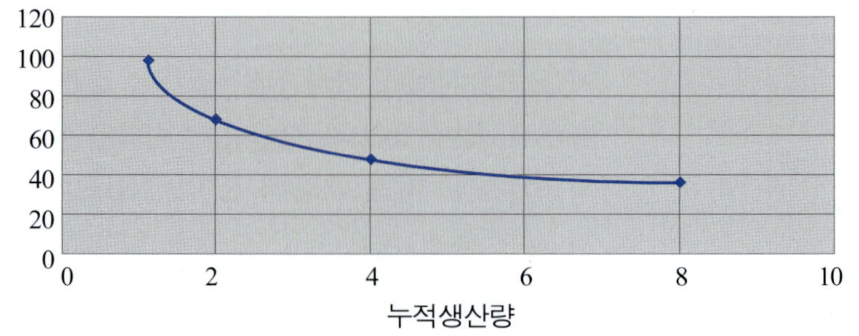

그림 8.11 누적총시간 학습곡선

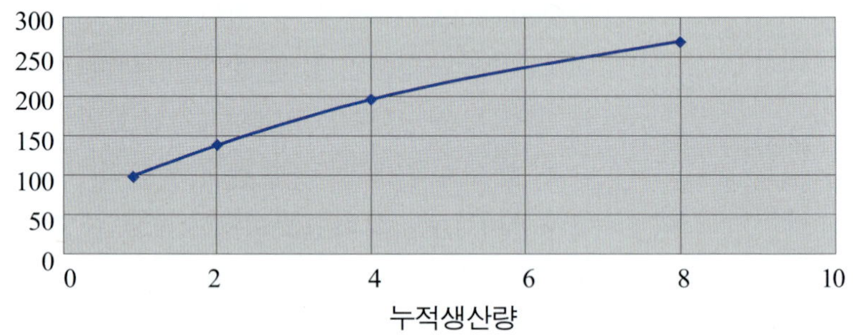

2번째 제품의 (누적)평균시간이 70시간이므로 두 제품의 총시간은 140(=70×2)시간이다. 따라서 2번째 제품의 (누적)증분시간은 40(=140−100)시간이다. 이를 (누적)증분시간의 학습률로 표시하면 40%(=40/100)이다. 단위당 작업시간이 감소할 때, 증분시간이 평균시간보다 빠르게 감소하므로 증분시간으로 측정한 학습률(40%)이 평균시간으로 측정한 학습률(70%)보다 낮다.

학습률로 표시된 학습곡선은 이해하기 쉬우나 모든 생산량 수준에 대해 작업시간을 추정하지 못하는 한계가 있다. 위의 예에서 생산량 3, 5, 6, 7 수준에서는 작업시간을 추정할 수 없다. 이 한계를 극복하기 위해 일반적인 함수식으로 표시한 학습곡선이 필요하다. 학습곡선은 아래로 볼록한(convex) 감소함수이므로 다음의 함수형태가 사용된다.

$$y = aX^b \qquad \text{식 (1)}$$

y : 평균시간 또는 증분시간
X : 누적생산량
a : 첫 번째 제품 작업시간
b : 학습지표 ($b \leq 0$)

생산량이 1단위($X=1$)일 때 $y=a$이므로 a는 첫 번째 제품 작업시간이다. b가 작을수록(음수값이 클수록) 평균원가 또는 증분원가가 감소하는 학습효과가 크므로 b는 학습효과의 크기를 나타내는 지표이다. $b=0$이면 y는 항상 일정하게 a이므로 학습효과가 전혀 없다. 앞의 예에서 사용한 평균시간 70% 학습률에 해당하는 학습지표 b를 구하여 모든 생산량에서의 작업시간을 구해보자.

첫 번째 제품 작업시간이 100시간이고($a=100$) 두 단위($X=2$)의 누적평균시간이 원가가 70시간이므로 다음의 식이 얻어진다.

$$70 = 100 \times 2^b \quad \text{또는} \quad 0.7 = 2^b$$

로그 변형을 하면 $\log 0.7 = b \log 2$이므로

$$b = \log 0.7 / \log 2 = -0.51457317\cdots$$

이다.[5]

이 학습지표를 사용하여 8단위까지의 작업시간을 구하면 〈표 8.9〉와 같다. 〈표 8.8〉과 〈표 8.9〉의 결과가 일치하는 것을 알 수 있다.

표 8.9 70% 누적평균시간 학습효과 (함수 사용시)

누적생산량	누적평균시간	식	총누적시간	누적증분시간
1	100.00	100×1^b	100.00	100
2	70.00	100×2^b	140.00	40.00
3	56.82	100×3^b	170.45	30.45
4	49.00	100×4^b	196.00	25.55
5	43.68	100×5^b	218.42	22.42
6	39.77	100×6^b	238.64	20.22
7	36.74	100×7^b	257.18	18.54
8	34.30	100×8^b	274.40	17.22

5) 일반적으로 $b=\log(\text{학습률}) / \log 2$이다.

(누적)증분시간 학습모형을 사용하여 작업시간을 추정해 보자. 식 (1)에서 증분시간을 y로 나타내고 학습률 40%를 사용하면

$$b = \log\ 0.4 / \log\ 2 = -1.321928\cdots$$

이다. 이 학습지표를 사용하여 8단위까지의 작업시간을 구하면 〈표 8.10〉 및 [그림 8.12]와 같다.

표 8.10 40% 누적증분시간 학습효과 (함수 사용시)

누적생산량	누적증분시간	총누적시간	누적평균시간
1	100.00	100.00	100.00
2	40.00	140.00	70.00
3	23.40	163.40	54.47
4	16.00	179.40	44.85
5	11.92	191.32	38.26
6	9.36	200.68	33.45
7	7.64	208.32	29.76
8	6.40	214.72	26.84

그림 8.12 누적증분시간 학습곡선

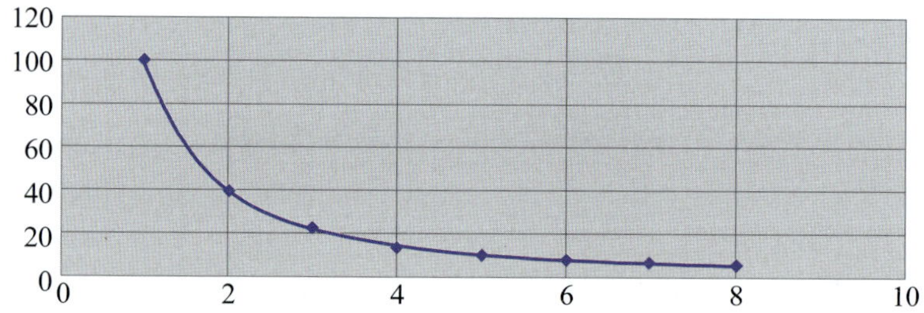

〈표 8.9〉의 평균시간 학습곡선과 〈표 8.10〉의 증분시간 학습곡선의 결과를 비교하면 평균시간과 증분시간이 2단위의 생산량에서만 일치하고 그 이후는 서로 다름을 볼 수 있다. 이것은 두 학습모형이 평균시간과 증분시간의 서로 다른 함수를 추정하므로 서로 완전히 일치하지는 않음을 보인다.

실제 자료로부터 학습곡선을 어떻게 추정할 것인가? 본장의 본문에서 사용한 추정방법은 1차 함수의 선형식에 대한 추정이므로, 비선형의 학습곡선을 추정하기 위해 우선 학습곡선을 선형으로 변환한다. 앞에서 하였듯이 식 (1)을 log로 변환하여 선형식을 만든다.

$$\log\ Y = \log(aX^b) = \log a + b\ \log X \qquad \text{식 (2)}$$

설명변수의 로그값을 새로운 설명변수 L_X, 피설명변수의 로그값을 새로운 피설명변수 L_Y로 삼아 최소자승법 등의 선형추정을 하면 계수 b와 c가 얻어지고 c를 log 역함수 변환을 하면 a가 얻어진다.

$$L_Y = c + bL_X \qquad \text{식 (3)}$$

이때 $L_Y \equiv \log\ Y$
$c \equiv \log\ a$
$L_X \equiv \log\ X$

토 론

“ 작년 6,500만대 돌풍… PC왕국 무너뜨리는 태블릿 ”

－히트 비결은－노트북보다 휴대 편한 데다 스마트폰보다 화면 커 인기
－글로벌 IT 판도 바꿔－마이크로소프트·인텔 비틀, 애플·삼성전자가 주역으로
－199달러짜리도 나와－2개월 만에 600만대 팔아… 최근 중저가 신제품 쏟아져 올해 판매 1억대 넘을 듯

▲애플의 뉴 아이패드 (로이터)

최근 애플의 ‘뉴 아이패드’, 삼성전자 ‘갤럭시탭 7.7’ 등 신제품이 쏟아지면서 태블릿PC 바람이 거세게 불고 있다. 애플이 1년 만에 내놓은 ‘뉴 아이패드’는 미국에서 출시 나흘 만에 300만대가 판매될 정도로 인기다.

전 세계에서 태블릿PC를 구입하는 사람들은 매년 빠르게 늘고 있다. 애플이 처음으로 ‘아이패드’를 내놓은 2010년 1,900만대가 판매되더니, 작년에는 6,500만대가 팔려나갔다. 최근 10년 사이에 새로 출시된 전자제품이 이렇게 빠른 속도로 자리 잡은 것은 스마트폰과 태블릿PC뿐이다. 전문가들은 태블릿PC가 글로벌 IT업계의 기존 경쟁판도와 사람들의 라이프 스타일까지 바꿔 놓을 것으로 전망한다.

• 노트북과 스마트폰의 약점 파고든 태블릿PC

태블릿PC는 단순하게 보면 무선인터넷 접속이 가능한 초슬림(slim)형 휴대용 PC다. 특히 스마트폰과 노트북PC의 약점을 정확히 파고든 것이 최고의 경쟁력으로 꼽힌다. 가령 스마트폰은 들고 다니기는 편하지만 화면이 작아 전자책 읽기나 다양한 소프트웨어 사용이 불편한 경우가 많다. 노트북PC는 화면은 크지만 아무리 가벼운 모델도 무게가 1kg 이상은 돼 들고 다니기 부담스럽다.

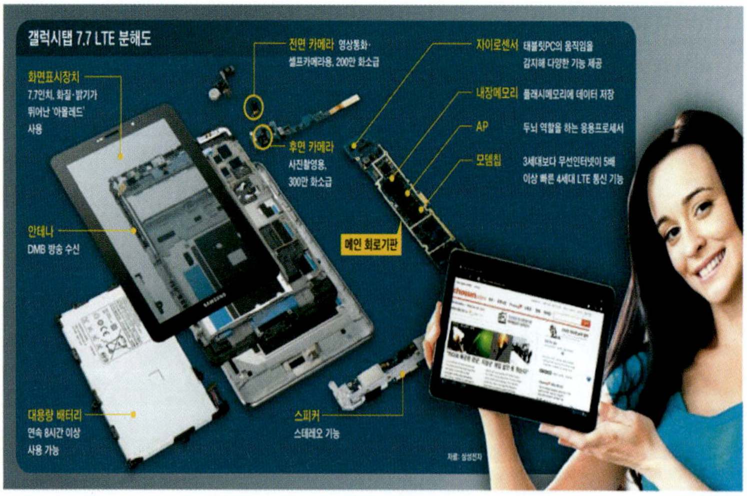

반면 애플 아이패드 시리즈는 화면이 9.7인치, 삼성전자 갤럭시탭 시리즈는 화면이 7~10.1인치다. 스마트폰보다 훨씬 크고 넷북(미니노트북)보다 약간 작은 수준이다. 무게는 아이패드 0.6kg 안팎, 갤럭시탭 0.34~0.56kg로 노트북PC의 절반 수준으로 가볍다. 배터리도 10시간 넘게 사용할 수 있어 노트북PC(3~4시간)에 비해 경쟁력을 자랑한다. 삼성전자의 ‘갤럭시탭 7.7’처럼 화질이 선명하고 밝은 아몰레드(AMOLED·능동형 유기

발광다이오드) 소재를 사용한 제품도 나온다.

최근에는 가격경쟁도 뜨겁다. 애플과 삼성전자의 양강(兩强) 체제에 도전장을 낸 미국 아마존은 199달러짜리 태블릿PC를 출시해 2개월 만에 600만대를 파는 대박을 터뜨렸다. 국내서도 20만~30만원대 태블릿PC가 출시되는 등 국내외 10~20개 업체들이 중저가 제품을 쏟아내고 있다. 업계에선 올해 전 세계 태블릿PC 시장은 1억1,000만대에 이를 것으로 예상한다. (후략) (조선일보, 2012.3.29)

2개로 분화한 갤탭S7/S7+… 아이패드 프로 잡을까

태블릿PC는 신종 코로나바이러스감염증(코로나19) 사태 이후 주목받는 아이템으로 신분이 상승했다. 비대면 활동이 늘면서 대화면을 갖춘 태블릿PC의 활용도가 높아졌기 때문이다. 시장조사업체 카날리스에 따르면 올해 2분기 전 세계 태블릿PC 출하량은 지난해 같은 기간보다 26.1% 늘었다. 스마트폰이 역성장을 한 것과 상반된 결과다.

삼성전자는 최근 갤럭시 탭S7과 탭S7+ 등 2종류의 태블릿PC를 선보였다. 디스플레이 크기와 배터리 용량 정도를 제외하면 대부분 사양은 비슷하다. 애플이 아이패드 프로를 2종류(11형, 12.9형) 내놓은 것에 대한 맞대응으로 읽히는 이유다.

두 제품 중 화면이 더 큰 탭S7+를 사용해봤다.

• 태블릿과 노트북의 교집합

탭S7+의 첫 느낌은 화면이 아주 시원하다는 것이었다. 동시에 무게도 묵직했다. 탭S7+는 태블릿 본연의 기능인 '콘텐츠 소비'에서 발군의 실력을 보인다. 탭S7+는 12.9형 AMOLED 디스플레이를 탑재해 동영상을 시청할 때 화려한 화면을 볼 수 있다. 여기에 AKG의 음향 기술과 돌비 애트모스가 적용된 4개의 스피커로 듣는 사운드도 좋다. 넷플릭스나 유튜브를 볼 때 만족감이 컸다. 집에서 방, 거실 등 장소에 구애받지 않고 언제나 사용하기에 적합해 보인다. 화면 주사율이 120Hz로 부드러운 전환이 된다는 점도 높은 점수를 줄 수 있다.

하지만 집 밖으로 외출할 때라면 좀 얘기가 달라진다. 탭S7+의 무게는 575g(5G 모델 기준)으로 요즘 태블릿PC치곤 가볍지 않다. 여기에 전용 키보드 북커버(505g)를 더하면 1kg이 넘는다. 가볍게 들고 나가기엔 부담스럽다. 그렇다고 키보드 북커버를 함께 쓰지 않는 건 탭S7+를 절반만 활용하겠다는 의미와 같다. 이 제품은 콘텐츠 소비뿐만 아니라 생산성에도 공을 들였기 때문이다. 그 중심에 S펜과 키보드 북커버가 있다. 키보드 북커버는 마우스 기능을 하는 터치 패드와 여러 기능 키가 별도로 추가돼 있다. PC 키보드처럼 ESC · Delete · 삼성 덱스 연결키를 비롯한 볼륨과

밝기 조절 등 다양한 미디어 단축키를 사용할 수 있다.

S펜은 갤럭시 노트20에 들어간 것보다 커서 손에 쥐었을 때 진짜 필기구의 느낌을 준다. 노트20 S펜이 급할 때 가볍게 메모하는 느낌이라면, 탭S7+는 또박또박 적는 기분이 들게 한다.

여기에 일러스트 · 웹툰 · 애니메이션 제작툴 '클립 스튜디오 페인트'를 안드로이드 최초로 지원하며, 필기앱 '노트쉘프(Noteshelf)', 8,000개 이상의 템플릿을 무료로 제공하는 그래픽 디자인 제작 플랫폼 '캔바(Canva)'를 선탑재해 S펜 활용도를 높였다.

탭S7+는 '덱스(Dex)'를 단독으로 실행할 수 있다. 덱스는 사용자환경(UI)을 PC와 비슷하게 만들어줘서 노트북에서 작업하는 것처럼 탭S7+를 활용할 수 있다. 최대 3개까지 동시에 창을 띄울 수 있는 '멀티 액티브 윈도'도 지원한다. (중략) 탭S7+는 여러 가지 장점에도 의문점을 완전히 해소하진 못한다. 이 무게와 가격이라면 굳이 태블릿을 살 게 아니라 노트북을 사는 게 낫지 않냐는 것이다. 탭S7+는 태블릿과 노트북이라는 '두 마리 토끼'를 잡으려 하지만 자칫하면 이도 저도 아닌 게 될 수도 있어 보인다.

탭S7+는 5G 모델 가격이 134만9,700원이다. 웬만한 노트북 가격과 다르지 않다. 키보드와 마우스가 필요한 작업에는 윈도가 탑재된 노트북이 현재로선 더 최적화돼 있다는 생각이다. (문화일보, 2020.9.13)

토론해 보자

(1) 태블릿의 구성부품을 보여주는 사진을 보고 각 구성품의 원가에 대한 자료를 구하여 총부품원가(재료원가)를 추정해 보자.

(2) 가공비와 판매관리비도 추정하여 태블릿 1대의 총원가를 추정해 보자.

(3) 고가형과 저가형 태블릿의 가격차이를 공학분석법의 원가추정을 사용하여 토론해 보자.

요약정리

원가가 미래에 얼마나 발생할지를 추정하려면 원가가 생산량과 같은 원가동인수준에 따라 어떻게 변하는지를 이해해야 한다. 원가는 원가동인수준 변화에 따라 같이 변하는 변동원가와 원가동인수준과 관계없이 일정한 고정원가로 나뉜다. 변동원가와 고정원가가 합하여진 형태는 혼합원가라 하고, 원가동인수준의 범위에 따라 다른 고정원가를 가진 것은 계단원가라 한다.

원가는 관련범위내에서 혼합원가로 주로 추정된다. 혼합원가 추정법에는 원가계정을 변동원가와 고정원가로 분류하여 단위당 변동원가와 총고정원가를 구하는 계정분석법이 있다. 과거의 원가자료 중 최저원가동인수준과 최고원가동인수준의 원가자료를 사용하여 단위당 변동원가와 총고정원가를 구하는 고저점법도 있다. 과거의 자료를 충분히 과학적으로 활용하려면 통계분석법인 회귀분석을 한다. 회귀분석 중 가장 보편적인 최소자승법은 추정오차의 자승을 최소화하는 방법으로 엑셀로도 가능하다. 과거의 자료가 없는 신제품 등의 경우에는 설계도면 등을 이용하여 원가를 추정하는 공학분석법을 쓴다.

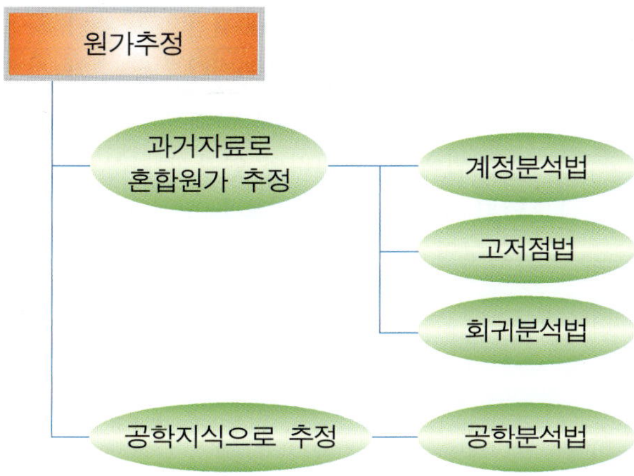

8 연습문제

객관식

01 원가의 행태 (04. 공인회계사)

다음 그래프의 종축은 총원가를 나타내며, 횡축은 1년간의 생산량을 나타낸다. 다음 중 그래프를 적정하게 설명하지 못한 것은?

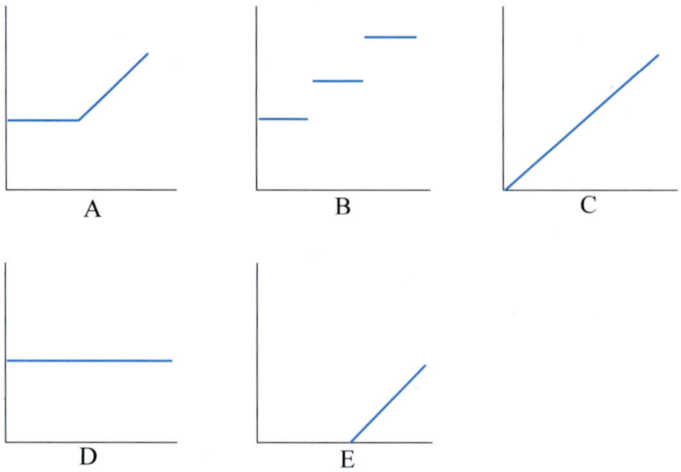

A : 일정량의 kwh까지는 기본요금을 내고 그것을 초과하는 경우에는 변동원가가 추가된다(kwh는 생산량에 비례하여 증가).

B : 수도요금 청구액은 다음과 같이 계산된다.

100,000갤런 이하	기본요금 ₩100,000
추가 10,000갤런	추가 사용된 갤런당 ₩3
추가 10,000갤런	추가 사용된 갤런당 ₩6

C : 기계사용시간(생산량에 비례)을 기준으로 계산되는 설비의 감가상각비

D : 정액법에 의한 설비의 연간 감가상각비

E : 어떤 조업도수준 이상으로 생산되는 매 생산단위마다 ₩100을 관리자에게 지급하는 상여금 제도

① A　　② B　　③ C
④ D　　⑤ E

02 혼합원가식 (08. 9급 공채)

월평균 기계운전시간(x)과 전력비(y)의 관계가 다음과 같이 추정된다.

$$y = 10{,}000 + 8x$$

추정 원가함수를 기초로 한 전력비에 대한 설명 중 가장 옳지 않은 것은? (단, 월평균조업도는 5,000기계운전시간이다)

① 전력비의 월평균 고정원가는 ₩10,000이다.
② 전력비의 변동원가는 기계운전시간당 ₩8이다.
③ 조업도가 4,000기계운전시간일 때 추정 총전력비는 ₩42,000이다.
④ 기계운전시간이 800시간 증가하면 전력비는 ₩16,400 증가한다.

03 원가추정법의 종류와 특징 (18. 경영지도사)

다음은 원가추정방법에 관한 설명이다. ㄱ과 ㄴ에 해당하는 용어를 순서대로 옳게 연결한 것은?

ㄱ. 과거의 원가계정들을 전문적인 판단에 의하여 변동원가와 고정원가로 분류하여 단위당 변동원가와 총고정원가를 추정하는 방법
ㄴ. 과거의 원가자료 중 최고조업도와 최저조업도의 원가자료를 사용하여 원가를 추정하는 방법

① 고저점법－회귀분석법　② 회귀분석법－고저점법　③ 공학분석법－학습곡선법
④ 계정분석법－고저점법　⑤ 계정분석법－회귀분석법

04 원가추정법의 종류와 특징 (09. 세무사)

다음 중 원가추정방법에 관한 설명으로 옳지 않은 것은?

① 회귀분석법은 결정계수(R^2)가 1에 가까울수록 만족스러운 추정을 달성한다.
② 고저점법은 원가자료 중 가장 큰 원가수치의 자료와 가장 작은 원가수치의 자료를 사용하여 추정하는 방법으로 두 원가수치의 차이는 고정비라고 가정한다.
③ 계정분석법을 사용하면 각 계정을 변동원가와 고정원가로 구분하는 데 자의성이 개입될 수 있다.
④ 산업공학분석법(또는 공학분석법)은 간접비 추정에 어려움이 있다.
⑤ 산업공학분석법(또는 공학분석법)은 과거자료 없이 미래원가를 추정하는 데 사용된다.

05 고저점법 (12. 9급 공채)

다음은 제조업체인 (주)한국의 2012년도 수도광열비와 관련된 월간자료이다.

	최 고	최 저
작업시간	3,000시간	2,000시간
수도광열비	₩60,000	₩50,000

(주)한국의 2012년도 총작업시간은 30,000시간이었으며, 2012년의 수도광열비 연간납부금액은 ₩660,000이었다. 이들 자료를 이용하여 고저점법에 의해 계산한 고정원가와 변동원가는?

	고정원가	변동원가		고정원가	변동원가
①	₩250,000	₩410,000	②	₩300,000	₩360,000
③	330,000	330,000	④	360,000	300,000

06 고저점법 (08. 주택관리사)

다음은 2007년 전반기 생산활동자료이다. 이 자료를 이용하여 고저점법을 적용할 때 단위당 변동원가가 ₩40이다. 3월의 발생원가는 얼마인가?

월	생산량	발생원가
1월	240개	₩14,600
2월	210개	13,600
3월	200개	?
4월	230개	14,200
5월	220개	13,900
6월	250개	15,000

① ₩12,900 ② ₩13,000 ③ ₩13,100
④ ₩13,200 ⑤ ₩13,300

07 고저점법과 매출원가 (17. 감정평가사)

(주)감평의 최근 6개월간 A제품 생산량 및 총원가 자료이다.

월	생산량	총원가
1월	110,000단위	₩10,000,000
2월	50,000단위	7,000,000
3월	150,000단위	11,000,000
4월	70,000단위	7,500,000
5월	90,000단위	8,500,000
6월	80,000단위	8,000,000

원가추정은 고저점법(high-low method)을 이용한다. 7월에 A제품 100,000단위를 생산하여 75,000단위를 단위당 ₩100에 판매할 경우, 7월의 전부원가계산에 의한 추정영업이익은? (단, 7월에 A제품의 기말제품 이외에는 재고자산이 없다)

① ₩362,500 ② ₩416,000 ③ ₩560,000
④ ₩652,500 ⑤ ₩750,000

08 고저점법 (13. 주택관리사)

최근 2년간 총고정제조원가와 단위당 변동제조원가는 변화가 없으며 생산량과 총제조원가는 다음과 같다.

	생산량	총제조원가
20×1년	200단위	₩600,000
20×2년	300단위	800,000

20×3년도에 총고정제조원가가 10% 증가할 경우, 생산량이 400단위일 때 총제조원가는?

① ₩1,000,000 ② ₩1,020,000 ③ ₩1,040,000
④ ₩1,060,000 ⑤ ₩1,080,000

09 고저점법 (17. 세무사)

(주)세무의 지난 6개월간 기계가동시간과 기계수선비에 대한 자료는 다음과 같다. (주)세무가 고저점법을 사용하여 7월의 기계수선비를 ₩2,019,800으로 추정하였다면, 예상 기계가동시간은? (단, 기계수선비의 원가동인은 기계가동시간이다)

월	기계가동시간	기계수선비
1월	3,410	₩2,241,000
2월	2,430	1,741,000
3월	3,150	1,827,000
4월	3,630	2,149,000
5월	2,800	2,192,500
6월	2,480	1,870,000

① 2,800시간 ② 3,140시간 ③ 3,250시간
④ 3,500시간 ⑤ 3,720시간

10 고저점법 (08. 세무사)

지난 6개월간 전력비는 다음과 같다. 기계시간이 전력비에 대한 원가동인이라면 32,375기계시간이 예상되는 7월의 전력비는 고저점법에 의해 얼마로 추정되는가?

월	기계시간	전력비
1월	34,000	₩610,000
2월	31,000	586,000
3월	33,150	507,000
4월	32,000	598,000
5월	33,750	650,000
6월	31,250	575,000

① ₩259,000 ② ₩338,000 ③ ₩595,000
④ ₩597,000 ⑤ ₩600,000

11 고저점법 (14. 세무사)

(주)세무의 제조간접원가는 소모품비, 감독자급여, 수선유지비로 구성되어 있다. 이 회사의 제조간접원가의 원가동인은 기계시간으로 파악되었다. (주)세무의 20×1년 1월, 2월, 3월 및 4월 각각에 대해 실제 사용한 기계시간과 제조간접원가의 구성항목별 실제원가는 다음과 같다.

월	기계시간	소모품비	감독자급여	수선유지비	총제조간접원가 합계
1월	70,000	₩56,000	₩21,000	₩121,000	₩198,000
2월	60,000	48,000	21,000	105,000	174,000
3월	80,000	64,000	21,000	137,000	222,000
4월	90,000	72,000	21,000	153,000	246,000

(주)세무는 원가추정에 고저점법을 이용한다. 20×1년 5월에 75,000기계시간을 사용할 것으로 예상되는 경우 설명이 옳은 것은?

① 5월의 예상소모품비는 ₩55,000이다.
② 5월의 예상수선유지비는 ₩129,000이다.
③ 5월의 예상변동제조간접원가는 ₩170,000이다.
④ 5월의 예상고정제조간접원가는 ₩21,000이다.
⑤ 5월의 예상총제조간접원가는 ₩220,000이다.

다음 자료를 이용하여 **12**와 **13**에 답하시오.

(1) 다음은 단일제품 A를 생산하는 (주)대한의 20×1년도 생산 및 제조에 대한 자료는 다음과 같다.

월	생산량	제조원가
1월	1,050개	₩840,000
2월	1,520개	1,160,000
3월	1,380개	983,000
4월	2,130개	1,427,600
5월	1,400개	1,030,000
6월	1,730개	1,208,000
7월	1,020개	850,400
8월	1,800개	1,282,300
9월	1,640개	(중략)
10월	1,970개	(중략)
11월	1,650개	1,137,400
12월	1,420개	1,021,800

(2) (주)대한의 회계담당자는 향후 생산량에 따른 원가를 예측하고, 변동원가계산서 작성에 필요한 자료를 얻기 위해 중략된 자료를 포함한 위 자료를 이용하여 원가모형을 추정하였다. (주)대한의 회계담당자가 회귀분석을 통해 추정한 원가모형은 다음과 같다.

- 원가추정모형 : $Y=a+b\times X$
- Y=제조원가(₩)
- a=296,000(t-value : 3.00, 유의도 0.01 이하)
- b=526(t-value : 4.00, 유의도 0.01 이하)
- X=생산량(개)
- R^2(결정계수)=0.96

12 고저점법과 회귀분석법 (20. 공인회계사)

위 자료를 바탕으로 다음 설명 중 가장 옳은 것은?

① R^2은 추정된 회귀분석의 설명력을 나타내는 것으로 1보다 클수록 높은 설명력을 가진다.

② 회귀분석을 통해 추정한 계수값인 a와 b의 유의도와 t-value가 낮아 분석결과 값을 신뢰할 수 없다.

③ 제품 A의 단위당 판매액이 ₩700이고 단위당 변동판매관리비가 ₩10일 때 제품 A에 대한 단위당 공헌이익은 ₩26이다.

④ 제품 A를 2,000개 생산한다면 회귀분석을 통해 추정한 제조원가는 ₩1,348,000이다.

⑤ 9월과 10월의 중략된 제조원가자료를 사용하면 고저점법을 통해 더 정확한 원가를 추정할 수 있다.

13 고저점법과 회귀분석법 (20. 공인회계사)

위 자료를 바탕으로 (주)대한의 회귀분석으로 추정한 제조원가와 고저점법으로 추정한 제조원가가 같아지는 생산량은 얼마인가?

① 1,000개 ② 1,500개 ③ 2,000개
④ 3,000개 ⑤ 4,000개

14 학습효과 (13. 관세사)

20×3년도에 설립된 (주)관세항공은 처음으로 소방용 헬기 4대의 주문을 받았다. (주)관세항공이 소방용 헬기를 생산할 때 학습률 90%의 누적평균시간 학습모형이 적용된다. 소방용 헬기 4대에 대한 제품원가를 계산하면 얼마인가? (단, 고정제조간접원가는 없는 것으로 가정한다)

1대당 직접재료원가	₩80,000
첫 번째 헬기생산 직접작업시간	3,000시간
직접노무원가	직접작업시간당 ₩25
변동제조간접원가	직접노무원가의 60%

① ₩631,040 ② ₩684,800 ③ ₩708,800
④ ₩718,800 ⑤ ₩740,040

15 학습효과 (20. 감정평가사)

(주)감평은 최근 신제품을 개발하여 최초 10단위의 제품을 생산하는 데 총 150시간의 노무시간을 소요하였으며, 직접노무시간당 ₩1,200의 직접노무원가가 발생하였다. (주)감평은 해당 신제품 생산의 경우, 90%의 누적평균시간 학습곡선모형이 적용될 것으로 예상하고 있다. 최초 10단위 생산 후, 추가로 30단위를 생산하는 데 발생할 것으로 예상되는 직접노무원가는?

① ₩180,000 ② ₩259,200 ③ ₩324,000
④ ₩403,200 ⑤ ₩583,200

16 학습효과 (22. 세무사)

(주)세무는 최근에 신제품을 개발하여 처음으로 10단위를 생산했으며, 추가로 10단위를 생산하는 데 필요한 직접노무시간은 처음 10단위 생산에 소요된 직접노무시간의 60%인 것으로 나타났다. (주)세무의 신제품 생산에 누적평균시간 학습모형이 적용된다면 학습률은?

① 60% ② 65% ③ 80%
④ 85% ⑤ 90%

17 학습효과 (18. 공인회계사)

(주)대한은 A형-학습모형(누적평균시간 모형)이 적용되는 '제품X'를 개발하고, 최초 4단위를 생산하여 국내 거래처에 모두 판매하였다. 이후 외국의 신규 거래처로부터 제품X의 성능이 대폭 개선된 '제품X-plus'를 4단위 공급해 달라는 주문을 받았다. 제품X-plus를 생산하기 위해서는 설계를 변경하고 새로운 작업자를 고용해야 한다. 또한 제품X-plus의 생산에는 B형-학습모형(증분단위시간 모형)이 적용되는 것으로 분석되었다.

누적생산량	A형-학습모형이 적용될 경우 누적평균노무시간	B형-학습모형이 적용될 경우 증분단위노무시간
1	120.00	120.00
2	102.00	108.00
3	92.75	101.52
4	86.70	97.20
5	82.28	93.96
6	78.83	91.39
7	76.03	89.27
8	73.69	87.48

(주)대한이 제품X-plus 4단위를 생산한다면, 제품X 4단위를 추가로 생산하는 경우와 비교하여 총노무시간은 얼마나 증가(또는 감소)하는가?

① 102.00시간 감소 ② 146.08시간 증가 ③ 184.00시간 증가
④ 248.60시간 증가 ⑤ 388.80시간 감소

18 학습효과 (15. 관세사)

(주)관세가 신제품 P-1 첫 번째 단위를 생산하는 데 소요된 직접노무시간은 90시간이며, 두 번째 단위를 생산하는 데 소요된 직접노무시간은 54시간이다. 이 신제품 P-1의 생산과 관련된 원가자료는 다음과 같다.

제품 단위당 직접재료원가	₩500
직접노무시간당 임률	₩10
변동제조간접원가(직접노무시간에 비례하여 발생)	직접노무시간당 ₩2.5
고정제조간접원가 배부액	₩2,500

직접노무시간이 누적평균시간 학습모형을 따르는 경우, 신제품 P-1의 최초로 생산된 4단위의 총제조원가는 얼마인가?

① ₩4,880 ② ₩5,880 ③ ₩6,880
④ ₩7,380 ⑤ ₩8,880

19 **학습효과** (15. 세무사)

(주)국세는 1로트(lot)의 크기를 10대로 하는 로트생산방식에 의해 요트를 생산 · 판매하고 있다. (주)국세는 최근 무인잠수함을 개발하고 5대를 생산 · 판매하였으며, 관련된 원가자료는 다음과 같다.

직접재료원가(₩2,000,000/대)	₩10,000,000
직접노무원가(₩30,000/시간)	30,000,000
변동제조간접원가(₩5,000/직접노무시간)	5,000,000

무인잠수함도 로트생산방식으로 생산하되, 1로트의 크기는 5대이다. 무인잠수함의 직접노무시간은 요트 생산과 같이 로트당 누적평균시간 학습곡선모형을 따르며, 학습률도 동일하다. 요트 생산의 누적생산량과 로트당 평균직접노무시간은 다음과 같다.

누적생산량	누적로트수	로트당 평균직접노무시간
10	1	1,300
20	2	1,170
40	4	1,053

(주)국세는 무인잠수함 35대에 대한 납품 제의를 받았다. 이 납품과 관련된 무인잠수함 1대의 평균변동제조원가는?

① ₩5,451,000 ② ₩6,080,000 ③ ₩6,165,000
④ ₩6,544,000 ⑤ ₩6,832,000

20 **학습효과** (21. 세무사)

올해 창업한 (주)세무는 처음으로 A광역시로부터 도로청소 특수차량 4대의 주문을 받았다. 이 차량은 주로 수작업을 통해 제작되며, 소요될 원가자료는 다음과 같다.

1대당 직접재료원가	₩85,000
첫 번째 차량 생산 직접노무시간	100시간
직접노무원가	직접노무시간당 ₩1,000
제조간접원가	직접노무시간당 ₩500

위의 자료를 바탕으로 계산된 특수차량 4대에 대한 총제조원가는? (단, 직접노무시간은 80% 누적평균시간 학습모형을 고려하여 계산한다)

① ₩542,000 ② ₩624,000 ③ ₩682,000
④ ₩724,000 ⑤ ₩802,000

21 학습효과 (17. 공인회계사)

(주)한국은 최근에 신제품 A의 개발을 완료하고 시험적으로 500단위를 생산하였다. 회사가 처음 500단위의 신제품 A를 생산하는 데 소요된 총직접노무시간은 1,000시간이고 직접노무시간당 임률은 ₩300이었다. 신제품 A의 생산에 소요되는 단위당 직접재료원가는 ₩450이고, 단위당 제조간접원가는 ₩400이다. (주)한국은 과거 경험에 의하여 이 제품을 추가로 생산하는 경우 80%의 누적평균직접노무시간 학습모형이 적용될 것으로 추정하고 있으며, 당분간 직접노무시간당 임률의 변동은 없을 것으로 예상하고 있다. 신제품 A를 추가로 1,500단위 더 생산한다면, 총생산량 2,000단위에 대한 신제품 A의 단위당 예상원가는?

① ₩1,234　② ₩1,245　③ ₩1,257
④ ₩1,263　⑤ ₩1,272

22 학습효과 (23. 감정평가사)

(주)감평은 제품 생산에 필요한 부품 400단위를 매년 외부에서 단위당 ₩1,000에 구입하였다. 그러나 최근 외부구입가격 인상이 예상됨에 따라 해당 부품을 자가제조하는 방안을 검토하고 있다. 다음은 (주)감평이 부품 100단위를 자가제조할 경우의 예상제조원가 자료이다.

직접재료원가	₩25,000
직접노무원가	30,000(₩100/직접노무시간)
변동제조간접원가	20,000(직접노무원가의 2/3)
고정제조간접원가	100,000(전액 유휴생산설비 감가상각비)

(주)감평은 현재 보유하고 있는 유휴생산설비를 이용하여 매년 필요로 하는 부품 400단위를 충분히 자가제조할 수 있을 것으로 예상하고 있으며, 부품은 한 묶음의 크기를 100단위로 하는 묶음생산방식으로 생산할 예정이다. 해당 부품을 자가제조하는 경우, 직접노무시간이 학습률 90%의 누적평균시간 학습모형을 따를 것으로 추정된다. (주)감평이 부품 400단위를 자가제조할 경우, 단위당 제조원가는?

① ₩655　② ₩712　③ ₩750
④ ₩905　⑤ ₩1,000

9 변동원가계산

고정제조원가를 기간원가로 처리한다

원가의 행태에 따라 변동원가와 고정원가로 원가를 구분하여 손익을 계산하면 의사결정에 편리하다. 예를 들어, 조업도의 변화에 따른 손익의 변화를 파악하기가 쉽다. 변동원가계산에서는 원가를 변동원가와 고정원가로 나누어 표시하며 고정제조간접원가를 기간비용으로 처리한다. 이때 생산량에 따라 이익이 변하지 않는 장점이 있다. 이 장에서는 다음의 내용을 다룬다.

- 제조원가요소의 변동성을 알아본다.
- 변동원가계산을 전부원가계산과 비교한다.
- 공헌이익계산서를 전통적 손익계산서와 비교한다.
- 초변동원가계산을 알아본다.

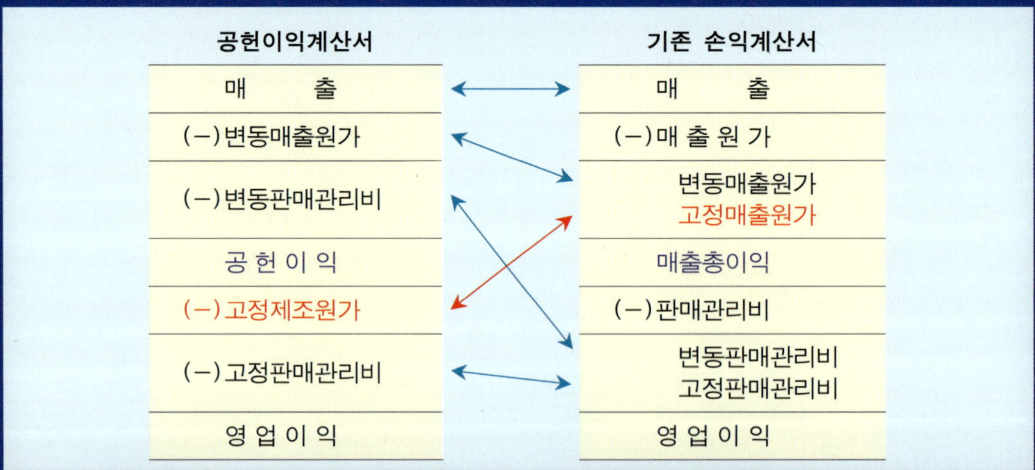

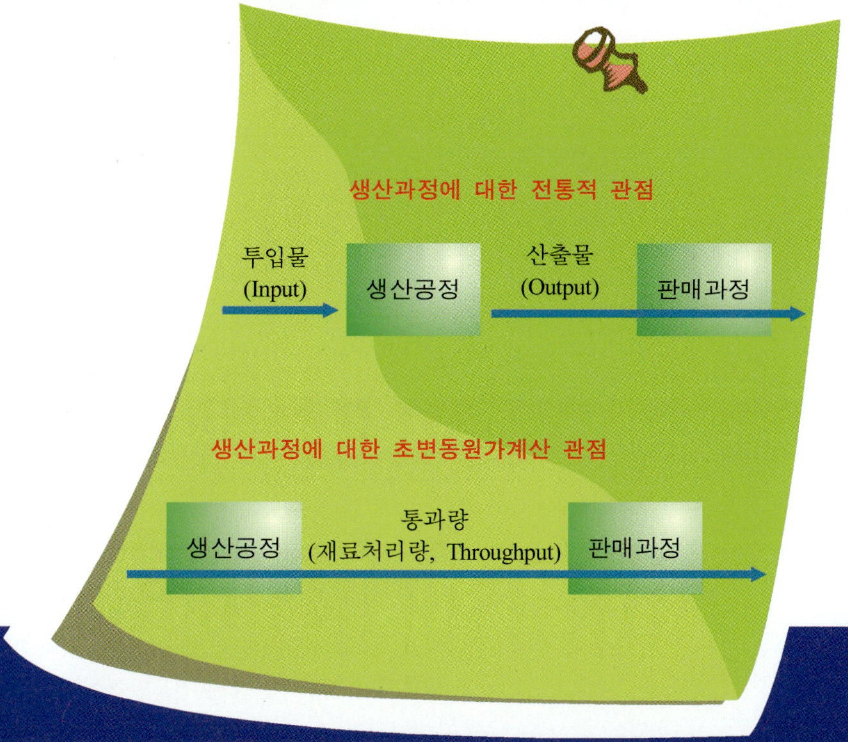

9

- 직접재료원가는 변동원가인가?
- 직접노무원가는 변동원가인가?
- 제조간접원가는 변동원가인가?
- 변동원가와 고정원가 중 어느 것이 좋은가?
- 고정제조원가를 기간비용으로 처리하는 변동원가계산
- 공헌이익계산서란 무엇인가?
- 변동원가계산과 전부원가계산의 영업이익이 왜 다른가?
- 변동원가계산의 장점은 무엇인가?
- 초변동원가계산이란 무엇인가?
- 변동원가계산과 초변동원가계산의 영업이익이 왜 다른가?
- 초변동원가계산은 재고감소노력을 촉진한다

BMW 공장 근로자 35%가 파견직

■ "노동유연성으로 위기 대응" 獨 車업계
탄력 근무시간제도 운영, 시장 급변에 생산량 조정, GM · 포드는 이중임금제

서울 동대문디자인플라자(DDP)를 설계한 세계적인 건축가 자하 하디드가 설계한 독일 라이프치히 BMW 공장은 건물만큼이나 고용 유연성으로 유명한 공장이다. 이 공장에서 일하는 근로자 5,000여 명 가운데 35%는 파견 비정규직이다. 벤츠, 아우디, 폭스바겐 등 독일 자동차 업체의 파견직 평균 비율이 10%인 점을 감안하면 상당히 높은 편이다. 독일 산업계 전체 파견직 평균 비율 3.5%보다는 10배나 높은 것이다. 이 공장은 파견직 활용뿐 아니라 '탄력적 근무시간제'를 도입해 급변하는 시장의 수요에 맞춰 탄력적으로 생산량을 조절하고 있다. 연간 16만 대가 넘는 BMW3시리즈와 1시리즈 3도어 차량을 생산하는 이 공장은 세계적인 경쟁력을 확보한 공장으로 꼽힌다.

하요 홀스트 프리드리히 실러(예나)대학 사회학연구소 교수는 "10년에 한 번 있을까 말까 한 금융과 재정위기를 연거푸 겪고 있는 기업들이 위기극복 역량을 강화하기 위해 고용 및 노동 유연성 전략을 택하고 있다"며 "이 같은 흐름은 독일뿐 아니라 전 세계적인 경향"이라고 말했다.

9일 자동차 업계에 따르면 일본 도요타는 시장 변동 상황에 맞게 파견직, 기간직 등을 효율적으로 활용하고 있다. 또 2008년 금융위기 때 공장폐쇄와 대량해고 등 구조조정을 단

주요 완성차 업체 노동유연성 비교

구 분	현대차	GM · 포드	도요타	폭스바겐
파견 규제	제조업 파견 불가	관련 규제 없음	제조업 파견 허용	제조업 파견 허용
대체근로	불가	허용	허용	허용
인력운용	· 정규직 해고 사실상 불가능 · 여유인력 재배치 어려움	· 레이 오프 허용 · 정규직 이중임금제 · 잡뱅크제 폐지	· 비정규직 탄력적 운용 · 여유인력 재배치 원활	· 근로시간 계좌제 운영 · 비숙련 신규 근로자에게 저임금 적용
단체협약 교섭주기	2년	노사 자율로 규정	3년	노사 자율로 규정

※ 각 업체 자료 취합

행했던 미국의 제너럴모터스(GM)와 포드는 일시해고(레이 오프)와 정규직의 이중임금제(신규 정규직과 기존 정규직의 임금을 업무영역에 따라 차등 적용하는 제도) 등 노동유연성 제도를 실시해 성공적으로 위기에서 벗어났다. 또 실직자를 대상으로 연공에 따라 최장 6년까지 소득의 최대 95%까지 보존해 주던 잡뱅크제도 폐지했다.

글로벌 자동차 기업들이 노동유연성 전략을 비교적 쉽게 구사하는 것은 한국과 달리 노동시장에 대한 정부 규제가 적기 때문이다. 독일, 영국, 미국, 일본 등은 제조업에 파견직을 허용하고 있으며 대체근로도 인정하고 있다. 독일의 경우 1960년대까지만 해도 파견직 등이 금지됐으나 ▲1970년대 제한적 허용 ▲1990년대 규제 완화 ▲2000년대 초 노동시장 개혁 등 세 차례 제도 혁신을 통해 노동유연성을 강화해 왔다. 자동차 업계의 한 전문가는 "한국에서도 노동유연성 강화를 위한 사회적 대타협이 필요하다"고 말했다.

■ "비정규직도 고정·가변형으로 나눠" – 유연성 큰 만큼 안전망 시급

"독일 글로벌 기업들은 비정규직을 고정형과 가변형으로 나눠 고용유연성을 더욱 강화하는 추세입니다." 독일 노동문제 전문가인 하요 홀스트 프리드리히 실러(예나)대학 사회학 연구소 교수는 "정규직과 비정규직 등 두 가지로 구분됐던 고용 형태가 이제는 정규직, 고정형 비정규직, 가변형 비정규직 등 세 가지로 나뉘고 있다"며 이같이 말했다. 그에 따르면 정규직은 경기변동에 관계없이 유지해야 할 최소 핵심인력이고, 고정형 비정규직은 생산량이 급락하지 않는 한 유지해야 할 중요 인력인 반면, 가변형 비정규직은 경기변동에 따라 곧바로 줄일 수 있는 인력이라는 것이다.

하요 홀스트 예나대학 교수

홀스트 교수는 "비정규직을 나눈 것은 경기상황에 탄력적으로 대응하기 위한 새로운 완충지대를 마련한 것"이라며 "이는 불확실성이 증폭되고 상시화되는 세계 경기 상황과 무관하지 않다"고 말했다. 그는 "무한경쟁 시대에서 고용유연성 유지와 비용 절감을 위해 비정규직을 활용하는 것은 불가피한 측면이 있다"면서도 "그러나 비정규직이 지나치게 확대될 경우 근로자들의 자발적 혁신과 회사 충성도 등이 하락해 장기적으로는 기업 경쟁력을 떨어뜨릴 우려가 있다"고 지적했다. 홀스트 교수는 "노동 유연성이 강화되는 만큼 정규직과 비정규직의 격차 해소와 실업급여, 재교육 등 다양한 사회안전망이 구축돼야 한다"고 말했다. (문화일보, 2012.11.9)

직접재료원가는 변동원가인가?

제조원가를 제품별로 추적할 수 있는가에 따라서 직접재료원가, 직접노무원가, 제조간접원가로 나눈다. 이 각 원가요소의 변동성(원가행태)은 어떤가? 일반적으로 직접재료원가는 변동원가로 본다. 생산량이 늘면 더 많은 재료가 필요하므로 직접재료원가를 변동원가로 보는 것이 자연스럽다. 다음의 총재료원가 식과 [그림 9.1]이 이 비례성을 보여준다.

총직접재료원가 = **재료단가** × **총직접재료사용량**
= 8원/g × 45백만g
= **재료단가** × **제품단위당 직접재료량** × **총생산량**
= 8원/g × 10g/개 × 4.5백만개
= **제품단위당 직접재료원가** × **총생산량**
= 80원/개 × 4.5백만개

그림 9.1 총직접재료원가의 변동성

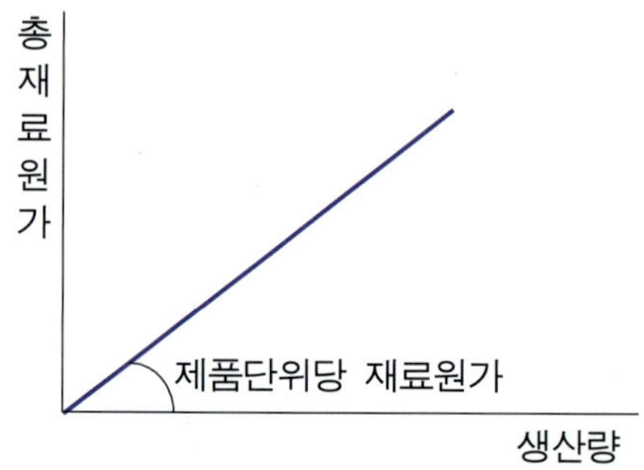

직접노무원가는 변동원가인가?

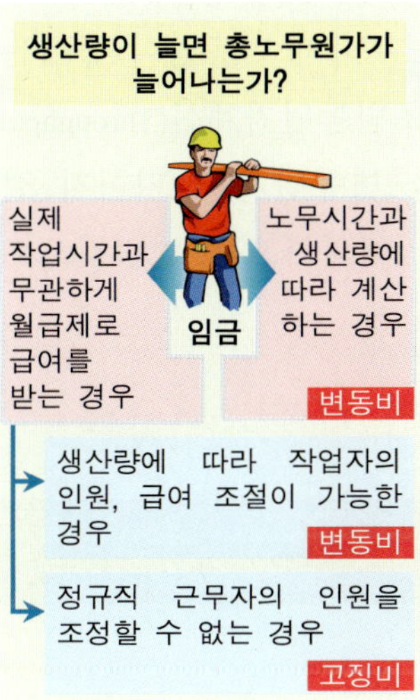

직접노무원가는 어떤가? 생산량이 늘면 총노무시간이 늘고 작업자에게 지급되는 총노무원가가 늘 것인가? 일반적으로 그렇다고 할 수 있다. 작업자에게 작업시간당으로 임금이 지급되면 총노무원가가 노무시간에 비례한다.

총직접노무원가 = **시간당 임금** × **총직접노무시간**
= 10,000원/시간 × 4.5천시간
= **시간당 임금** × **제품단위당 직접노무시간** × **총생산량**
= 10,000원/시간 × 0.001시간/개 × 4.5백만개
= **제품단위당 직접노무원가** × **총생산량**
= 10원/개 × 4.5백만개

만약 작업자가 실제 작업시간과 무관하게 월급제로 급여를 받는다면 어떤가? 각 작업자가 받는 급여는 그의 노무시간에 비례하지 않지만, 총생산량에 따라 작업자의 인원을 조정할 수 있으면 총노무원가는 계단원가가 된다. 한 작업자의 최대생산량이 총생산량에 비해 상당히 작다면 이 계단원가를 변동원가로 취급해도 큰 오차가 없다. 이를 [그림 9.2]가 나타낸다. 만약 정규직 근무자(full timer) 대신에 시간제 근무자(part timer)로 총노무시간을 조정할 수 있으면 노무원가가 변동원가가 된다.

그림 9.2 총직접노무원가의 변동성

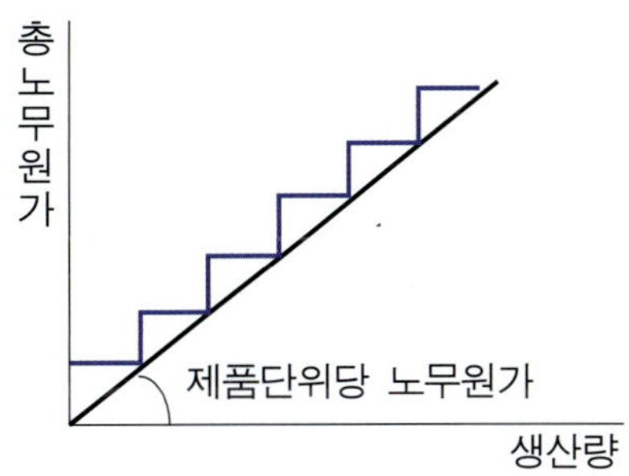

시간제 근무자가 없고 노사협약이나 정부규제에 따라 정규직 근무자의 인원을 생산량 변화에 따라 조정할 수 없다면 노무원가를 단기적으로 고정원가로 취급하는 것이 적절하다. 생산직 근무자를 새로 채용하여 교육훈련 후 현장에 투입하는 데에는 시간이 걸리고, 정년퇴직 등 직원수의 자연감소에 의존하여 인원조정을 하는 데 상당히 오랜 기간이 걸리면 노무비의 변동성이 줄어든다. 직접노무원가를 고정원가로 취급하는 경우가 초변동원가계산(Throughput Costing)이다. 한국은행에서는 편의상 인건비의 절반을 변동원가로, 나머지 절반을 고정원가로 가정하여 분석한다. 이러한 경우를 제외하고는 일반적으로 직접노무원가를 변동원가로 취급한다.

제조간접원가는 변동원가인가?

간접재료원가, 간접노무원가, 제조경비의 여러 가지 항목이 포함되어 있는 제

시간선택제 임금-성과급, 근로시간과 비례해야

'시간선택제 근로자에게 지급되는 임금과 성과급, 각종 복리후생은 근로시간에 비례하도록 한다.' 고용노동부는 28일 이런 내용을 담은 '시간선택제 일자리 도입 및 운영 안내서'를 발표했다. 이 안내서는 앞으로 시간선택제 일자리를 만들 기업을 위한 일종의 가이드라인 성격을 띠고 있다. 안내서에 따르면 우선 시간선택제 근로자를 채용하면 성별, 연령, 장애 여부에 따른 불합리한 차별이 금지된다. 임금 성과급 복리후생은 근로시간에 비례한다. 기업들이 비용 절감을 위해 시간제 근로를 악용하는 것을 막기 위한 최소한의 장치인 셈이다. 다만 통근비, 중식비 등 근로시간에 따라 쪼개기 어려운 비용은 통상근로자와 같은 수준으로 지급하도록 했다. 유급휴일이나 생리휴가, 산전후휴가도 마찬가지. 단, 연차유급휴가와 각종 휴일휴가수당은 근로시간에 비례한다.

'시간선택제 일자리 도입 및 운영 안내서'에 나타난 근로조건은 다음과 같다. 일부 노무원가는 변동원가의 성격이 강하고 일부 원가는 고정성이 있다.

■ 임금

단시간근로자의 임금 산정단위는 '시간급'을 원칙으로 하며, 시간급 임금을 일급 통상임금으로 산정할 경우에는 1일 소정근로시간 수에 시간급 임금을 곱하여 산정합니다. (「근로기준법」 제18조 및 동법 시행령 제9조)

단시간근로자의 1일 소정근로시간 수=4주 동안의 소정근로시간/4주 동안의 통상근로자의 총소정근로일 수

단시간근로자의 임금 결정은 원칙적으로 근로시간 비례의 원칙에 따라야 합니다. (「근로기준법」 제18조)

■ 성과급

사업장에 통상근로자와 단시간근로자가 같은 종류의 업무에 종사하는 경우, 경영성과급을 통상근로자에게만 지급하는 것은 차별

조간접원가는 생산량에 따라 변하는가? 전통적으로 생산량에 따라 비례적으로 변하는 변동원가 부분과 일정한 고정원가 부분으로 나누었다. 동력비, 용수비, 소모품비 등은 변동제조간접원가로 분류되고 공장장 급여, 생산설비 감가상각비, 설비보험료 등은 고정제조간접원가로 분류된다.

그림 9.3 제조간접원가의 변동성

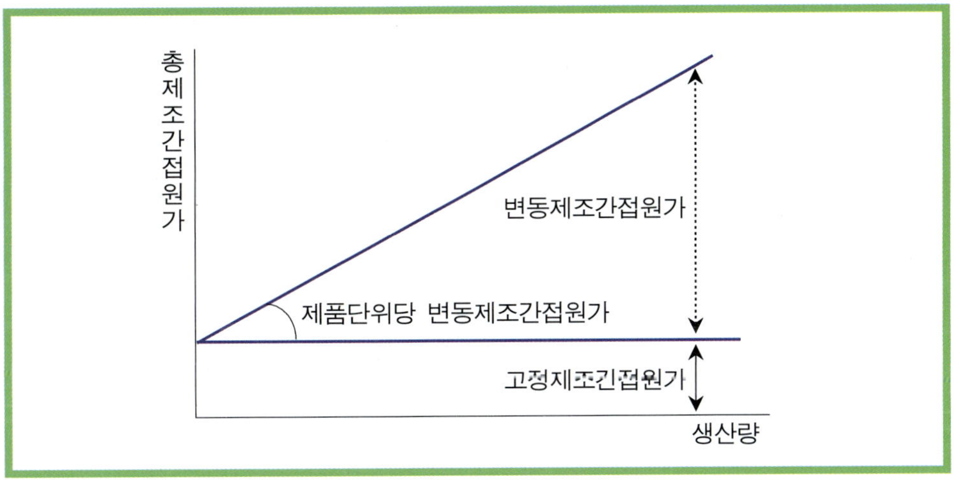

에 해당되므로 단시간근로자에게도 근로시간 비례에 따라 경영성과급이 지급되어야 합니다.

■ 복리후생

복리후생 중에서도 분할가능한 금전적 급부인 경우에는 근로시간 비례원칙을 적용하되, 분할할 수 없는 기타 급부에 대해서는 통상근로자와 동일하게 지급하는 것이 바람직합니다.

■ 휴일 및 휴가

- 단시간근로자에 대한 유급휴일, 생리휴가 및 산전후휴가의 부여는 동등하게 취급되어야 하며, 연차유급휴가 및 각종 휴일·휴가수당의 계산에 관해서는 근로시간 비례의 원칙이 적용됩니다.
- 단시간근로자의 연차유급휴가는 다음과 같이 '시간' 단위로 부여합니다. 이와 같이 휴가를 시간 수로 부여하도록 한 것은 단시간근로자의 근로일별 근로시간이 불규칙할 수 있는 점을 고려한 것입니다. (「근로기준법 시행령」 제9조 제1항에 따른 별표2)
- 경조휴가 등 약정휴가에 대해서는 단시간근로자와 동종·유사업무에 종사하는 통상근로자와 마찬가지의 휴가일수를 보장하는 것이 바람직합니다. (경조휴가 등의 약정휴가는 근로자의 일신상 사유로 인해 특정일을 온전히 휴무하게 하는 성격의 제도이기 때문에 시간비례 원칙을 적용하는 것이 부적절합니다)

■ 사회보험

- 사용자는 단시간근로자에 대하여 법률에 정한 경우를 제외하고는 통상근로자와 마찬가지로 고용보험, 산재보험, 국민연금, 건강보험에 가입해야 합니다.

(동아일보, 2013.11.29)

활동원가 계층구조 개념이 도입된 후에 생산량이 아닌 다른 원가동인에 비례하는 배치수준원가와 제품수준(유지)원가의 분류가 추가되었다. [그림 9.4]가 보여주듯이 배치수준원가는 생산량과 반드시 비례하지 않는 작업건수나 횟수 등의 배치원가동인에 비례한다. 제품수준(유지)원가는 제품의 생산량과 무관하게 제품의 종류수 등의 제품수준(유지)원가동인에 비례하여 발생한다.

그림 9.4 활동원가의 변동성

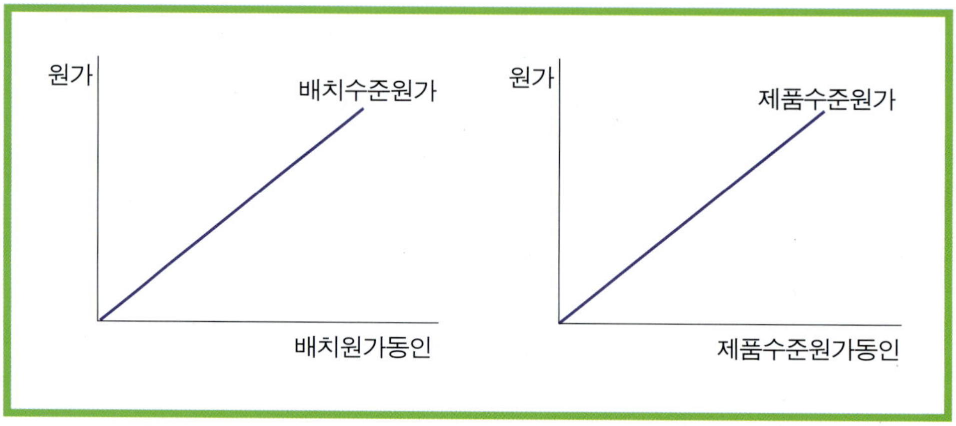

활동원가 중 단위수준원가는 생산량에 비례하는 기존의 변동제조간접원가와 같다. 설비의 감가상각비, 시설보험료, 보안경비원가 등의 설비수준원가는 기존의 고정제조간접원가이다. 설비수준(유지)원가는 설비의 규모가 단기간에 변하지 않으므로 고정원가이다. 설비수준(유지)원가도 수년이 걸려 규모를 조정할 수 있으므로 장기적으로는 변동성이 있으나 변동원가와 고정원가의 구분은 단기적으로만 의미를 가진다.

변동원가와 고정원가 중 어느 것이 좋은가?

현재 직원이 수작업으로 하는 공정을 자동화 설비로 대신한다면 원가가 절감되는가? 생산공정이나 자재이동 등의 많은 공정이 자동화되고 있는데 노무원가를 절감하기 위해 막대한 설비투자를 하는 것이 가치가 있는가? 노무원가는

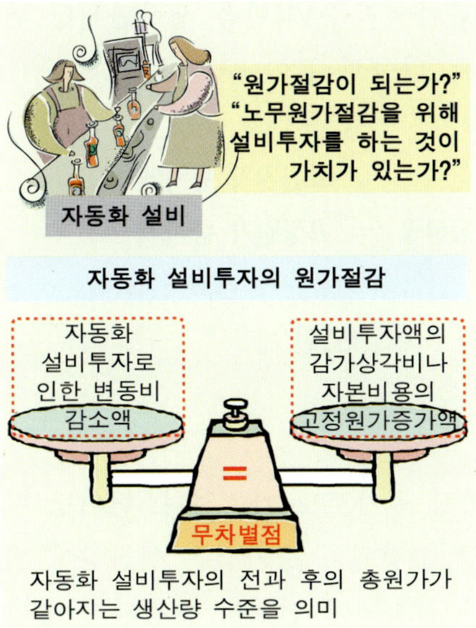

변동원가이나, 설비투자에 의한 감가상각비, 수선유지비, 투자자본비용 등의 설비관련원가는 고정원가이므로 생산량 수준에 따라 원가절감 정도가 달라진다. 설비투자액 자체는 1회성 금액이므로 설비투자액 자체를 고정원가 증가액으로 보면 옳지 않다. 설비투자액의 감가상각비나 자본비용만이 고정원가 증가액이다. [그림 9.5]로 변동원가 감소액과 고정원가 증가액을 비교하여 원가절감액을 구해보자.

[그림 9.5]에서 적색선인 변동원가 감소액은 생산량 수준에 달려있으나, 청색선인 자동화 설비투자로 인한 고정원가 증가는 생산량과 무관하게 일정하다. 따라서 생산량 수준이 [그림 9.5]의 무차별점 이상이 될 때에만 설비투자가 원가절감을 가져온다. 무차별점(Indifference Point)은 변동원가 감소액과 고정원가 증가액이 일치하여 자동화 설비투자의 전과 후가 무차별해지는 생산량 수준이다.

무차별점
서로 다른 원가구조가 같은 총원가를 발생시키는 생산량

그림 9.5 자동화 투자의 원가절감

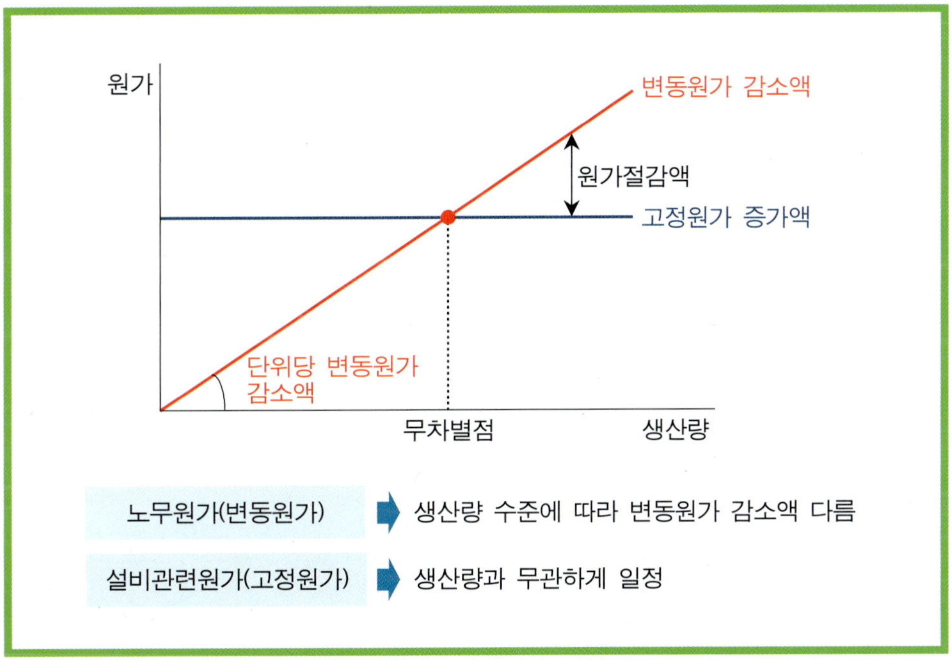

무차별점은 어떻게 구할 수 있는가? 자동화 설비투자로 노무원가, 재료원가 등의 변동원가가 생산단위당 100원이 절감된다고 하자. 또한 10억원의 설비투자로 인해 매년 감가상각비가 1억원, 이자비용이 1억원, 수선유지비가 1천만

원 발생한다고 하자. 무차별점은 고정원가 증가액인 2.1억원을 생산단위당 변동원가 감소액인 100원으로 나누어 210만개로 다음과 같이 구한다.

변동원가 감소액 = 고정원가 증가액
단위당 변동원가 감소액 × 무차별점 생산량 = 고정원가 증가액
무차별점 생산량 = 고정원가 증가액 / 단위당 변동원가 감소액
= 2.1억원 / 100원/개
= 210만개

변동원가와 고정원가의 원가비교는 단위당 원가로도 가능하다. 단위당 변동원가 감소액은 100원으로 일정하나, 단위당 고정원가 증가액은 생산량이 커지면 작아진다. 무차별점은 단위당 변동원가 감소액이 단위당 고정원가 증가액과 같아지는 생산량 수준이다.

단위당 변동원가 감소액 = 단위당 고정원가 증가액
단위당 변동원가 감소액 = 고정원가 증가액 / 무차별점 생산량
100원/개 = 2.1억원 / 210만개

이 관계를 [그림 9.6]이 보여준다.

그림 9.6 단위당 변동원가와 단위당 고정원가

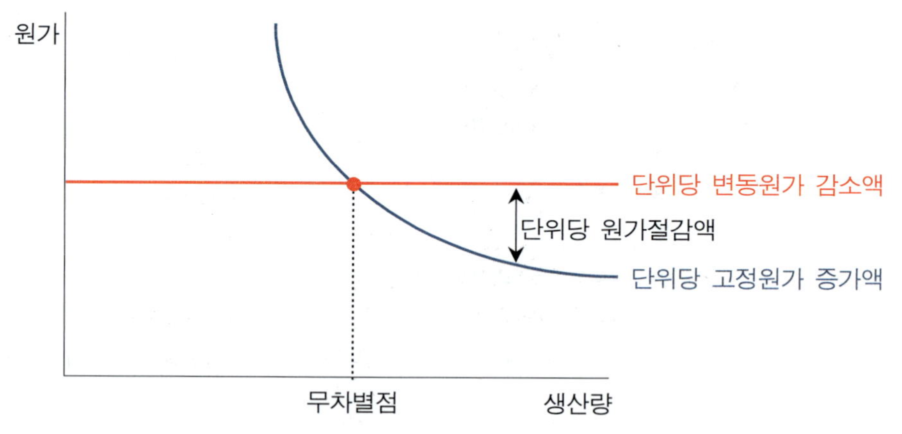

고정제조원가를 기간비용으로 처리하는 변동원가계산

전부원가계산
모든 제조원가를 제품원가에 포함하는 원가계산방법

변동원가계산
제품원가계산에 고정제조간접원가를 제외하는 방법

이제까지 제품원가를 구할 때 모든 제조간접원가를 포함하여 계산하였다. 이것이 재무제표작성의 외부보고 목적으로 허용되는 전부원가계산(Absorption Costing)이다. 고정제조원가는 생산량과 무관하게 각 기간별로 일정하게 발생하므로 기간원가로 취급하는 것이 사업계획을 세울 때 편리하다. 이러한 관점에서 고정제조원가를 제품원가가 아닌 기간원가로 취급하는 방법이 변동원가계산이다. 변동원가계산(Variable Costing)에서는 고정제조간접원가를 제외한 직접재료원가, 직접노무원가, 변동제조간접원가만으로 제품원가를 계산하고 고정제조간접원가는 판매관리원가와 함께 기간원가로 처리한다.[1] 변동원가계산의 장점을 알아보기 위해 고정제조간접원가의 기간비용처리가 손익계산에 어떠한 영향을 미치는지를 우선 살펴보자.

3개월 새 두 배 오른 현대차, 증권사는 "더 사라"… 갑자기 왜

소위 '재미없는 주식'이라고 불렸던 현대차 주가가 최근 두 달 새 오름세다. 증권가에서는 현대차를 연말까지 담아야 할 종목으로 추천하고 있고 목표주가로 22만원 이상을 제시한 곳도 여럿 있다. 증권업계에서는 "1년 넘게 10만원 안팎을 횡보하던 현대차가 지금은 모두가 눈여겨보는 종목이 됐다"라는 말도 나온다. (중략)

현대차는 지난 2분기 실적 발표에서 "제네시스 판매비중이 역대 최대치"라고 밝혔다. 제네시스 글로벌 판매비중은 지난해 2분기 2.4%에서 올해 2분기 5.4%로 2.0%p 증가했다. 국내시장 판매비중 역시 지난해 2분기 8.3%에서 올해 2분기 16.2%로 7.9%p 늘었다. 업계에 따르면 지난달 현대차는 팰리세이드를 5,069대 팔았고 제네시스는 G80 6,040대를 포함해 총 1만291대 판매했다. 각각 2배에서 3배가량 증가한 수치다.

강성진 KB증권 연구원은 "현대차의 대당 공헌이익이 증가할 것"이라고 분석했다. 대당 공헌이익이란 차량 1대를 추가로 팔았을 때 늘어나는 영업이익을 말한다. 강 연구원은 "대당 공헌이익은 2018년 466만원에서, 2019년 541만원으로, 2020년 640만원으로 늘어날 것으로 추정된다"며 "이는 팰리세이드 등 대형 세그먼트 차량 판매가 늘어났기 때문이다. 제네시스 브랜드 모델 판매 증가 등을 고려하면 세그먼트 대형화 이외에도 대당 공헌이익이 증가할 요인이 더 있다"고 했다. (후략)

(조선비즈, 2020.10.10)

1) 직접원가계산(Direct Costing)이라는 용어도 변동원가계산과 같은 의미로 흔히 사용되나 제품원가계산에 포함되는 변동제조간접원가는 직접원가가 아니므로 변동원가계산이 직접원가계산보다 더 나은 용어이다.

공헌이익계산서란 무엇인가?

변동원가계산에 의한 손익계산서

공헌이익계산서

- 모든 원가를 변동원가와 고정원가로 나누어 보고함
- 공헌이익
  =매출액
  −변동매출원가(제조원가)
  −변동판매관리비
- 영업이익
  =공헌이익
  −영업고정비
- 영업고정비
  =고정제조간접원가
  +고정판매관리비

변동원가계산을 사용하여 이익을 계산한 손익계산서를 공헌이익계산서라고도 부른다. 공헌이익계산서(Contribution Margin Income Statement)는 모든 원가를 변동성에 따라 변동원가와 고정원가로 나누어 보고한다. 이는 원가를 기능에 따라 제조원가와 판매관리비로 나누어 보고하는 기존(전부원가계산)의 손익계산서와 대조된다. 공헌이익계산서는 매출에서 변동매출원가(제조원가)와 변동판매관리비를 빼서 공헌이익(Contribution Margin)[2]을 구한 후 고정제조원가와 고정판매관리비를 빼서 영업이익을 구한다. 이에 비해 기존 손익계산서에서는 매출과 매출원가의 차이인 매출총이익(Gross Margin)을 구한 후 판매관리비를 차감하여 영업이익을 구한다.

[종합예제 1]

다음의 자료를 이용하여 전부원가계산과 변동원가계산을 비교해 보자.

표 9.1 기초자료

	20×6년
판매량(백만개)	4
판매가(원)	500
생산량(백만개)	5
단위당 직접재료원가(원/개)	80
단위당 직접노무원가(원/개)	10
단위당 변동제조간접원가(원/개)	50
총고정제조간접비(백만원)	450
단위당 변동판매관리비(원/개)	30
총고정판매관리비(백만원)	550

20×6년초에 재고가 전혀 없었고 기말재공품재고는 없고 기말제품재고가 100만개이다. 전부원가계산에 의한 손익계산서를 작성해 보자.[3]

2) 실무에서는 공헌이익이나 단위당 공헌이익을 일본식 용어인 한계이익이라고 부르기도 한다.

표 9.2 손익계산서 (전부원가계산) (단위 : 백만원)

매 출		2,000	500원/개 × 4백만개
(−)매 출 원 가		920	
변동제조원가	560		(80+10+50)원/개 × 4백만개
고정제조원가	360		450백만원/5백만개 × 4백만개
매출총이익		1,080	
(−)판매관리비		670	
변동판매관리비	120		30원/개 × 4백만개
고정판매관리비	550		550백만원
영 업 이 익		410	

기초제품재고가 없으므로 판매량과 단위당 원가를 이용하여 〈표 9.2〉에서 매출원가를 간단하게 구하였으나 제조원가흐름에 따라 〈표 9.3〉과 같이 구하는 것이 일반적이다.

표 9.3 매출원가계산 (단위 : 백만원)

기초제품재고액		0
당기제품제조원가		1,150
변동제조원가	(80+10+50)원/개 ×5백만개=700백만원	
고정제조원가	450백만원	
기말제품재고액		(230)
변동제조원가	(80+10+50)원/개 ×1백만개=140백만원	
고정제조원가	450백만원/5백만개(배부율)×1백만개=90백만원	
매 출 원 가		920
변동제조원가	700백만원−140백만원=560백만원	
고정제조원가	450백만원− 90백만원=360백만원	

이제 변동원가계산에 의한 공헌이익계산서를 작성해 보자.

3) 전부원가계산에서는 변동원가와 고정원가의 분리표시가 필요 없지만 변동원가계산과 비교하기 위해 분리표시한다.

표 9.4 공헌이익계산서(변동원가계산)

(단위 : 백만원)

매 출	2,000	500원/개 ×4백만개
(−)변동매출원가	560	(80+10+50)원/개×4백만개
(−)변동판매관리비	120	30원/개 ×4백만개
공헌이익	1,320	
(−)고정제조원가	450	
(−)고정판매관리비	550	
영업이익	320	

이 경우도 기초제품재고가 없으므로 판매량과 단위당 원가를 이용하여 매출원가를 간단하게 구하였으나 제조원가흐름에 따라 다음과 같이 구하는 것이 일반적이다.

표 9.5 변동매출원가계산

(단위 : 백만원)

기초제품재고액		0
당기(변동)제품제조원가	(80+10+50)원/개×5백만개	700
기말제품재고액	(80+10+50)원/개×1백만개	(140)
변동매출원가		560

변동원가계산과 전부원가계산의 영업이익이 왜 다른가?

〈표 9.2〉와 〈표 9.4〉를 보면 변동원가계산의 공헌이익계산서에서 보고되는 영업이익은 320백만원으로 전부원가계산의 손익계산서에서 보고되는 영업이익 410백만원보다 90백만원 더 적다. 왜 그럴까? 그 이유는 고정제조원가의 차이 때문이다. 〈표 9.2〉와 〈표 9.4〉를 항목별로 비교하면 〈표 9.6〉과 같다.

〈표 9.6〉에서 화살표가 보여주듯이 두 이익계산서의 고정제조원가를 제외한 모든 수치가 위치만 다를 뿐 같은 금액이다. 매출이 동일하고 공헌이익계산서의 변동판매관리비와 고정판매관리비를 더하면 손익계산서의 총판매관리비와 같다. 변동매출원가도 동일하며, 단지 공헌이익계산서의 고정제조원가와 손익계산서의 매출원가에 포함된 고정제조간접원가가 다르다. 변동원가계산에서

표 9.6 공헌이익계산서와 기존 손익계산서 (단위 : 백만원)

공헌이익계산서

매　　출	2,000
(−)변동매출원가	560
(−)변동판매관리비	120
공 헌 이 익	1,320
(−)고정제조원가	450
(−)고정판매관리비	550
영 업 이 익	320

기존 손익계산서

매　　출		2,000
(−)매 출 원 가		920
변동매출원가	560	
고정매출원가	360*	
매출총이익		1,080
(−)판매관리비		670
변동판매관리비	120	
고정판매관리비	550	
영 업 이 익		410

* 450−90

는 당기에 발생한 고정제조원가 450백만원이 전부 당기의 비용으로 처리되나, 전부원가계산에서는 당기에 판매된 제품에 포함된 고정제조원가 360백만원만이 비용으로 처리된다.

당기매출원가 중의 고정제조원가 360백만원은 어떻게 계산되었나? 〈표 9.3〉에서 볼 수 있듯이 당기발생고정제조원가 450백만원 중에서 90백만원은 기말제품재고 100만개에 남고 나머지 360백만원은 매출원가로 비용이 되었다. 변동원가계산의 총비용과 전부원가계산의 총비용은 재고화된 고정제조원가의 금액 90백만원만큼 차이가 나는데, 이 차이가 영업이익의 차이 90백만원을 설명한다. 이를 수식으로 정리하면 다음과 같다.

전부원가계산에서 비용화된 고정제조원가

$$= \frac{\text{발생 총고정제조원가}}{\text{생산량}} \times \text{판매량}$$

$$= \frac{450\text{백만원}}{5\text{백만개}} \times 4\text{백만개}$$

$$= \text{고정제조간접원가 배부율} \times \text{판매량}$$

$$= 90\text{원/개} \times 4\text{백만개} = 360\text{백만원}$$

변동원가계산에서 비용화된 고정제조원가 = 발생 총고정제조원가 = 450백만원

전부원가계산의 영업이익 − 변동원가계산의 영업이익

=변동원가계산에서 비용화된 고정제조원가−전부원가계산에서 비용화된 고정제조원가

= 450백만원 − 360백만원

$$= \text{발생 총고정제조원가} - \frac{\text{발생 총고정제조원가}}{\text{생산량}} \times \text{판매량}$$

$$= 450\text{백만원} - \frac{450\text{백만원}}{5\text{백만개}} \times 4\text{백만개}$$

$$= \frac{\text{발생 총고정제조원가}}{\text{생산량}} \times (\text{생산량} - \text{판매량})$$

$$= \frac{450\text{백만원}}{5\text{백만개}} \times (5\text{백만개} - 4\text{백만개})$$

= **고정제조간접원가 배부율** × (**생산량** − **판매량**)

= 90원/개 × (5백만개 − 4백만개)

= 90백만원

위 식은 전부원가계산에서 판매량이 일정할 때 생산량을 증가시킬수록 영업이익이 커짐을 보인다. 위의 예와 식은 고정제조간접원가가 제품에만 재고화되는 것으로 가정하였다. 일반적으로 재공품에도 고정제조간접원가가 재고화되므로 변동원가계산과 전부원가계산의 원가차이는 재공품에서도 나타난다. 또한 전부원가계산에서 기초의 재공품이나 제품에 포함된 단위당 고정제조간접원가가 기간중에 투입된 단위당 고정제조간접원가와 다르다면 단일의 고정제조간접원가 배부율로 원가차이를 설명할 수 없다.[4] 이러한 좀더 일반적인 경우에서의 전부원가계산과 변동원가계산의 영업이익 차이는 다음 식으로 설명해야 한다.

전부원가계산에서 비용화된 고정제조간접원가

= **당기발생 고정제조간접원가**

+ **기초제품·재공품에 포함된 고정제조간접원가**

− **기말제품·재공품에 포함된 고정제조간접원가**

= **변동원가계산에서 비용화된 고정제조간접원가**

+ **기초제품·재공품에 포함된 고정제조간접원가**

− **기말제품·재공품에 포함된 고정제조간접원가**

4) 이 경우도, 생산량의 증가가 전부원가계산에서의 영업이익을 증가시키는 것은 사실이다. 그러나 생산량이 판매량보다 많아서 기말제품재고가 기초제품재고보다 많더라도 전부원가계산의 영업이익이 변동원가계산의 영업이익보다 반드시 크지는 않다.

따라서 다음 식이 성립한다.

전부원가계산의 영업이익 − 변동원가계산의 영업이익
= 변동원가계산에서 비용화된 총제조원가 − 전부원가계산에서 비용화된 총제조원가
= 변동원가계산에서 비용화된 고정제조원가 − 전부원가계산에서 비용화된 고정제조원가
= 전부원가계산에서 재고화된 고정제조원가의 증가분
= 전부원가계산에서 기말제품 · 재공품에 포함된 고정제조원가
− 전부원가계산에서 기초제품 · 재공품에 포함된 고정제조원가

변동원가계산의 장점은 무엇인가?

변동원가계산의 의사결정과 성과평가의 유용성

관리자의 업적평가
- 전부원가계산에서 나타나는 불필요한 재고증가를 통해 이익을 증가시키려는 유인을 통제할 수 있음
- 판매부서의 잘못된 예측에 의해 재고가 변화하여 생산부서의 업적평가가 영향을 받는 것을 방지함

의사결정의 유용성
- 원가를 기능이 아닌 행태에 따라 분류함
- 판매량 변화에 따른 이익변화 파악이 수월함
- 공헌이익을 파악할 수 있음

변동원가계산은 제품원가를 과소평가하므로 외부보고 목적으로는 허용되지 않으나 의사결정이나 성과평가의 내부목적으로 사용할 때 장점이 있다. 첫 번째, 변동원가계산은 관리자의 업적평가에 쓸모가 있다. 전부원가계산은 관리자에게 재고를 증가시키도록 유도하는 잘못된 역기능적인 동기를 주는데 변동원가계산은 그렇지 않다. 위의 예에서 보듯이 전부원가계산에서 고정제조간접원가가 당기의 생산량에 배분되므로 생산량이 많을수록 제품단위당 고정제조간접원가가 작아져 제품단위당 이익이 크게 보고된다. 이 현상을 악이용하여 관리자가 회계기간말에 불필요한 생산을 하여 보고되는 이익을 크게 할 수 있다. 불필요한 생산은 재고유지원가를 높여 바람직하지 못하므로 억제해야 한다. 관리자의 업적평가를 위해 변동원가계산을 사용한다면 생산량의 변화와 무관하게 이익이 결정되므로 이 부작용을 방지할 수 있다.[5] 또한, 생산량이 전부원가계산에 의한 손익계산서의 이익수치에 영향을 주는 이유는 앞의 예에서 보여주듯이, 생산량과 판매량의 차이 때문인데 이 차이는 판매부서의 판매량 예

5) 관리자에게 불필요한 재고를 유지하지 않도록 유도하는 방법에는 변동원가계산에 의한 성과평가 이외의 다른 방법들이 존재한다. 첫째로, 전부원가계산에서도 성과평가 기간을 1년 이상으로 장기화하면 부작용을 줄일 수 있다. 이번 기간의 기말재고 증가는 다음 기간의 기초재고의 증가를 의미하므로 이번 기간의 지나친 생산량 증가에 의한 이익 증가는 다음 기간의 이익 감소를 의미한다. 만약 관리자가 다음 기의 이익 감소를 우려한다면 이전 기에 지나친 생산을 하지 않을 것이다. 그러나 관리자가 이번 기의 원가나 이익에만 관심이 있다면 여전히 문제가 남아 있다. 둘째로, 재고변화율이나 재고회전율 등의 재고수준과 관련된 별도의 비재무적 성과지표를 사용하는 방법이 있다. 셋째로, 기회비용 성격의 재고자금비용을 포함한 재고유지원가를 명시적으로 이익계산에 반영하는 방법도 있다.

측의 잘못 때문일 수도 있다. 이 경우, 판매부서의 예측 잘못에 의해 이익이 변하고 생산부서의 업적평가가 달라지는 것은 바람직하지 않다.[6] 변동원가계산에서는 고정제조간접원가가 생산량과 무관하게 당기의 비용으로 처리되어 이런 문제가 없다.

변동원가계산의 또 다른 장점은 의사결정에 쓸모 있는 원가의 변동성에 대한 명시적인 고려이다. 전부원가계산에서는 원가를 기능에 따라 제조원가와 판매관리비로 분류하므로 생산량 변경 등의 의사결정에 따른 원가와 이익의 변화를 파악하기 어렵다. 이에 비해 변동원가계산은 원가를 변동원가와 고정원가로 분류하여 보고하고 공헌이익을 계산하므로 판매량 증가에 의한 이익변화를 보여주어서 의사결정에 쓸모가 있다.

미래의 영업이익을 추정하기 위해 변동원가계산을 사용하는 것이 편리하나 몇 가지 주의할 점이 있다. 우선, 직접노무원가를 변동원가로 간주하는 것이 비현실적일 수 있다. 둘째로, 제조간접원가를 변동원가와 고정원가로 분리하는 것이 부정확할 수 있다. 제조간접원가와 판매관리비의 변동성에 대한 추정은 제8장에서 본 원가추정기법을 사용하면 도움이 된다. 셋째로, 전통적인 변동원가계산은 변동제조간접원가와 변동판매관리비가 생산량이나 판매량에 따라 비례적으로 변한다고 가정하나 이 가정이 비현실적일 수 있다. 제7장에서 보았듯이 간접원가의 원가동인은 다양할 수 있으므로 활동기준원가계산에 의해 원가와 이익을 추정하는 것이 더 정확할 것이다. 마지막으로, 내부적으로 변동원가계산에 의해 의사결정을 하더라도 외부에 보고되는 재무제표에서는 전부원가계산이 사용되므로, 생산량과 판매량이 다르다면 변동원가계산의 영업이익이 전부원가계산의 영업이익과 다름을 생각해야 한다.

초변동원가계산이란 무엇인가?

자동화된 설비로 생산을 하는 장치산업에서는 직접노무원가가 거의 없거나 고정원가일 가능성이 많다. 직접노무인력이 주로 자동화 설비를 운영, 점검, 보수, 유지하는 업무를 하므로 생산량과 무관하게 일정 인력이 필요하다. 제조간

6) 이것은 성과평가의 통제가능성의 원칙과 관련된 문제이며 이 주제는 제16장에서 다룬다.

초변동원가계산

직접노무원가가 거의 없거나 고정원가임

자동화된 설비로 생산하는 장치산업에 적용

직접노무인력

자동화 설비의 운영, 점검, 보수, 유지업무→생산량과 무관

제조간접원가

값비싼 설비의 감가상각비와 수선유지비가 대부분→고정원가에 해당

초변동원가계산
가공원가를 기간비용으로 처리하는 방법

접원가도 값비싼 설비의 감가상각비와 수선유지비가 대부분이며 이 원가들이 고정원가이다. 이러한 장치산업에서 원가계산을 단순하게 하기 위해 모든 가공원가, 즉 직접노무원가와 제조간접원가를 고정원가로 보아 기간비용으로 처리하는 방법이 초변동원가계산(Super-variable Costing 또는 Throughput Costing)이다.[7] 즉 직접재료원가만 제품원가로 재고화하고 나머지 제조원가는 모두 기간비용으로 처리한다.

초변동원가계산에서 사용하는 Throughput의 용어는 생산판매과정을 통과하는 통과량의 개념이라 할 수 있다. 여러 가지 투입물(Input)이 생산공정에 들어가 산출물(Output)이 되어 나온다고 보는 것이 생산흐름에 대한 전통적인 관점이다. 이에 비해 초변동원가계산의 통과량(재료처리량, Throughput) 개념은 직접재료가 제조공정을 통과하면서 가공되지만 가공원가가 제품원가에 더해지지 않는다고 본다.

기존의 원가계산에서는 재료원가, 노무원가, 제조경비(또는 직접재료원가, 직접노무원가, 제조간접원가)를 투입에 대한 원가로 보아, 산출물, 즉 제품의 원가가 이 모든 투입원가를 가지고 있다. 이에 비해 초변동원가계산에서는 직접재료원가만을 통과량의 원가로 보아 제품원가는 가공비를 포함하지 않는다. 가공비를 판매관리비처럼 통과량(재료처리량)을 처리하는 기간비용으로 본다.

재료처리량 공헌이익
매출과 직접재료원가의 차이

매출에서 직접재료원가만 뺀 금액을 재료처리량 공헌이익(Throughput Contribution)이라 한다.[8] 재료처리량 공헌이익은 가공원가와 판매관리비가 고정되어

그림 9.7 생산과정에 대한 관점의 차이

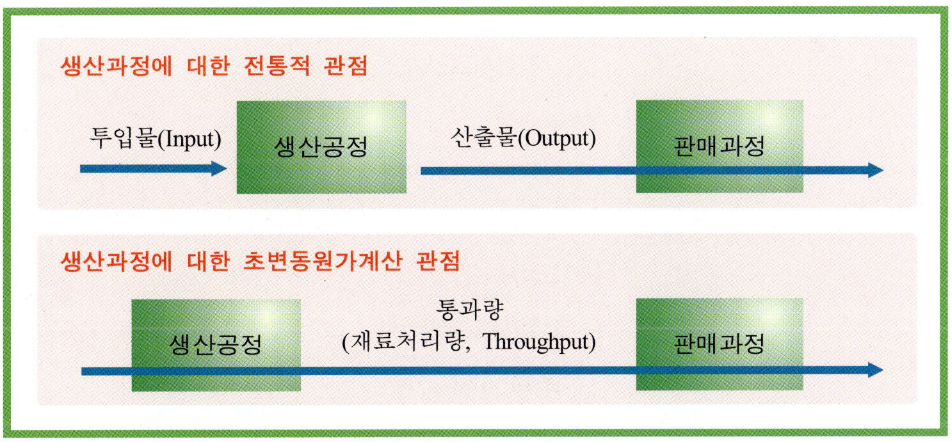

7) 초변동원가계산은 제약이론(TOC, Theory of Constraint)에서 출발하였다. 제약이론에 대한 설명은 제14장을 참고하라. 제약이론에서는 판매관리비도 모두 고정비로 본다.

있을 때 재료처리량의 증가에 따른 이익증가를 측정한다.

[종합예제 2]

[종합예제 1]의 기업이 초변동원가계산(Throughput Costing)을 사용할 때 20×6년 영업이익을 구하자.

표 9.7 초변동원가계산

(단위 : 백만원)

	20×6년 금액	비 고
매 출	2,000	500원/개×4백만개(판매량)
(−)초변동매출원가	320	80원/개×4백만개(판매량)
재료처리량 공헌이익 (Throughput Contribution)	1,680	
(−)직접노무원가	50	10원/개×5백만개(생산량)
(−)변동제조간접원가	250	50원/개×5백만개(생산량)
(−)고정제조간접원가	450	
(−)변동판매관리비	120	30원/개×4백만개
(−)고정판매관리비	550	
초변동원가계산의 영업이익	260	

표 9.8 변동원가계산과 초변동원가계산

(단위 : 백만원)

변동원가계산의 공헌이익계산서

매 출		2,000
(−)변동매출원가		560
직접재료원가	320	
직접노무원가	40	
변동제조간접원가	200	
(−)변동판매관리비		120
공 헌 이 익		1,320
(−)고정제조간접원가		450
(−)고정판매관리비		550
영 업 이 익		320

초변동원가계산의 이익계산서

매 출		2,000
(−)직접재료원가		320
재료처리량 공헌이익		1,680
(−)직접노무원가		50
(−)제조간접원가		700
변동제조간접원가	250	
고정제조간접원가	450	
(−)판매관리비		670
변동판매관리비	120	
고정판매관리비	550	
영 업 이 익		260

8) Throughput Contribution은 현금창출률로 번역한 문헌도 있으나 Throughput Contribution이 반드시 현금흐름을 의미하지는 않으므로 적절한 표현이 아니다.

초변동원가계산에 의한 영업이익은 260백만원으로 변동원가계산에 의한 영업이익 320백만원보다 60백만원 더 적다. 그 이유는 초변동원가계산에서 당기생산량에 대해 발생한 직접노무원가 50백만원과 변동제조간접원가 250백만원이 모두 비용처리되었기 때문이다. 이를 한눈에 보기 위해 〈표 9.4〉와 〈표 9.7〉을 항목별로 비교하면 〈표 9.8〉과 같다.

변동원가계산과 초변동원가계산의 영업이익이 왜 다른가?

〈표 9.8〉에서 화살표가 보여주듯이 두 이익계산서의 모든 수치가 위치만 다를 뿐 직접노무원가와 변동제조간접원가를 제외하고 동일하다. 변동원가계산에서는 기초재고액과 당기에 발생한 총직접노무원가와 변동제조간접원가 중 판매량에 해당하는 금액만 매출원가로 비용화되고 나머지는 기말재고에 남아 있는다. 이 반면, 초변동원가계산에서는 당기에 발생한 총직접노무원가와 변동제조간접원가를 모두 기간비용으로 처리하므로 생산량이 커질수록 이 금액이 커진다.

표 9.9 초변동원가계산과 변동원가계산의 이익차이 조정 (단위 : 백만원)

	금 액	비 고
초변동원가계산의 영업이익	260	
기말제품에 재고화된 직접노무원가와 변동제조간접원가	60	기말제품재고량(1백만개) ×당기 단위당 직접노무원가와 변동제조간접비(10+50)
기초제품에 재고화된 직접노무원가와 변동제조간접원가	0	기초제품재고량(0) ×전기 단위당 직접노무원가와 변동제조간접원가
변동원가계산의 영업이익	320	

초변동원가계산은 재고감소노력을 촉진한다

초변동원가계산에서 생산량이 증가하면 이에 따라 변동가공원가가 증가하면서 전액 비용화되므로 오히려 이익을 감소시킨다. 이익감소를 원치 않는 관리자는 지나친 생산을 피하여 재고감소를 달성하게 된다. 변동원가계산이 영업이익을 생산량과 무관하게 만들어 관리자의 지나친 생산을 방지한다면, 초변동원가는 좀더 강하게 기말재고 감소를 유도하는 장점이 있다. 초변동원가계산에서는 직접재료원가와 가공원가의 분리만이 필요하므로 변동원가계산에서와 같이 변동원가와 고정원가를 분리하는 수고를 할 필요가 없다. 그러나 몇 가지 단점도 있다. 제품재고의 가치를 지나치게 낮게 평가하며, 초변동원가계산에서 계산된 이익이 실제로 외부에 보고되는 전부원가계산에 의한 이익과 차이가 나는 문제점이 있다. 전부원가계산, 변동원가계산, 초변동원가계산의 요약비교는 다음과 같다.

표 9.10 전부원가계산, 변동원가계산, 초변동원가계산의 요약비교

	전부원가계산	변동원가계산	초변동원가계산
재고화 원가	직접재료원가 직접노무원가 변동제조간접원가 고정제조간접원가	직접재료원가 직접노무원가 변동제조간접원가	직접재료원가
기간비용	판매관리비	고정제조간접원가 판매관리비	직접노무원가 변동제조간접원가 고정제조간접원가 판매관리비
용 도	재무보고	의사결정, 성과평가	의사결정, 성과평가
재고수준과 이익	재고의 증가가 이익을 증가시킴	재고의 증가와 이익이 무관함	재고의 증가가 이익을 감소시킴
이익계산	매출총이익 =매출−매출원가	공헌이익 =매출−변동제조원가 −변동판매관리비	재료처리량 공헌이익 =매출−직접재료원가

토 론

초변동원가계산의 통신장비업 도입사례[9]

• 사례기업의 일반적 배경

사례기업인 A사는 세계적인 통신회사가 3개의 독립된 회사로 나누어지면서 통신-기술부문이 독립하여 설립되었다. 이 회사는 Fortune 500기업 중 상위 50위 내에 들어가는 세계적인 다국적 기업으로서 한국을 비롯한 90여개 국가에 진출해 있다. 1998년 기준으로 매출은 300억불을 초과하며 전 세계적으로 14만 명의 직원을 고용하고 있다. 이 회사는 경쟁이 매우 심한 하이테크 산업에 진출해 있으며, 통신분야에서 세계적 리더가 되겠다는 전략을 가지고 있다. 현재 이 회사는 세계 제일의 통합통신설비 공급자로서 인정받고 있다.

이 회사의 사업부문은 크게 세 가지로 나눌 수 있다. 먼저 네트워크시스템(NS)부문인데, 이 부문은 유선 또는 무선통신서비스를 제공하는 사업자에게 필요한 장비와 시스템을 개발, 제작하여 판매하는 부문이다. 또 기업통신시스템(BCS)부문이 있는데 이 부문은 기업들에게 음성, 화상 또는 멀티미디어통신 등에 필요한 시스템을 개발, 제작하여 판매하는 부문이다. 세 번째로 전자(ME)부문이 있는데 이 부문은 통신과 컴퓨터에 필요한 집적회로 등의 제품을 생산하여 판매하는 부문이다. 이 세 부문 중에서 NS부문과 BCS부문은 부품을 직접 제조하지 않고 CEM(Contract Equipment Manufacturer)으로부터 구매하여 조립과 제품검사를 주로 하고 있다. 반면 ME부문은 일반 제조업과 같이 원재료를 구매하여 제품을 생산, 판매하는 부문이다. (중략)

• MOC(Material-Only-Costing)[10]의 도입배경

A사가 기존에 사용하여 오던 원가회계시스템은 표준전부원가계산시스템이다. 이 시스템에 의하면 직접재료원가와 직접노무원가 및 제조간접원가를 전부 제품원가로 처리하며 세 가지 원가요소에 대하여 모두 표준을 설정하고 실제원가와 표준원가의 차이를 계산하고 분석한다. 이 회사의 경영자들은 기존에 사용해 오던 원가시스템에 대한 문제점을 다음과 같이 인식하였다.

① 직접노무원가와 제조간접원가가 단기적으로는 고정원가인데 기존의 원가시스템에서는 이것들을 변동원가로 취급해 왔다. 이 회사는 1996년 6월부터 1997년 9월까지 NS부문의 직접노무원가와 제조간접원가의 변화를 월별로 조사하였다. 그 결과는 다음의 [그림 1]과 같다.

[그림 1]에서 볼 수 있듯이 NS부문의 월별 직접노무원가와 제조간접원가는 거의 고정되어 있음을 알 수 있다. 따라서 단기적으로는 이 두 원가요소를 고정원가로 간주해야 하나 기존에 사용해 오던 원가시스템은 직접노무원가와 제조간접원가를 조업도에 따라 변하는 변동원가로 취급하고 있어 잘못된 원가정보를 제공하고 있다.

9) 이상수, Materials-Only-Costing에 대한 사례연구, 회계저널(2000.12)의 일부임.
10) 초변동원가계산의 다른 이름임.

[그림 1] NS부문의 직접노무원가와 제조간접원가의 변화

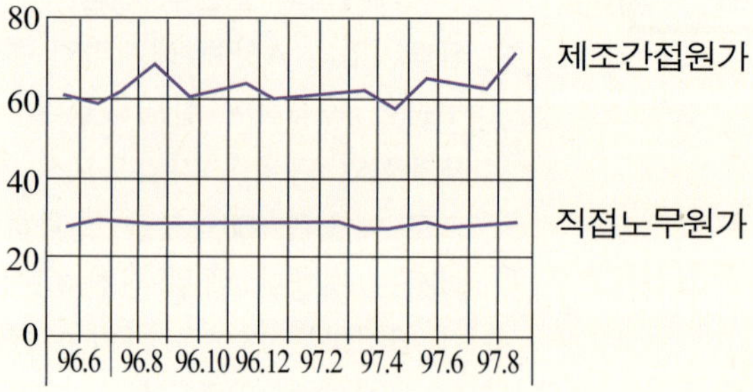

② 제조원가에서 20% 내외의 비중밖에 차지하지 않는 직접노무원가와 제조간접원가를 너무 강조하고 있다. 기존의 표준전부원가계산시스템은 직접노무원가와 제조간접원가에 대한 원가계산과 차이분석을 강조하고 있다. 특히 제조간접원가를 직접노무원가에 의해서 배부하기 때문에 직접노무원가에 대한 정교한 계산과 분석이 지나치게 강조되고 있다. 그런데 1997년도 실제 발생한 원가를 부문별로 조사하여 보면 [그림 2]와 같다.

[그림 2] 부문별 제조원가의 비중

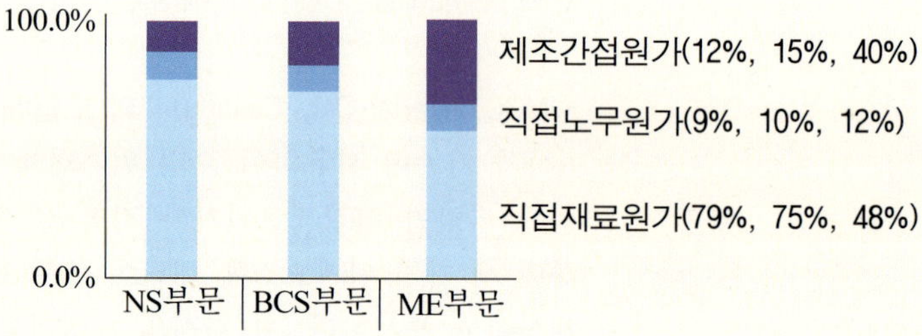

[그림 2]에서 보듯이 ME부문의 직접재료원가 비중은 50%에 못 미치고 있으나 NS부문과 BCS부문의 직접재료원가 비중은 각각 79%와 75%를 차지하고 있다. 즉, NS부문과 BCS부문의 직접노무원가와 제조간접원가의 비중은 매우 낮다. 이렇게 비중이 낮은 원가요소에 대하여 지나치게 자세한 원가분석과 계산을 하고 있어 정작 관심을 집중해야 할 직접재료원가에 대한 분석과 관리가 소홀해지고 있다.

③ 원가를 유발시키는 원인보다 결과의 차이분석에만 초점이 맞추어져 있다. 기존의 표준원가계산시스템은 원가차이를 유발시키는 원가동인에 대한 분석보다 결과의 차이분석과 그에 대한 책임소재 규명에 초점이 맞추어져 있어 효율적인 원가관리가 가능하지 않았다.

④ 표준의 유지관리가 되고 있지 않다. 표준원가계산시스템이 효율적으로 작동하기 위해서는 정기적인 표준의 유지관리가 매우 중요한데, 기존의 시스템은 오

래되고 과대계상된 표준원가를 사용하고 있다. 어떤 경우에는 표준원가가 2년이 지나도록 개정되지 않아 표준으로서의 역할을 하지 못하고 있으며, 정확한 표준을 잘 모르기 때문에 표준을 높게 설정하려는 경향이 있다. 이러한 경향은 낮은 가격으로 입찰하는 위험을 피하기 위하여 자주 발생하는데 이 때문에 입찰경쟁에서 떨어지는 경우가 많다.

⑤ 제조간접원가를 제품에 배부하는 데 문제가 있다. 비록 제조간접원가의 비중이 크지 않지만 직접노무원가를 기준으로 제조간접원가를 배부하기 때문에 제조간접원가의 배부가 자의적이며 결과적으로 제품원가를 왜곡시킨다.

⑥ R&D나 고객서비스 등 가치사슬에서 전략적으로 중요한 비중을 차지하는 활동에 대하여 관심을 두지 않는다. 기존의 시스템은 제조원가 3요소에 대한 계산과 차이분석에만 관심을 집중하고 생산 전, 후 단계에서 발생하는 비용에 대하여 전혀 고려가 없다.

[그림 3] 1997년 사례제품의 가치사슬구성

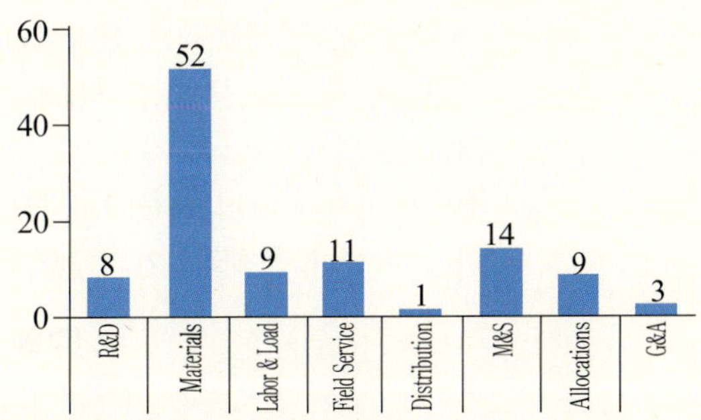

(참고) 유리한 원가차이로 인하여 각 항목의 합이 100%를 초과함.

[그림 3]에서 나타나듯이 1997년 사례제품에 대한 가치사슬을 분석한 결과 R&D나 다른 비용이 직접노무원가나 제조간접원가보다 더 중요한 비중을 차지하고 있는 것으로 나타났다. 그러나 기존의 표준전부원가시스템에서는 이러한 비용에 대한 분석과 관리가 전혀 없다.

• MOC 도입의 기대효익

A사는 기존의 표준전부원가시스템에 대한 문제점을 인식하고 B회계법인의 경영자문을 받아 세 부문 중 NS부문과 BCS부문에 대하여 MOC를 도입하기로 결정하였다. A사가 MOC를 도입하기로 결정한 배경에는 MOC로부터 다음과 같은 효익을 기대하고 있었다.

유용한 원가정보의 신속한 제공

MOC를 도입함으로써 기대하는 첫 번째 효익은 경영자의 의사결정에 필요한 관련원가정보를 적시에 제공하는 것이다. 재무본부에서 경영자들을 대상으로 조사한 바에 의하면 기존 원가정보에 대한 신뢰성이 매우 낮으며 원가정보를 개선하는 것이 최우선 과제 중의 하나라는 인식이 확산되어 있는 것으로 나타났다. 이러한 문제를 해결하기 위하여 A사는 여러 대안 중에서 MOC를 도입하기로 결정하였다. MOC에서는 직접노무원가나 제조간접원가에 대한 자의적인 배부가 없으며, 표준원가의 설정이 직접재료원가에만 한정되어 있어 잘못 설정된 표준원가에 의한 오류가 적기 때문에 원가정보의 신뢰성을 확보할 수 있다. 또한 신속하게 원가정보를 제공할 수 있기 때문에 원가정보의 유용성을 높일 수 있다. 특히 NS부문과 BCS부문이 종사하고 있는 시장에서는 고객의 요구에 맞추어 신속하게 대응하는 것이 경쟁력의 원천이 되므로 원가정보의 신속성은 MOC의 큰 장점이라고 할 수 있다.

생산전략과 원가시스템의 조화

A사는 B회계법인에게 의뢰하여 미국의 20개 첨단기업을 대상으로 조사를 실시한 결과 원가시스템과 생산전략은 상호관련성이 높다는 것을 발견하였다. 조사에 의하면 전부원가계산이나 ABC를 사용하는 기업들은 주로 표준제품을 대량으로 생산하고, 신속성이나 유연성보다는 품질이나 저원가를 더 중요하게 생각하고, 직접노무원가와 제조간접원가의 비중이 총제조원가의 30%를 초과하고 있는 것으로 나타났다. 반면에 MOC를 택하고 있는 기업들은 조립과 시스템검사를 중심으로 한 주문생산을 하고, 제품수명주기가 짧기 때문에 신속성과 유연성을 중요시하고, 직접노무원가와 제조간접원가의 비중이 총제조원가의 30%를 넘지 않는 것으로 조사되었다.

[그림 4] 20개 기업 원가시스템조사

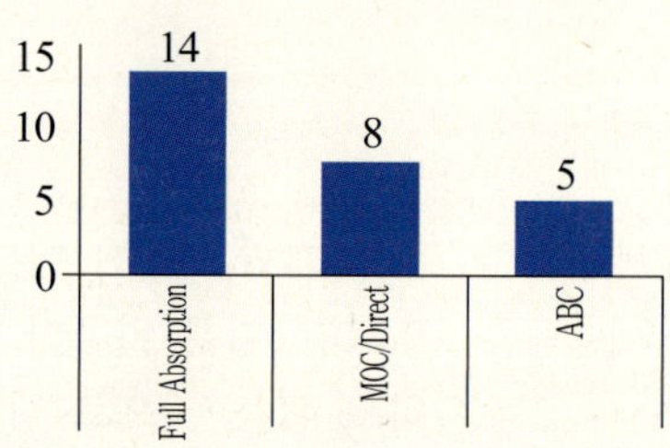

(참고) 한 기업이 복수의 원가시스템을 사용하는 경우가 있기 때문에 합계가 20을 초과함.

[그림 4]는 20개 첨단회사의 원가시스템을 조사한 결과를 나타내는데 MOC나 직접원가계산을 사용하고 있는 기업이 40%를 차지하고 있는 것으로 나타났다. 이 중에서 두 개의 기업을 benchmark하기 위하여 심층 조사하였다. 이 기업들의 특징은 모든 원가배부를 역기능적이라고 간주하고 있으며, 경영노력의 초점을 직접재료원가의 절감에 맞추고 있었다. A사의 경우에는 [그림 2]에서 보듯이 세 부문 중 NS부문과 BCS부문은 전부원가계산보다는 MOC에 적합한 제조환경을 가지고 있다. 이 두 부문은 고객의 요구에 맞추어 시스템을 주문생산하고 있는데, 이에 필요한 부품은 OEM이나 CEM으로

부터 구입하고 있다. 조립생산이 완료되면 시스템의 품질을 검사하여 고객에게 인도하고 현장검사를 실시한다. 반면에 ME부문은 전부원가계산과 ABC에 적합한 제조환경을 가지고 있다. 제조간접원가의 비중이 40%를 육박하고, 표준적인 제품을 대량으로 생산하고 있다. 지금까지 A사는 세 부문 모두 표준전부원가계산시스템을 사용해 왔으나, ME부문을 제외한 NS와 BCS부문은 그 제조환경에 맞게 MOC로 전환하였다.

가치사슬에 따른 원가관리노력의 우선순위 결정

기존 표준전부원가계산에서는 원가관리의 대상이 제조원가 3요소로 한정되어 있고 그중에서도 비중이 크지 않은 직접노무원가와 제조간접원가의 차이분석에 많은 노력이 투입되어 직접재료원가나 제조 전 또는 제조 후 원가에 대한 관리노력이 그 중요성에 비추어 상응하지 못하였다. 그러나 MOC에서는 직접노무원가나 제조간접원가에 대한 계산이 단순해지면서 이들 원가의 분석과 관리에 투입되었던 노력과 관심이 직접재료원가와 제조 전, 후 원가로 옮겨진다. 따라서 지금까지 소홀하였던 원가항목에 대한 관리가 가능하게 되었다. [그림 3]에서 보듯이 R&D, Field Service & Support 및 M&S에 소요되는 원가가 직접노무원가와 제조간접원가를 합한 금액과 비슷하거나 크다는 것을 알 수 있다. 가치사슬에서 중요한 비중을 차지하지만 직접노무원가나 제조간접원가 때문에 관리가 소홀하였던 항목에 대한 관리가 가능하게 되었다.

토론해 보자

A사의 세 부문의 원가구조 차이에 따른 초변동원가계산(MOC)의 적용타당성을 논의해 보자.

요약정리

제Ⅱ부에서 공부한 원가계산방법에서 모든 제조원가가 재고에 포함되어 매출원가로 비용화된다. 이것이 재무보고용으로 인정되는 전부원가계산이다. 이 방법에서는 당기에 발생한 고정제조간접원가가 재고화되므로 생산량을 늘리면 매출원가에 포함되는 고정제조간접원가가 줄어들어 영업이익이 증가한다.

이러한 현상을 만약 관리자가 악용할 가능성이 문제가 된다면 기업은 관리자의 성과평가를 위해 변동원가계산을 사용할 수 있다. 변동원가계산에서는 고정제조간접원가가 모두 당기의 기간비용으로 처리되므로 생산량의 변화가 영업이익에 영향을 미치지 않는다. 이 점 때문에 변동원가계산은 이익증가를 위해 관리자가 불필요하게 생산하려는 동기를 없애주는 장점이 있다. 또한 변동원가계산에서는 원가를 변동원가와 고정원가로 구분하여 이익계산서를 작성하고 공헌이익을 계산하도록 요구하므로 의사결정에 편리한 형태로 원가정보를 제공하게 된다.

변동원가계산에서 요구하는 변동성에 의한 원가구분이 어렵거나, 가공원가가 대부분 고정원가라면 초변동원가계산이라는 더 단순한 방법을 쓸 수 있다. 초변동원가계산에서는 직접재료원가만을 재고화하고 모든 가공원가를 기간비용으로 단순처리한다. 이때, 생산량이 증가할 때 증가하는 가공원가가 모두 당기의 비용으로 보고되므로 관리자는 불필요한 생산을 줄여 재고수준을 낮게 유지하려 하는 강한 동기를 가지게 된다.

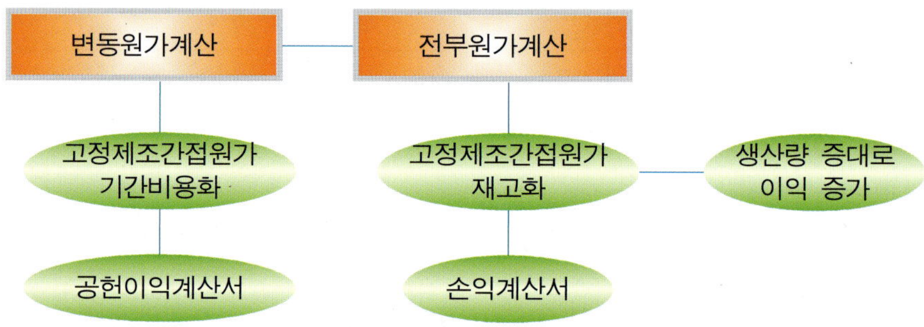

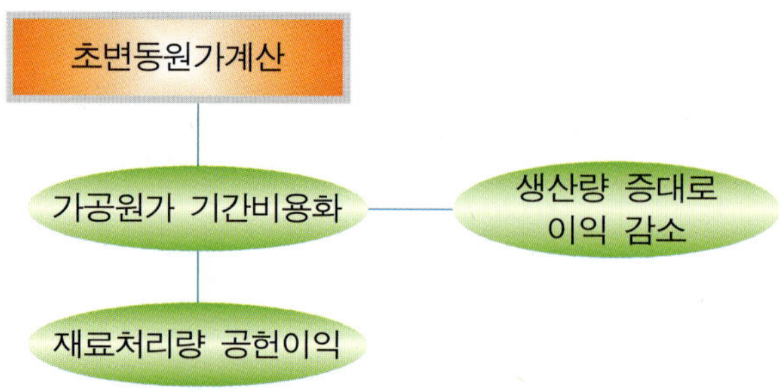

9 연습문제

객관식

01 변동원가계산의 특징 (14. 서울시 9급)

변동원가계산과 관련된 다음의 설명 중 옳지 않은 것은?

① 변동제조원가는 매출원가에 포함된다.
② 공헌이익에 대한 정보를 제공하므로 단기의사결정과 성과평가에 유용하다.
③ 외부보고 및 조세 목적을 위해서 일반적으로 인정되는 방법이다.
④ 고정제조간접원가는 매출원가에 포함되지 않는다.
⑤ 제품의 생산량이 영업이익에 영향을 미치지 않는다.

02 변동원가계산의 특징 (18. 감정평가사)

제조기업인 (주)감평이 변동원가계산방법에 의하여 제품원가를 계산할 때 제품원가에 포함되는 항목을 모두 고른 것은?

ㄱ. 직접재료원가	ㄴ. 직접노무원가
ㄷ. 본사건물 감가상각비	ㄹ. 월정액 공장임차료

① ㄱ, ㄴ ② ㄱ, ㄹ ③ ㄴ, ㄷ
④ ㄴ, ㄹ ⑤ ㄱ, ㄷ, ㄹ

03 변동원가계산의 특징 (18. 재경관리사)

다음 중 변동원가계산에 의한 손익계산서와 관련된 설명으로 가장 올바르지 않은 것은?

① 판매비와 관리비를 변동비와 고정비로 분리하여 보고한다.
② 고정제조간접원가는 공헌이익 산출에 포함되지 않는다.
③ 공헌이익을 계산한다.
④ 변동제조간접원가는 기간비용으로 처리한다.

04 변동원가계산의 구조 (18. 국가직 9급)

신설법인인 (주)한국의 기말제품재고는 1,000개, 기말재공품재고는 없다. 다음 자료를 근거로 변동원가계산방법에 의한 공헌이익은?

판매량	4,000개
단위당 판매가격	₩1,000
생산량	5,000개
단위당 직접재료원가	₩300
단위당 직접노무원가	200
단위당 변동제조간접원가	100
총고정제조간접비	1,000,000
단위당 변동판매관리비	150
총고정판매관리비	800,000

① ₩2,000,000 ② ₩1,600,000
③ ₩1,250,000 ④ ₩1,000,000

05 변동원가계산의 구조 (19. 국가직 9급)

20×1년초에 영업을 개시한 (주)한국의 원가관련 자료는 다음과 같다.

생산량	10,000개
판매량	8,000개
단위당 변동제조원가	₩110
단위당 변동판매관리비	40
고정제조간접원가	180,000
고정판매관리비	85,000

제품의 단위당 판매가격이 ₩200인 경우에 (주)한국의 20×1년말 변동원가계산에 의한 영업이익과 기말제품재고액은?

	영업이익	기말제품재고액
①	₩135,000	₩220,000
②	135,000	256,000
③	171,000	220,000
④	171,000	256,000

06 변동원가계산의 구조 (19. 세무사)

(주)세무는 기초제품수량은 없고 당기제품생산수량은 500단위, 기말제품수량은 100단위이다. 제품 단위당 판매가격은 ₩1,300이며, 당기에 발생한 원가는 다음과 같다. 변동원가계산에 의한 당기영업이익은? (단, 기초 및 기말 재공품은 없다)

직접재료원가	₩250,000
직접노무원가	80,000
변동제조간접원가	160,000
변동판매관리비	40,000
고정제조간접원가	40,000
고정판매관리비	15,000

① ₩13,000 ② ₩23,000 ③ ₩33,000
④ ₩43,000 ⑤ ₩53,000

07 전부원가계산 (18. 보험계리사)

(주)한국은 단일제품 P를 생산·판매하고 있다. 20×1년 제품 P의 생산·판매와 관련된 자료는 다음과 같다.

생산량	30개
판매량	25개
매출액	₩2,250
변동제조원가	1,200
고정제조간접원가	300
변동판매관리비	125
고정판매관리비	375

20×1년초 재고자산이 없을 때, 전부원가계산에 따른 (주)한국의 20×1년 영업이익은?

① ₩450 ② ₩500
③ ₩1,000 ④ ₩1,125

08 변동원가계산과 전부원가계산의 비교 (20. 국가직 9급)

전부원가계산과 변동원가계산에 대한 설명으로 옳지 않은 것은? (단, 주어진 내용 외의 다른 조건은 동일하다)

① 전부원가계산에서 판매량이 일정하다면 생산량이 증가할수록 영업이익은 증가한다.
② 전부원가계산은 외부보고 목적보다 단기의사결정과 성과평가에 유용하다.
③ 변동원가계산에서는 고정제조간접원가를 제품원가에 포함시키지 않는다.
④ 변동원가계산에서 생산량의 증감은 이익에 영향을 미치지 않는다.

09 변동원가계산과 전부원가계산의 비교 (21. 공인회계사)

(주)대한은 설립 후 3년이 경과되었다. 경영진은 외부보고 목적의 전부원가계산 자료와 경영의사결정 목적의 변동원가계산에 의한 자료를 비교분석하고자 한다. (주)대한의 생산과 판매에 관련된 자료는 다음과 같다.

	1차년도	2차년도	3차년도
생산량(단위)	40,000	50,000	20,000
판매량(단위)	40,000	20,000	50,000

- 1단위당 판매가격은 ₩30이다.
- 변동제조원가는 1단위당 ₩10, 변동판매관리비는 1단위당 ₩4이다.
- 고정제조간접원가는 ₩400,000, 고정판매관리비는 ₩100,000이다.
- 과거 3년 동안 (주)대한의 판매가격과 원가는 변하지 않았다.

위 자료에 대한 다음 설명 중 옳지 않은 것은?

① 3차년도까지 전부원가계산과 변동원가계산에 따른 누적영업손익은 동일하다.
② 3차년도 변동원가계산에 따른 영업이익은 ₩300,000이다.
③ 2차년도의 경우 전부원가계산에 의한 기말제품원가가 변동원가계산에 의한 기말제품원가보다 크다.
④ 변동원가계산에서 고정원가는 모두 당기비용으로 처리한다.
⑤ 3차년도 전부원가계산에 의한 매출원가는 ₩1,120,000이다.

10 변동원가계산과 전부원가계산의 비교 (21. 주택관리사)

(주)한국은 20×1년초에 영업을 개시하고 5,000단위의 제품을 생산하여 단위당 ₩1,500에 판매하였으며, 영업활동에 관한 자료는 다음과 같다.

단위당 직접재료원가	₩500	고정제조간접원가	₩1,000,000
단위당 직접노무원가	350	고정판매관리비	700,000
단위당 변동제조간접원가	150		
단위당 변동판매관리비	100		

변동원가계산에 의한 영업이익이 전부원가계산에 의한 영업이익에 비하여 ₩300,000이 적을 경우, (주)한국의 20×1년 판매수량은? (단, 기말재공품은 존재하지 않는다)

① 1,500단위 ② 2,000단위 ③ 2,500단위
④ 3,000단위 ⑤ 3,500단위

11 변동원가계산과 전부원가계산의 비교 (23. 세무사)

(주)세무는 20×1년초에 설립되었다. 20×1년 생산량과 판매량은 각각 3,200개와 2,900개이다. 동 기간 동안 고정제조간접원가는 ₩358,400 발생하였고, 고정판매관리비는 ₩250,000 발생하였다. 전부원가계산을 적용하였을 때 기말제품의 단위당 제품원가는 ₩800이다. 변동원가계산을 적용하였을 때 기말제품재고액은? (단, 재공품은 없다)

① ₩192,600　② ₩198,000　③ ₩206,400
④ ₩224,000　⑤ ₩232,800

12 변동원가계산과 전부원가계산의 비교 (21. 지방직 9급)

전부원가계산에 의한 영업이익이 변동원가계산에 의한 영업이익보다 ₩10,000이 더 클 때, 다음의 자료를 이용한 당기생산량은?

	수량 / 금액
판매량	500개
고정판매관리비	₩15,000
고정제조간접원가(총액)	₩30,000
기초재고	없음

① 650개　② 700개
③ 750개　④ 800개

13 변동원가계산과 전부원가계산의 비교 (19. 관세사)

20×1년초에 설립된 (주)관세는 단일제품을 생산・판매하며, 실제원가계산을 사용하고 있다. (주)관세는 20×1년에 6,000단위를 생산하여 4,000단위를 판매하였고, 20×2년에는 6,000단위를 생산하여 7,000단위를 판매하였다. 연도별 판매가격과 원가구조는 동일하며 원가자료는 다음과 같다.

	단위당 원가	연간 총원가
직접재료원가	₩85	
직접노무원가	40	
변동제조간접원가	105	
변동판매관리비	50	
고정제조간접원가		₩120,000
고정판매관리비		350,000

20×2년 전부원가계산에 의한 영업이익이 ₩910,000일 경우, 20×2년 변동원가계산에 의한 영업이익은? (단, 기초 및 기말 재공품은 없는 것으로 가정한다)

① ₩890,000　② ₩900,000　③ ₩910,000
④ ₩920,000　⑤ ₩930,000

14 변동원가계산과 전부원가계산의 비교 (23. 감정평가사)

변동원가계산제도를 채택하고 있는 (주)감평의 당기 기초재고자산과 영업이익은 각각 ₩64,000과 ₩60,000이다. 전부원가계산에 의한 (주)감평의 당기영업이익은 ₩72,000이고, 기말재고자산이 변동원가계산에 의한 기말재고자산에 비하여 ₩25,000이 많은 경우, 당기 전부원가계산에 의한 기초재고자산은?

① ₩58,000　② ₩62,000　③ ₩68,000
④ ₩77,000　⑤ ₩89,000

15 변동원가계산과 전부원가계산의 비교 (22. 감정평가사)

다음은 제품 A를 생산·판매하는 (주)감평의 당기 전부원가 손익계산서와 공헌이익 손익계산서이다.

전부원가 손익계산서		공헌이익 손익계산서	
매출액	₩1,000,000	매출액	₩1,000,000
매출원가	650,000	변동원가	520,000
매출총이익	₩350,000	공헌이익	₩480,000
판매관리비	200,000	고정원가	400,000
영업이익	₩150,000	영업이익	₩80,000

제품의 단위당 판매가격 ₩1,000, 총고정판매관리비가 ₩50,000일 때 전부원가계산에 의한 기말제품재고는? (단, 기초 및 기말 재공품, 기초제품은 없다)

① ₩85,000　② ₩106,250　③ ₩162,500
④ ₩170,000　⑤ ₩212,500

16 변동원가계산과 전부원가계산의 비교 (21. 세무사)

20×1년에 영업을 개시한 (주)세무는 단일제품을 생산·판매하고 있으며, 전부원가계산제도를 채택하고 있다. (주)세무는 20×1년 2,000단위의 제품을 생산하여 단위당 ₩1,800에 판매하였으며, 영업활동에 관한 자료는 다음과 같다.

제조원가	
단위당 직접재료원가	₩400
단위당 직접노무원가	300
단위당 변동제조간접원가	200
고정제조간접원가	250,000
판매관리비	
단위당 변동판매관리비	100
고정판매관리비	150,000

(주)세무의 20×1년 영업이익이 변동원가계산에 의한 영업이익보다 ₩200,000이 많을 경우 판매수량은? (단, 기말재공품은 없다)

① 200단위 ② 400단위 ③ 800단위
④ 1,200단위 ⑤ 1,600단위

17 **변동원가계산과 전부원가계산의 비교** (22. 공인회계사)

(주)대한은 20×1년 1월 1일에 처음으로 생산을 시작하였고, 20×1년과 20×2년의 영업활동 결과는 다음과 같다.

	20×1년	20×2년
생산량	2,000단위	2,800단위
판매량	1,600단위	3,000단위
변동원가계산에 의한 영업이익	₩16,000	₩40,000

(주)대한은 재공품재고를 보유하지 않으며, 재고자산 평가방법은 선입선출법이다. 20×1년 전부원가계산에 의한 영업이익은 ₩24,000이며, 20×2년에 발생한 고정제조간접원가는 ₩84,000이다. 20×2년 (주)대한의 전부원가계산에 의한 영업이익은 얼마인가? (단, 두 기간의 단위당 판매가격, 단위당 변동제조원가와 판매관리비는 동일하다)

① ₩26,000 ② ₩30,000 ③ ₩34,000
④ ₩36,000 ⑤ ₩38,000

18 **변동원가계산과 전부원가계산의 비교** (21. 공인회계사)

(주)대한은 설립 후 3년이 경과되었다. 경영진은 외부보고 목적의 전부원가계산 자료와 경영의사결정 목적의 변동원가계산에 의한 자료를 비교분석하고자 한다. (주)대한의 생산과 판매에 관련된 자료는 다음과 같다.

	1차년도	2차년도	3차년도
생산량	40,000단위	50,000단위	20,000단위
판매량	40,000단위	20,000단위	50,000단위

- 1단위당 판매가격은 ₩30이다.
- 변동제조원가는 1단위당 ₩10, 변동판매관리비는 1단위당 ₩4이다.
- 고정제조간접원가는 ₩400,000, 고정판매관리비는 ₩100,000이다.
- 과거 3년 동안 (주)대한의 판매가격과 원가는 변하지 않았다.

위 자료에 대한 다음 설명 중 옳지 않은 것은?

① 3차년도까지 전부원가계산과 변동원가계산에 따른 누적영업손익은 동일하다.
② 3차년도 변동원가계산에 따른 영업이익은 ₩300,000이다.
③ 2차년도의 경우 전부원가계산에 의한 기말제품원가가 변동원가계산에 의한 기말제품원가보다 크다.
④ 변동원가계산에서 고정원가는 모두 당기비용으로 처리한다.
⑤ 3차년도 전부원가계산에 의한 매출원가는 ₩1,120,000이다.

19 전부원가계산 – 선입선출법 (20. 세무사)

(주)세무는 단일제품을 생산・판매하고 있으며, 3년간의 자료는 다음과 같다.

	20×1년	20×2년	20×3년
기초제품재고량	–	20,000단위	10,000단위
당기생산량	60,000단위	30,000단위	50,000단위
당기판매량	40,000단위	40,000단위	40,000단위
기말제품재고량	20,000단위	10,000단위	20,000단위

3년간 판매가격과 원가구조의 변동은 없다. 20×1년 전부원가계산하의 영업이익은 ₩800,000이고, 고정제조원가가 ₩600,000일 때, 20×3년 전부원가계산하의 영업이익은? (단, 원가흐름은 선입선출법을 가정하며, 기초 및 기말 재공품은 없다)

① ₩640,000 ② ₩660,000 ③ ₩680,000
④ ₩700,000 ⑤ ₩720,000

20 전부원가계산 – 선입선출법 (18. 세무사)

(주)세무는 20×1년초에 영업을 개시하였다. (주)세무는 전부원가계산을 적용하고 있으며, 재고자산의 원가흐름 가정은 선입선출법이다. 20×1년과 20×2년의 생산 및 원가 자료는 다음과 같다.

	20×1년	20×2년
제품생산량	1,500단위	1,750단위
제품판매량	1,200단위	( )단위
기말제품수량	( )단위	150단위
제품 단위당 변동제조원가	₩38	₩40
고정제조간접원가	48,000	70,000

(주)세무의 20×2년도 매출원가는? (단, 기초 및 기말 재공품은 없다)

① ₩147,000 ② ₩148,000 ③ ₩148,600
④ ₩149,000 ⑤ ₩149,400

21 변동원가계산과 전부원가계산의 비교 – 선입선출법 (22. 주택관리사)

(주)한국은 20×1년 1월 1일에 설립되었다. 20×1년부터 20×2년까지 제품 생산량 및 판매량은 다음과 같으며, 원가흐름은 선입선출법을 가정한다.

	20×1년	20×2년
생산량	8,000단위	10,000단위
판매량	7,000단위	?
총고정제조간접원가	₩1,600,000	₩1,800,000

20×2년 변동원가계산에 의한 영업이익이 전부원가계산에 의한 영업이익에 비하여 ₩20,000이 많은 경우, (주)한국의 20×2년 판매수량은? (단, 재공품재고는 없다)

① 8,500단위 ② 9,000단위 ③ 9,500단위
④ 10,000단위 ⑤ 11,000단위

22 변동원가계산과 전부원가계산의 비교 – 선입선출법 (21. 감정평가사)

(주)감평이 20×2년 재무제표를 분석한 결과 전부원가계산보다 변동원가계산의 영업이익이 ₩30,000 더 많았다. 20×2년 기초재고수량은? (단, 20×1년과 20×2년의 생산 · 판매활동 자료는 동일하고, 선입선출법을 적용하며, 재공품은 없다)

당기생산량	5,000개	판매가격(개당)	₩1,500
기초재고수량	?	변동제조간접원가(개당)	500
기말재고수량	500개	고정제조간접원가(총액)	750,000

① 580개 ② 620개 ③ 660개
④ 700개 ⑤ 740개

23 변동원가계산과 전부원가계산의 비교 – 선입선출법 (19. 공인회계사)

(주)대한은 20×1년초에 설립되었으며 단일제품을 생산한다. 20×1년과 20×2년에 전부원가계산에 의한 영업활동 결과는 다음과 같다.

	20×1년	20×2년
생산량	100단위	120단위
판매량	80단위	110단위
매출액	₩24,000	₩33,000
매출원가	17,600	22,400
매출총이익	6,400	10,600
판매관리비	5,600	6,200
영업이익	800	4,400

(주)대한은 재공품재고를 보유하지 않으며, 원가흐름 가정은 선입선출법이다. 20×2년도 변동원가계산에 의한 영업이익은 얼마인가? (단, 두 기간의 단위당 판매가격, 단위당 변동제조원가, 고정제조간접원가, 단위당 변동판매관리비, 고정판매관리비는 동일하다)

① ₩3,200 ② ₩3,400 ③ ₩3,600
④ ₩3,800 ⑤ ₩4,200

24 초변동원가계산 (23. 공인회계사)

(주)대한은 20×3년초에 설립되었으며, 단일제품을 생산 및 판매하고 있다. (주)대한의 20×3년 1월의 생산 및 판매와 관련된 자료는 다음과 같다.

- 생산량은 500개이며, 판매량은 300개이다.
- 제품의 단위당 판매가격은 ₩10,000이다.
- 판매관리비는 ₩200,000이다.
- 변동원가계산에 의한 영업이익은 ₩760,000이다.
- 초변동원가계산에 의한 영업이익은 ₩400,000이다.
- 제조원가는 변동원가인 직접재료원가와 직접노무원가, 고정원가인 제조간접원가로 구성되어 있으며, 1월에 발생한 총제조원가는 ₩3,000,000이다.
- 월말재공품은 없다.

20×3년 1월에 발생한 직접재료원가는 얼마인가?

① ₩600,000 ② ₩900,000 ③ ₩1,200,000
④ ₩1,500,000 ⑤ ₩1,800,000

25 변동원가계산과 초변동원가계산의 비교 (18. 세무사)

(주)세무는 20×1년초에 영업을 개시하였다. 20×2년도 기초제품수량은 100단위, 생산량은 2,000단위, 판매량은 1,800단위이다. 20×2년의 제품 판매가격 및 원가 자료는 다음과 같다.

제품 단위당 판매가격	₩250
직접재료원가	30
직접노무원가	50
변동제조간접원가	60
변동판매관리비	15
고정제조간접원가(총액)	50,000
고정판매관리비(총액)	10,000

20×2년도 변동원가계산에 의한 영업이익과 초변동원가계산(Throughput Costing)에 의한 영업이익의 차이금액은? (단, 20×1년과 20×2년의 제품 단위당 판매가격과 원가구조는 동일하고, 기초 및 기말 재공품은 없다)

① ₩10,000 ② ₩11,000 ③ ₩20,000
④ ₩22,000 ⑤ ₩33,000

26 변동원가계산과 전부원가계산 및 초변동원가계산의 비교 (12. 세무사)

전부원가계산, 변동원가계산 및 초변동원가계산에 관한 설명으로 옳지 않은 것은?

① 초변동원가계산에서는 직접노무원가와 변동제조간접원가를 기간비용으로 처리한다.
② 초변동원가계산에서는 매출액에서 직접재료원가를 차감하여 재료처리량 공헌이익을 산출한다.
③ 변동원가계산은 변동제조원가만을 재고가능원가로 간주한다. 따라서 직접재료원가, 변동가공원가를 제품원가에 포함시킨다.
④ 전부원가계산의 영업이익은 일반적으로 생산량과 판매량에 의해 영향을 받는다.
⑤ 변동원가계산에서는 원가를 기능에 따라 구분하여 변동원가와 고정원가로 분류한다.

27 변동원가계산과 전부원가계산 및 초변동원가계산의 비교 (19. 재경관리사)

다음 중 변동원가계산, 전부원가계산 및 초변동원가계산에 대한 설명으로 가장 올바르지 않은 것은?

가. 전부원가계산에서는 표준원가를 사용할 수 없다.
나. 변동원가계산에서는 고정제조간접원가를 기간비용으로 인식한다.
다. 초변동원가계산은 판매가 수반되지 않는 상황에서 생산량이 많을수록 영업이익이 낮게 계산되므로 불필요한 재고누적 방지효과가 변동원가계산보다 크다.
라. 전부원가계산은 생산량이 이익에 아무런 영향을 미치지 않는다.

① 가, 다 ② 가, 라
③ 나, 라 ④ 나, 다

28 변동원가계산과 전부원가계산 및 초변동원가계산의 비교 (20. 공인회계사)

전부원가계산, 변동원가계산, 초변동원가계산과 관련한 다음 설명 중 가장 옳은 것은? (단, 직접재료원가, 직접노무원가, 제조간접원가는 ₩0보다 크다고 가정한다)

① 변동원가계산은 초변동원가계산에 비해 경영자의 생산과잉을 더 잘 방지한다.
② 변동원가계산은 전환원가(가공원가)를 모두 기간비용으로 처리한다.
③ 기초재고가 없다면, 당기판매량보다 당기생산량이 더 많을 때 전부원가계산상의 당기영업이익보다 초변동원가계산상의 당기영업이익이 더 작다.
④ 변동원가계산상의 공헌이익은 주로 외부이용자를 위한 재무제표에 이용된다.
⑤ 제품의 재고물량이 늘어나면 변동원가계산의 공헌이익계산서상 영업이익은 전부원가계산의 손익계산서상 영업이익보다 항상 낮거나 같다.

10 원가-조업도-이익 분석

생산판매량, 원가, 이익의 관계를 이해한다

생산판매량이 변하면 총원가가 어떻게 변하고 이익이 어떻게 변할까? 얼마나 매출을 올려야 흑자를 낼 것인가? 노무시간을 줄일 수 있는 자동화 설비를 도입하면 수익성이 좋아질 것인가? 재료원가나 인건비가 10% 증가하면 이익에 어떤 영향을 미치는가? 이러한 여러 가지 의문에 답을 찾기 위해 예상손익계산서나 공헌이익계산서를 작성할 수 있으나 좀더 간편한 방법이 있다. 생산량 또는 판매량, 원가, 이익이 서로 어떻게 관련되어 있는가를 이해하면 답을 쉽게 얻을 수 있다. 생산판매량, 원가, 이익의 관계를 단순하게 가정하여 이러한 질문에 답을 주는 것이 원가-조업도-이익 분석(Cost-Volume-Profit Analysis)이다. 이 장에서 다음의 내용을 배운다.

- 손익분기점을 찾는다.
- 목표이익달성을 위한 판매량을 구한다.
- 계단원가가 있으면 분석이 어떻게 달라지는지 안다.
- 전부원가계산에서의 분석은 어떻게 달라지는지 안다.

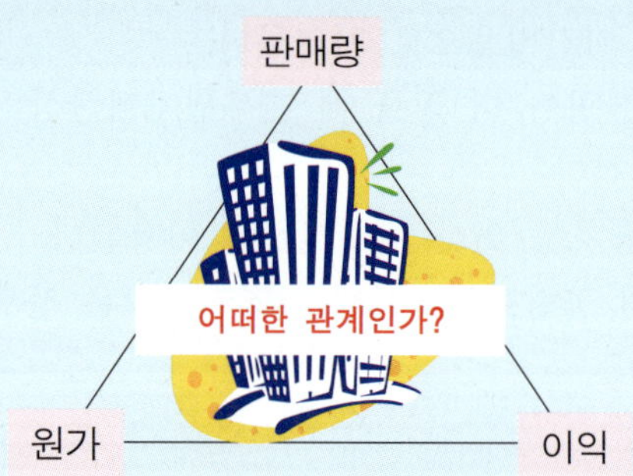

원가-조업도-이익 분석

생산판매량(조업도), 원가, 이익의 관계를 수식화하여 손익분기점 등을 분석하는 기법

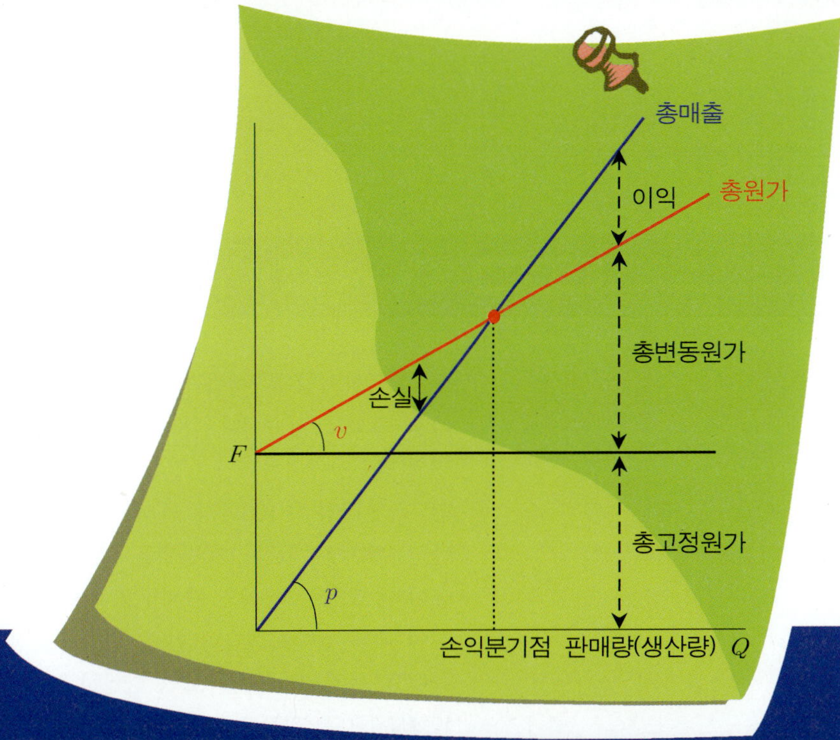

10

- 생산판매량, 원가, 이익의 관계는 무엇인가?
- 손익분기점과 공헌이익이 무엇인가?
- 손익분기점을 어떻게 구하는가?
- 목표이익을 위해 얼마나 판매해야 하는가?
- 판매량이 변할 때 이익이 얼마나 민감하게 변하는가? - 레버리지 효과
- 원가절감의 이익증가 효과를 측정한다
- 법인세를 낸다면 어떻게 되는가?
- 기본 원가-조업도-이익 모형의 가정은 무엇인가?
- 계단원가가 있다면 손익분기점이 어떻게 되는가?
- 전부원가계산과 원가-조업도-이익 분석
- 서비스업에도 원가-조업도-이익 분석을 사용한다

YouTube 영화수익구조와 손익분기점

요즘 '극한직업'과 '뺑반'의 흥행행보가 극과 극을 달리고 있습니다. 2019년 2월 9일 영진위(영화진흥위원회) 통합전산망을 살펴보면 '극한직업' 1,100만명 돌파! 대박입니다. 반면 '뺑반'은 고작 150만명을 간신히 넘었습니다. 오늘은 영화의 수익구조와 손익분기점에 대해 알아보겠습니다.

CGV 극장 요금표를 보면 다양하죠. 평균 10,000원으로 잡겠습니다. 10,000원에는 문예발전기금 3%와 부가세가 포함되어 있습니다. 영화 한 편 보면 세금을 이중으로 내고 있는 셈입니다. 어쨌든 수익을 살피기 위해 9,000원으로 잡겠습니다. 홍길동이 영화를 보기 위해 극장에 갔습니다. 10,000원 냈고 실제로 9,000원으로 잡는다 했죠. 극장과 배급사 5:5입니다. 극장 4,500원, 배급사 4,500원입니다. 이 중 배급사가 배급수수료 10%인 450원을 먼저 가져갑니다. 나머지 4,000원 중 투자사 6, 제작사 4입니다. 그럼 투자사 2,400원, 제작사 1,600원입니다. 그렇다면 100만 관객 동원 영화의 수익이 90억원이니 제작사의 몫은 16억원일까요? 아닙니다. 잘 보세요. 순제작비 70억원, 배급 마케팅비용 30억원 든 총제작비 100억원 영화가 있는데 관객 100만명이 봤다면 극장 45억원, 배급사 45억원, 여기 45억원에서 배급비용 30억원을 빼면 15억원이 남죠. 여기 배급사 수수료 1억5천만원을 빼면 13억5천만원이 남는데, 투자사 70억원 투자에 고작 13억5천만원이면 56억5천만원 손실입니다. 개망이죠. 제작사 수익(이익)은 0원입니다.

'극한직업'의 순제작비는 65억원, 현재까지 마케팅비용이 약 20억원, 총제작비는 약 85억원 선입니다. '극한직업'의 손익분기점은 230만명입니다. 반면 무려 130억원의 제작비를 들인 '뺑반'의 손익분기점은 400만명입니다. 고작 150만명을 넘겼으니 재앙이 따로 없죠. 한국영화 역대 흥행작 1위는 '명량'입니다. 1,700만명의 관객이 봤죠. 총제작비 180억원, 손익분기점은 600만명이었습니다. 그럼 나머지 관객 1,100만명 본 게 이익으로 남는 것입니다. 1,000억원 (수익 중) 극장 500억원, 배급사는 500억원 중에 10%인 50억원을 수수료로 가져가고 나머지 450억원 중 투자사 270억원, 제작사 189억원입니다. 여기에 방송판권, IPTV 수입, 해외판권 수입까지 포함하면 더 커지겠죠. (이 영화 볼까 말까, 2019.2.8)

생산판매량, 원가, 이익의 관계는 무엇인가?

어떠한 관계인가?

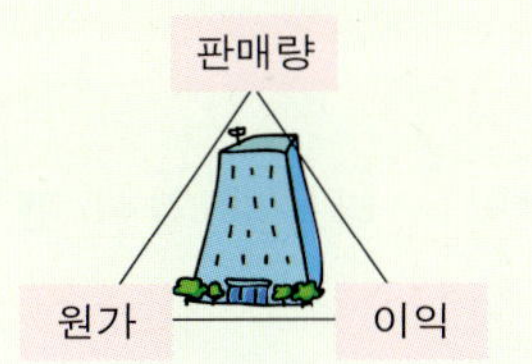

원가-조업도-이익 분석
생산판매량, 원가, 이익의 관계를 수식화하여 손익분기점 등을 분석하는 기법

국희제과가 이익목표 5억원을 달성하기 위해 과자를 얼마나 생산하고 판매해야 하는지 알아보려 한다. 이를 위해 생산판매량, 원가, 이익의 관계를 이용한 원가-조업도[1]-이익 분석(Cost-Volume-Profit Analysis)을 사용하자.

국희제과는 여러 종류의 과자를 생산하지만, 분석의 편리를 위해 모든 과자의 단위당 원가와 단위당 판매가는 각각 동일하다고 가정한다.

생산판매량과 총원가의 관계는 제8장에서 보인 혼합원가행태를 가정한다. 제조원가는 생산량에 비례하는 변동제조원가와 일정한 고정제조원가의 합이다. 판매관리비는 판매량에 비례한 변동판매관리비와 고정판매관리비의 합이다. 판매량이 아닌 매출액에 비례하는 판매관리비가 있을 수 있으나 가장 기본적인 모형에서는 모든 변동판매관리비가 판매량에 비례한다고 가정한다. 생산량과 판매량이 같다고 가정하면서, 제조원가와 판매관리비의 구분 없이 변동원가와 고정원가로 나누어 총원가를 표시하면 다음과 같다.

총원가(총비용) = **총변동원가** + **총고정원가**
= **단위당 변동원가** × **판매량(생산량)** + **총고정원가**
$= v \times Q + F$ 식 (1)

v : 단위당 변동원가 F : 총고정원가

과자 1개의 단위당 변동제조원가와 변동판매관리비의 합이 300원으로 예상되고 총고정원가가 10억원으로 예상되면 총예상원가는 다음과 같다.

총원가 = 300**원/개** × **판매량** + 10**억원** 식 (2)

매출은 판매량(생산량)과 판매가격의 곱으로 구한다.

총매출 = **단위당 판매가** × **판매량(생산량)** 식 (3)

---

1) 조업도(Volume)는 생산량이나 판매량을 의미하는데, 실무에서 설비조업률 또는 가동률을 의미할 때 조업도라는 용어를 쓰므로 본장에서는 가급적 조업도라는 용어보다 생산량 또는 판매량이라는 표현을 사용한다.

$$= \quad p \quad \times \quad Q$$

p : 단위당 판매가

과자를 개당 500원에 판매하면 총매출은 다음과 같다.

$$\textbf{총매출} = 500\textbf{원/개} \times \textbf{판매량} \qquad \text{식 (4)}$$

이익은 총매출과 총원가(총비용)[2]의 차이이므로 이익은 다음과 같이 표시된다.

$$\begin{aligned} \textbf{이익} &= \textbf{총매출} - \textbf{총원가} \qquad \text{식 (5)} \\ &= pQ - (vQ + F) \\ &= (p - v)Q - F \end{aligned}$$

원가-조업도-이익 식
판매량, 원가, 이익의 관계식

판매량, 원가, 이익의 관계를 식으로 보이는 식 (5)를 원가-조업도-이익 식(CVP식)이라 부른다. 국희제과의 원가-조업도-이익 식은 다음과 같다.

$$\textbf{이익} = (500\textbf{원/개} - 300\textbf{원/개}) \times \textbf{판매량} - 10\textbf{억원} \qquad \text{식 (6)}$$

원가-조업도-이익 그림
판매량, 원가, 이익의 관계를 보여주는 그림

이 관계를 그림으로 나타내면 [그림 10.1]과 같은데 이를 원가-조업도-이익 그림(CVP도)이라 부른다.

2) 제2장에서 보았듯이 원가와 비용은 엄밀히 다른 개념이다. 그러나 원가-조업도-이익 기본모형에서는 제조원가를 결정하는 생산량과 매출원가를 결정하는 판매량이 같다고 가정하므로 이 구분이 필요 없다.

그림 10.1 원가-조업도-이익 그림

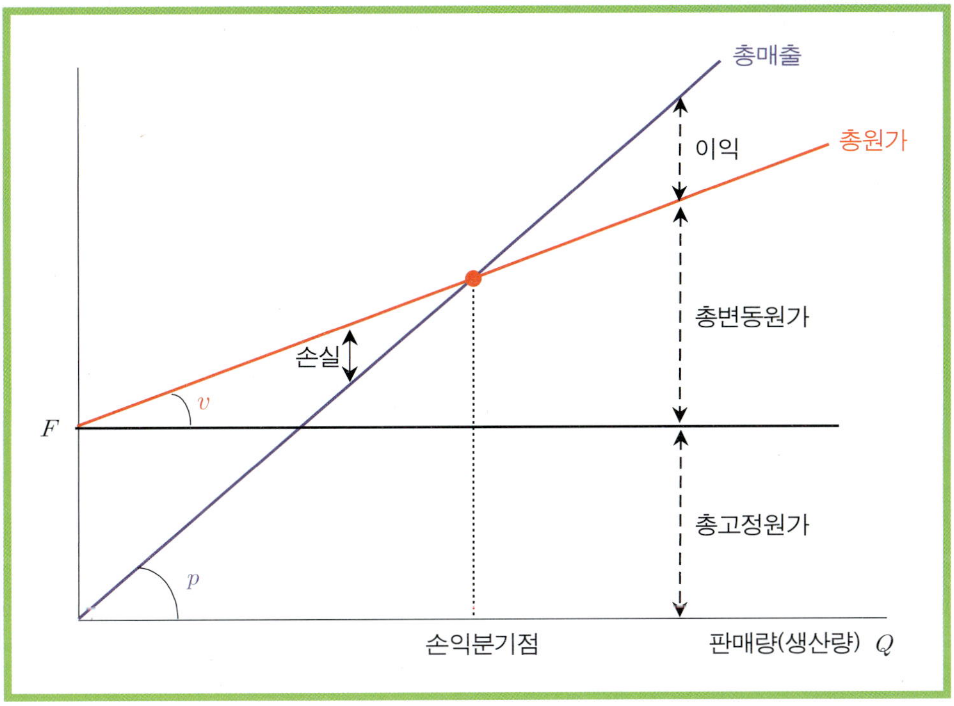

손익분기점과 공헌이익이 무엇인가?

손익분기점
이익이 0인 판매량 수준

단위당 공헌이익
단위당 판매가와 단위당 변동원가의 차이

원가-조업도-이익 그림에서 총매출선과 총원가선이 교차하는 판매량 수준이 손익분기점으로 불린다. 손익분기점(BEP, Break-Even Point)은 이익이 0인 판매량 수준으로, 이 수준 이하로 판매되면 손실이 발생하고 그 이상으로 판매되면 이익이 발생하므로 손실과 이익이 나누어지는 점이라는 뜻이다.

국회제과가 과자를 1개 더 생산 판매할 때마다, 단위당 판매가인 500원의 추가적인 매출과 단위당 변동원가인 300원의 추가적인 원가가 발생하므로, 그 차이인 200원씩 이익이 창출된다. 단위당 판매가와 단위당 변동원가의 차이를 단위당 공헌이익(Unit Contribution Margin)이라 한다. 단위당 공헌이익을 단위당 판매가로 나누면 공헌이익률을 구할 수 있다. 과자의 공헌이익률은 40%인데 매출의 40%가 공헌이익이고 나머지 60%가 변동원가임을 알려준다.

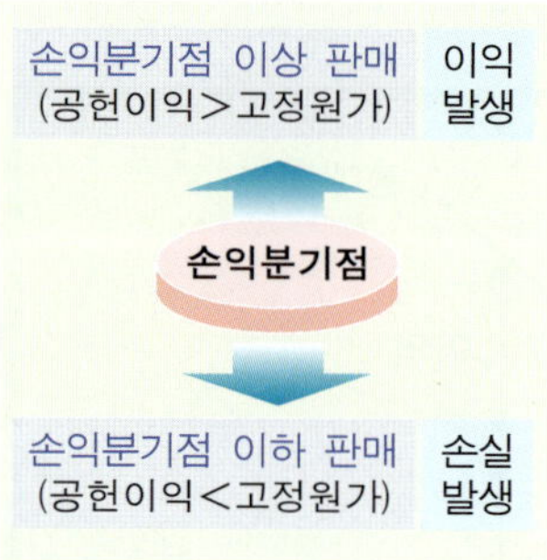

단위당 공헌이익에 판매량을 곱한 것이 (총)공헌이익(Contribution Margin)인데 식 (5)와 식 (6)의 오른편 첫 번째 항이다. 공헌이익은 고정원가를 고려하기 전이므로 이익은 공헌이익에서 고정원가를 차감하여 계산한다. 판매량이 손익분기점보다 크면 공헌이익이 고정원가보다 커서 이익이 발생하고, 판매량이 손익분기점보다 작으면 공헌이익이 고정원가보다 작아서 손실이 발생한다. 이를 그림으로 표시하면 [그림 10.2]이다. 이 그림은 판매량과 이익의 관계를 보여주므로 이익-조업도 그림(Profit-Volume Chart)이라 부른다.

이익-조업도 그림
판매량과 이익의 관계를 보여주는 그림

그림 10.2 이익-조업도 그림

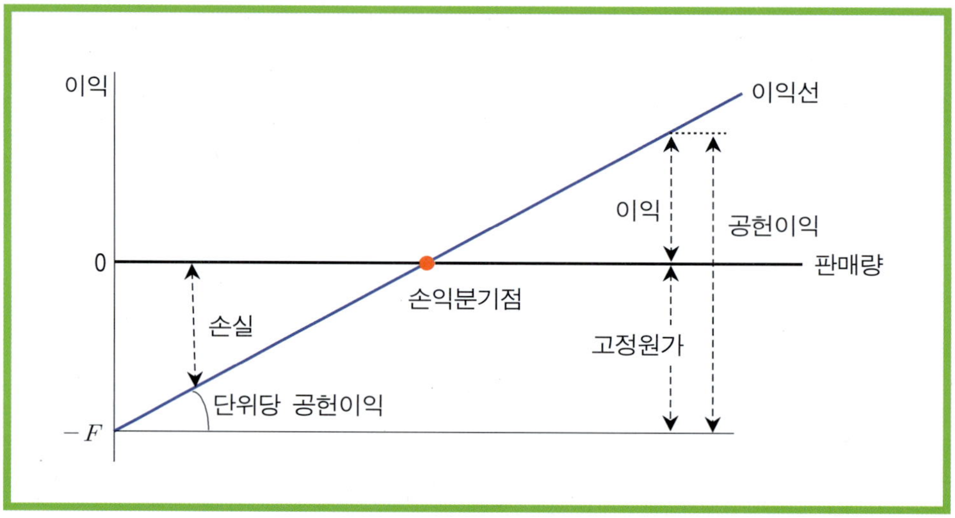

손익분기점을 어떻게 구하는가?

국회제과의 공헌이익이 고정원가와 같은 10억원이 되는 판매량이 손익분기점인데, 단위당 공헌이익이 200원이니 10억원의 공헌이익을 얻기 위해 500만개를 판매해야 한다. 이것이 손익분기점이다. 손익분기점 Q^0을 구하는 공식은 다음과 같다.

$$\text{이익} = 0 = (p - v)Q^0 - F \qquad \text{즉, } 0 = \text{총공헌이익} - \text{고정원가}$$
$$\Rightarrow (p - v)Q^0 = F \qquad \text{즉, 총공헌이익} = \text{고정원가}$$
$$\Rightarrow Q^0 = F/(p - v) \qquad \text{즉, 손익분기점} = \text{고정원가} / \text{단위당 공헌이익}$$
$$= \frac{10\text{억원}}{200\text{원/개}} = 500\text{만개}$$

손익분기 매출액(Break-even Sales)은 손익분기 판매량에 판매가를 곱하거나, 고정원가를 공헌이익률로 나누어 구할 수 있다.

이 식을 보면 고정원가나 단위당 변동원가가 커지면 손익분기점이 높아지고, 단위당 판매가가 커지면 손익분기점이 낮아진다는 것을 알 수 있다.

목표이익을 위해 얼마나 판매해야 하는가?

국회제과가 과자를 500만개 판매하면 손익분기가 되는 것을 알았다. 몇 개나 더 팔아야 이익 6억원을 달성할 수 있을까? 목표이익을 위한 판매량은 다음과 같이 구할 수 있다.

$$\text{이익} = \text{단위당 공헌이익} \times \text{판매량} - \text{고정원가}$$
$$\Rightarrow \text{단위당 공헌이익} \times \text{판매량} = \text{이익} + \text{고정원가}$$
$$\Rightarrow \text{판매량} = (\text{이익} + \text{고정원가}) / \text{단위당 공헌이익}$$
$$= (6\text{억원} + 10\text{억원}) / 200\text{원/개}$$
$$= 800\text{만개}$$

800만개의 판매량 중에 500만개가 손익분기를 달성하고 추가적인 300만개가 이익 6억원을 달성한다. 이는 손익분기점을 지난 후 1개를 추가로 판매할 때마다 단위당 공헌이익 200원이 이익에 추가되기 때문이다.

판매량이 변할 때 이익이 얼마나 민감하게 변하는가? - 레버리지 효과

국희제과가 800만개를 판매하면 6억원의 이익이 달성되는 것을 알았다. 만약 판매량이 10% 늘어 총 880만개를 판매하면 이익이 얼마나 증가할까? 이익도 10% 증가할 것인가 아니면 그 이하 또는 그 이상으로 증가할 것인가? 고정원가 때문에 이익은 10% 이상 증가한다. 즉, 판매량이 10% 증가하면 매출과 변동원가가 10% 증가하나 고정원가가 변하지 않으므로 이익은 10% 이상 증가한다. 판매량이 감소할 때에도 이익의 감소비율이 더 커진다. 국희제과의 경우 판매량 800만개에서 판매량 10% 증감은 이익의 27% 증감을 가져오는 것을 〈표 10.1〉이 보여준다.

표 10.1 판매량과 이익의 변화 (단위 : 만개, 억원)

	감 소	현 재	증 가	변화분
판 매 량	720 (−10%)	800	880 (+10%)	±80
매 출	36 (−10%)	40	44 (+10%)	±4
(−)변동원가	21.6 (−10%)	24	26.4 (+10%)	±2.4
공헌이익	14.4 (−10%)	16	17.6 (+10%)	±1.6
(−)고정원가	10	10	10	0
세전이익	4.4 (−27%)	6	7.6 (+27%)	±1.6

레버리지[지렛대] 효과
고정원가 때문에 판매량변화율보다 이익변화율이 커지는 현상

고정원가 때문에 판매량의 변화율보다 이익의 변화율이 커지는 현상을 레버리지[지렛대] 효과라고 한다. 이것은 판매량이 늘어날(줄어들) 때, 매출과 변동원가는 비례적으로 증가(감소)하나 고정원가는 변하지 않으므로 이익이 더 큰 비율로 커지기(작아지기) 때문이다. 판매량이 변할 때 고정원가의 존재 때문에 이익이 더 큰 비율로 변하므로 레버리지 효과는 사업위험을 증가시킨다.[3] 고정원가가 많은 사업이 위험한 사업이다. 과거에는 금광개발이 위험한 사업

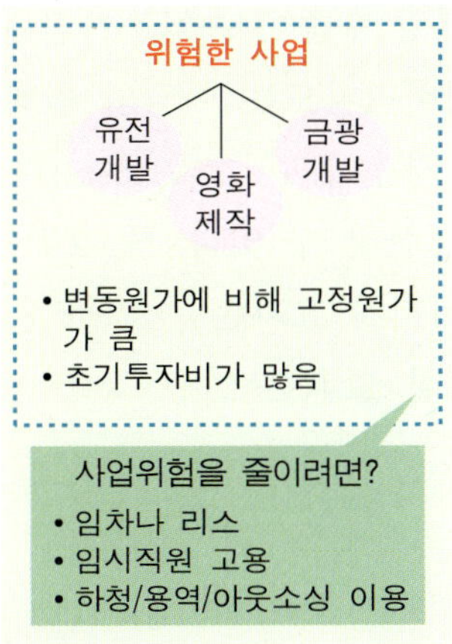

이었고 현재에는 유전개발이나 영화제작이 위험한 사업이다. 이 사업들의 특징은 수익을 결정하는 금매장량이나 석유매장량, 관객수에 따라 증가하는 변동원가에 비해 수익을 모르는 채 사업 초기에 투자되어야 하는 탐사원가, 영화제작원가 등의 고정원가가 상당히 크다는 점이다. 즉, 초기투자비가 많은 사업이 위험한 사업이다. 사업위험을 줄이려면 가급적 고정원가를 줄이고 변동원가를 늘려야 한다. 예를 들면, 토지나 건물, 설비 등의 고정자산을 구입하는 대신 임차나 리스를 하고, 상근 직원(full-timer)을 고용하는 대신 임시직원(part-timer)을 고용하고, 하청/용역/아웃소싱 업체를 이용한다.

임대수익률과 재무레버리지

오른쪽의 오피스텔 분양광고는 임대수익률을 약 20%로 계산하였다. 이는 분양금액의 60%를 대출금액으로 조달한 재무레버리지 효과의 결과이다. 임대가 예상대로 된다면 대출 없이 전액 내 돈으로 투자한 상황보다 수익률이 2배가 되지만, 임대가 안 된다면 이자비용과 관리비는 20%의 높은 손실률을 초래한다. 재무레버리지로 수익률의 변화폭이 커진 것을 아래 표가 보여준다.

은행과 비교할 수 없는 고수익 보장

확실한 투자입지와 최상의 수익조건을 갖춘 대학로 ○○타워
직접 눈으로 확인하시면 성공은 더욱 확실합니다.

▶대학로 ○○타워 오피스텔 예상 임대수익률 추정표(단위 : 만원)

구 분	금 액	비 고
분양금액	9,390	14.92평 ×629만원/평당(부가세 별도)
취 · 등록세	579	공급금액×5.8%
월세보증금	1,000	
대출금액	5,994	분양금액의 60%
순수 투자금액	2,975	분양금액 − 월세보증금 − 대출금액
임대료	960	80만원/월×12개월
연 대출이자	372	이자율 6.2%/년
연 순수익금액	588	연 임대료 − 연 대출이자
투자수익률	19.77%	

※ 상기 수익표는 예시사항으로 모델하우스 상담직원과 직접 확인하시기 바랍니다.

	대출 0%		대출 60%	
	임대 성공시	임대 실패시	임대 성공시	임대 실패시
분양금액+부대비용*	10,000	10,000	10,000	10,000
보증금	1,000	1,000	1,000	1,000
대출금액	0	0	6,000	6,000
순수 투자금액	9,000	9,000	3,000	3,000
연 임대수익	960	0	960	0
연 관리비	0	240	0	240
연 대출이자	0	0	372	372
연 세전이익금액	960	−240	588	−612
투자수익률	11%	−3%	20%	−20%

* 부대비용 : 취득세, 등록세, 등기료, 도시철도채권할인 등

3) 자동화 투자 등에 의해 총고정원가가 높아지고 단위당 변동원가가 낮아지면 레버리지 효과가 높아질 것으로 보통 알고 있다. 대부분의 경우는 이것이 사실이나 그렇지 않은 경우도 있음을 필자의 '원가구조 차이에 의한 사업위험 차이'(경영학 연구, 2004.12)가 보여준다.

$$레버리지도 = \frac{이익변화율}{매출변화율} = \frac{공헌이익}{세전이익}$$

영업레버리지
고정영업비용에 의한 레버리지

재무레버리지
고정재무비용에 의한 레버리지

레버리지[지렛대] 효과는 고정원가가 클수록, 판매량 수준이 손익분기점에 가까울수록 크다. 레버리지[지렛대] 효과 정도, 즉 레버리지도는 이익의 변화율을 매출의 변화율로 나눠 계산하는데 〈표 10.1〉의 경우 2.7(=27%/10%)이다. 레버리지도는 공헌이익을 세전이익으로 나누어서도 계산할 수 있다. 즉, 2.7=16/6이다. 고정제조원가나 고정판매관리비에 의한 레버리지 효과는 영업레버리지(Operating Leverage), 고정재무비용인 이자비용에 의한 효과는 재무레버리지(Financial Leverage)라고 한다.

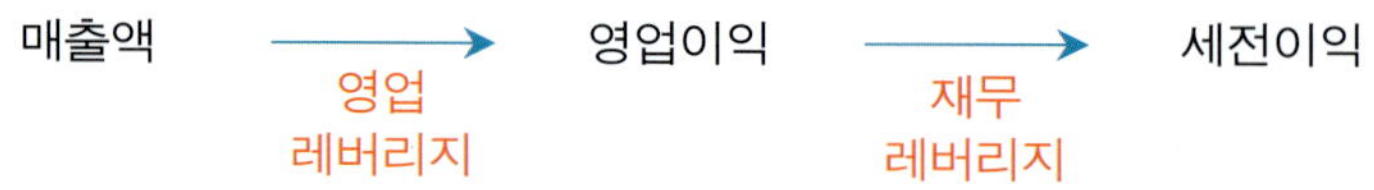

레버리지도는 판매량÷안전여유로도 구할 수 있다. 안전여유(Margin of Safety)는 판매량과 손익분기점의 차이이다. 안전여유를 안전한계로 부르는 책도 있다. 안전여유율(안전한계율)은 안전여유(안전한계)를 현재 판매량으로 나누어 계산한다.

원가절감의 이익증가 효과를 측정한다

위의 예에서 판매량의 10% 증가·감소가 이익 27%(1.6억원)의 증가·감소를 초

표 10.2 변동원가절감과 이익변화 (단위 : 만개, 억원)

	원가감소	현 재	원가증가	변화분
판 매 량	800	800	800	0
매 출	40	40	40	0
(−)변동원가	21.6 (−10%)	24	26.4 (+10%)	±2.4
공헌이익	18.4 (+15%)	16	13.6 (−15%)	±2.4
(−)고정원가	10	10	10	0
세전이익	8.4 (+40%)	6	3.6 (−40%)	±2.4

래함을 보았다. 만약 판매량 대신에 원가가 10% 변한다면 이익은 얼마나 변할까? 〈표 10.1〉과 비교하기 위해 고정원가는 변하지 않고 단위당 변동원가만 변한다고 가정하면 이익변화는 〈표 10.2〉와 같다.

판매량 변화 때와 달리, 변동원가가 10% 변할 때 매출은 변하지 않으나 공헌이익이 15%만큼 변하고 다시 고정원가 때문에 세전이익이 40%의 큰 폭으로 변한다.4)

만약 고정원가만 10% 변하면 어떻게 될까? 이익이 더 크게 변하는가, 아닌가?

표 10.3 고정원가절감과 이익변화 (단위 : 만개, 억원)

	원가감소	현 재	원가증가	변화분
판 매 량	800	800	800	0
매 출	40	40	40	0
(−)변동원가	24	24	24	0
공헌이익	16	16	16	0
(−)고정원가	9 (−10%)	10	11 (+10%)	1
세전이익	7 (+17%)	6	5 (−17%)	1

〈표 10.3〉에서 고정원가 10% 변화에 세전이익이 17% 변한다. 이는 현재 세전이익 6억원이 고정원가 10억원보다 작아서 같은 금액 변화에 변화율이 더 크게 계산되기 때문이다.

법인세를 낸다면 어떻게 되는가?

기업의 법인세도 사업의 비용인데 이것을 변동원가에 포함해야 하는가? 그렇지 않다. 변동원가는 생산판매량에 비례하나 법인세는 생산판매량이 아닌 세

4) 이 현상은 현재 "총변동원가 > 총공헌이익 > 세전이익"일 때 일어난다.

전이익에 비례한다. 법인세를 추가로 고려하여 세후이익을 다음과 같이 계산한다.

$$
\begin{aligned}
\text{세후이익} &= \text{세전이익} - \text{법인세} \\
&= \text{세전이익} - \text{법인세율} \times \text{세전이익} \\
&= (1 - \text{법인세율}) \times \text{세전이익}
\end{aligned}
$$

세후이익과 판매량의 관계는 [그림 10.3]과 같다.

그림 10.3 세후이익-조업도 그림

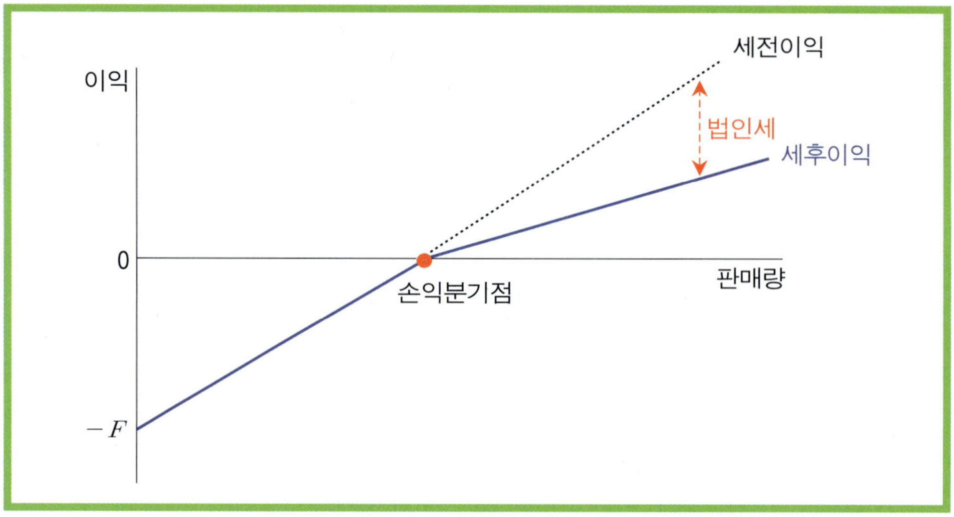

법인세가 있으면 손익분기점이 달라지는가? 세후이익이 0이면 세전이익이 0이므로 법인세가 없는 경우의 손익분기점과 같다. 세후목표이익을 달성하기 위한 판매량을 어떻게 구하는가? 우선 세후목표이익을 세전목표이익으로 환산한 후, 세전목표이익을 기준으로 목표판매량을 구하는 것이 쉽다. 예를 들어 국회제과의 법인세율이 40%라고 하자. 세후목표이익이 6억원이면 세전목표이익은 10억원이다.

$$
\begin{aligned}
&\text{세후이익} = (1 - \text{법인세율}) \times \text{세전이익} \\
\Rightarrow\ &\text{세전이익} = \text{세후이익} / (1 - \text{법인세율}) \\
&\qquad = \text{6억원} / (1 - 0.4) = \text{10억원}
\end{aligned}
$$

10억원의 세전이익이 달성되면 법인세로 그 40%인 4억원을 납부하고 세후 목표이익 6억원이 달성된다. 세전이익 10억원을 위한 판매량은 1,000만개이다.

⇒ **판매량 = (세전이익 + 총고정원가) / 단위당 공헌이익**
= (10억원 + 10억원) / 200원/개 = 1,000만개

세후이익 6억원 달성을 위해 800만개가 필요하고 법인세 4억원을 위해 200만개의 추가판매가 필요하다. 이를 그림으로 정리하면 다음과 같다.

그림 10.4 세후이익-조업도 그림 예

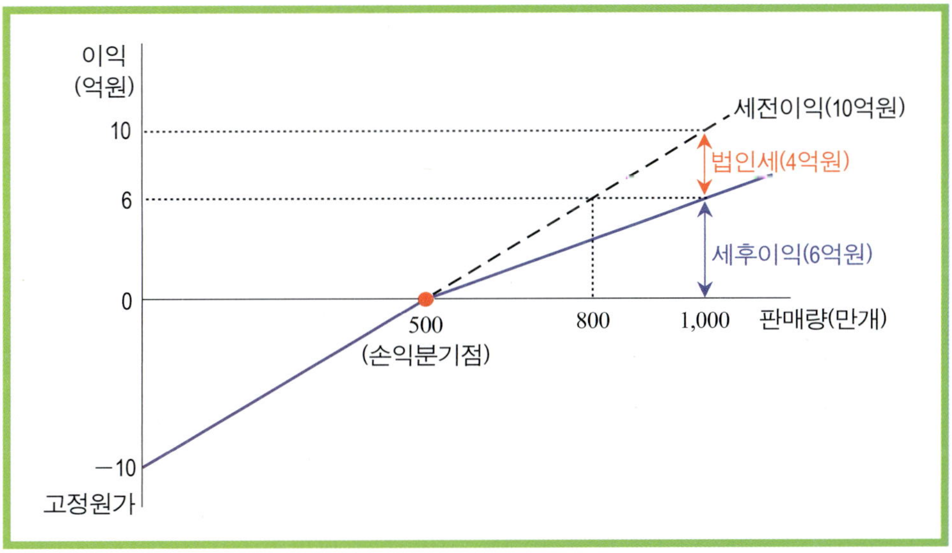

기본 원가-조업도-이익 모형의 가정은 무엇인가?

이제까지 소개한 원가-조업도-이익 분석은 가장 기본적인 단순모형이므로 비현실적인 몇 가지 가정을 사용하였다.

첫째로, 단위당 판매가격이 일정하여 총매출이 판매량에 비례적으로 변한다고 가정하였다. 만약 대량 판매분에 대해 수량할인을 제공한다면 단위당 판

기본 원가-조업도-이익 모형의 가정

① 단위당 판매가격이 일정
② 원가를 단순히 변동원가와 고정원가로 분리
③ 계단원가(준고정원가) 고려 안 함
④ 비단위수준의 원가동인 고려 안 함
⑤ 단일제품의 조업도만을 사용
⑥ 판매량과 생산량은 항상 일치(재고불변)
⑦ 단위당 판매가, 단위당 변동원가, 고정원가 등 주요 수치 확정

매가격이 변한다.

둘째로, 원가를 단순히 (순수)변동원가와 (순수)고정원가로 분리하여 혼합원가[준변동원가]로 표시하였다. (순수)변동원가는 단위당 변동원가가 일정하므로 학습효과에 의한 노무비 절감이나 재료 대량구입에 의한 할인 등을 반영하지 않는다. 총매출과 총원가가 직선[선형]이라는 이 두 가지 가정 대신에 곡선의 총매출선과 총원가선을 가정한다면 경제학에서 하고 있는 총수익-총비용 분석과 비슷한 분석이 필요하다.

셋째로, 계단원가[준고정원가]에 대한 고려가 없는 점이다. 조업도의 분석범위가 넓어지면 설비관련원가가 계단원가 형태를 띤다. 직접노무원가도 작업인원수에 따른 계단원가의 형태를 가지기도 하고, 원가계층구조의 배치수준원가가 조업도에 대해 계단원가의 형태를 보이기도 한다. 계단원가를 포함한 원가-조업도-이익 분석은 뒤에 설명한다.

넷째로, 조업도에 의해 변하는 원가만을 사용하므로 다양한 원가동인에 대한 고려가 없다. 활동기준원가계산의 원가계층 구조를 사용하는 복잡한 원가-조업도-이익 분석을 사용할 수 없다.

다섯째로, 단일제품의 조업도만을 사용하므로 제품이 여러 가지일 때에는 모형을 확대해야 한다. 복수의 제품이 있는 경우, 제품별로 원가-조업도-이익 분석을 할 수 있다. 이때 해당 제품에 직접적으로 관련 고정원가만을 고려할지, 아니면 제품간의 공통 고정원가를 배부하여 고려할지를 생각해야 한다. 복수의 제품이 존재할 때, 기업전체의 이익을 하나의 원가-조업도-이익 분석 틀로 파악하려면 고정된 매출배합에 의한 가중평균 판매가와 가중평균 단위당 변동원가를 사용하는 방법이 있다.[5] 매출배합이 일정하지 않다면 각 제품의 공헌이익을 모두 합한 후 고정원가를 차감하는 이익계산식을 사용해야 한다. 이 경우 많은 수의 손익분기 매출배합이 존재한다.

여섯째로, 판매량과 생산량이 같다고 가정하여 원가의 재고화 문제를 고려하지 않았다. 이 문제는 전부원가계산에서 중요한데 뒤에서 다루어진다.

마지막으로 판매가, 변동원가, 고정원가 등 주요수치를 확실히 안다고 분석하였다. 그러나 현실세계에서는 이러한 금액들이 확정되어 있지 않으므로 불확실성을 고려한 분석이 필요하다. 불확실성을 고려한 분석방법은 제15장에서 다룬다.

5) 매출배합의 최소 꾸러미를 새로운 조업도 단위로 사용하여 꾸러미당 판매가와 변동원가를 사용하여 원가-조업도-이익 분석을 할 수도 있다. 평균금액을 사용하나 꾸러미당 금액을 사용하나 분석방법은 거의 같다.

계단원가가 있다면 손익분기점이 어떻게 되는가?

고정원가 대신에 계단원가가 있으면 원가-조업도-이익 분석이 어떻게 바뀌나? 국회제과에서 800만개 이상을 생산하려면 추가적인 설비가 필요하여 그에 따른 추가적인 감가상각비, 수선유지비 등의 고정원가가 발생한다. 이를 [그림 10.5]와 같은 계단원가로 표시한다.

그림 10.5 계단원가

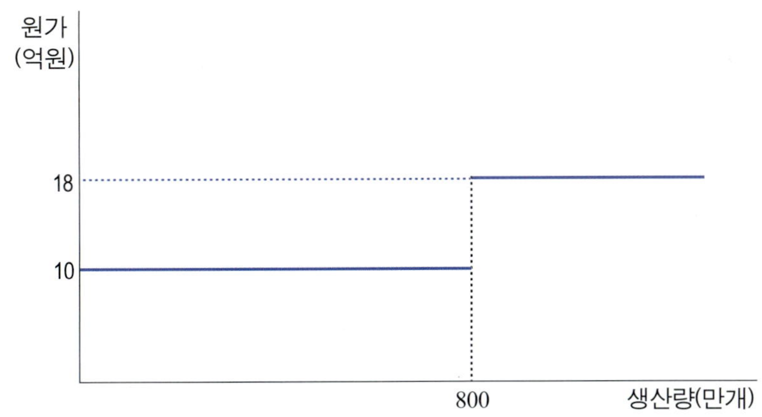

$$F = 10\text{억원} \quad \text{생산량} \le 800\text{만개일 때}$$
$$= 18\text{억원} \quad \text{생산량} > 800\text{만개일 때}$$

계단원가가 있는 경우, 변동원가와 계단원가의 합은 [그림 10.6]과 같다.

그림 10.6 계단원가가 있을 때의 총원가

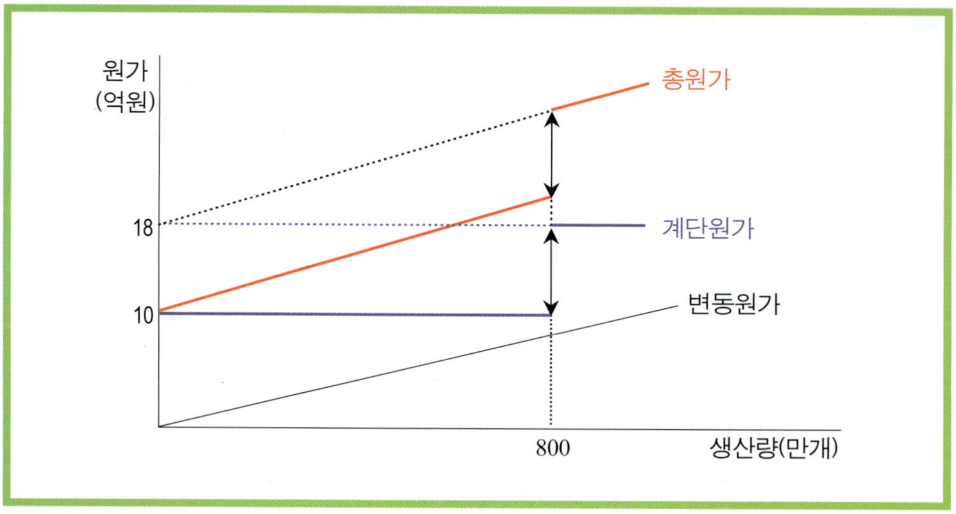

계단원가를 포함한 총원가와 총매출을 비교하는 원가-조업도-이익 그림은 다음과 같다.[6]

그림 10.7 계단원가와 손익분기점

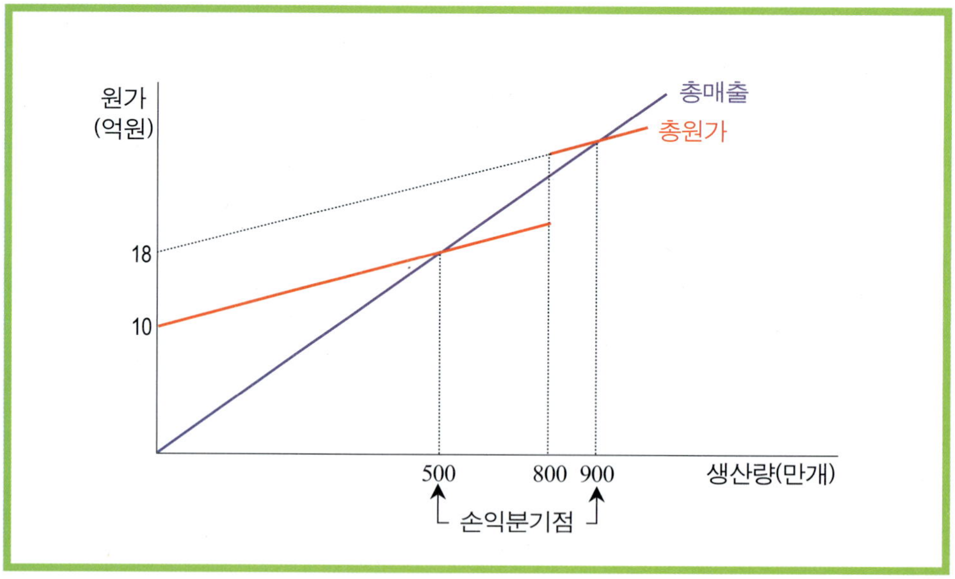

6) 법인세 문제를 고려하지 않은 세전이익에 대한 그림이다.

[그림 10.7]이 보여주듯이 계단원가가 있는 경우, 손익분기점이 하나 이상으로, 최대로 계단수만큼 있을 수 있다. 생산량 범위에 따라 고정원가가 다르므로 각 범위의 고정원가를 사용하여 손익분기점을 구한 후, 그 각 손익분기점이 해당 범위 안에 있는지를 확인하면서 구한다. 예를 들어, [그림 10.7]에서 10억원의 고정원가에 대한 손익분기점이 실제로 판매량 범위 0~800만개에 있어야 옳은 손익분기점이다. 또한 18억원의 고정원가에 대한 손익분기점이 판매량 800만개 초과의 범위에 있으면 2번째 손익분기점이 존재한다.

앞에서 사용한 국희제과의 예에서처럼 단위당 판매가격이 500원/개이고, 단위당 변동원가가 300원/개이면, 첫 번째 손익분기점은 앞에서 구한 500만개이다.

$$500\text{만개} = \frac{10\text{억원}}{500\text{원/개} - 300\text{원/개}}$$

이 생산판매량은 계단원가[준고정원가]가 10억원인 800만개 이하의 범위에 있으므로 올바른 손익분기점이다.

두 번째 손익분기점은 어떻게 구하는가? 일반적인 손익분기점 식과 마찬가지로 일정범위의 계단원가의 값에 대한 손익분기점을 구한 후, 이 생산판매량이 그 범위 안에 있는지 확인하면 된다. 생산판매량이 800만개 이상이면 계단원가 18억원이므로 이에 대한 손익분기점은 900만개이다.

$$900\text{만개} = \frac{18\text{억원}}{500\text{원/개} - 300\text{원/개}}$$

이 손익분기 생산판매량이 계단원가[준고정원가]가 18억원인 800만개 이상의 범위에 있으므로 올바른 손익분기점이다. 만약 800만개 이상의 범위에서 계단원가가 14억원이어서 이에 대한 손익분기점이 700만개로 계산되면, 이는 800만개 이상의 범위에 있지 않으므로 올바른 손익분기점이 아니다.

전부원가계산과 원가-조업도-이익 분석

이제까지의 분석에서는 생산량과 판매량이 같다고 가정하였다. 국희제과의 생산량이 1,000만개인데 판매량이 800만개라고 하자. 생산량과 판매량이 다르면 무엇이 달라지나? 변동원가계산으로 이익을 계산하면 판매량에 대한 변동제조원가가 변동원가에 포함되고 고정제조원가는 전액 고정원가로 비용처리되어, 이익이 생산량에 영향을 받지 않으므로 이제까지의 분석을 그대로 사용할 수 있다. 그러나 전부원가계산으로 손익계산서를 작성할 때에는 원가-조업도-이익 분석 틀을 그대로 쓸 수 없다. 고정제조원가가 생산량이나 판매량과 무관하게 일정하게 발생하지만 손익계산서에서 변동원가처럼 처리된다. 제9장에서 본 것처럼 전부원가계산과 변동원가계산의 이익이 차이가 나므로, 전부원가계산에 의한 이익을 예측하려면 변동원가계산의 원가-조업도-이익 분석을 한 후 변동원가계산과 전부원가계산의 이익차이만큼 조정하면 된다. 총고정원가 10억원 중 고정제조간접원가가 8억원, 고정판매관리비가 2억원이고 단위당 고정제조간접원가가 일정하다고 가정하면,[7]

전부원가계산의 이익 = 변동원가계산의 이익
+ 단위당 고정제조간접원가 × (생산량 − 판매량)
= 6억원 + 80원/개 × (1,000만개 − 800만개)
= 7.6억원

이다. 이때,

단위당 고정제조간접원가 = 총고정제조간접원가 / 생산량
= 8억원 / 1,000만개 = 80원/개

이다. 이를 원가-조업도-이익 식으로 표시하면,

전부원가계산의 이익 = (단위당 판매가 − 단위당 변동원가) × 판매량 − 고정원가
+ 단위당 고정제조간접원가 × (생산량 − 판매량)

7) 단위당 고정제조간접원가가 기초제품재고액과 당기발생액에서 다르다면 제9장에서 본 것 같은 좀더 정확한 조정이 필요하다.

$$= (500원/개 - 300원/개) \times 800만개 - 10억원$$
$$+ 80원/개 \times (1{,}000만개 - 800만개)$$
$$= 7.6억원$$

또는,[8)]

전부원가계산의 이익 = (단위당 판매가 − 단위당 변동원가 − 단위당 고정제조간접원가) × 판매량 − 고정판매관리비[9)]

$$= (500원/개 - 300원/개 - 80원/개) \times 800만개 - 2억원$$
$$= 7.6억원$$

이다.

요약하면, 전부원가계산에서는 고정제조간접원가를 생산량으로 나눈 단위당 고정제조간접원가를 추가적인 단위당 변동원가처럼 취급한다. 전부원가계산의 이익은 생산량과 판매량에 따라 달라지므로 전부원가계산의 손익분기 판

그림 10.8 전부원가계산의 이익-조업도 그림

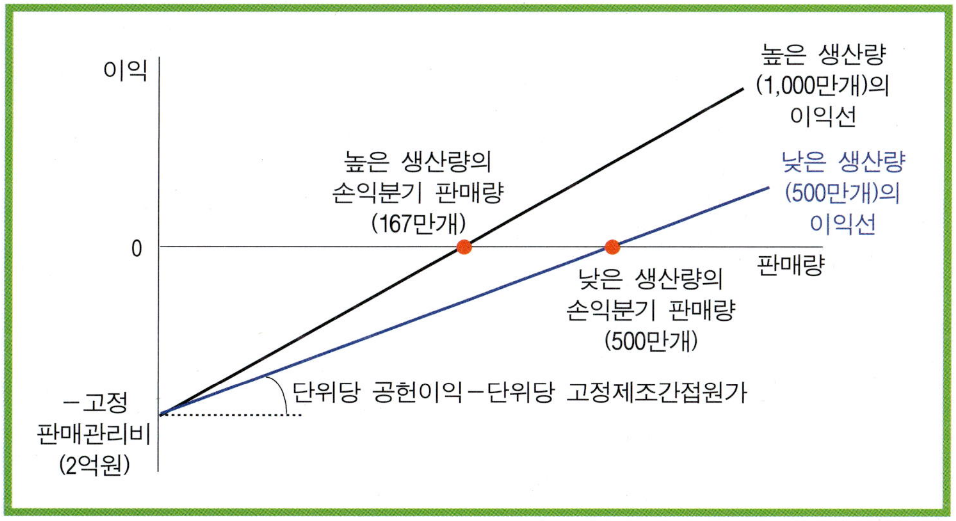

8) 단위당 고정제조간접원가가 생산량이 아닌 다른 기준조업도에 의해 배부되면 총고정원가와 생산량에 배부된 고정원가의 배부차이를 조정해야 한다.

9) 매출원가와 판매관리비를 분리한다면,

전부원가계산의 이익 = (단위당 판매가 − 단위당 변동제조원가 − 단위당 고정제조원가) × 판매량 − 단위당 변동판매관리비 × 판매량 − 고정판매관리비

매량은 생산량에 따라 달라진다. 생산량이 커지면 단위당 고정제조간접원가가 작아져서 손익분기 판매량이 낮아진다.

서비스업에도 원가-조업도-이익 분석을 사용한다

조업도 예시

- 금융업: 고객수, 계좌수, 잔고액, 수신고
- 통신업: 통화량, 고객수
- 운송업: 승객수, 화물량, 화물량×운송거리
- 교육업: 학생수, 학점수, 총학점수(학생수×학점수)
- 의료업: 환자수, 총입원일자(입원환자수×입원일자)

서비스업 CVP의 특징

- 서비스업에서는 재고가 없으므로, 전부원가계산과 변동원가계산 간 이익차이가 없음
- 대부분 변동원가는 적고, 고정원가나 계단원가가 많음

금융업이나 통신업, 운송업, 교육업, 의료업 등의 서비스업에도 원가-조업도-이익 분석을 사용할 수 있다. 서비스업에 적용할 때 어려움은 적절한 조업도의 선택이다. 즉, 어떠한 단위로 고객에게 제공된 서비스의 양을 측정하느냐의 문제이다. 금융업에서는 고객수, 계좌수, 잔고액, 수신고 등을 사용할 수 있는데 보통 수신고를 주로 사용한다. 통신업에서는 통화시간으로 측정한 통화량이나 고객수를 사용한다. 운송업에서는 승객수나 화물량을 사용하거나 화물량과 운송거리의 곱을 사용한다. 교육업에서는 학생수나 학점수 또는 총학점수[학생수×학점수]를 사용할 수 있다. 의료업에서는 환자수를 사용하는 것이 보통이나 입원환자의 경우 입원환자수와 입원일자의 곱인 총입원일자(patient-days)를 사용한다.

서비스업에서는 재고가 없으므로 원가의 재고화에 따른 전부원가계산과 변동원가계산의 이익차이는 없다. 대부분의 서비스업에서는 변동원가가 적고 고정원가나 계단원가가 많다.

토 론

YouTube

자영업, 손익분기점 계산 이렇게 해라

이 동영상은 음식점의 손익분기 판매량과 판매액, 목표이익을 위한 판매량과 판매액 계산을 예시로 보여준다. 그 내용을 요약하면 다음과 같다.

"통상적으로 판매가의 30~35%를 재료원가로 잡는다. 가격이 8천원이면 재료원가는 30%로 잡아 2,400원이다. 마진(단위당 공헌이익)은 판매가에서 재료원가를 뺀 나머지 5,600원이다. 월세 100만원에 알바 16시간, 시간당 8,350원을 주면 한 달에 인건비로 대략 400만원 정도 지출된다. 기타 매장운영관리비가 대략 100만원 정도 나가게 된다. 한 달 고정지출비용이 600만원이다. 600만원에서 마진 5,600원으로 나누면 1,071그릇(손익분기 판매량)을 팔아야 하는 걸로 계산된다. 그걸 한 달 30일로 나누면 하루에 35.7그릇이 나온다. 여기에 메뉴판매가 8천원을 곱하면 하루에 285,600원이 나온다. 이 금액이 손익분기 판매액이다.

한 달에 순이익 400만원을 벌고자 한다면 400만원/5,600원=714그릇인데, 한 달 30일로 나누면 23.8그릇, 여기에 판매가 8천원을 곱하면 하루 19만원의 매출이 더 나와야 한다. 합치게 되면 476,000원이 나온다." (아프니까 사장이다, 2018.10.11)

토론해 보자

(1) 재료원가 이외의 변동원가가 없는지 논의해 보자.
(2) 부가가치세와 법인세를 고려하면 예시의 분석이 어떻게 달라지는지 논의해 보자.
(3) 인건비가 준고정원가인 점을 고려하면 예시의 분석이 어떻게 달라지는지 논의해 보자.

요약정리

미래의 사업계획을 세울 때, 생산량, 판매량, 판매가, 단위당 변동제조원가, 총고정제조원가, 단위당 변동판매관리비, 총고정판매관리비 등의 여러 수치가 변할 때 이익이 어떻게 변하는지 아는 것이 중요하다. 이러한 예측을 위해 매번 손익계산서를 작성할 수도 있으나, 좀더 간편하게 원가-조업도-이익 분석을 사용할 수 있다.

원가-조업도-이익 분석은 원가행태에 따라 원가를 구분하여 조업도[생산판매량]의 변화에 대한 수익과 원가의 변화를 예측하여 이익을 추정하는 방법이다. 이 분석방법을 사용하여 손익분기점이나 목표이익 달성을 위한 판매량을 구할 수 있다.

기본적인 원가-조업도-이익 분석에서는 변동원가와 고정원가만 있는 혼합원가[준변동원가] 행태를 가정하여 여러 가지 분석을 하나, 계단원가[준고정원가]도 사용하여 분석할 수 있다. 계단원가가 있는 경우, 손익분기점이 최대로 계단수만큼 있을 수 있다.

변동원가계산에서는 기본적인 원가-조업도-이익 모형이 그대로 적용되나, 전부원가계산에서는 고정제조원가를 변동원가처럼 처리하므로 주의해야 한다. 단위당 고정제조원가가 생산량에 반비례하므로 전부원가계산에서는 이익이 판매량과 생산량에 의해 동시에 결정되고 손익분기점도 여러 경우가 존재한다.

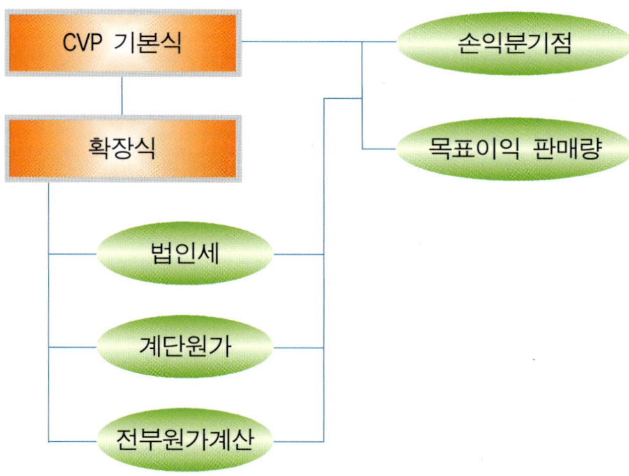

10 연습문제

객관식

01 원가-조업도-이익 분석 종합 (21. 공인회계사)

원가-조업도-이익(CVP) 분석에 대한 다음 설명 중 옳지 않은 것은? (단, 아래의 보기에서 변동되는 조건 외의 다른 조건은 일정하다고 가정한다)

① 생산량과 판매량이 다른 경우에도 변동원가계산의 손익분기점은 변화가 없다.
② 영업레버리지도가 3이라는 의미는 매출액이 1% 변화할 때 영업이익이 3% 변화한다는 것이다.
③ 법인세율이 인상되면 손익분기 매출액은 증가한다.
④ 안전한계는 매출액이 손익분기 매출액을 초과하는 금액이다.
⑤ 단위당 공헌이익이 커지면 손익분기점은 낮아진다.

02 원가-조업도-이익 분석 종합 (16. 세무사)

원가-조업도-이익 분석과 관련된 설명으로 옳지 않은 것은? (단, 답지항에서 변동되는 조건 외의 다른 조건은 일정하다고 가정한다)

① 계단원가(준고정비)가 존재하면 손익분기점은 반드시 계단 수(구간 수)만큼 존재한다.
② 법인세율이 증가하면 같은 세후목표이익을 달성하기 위한 판매량이 많아진다.
③ 단위당 변동원가가 작아지면 손익분기점이 낮아진다.
④ 공헌이익률이 증가하면 목표이익을 달성하기 위한 매출액이 작아진다.
⑤ 법인세율이 증가해도 손익분기점은 바뀌지 않는다.

03 이익의 계산 (21. 감정평가사)

(주)감평의 20×1년 매출 및 원가 자료는 다음과 같다.

매출액	?
변동원가	₩700,000
공헌이익	500,000
고정원가	300,000
영업이익	200,000

20×2년에는 판매량이 20% 증가할 것으로 예상된다. (주)감평의 20×2년 예상영업이익은? (단, 판매량 이외의 다른 조건은 20×1년과 동일하다)

① ₩260,000 ② ₩280,000 ③ ₩300,000
④ ₩340,000 ⑤ ₩380,000

04 손익분기점 (19. 경영지도사)

(주)대한은 단일의 제품을 생산·판매하고 있다. 연간 생산 및 판매 관련 자료가 다음과 같을 때 옳지 않은 것은?

연간 생산·판매량	500단위
단위당 판매가격	₩100
단위당 변동원가	30
연간 고정원가 총액	14,000

① 총원가 ₩28,000 ② 총변동원가 ₩15,000 ③ 단위당 공헌이익 ₩70
④ 영업이익 ₩21,000 ⑤ 손익분기점 판매량 200단위

05 손익분기 매출액 (17. 국가직 7급)

(주)한국의 20×1년도 손익분기점 매출액은 ₩100,000이고 단위당 공헌이익률은 20%, 순이익은 ₩30,000이다. (주)한국의 20×1년도 총고정원가는?

① ₩250,000 ② ₩150,000
③ ₩20,000 ④ ₩6,000

06 손익분기점 (23. 감정평가사)

단일제품을 생산·판매하는 (주)감평의 당기 생산 및 판매 관련 자료는 다음과 같다.

단위당 판매가격	₩1,000
단위당 변동제조원가	600
연간 고정제조간접원가	600,000
단위당 변동판매관리비	100
연간 고정판매관리비	120,000

(주)감평은 단위당 판매가격을 10% 인상하고, 변동제조원가 절감을 위한 새로운 기계장치 도입을 검토하고 있다. 새로운 기계장치를 도입할 경우, 고정제조간접원가 ₩90,000이 증가할 것으로 예상된다. (주)감평이 판매가격을 인상하고 새로운 기계장치를 도입할 때, 손익분기점 판매수량 1,800단위를 달성하기 위하여 절감해야 하는 단위당 변동제조원가는?

① ₩50 ② ₩52.5 ③ ₩70
④ ₩72.5 ⑤ ₩75

07 손익분기점과 무차별 판매량 (16. 세무사)

(주)세무는 20×1년에 제품 A를 생산하기로 결정하였다. 제품 A의 20×1년 생산량과 판매량은 일치하며, 기초 및 기말 재공품은 없다. 제품 A는 노동집약적 방법 또는 자본집약적 방법으로 생산가능하며, 생산방법에 따라 품질과 판매가격의 차이는 없다. 각 생산방법에 의한 예상제조원가는 다음과 같다.

	노동집약적 생산방법	자본집약적 생산방법
단위당 변동제조원가	₩300	₩250
연간 고정제조간접원가	2,100,000	3,100,000

(주)세무는 제품 A 판매가격을 단위당 ₩600으로 책정하고, 제조원가 외에 단위당 변동판매관리비 ₩50과 연간 고정판매관리비 ₩1,400,000이 발생될 것으로 예상하였다. (주)세무가 20×1년에 노동집약적 생산방법을 택할 경우 손익분기점 판매량(A)과 두 생산방법간에 영업이익의 차이가 발생하지 않는 판매량(B)은 각각 얼마인가?

	A	B		A	B
①	8,400단위	20,000단위	②	10,000단위	15,000단위
③	10,000단위	20,000단위	④	14,000단위	15,000단위
⑤	14,000단위	20,000단위			

08 전부원가계산의 손익분기점 (23. 세무사)

(주)세무는 당기에 영업을 처음 시작하였으며, 실제원가계산을 사용한다. 당기 제품생산량은 2,000단위이다. 제품 단위당 판매가격은 ₩1,000, 단위당 직접재료원가는 ₩280, 단위당 직접노무원가는 ₩320이고, 당기 총고정제조간접원가는 ₩200,000, 총고정판매관리비는 ₩300,000이다. 변동제조간접원가와 변동판매관리비는 존재하지 않는다. 변동원가계산에 의한 손익분기점은 전부원가계산에 의한 손익분기점보다 몇 단위 더 많은가?

① 100단위 ② 150단위 ③ 200단위
④ 250단위 ⑤ 300단위

09 전부원가계산의 손익분기점 (23. 공인회계사)

(주)대한은 정상원가계산을 사용하고 있으며, 20×3년 2월의 생산 및 판매와 관련된 자료는 다음과 같다.

기초재고수량	600단위
기말재고수량	400단위
실제판매량	4,200단위
단위당 판매가격	₩10,000
고정제조간접원가	2,000,000
고정판매관리비	3,000,000
단위당 직접재료원가	3,000
단위당 직접노무원가	2,500
단위당 변동제조간접원가	2,000

기초 및 기말 재고는 모두 완성품이며, 재공품재고는 없다. 전부원가계산하에서 2월의 손익분기점을 구하면 얼마인가? (단, 단위당 판매가격과 단위당 변동원가는 일정하고 제품 단위 원가는 외부보고용 원가를 의미한다)

① 1,500단위 ② 1,600단위 ③ 1,700단위
④ 1,800단위 ⑤ 2,000단위

10 목표이익을 위한 판매량 (19. 주택관리사)

(주)한국은 단일제품을 생산·판매하고 있으며, 20×1년 공헌이익계산서는 다음과 같다.

	금 액	단위당 금액
매출액	₩2,000,000	₩5,000
변동비	1,200,000	3,000
공헌이익	₩800,000	₩2,000
고정비	600,000	
영업이익	₩200,000	

(주)한국은 현재 판매사원에게 지급하고 있는 ₩150,000의 고정급여를 20×2년부터 판매수량 단위당 ₩700을 지급하는 판매수당으로 대체하기로 하였다. 다른 모든 조건이 동일할 경우, (주)한국이 20×1년과 동일한 영업이익을 20×2년에도 달성하기 위해 판매해야 할 수량은?

① 450개 ② 500개 ③ 550개
④ 600개 ⑤ 650개

11 목표이익을 위한 판매량 (16. 서울시 9급)

(주)서울은 단일제품을 생산하여 판매하고 있다. 제품의 단위당 판매가격은 ₩2,000이고, 단위당 변동제조원가는 ₩1,000이며, 단위당 변동판매관리비는 ₩250이다. 연간 고정제조간접원가는 ₩1,000,000이며, 고정판매관리비는 ₩500,000 발생하였다. 목표이익 ₩3,000,000을 달성하기 위한 제품의 판매량은 몇 단위인가?

① 3,000단위 ② 4,000단위
③ 4,500단위 ④ 6,000단위

12 목표이익을 위한 판매량 (17. 세무사)

(주)세무는 주문을 받고 생산하여 판매하는 기업이다. 단위당 직접재료원가는 ₩6,200이고, 단위당 변동가공원가(전환원가)는 ₩11,800이며, 연간 고정제조간접원가는 ₩4,200,000이다. 20×0년도에 280개를 주문받아 판매하였으며, 매출총이익률은 25%였다. 판매가격과 원가구조가 20×0년과 동일하다면 20×1년도에 ₩1,000,000 이상의 매출총이익을 얻기 위한 최소 판매량은?

① 160개 ② 170개 ③ 180개
④ 190개 ⑤ 200개

13 목표이익을 위한 판매량 (19. 관세사)

다음은 단일제품을 생산·판매하는 (주)관세의 20×1년 요약 공헌이익 손익계산서이다.

	금 액	단위당 금액
매출액	₩80,000	₩250
변동원가	48,000	150
공헌이익	₩32,000	₩100
고정원가	15,000	
영업이익	₩17,000	

(주)관세는 20×2년에 고정원가를 ₩5,000 증가시키고 단위당 변동원가를 ₩20 감소시켜, ₩22,000의 영업이익을 달성하고자 한다. 20×2년의 판매단가가 20×1년과 동일하다면 20×2년의 판매량은 20×1년보다 몇 단위가 증가해야 하는가? (단, 매년 생산량과 판매량은 동일하다)

① 10단위 ② 15단위 ③ 20단위
④ 25단위 ⑤ 30단위

14 목표이익을 위한 판매액 (17. 지방직 9급)

(주)한국의 6월 제품 판매가격과 원가구조는 다음과 같다. (주)한국이 세전순이익 ₩4,000을 달성하기 위한 6월 매출액은? (단, 판매량은 생산량과 동일하며, 법인세율은 30%이다)

제품 단위당 판매가격	₩5
공헌이익률	20%
고정원가	₩10,000

① ₩60,000 ② ₩70,000
③ ₩80,000 ④ ₩90,000

15 목표이익을 위한 판매액 (16. 세무사)

(주)세무는 제품 A(공헌이익률 50%)와 제품 B(공헌이익률 30%) 두 제품만을 생산·판매하는데, 두 제품간 매출액의 상대적 비율은 일정하게 유지된다. (주)세무의 20×1년 매출액 총액은 ₩7,000,000, 총고정비는 ₩1,750,000으로 예측하고 있으며, 예상영업이익은 ₩700,000으로 설정하였다. (주)세무가 20×1년의 예상영업이익을 달성하기 위한 제품 A와 제품 B의 매출액은?

	제품 A	제품 B		제품 A	제품 B
①	₩700,000	₩6,300,000	②	₩840,000	₩6,160,000
③	₩1,750,000	₩5,250,000	④	₩2,800,000	₩4,200,000
⑤	₩3,150,000	₩3,850,000			

16 목표이익을 위한 판매액 (20. 세무사)

(주)세무는 외부 판매대리점을 통해 건강보조식품을 판매하고 있는데 20×1년도 손익계산서 자료는 다음과 같다.

매출액	₩100,000
변동매출원가	45,000
고정매출원가	15,000
변동판매비와관리비(판매대리점 수수료)	18,000
고정판매비와관리비	4,000
영업이익	18,000

(주)세무는 20×1년에 판매대리점에게 매출액의 18%를 판매대리점 수수료로 지급하였는데, 20×2년에는 판매대리점 대신 회사 내부판매원을 통해 판매하려고 한다. 이 경우, 내부판매원에게 매출액의 15%에 해당하는 수수료와 고정급여 ₩8,000이 지출될 것으로 예상된다. (주)세무가 20×2년에 내부판매원을 통해 20×1년과 동일한 영업이익을 얻기 위해 달성해야 할 매출액은?

① ₩75,000 ② ₩81,818 ③ ₩90,000
④ ₩100,000 ⑤ ₩112,500

17 계단원가와 손익분기점 (23. 세무사)

(주)세무는 단일제품을 생산 · 판매한다. 제품 단위당 판매가격은 ₩100, 단위당 변동원가는 ₩60으로 일정하나, 고정원가는 제품 생산범위에 따라 상이하다. 제품 생산범위가 첫 번째 구간(1~1,000단위)에서 두 번째 구간(1,001~2,000단위)으로 넘어가면 고정원가가 ₩17,600 증가한다. 첫 번째 구간의 손익분기점이 860단위인 경우, 두 번째 구간의 손익분기점은 몇 단위인가?

① 1,150단위 ② 1,200단위 ③ 1,250단위
④ 1,300단위 ⑤ 1,440단위

18 계단원가와 원가-조업도-이익 분석 (08. 세무사)

제품의 단위당 판매가격을 ₩400으로 설정하였다. 제품을 생산하여 판매하기까지 발생하는 제품 단위당 변동비는 단위당 판매가격의 70%이며, 총고정비는 판매수량이 50,000개까지는 ₩3,000,000, 50,000개를 초과하여 90,000개까지는 ₩4,500,000, 그리고 90,000개를 초과하여 최대생산가능량인 130,000개까지는 ₩6,000,000이다. ₩9,000,000의 이익을 얻으려면 제품을 몇 개나 생산 · 판매해야 하는가?

① 50,000개 ② 100,000개 ③ 112,500개
④ 125,000개 ⑤ 130,000개

19 계단원가와 최대이익 (19. 감정평가사)

(주)감평은 단위당 판매가격이 ₩300이고, 단위당 변동원가가 ₩180인 단일제품을 생산 및 판매하고 있다. (주)감평의 최대조업도는 5,000단위이고, 고정원가는 조업도수준에 따라 변동하며 이와 관련된 자료는 다음과 같다.

연간 조업도	고정원가
0～2,000단위	₩300,000
2,001～4,000단위	450,000
4,001～5,000단위	540,000

(주)감평이 달성할 수 있는 최대영업이익은?

① ₩12,000
② ₩15,000
③ ₩24,000
④ ₩30,000
⑤ ₩60,000

20 세후목표이익을 위한 판매량 (14. 서울시 9급)

갑회사는 계산기를 제조하여 판매하고 있다. 계산기의 단위당 판매가격은 ₩5,000, 단위당 변동비는 ₩3,000, 총고정비는 ₩500,000이다. 법인세율이 40%라고 할 때, 세후목표이익의 ₩120,000을 달성하기 위해 필요한 계산기의 판매량은?

① 250개
② 300개
③ 310개
④ 350개
⑤ 380개

21 세후목표이익을 위한 판매량 (23. 세무사)

(주)세무는 단일제품을 생산하여 판매한다. 제품 단위당 판매가격은 ₩1,000, 단위당 변동원가는 ₩600, 총고정원가는 ₩1,900,000으로 예상된다. 세법에 의할 경우 총고정원가 중 ₩100,000과 단위당 변동원가 중 ₩50은 세법상 손금(비용)으로 인정되지 않을 것으로 예상된다. (주)세무에 적용될 세율이 20%인 경우 세후순이익 ₩41,000을 얻기 위한 제품의 판매수량은?

① 4,050단위
② 4,450단위
③ 4,750단위
④ 5,000단위
⑤ 5,100단위

22 계단원가와 세후목표이익을 위한 판매량 (12. 감정평가사)

다음은 제품 A의 판매가격과 원가구조에 대한 자료이다.

단위당 판매가격		₩10,000
고정원가	생산량 20,000단위 미만	5,000,000
	생산량 20,000단위 이상	8,000,000

제품 A의 공헌이익률이 10%이고 법인세율이 20%일 때 세후순이익 ₩2,000,000을 달성하기 위한 판매량은?

① 7,000단위　② 7,500단위　③ 9,000단위
④ 10,000단위　⑤ 10,500단위

23 누진법인세후 목표이익을 위한 판매량 (14. 지방직 9급)

2013년 1월 1일에 영업을 개시한 (주)대한은 단위당 판매가격 ₩1,000, 단위당 변동원가 ₩700 그리고 총고정원가가 ₩70,000인 연필을 생산하여 판매하고 있다. (주)대한의 당해연도에 생산된 연필은 당기중에 모두 판매된다. 한편 (주)대한의 세전이익에 대해 ₩10,000까지는 10%, ₩10,000을 초과하는 금액에 대해서는 20%의 세율이 적용된다. 만일 (주)대한이 2013년도에 ₩17,000의 세후순이익을 보고하였다면 2013년도에 판매한 연필의 수량은?

① 200개　② 250개
③ 300개　④ 350개

24 세후목표이익 매출액과 안전한계 (20. 감정평가사)

(주)감평은 단일제품 A를 생산·판매하고 있다. 제품 A의 단위당 판매가격은 ₩2,000, 단위당 변동비는 ₩1,400, 총고정비는 ₩90,000이다. (주)감평이 세후목표이익 ₩42,000을 달성하기 위한 매출액과, 이 경우의 안전한계는? (단, 법인세율은 30%이다)

	매출액	안전한계
①	₩300,000	₩100,000
②	₩440,000	₩140,000
③	₩440,000	₩200,000
④	₩500,000	₩140,000
⑤	₩500,000	₩200,000

25 세후목표이익 매출액과 안전한계 (22. 관세사)

(주)관세의 20×1년 매출액은 ₩5,000(판매수량 1,000단위)이고, 영업이익은 ₩2,000이다. 변동비율은 36%, 법인세율은 20%일 때, 안전한계율(가)과 법인세차감후 영업이익 ₩2,112를 달성하기 위한 매출액(나)은?

	(가)	(나)
①	57.5%	₩5,250
②	57.5%	₩6,000
③	62.5%	₩6,000
④	62.5%	₩6,250
⑤	64.0%	₩6,250

26 레버리지 효과 (19. 감정평가사)

(주)감평의 총변동원가가 ₩240,000, 총고정원가가 ₩60,000, 공헌이익률이 40%이며, 법인세율은 20%이다. 이에 관한 설명으로 옳지 않은 것은? (단, 기초재고와 기말재고는 동일하다)

① 매출액은 ₩400,000이다.
② 안전한계율은 62.5%이다.
③ 영업레버리지도는 1.2이다.
④ 세후영업이익은 ₩80,000이다.
⑤ 손익분기점 매출액은 ₩150,000이다.

27 레버리지 효과 (20. 관세사)

(주)관세와 (주)한국의 공헌이익 손익계산서는 다음과 같다.

	(주)관세	(주)한국
매출액	₩100,000	₩100,000
변동원가	52,000	64,000
공헌이익	₩48,000	₩36,000
고정원가	28,000	16,000
영업이익	₩20,000	₩20,000

판매량이 증감한다고 할 때 다음 설명 중 옳은 것은? (단, 다른 조건은 동일하다)

① 두 기업 모두 판매량 증감률보다 영업이익 증감률이 더 낮다.
② (주)관세보다 (주)한국의 영업이익 증감률이 더 높다.
③ 두 기업의 영업이익 차이 원인은 각 기업의 변동원가율이 달라지기 때문이다.
④ 영업레버리지도는 손익분기점 부근의 판매량 수준에서 가장 높고, 판매량이 증가할수록 낮아지게 된다.
⑤ 판매량이 감소하는 경기침체 상황에서 (주)관세보다 (주)한국의 영업손실 발생 위험도가 더 커진다.

28 고저점법과 레버리지 효과 (22. 세무사)

(주)세무는 단일제품을 생산・판매하고 있다. 제품 단위당 판매가격은 ₩7,500으로 매년 일정하게 유지되고, 모든 제품은 생산된 연도에 전량 판매된다. 최근 2년간 생산량과 총제조원가에 관한 자료는 다음과 같다. 20×2년 1월 1일에 인력조정 및 설비투자가 있었고, 이로 인해 원가구조가 달라진 것으로 조사되었다.

기 간		생산량	총제조원가
20×1년	상반기	200단위	₩1,200,000
	하반기	300단위	1,650,000
20×2년	상반기	350단위	1,725,000
	하반기	400단위	1,900,000

다음 중 옳은 것은? (단, 20×2년초의 인력조정 및 설비투자 이외에 원가행태를 변화시키는 요인은 없으며, 고저점법으로 원가함수를 추정한다)

① 20×2년의 영업레버리지도는 2.5이다.
② 20×2년의 안전한계율은 약 33%이다.
③ 20×1년에 비해 20×2년의 영업레버리지도는 증가하였다.
④ 20×1년에 비해 20×2년에 연간 총고정제조원가는 ₩200,000 증가하였다.
⑤ 20×1년에 비해 20×2년의 연간 손익분기점 판매량은 50단위 증가하였다.

29 가중평균 공헌이익률 (21. 감정평가사)

(주)감평은 제품 A와 제품 B를 생산·판매하고 있다. 20×1년 (주)감평의 매출액과 영업이익은 각각 ₩15,000,000과 ₩3,000,000이며, 고정원가는 ₩2,250,000이다. 제품 A와 제품 B의 매출배합비율이 각각 25%와 75%이며, 제품 A의 공헌이익률은 23%이다. 제품 B의 공헌이익률은?

① 29.25% ② 34.4% ③ 35%
④ 37.4% ⑤ 39%

30 복수제품의 손익분기점 (22. 세무사)

(주)세무는 제품 A와 B를 생산·판매하고 있다. 제품별 판매 및 원가에 관한 자료는 다음과 같다.

	제품 A	제품 B	합 계
판매량	?	?	100단위
매출액	₩200,000	₩300,000	₩500,000
변동비	?	?	375,000
고정비			150,000

제품 A의 단위당 판매가격은 ₩4,000이다. 손익분기점에 도달하기 위한 제품 B의 판매량은? (단, 매출배합은 일정하다고 가정한다)

① 55단위 ② 60단위 ③ 80단위
④ 85단위 ⑤ 90단위

31 복수제품의 세후목표이익 매출액 (21. 관세사)

(주)관세는 제품 A, B, C를 생산 및 판매하고 있으며, 20×1년 3월 제품에 관한 자료는 다음과 같다.

	A제품	B제품	C제품
단위당 판매가격	₩150	₩1,000	₩250
단위당 변동원가	105	80	125
고정원가		₩18,000	

제품 A, B, C의 매출구성비(매출액 기준)가 3 : 2 : 5이다. (주)관세가 3월에 세후순이익 ₩12,000을 달성하기 위한 총매출액은? (단, 법인세율은 40%이다)

① ₩80,000 ② ₩100,000 ③ ₩120,000
④ ₩140,000 ⑤ ₩160,000

32 복수제품의 손익분기점 (23. 감정평가사)

(주)감평은 제품 X, Y, Z를 생산 · 판매하고 있으며, 각 제품 관련 자료는 다음과 같다.

	제품 X	제품 Y	제품 Z
매출배합비율(매출수량기준)	20%	60%	20%
단위당 공헌이익	₩12	₩15	₩8
손익분기점 매출수량	?	7,800단위	?

(주)감평은 제품 Z의 생산중단을 고려하고 있다. 제품 Z의 생산을 중단하는 경우에 고정비 중 ₩4,000을 회피할 수 있으며, 제품 X와 Y의 매출배합비율(매출수량기준)은 60%와 40%로 예상된다. (주)감평이 제품 Z의 생산을 중단할 경우, 목표이익 ₩33,000을 달성하기 위한 제품 X의 매출수량은?

① 6,900단위 ② 7,800단위 ③ 8,400단위
④ 8,700단위 ⑤ 9,000단위

33 복수제품의 손익분기점과 레버리지도 (22. 공인회계사)

(주)대한은 제품 A, 제품 B, 제품 C를 생산 및 판매한다. (주)대한은 변동원가계산제도를 채택하고 있으며, 20×1년도 예산을 다음과 같이 편성하였다.

	제품 A	제품 B	제품 C
판매수량	2,500단위	5,000단위	2,500단위
단위당 판매가격	₩100	₩150	₩100
단위당 변동원가	60	75	30

(주)대한은 20×1년도 영업레버리지도(degree of operating leverage)를 5로 예상하고 있다. 세 가지 제품의 매출액 기준 매출구성비율이 일정하다고 가정할 때, (주)대한의 20×1년 예상손익분기점을 달성하기 위한 제품 C의 매출액은 얼마인가?

① ₩160,000 ② ₩180,000 ③ ₩200,000
④ ₩220,000 ⑤ ₩250,000

11 종합예산

예산을 세워 미래를 준비한다

기업이나 비영리단체가 사업계획을 세우려면 회계수치를 사용하여 구체적인 추정을 해야 한다. 매출을 얼마나 올릴 것인지 매출원가와 판매관리비의 운영비를 얼마나 예상해야 하는지 미리 생각해 보고 필요한 준비를 해야 한다. 현금의 조달과 사용일정도 미리 자세히 계획해야 자금이 급히 필요하여 큰 어려움을 겪는 것을 피할 수 있다. 이 장에서는 다음의 내용을 학습한다.

– 영업예산과 재무예산의 종합예산을 어떻게 세우는가?
– 생산예산, 구매예산, 지출예산은 서로 어떻게 연계되어 있는가?
– 영업이익은 어떻게 추정되는가?
– 현금흐름은 어떻게 추정할 수 있는가?

- 결산 : 해당 기간에 실제로 달성한 경영결과를 사후적으로 정리하여 재무제표로 보고하는 것
- 예산 : 해당 기간이 시작되기 전에 사전적으로 예상되는 경영결과를 추정하여 예상재무제표를 작성하는 것
- 종합예산 : 기업이나 단체 각 부문의 유기적인 운영을 위하여 총체적, 종합적으로 예산을 세우는 것

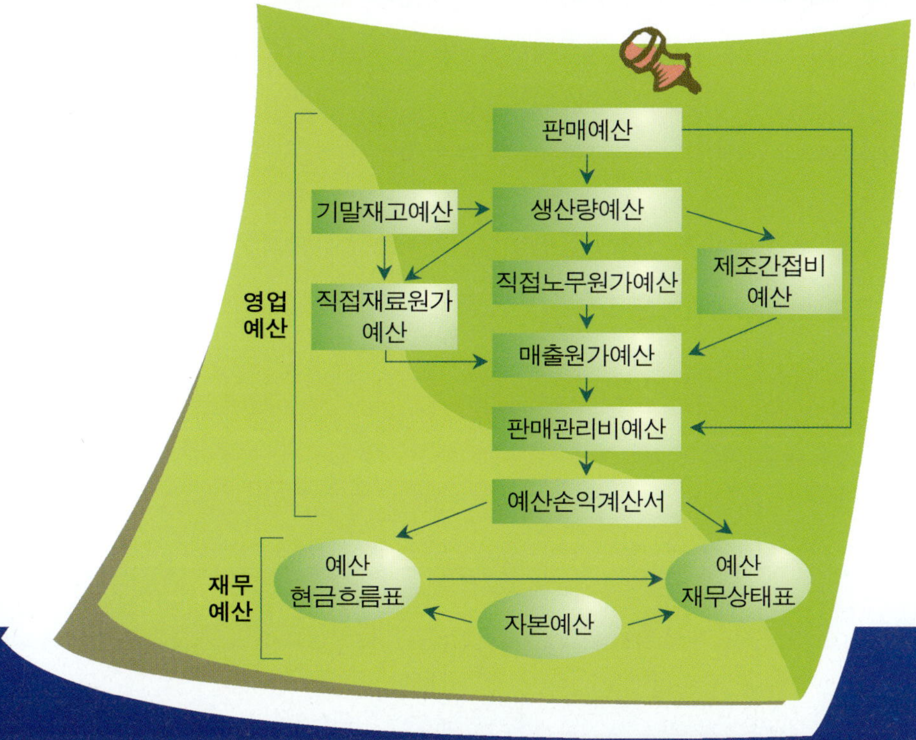

11

- 미래계획은 예산과 함께
- 예산이 왜 필요한가?
- 영업예산과 재무예산을 세운다
- 매출예산과 생산예산을 세운다
- 제조원가예산을 세운다
- 매출원가예산을 세운다
- 판매관리비예산을 세운다
- 영업이익을 추정한다
- 현금예산을 세운다
- 예산 시뮬레이션을 한다
- 누가 예산을 편성해야 하는가?
- 예산을 편성할 때 증분예산과 영기준예산을 활용한다
- 기간예산과 계속예산을 함께 사용한다

[부록] 자본예산

추정영업수지 미리 짜보도록

중소 전자・무역회사에서 12년간 근무한 경모(36) 씨는 지난해 10월 서울 금호동 오거리에 30평 규모의 PC방을 차려 성업중이다. 지난 7월에는 지방 소도시에 더 큰 40평짜리 PC방을 차렸다. 양쪽을 합해 월 평균 1천여만원의 순익을 올린다. 왜 이렇게 잘되는지 들여다봤더니 첫 단추를 잘 꿰었기 때문이었다. 사업타당성 분석과 사업계획서 작성을 철저히 했던 것이다. '구멍가게'라도 주먹구구식으로 운영하던 시대는 지났다.

경씨는 우선 사업아이템의 기술성・시장침투가능성・판매전략・수익성 등을 꼼꼼히 따졌다. 지난해초부터 반년간 서울 시내의 잘된다는 PC방들을 찾아다니며 입지여건과 PC의 보유대수 및 배치형태・유동인구・인허가 조건 등을 조사해 체크리스트를 만들었다.

그 다음 사업계획서 작성에 들어갔다. 사업계획서에는 보통 경영전략・기술성・시장성・판매전망・수익성과 자금조달・인력운영계획 등이 들어가는데 그의 계획서를 보면 눈이 번쩍 뜨인다. 수십 가지 지출・수입 항목을 꼼꼼하게 분류해 창업후 1년간의 영업수지까지 추정했다. 실제 운영해 봤더니 자신도 놀랄 정도로 예상과 거의 일치했다. 계획서를 워낙 정밀하게 작성했기 때문이다. 이것이 두 번째 PC방을 쉽게 차리는 나침반이 된 것은 물론이다.

그의 사업계획서에 적힌 경영전략을 보면 마치 중견기업의 기안문 같다. 8년간 해외근무를 경험한 사람답게 기획 안목도 넓었다. PC방을 단순한 게임방이 아니라 다양한 국내외 정보를 얻는 정보공간으로 삼고, 스포츠・예술과 음성 동영상을 다루는 멀티미디어 문화공간, 소호(SOHO)・벤처 족을 위한 쾌적한 사무공간 등으로 개념을 넓혀 고객층을 다양하고 두텁게 했다.

경씨 같이 기획능력이 부족하다면 창업지원기관의 도움을 받는 게 좋다. 사업계획서는 군대의 전시 작전계획서와 같다. 대충대충 해서는 백전백패다.

(서울 서대문소상공인지원센터 황의순 센터장)

미래계획은 예산과 함께

어떤 종류의 행사나 사업을 하더라도 미리 계획을 세워야 한다. 미리 계획을 세워야 무엇이 필요하고 어떤 결과가 나올지 예측하고, 혹시 생길지 모르는 문제점에 대한 준비를 할 수 있다. 국희제과가 새로운 과자를 개발·생산하려면, 연구개발비로 얼마나 투자할지, 시장수요와 예상매출은 어떤지, 새로운 생산설비가 필요한지, 필요하다면 그 투자액은 얼마인지, 재료구입이 쉬운지, 예상구매액은 얼마인지 등 많은 것들을 미리 조사 예측해야 한다. 이 세부계획은 매출예산, 생산예산, 지출예산, 투자예산 등으로 요약된다. 이처럼 성공적인 사업계획을 위해서는 예산수립이 필수적이다.

새로운 사업계획뿐만 아니라, 현재의 사업을 효율적으로 운영하기 위해서도 예산수립이 필요하다. 적절한 양의 재료를 적절한 때에 구입하고, 적절한 양의 제품을 적절한 때에 생산하고, 현금을 적절한 수준으로 유지하여 필요한 때에 지급할 수 있게 하려면 사전계획이 필요하다. 이것이 예산이다. 해당 기간에 실제로 달성한 경영결과를 사후적으로 정리하여 재무제표로 보고하는 것이 결산이라면, 해당 기간이 시작되기 전에 사전적으로 예상되는 경영결과를 추정하여 예상재무제표를 작성하는 것이 예산이다. 예산은 부서나 사업별로도 세우지만 기업이나 단체 각 부문의 유기적인 운영을 위하여 총체적, 종합적으로 세운다. 이를 종합예산(Master Budget)이라 한다.

종합예산
기업이나 단체 각 부문의 유기적인 운영을 위하여 총체적, 종합적으로 세운 예산

예산이 왜 필요한가?

미래에 대하여 준비하기 위해서 예산이 필요하지만 다른 쓸모도 있다. 사업의 한 기간이 끝난 후 결과가 예상과 다르다면 왜 다른 결과가 나타났는지 예산과 결산을 비교하여 알아낼 수 있다. 즉, 예산이 실제 결과를 비교하는 기준으로 이용된다. 예산과 결산의 차이를 분석하는 방법은 다음 장에서 다룬다.

각 부문의 성과를 평가할 때, 실현된 결과가 평가에 사용되지만 목표수치 대비로 성과를 평가하는 것이 더 효과적인 경우가 많다. 목표수치로 지난 기간

의 성과를 사용할 수도 있으나 예산수치를 비교기준으로 이용하는 것이 평가의 효과성과 공정성 측면에서 더 우수하다.

기업의 종합예산은 대체로 다음 순서로 진행된다. 기획예산 부서에서 예산편성 지침을 모든 부서에 통보한다. 이를 토대로 각 부서가 예산을 수립하면 기획예산 부서에서 수집하여 필요한 조정을 한다. 이 예산조정과정을 통해 부서간의 수평적 의사소통(communication)과 조정(coordination)이 이루어진다. 또한 예산수립과정에서 하위부서와 상위부서가 의견을 교환하게 되므로 수직적인 의사소통도 이루어진다.

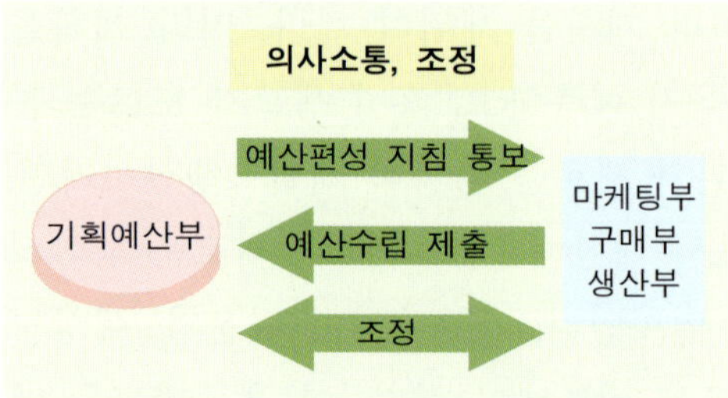

영업예산과 재무예산을 세운다

영업예산
매출, 생산, 재료와 인력 조달 및 사용에 대한 계획에 기초한 매출예산, 생산예산, 제조원가예산, 매출원가예산을 말함

재무예산
자금의 조달과 투자를 위한 현금예산, 자본예산을 말함

종합예산은 크게 두 부분으로 나눌 수 있다. 기업이나 단체의 운영(생산, 판매, 관리)을 위한 영업(운영)예산과 재무활동을 위한 재무예산으로 구분한다. 영업예산(Operating Budget)은 매출, 생산, 재료와 인력 조달 및 사용에 대한 계획에 기초한 매출예산, 생산예산, 제조원가예산, 매출원가예산 등이다. 영업예산은 예산손익계산서의 영업이익까지 추정하는 것으로 요약된다. 재무예산(Financial Budget)은 자금의 조달과 투자를 위한 현금예산, 자본예산, 예산재무상태표 등이 포함된다.

[그림 11.1]은 종합예산의 전체적인 과정을 보여준다. 먼저 판매예산을 수립하고 예상판매량과 제품기말재고량예산을 기초로 생산량예산을 수립한다. 생산량예산을 위해 필요한 직접재료원가예산, 직접노무원가예산, 제조간접원가예산이 다음으로 수립된다. 직접재료구입예산은 직접재료기말재고를 고려한다. 제조원가예산에서 매출원가예산을 도출하고 판매관리비예산은 판매예산에서 도출한다. 이상의 모든 계산은 예산손익계산서의 영업예산 부분을 구성한다. 재무예산 부분에서는 예산현금흐름표가 예산손익계산서와 관련된 영업현금흐름, 자본예산과 관련된 투자현금흐름을 보여준다. 예산재무상태표는 이상의 모든 예산수치가 반영되어 작성된다.

그림 11.1 종합예산편성흐름

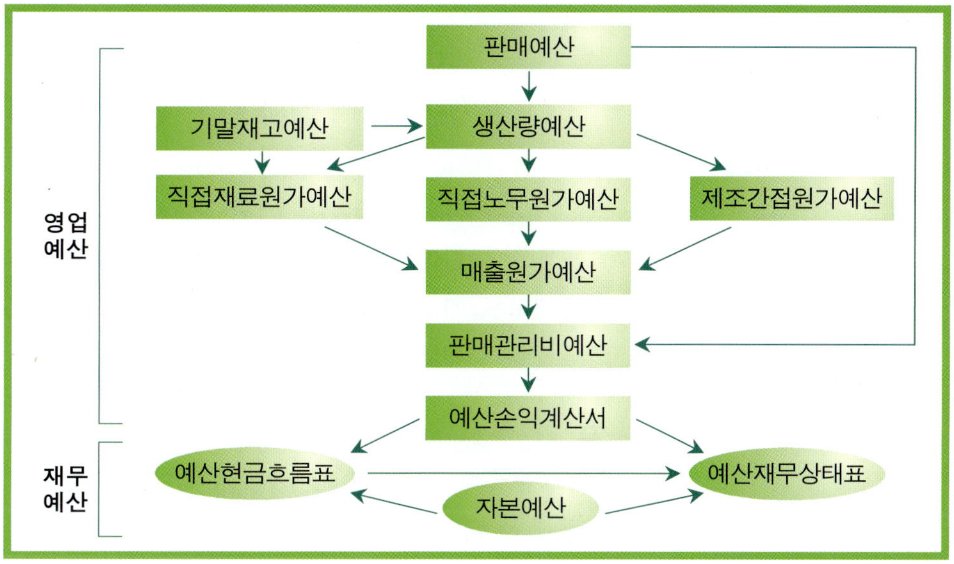

매출예산과 생산예산을 세운다

매출예산
- 판매량 예측 : 종합예산에서 가장 먼저 결정되어야 하는 부분
- 마케팅 부서 : 시장의 수요, 제품의 가격, 마케팅 활동 정도를 고려하여 매출예산을 수립

종합예산을 세우려면 가장 기초적이며 가장 먼저 결정되어야 하는 부분은 판매량 예측이다. 제품을 다음 기간에 얼마나 팔 수 있을지는 마케팅 부서에서 시장의 수요, 제품의 가격, 마케팅 활동 정도를 고려하여 예측한다. 예상판매량에 예상판매가를 곱하여 매출예산을 세운다. 국희제과는 연도별로 종합예산을 세우기 위해 매출예산을 〈표 11.1〉과 같이 수립하였다.[1)]

매출예산 = 예상판매량 × 예상판매가

표 11.1 매출예산

	20×6년	20×7년	20×8년	비 고
예상판매량(백만개)	*4*	*6*	*8*	
예상판매가(원)	*500*	*500*	*500*	
매출예산(백만원)	2,000	3,000	4,000	판매량×판매가

1) 여러 가지 예산계획표에서 이탤릭 수치는 가정된 수치이다. 나머지 수치는 가정된 수치에서 도출된다.

생산예산

예상판매량과 제품재고의 변화량을 고려하여 생산량을 계획

예상판매량과 제품재고의 변화량을 고려하여 생산량을 다음과 같이 계획한다.

예상생산량 = 예상판매량 + 예상기말제품재고 − 예상기초제품재고

기말제품재고를 다음기 판매량의 1/4로 유지하는 재고정책을 가정한다. 즉, 생산에 걸리는 시간(Cycle Time)을 고려하여 다음 연도 3개월의 판매량을 제품재고로 기말에 유지한다. 예를 들어, 20×6년말 제품재고는 20×7년 판매량 6백만개의 3개월분인 1.5백만개를 유지한다.

표 11.2 생산예산 (단위 : 백만개)

	20×6년	20×7년	20×8년	비 고
예상판매량	4	6	8	
예상 기말제품재고량	1.5	2	*2.5*	*차기 판매량 / 4*
(−) 예상 기초제품재고량	*1*	1.5	2	전기말 제품재고
예상생산량	4.5	6.5	8.5	

20×7년의 예상판매량이 6백만개로 추정되었다. 20×7년말 희망 제품재고는 20×8년 예상판매량 8백만개의 1/4인 2백만개이다. 20×7년초 제품재고는 20×6년말 제품재고인 1.5백만개이므로 20×7년 생산량은 6.5백만개(=6+2−1.5)이다. 달리 이야기하면 20×7년에 판매할 6백만개와 20×7년의 제품재고 증가분 0.5백만개를 생산한다.

제조원가예산을 세운다

생산량 계획이 수립되면 제조원가관련 예산을 세울 수 있다. 우선 직접재료원가예산을 세우자. 제품 1개를 생산하는 데 필요한 직접재료의 표준량[2]을 예상하면 생산량을 위한 총직접재료사용량을 구할 수 있다.

2) 제품단위당 직접재료사용량은 정상적으로 버려지는 공손이나 감손을 고려하여 계산되어야 한다.

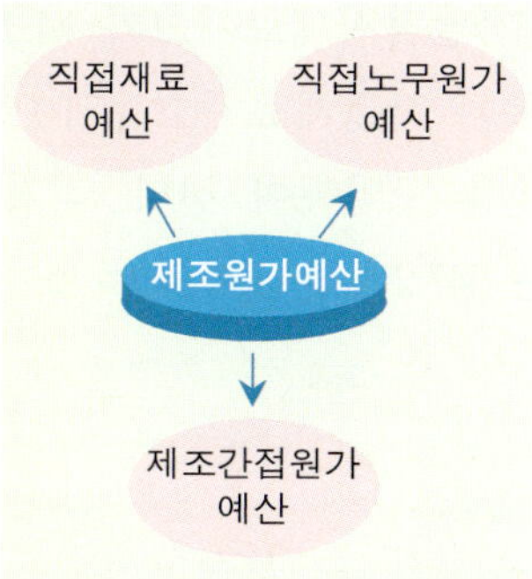

직접재료(표준)사용량 = 생산량 × (제품)단위당 직접재료(표준)사용량

직접재료원가예산은 직접재료(표준)사용량과 직접재료(표준)가격의 곱으로 계산한다.

직접재료(표준)원가[3] = 직접재료(표준)사용량 × 직접재료(표준)가격

현실적으로 직접재료의 종류가 여러 가지이므로 종류별로 앞과 같이 예산을 편성해야 하나, 편의상 한 가지 직접재료만 가정하여 〈표 11.3〉을 만든다.

표 11.3 직접재료원가예산

	20×6년	20×7년	20×8년	비 고
생산량(백만개)	4.5	6.5	8.5	
단위당 직접재료사용량(g/개)	*10*	*10*	*10*	
직접재료사용량(톤)	45	65	85	생산량×단위당 직접재료사용량
직접재료가격(원/g)	*8*	*8*	*8*	
직접재료원가예산(백만원)	360	520	680	사용량×가격

20×7년의 생산량은 〈표 11.2〉에서 구한 6.5백만개이다. 제품 1개를 생산하는 데 직접재료 10g이 필요하다고 가정하면 총 65톤의 직접재료가 사용된다. 직접재료의 가격이 g당 8원이면 총직접재료원가예산은 520백만원(=65×8)이다.

직접재료를 각 기간마다 얼마나 구입해야 하나? 해당 기간의 직접재료사용량과 직접재료재고의 증가분을 더한 만큼(또는 감소분을 차감한 만큼) 직접재료를 구입해야 한다.

직접재료구입량 = 직접재료사용량 + 기말직접재료재고량 − 기초직접재료재고량

기말재료재고는 다음 기 사용량의 1/6, 즉 2개월분을 유지하는 것으로 가정한다(분석의 편의상 재공품은 존재하지 않는 것으로 가정한다). 직접재료구입예산은 직접재료구입량과 직접재료가격의 곱으로 계산한다.

직접재료구입예산 = 직접재료구입량 × 직접재료가격

3) 표준원가라는 용어는 예산수립이나 원가통제의 기준으로 사용되는 수치를 의미한다. 또는 표준원가계산을 사용할 때 장부에 기록하는 금액이다.

20×7년의 경우, 직접재료사용량이 65톤이며 예정 기말직접재료재고가 14.2톤(20×8년 사용량 85톤의 1/6)이다. 20×7년초(또는 20×6년말) 직접재료재고는 10.8톤이므로 20×7년중에 직접재료 68.4톤(=65+14.2−10.8)을 구입해야 한다. 직접재료가격을 g당 8원으로 가정하면 직접재료구입예산은 547.2백만원(=68.4×8)이 된다.

표 11.4 직접재료구입예산

	20×6년	20×7년	20×8년	비 고
직접재료사용량(톤)	45	65	85	
기말직접재료재고(톤)	10.8	14.2	*17.6*	차기 사용량 / 6
(−)기초직접재료재고(톤)	*7.4*	10.8	14.2	
직접재료구입량(톤)	48.4	68.4	88.4	
직접재료가격(원/g)	*8*	*8*	*8*	
직접재료구입예산(백만원)	387.2	547.2	707.2	구입량×가격

직접노무원가예산도 직접재료원가예산과 비슷한 방법으로 수립한다. 제품 1개를 생산하는 데 0.001시간이 걸린다(또는 1시간에 1,000개를 생산한다)고 가정하면 20×7년에 6.5백만개를 생산하는 데 6.5천시간의 총직접노무시간이 필요하다.

직접노무시간 = 생산량 × 단위당 직접노무시간

직접노무원가는 직접노무시간에 시간당 임금을 곱하여 구한다.

직접노무원가 = 직접노무시간 × 시간당 임금(임률)

작업의 종류나 직원 숙련도에 따라 여러 수준의 임률이 존재하므로 직원 종류별로 예산을 편성하는 것이 더 정확하나, 편의상 한 가지 임률을 가정하여 〈표 11.5〉를 작성한다.

표 11.5 직접노무원가예산

	20×6년	20×7년	20×8년	비 고
생산량(백만개)	4.5	6.5	8.5	
단위당 직접노무시간(시간/개)	*0.001*	*0.001*	*0.001*	
직접노무시간(천시간)	4.5	6.5	8.5	생산량×단위당 직접노무시간
시간당 임금(천원/시간)	*10*	*10*	*10*	
직접노무원가예산(백만원)	45	65	85	직접노무시간×시간당 임금

대개, 제조간접원가는 변동원가와 고정원가로 나누어 예산을 수립한다. 제조간접원가에는 여러 가지 다양한 원가항목이 섞여 있으므로 재료사용량이나 노무시간 같은 물리적 수량을 기준으로 원가를 추정할 수 없다. 그 대신 원가동인(배부기준)을 기준으로 원가를 추정한다. 활동기준원가계산을 사용하면 활동별로 원가동인을 추정하여 활동기준예산(Activity-Based Budgeting)을 준비할 수 있다. 전통적인 원가계산을 한다면 생산량 등의 단순한 원가동인을 사용하여 모든 변동제조간접원가의 예산을 세운다. 변동제조간접원가를 가장 간단히 추정하는 방법은 〈표 11.6〉과 같이 제품단위당 변동제조간접원가를 추정하여 생산량에 적용하는 것이다.

변동제조간접원가 ＝ 생산량 × 단위당 변동제조간접원가(배부율)

표 11.6 변동제조간접원가예산

	20×6년	20×7년	20×8년	비 고
생산량(백만개)	4.5	6.5	8.5	
단위당 변동제조간접원가(원/개)	*50*	*50*	*50*	
변동제조간접원가예산(백만원)	225	325	425	생산량× 단위당 변동제조간접원가

20×7년의 생산량이 6.5백만개이므로 단위당 변동제조간접원가를 50원으로 추정하면 총변동제조간접원가예산은 325백만원이다. 변동제조간접원가의 원가동인으로 직접노무시간, 직접노무원가, 기계시간의 원가동인을 사용할 수도 있으나 예산수립결과는 같다. 예를 들어, 직접노무시간을 원가동인으로 사용한다면 〈표 11.6〉 대신 〈표 11.6a〉가 작성된다.

표 11.6a 변동제조간접원가예산 (직접노무시간 기준)

	20×6년	20×7년	20×8년	비 고
생산량(백만개)	4.5	6.5	8.5	
직접노무시간(천시간)	4.5	6.5	8.5	생산량× 단위당 직접노무시간
직접노무시간당 변동제조간접원가(천원/시간)	*50*	*50*	*50*	
변동제조간접원가예산(백만원)	225	325	425	노무시간× 직접노무시간당 변동제조간접원가

20×7년의 예상생산량은 6.5백만개이므로 이에 대한 예상직접노무시간은 6.5천시간이다. 시간당 변동제조간접원가가 50천원이면 총변동제조간접원가예산은 325백만원이다 〈표 11.6〉과 〈표 11.6a〉는 같은 변동제조간접원가예산을 초래하나 제12장의 원가차이 분석결과는 달라진다.

고정제조간접원가는 생산량과 무관하게 일정하므로 총액으로 추정한다. 그러나 매출원가는 판매량에 비례하여 계산되므로, 생산량에 대한 단위당 고정제조간접원가를 〈표 11.7〉과 같이 계산한다.

표 11.7 고정제조간접원가예산

	20×6년	20×7년	20×8년	비 고
고정제조간접원가예산(백만원)	*450*	*450*	*450*	
생산량(백만개)	4.5	6.5	8.5	
단위당 고정제조간접원가예산(원/개)	100	69	53	총고정제조간접원가/생산량

매출원가예산을 세운다

전기와 당기의 단위당 제조원가가 동일한 경우

매출원가예산
=예상판매량
×예상 단위당 제조원가

전기와 당기의 단위당 제조원가가 동일하지 않은 경우

선입선출법이나 후입선출법 사용→제품재고액의 변화를 고려하여 매출원가 계산

제조원가 자료를 이용하여 손익계산서에 보고될 매출원가를 계산한다. 매출원가는 판매량 기준이므로 단위당 제조원가와 판매량을 이용하여 구한다. 매출원가를 총판매량과 단위당 제조원가를 곱하여 계산할 수 있는가? 모든 제품의 단위당 제조원가가 같다면 그럴 수 있다. 제품재고 평가에 선입선출법이나 후입선출법을 사용하여 단위당 제조원가가 다르다면 제품재고액의 변화를 고려하여 매출원가를 구해야 한다.

앞에서 매기간의 단위당 변동원가와 총고정원가가 일정하다고 가정하였다. 매기간의 생산량이 증가하므로 단위당 고정제조간접원가가 〈표 11.8〉과 같이 감소하여 단위당 제조원가가 20×6년의 240원에서 20×7년의 209원, 20×8년의 193원으로 감소한다.

표 11.8 단위당 제조원가예산 (단위 : 원/개)

	20×6년	20×7년	20×8년	비 고
단위당 직접재료원가	80	80	80	단위당 직접재료사용량×직접재료가격
단위당 직접노무원가	10	10	10	단위당 직접노무시간 ×시간당 임금
단위당 변동제조간접원가	50	50	50	
단위당 변동제조원가	140	140	140	
단위당 고정제조간접원가	100	69	53	
단위당 제조원가	240	209	193	

매기간의 단위당 제조원가가 다르고 기초제품재고가 존재하므로 원가흐름을 어떻게 가정하느냐에 따라 매출원가가 달라진다. 제4장에서 소개한 선입선출법을 사용하여 매출원가를 계산하면 〈표 11.9〉와 같다. 이때 기초제품재고액은 전기의 기말제품재고액이며 기초제품재고량에 전기의 단위당 제조원가를 곱한 것과 같다.

표 11.9 매출원가 계산 (단위 : 백만원)

	20×6년	20×7년	20×8년	비 고
직접재료원가	360	520	680	〈표 11.3〉
직접노무원가	45	65	85	〈표 11.5〉
변동제조간접원가	225	325	425	〈표 11.6〉
고정제조간접원가	450	450	450	〈표 11.7〉
총제조원가	1,080	1,360	1,640	
기초제품재고액	*240*	360	418	전기말 제품재고액
(−)기말제품재고액	360	418	483	기말제품재고량 〈표 11.2〉 ×단위당 제조원가 〈표 11.8〉
매출원가(백만원)	960	1,302	1,575	

판매관리비예산을 세운다

판매관리비예산

매출, 판매량 등에 비례한 변동판매관리비와 이와 무관하게 일정한 금액인 고정판매관리비로 나누어 예측

영업이익을 구하기 위해 판매관리비를 구한다. 매출, 판매량 등에 비례한 변동판매관리비와 이에 무관한 일정한 고정판매관리비로 나누어 예측한다. 변동판매비는 매출에 비례적으로 발생하는 영업사원이나 대리점수수료(커미션), 판매량에 비례하는 운송료, 운송횟수나 계약건수에 비례하는 사무처리비 등이 있다. 판매관리비에도 활동기준원가계산을 도입하여 여러 가지 판매관리활동에 적합한 원가동인을 찾아 예산을 세우면 더 정확하다. 단순한 예를 위해 변동판매관리비를 판매량에 따라 추정하면 〈표 11.10〉과 같다.

표 11.10 판매관리비예산

	20×6년	20×7년	20×8년	비 고
판매량(백만개)	4	6	8	
단위당 변동판매관리비(원/개)	*30*	*30*	*30*	
변동판매관리비(백만원)	120	180	240	판매량×단위당 판매관리비
고정판매관리비(백만원)	*550*	*550*	*550*	
총판매관리비(백만원)	670	730	790	

영업이익을 추정한다

이제까지 준비된 예산수치를 이용하여 영업이익을 추정한다. 전부원가계산을 사용하는 예산손익계산서 〈표 11.11〉의 영업이익과 변동원가계산을 사용하는 예산공헌이익계산서 〈표 11.12〉의 영업이익을 각각 계산해 보았다.

표 11.11 예산손익계산서 (전부원가계산) (단위 : 백만원)

	20×6년	20×7년	20×8년
매 출	2,000	3,000	4,000
(−) 매 출 원 가	960	1,302	1,575
매출총이익	1,040	1,698	2,425
(−) 판매관리비	670	730	790
영 업 이 익	370	968	1,635

표 11.12 예산공헌이익계산서 (변동원가계산) (단위 : 백만원)

	20×6년	20×7년	20×8년
매 출	2,000	3,000	4,000
(−) 변동매출원가	560	840	1,120
(−) 변동판관비	120	180	240
공 헌 이 익	1,320	1,980	2,640
(−) 고정제조원가	450	450	450
(−) 고정판관비	550	550	550
영 업 이 익	320	980	1,640

제9장에서 보듯이, 각 기간의 생산량과 판매량이 달라서, 전부원가계산의 영업이익과 변동원가계산의 영업이익이 다르다. 고정제조원가가 비용처리되지 않고 제품재고에 남아 있는 금액만큼 차이가 나므로 이를 〈표 11.13〉과 같이 조정할 수 있다.

표 11.13 전부원가계산과 변동원가계산의 이익차이

	20×6년	20×7년	20×8년	비 고
기말제품재고량(백만개)	1.5	2.0	*2.5*	〈표 11.2〉
단위당 고정제조원가(원/개)	100	69	53	
기말제품에 재고화된 고정제조간접원가(백만원)	150	138	133	기말제품재고량 ×단위당 고정제조원가
기초제품에 재고화된 고정제조간접원가(백만원)	*100*	150	138	전기말 제품재고에 재고화된 고정제조간접원가
이익차이(백만원)	50	12	5	

20×7년의 생산량은 6.5백만개이나 판매량은 6백만개이므로 제품재고가 0.5백만개 증가하였다. 기말제품 1개마다 고정제조원가가 69원씩 재고화되었으므로 20×7년말 제품재고에 재고화된 고정제조원가는 총 138백만원이다. 20×7년초 제품재고에 재고화된 고정제조간접원가가 150백만원이므로 20×7년 한 해 동안 고정제조간접원가 발생액 450백만원보다 더 많은 고정제조간접원가가 매출원가로 비용화된다. 따라서 영업이익이 전부원가계산에서 변동원가계산에서보다 12백만원 더 낮다. 이는 제품재고량이 점점 증가하고 있으나, 생산량의 증가로 단위당 고정제조간접원가가 낮아져서 재고화하는 제조간접원가가 낮아지고 비용이 더 크게 보고되기 때문이다. 변동원가계산이 예산수립에는 손쉬우나 손익계산서가 전부원가계산에 의해 작성되므로, 변동원가계산에 의한 영업이익과 전부원가계산에 의한 영업이익이 서로 다름을 알고 이를 조정해야 한다.

현금예산을 세운다

현금예산

재무예산의 하나로, 추정현금흐름표를 작성하는 것

현금흐름

영업활동

판매대금 회수액, 재료원가·노무원가·경비의 제조원가 지급액 등이 해당됨

투자활동

고정자산 취득 및 매각 등이 해당됨

재무활동

자금차입 및 상환 등이 해당됨

아무리 영업실적이 좋아 높은 이익을 얻어도 대금회수가 제대로 되지 않으면 자금부족으로 어려움을 겪거나 심지어 부도가 날 수 있다. 미래의 현금순환에 대한 계획을 세워 현금이 적절한 수준으로 유지되도록 하는 것이 중요하다. 재무예산의 하나인 현금예산은 추정현금흐름표를 작성하는 것과 같다. 현금흐름은 영업활동, 투자활동, 재무활동에 의한 현금흐름으로 나뉜다.

영업활동에 의한 현금흐름은 판매대금 회수액, 재료원가·노무원가·경비의 제조원가 지급액이 주요 항목이다. 먼저 매출수금액을 구하자. 당기매출의 80%가 같은 기간에 수금되고, 15%가 다음 기에 회수되고, 나머지 5%는 회수되지 않는다고 〈표 11.14〉와 같이 예상하자. 회수되지 않는 매출액을 대손비용(대손상각비)이라 하고 판매관리비에 포함한다.

표 11.14 판매대금 회수일정

당기매출	당기수금	후기수금	대손비용
100%	*80%*	*15%*	5%

이 수금일정에 따라 예상된 매출수금은 다음과 같다.

표 11.15 매출수금예산 (단위 : 백만원)

	20×6년	20×7년	20×8년	비 고
매 출 액	2,000	3,000	4,000	〈표 11.1〉
당기매출수금액	1,600	2,400	3,200	*0.8 × 당기매출*
전기매출수금액	*150*	300	450	*0.15 × 전기매출*
매출수금 합계	1,750	2,700	3,650	

20×7년의 매출액 30억원의 80%인 24억원과 20×6년의 매출액 20억원의 15%인 3억원을 20×7년에 수금하여 20×7년의 총매출수금액은 27억원이다.

현금지급액을 보면, 직접재료원가 구입액의 80%를 당기에 지급하고 다음기에 20%를 지급하면 직접재료원가 지급액은 다음과 같다.

표 11.16 직접재료원가 지급예산 (단위 : 백만원)

	20×6년	20×7년	20×8년	비 고
직접재료구입예산	387.2	547.2	707.2	〈표 11.4〉
당기구입분 지급액	309.8	437.8	565.8	*0.8 × 당기구입액*
전기구입분 지급액	*45.0*	77.4	109.4	*0.2 × 전기구입액*
직접재료원가 지급 합계	354.8	515.2	675.2	

직접노무원가와 변동제조간접원가는 발생하는 기간에 모두 지급된다고 가정한다. 고정제조간접원가는 감가상각비(2억원으로 가정)를 제외하고 모두 같은 기간에 지급된다고 가정한다. 감가상각비는 현금흐름이 없으므로 현금흐름과 무관하고, 설비투자액은 투자활동에서 다룬다.

표 11.17 고정제조간접원가 지급예산 (단위 : 백만원)

	20×6년	20×7년	20×8년	비 고
고정제조간접원가예산	450	450	450	〈표 11.7〉
(−) 감가상각비	*200*	*200*	*200*	
고정제조간접원가 지급예산	250	250	250	

영업활동에 의한 현금흐름예산을 정리하면 다음과 같다.

표 11.18 영업활동에 의한 현금흐름예산

(단위 : 백만원)

	20×6년	20×7년	20×8년
매 출 수 금	1,750	2,700	3,650
(−)직접재료원가 지급	355	515	675
(−)직접노무원가 지급	45	65	85
(−)변동제조간접원가 지급	225	325	425
(−)고정제조간접원가 지급	250	250	250
(−)판매관리비 지급	670	730	790
영업활동에 의한 현금흐름예산	205	815	1,425

고정자산 취득 및 매각의 투자활동과 자금차입 및 상환의 재무활동에 의한 현금흐름은 별도로 계획되어 총현금흐름예산이 준비된다.

예산 시뮬레이션을 한다

예산 시뮬레이션

사업계획을 세울 때에는 판매량, 판매가, 재료단가, 임금률, 수금일정 등 가정된 주요수치의 변화에 대한 예상이익이나 현금흐름의 변화를 파악하는 것이 필요함

국회제과가 제품판매가를 10% 낮추면 판매량이 10% 증가한다고 가정하자. 이 때 이익이 증가할 것인가? 현금흐름은 어떻게 변할 것인가? 만약 재료단가가 5% 인상되면 이익과 현금흐름에는 얼마나 악영향을 미치는가? 또는 판매량 예측에 ±10% 오차가 있다면 이익예측에는 얼마나 오차가 생길 것인가? 이러한 의문에 답을 찾기 위해 예산을 시뮬레이션할 수 있다. 엑셀파일에 모든 예산표를 상호 연계하여 작성하면, 판매량, 판매가, 재료단가, 임금률, 수금일정 등 가정된 주요수치가 바뀔 때 예상이익이나 현금흐름이 얼마나 바뀌는지를 알 수 있다. 이러한 상황(What-if) 분석을 원가-조업도-이익 식과 같은 수식으로도 할 수 있으나, 관련된 항목이 많고 항목간의 관계가 복잡할수록 스프레드시트를 이용하는 것이 편리하다.

누가 예산을 편성해야 하는가?

권위적 예산
상위부서에서 편성하여 하위부서로 하달되는 예산

참여예산
하위부서에서 편성하여 상위부서로 제출하는 예산

절충예산
권위적 예산과 참여예산이 혼합된 방식

협의예산
상위부서가 하위부서의 의견을 물어보되 최종결정은 상위부서가 단독으로 하는 방식

예산을 상위부서에서 편성하여 하위부서로 하달하면 권위적 예산(Authoritative Budget)이나 하향식(Top-Down) 예산이라 한다. 이 권위적 예산편성은 상위부서의 의지나 정보를 반영할 수 있는 장점을 가지고 있으나, 하위부서 예산집행자의 심리적 반발을 초래하거나 호응을 얻지 못하는 단점이 있다. 이와 반대로 하위부서에서 예산을 편성하여 상위부서로 제출하면 참여예산(Participative Budget)이나 상향식(Bottom-Up) 예산이라 한다. 참여예산편성은 하위부서의 현장 지식과 정보를 반영한 적절한 예산을 수립할 수 있고, 예산을 집행할 하위부서 직원이 직접 참여하여 수립하였으므로 예산에 대한 책임감과 호응도를 높이는 장점이 있다. 그러나 하위부서담당자가 예산과 실적을 대비하여 평가하는 점을 우려하여 예산편성을 평가에 유리하게 왜곡시키는 문제가 있다.

대부분의 조직에서는 권위적 예산과 참여예산이 혼합된 절충예산(Catch-ball Budget)[4]이 많이 사용된다. 예산 담당부서에서 예산편성 요령을 각 부서에 통보하면 각 하위부서가 예산을 편성하여 상위부서에 제출하고, 이 예산안을 상위부서가 검토하여 하위부서와 절충하여 최종안을 결정하는 방법이다. 상위부서가 하위부서의 의견을 물어보되 최종결정은 상위부서가 단독적으로 하는 협의예산(Consultative Budget)도 있다.

예산을 편성할 때 증분예산과 영기준예산을 활용한다

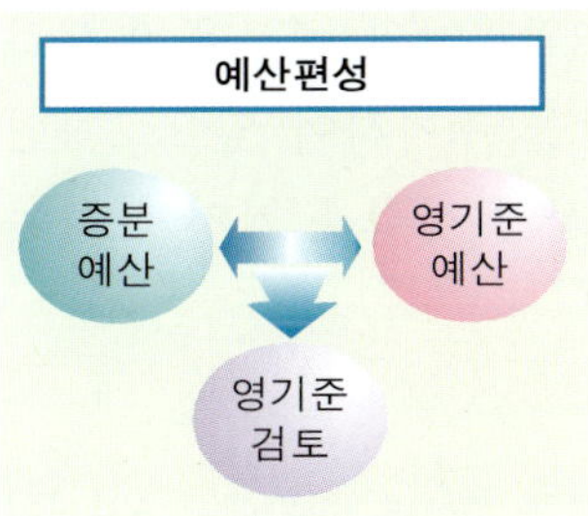

대부분의 조직에서는 매년 예산을 세울 때 전년도의 예산이나 결산 수치를 조정하여 사용한다. 전년도에 비해 달라진 물가, 환율, 금리 등 거시경제 환경변화와 해당 산업이나 관련 산업의 환경변화를 반영하여 해당 항목을 조정한다. 특별히 조정할 내용이 없으면 전년도의 예산이나 결산 수치를 그대로 사용한다. 이러한 방법으로 편성된 예산을 증분예산(Incremental Budget)이라 한다. 증분예산은 환경변화에 따라 관련 항목만 조정하므로 상대적으로 적은 노력과 시간으로 수립할 수 있다는 장점이 있다. 그러나 과거의 금액을 상당 부분으로 그대

4) 상위부서와 하위부서가 예산안을 서로 공 던지듯이 주고받는다는 의미의 영어 표현이다.

증분예산
전기의 예산이나 결산 수치를 조정하여 편성된 예산

영기준예산
모든 예산금액을 원점에서 다시 편성하는 예산

영기준검토
주요 항목의 타당성을 원점에서 다시 검토

로 사용하므로 해당 수치의 타당성을 확신할 수 없다. 또한 한 번 승인된 금액은 수년간 그대로 사용되므로 비효율적인 예산집행이 초래될 가능성이 있다.

모든 예산금액의 적정성을 확인하려면 영기준예산(Zero-based Budget)[5]을 사용한다. 이 예산편성방법에서는 모든 예산금액을 원점으로부터 시작하여 타당성이 인정되는 금액만 승인하고 편성한다. 즉, 과거에 승인되었다고 계속 그 타당성이 인정되지 않는다. 영기준예산은 효율적 예산편성에 도움이 되나 모든 항목을 분석 평가해야 하므로 시간과 노력이 많이 드는 단점이 있다. 영기준예산과 증분예산의 절충안으로 영기준검토(Zero-based Review)를 사용하는 것이 현실적이다. 영기준검토 제도에서는 주요 예산항목만 몇 년에 한 번씩 그 금액의 적정성을 검토한다. 영기준예산보다는 적은 시간과 노력으로 주요 금액의 효율적 예산편성을 달성할 수 있어 효과적이다.

기간예산과 계속예산을 함께 사용한다

기간예산
1년 등의 정해진 기간의 예산

계속예산
현 시점에서 일정기간의 예산을 계속 새로 편성하는 예산

예산의 편성은 어떤 기간단위로 할 것인가? 보통 1년, 1분기, 1달 등의 정해진 기간의 예산을 편성한다. 이러한 예산을 기간예산(Period Budget)이라 한다. 회계기간에 맞추어 예산을 편성하여 예산과 결산을 비교할 수 있는 편리함이 있다. 그러나 결산시점에 가까워질수록 예산집행이 단기적인 시각에서 이루어지는 단점이 있다.[6] 이러한 단점을 보완하기 위해 기간예산과 함께 계속예산을 사용할 수 있다.

계속예산(Rolling Budget)에서는 현 시점에서 일정기간, 예를 들어 1년간의 예산을 계속 수립한다. 지금이 7월이면 올 8월부터 내년 7월까지의 예산을 편성하여 사용하고, 8월이 되면 다시 올 9월부터 내년 8월까지의 예산을 편성하여 사용한다. 즉, 매달마다 지난 달을 빼고 새로운 달을 추가하여 앞으로 1년간 예산을 계속 유지한다. 계속예산에서는 항상 장기적인 시각을 가지게 하는 장점이 있으나 자주 예산을 세워야 하는 단점이 있다.

5) 무기초예산 또는 원점기준예산이라고도 불린다.
6) 이성욱과 윤석중은 '우리나라 지방자치단체 및 공공기관의 예산 집행행태에 관한 연구'(관리회계연구 2013년 12월)에서 A지방자치단체와 K공사의 예산 집행행태에 관한 분석을 한 결과로 두 기관 모두 회계연도초(1월)에는 평균보다 낮은 예산 집행행태를, 회계연도말(12월)에는 평균보다 높은 예산 집행행태를 보여주었다. 이 결과는 결산시점에 가까워졌을 때 남은 예산을 여유 있게 많이 집행하려는 행태와 일치한다.

부록 자본예산

장기적인 현금흐름에 대해서는 자본예산을 사용한다

자본예산

- 개별 장기투자안별로 준비됨
- 현금유입 효과를 예측 → 타당성 판단

종합예산을 편성할 때, 매 기간의 운영을 위한 매출, 재료비, 인건비, 경비 등의 영업예산과 함께 설비투자 등의 자본적 지출에 대한 장기예산을 편성한다. 이를 자본예산(Capital Budget)이라 한다. 자본예산은 개별 장기투자안별로 준비된다. 자본예산에서는 장기투자를 위한 지출과 투자성과에 의한 현금유입 효과를 예측한 후 그 타당성을 판단한다.

자동화 설비투자의 자본예산을 예로 들어 보자. 지금 8억원의 자동화 설비를 취득하면 10년간 매년 1억원의 인건비가 절감된다고 하자. 10년 후에 이 설비의 잔존가치가 전혀 없다고 가정하면 이 투자는 경제성이 있는가? 그 판단을 어떻게 할 수 있는가? 단순히 생각하면, 8억원을 들여서 10년간 총 10억원의 인건비 절감을 얻으므로 10년간 총 2억원의 순원가절감을 주는 타당성 있는 투자안이라 말할 수 있다. 또는 회계지식을 이용하여 8억원의 설비 취득원가를 정액법으로 매년 8천만원씩 감가상각하면, 매년 1억원의 인건비 감소와 8천만원의 설비 감가상각비를 비교하여 매년 2천만원의 원가절감이 된다고 말할 수 있다.

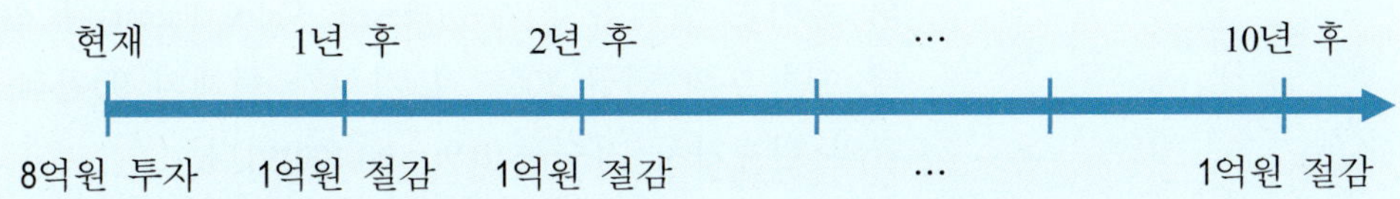

총 10억원의 인건비 절감−8억원 투자비=총 2억원 순원가절감

이러한 단순한 비교는 설비투자는 지금 이루어지는데 그 혜택은 10년에 걸쳐서 나타난다는 시차의 문제와 미래의 혜택이 불확실하다는 위험을 고려하지 않는 문제가 있다. 이 문제를 해결하기 위해서 화폐의 시간가치(Time Value of Money)를 사용할 수 있다.

회수기간법과 회계이익률법

화폐의 시간가치를 고려하지 않는 두 가지 자본예산기법으로 회수기간법과 회계이익률법이 있다. 초기투자액 8억원이 회수되는 데 8년의 기간이 걸리는데, 이 회수기간을 보고 주관적으로 투자결정을 하는 것이 회수기간법이다. 회수기간법은 회수기간 후의 현금흐름을 고려하지 않는 문제가 있다.

초기투자액 또는 평균투자액에 대한 연간 이익증가액의 비율, 즉 회계이익률을 판단기준으로 사용하는 회계이익률법도 있다. 앞의 예에서 초기투자액 8억원을 기준으로 연간 1억원의 비용감소가 있으므로 회계이익률은 12.5%(=1억원/8억원)이다. 평균투자액 4억원(=(8+0)/2)을 기준으로 보면 회계이익률은 25%(=1억원/4억원)이다.

현재의 1원은 미래의 1원보다 더 가치 있다

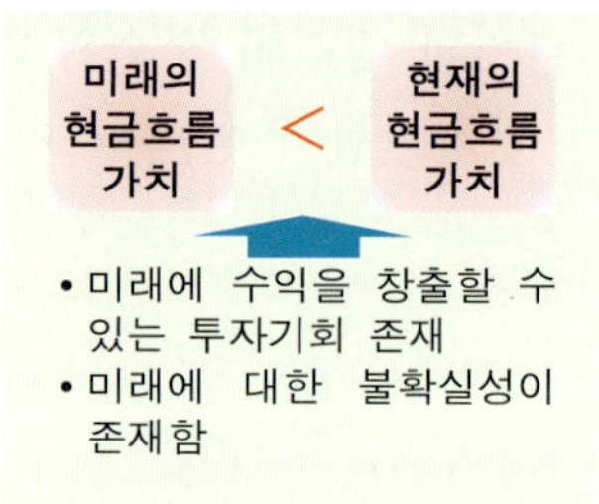

화폐의 시간가치 개념은 다른 시점의 현금흐름이 서로 다른 가치를 가지고 있다고 보며, 특히 미래의 현금흐름은 현재의 현금흐름보다 가치가 낮다고 본다. 현재의 현금으로 미래에 수익을 창출할 수 있는 투자기회가 있거나 미래에 대한 불확실성이 있을 때, 현재의 1원이 미래의 1원보다 더 가치가 있다. 이 가치의 차이는 현재가치 지수(Present Value Factor)나 할인율(Discount Rate)로 표현된다. 1년 후의 현금 100원의 가치가 현재의 90원의 가치와 같다면 1년 후의 현금의 현재가치 지수는 0.9(=90/100)이다.

현재가치[현가] = 미래가치 × 현재가치 지수

현재가치 지수가 90%이면 미래의 현금에 10%의 할인율이 적용되었다고 할 수도 있으나, 좀더 정확한 할인율과 현재가치 지수의 관계는 다음과 같이 정의된다.

현재가치 지수 = 1 / (1 + 할인율)

따라서 현재가치 지수가 0.9일 때의 정확한 할인율은 11.1%(=1/0.9−1)이며, 할인율이 10%일 때의 현재가치 지수는 약 0.91(=1/(1+0.1))이다. 할인율을 사용하여 현재가치와 미래가치의 관계를 다음과 같이 표시할 수 있다.

현재가치 = 미래가치 / (1 + 할인율)
미래가치 = 현재가치 × (1 + 할인율)

할인율은 미래가치를 할인하여 현재가치로 변환하는 비율이라는 의미를 가지나, 사실상 현재가치가 미래가치를 창출하는 수익률로 볼 수 있다. 할인율[수익률]이 10%일 때, 현재의 1원은 미래에 0.1원의 수익을 창출하여 미래의 총금액[가치]은 1.1원이 된다. 현재 1원의 미래가치가 1.1원이므로, 미래 1원의 현재가치는 1/1.1원, 약 0.91원이다.

순현재가치(NPV)와 내부수익률(IRR)

할인현금흐름 분석
현재가치 개념을 사용하여 장기투자안의 타당성을 평가하는 방법

순현재가치법
미래의 모든 현금흐름을 현재가치로 할인하여 현금유출액과 현금유입액의 순현재가치를 계산하여 순현재가치가 양수이면 투자타당성이 있다고 판단

내부수익률법
- 특정한 현금흐름을 초래하는 투자안의 수익률
- 할인율>내부수익률 : 순현재가치가 음(−) → 투자타당성이 없음
- 할인율<내부수익률 : 순현재가치가 양(+) → 투자타당성이 있음

현재가치 개념을 사용하여 장기 투자안의 타당성을 평가하는 방법으로 순현재가치와 내부수익률이 있다. 이 방법들은 미래현금흐름을 할인하여 평가하므로 할인현금흐름 분석(Discounted Cash Flow Analysis)이라 불린다. 순현재가치(NPV, Net Present Value)법에서는 미래의 모든 현금흐름을 현재가치로 할인하여 현금유출액과 현금유입액의 순현재가치를 계산한다. 순현재가치가 양수이면 투자타당성이 있다고 본다.

자동화 설비투자의 예에서 투자액 8억원은 현재 발생하므로 현재가치가 8억원이다. 이에 비해 자동화투자의 혜택인 연간 1억원의 인건비 절감액은 미래에 10년간 발생하므로 현재가치로 할인해야 한다. 연간 10%의 할인율이 사용되고 편의상 1억원의 인건비 절감이 연말 시점으로 반영된다고 하면, 1년 후 1억원의 현재가치는 0.91억원(=1억원/1.1)이다. 2년 후의 1억원의 현재가치는 연간 할인율 10%가 연 단위로 복리계산된다고 보면 0.83억원(=1억원/$(1.1)^2$)이다.

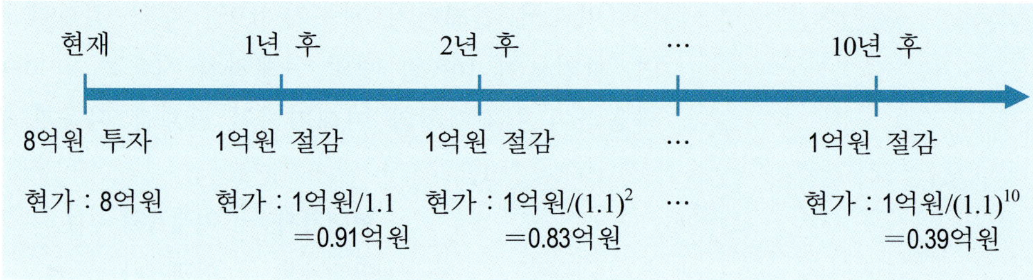

인건비 절감을 현금유입액으로 보아 양수로 표시하고 현재 투자액을 음수로 표시하면 순현가가치는 모든 현금흐름의 현재가치의 합계이다.

$$\text{순현재가치(억원)} = -8 + 1/1.1 + 1/(1.1)^2 + \cdots + 1/(1.1)^{10} = -8 + 6.14 = -1.86$$

투자 후 10년간의 인건비 절감액이 할인 전에는 10억원이나 10%로 할인하면 현재가치가 6.14억원에 불과하여 현재의 투자액 8억원보다 적고, 그 차이가 순현재가치 −1.86억원으로 표시된다. 할인율 10%가 적절하다면 이 투자안은 기업에 손해가 되는 계획이다.

이 투자안이 할인율 10%에서는 타당하지 않은데 어느 정도 할인율에서 타당하게 될 것인가? 할인율이 낮아지면 미래 현금유입액의 현재가치가 커져서 순현재가치도 커진다. 이를 다음 표와 그림이 보여준다. 할인율이 약 4.3% 이하가 될 때 이 투자안은 양(+)의 순현재가치를 가지며 투자타당성을 가진다. 순현재가치를 0으로 만드는 할인율[수익률]은 이 투자안 자체의 수익률이다. 특정한 현금흐름을 초래하는 투자안의 수익률을 내부수익률(IRR, Internal Rate of Return)이라 한다.

할인율이 내부수익률보다 크면 순현재가치가 음(−)이 되어 투자타당성이 없고, 할인율이 내부수익률보다 작으면 순현재가치가 양(+)이 되어 투자타당성이 있다.

할인율 > 내부수익률 ⇔ 순현가 < 0 ⇔ 투자타당성 없음
할인율 < 내부수익률 ⇔ 순현가 > 0 ⇔ 투자타당성 있음

할인율	순현재가치
1%	1.47
2%	0.98
3%	0.53
4%	0.11
4.3%	0.00
5%	−0.28
6%	−0.64
7%	−0.98
8%	−1.29
9%	−1.58
10%	−1.86

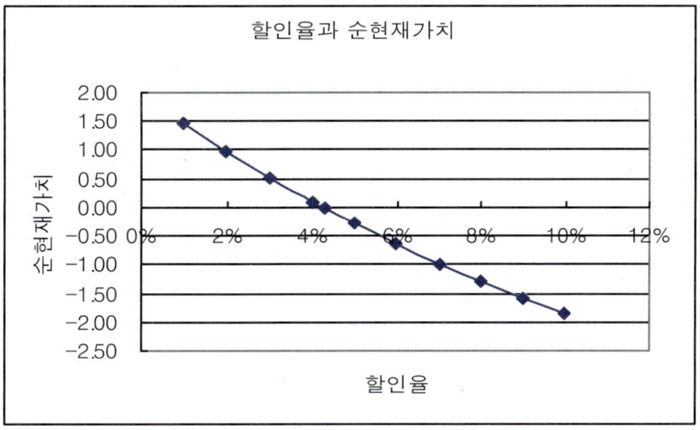

순현재가치나 내부수익률을 계산하기 위해 공식을 사용하기보다는 엑셀의 재무함수기능을 사용하면 편리하다. 엑셀에서 현재가치, 순현재가치, 내부수익률 계산기능은 삽입 메뉴 중 함수(fx)마법사의 재무범주에 PV, NPV, IRR로 표시되어 있다. 다음 화면은 엑셀로 앞의 투자안에 대한 순현재가치와 내부수익률을 계산한 예시이다.

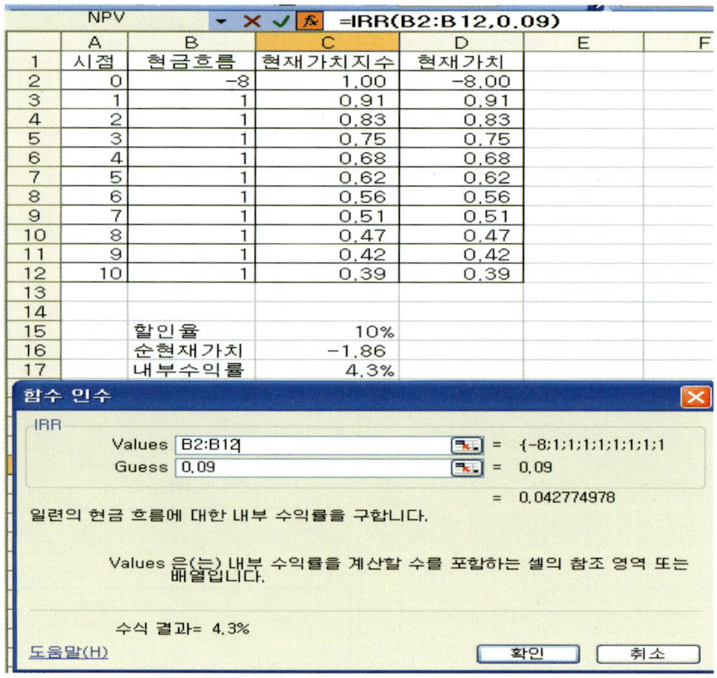

NPV =IRR(B2:B12,0.09)

	A	B	C	D	E	F
1	시점	현금흐름	현재가치지수	현재가치		
2	0	-8	1.00	-8.00		
3	1	1	0.91	0.91		
4	2	1	0.83	0.83		
5	3	1	0.75	0.75		
6	4	1	0.68	0.68		
7	5	1	0.62	0.62		
8	6	1	0.56	0.56		
9	7	1	0.51	0.51		
10	8	1	0.47	0.47		
11	9	1	0.42	0.42		
12	10	1	0.39	0.39		
13						
14						
15		할인율	10%			
16		순현재가치	-1.86			
17		내부수익률	4.3%			

함수 인수

IRR

Values B2:B12 = {-8;1;1;1;1;1;1;1

Guess 0.09 = 0.09

= 0.042774978

일련의 현금 흐름에 대한 내부 수익률을 구합니다.

Values 은(는) 내부 수익률을 계산할 수를 포함하는 셀의 참조 영역 또는 배열입니다.

수식 결과= 4.3%

도움말(H) 확인 취소

토 론

YouTube

편의점 창업준비 2탄 : 투자비용, 수익구조 알기

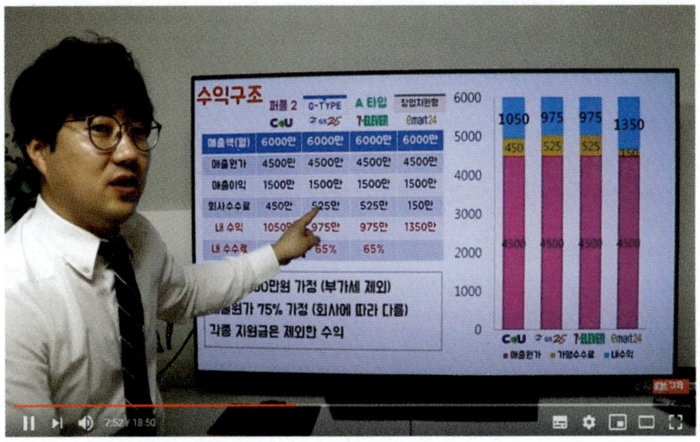

편의점 브랜드별·타입별로 투자비, 수익구조, 해지에 대해 알아봅니다. 개점투자비는 4개 회사의 타입을 막론하고 무조건 투자되는 금액입니다. CU, GS25, 7-ELEVEN은 2,270만원, emart24는 2,420만원 투자가 됩니다. 첫 번째 가맹비는 770만원입니다. 70만원은 부가세이고요 소멸됩니다. 두 번째 상품준비금 3개 회사는 1,400만원이고 emart24는 1,600만원입니다. 세 번째 소모품비 마찬가지로 3개 회사는 100만원, emart24는 50만원입니다. 따라서 2,270만원과 2,420만원은 무조건 인지하고 계셔야 됩니다. 이 금액을 개점투자비라고 하겠습니다. (중략)

다음 제일 중요한 수익구조를 보겠습니다. 일단 가정을 해보겠습니다. 일 매출 200만원 가정했고요. 매출원가를 75% 가정했습니다. 물론 회사마다 다릅니다. 일단 각종 지원금 제외. 일 매출이 200만원이면 월 매출이 6,000만원 되겠죠. 매출원가가 75%라고 하였으니 4,500만원 매출총이익이 1,500만원 됩니다. 모든 회사에 매출총이익을 1,500만원 적용해 보겠습니다. 일단 CU는 내가 가져가는 돈이 70%라고 했습니다. 그래서 내 수익은 1,050만원, GS25는 65%라고 말씀드렸죠. 그래서 내가 가져가는 돈은 975만원, 회사가 가져가는 건 525만원이네요. emart24는 월 회비 부가세 포함 165만원입니다. 부가세 빼면 150만원입니다. 따라서 내가 가져가는 수익은 1,350만원입니다. (중략) 내 수익에서 월세, 인건비, 각종 점포운영비, 수도광열비 등등 빼셔야 합니다. 그래서 남는 이익이 순수 내 이익입니다. (후략) (홍부장, 2019.3.3)

토론해 보자

(1) 타입별로 수익구조와 비용구조가 크게 어떻게 다른지 토론해 보자.

(2) 레버리지가 가장 큰 타입이 무엇인지 토론해 보자.

(3) 편의점 창업을 고려할 때 동영상 설명에서 빠진 주요 내용이 있는지 토론해 보자.

요약정리

미래의 사업계획은 예산의 형태로 구체화된다. 미래의 수익, 비용, 현금흐름을 추정하면서 계획을 세우는 것이 예산이다. 기업이나 단체의 전반적인 예산을 종합적으로 세우는 것을 종합예산이라 한다. 종합예산은 영업예산과 재무예산으로 나눌 수 있는데, 영업예산은 매출, 제조원가, 매출원가, 판매관리비의 예산을 세우는 것으로 손익계산서에서 매출부터 영업이익까지 추정하는 것과 같다. 재무예산은 현금흐름예산과 장기투자예산인 자본예산, 예산재무상태표 작성 등이다.

매출예산은 판매량과 판매가를 예측하여 수립한다. 예상판매량과 제품재고의 변화분을 고려하여 생산량을 추정한다. 직접재료와 직접노무시간의 투입량은 생산량과 투입량의 물리적 비율을 고려하여 결정한다. 직접재료구입량은 직접재료투입량과 재료의 재고변화를 고려하여 결정한다. 직접재료원가, 직접노무원가, 직접재료구입비 예산은 해당 물량에 단위당 가격을 곱하여 구한다. 제조간접원가는 생산량에 따라 변하는 변동비와 고정비로 구분하여 추정하는 것이 전통적인 방법이나, 제조간접원가를 세부 활동별로 구분하여 추정하는 활동기준예산이 좀더 바람직하다. 판매관리비도 매출액이나 판매량 등에 비례하는 변동원가와 고정원가로 구분하여 추정하는 것이 전통적인 방법이나, 활동기준예산 편성이 가능하다. 전부원가계산에 의한 예산손익계산서를 작성하려면 재고의 변화를 고려한 매출원가를 추정한다.

영업현금흐름은 매출로부터의 현금유입과 영업비용의 현금지출로 이루어진다. 매출로부터의 현금유입액은 매출예산과 판매대금 수금일정에 의하여 추정한다. 재료원가, 노무원가, 경비 등의 현금지출예산은 원가예상액과 지급일정에 의해 추정된다.

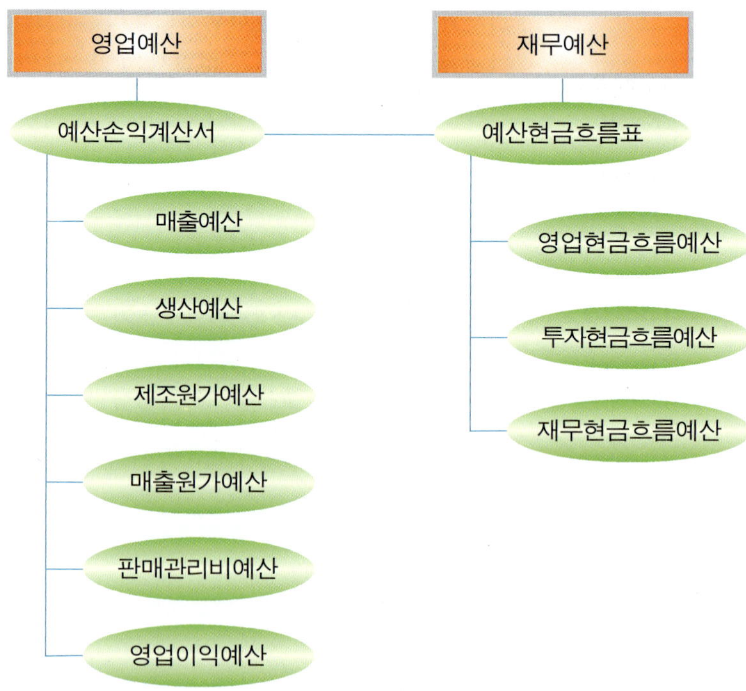

11 연습문제

객관식

01 예산관련 개념 (16. 공인회계사)

예산에 관한 다음 설명 중 옳지 않은 것은?

① 고정예산(정태예산)은 단 하나의 조업도수준에 근거하여 작성되므로 성과평가목적으로 적합한 것이 아니다.
② 변동예산은 일정범위의 조업도수준에 관한 예산이며 성과평가목적을 위해 실제원가를 실제조업도수준에 있어서의 예산원가와 비교한다.
③ 원점기준예산이란 과거의 예산에 일정비율만큼 증가 또는 감소한 예산을 수립하는 것이 아니라 예산을 원점에서 새로이 수립하는 방법이다.
④ 예산과 관련된 종업원들이 예산편성과정에 참여하는 참여예산의 문제점 중 하나는 예산슬랙(budgetary slack)이 발생할 가능성이 높다는 것이다.
⑤ 종합예산은 조직의 각 부문활동에 대한 예산이 종합된 조직 전체의 예산이며 변동예산의 일종이다.

02 예산의 종류와 특징 (10. 관세사)

종합예산(master budget)편성에 관한 설명 중 옳지 않은 것은?

① 종합예산은 기업의 판매, 생산, 구매, 재무 등의 모든 측면들을 전체 계획으로 표현한 것이다.
② 자본예산은 비유동자산 취득과 관련되는 설비의 확장 투자 등에 대한 예산으로 예산손익계산서에 반영된다.
③ 판매예산의 편성은 예산계획의 출발점이며 종합예산의 중요한 기초를 이룬다.
④ 예산편성시 종업원의 참가여부에 따라 권위적(authoritative) 예산편성, 참여적(participative) 예산편성 등으로 나눌 수 있다.
⑤ 종합예산 편성절차의 마지막 단계는 예산손익계산서, 예산재무상태표 등의 작성이다.

03 예산의 종류와 특징 (10. 세무사)

종업원이 예산편성과정에 참여하는 참여예산(participative budget)에 관한 설명으로 옳지 않은 것은?

① 종업원들의 다양한 관점과 판단을 예산에 반영할 수 있다.
② 종업원은 최고경영층에서 일방적으로 하달하는 예산목표보다 참여예산의 목표를 더 잘 달성하려는 유인이 있다.
③ 예산여유(budgetary slack)를 발생시킬 위험이 있다.
④ 예산편성을 위한 소요기간이 길어질 수 있다.
⑤ 예산편성시 조직 전체의 목표는 고려할 필요가 없으며 각 부서의 목표와 방침에 따른다.

04 판매예산과 생산예산 (17. 보험계리사)

(주)한국의 20×1년 분기별 판매예산은 다음과 같다.

분 기	예산판매량
1분기	12,000단위
2분기	16,000단위
3분기	9,000단위
4분기	11,000단위
계	48,000단위

20×0년의 기말제품재고는 3,600단위이었다. 각 분기말의 제품재고량은 다음 분기 판매예산의 30% 수준으로 유지할 계획이다. (주)한국의 20×1년 2분기 생산수량예산은 얼마인가?

① 12,800단위　② 13,900단위
③ 15,200단위　④ 16,800단위

05 판매예산과 생산예산 (19. 관세사)

다음은 제품 A를 생산·판매하는 (주)관세의 20×1년 분기별 판매계획이다.

	1분기	2분기	3분기	4분기
예상판매수량(단위)	1,000	1,000	1,200	1,300
분기말 예상재고수량(단위)	400	480	520	450

(주)관세의 20×1년 제품 A의 기초재고수량이 300단위라면, 20×1년 제품 A의 연간 예상생산수량은?

① 4,350단위　② 4,550단위　③ 4,650단위
④ 4,700단위　⑤ 4,750단위

06 판매예산과 생산예산 (12. 관세사)

(주)대한의 20×1년 1분기 매출계획에 관한 자료는 다음과 같다.

	1월	2월	3월
예상 판매량(단위)	450,000	380,000	420,000
예상 월말제품재고량(단위)	27,000	25,000	34,000

이 매출계획이 달성되려면 (주)대한은 2월에 몇 단위를 생산해야 하는가?

① 360,000단위 ② 368,000단위 ③ 370,000단위
④ 378,000단위 ⑤ 382,000단위

07 직접노무원가예산 (15. 공인회계사)

(주)한국제조의 판매부서는 분기별 예산판매량을 다음과 같이 보고하였다.

분 기	분기별 예산판매량
20×1년 1분기	8,000단위
20×1년 2분기	6,500단위
20×1년 3분기	7,000단위
20×1년 4분기	7,500단위
20×2년 1분기	8,000단위

(주)한국제조의 20×1년 1분기초 제품의 재고량은 1,600단위이며, 제품의 각 분기말 재고량은 다음 분기 예산판매량의 20% 수준을 유지하고 있다. (주)한국제조는 제품 한 단위를 생산하는 데 0.35직접노무시간이 소요될 것으로 예상하고 있으며, 직접노무인력에게 시간당 ₩10의 정규임금을 지급할 계획이다. (주)한국제조는 직접노무인력을 정규직원으로 고용하고 있어 매 분기마다 최소한 2,600직접노무시간에 해당하는 임금을 보장해야 한다. 즉, 이 회사는 직접노무인력을 신축성 있게 조정할 수 없기 때문에 매 분기마다 필요한 직접노무시간이 2,600시간 미만이 되더라도 2,600시간에 해당하는 임금을 지급해야 한다. 그러나 분기에 필요한 직접노무시간이 2,600시간을 초과하면 초과시간에 대해서는 정규임금의 1.5배를 지급해야 한다. (주)한국제조의 20×1 회계연도 직접노무원가 예산금액은 얼마인가?

① ₩105,870 ② ₩106,325 ③ ₩107,175
④ ₩108,350 ⑤ ₩109,450

08 직접노무원가예산 (20. 세무사)

다음은 (주)세무의 20×1년도 2/4분기 판매량예산이다. 월말제품재고는 다음 달 판매량의 10%를 보유하는 정책을 유지하고 있으며, 제품단위당 직접노무시간은 4월 3시간, 5월 3시간, 6월에는 4시간 소요될 것으로 예상하고 있다. 시간당 임금이 4월에 ₩50, 5월부터 매월 ₩5씩 상승한다고 할 때, 6월의 직접노무원가예산은? (단, 7월의 판매량예산은 5,000단위이다)

4월 : 3,000단위	5월 : 4,000단위	6월 : 4,000단위

① ₩780,000 ② ₩960,000 ③ ₩984,000
④ ₩1,080,000 ⑤ ₩1,200,000

09 직접재료구입예산 (21. 세무사)

손세정제를 제조하는 (주)세무의 20×1년도 직접재료예산과 관련된 자료는 다음과 같다. 이를 바탕으로 구한 2분기의 직접재료구매 예산액은?

• 판매예산에 따른 각 분기별 제품판매량

1분기	2분기	3분기	4분기
1,000통	3,000통	5,000통	2,000통

• 각 분기별 기말목표 제품재고량은 다음 분기 판매량의 20%로 한다.
• 각 분기별 기말목표 재료재고량은 다음 분기 제품생산량에 필요한 재료량의 10%로 한다.
• 손세정제 1통을 만드는 데 20kg의 재료가 필요하다.
• 재료의 구입단가는 kg당 ₩2이다.

① ₩106,000 ② ₩124,000 ③ ₩140,000
④ ₩152,000 ⑤ ₩156,000

10 직접재료구입예산 (22. 관세사)

(주)관세의 20×1년도의 2분기 직접재료예산 관련 자료이다. 5월의 직접재료구입예산은? (단, 매월말 재공품재고는 무시한다)

• 제품 예상생산량은 4월 1,000단위, 5월 1,200단위, 6월 1,500단위이다.
• 월말 직접재료의 목표재고량은 다음 달 생산량에 필요한 직접재료량의 5%이다.
• 제품 1단위를 생산하는 데 직접재료 2kg이 투입되며, 직접재료의 구입단가는 kg당 ₩10이다.

① ₩22,800 ② ₩23,700 ③ ₩24,300
④ ₩25,200 ⑤ ₩25,500

11 직접재료구입예산 (14. 공인회계사)

(주)한국은 단일제품 A를 생산·판매하고 있다. 이 회사가 20×1년 3월에 대한 예산을 수립할 목적으로 수집한 자료의 일부는 다음과 같다.

(1) 20×1년 3월, 4월 및 5월에 대한 제품 A의 월별 판매예측은 다음과 같다.

월	예상판매량
3월	100단위
4월	120단위
5월	140단위

(2) 제품을 한 단위 생산하는 데 소요되는 직접재료원가는 ₩20이며, 이는 계속 유지될 것으로 예상된다.

(3) 이 회사는 20×1년 2월말 현재 재고자산으로 제품 100단위를 생산할 수 있는 직접재료와 40단위의 제품을 보유하고 있다.

(4) 20×1년 3월부터 이 회사는 제품의 경우 다음 달 예상판매량의 50%에 해당하는 제품을 월말에 재고로 보유하며, 직접재료의 경우 다음 달 생산에 필요한 직접재료의 80%를 월말에 재고로 보유하는 재고정책을 취하고 있다.

(5) 직접재료의 매입은 즉시 현금으로 지급된다.

(6) 월초재공품과 월말재공품은 없다.

(주)한국의 20×1년 3월 직접재료매입예산 금액은 얼마인가?

① ₩2,000　② ₩2,080　③ ₩2,320
④ ₩2,480　⑤ ₩2,640

12 직접재료구입예산 (13. 세무사)

다음은 (주)세무의 20×1년 분기별 생산량예산의 일부 자료이다. 제품생산을 위하여 단위당 2g의 재료가 균일하게 사용되며, 2분기의 재료구입량은 820g으로 추정된다.

	2분기	3분기
생산량예산	400단위	500단위

(주)세무가 다음 분기 예산 재료사용량의 일정비율만큼을 분기말 재고로 유지하는 정책을 사용하고 있다면 그 비율은?

① 9%　② 10%　③ 11%
④ 12%　⑤ 13%

13 직접재료구입예산 (17. 주택관리사)

(주)한국은 20×1년초 설립되었으며, 20×1년도에 제품 45,000단위를 생산할 계획이다. 제품은 하나의 공정을 거쳐 완성되며, 원재료는 공정초에 전량 투입된다. 제품 단위당 원재료 3kg이 필요하고, kg당 구입가격은 ₩2이다. 기말원재료와 기말재공품으로 23,000kg과 2,000단위를 보유할 계획이다. 20×1년도 원재료 구입예산은?

① ₩212,000 ② ₩270,000 ③ ₩294,000
④ ₩316,000 ⑤ ₩328,000

14 상품매입예산 (17. 서울시 9급)

2017년 2월부터 4월까지 (주)서울의 예상상품매출액은 다음과 같다.

월	예상매출액
2월	₩460,000
3월	500,000
4월	400,000

매월 기말재고액은 다음 달 예상매출원가의 50%이며, 상품의 매출총이익률은 40%이다. (주)서울의 3월 예상상품매입액은 얼마인가?

① ₩270,000 ② ₩280,000
③ ₩290,000 ④ ₩300,000

15 상품매입예산 (21. 공인회계사)

(주)대한의 20×2년 1월부터 4월까지의 예상상품매출액은 다음과 같다.

월	예상매출액
1월	₩4,000,000
2월	5,000,000
3월	6,000,000
4월	7,000,000

(주)대한은 20×1년 동안 월말재고액을 다음 달 예상매출원가의 10%(이하 재고비율)로 일정하게 유지하였다. 만약 20×2년초부터 재고비율을 20%로 변경·유지한다면, 20×2년 3월 예상상품매입액은 재고비율을 10%로 유지하는 경우에 비해 얼마나 증가하는가? (단, (주)대한의 매출총이익률은 30%로 일정하다고 가정한다)

① ₩50,000 ② ₩60,000 ③ ₩70,000
④ ₩80,000 ⑤ ₩90,000

16 상품매입대금 지급예산 (22. 세무사)

(주)세무는 상품매매업을 영위하고 있으며, 20×2년 1분기에 매출액 예산은 다음과 같다.

	1월	2월	3월
매출액	₩100,000	₩120,000	₩150,000
매출원가율	80%	75%	70%

(주)세무의 20×1년말 재무상태표에 표시된 상품재고는 ₩10,000이고, 매입채무는 ₩42,400이다. (주)세무는 20×2년에 매월 기말재고로 다음 달 예상매출원가의 10%를 보유한다. 매월 상품매입은 현금매입 40%와 외상매입 60%로 구성되며, 외상매입대금은 그 다음 달에 모두 지급한다. 상품매입으로 인한 2월의 현금지출예산은?

① ₩74,000 ② ₩84,000 ③ ₩85,500
④ ₩91,500 ⑤ ₩95,000

17 상품매입대금 지급예산 (14. 세무사)

상품매매기업인 (주)세무의 20×1년 2분기 월별 매출액 예산은 다음과 같다.

	4월	5월	6월
매출액	₩480,000	₩560,000	₩600,000

(주)세무의 월별 예상 매출총이익률은 45%이다. (주)세무는 월말재고로 그 다음 달 매출원가의 30%를 보유하는 정책을 실시하고 있다. (주)세무의 매월 상품매입 중 30%는 현금매입이며, 70%는 외상매입이다. 외상매입대금은 매입한 달의 다음 달에 전액 지급된다. 매입에누리, 매입환출, 매입할인 등은 발생하지 않는다. 상품매입과 관련하여 (주)세무의 20×1년 5월 예상되는 현금지출액은 얼마인가?

① ₩231,420 ② ₩243,060 ③ ₩264,060
④ ₩277,060 ⑤ ₩288,420

18 현금예산 (13. 9급 공채)

다음은 (주)한국의 신용거래 및 대금회수 자료이다. 11월에 유입된 현금은?

- 11월 8일 한국상사에 상품 ₩50,000을 외상판매하였다.
- 11월 10일 대금의 50%가 회수되었다.
- 11월 30일 대금의 20%가 회수되었다.

(단, 외상매출에 대한 신용조건은 5/10, n/30이다)

① ₩32,950 ② ₩33,750
③ ₩34,250 ④ ₩34,750

19 현금예산 (17. 세무사)

(주)세무의 외상매출대금은 판매 당월(첫째 달)에 60%, 둘째 달에 35%, 셋째 달에 5% 회수된다. 20×1년 12월 31일 재무상태표의 매출채권 잔액은 ₩70,000이며, 이 중 ₩60,000은 20×1년 12월 판매분이고, ₩10,000은 20×1년 11월 판매분이다. 20×2년 1월에 현금매출 ₩80,000과 외상매출 ₩350,000이 예상될 때, 매출과 관련된 20×2년 1월의 현금유입액과 1월말 매출채권 잔액은?

	현금유입액	매출채권 잔액
①	₩335,000	₩145,000
②	₩345,000	₩145,000
③	345,000	147,500
④	352,500	145,000
⑤	352,500	147,500

20 현금예산 (18. 관세사)

(주)관세는 20×1년의 분기별 현금예산을 편성중이며, 관련 매출 자료는 다음과 같다.

	1분기	2분기	3분기	4분기
예상매출액	₩250,000	₩300,000	₩200,000	₩275,000

분기별 예상매출액 중 현금매출은 40%이며, 외상매출은 60%이다. 외상매출은 판매된 분기(첫 번째 분기)에 60%, 두 번째 분기에 30%, 세 번째 분기에 10%가 현금으로 회수된다. 20×1년 매출과 관련하여 3분기에 예상되는 현금유입액은?

① ₩152,000 ② ₩206,000 ③ ₩218,000
④ ₩221,000 ⑤ ₩267,000

21 현금예산 (12. 재경관리사)

(주)삼일은 당기말 순장부금액이 ₩300,000인 기존의 기계장치를 ₩500,000에 처분하고, 새로운 기계장치를 ₩1,000,000에 매입하였다. 법인세율이 20%라고 가정하면, 이 거래로 인한 순현금지출액은 얼마인가? (단, 감가상각비는 고려하지 않는다)

① ₩460,000 ② ₩500,000
③ ₩520,000 ④ ₩540,000

22 현금예산 (12. 세무사)

(주)국세는 월간예산을 수립하고 있다. 다음 자료를 이용하여 추정한 (주)국세의 20×2년 2월말 현금잔액은 얼마인가?

재무상태표

20×2년 1월 1일 현재

자산	
현 금	₩28,000
매출채권(순액)	78,000
상 품	104,000
유형자산(장부금액)	1,132,000
총자산	₩1,342,000
부채 및 자본	
매입채무	₩200,000
자 본 금	800,000
이익잉여금	342,000
총부채 및 자본	₩1,342,000

- 상품의 20×2년 1월 매출액은 ₩260,000, 2월 매출액은 ₩230,000, 그리고 3월 매출액은 ₩210,000으로 각각 추정하고 있다. 모든 매출은 외상으로 이루어지며, 매출채권은 판매한 달에 55%, 다음 달에 40%가 현금으로 회수되고, 5%는 대손처리되어 판매한 당월의 비용으로 처리한다.
- 월별 매출총이익률은 20%이다.
- 상품의 월말재고액은 다음 달 예상매출원가의 50%로 유지한다.
- 모든 매입은 외상으로 이루어지며 매입채무는 매입한 다음 달에 전액 현금으로 상환한다.
- 기타 운영비 ₩21,700은 매월 현금으로 지급한다.
- 감가상각비는 연간 ₩17,000이다.
- 세금은 무시한다.

① ₩18,400 ② ₩27,300 ③ ₩28,100 ④ ₩40,100 ⑤ ₩40,800

23 현금예산 (17. 관세사)

20×1년 1월초에 1분기 현금예산을 편성중인 (주)관세의 월별 매출예상액은 다음과 같다.

	1월	2월	3월
매출예상액	₩600,000	₩450,000	₩900,000
매출총이익률	30%	30%	30%

매출액 중 40%는 판매한 달에, 55%는 판매한 다음 달에 현금으로 회수되며, 5%는 대손으로 예상된다. 상품매입대금은 매입한 다음 달에 전액 현금으로 지급한다. 1월초 상품재고액은 ₩60,000이고 매월말 상품재고액은 다음 달 매출원가의 10%로 유지한다. 2월 한 달간 예상되는 현금유입액과 현금유출액의 차이는?

① ₩112,500　② ₩118,500　③ ₩121,200
④ ₩126,300　⑤ ₩132,300

24 자본예산기법 (12. 재경관리사)

다음 중 투자안으로부터 얻어지는 현금유입액의 현재가치와 투자에 소요되는 현금유출액의 현재가치를 같게 해주는 할인율을 산출하는 자본예산모형은 무엇인가?

① 수익성지수(PI)법　② 내부수익률(IRR)법
③ 회계적이익률(ARR)법　④ 순현재가치(NPV)법

25 순현재가치법 (12. 재경관리사)

(주)삼일은 당기초 새로운 투자안에 ₩200,000을 투자하였다. 이 투자안의 내용연수는 5년이고, 잔존가치는 ₩0이다. 회사는 이 투자안으로부터 앞으로 5년 동안 매년 ₩65,000의 현금유입을 예측하고 있다. 회사의 최저필수수익률이 연 12%일 경우 이 투자안의 순현재가치(NPV)는 얼마인가?

	연 12%
5년 현가계수	0.57
5년 연금현가계수	3.6

① ₩34,000　② ₩36,400
③ ₩90,000　④ ₩92,400

26 순현재가치법 (12. 재경관리사)

(주)삼일의 경영진은 새로운 투자안을 검토중이며, 경영진이 분석한 이 투자안의 순현재가치(NPV)는 영(0)보다 큰 값이 산출되었다. 그러나 재무담당자인 김하준 팀장이 분석해 보았을 때에는 이 투자안의 순현재가치(NPV)가 영(0)보다 작아 경제성이 없는 것으로 판단하였다. 김하준 팀장의 분석이 옳다고 가정했을 때, 이 기업의 경영진은 순현재가치(NPV)를 산출하는 과정에서 어떤 오류를 범하였을 가능성이 있겠는가?

① 세금을 차감하기 전의 금액을 기준으로 계산하였다.
② 투자종료시점의 투자안의 처분가치를 너무 낮게 추정하였다.
③ 자본비용을 너무 높게 추정하였다.
④ 투자시점의 투자세액공제액을 현금흐름에 포함시키지 않았다.

27 자본예산 내부수익률 (04. 공인회계사)

자동화설비를 ₩50,000에 구입하려고 한다. 이 회사의 원가담당자는 설비를 도입함으로써 다음과 같은 현금운영비가 절감할 것으로 예상하고 있다. 이때 내부수익률은 얼마인가?

연 도	금 액
1차년도	₩20,000
2차년도	20,000
3차년도	20,000

〈연금의 현가표〉 ($n=3$)

8%	9%	10%	11%
2.577	2.531	2.487	2.444

① 9.17% ② 9.50% ③ 9.70%
④ 10.17% ⑤ 10.83%

28 회수기간법 (21. 세무사)

(주)세무는 온라인교육을 확대하기 위해 새로운 온라인 강의설비를 ₩280,000에 구입할 것을 검토하고 있다. 이 설비는 향후 5년에 걸쳐서 강사료, 시설관리비 등에서 ₩330,000의 현금절감효과를 가진다. 현금절감액은 연중 균일하게 발생하지만, 연도별 현금흐름은 다음과 같이 균일하지 않다. 이러한 상황에서 설비투자에 대한 회수기간은?

	1년차	2년차	3년차	4년차	5년차
현금절감액	₩100,000	₩80,000	₩60,000	₩50,000	₩40,000

① 3.2년 ② 3.4년 ③ 3.5년
④ 3.6년 ⑤ 3.8년

12 차이분석과 표준원가계산

왜 예상과 결과가 차이가 나는가?

어떤 일이나 계획을 세우는 것도 중요하지만 이에 못지않게 중요한 것이 계획대로 실천하고 수시로 이를 확인하고 평가하여 필요한 조치를 취하는 통제활동이다. 일이 끝난 뒤에도 반드시 계획과 결과를 비교하여 다음번에 같은 실수를 하지 않도록 해야 한다. 이 장에서는 계획과 실제결과를 비교하여 차이를 계산하고 이 차이를 세부적인 요소별로 분석하는 차이분석을 소개한다. 주요 내용은 다음과 같다.

- 예외에 의한 관리를 한다.
- 차이분석을 위해 고정예산으로부터 변동예산을 만든다.
- 직접재료원가차이는 가격차이과 수량차이로 나눈다.
- 직접노무원가차이는 임률차이와 시간차이로 나눈다.
- 변동제조간접원가차이는 소비차이와 능률차이로 나눈다.
- 고정제조간접원가차이는 소비차이와 생산조업도차이로 나눈다.
- 판매부문의 차이분석은 판매량을 중심으로 시장점유율차이, 시장규모차이로 세분화할 수 있다.

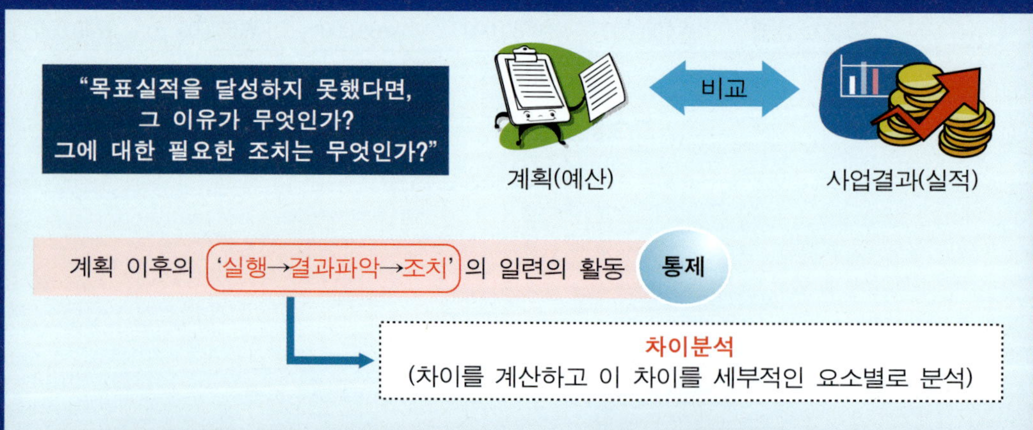

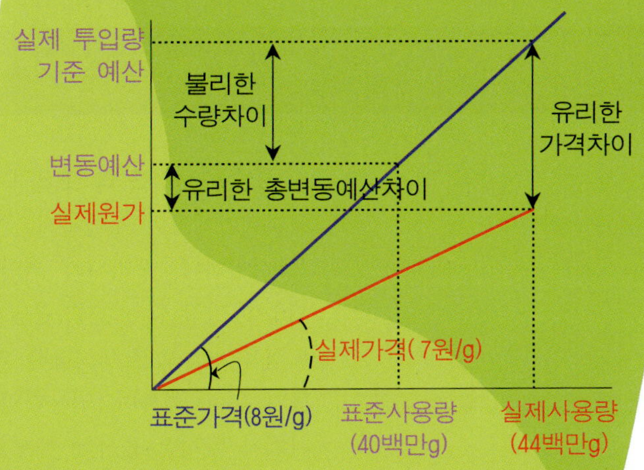

12

- 계획과 실적을 비교한다
- 왜 실제원가가 예상과 다른가? - 원가차이분석
- 변동예산을 사용한다
- 직접재료원가차이는 왜 생기는가? - 수량차이와 가격차이
- 직접노무원가차이는 왜 생기는가? - 수량차이와 임률차이
- 변동제조간접원가차이는 왜 생기는가?
- 고정제조간접원가차이는 왜 생기는가?
- 표준원가를 사용하여 원가계산을 쉽게 한다 - 표준원가계산
- 표준원가계산을 하면 고정제조간접원가의 조업도차이가 발생한다
- 표준원가계산에서의 제조원가흐름과 분개를 이해한다
- 판매부문의 차이분석을 한다 - 매출조업도차이
- 어떤 차이항목을 추가로 조사할 것인가?
- 차이에 의한 성과평가는 사람의 행동에 양면적인 영향을 미친다

■ 표준원가제도의 도입목적

표준원가제도의 도입목적은 대개 원가절감 혹은 통제 외에도 재무제표 산출, 기장간소화 등 다양하다. 우리나라 기업과 일본기업 모두 원가절감을 위하여 표준원가제도를 도입한 기업이 가장 많았는데, 응답비율은 각각 69.6%, 64.6%였다. 그 외의 중요한 표준원가제도 도입목적을 보면 우리나라 기업은 제품가격산정이 55.4%, 예산편성 및 예산통제의 기초자료가 46.4%였으며, 일본기업은 각각 35.4%, 40.6%였다. 이 결과로 보면 그 응답순위에는 차이가 있지만 유사한 특성을 보이고 있었다.

그러나 일본기업의 경우 기말재고 및 매출원가산정에 39.6%, 기장의 간략화 및 신속화에 24.0%가 응답하였으나 우리나라 기업들은 각각 28.6%, 5.4%로 나타나 상대적으로 우리나라 기업들이 이 부분에 대한 낮은 응답률을 보이고 있다. 이는 표준원가제도가 외부보고 목적에 부적합하기 때문이 아니라 기업회계기준과 법인세법 간에 존재하는 표준원가제도에 대한 인식의 차이가 아직 존재하고 있기 때문으로 생각된다.

■ 표준의 설정

표준은 다양한 방법으로 설정할 수 있다. 시간과 비용이 상대적으로 많이 소요되는 공학적인 방법을 이용한 이론적 수치, 다소 편리한 과거 실적치를 이용한 방법 등 다양하다. 우리나라 기업과 일본기업들이 표준을 어떤 방법으로 설정하는지 질문한 결과 다음 표와 같이 나타났다. 질문에서는 원가표준과 물량표준을 분리하여 질문하였다.

비목별 원가표준 및 물량표준 설정기준 (단위 : %)

구 분		한 국						일 본					
		방법 1	방법 2	방법 3	방법 4	방법 5	방법 6	방법 1	방법 2	방법 3	방법 4	방법 5	방법 6
원가 표준	직접재료비	7.0	43.9	43.9	1.8	3.5	0.0	8.9	38.6	41.6	6.9	1.0	3.0
	직접노무비	5.6	33.3	50.0	11.0	0.0	0.0	7.1	36.7	45.9	7.1	3.1	0.0
	제조간접비	1.9	31.5	51.9	13.0	1.9	0.0	6.2	28.9	47.4	9.3	8.2	0.0
물량 표준	재료소비량	9.1	45.5	34.5	7.3	3.6	0.0	19.2	37.4	27.3	11.1	4.0	1.0
	작업시간	5.6	40.7	35.2	16.7	1.9	0.0	10.2	40.8	38.8	8.2	2.0	6.2
	조업도	1.8	45.4	34.5	12.7	5.5	0.0	6.2	38.5	38.5	8.3	6.2	2.1

주 1) 우리나라와 일본 기업 모두 무응답 2~8개 기업
2) 방법 1 : 이론적 수치　　방법 2 : 이론적 수치에 현실을 가미한 수치
방법 3 : 과거의 실적평균치에 추세 가미　　방법 4 : 과거의 실적평균치
방법 5 : 설정 안 함　　방법 6 : 기타

위 표에서 보는 바와 같이 두 나라 기업 모두 원가표준에 대해서는 과거 실적평균치에 추세를 가미하는 방법을 가장 많이 사용하고 있으며, 물량표준에 대해서는 이론적 수치에 현실을 가미하는 방법을 가장 많이 사용하는 것으로 나타났다. 이는 단순한 과거 실적평균

치나 이론적 수치는 많이 사용하고 있지 않다는 것이며, 다시 말하면 표준은 노력하면 달성할 수 있는 목표가 되고 있음을 알 수 있다. 이는 표준이 갖는 의미에 대해 질문한 다음 표에서도 나타나고 있다.

표준설정에 대한 의견

구 분	한 국		일 본	
	기업수	비율(%)	기업수	비율(%)
이상적인 표준	3	5.2	8	8.2
노력하면 달성할 수 있는 정도	30	51.7	73	75.3
실제 발생이 예상되며, 달성이 용이한 것	25	43.1	13	13.4
합 계	58	100.0	94	96.9

주 1) 우리나라는 1개 기업, 일본은 7개 기업 무응답. 일본은 기타 응답 3개 포함

■ 표준원가제도의 문제점

이상에서 살펴본 표준원가제도의 운영과정에서 어떠한 문제점이 있는지 질문한 결과 다음 표와 같이 응답하였다.

표준원가제도의 시행상 문제점

구 분	한 국		일 본	
	기업수	비율(%)	기업수	비율(%)
표준원가설정과정의 어려움	37	67.3	51	52.6
원활한 의사소통의 결여	16	29.1	4	4.1
표준원가제도에 대한 인식결여	21	38.2	18	18.6
제조환경변화에 따른 표준개정의 어려움	27	49.1	54	55.7
표준원가제도 도입 혹은 개정비용	3	5.5	11	11.3
기존제도의 미정비	12	21.8	9	9.3
표준설정능력 부족	12	21.8	23	23.7
현장작업자의 이해부족 및 통제의 한계	22	40.0	15	15.5

주 1) 주요 항목에 대해서만 표에 제시하였음.
2) 우리나라는 4개 기업, 일본은 7개 기업 무응답

■ 표준원가제도에 대한 견해

앞서 언급한 바와 같이 학계에선 표준원가제도의 유용성에 대한 의문이 제기되고 있다. 급변하는 경영환경에 비추어 볼 때 표준원가제도의 유용성은 앞으로 점점 더 감소되리라는 것이다. 본 연구는 실무에서 표준원가제도가 어떻게 받아들여지고 있는지에 대해 조사하였다. 조사결과 우리나라 기업이나 일본기업 모두 표준원가제도는 아주 유용한 제도이며 앞으로 도입해야 한다고 응답한 비율이 아주 높게 나타났는데, 그 비율은 각각 81.5%, 89.8%였다. 반대로 유용하지 않다고 응답한 비율은 16.7%, 1%였다.

(김순기 · 김달곤, 「관리회계연구」, 제1권 제1호, 2001.11)

계획과 실적을 비교한다

차이분석-표준원가계산이 왜 필요한가?

예상수치와 실제수치의 차이를 세부항목으로 나누어 분석 → 차이의 이유분석 → 필요한 조치를 실행하여 더 정확하게 계획수립가능

제11장에서 미래의 계획을 위해 제조원가예산과 예산손익계산서를 만들어 보았다. 이제 시간이 지나 계획이 실행되어 결과가 나왔다고 하자. 이 결과는 예상과 달리, 많은 항목에서 차이를 보일 수 있다. 왜 이러한 차이가 나왔는지 이유를 알아야 다음 기에 좀더 정확한 계획을 세우고 필요한 조치를 취할 것이다.

차이분석
예상수치와 실제수치의 차이를 세부항목으로 나누어 분석하는 기법

예외에 의한 관리
예상과 다른 결과를 초래한 항목을 중점적으로 조사하고 조치를 취하는 관리방법

예상수치와 실제수치의 차이를 세부항목으로 나누어 분석하는 기법을 차이분석(Variance Analysis)이라 한다. 차이분석을 하여 예외적으로 크게 예상과 다른 결과를 초래한 항목을 중점적으로 조사하고 필요한 조치를 취하는 원가관리방법이 모든 항목에 대해서 조사를 하는 것보다는 효과적일 것이다. 이러한 관리방법을 예외에 의한 관리(Management By Exception)라 한다. 원가차이를 세분화하여 해당 원가를 담당하는 부서의 평가와 관리에 사용할 수도 있다. 예를 들어 재료가격차이는 구매부서가, 능률차이는 생산부서가 관리해야 한다.

왜 실제원가가 예상과 다른가? - 원가차이분석

생산부문은 생산량에 대한 제조원가예산을 기준으로 원가통제를 한다. 실제 발생하는 제조원가가 예산 대비로 보아 지나치지 않도록 관리를 한다. 또한, 제조원가예산 대비 실적결과에 따라 생산부문 관리자가 평가받기도 한다. 제조원가의 차이를 어떻게 분석하는지 알아보자.

국희제과의 20×6년 생산량 계획과 제조원가예산이 다음과 같이 제11장에서 수립되었다.

표 12.1 예상제조원가 (단위 : 백만원)

	예상치	계산식
생산량(백만개)	4.5	
직접재료원가	360	8원/g × 10g/개 × 4.5백만개
직접노무원가	45	10,000원/시간 × 0.001시간/개 × 4.5백만개
변동제조간접원가	225	50원/개 × 4.5백만개
고정제조간접원가	450	
총제조원가	1,080	

20×6년의 실제제조원가가 〈표 12.2〉와 같이 발생하였다고 하자.

표 12.2 실제제조원가 (단위 : 백만원)

	실제치	계산식
생산량(백만개)	4	
직접재료원가	308	7원 /g × 44백만g
직접노무원가	63	10,500원/시간 × 6천시간
변동제조간접원가	240	60원/개 × 4백만개
고정제조간접원가	470	
총제조원가	1,081	

예상(표준)수치와 실제수치를 구분하기 위해 이 장의 표와 식에서 예상수치는 청색으로, 실제수치는 적색으로, 예상수치와 실제수치가 혼합된 수치는 보라색으로 표시한다.

변동예산을 사용한다

〈표 12.1〉의 총제조원가 예산액 1,080백만원에 비교하여 〈표 12.2〉의 총제조원가 실제액이 1,081백만원이므로 원가가 잘 통제되었다고 좋아해도 되는가? 그렇지 않다. 예상제조원가와 실제제조원가가 차이가 나는 가장 큰 이유는 무엇일까? 그것은 생산량차이이다. 20×6년에 4.5백만개를 생산할 것을 예상하여 예산을 수립하였는데 실제로는 4백만개만을 생산하였다. 생산량이 줄었으니 총

변동예산
같은 생산량을 기준으로 실제액과 비교하기 위해, 예상생산량을 실제생산량으로 변경하여 재편성한 예산

고정예산
예상생산량을 기준으로 사전에 수립된 예산

변동예산차이
변동예산과 실제결과치의 차이

제조원가가 낮아져야 하는 것이 당연하다. 그러면 생산량차이에 의한 제조원가차이를 별도로 분리할 수 있는가? 이는 변동예산을 작성하면 된다.

변동예산(Flexible Budget)은 변동원가예산이 아니며, 같은 생산량[1)]을 기준으로 실제수치와 비교하기 위해, 예상생산량을 실제생산량으로 변경하여 재편성한 예산이다. 이에 반해 예상생산량을 기준으로 원래에 수립된 예산을 고정예산(Static Budget)이라 한다. 〈표 12.3〉에서는 생산부문의 고정예산, 변동예산, 실제액을 비교한다. 고정예산과 실제액의 차이는 고정예산차이(Static Budget Variance)라고 불린다. 변동예산과 실제액의 차이는 변동예산차이(Flexible Budget Variance)라고 불린다.[2)]

표 12.3 생산부문의 고정예산과 변동예산

(단위 : 백만원)

	실제치	변동예산차이	변동예산	차 이	고정예산
생산량(백만개)	4	0	4	0.5(감소)	4.5
직접재료원가	308	12(유리)	320	40(유리)	360
직접노무원가	63	23(불리)	40	5(유리)	45
변동제조간접원가	240	40(불리)	200	25(유리)	225
고정제조간접원가	470	20(불리)	450	0	450
총제조원가	1,081	71(불리)	1,010	70(유리)	1,080

유리한 차이
예상보다 이익을 높게 만드는 차이. 원가가 예상보다 낮은 경우의 차이

불리한 차이
이익을 예상보다 낮게 만드는 차이. 원가가 예상보다 높은 경우의 차이

원가가 예상보다 적게 발생하면 유리한 차이(Favorable Variance)라고 하고 많이 발생하면 불리한 차이(Unfavorable Variance)라고 한다. 이는 유리한 차이는 예상보다 이익을 크게 만들고 불리한 차이는 이익을 작게 만들기 때문에 이렇게 불린다.

실제생산량이 예상생산량보다 낮으므로 고정원가를 제외한 모든 원가가 변동예산에서 고정예산에 비해 4백만개 / 4.5백만개, 즉 8/9 수준으로 하향조정되었다. 같은 실제생산량 4백만개를 기준으로 보면 실제제조원가가 예산액보다 71백만원 더 큼을 알 수 있다.

1) 판매관리비나 매출의 변동예산은 생산량 대신 판매량을 기준으로 편성된다.
2) 생산부문에서 생산량을 기준으로 작성한 고정예산과 변동예산의 차이는 생산조업도차이라고 부를 수 있다. 그러나 고정제조간접원가의 예산과 배부액 차이인 생산조업도차이와 혼동되므로 이 책에서 이름을 붙이지 않는다.

직접재료원가차이는 왜 생기는가? - 수량차이와 가격차이

직접재료원가의 변동예산차이

- 재료 실제가격이 표준가격과 달라 발생하는 재료가격의 원가차이
- 재료실제사용량이 표준수량과 달라서 발생하는 재료수량의 원가차이

변동예산차이 71백만원은 왜 생겼을까? 세부적으로 보면, 직접재료원가는 예산보다 실제로 덜 발생하였고, 다른 제조원가는 더 발생하였다. 직접재료원가는 〈표 12.4〉에서 보듯이 왜 12백만원이 덜 발생하였는가? 직접재료원가는 「재료투입량×재료가격」이므로 재료투입량이 줄었거나 재료가격이 줄면 재료원가가 낮아진다. 혹은 재료투입량이 늘었지만 재료가격이 충분히 낮아지면 재료원가가 낮아질 수 있다.

표 12.4 직접재료원가 변동예산차이 (단위 : 백만원)

실제원가	변동예산차이	변동예산
308 (7원/g×44백만g)	12 (유리)	320 (8원/g×10g/개×4백만개)

국회제과의 예에서 4백만개의 제품을 생산하는 데 40백만g의 재료가 사용될 것을 예상하였는데 실제로 44백만g이 사용되었다. 재료가 4백만g 더 사용되어 초래된 원가차이를 직접재료수량차이(Direct Material Quantity Variance)라고 하는데 32백만원으로 계산된다. 재료 사용의 효율성을 나타낸다는 의미로 사용차이(Usage Variance) 또는 능률차이(Efficiency Variance)라고도 불린다. 실제사용량이 표준사용량보다 많으므로 불리한 차이가 발생하였다. 불리한 재료수량차이는 재료의 불량, 작업미숙, 생산설비 이상 등으로 재료낭비가 생길 때 발생한다. 또한, 표준사용량이 지나치게 이상적으로 낮게 설정되어 있는 경우에도 발생한다.

재료수량차이
재료실제사용량과 표준사용량의 차이에 의한 재료원가차이

직접재료수량차이 = (**재료실제사용량** − **재료표준사용량**) × **재료표준가격**
= (AQ − SQ) × SP[3]
= (44백만g − 40백만g) × 8원/g
= 32백만원 (불리)

3) 암기를 위해 흔히 사용하는 영어약자 표시이며, AQ는 실제수량(Actual Quantity), SQ는 표준수량(Standard Quantity), AP는 실제가격(Actual Price), SP는 표준가격(Standard Price)을 뜻한다. 표준수량은 예상생산량에 대한 표준수량이 아니고, 변동예산에서 실제생산량에 대한 표준허용량을 의미한다. 따라서 보라색으로 표시한다.

재료의 종류가 2가지 이상일 때에는 재료간의 배합변화에 의한 원가차이를 계산하는 직접재료배합차이(Direct Material Mix Variance)를 직접재료수량차이로부터 분리해 낼 수 있다.

재료가격차이
재료 실제가격과 표준가격의 차이에 의한 재료원가차이

재료가 표준가격 8원보다 1원 적은 7원에 구입되어 나타난 원가차이는 직접재료가격차이(Direct Material Price Variance)[4]라고 하고 44백만원으로 계산된다. 실제가격이 표준보다 낮으므로 유리한 차이이다. 유리한 재료가격차이는 표준가격이 지나치게 높게 책정되어 있거나 어떤 이유로 낮은 가격이 지급된 경우에 발생한다. 예상보다 대량구매를 하여 가격을 낮추거나, 품질이 낮은 재료를 싼 가격에 구입할 수 있다.

$$\begin{aligned}\text{직접재료가격차이} &= (\text{재료실제가격} - \text{재료표준가격}) \times \text{재료실제사용량} \\ &= (\quad AP \quad - \quad SP \quad) \times \quad AQ \\ &= (\ 7\text{원/g} - 8\text{원/g}\ ) \times 44\text{백만g} \\ &= 44\text{백만원 (유리)}\end{aligned}$$

유리한 가격차이

- 표준가격이 지나치게 높게 책정되어 있는 경우
- 어떤 이유로 낮은 가격이 지급된 경우
- 예상보다 대량구매를 하여 가격을 낮추는 경우
- 품질이 낮은 재료를 싼 가격에 구입하는 경우

유리한 차이는 좋은 것인가? 반드시 그렇지는 않다. 유리한 차이가 원가절감을 의미할 수도 있지만, 단순히 지나치게 높게 설정된 표준 때문에 유리한 차이가 발생할 수도 있다. 유리한 차이이든 불리한 차이이든 계획의 차질을 의미하므로 원인을 찾아내어 필요한 조치를 취하는 것이 중요하다.

원가차이가 독립적으로 발생하지 않고 서로 관련되어 발생하는 경우도 있다. 대체로 재료가격차이는 구매부서가 통제할 문제이고 재료수량차이는 생산부서가 통제할 문제이어서 서로 분리하여 관리하는 것이 편리하다. 그러나 구매부서가 품질이 낮은 재료를 싼 가격에 구입하여 재료의 낭비가 많았다면, 낮은 가격은 유리한 재료가격차이를, 재료 낭비는 불리한 재료수량차이를, 작업시간 낭비는 불리한 노무시간차이를 발생시킨다. 한 가지 원인이 3가지 차이를 발생시키는 경우인데 유리한 차이가 더 큰 불리한 차이를 초래하면 전체적으로 손해이다.

변동예산, 실제수치, 가격차이, 수량차이의 관계를 정리하면 〈표 12.5〉와

---

4) 이 직접재료가격차이는 생산과정에 투입된 직접재료량에 대한 차이분석이다. 직접재료가격차이를 재료 구입시점에서 재료구입량에 대해 실시하면 원가차이를 일찍 발견하여 필요한 조치를 실시할 수 있는 장점이 있다. 재료구입량에 대해 계산된 직접재료가격차이를 직접재료구입가격차이(Direct Material Purchase Price Variance)라고 부른다. 이 경우에는 직접재료재고가 표준원가로 평가된다.

실제투입량기준 예산
실제사용량과 표준가격의 곱

같다. 여기서 실제사용량과 표준가격을 곱하여 구한 새로운 비교기준을 실제투입량기준 예산이라 부르자.[5] 이에 비해 변동예산은 실제생산량을 기준으로 한 표준사용량의 예산이다.[6]

표 12.5 직접재료원가의 가격차이와 수량차이 (단위 : 백만원)

실제원가 (AP×AQ)	가격 차이	실제투입량 기준 예산 (SP×AQ)	수량 차이	변동예산 (SP×SQ)
308 (7원/g ×44백만g)	44 (유리)	352 (8원/g ×44백만g)	32 (불리)	320 (8원/g×10g/개 ×4백만개)

직접재료원가의 차이분석을 그림으로 표시하면 [그림 12.1]과 같다.

그림 12.1 직접재료원가 차이분석

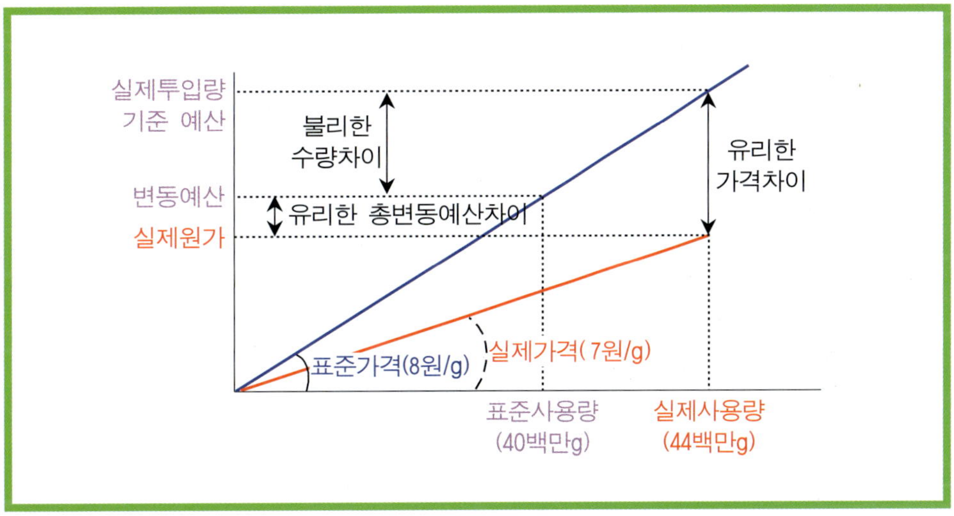

직접재료원가는 생산량, 단위당 재료사용량, 재료가격의 곱으로 표시되는 것을 기억하라. 고정예산에서는 이 3개의 항이 모두 표준(예상)수치이고, 변동예산에서는 생산량이 실제수치이고 나머지 두 항이 표준수치이다. 실제투입량

5) 기존의 저서에서는 이 예산을 실제투입량기준 변동예산이라 부르거나, SP(표준가격)×AQ(실제수량)으로 표시하고 있으나, 여기서 새로운 이름을 시도한다.
6) 변동예산은 실제생산량에 허용된 투입물의 표준원가라고도 한다.

기준 변동예산에서는 재료가격만이 표준수치이고 나머지는 실제수치이다. 실제원가에서는 3항 모두 실제수치이다.

직접재료원가 고정예산 = **재료표준가격** × **단위당 재료표준사용량** × **예상생산량**
= 8원/g × 10g/개 × 4.5백만개
= 360백만원

직접재료원가 변동예산 = **재료표준가격** × **단위당 재료표준사용량** × **실제생산량**
= 8원/g × 10g/개 × 4백만개
= **재료표준가격** × **재료표준수량**
= 8원/g × 40백만g
= 320백만원

직접재료 실제투입량기준 예산
= **재료표준가격** × **단위당 재료실제사용량** × **실제생산량**
= 8원/g × 11g/개 × 4백만개
= **재료표준가격** × **재료실제수량**
= 8원/g × 44백만g
= 352백만원

직접재료 실제원가 = **재료실제가격** × **단위당 재료실제사용량** × **실제생산량**
= 7원/g × 11g/개 × 4백만개
= **재료실제가격** × **재료실제수량**
= 7원/g × 44백만g
= 308백만원

원가차이 분석

- 실제원가에 가깝게 비교기준을 변경하면서 원가차이 발생요인을 분리하여 가는 과정

고정예산 : 3개의 항이 모두 표준(예상)수치
↓
변동예산 : 생산량(실제수치), 가격, 제품단위당 사용량(표준수치)
↓
실제투입량기준 변동예산 : 재료가격(표준수치), 나머지(실제수치)
↓
실제원가 : 3항 모두 실제수치

원가차이 분석은 고정예산, 변동예산, 실제투입량기준 예산의 순서로 비교기준을 실제원가에 가깝게 조금씩 변경하면서 원가차이 발생요인을 분리하여 가는 과정으로도 볼 수 있다.

원가 = **가격** × **제품단위당 사용량** × **생산량**

가격 ↓ 가격차이
제품단위당 사용량 ↓ 수량차이
생산량 ↓ 변동예산과 고정예산의 차이

직접노무원가차이는 왜 생기는가? - 수량차이와 임률차이

직접노무원가의 변동예산차이

• 노무실제임률이 표준임률과 달라 발생하는 임률차이
• 실제노무시간이 표준시간과 달라서 발생하는 시간차이

〈표 12.3〉의 직접노무원가 불리한 차이 23백만원도 직접재료원가와 비슷한 방법으로 분석할 수 있다. 즉 노무원가는「노무시간×시간당 임금(임률)」이므로 노무시간이 늘거나 임률이 늘면 노무원가가 높아진다.

표 12.6 직접노무원가 변동예산차이 (단위 : 백만원)

실제원가	변동예산차이	변동예산
63 (10,500원/시간 ×6천시간)	23(불리)	40 (10,000원/시간 ×0.001시간/개×4백만개)

노무수량차이
실제노무시간과 표준노무시간의 차이에 의한 노무원가차이

국희제과의 예에서 4백만개의 제품을 생산하는 데 4천시간의 노무시간이 사용될 것을 예상하였는데 실제로 6천시간이 사용되었다. 노무시간이 2천시간 더 사용되어 초래된 원가차이를 노무수량차이(Labor Quantity Variance)라고 하는데 20백만원으로 계산된다. 노무시간 사용의 효율성을 나타낸다는 의미로 시간차이(Time Variance) 또는 능률차이(Efficiency Variance)라고도 불린다. 실제노무시간이 표준노무시간보다 많으므로 불리한 차이이다. 불리한 노무수량차이는 작업미숙, 교육훈련 부족, 작업설비나 도구의 불량, 노사문제로 인한 사기저하, 불량재료 등에 의한 작업지연에 의해 발생할 수 있다. 또는 표준노무시간이 지나치게 낙관적으로 낮게 설정되었기 때문일 수도 있다.

$$
\begin{aligned}
\text{직접노무수량차이} &= (\text{실제노무시간} - \text{표준노무시간}) \times \text{표준임률} \\
&= (\ AQ - SQ\ ) \times SP^{7)} \\
&= (\ \text{6천시간} - \text{4천시간}\ ) \times \text{10,000원/시간} \\
&= \text{20백만원 (불리)}
\end{aligned}
$$

노무임률차이
실제임률과 표준임률의 차이에 의한 노무원가차이

이에 반하여, 실제임률이 표준임률보다 500원 많은 10,500원에 지급되어 나타난 원가차이는 노무임률차이(Labor Rate Variance)라고 하고 3백만원으로 계산

7) 실제노무시간을 AH(Actual Hour), 표준임률을 SR(Standard Rate)로 표기하기도 하나, 편의상 모든 제조원가 요소에 대해 공통의 영어약자인 AQ, SP를 쓴다.

된다. 실제가격이 표준보다 높으므로 불리한 차이이다. 불리한 노무임률차이는 유휴인력이 존재하여 실제작업시간에 비해 유휴시간이 많거나, 생산계획 불안정으로 잔업수당이 지급되어 생길 수 있다. 또는 임금인상을 예측하지 못하여 표준임률이 낮게 설정될 때에도 발생한다.

직접노무임률차이 = (**실제임률** − **표준임률**) × **실제노무시간**
= (AP − SP) × AQ
= (10,500원/시간 − 10,000원/시간) × 6천시간
= 3백만원 (불리)

변동예산, 실제치, 임률차이, 수량차이의 관계를 정리하면 〈표 12.7〉과 같다.

표 12.7 직접노무원가의 임률차이와 수량차이 (단위 : 백만원)

실제원가 (AP×AQ)	임률 차이	실제투입량 기준 예산 (SP×AQ)	수량 차이	변동예산 (SP×SQ)
63 (10,500원/시간 ×6천시간)	3 (불리)	60 (10,000원/시간 ×6천시간)	20 (불리)	40 (10,000원/시간 ×0.001시간/개×4백만개)

변동제조간접원가차이는 왜 생기는가?

변동제조간접원가

- 실제배부율이 표준배부율과 달라 발생하는 소비차이
- 실제배부기준량이 표준배부기준량과 달라서 발생하는 수량차이

이제 변동제조간접원가가 왜 예상과 다른 수치를 보이는지를 보자. 국회제과의 변동제조간접원가는 〈표 12.8〉처럼 표준보다 40백만원이 더 발생하였다. 이 불리한 차이를 어떻게 세부적으로 나눌 수 있는가?

표 12.8 변동제조간접원가 변동예산차이 (단위 : 백만원)

실제원가	변동예산차이	변동예산
240 (60원/개×4백만개)	40 (불리)	200 (50원/개×4백만개)

변동제조간접원가에는 여러 가지 다양한 원가항목이 섞여 있으므로, 투입물량 대신에 배부기준(원가동인)을 사용하여 제11장에서 예산을 수립하였다. 따라서 원가차이 분석도 배부기준(원가동인)의 양에 대한 부분과 배부기준 단위당 변동제조간접원가(배부율)에 대한 부분으로 나눌 수 있다.[8] 변동제조간접원가 배부율의 차이에 대한 원가차이를 변동제조간접원가 소비차이(Spending Variance), 배부기준량의 차이에 의한 원가차이를 변동제조간접원가 능률차이라고 한다. 실제변동제조간접원가가 240백만원으로 발생하였으므로, 〈표 12.8〉에서 실제생산량 4백만개를 배부기준으로 사용할 때 실제배부율이 60원이다. 따라서 불리한 소비차이 40백만원이 계산된다.[9]

변동제조간접원가 소비차이	= (실제배부율	− 표준배부율)	× 실제배부기준량
	= (AP	− SP)	× AQ
	= (60원/개	− 50원/개)	× 4백만개
	= 40백만원 (불리)		

소비차이는 재료가격차이나 노무임률차이와 유사하게 계산되나 중요한 차이점이 있다. 재료가격차이나 노무임률차이는 투입요소의 단위당 가격에 대한 차이이나 소비차이는 제조간접원가의 배부율(배부기준 단위당 원가) 차이에 대한 것이다. 따라서 소비차이는 간접재료의 가격변화, 간접노무임률변화, 수도전기료의 요금변화 등의 가격변화뿐만 아니라, 배부기준량(이 경우 생산량) 대비로 간접재료나 지원인력, 수도전기가 예상보다 많이 사용되었는지 여부도 나타낸다. 예를 들어 제품 1개를 생산하는 데 전기를 예상보다 더 많이 사용하여 초래된 원가차이는 능률차이가 아니라 소비차이이다.

변동제조간접원가의 배부기준이 생산량이 아니라 직접노무시간이라면 원가차이 분석이 어떻게 달라지는가? 실제변동제조간접원가가 240백만원으로 발생하였을 때 다음 식처럼 실제노무시간 6천시간을 배부기준으로 사용할 때에는 실제배부율이 직접노무시간당 40,000원이었다. 따라서 유리한 소비차이 60백만원이 계산된다.

8) 여기서는 전통적인 배부기준(원가동인)인 생산량, 노무시간 등이 사용되었을 때의 제조간접원가 차이분석을 보인다. 활동기준원가계산의 원가동인이 사용되었을 때에는 이 원가동인을 대신 사용하여 차이분석을 한다.

9) 생산량 자체를 제조간접원가 배부기준으로 사용하면 실제산출물기준 변동예산과 실제배부기준량기준 변동예산이 같아지므로 수량차이가 없다.

$$\begin{aligned}\text{변동제조간접원가 소비차이} &= (\text{실제배부율} - \text{표준배부율}) \times \text{실제배부기준량}\\ &= (40{,}000\text{원/시간} - 50{,}000\text{원/시간}) \times 6{,}000\text{시간}\\ &= 60\text{백만원 (유리)}\end{aligned}$$

변동제조간접원가 능률차이
실제배부기준량과 표준배부기준량의 차이에 의한 변동제조간접원가차이

변동제조간접원가에도 능률차이가 존재하는데, 이는 재료능률차이나 노무능률차이와 유사하게 계산되나 차이가 있다. 재료능률차이나 노무능률차이는 투입요소사용량의 차이에 대한 것이나 변동제조간접원가 능률차이는 배부기준량(이 경우 직접노무시간)의 차이에 대한 것이다. 달리 이야기하면, 변동제조간접원가 능률차이는 간접재료나 간접노무 투입량, 수도전기 사용의 효율성을 나타내는 것이 아니라, 배부기준량이 예상보다 달리 발생하여 제조간접원가가 변하는 부분을 나타낸다.

$$\begin{aligned}\text{변동제조간접원가 능률차이} &= (\text{실제배부기준량} - \text{표준배부기준량}) \times \text{표준배부율}\\ &= (AQ - SQ) \times SP\\ &= (\text{실제노무시간} - \text{표준노무시간}) \times \text{표준배부율}\\ &= (6\text{천시간} - 4\text{천시간}) \times 50{,}000\text{원/시간}\\ &= 100\text{백만원 (불리)}\end{aligned}$$

표 12.9 변동제조간접원가 소비차이와 능률차이(직접노무시간 기준) (단위 : 백만원)

실제원가 (AP×AQ)	소비차이	실제배부기준량 기준 예산 (SP×AQ)	능률차이	변동예산 (SP×SQ)
240 (40,000원/시간 ×6천시간)	60 (유리)	300 (50,000원/시간 ×6천시간)	100 (불리)	200 (50,000원/시간 ×0.001시간/개×4백만개)

고정제조간접원가차이는 왜 생기는가?

고정제조간접원가

총고정제조원가
→생산량이나 배부기준량의 변화에 영향을 받지 않음
→고정예산과 변동예산이 같고 수량차이가 없음

이제 고정제조간접원가가 왜 예상과 다른 수치를 보이는지를 보자. 국희제과의 고정제조간접원가는 〈표 12.10〉처럼 표준보다 20백만원이 더 발생하였다. 이 불리한 차이를 어떻게 세부적으로 나눌 수 있는가?

표 12.10 고정제조간접원가 변동예산차이 (단위 : 백만원)

실제원가	예산차이	예 산
470	20(불리)	450

고정제조간접원가 소비차이
실제고정제조간접원가와 예산의 차이

고정제조간접원가는 말 그대로 고정원가이므로 이 금액이 생산량이나 다른 원가동인에 의해 변하리라고 예상하지 않는다. 즉, 고정제조간접원가의 고정예산액, 변동예산액, 실제배부기준량기준 예산액이 모두 같다. 그러므로 소비차이만이 있고 능률차이는 없다. 고정제조간접원가 소비차이는 예산차이와 같으므로, 실제원가와 예산의 차이이다.

고정제조간접원가 소비차이 = **예산차이**
= **실제고정제조간접원가** − **고정제조간접원가 예산**
= 470백만원 − 450백만원
= 20백만원 (불리)

표준원가를 사용하여 원가계산을 쉽게 한다 - 표준원가계산

원가차이 분석은 원가통제와 관리를 위해 쓸모가 있지만 표준원가계산을 위해서도 사용한다. 제3장에서 제품원가를 계산하기 위하여 실제원가나 정상원가를 쓸 수 있음을 알았다. 실제원가계산과 정상원가계산의 차이는 제조간접원가를 어떻게 배부하는가 하는 점이다. 정상원가계산에서는 제조간접원가 배부

표준원가계산
모든 제조원가를 표준원가로 계산하는 방법

율을 미리 정하여 실제 발생한 배부기준량에 따라 배부한다. 제조간접원가뿐만 아니라 단위당 직접제조원가도 미리 표준을 정하여 제조원가계산을 하면 실제원가를 제품별로 추적할 필요가 전혀 없어지므로 원가계산이 아주 간편해진다. 표준원가계산(Standard Costing)에서는 직접재료원가와 직접노무원가도 실제원가가 아닌, 미리 정한 표준원가로 계산한다. 제조간접원가는 미리 정한 배부율을 실제생산량에 대한 표준배부기준량에 적용하여 구한다. 이를 요약하면 〈표 12.11〉과 같다.

표 12.11 표준원가계산의 비교

	실제원가계산	정상원가계산	표준원가계산
직접재료원가	실제원가	실제원가	표준원가
직접노무원가	실제원가	실제원가	표준원가
제조간접원가	실제원가 (실제배부율 ×실제배부기준량)	예정원가 (예정배부율 ×실제배부기준량)	표준원가 (표준배부율 ×표준배부기준량)

표준배부율
예산제조간접원가를 기준조업도로 나눈 배부율

표준배부율은 정상원가계산의 예정배부율과 거의 유사하게 예산제조간접원가를 기준조업도(Denominator Volume)로 나눈 값이다.10)

표준배부율 = 예산제조간접원가 / 기준조업도

표준원가계산을 하면 고정제조간접원가의 조업도차이가 발생한다

변동원가의 경우, 표준원가총액이 변동예산액과 같다. 그러나 고정제조간접원가의 경우 표준원가총배부액이 변동예산액과 다르다. 고정제조간접원가는 고

10) 기준조업도는 표준배부율의 계산식에 분모로 사용되므로 분모조업도(Denominator Volume)라는 의미의 영어 용어가 있다. 기업의 편의에 따라, 이상적인 최대생산능력을 나타내는 이론적 조업능력(Theoretical capacity), 점검과 휴일 등의 정상적인 작업중단시간을 고려한 현실적인 최대생산능력을 나타내는 실제적 조업능력(Practical capacity), 2~3년간의 평균수요를 만족시키는 정상조업도(Normal capacity utilization), 또는 고정예산 수립에 사용된 예산조업도(Master budget capacity utilization)를 선택하여 기준조업도로 사용할 수 있다.

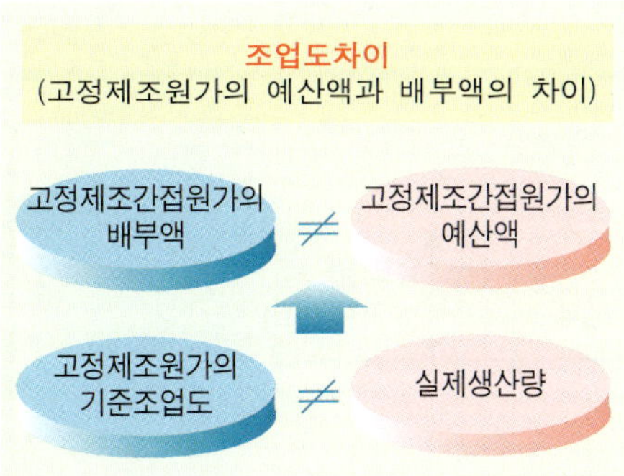

정원가이므로 항상 일정하게 예상되나, 전부원가계산에서 변동원가처럼 제품에 배부되기 때문에 나타나는 현상이다. 고정제조간접원가 예산액과 표준원가계산 배부액 간의 차이를 (생산)조업도차이(Production Volume Variance)라고 한다. 조업도차이는 실제생산량이 표준배부율 계산에 사용되는 기준조업도와 다를 때 나타난다. 표준배부율은 기준조업도에 의해 결정되었으나 실제생산량에 따라 총배부액이 달라지므로, 실제생산량이 기준조업도와 다르면 배부액과 예산액이 달라진다. 이를 식으로 보면 다음과 같다.[11)]

고정제조간접원가 조업도차이

= **고정제조간접원가 예산액 − 고정제조간접원가 배부액**

= **고정제조간접원가 예산액**

  − **고정제조간접원가 표준배부율 × 실제생산량**

= **고정제조간접원가 표준배부율 × 기준조업도**

  − **고정제조간접원가 표준배부율 × 실제생산량**

= **고정제조간접원가 표준배부율 × (기준조업도 − 실제생산량)**

(생산)조업도차이
고정제조간접원가 변동예산과 표준원가계산의 배부액의 차이

국희제과의 기준조업도가 4.5백만개이므로 총고정제조간접원가 450백만원은 표준배부율 100원/개를 이용한다. 실제생산량이 4백만개이므로 표준원가계산에서 배부액은 400백만원이다. 따라서 조업도차이 50백만원이 나타났다.

고정제조간접원가 조업도차이 = 450백만원 − 100원/개 × 4백만개
= 100원/개 × (4.5백만개 − 4백만개)
= 50백만원

이를 그림으로 나타내면 [그림 12.2]와 같다. 이 차이는 유리한 차이인가 아니면 불리한 차이인가? 생산량이 예상보다 낮아졌으니 불리한 상황이므로 불리한 차이라고 기억하면 된다. 그러나 진정한 유리불리의 의미는 표준원가계산 결과를 재무제표에 보고하기 위한 실제원가로 조정되는 과정에서 나타난다. 불리한 차이는 표준원가에서 실제원가로 전환되기 위해 원가를 상향조정

11) 조업도차이는 고정제조간접원가의 배부기준이 무엇이든지 같으므로 생산량이 배부기준인 경우만을 보여준다.

그림 12.2 고정제조간접원가 생산조업도차이

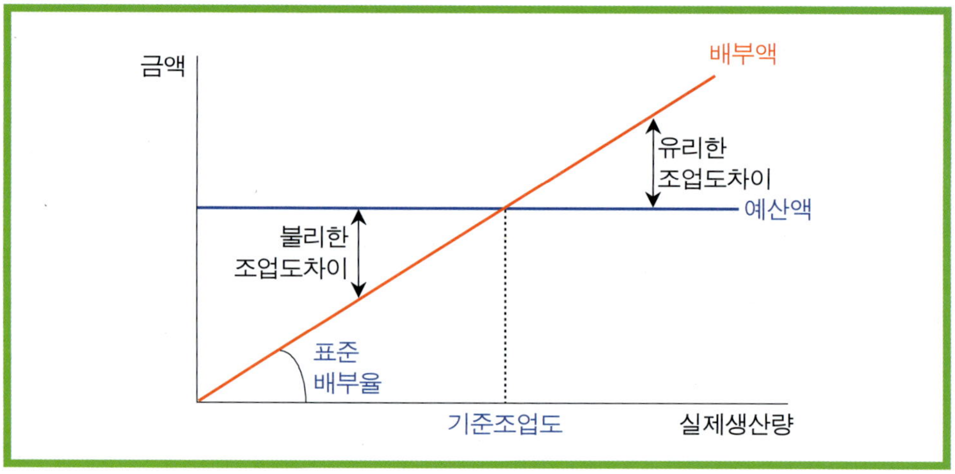

하게 하며 따라서 이익을 하향조정하게 되는 원가차이이다. 즉, 이익을 불리하게 하향조정하게 하는 원가차이가 불리한(U) 차이이고, 이익을 유리하게 상향조정하게 하는 원가차이가 유리한 차이이다. 불리한 조업도 차이는 고정제조간접원가가 예산액보다 과소배부(U)되어 있어 상향조정되어야 함을, 유리한 조업도 차이는 고정제조간접원가가 예산액보다 과대배부되어 있어 하향조정되어야 함을 뜻한다.

고정제조간접원가의 소비차이와 조업도차이를 종합하면 〈표 12.12〉와 같다.[12)]

표 12.12 고정제조간접원가 소비차이와 생산조업도차이 (단위 : 백만원)

실제원가	예산차이 (소비차이)	예산액	생산조업도 차이	배부액
470	20 (불리)	450	50 (불리)	400 (400만개 × 100원/개)

12) 변동제조간접원가의 소비차이와 능률차이, 고정제조간접원가의 소비차이(예산차이)와 조업도차이의 총 4가지 원가차이를 구분하는 것을 4분법이라 한다. 이와 달리 변동제조간접원가와 고정제조간접원가의 구분없이 소비차이, 능률차이, 조업도차이를 구하는 것을 3분법, 예산차이와 조업도차이만을 구하는 것을 2분법이라 한다.

표준원가계산에서의 제조원가흐름과 분개를 이해한다

표준원가계산에서의 제조원가흐름은 다음과 같다.

그림 12.3 표준원가계산 제조원가흐름

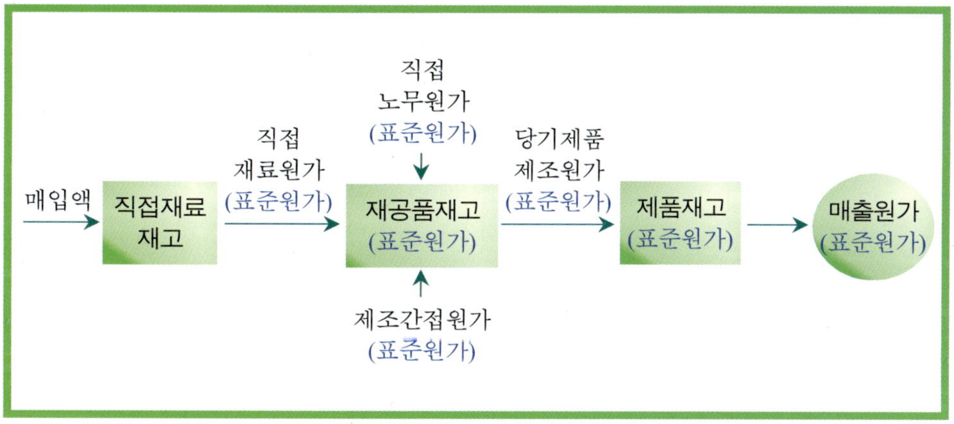

그림 12.4 표준원가계산에서의 제조원가의 재고계정간 흐름

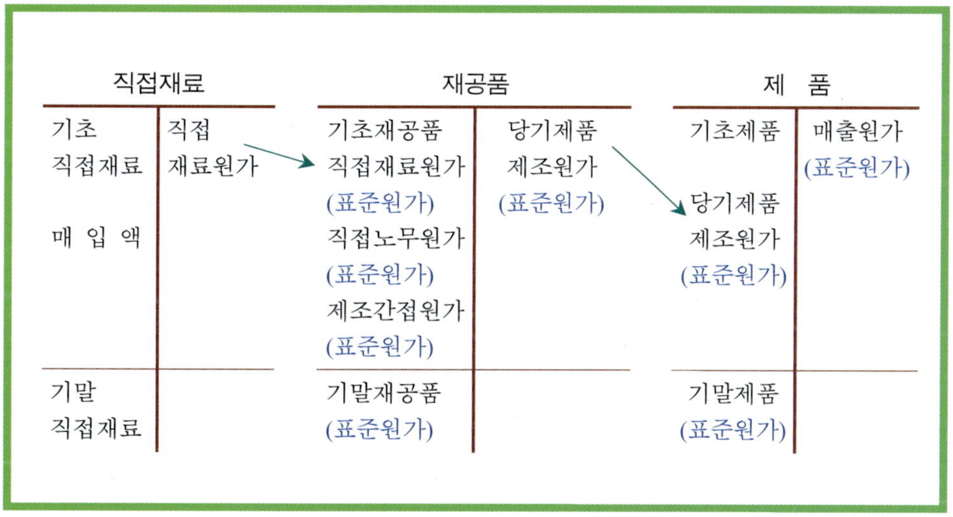

이제까지 계산한 국희제과의 표준원가와 원가차이를 사용하여 표준원가 계산에서의 분개를 해 보면 다음과 같다.

1. 직접재료 사용

재공품	320 (표준원가)
직접재료수량차이	32 (불리)
직접재료재고	308 (실제원가)
직접재료가격차이	44 (유리)

2. 직접노무의 투입

재공품	40 (표준원가)
직접노무임률차이	3 (불리)
직접노무수량차이	20 (불리)
미지급임금(노무비)	63 (실제원가)

3. 제조간접원가 발생

변동제조간접원가 통제	240 (실제원가)
부재료비	140
동력용수비	100
고정제조간접원가 통제	470 (실제원가)
감가상각비 누계액	350
공장화재보험료	120

4. 제조간접원가 배부

재공품	200 (표준원가)
배부변동제조간접원가	200 (표준원가)
재공품	400 (표준원가)
배부고정제조간접원가	400 (표준원가)

5. 제조간접원가 계정 마감

배부변동제조간접원가	200 (표준원가)
변동제조간접원가 능률차이	100 (불리)
변동제조간접원가 통제	240 (실제원가)
변동제조간접원가 소비차이	60 (유리)

배부고정제조간접원가	400 (표준원가)
고정제조간접원가 소비차이	20 (불리)
고정제조간접원가 조업도차이	50 (불리)
고정제조간접원가 통제	470 (실제원가)

표준원가계산에서는 제조원가를 표준원가로 기록하면서 앞에서 소개한 모든 원가차이를 별도의 계정으로 기록한다. 회기말에 모든 정상적으로 발생한 원가차이를 매출원가와 기말재고자산에서 조정하여 실제원가로 전환한다. 비정상적으로 발생한 원가차이는 영업외수익/비용으로 한다(원가계산준칙 제 33조).

판매부문의 차이분석을 한다 - 매출조업도차이

매출조업도차이
실제판매량과 예상판매량의 차이에 의한 공헌이익차이

판매부문은 판매량을 담당하므로 판매부문의 통제 문제를 파악하는 데는 판매량의 실적을 예상량과 비교해야 한다. 실제판매량이 예상판매량과 달라 나타난 공헌이익 차이[13]를 매출조업도차이(판매량차이, Sales Volume Variance)라고 한다.[14]

매출조업도차이 = 단위당 표준공헌이익 × (실제판매량 − 예상판매량)

국회제과의 단위당 표준공헌이익이 200원이고 실제판매량이 360만개, 예상판매량이 320만개이면 매출조업도차이는 8천만원이다.

매출조업도차이 = 200원/개 × (360만개 − 320만개)
= 200원/개 × 40만개
= 8천만원 (유리)

13) 과거에는 판매량차이에 의한 매출수익차이를 매출조업도차이라고 불렀으나, 최근에는 판매량차이에 의한 공헌이익차이를 매출조업도차이라고 부른다.
14) 달리 이야기하면, 예상판매량에 의한 고정예산 공헌이익과 실제판매량에 의한 변동예산 공헌이익의 차이이다.

시장규모차이
실제시장규모와 예상시장규모의 차이에 의한 공헌이익차이

시장점유율차이
실제시장점유율과 예상시장점유율의 차이에 의한 공헌이익 차이

실제판매량이 예상량을 40만개 초과하여 8천만원의 공헌이익이 추가되었다. 판매량의 증가는 어떻게 설명할 수 있는가? 국희제과의 제과시장점유율이 증가하여 판매량이 증가할 수도 있고 제과시장 규모가 전체적으로 증가하여 국희제과의 판매량이 비례적으로 증가할 수도 있다. 이렇게 매출조업도차이는 시장규모 변화에 의한 이익차이인 시장규모차이(Market Size Variance)와 시장점유율의 변화에 의한 이익차이인 시장점유율차이(Market Share Variance)로 나눌 수 있다. 달리 이야기하면, 판매량을 시장규모와 점유율의 곱으로 분리하여 각각에 대해 차이분석을 하는 것이다.

판매량 = 시장점유율 × 시장규모

시장점유율 ↓ 시장점유율차이

시장규모 ↓ 시장규모차이

예상판매량 320만개가 예상시장규모 1,000만개의 32% 시장점유율로 추정된 물량이고, 실제판매량 360만개가 실제시장규모 1,200만개에서 30%의 시장점유율을 달성하여 이루어졌다고 하자. 이때 시장점유율차이와 시장규모차이는 다음과 같이 계산된다.

시장점유율차이 = **단위당 표준공헌이익**
× **(실제 시장점유율 − 예상시장점유율)** × **실제시장규모**
= 200원/개 × (30% − 32%) × 1,200만개
= 200원/개 × (−2%) × 1,200만개
= 200원/개 × (−24만개)
= 4,800만원 (불리)

4,800만원의 불리한 시장점유율차이는 시장점유율이 예상보다 2% 감소하여 1,200만개의 실제시장규모에서 24만개를 덜 판매하게 되어 잃은 공헌이익을 보여준다.

시장규모차이 = **단위당 표준공헌이익**
× **예상시장점유율** × **(실제시장규모 − 예상시장규모)**
= 200원/개 × 32% × (1,200만개 − 1,000만개)

= 200원/개 × 32% × 200만개
= 200원/개 × 64만개
= 12,800만원 (유리)

12,800만원의 유리한 시장규모차이는, 시장규모가 예상보다 200만개 증가하여 예상점유율 32%를 유지하였다면 얻었을 공헌이익의 증가를 보여준다. 시장점유율차이와 시장규모차이를 합하면 위에서 계산한 매출조업도차이와 같아짐을 알 수 있다.

매출조업도차이 = **시장점유율차이** + **시장규모차이**
= 4,800만원 (불리) + 12,800만원 (유리)
= 8,000만원 (유리)

매출가격차이
판매가격차이에 의한 이익차이

매출은 판매가격의 변화에 의해서도 영향을 받는다. 판매가격의 변화에 의한 이익의 변화를 매출가격차이(Sales Price Variance)라고 한다.

매출가격차이 = (**실제판매가** − **표준판매가**) × **실제판매량**

어떤 차이항목을 추가로 조사할 것인가?

차이조사

- 유리한 차이와 불리한 차이 모두 조사
- 차이금액이 절대적으로 크거나, 상대적으로 큰 비율을 가진 항목 조사
- 차이가 반복적으로 발생하는 항목 조사
- 차이금액이 커지는 추세를 보이는 항목
- 통제가능성이 높은 항목

원가나 매출 차이를 계산한 후 일부 중요한 항목은 추가조사를 하여 필요한 조치를 취하는 것이 좋다. 어떤 차이항목을 조사하는 것이 효과적일까?

우선, 유리한 차이와 불리한 차이 모두 조사해야 한다. 불리한 차이는 예산보다 원가가 더 발생하거나 매출이 덜 발생하였으므로 당연히 그 이유를 조사해야 한다. 유리한 차이도 예산보다 원가절감이 되거나 매출이 초과달성되었으므로 그 원인을 조사해야 한다. 직원들의 노력으로 유리한 차이가 발생하였다면 그 이유를 조사하여, 이 좋은 결과를 계속 유지하거나 다른 부서로 전파하도록 한다. 유리한 차이가 직원의 노력보다는 예산이 너무 여유 있게 편성되어 있기 때문이라면 예산을 다음 기부터 조정해야 한다.

둘째로, 차이금액이 절대적으로 크거나, 예산액 대비 차이금액이 상대적으로 큰 비율을 가질 때 조사하는 것이 바람직하다. 예를 들어, 차이금액이 1백만원 이상인 항목이나, 예산 대비 10% 이상의 차이를 보이는 항목을 조사할 수 있다.

셋째로, 차이가 반복적으로 발생하는 항목을 조사할 수 있다. 예산을 편성하거나 집행할 때 여러 가지 불확실성이 존재하므로 우연적으로 차이가 발생할 수 있다. 그러나 차이금액이 반복적으로 비슷하게 발생한다면, 이는 예산편성이나 집행에서 차이를 발생시키는 구조적인 원인이 있다고 보인다.

넷째로, 차이금액이 커지는 추세를 보이는 항목을 조사한다. 차이금액이 줄어들지 않고 점점 커진다면 차이를 일으키는 문제가 점점 심해진다고 볼 수 있다.

다섯째로, 가급적 통제가능성이 높은 항목을 조사한다. 통제불가능한 항목도 다음 기에 좀더 정확한 예산편성을 위해 조사가 필요하지만, 통제가능한 항목은 차이원인을 발견하여 해당 항목을 통제를 할 수 있는 부서에 조치를 취하도록 요구할 수 있어 효과적이다.

마지막으로, 차이조사의 원가와 효익을 비교하여 조사범위를 결정한다. 차이분석을 하고 추가조사를 하는 것도 원가가 발생하는 활동이다. 조사담당직원과 조사에 협조해야 하는 직원의 시간의 원가와, 조사가 진행되고 시정조치가 실시될 때 업무가 방해되는 것도 차이조사의 활동원가이다. 다른 모든 활동과 마찬가지로 차이조사도 그 활동을 위한 원가보다 조사결과가 줄 수 있는 혜택이 더 커야 할 가치가 있다. 차이조사의 혜택으로는 불리한 차이의 경우에는 차이조사와 시정조치에 의해서 다음 기부터 절감된 원가나 증가된 매출이 있다. 또한 차이조사에 의해 좀더 정확한 예산이 수립된다면, 사업계획을 좀더 정확하게 세워서 자원의 낭비를 줄이고 자원을 효과적으로 활용할 수 있다.

차이에 의한 성과평가는 사람의 행동에 양면적인 영향을 미친다

예산 대비로 실적을 비교한 차이금액으로 부서의 성과를 평가하기도 한다. 원가를 통제하는 부서는 원가차이로, 수익을 통제하는 부서는 매출차이로 평가할 수 있다.[15] 이러한 차이에 기초한 성과평가는 평가를 받는 사람에게 긍정적이고 부정적인 양면적인 영향을 미친다.

유리한 차이가 클수록 좋게 평가한다면, 피평가 대상은 원가를 줄이거나 매출을 높이려고 열심히 노력할 것이다. 이것은 긍정적인 동기부여 효과이다. 그러나 피평가 대상이 예산수립에 영향을 미칠 수 있다면, 가급적 예산목표를 쉽게 달성할 수 있는 수준으로 정하려고 비생산적인 영향력 행사에 시간과 노력을 쓸 것이다. 이것은 성과평가제도가 의도하지 않은 부정적인 효과이다. 이렇게 여유 있게 편성된 예산여유분(Budget Slack)은 회기말에 비효율적으로 사용될 가능성이 많다. 예산여유분을 확보하려는 피평가 단위의 동기를 억제하는 방법으로 어려운 예산목표에 대해 더 높은 보상을 약속하는 방법이 있다.

유리한 차이를 유리하게 평가하는 대신에, 유리하든지 불리하든지 모든 차이에 대해 불리한 평가를 하는 방법이 있다. 이 방법에는 피평가 단위가 정확한 예산목표를 세우도록 동기부여하는 장점이 있으나, 예산을 운영하면서 예산을 절감하거나 좀더 좋은 매출성과를 달성하지 않고 예산목표에만 도달하려는 동기를 주는 단점이 있다.

15) 각 부서의 통제가능한 항목으로 부서를 평가하는 것을 책임회계라고 하며 이 주제는 제16장에서 다룬다.

토 론

A사의 표준원가 설정과정

A사는 연간 경영계획 중에서 차기 회계연도의 예산편성(Budgeting)과정에서 표준원가를 설정하고 있다. 표준원가는 경영자의 경영계획 수립과 의사결정에 유용한 정보를 제공하며 표준원가를 기준으로 실제원가와 차이에 대하여 분석하고 주요 요인을 개선하여 원가절감을 도모하고 차기연도에는 개선된 결과를 반영하여 표준원가를 설정한다. 따라서 회계부서의 원가담당 임직원뿐만 아니라 표준원가 설정에 관여하는 유관부서의 모든 임직원은 그룹본사의 표준원가 업무지침서(Procedure and Guideline)를 정확하게 인지하고 있어야 한다. A사는 차기 회계연도의 표준원가를 설정하기 위해서는 최근의 경험을 바탕으로 생산공정을 효율적으로 개선할 수 있는 방안을 모색하여 반영한다. 현재의 여건에서 달성할 수 있는 최적의 표준조업도, 표준생산투입시간, 원부재료 표준가격, 표준배부율, 표준인원, 표준재료비 그리고 표준완제품생산량 등을 설정하고 있다. 표준원가는 차기 회계연도의 예산편성과정에서 가장 많은 인력과 시간이 소요되는 과정으로 그룹본사와 A사의 회계부서뿐만 아니라 모든 부서가 자체의 경험을 바탕으로 전사적인 긴밀한 협조로 설정되고 있다.

A사는 〈표 1〉과 같이 연간 경영계획에 따라 전년도 말에 확정된 예산을 바탕으로 당해연도 1월부터 실제와 예산의 차이를 분석하기 시작한다. 3월에는 5~10년 단위의 장·단기 전략을 수정하고, 6월에는 상반기 실적결과를 바탕으로 당기예산을 조정한다. 9월부터는 차기 회계연도 예산수립을 시작하여 그룹의 승인을 받은 후 11월에 확정한다. [그림 1]과 같이 마케팅부에서 시장조사를 하고 차기 회계연도의 경영전략과 장·단기 경영전략 수정도 같이 준비한다. 시장조사 자료를 바탕으로 영업부는 제품별, 거래처별 매출을 예측한다. 준비된 예상매출을 기준으로 공장은 생산계획을 준비하고 고객의 위치와 효율적 배송을 고려하여 공장별로 생산수량을 안분한다. 구매부는 생산계획에 필요한 원부자재를 조달하기 위해 공급처와의 가격협상을 준비한다. 〈표 2〉에서와 같이 각 부서는 요청받은 표준원가 자료를 준비하여 회계부로 제출하고, 회계부는 각 부서로부터 제공받은 자료를 바탕으로 각 제품별 표준원가를 산정한다.

〈표 1〉 연간 경영계획

기 간	1월~12월	3월	6월	9월	11월
해당연도	당기	단기/중기/장기	당기	차기	차기
업무	실제 vs 예산 분석	경영전략 수정	예산 수정	표준원가 설정 예산작업 준비	예산 확정

[그림 1] 표준원가 설정과정

관련 부서	마케팅	영업부	공 장	구매부	회계부	회계부
준비과정	시장조사	매출예측	생산계획, BOM	표준단가	표준원가 설정	원가차이 분석
관련 정보	(고객, 제품, 전략)	(제품별, 거래처별)	(제품별, 공장별)	(원부자재 단가)	(제품별, 포장단위별)	(표준과 실제 원가)

〈표 2〉 부서별 표준원가 관련 자료 준비

부서 \ 자료	표준원가 관련 자료
영업부	고객조사, 경쟁사 조사, 판매전략, 가격전략
마케팅부	시장조사, 신제품 계획, 판매촉진활동
회계부	환율, 감가상각비, 투자계획, 제반경비(인건비 외)
인사부	인건비, 복리후생비, 퇴직연금
구매부	원부재료 예상구입단가 및 부대비용, 유류비
물류부	운반비, 창고료
공장	자재목록표, 수율, 제조경비, 원가절감 계획

과거연도 표준원가의 기록을 참고하면서 원가변화의 추이도 검토하는데, 실제원가와 표준원가 간의 현저한 원가차이 발생을 방지하기 위해 매년 비반복적으로 발생하는 거액의 비용도 표준원가에 반영하고 있다. 이런 경우에는 표준원가 변화의 추세가 일관성이 없어서 비반복적으로 발생하는 거액의 일회성 비용에 대한 기록을 별도 비망록으로 비치해 두고 연도별 추세분석에 참고하고 있다.

(이희숙, '표준원가계산과 원가차이 및 수익성 분석 사례연구,' KBR 2018, 한국경영학회 일부 발췌)

토론해 보자

(1) 본 사례에서 표준원가의 활용성에 대해 토론해 보자.

(2) 본 사례의 전문을 구하여 보완하거나 수정할 점을 찾아 토론해 보자.

요약정리

애초에 예상생산량이나 판매량에 의해 수립된 고정예산과 실제결과의 차이를 고정예산차이라고 한다. 생산부문의 제조원가는 생산량에 의해 결정되므로 제조원가 차이분석의 일차적인 단계는 예상생산량과 실제생산량의 차이에 의한 원가차이를 분리하는 것이다. 이를 위해 실제 생산량 기준으로 고정예산을 재편성한 변동예산을 사용한다. 고정예산과 변동예산의 차이가 생산량차이에 의한 원가차이이고, 변동예산과 실적의 차이인 변동예산차이가 나머지 원인에 의한 원가차이이다.

직접재료원가의 변동예산차이는 재료 실제가격이 표준가격과 달라 발생하는 재료가격차이와 재료 실제사용량이 표준수량과 달라서 발생하는 재료수량차이로 나눈다. 재료수량차이는 재료의 효율적 사용에 대한 차이라 하여 능률차이라고 불린다. 직접노무원가의 변동예산차이는 노무 실제임률이 표준임률과 달라 발생하는 임률차이와 실제노무시간이 표준시간과 달라서 발생하는 시간(능률)차이로 나눈다. 변동제조간접원가는 실제배부율이 표준배부율과 달라 발생하는 소비차이와 실제배부기준량이 표준배부기준량과 달라서 발생하는 수량차이로 나눈다. 고정제조간접원가는 다른 제조원가와 달리 고정원가의 행태를 보이므로 차이분석의 구조가 다르다. 총고정제조원가는 생산량이나 배부기준량의 변화에 영향을 받지 않으므로 고정예산과 변동예산이 같고 수량차이가 없다. 실제발생액과 예산액의 차이가 소비차이 또는 (변동)예산차이이다. 표준원가계산에서 총고정제조원가 배부액은 실제생산량에 따라 변화하므로 고정된 예산액과 차이를 발생시킨다. 이 차이를 생산조업도차이라고 하는데 고정제조간접원가 표준배부율을 결정할 때 사용되는 기준조업도와 실제조업도에 의한 차이로 설명할 수 있다.

판매량의 차이가 이익에 미친 영향은 매출조업도차이로 구한다. 매출조업도차이는 실제판매량의 공헌이익과 예상판매량의 공헌이익의 차이이다. 매출조업도차이는 시장규모의 변화에 의해 초래된 판매량차이에 의해 초래된 시장규모차이와 시장점유율의 변화에 의해 초래된 시장점유율차이로 나눌 수 있다.

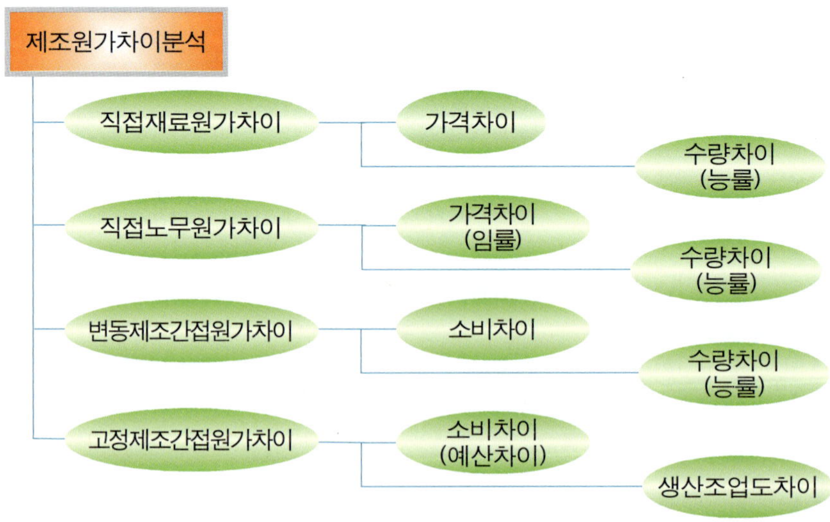

12 연습문제

객관식

01 **원가차이분석** (19. 재경관리사)

다음 중 차이분석에 대한 설명으로 올바르지 않은 것은 모두 몇 개인가?

가. 차이분석이란 표준원가와 실제원가를 비교하여 그 차이를 분석하는 것으로서 일종의 투입-산출분석이다.
나. 직접재료원가 차이분석시 표준투입량은 사전에 미리 설정해 놓은 최대조업도에 대한 표준투입량이다
다. 가격차이는 실제원가와 실제투입량에 대한 표준원가의 차이이다.
라. 능률차이는 실제투입량에 대한 표준원가와 표준투입량에 대한 표준원가의 차이이다.

① 0개
② 1개
③ 2개
④ 3개

02 **원가차이분석** (20. 공인회계사)

(주)대한은 표준원가계산제도를 채택하고 있으며, 20×1년도 생산 및 제조와 관련된 자료는 다음과 같다.

직접재료 구매량	3,100kg
직접재료 실제사용량	2,900kg
직접재료 단위당 표준사용량	3kg
직접재료 단위당 표준가격	₩50/kg
직접재료 단위당 실제가격	₩60/kg
예상(기준)생산량	800개
실제생산량	1,000개
제조간접원가예산액(Y)	Y = ₩700,000 + ₩500 × 기계시간
제품단위당 표준기계시간	7시간
실제총기계시간	8,000시간
기계시간당 실제변동제조간접원가	₩470/기계시간
실제고정제조간접원가	₩820,000

(주)대한의 20×1년도 직접재료원가 가격차이(구매량기준), 직접재료원가 수량차이, 변동제조간접원가 소비차이, 변동제조간접원가 능률차이, 고정제조간접원가 조업도차이 중 옳지 않은 것은?

① 직접재료원가 가격차이(구매량기준) : ₩31,000(불리한 차이)
② 직접재료원가 수량차이 : ₩5,000(유리한 차이)
③ 변동제조간접원가 소비차이 : ₩240,000(유리한 차이)
④ 변동제조간접원가 능률차이 : ₩500,000(불리한 차이)
⑤ 고정제조간접원가 조업도차이 : ₩120,000(불리한 차이)

03 원가차이분석 (19. 재경관리사)

다음 중 표준원가에 관한 설명으로 가장 올바르지 않은 것은?

① 유리한 직접노무원가 가격차이가 발생하였다면 실제임률이 표준임률에 비하여 저렴하였다는 의미이다.
② 직접재료원가 가격차이를 재료 사용시점에 분리한다면 직접재료원가 가격차이에 대한 책임은 생산담당자가 지는 것이 바람직하다.
③ 고정제조간접원가 실제발생액이 고정제조간접원가 예산에 비하여 과다하게 발생하였다면 불리한 예산차이가 발생하게 된다.
④ 가격차이는 실제단가와 예산단가의 차액에 실제 사용한 재화나 용역의 수량을 곱하여 산출된다.

04 직접재료원가차이 (17. 보험계리사)

(주)한국제조는 표준원가계산제도를 사용하고 있으며 제품 단위당 표준원가는 다음과 같다.

	수량표준	가격표준	표준원가
직접재료원가	2kg	₩20	₩40
직접노무원가	3시간	20	60
변동제조간접원가	3시간	10	30
고정제조간접원가	3시간	20	60
합 계			₩190

(주)한국제조는 20×1년 4월에 제품 1,100단위를 생산하였다. 이와 관련하여 당월중 직접재료 2,420kg을 kg당 ₩19에 외상으로 구입하여 이 중 2,300kg을 생산에 투입하였다. 20×1년 4월 직접재료의 월초재고는 없었으며, 월초재공품과 월말재공품 또한 없었다. (주)한국제조가 직접재료원가 가격차이를 사용시점에서 분리하는 경우, 20×1년 4월의 직접재료원가 가격차이와 수량차이는 각각 얼마인가?

	가격차이	수량차이
①	₩2,000(유리)	₩2,300(불리)
②	2,000(불리)	2,300(유리)
③	2,300(유리)	2,000(불리)
④	2,300(불리)	2,000(유리)

05 직접재료원가차이 (22. 주택관리사)

(주)한국은 표준원가계산제도를 채택하고 있으며, 단일제품을 생산·판매하고 있다. 20×1년 직접재료원가와 관련된 표준 및 원가 자료가 다음과 같을 때, 20×1년의 실제제품생산량은? (단, 가격차이 분석시점은 분리하지 않는다)

제품 단위당 직접재료 수량표준	2kg
직접재료 단위당 가격표준	₩250/kg
실제 발생한 직접재료원가	₩150,000
직접재료원가 가격차이	₩25,000(불리)
직접재료원가 수량차이	₩25,000(유리)

① 250단위　② 300단위　③ 350단위
④ 400단위　⑤ 450단위

06 직접재료원가차이 (19. 세무사)

(주)세무는 당기에 영업을 개시하였으며 표준원가계산제도를 채택하고 있다. 직접재료와 관련된 자료는 다음과 같다.

제품 단위당 직접재료 표준원가	3kg × ₩10/kg = ₩30
직접재료 kg당 실제구입가격	₩12
직접재료 구입가격차이	₩12,600(불리)
직접재료 능률차이	₩4,000(유리)

당기실제제품생산량이 2,000단위일 때 기말직접재료재고량은? (단, 기말재공품은 없다)

① 300kg　② 400kg　③ 500kg
④ 600kg　⑤ 700kg

07 직접재료원가차이 (19. 보험계리사)

(주)한국의 직접재료원가에 대한 자료가 다음과 같다면, (주)한국의 직접재료원가 수량(능률)차이는 얼마인가?

직접재료 표준사용량	3,000kg
직접재료 실제사용량	3,500kg
직접재료 kg당 표준가격	₩100
직접재료 kg당 실제가격	₩120

① ₩50,000(유리)　② ₩50,000(불리)
③ ₩70,000(유리)　④ ₩70,000(불리)

08 직접재료원가차이 (19. 주택관리사)

(주)한국은 표준원가계산제도를 채택하고 있으며, 단일제품을 생산·판매하고 있다. 2분기의 예정생산량은 3,000단위였으나, 실제는 2,800단위를 생산하였다. 직접재료원가 관련 자료는 다음과 같다.

제품 단위당 수량표준	2kg
직접재료 단위당 가격표준	₩300
실제 발생한 직접재료원가	₩1,593,000
직접재료원가 수량차이	₩120,000(불리)

2분기의 직접재료 실제사용량은?

① 5,600kg ② 5,800kg ③ 6,000kg
④ 6,200kg ⑤ 6,400kg

09 직접재료 구입가격차이 (18. 재경관리사)

(주)삼일은 표준원가계산제도를 채택하고 있으며, 당기의 예산생산량은 1,000개이나 실제생산량은 600개이다. 당기중 직접재료 1,000kg을 ₩300,000에 외상으로 구입하여 800kg을 사용하였다. 직접재료의 기초재고는 없으며, 제품 단위당 표준직접재료원가는 아래와 같다. 직접재료원가 가격차이를 (a) 사용시점에 분리했을 경우와 (b) 구입시점에 분리했을 경우의 가격차이는 얼마인가?

직접재료원가	2kg/단위 × ₩200/kg = ₩400/단위

① (a) ₩80,000(유리), (b) ₩100,000(유리) ② (a) ₩80,000(불리), (b) ₩100,000(불리)
③ (a) ₩80,000(유리), (b) ₩100,000(불리) ④ (a) ₩80,000(불리), (b) ₩100,000(유리)

10 직접재료 구입가격차이 (15. 공인회계사)

(주)한국은 표준원가계산제도를 사용하고 있으며 제품 단위당 표준원가는 다음과 같다.

	수량표준	가격표준	표준원가
직접재료원가	2kg	₩10	₩20
직접노무원가	3시간	10	30
변동제조간접원가	3시간	5	15
고정제조간접원가	3시간	10	30
합 계			₩95

(주)한국은 20×1년 2월에 제품 1,100단위를 생산하였다. 이와 관련하여 당월중 직접재료 2,420kg을 kg당 ₩9.5에 외상으로 구입하여 이 중 2,300kg을 생산에 투입하였다. 회사가 직접재료원가 가격차이를 사용시점에서 분리할 경우, 20×1년 2월중 직접재료의 생산투입에 대한 분개로서 옳은 것은? (단, 20×1년 2월 직접재료의 월초재고는 없었으며, 월초재공품과 월말재공품 또한 없었다)

① (차)	재 공 품	22,000	(대)	직 접 재 료	21,850
	직접재료수량차이	1,000		직접재료가격차이	1,150
② (차)	재 공 품	22,000	(대)	직 접 재 료	22,150
	직접재료가격차이	1,150		직접재료수량차이	1,000
③ (차)	재 공 품	21,850	(대)	직 접 재 료	22,000
	직접재료수량차이	1,150		직접재료가격차이	1,000
④ (차)	재 공 품	22,150	(대)	직 접 재 료	22,000
	직접재료가격차이	1,000		직접재료수량차이	1,150
⑤ (차)	재 공 품	22,000	(대)	직 접 재 료	24,200
	직접재료수량차이	2,200			

11 직접재료원가 구입가격차이와 수량차이 (17. 지방직 9급)

(주)한국의 4월 직접재료원가에 대한 자료는 다음과 같다. 4월의 유리한 재료수량차이(능률차이)는?

실제재료구매량	3,000kg
실제 생산에 대한 표준재료투입량	2,400kg
실제재료구입단가	₩310/kg
실제재료사용량	2,200kg
불리한 재료가격차이(구입시점기준)	₩30,000

① ₩50,000 ② ₩55,000
③ ₩60,000 ④ ₩65,000

12 직접노무원가차이 (22. 감정평가사)

(주)감평은 표준원가계산제도를 채택하고 있으며, 20×1년도 직접노무원가와 관련된 자료는 다음과 같다. 20×1년도 실제총직접노무원가는?

실제생산량	100단위
직접노무원가 실제임률	시간당 ₩8
직접노무원가 표준임률	시간당 ₩10
실제생산량에 허용된 표준직접작업시간	생산량 단위당 3시간
직접노무원가 임률차이	₩700(유리)
직접노무원가 능률차이	₩500(불리)

① ₩1,800 ② ₩2,500 ③ ₩2,800
④ ₩3,500 ⑤ ₩4,200

13 직접노무원가차이 (21. 주택관리사)

(주)한국은 표준원가계산제도를 채택하고 있다. 직접노무원가 관련 자료가 다음과 같을 때, 직접노무원가 시간당 표준임률은?

표준직접노무시간	9,000시간
실제직접노무시간	8,600시간
실제발생 직접노무원가	₩3,569,000
능률차이	₩160,000(유리)
임률차이	₩129,000(불리)

① ₩380　② ₩385　③ ₩397
④ ₩400　⑤ ₩415

14 직접노무원가차이 (20. 감정평가사)

(주)감평은 표준원가계산제도를 채택하고 있다. 20×1년 직접노무원가와 관련된 자료가 다음과 같을 경우, 20×1년 실제직접노무시간은?

실제생산량	25,000단위
직접노무원가 실제임률 시간당	₩10
직접노무원가 표준임률 시간당	₩12
표준직접노무시간	단위당 2시간
직접노무원가 임률차이	₩110,000(유리)
직접노무원가 능률차이	₩60,000(불리)

① 42,500시간　② 45,000시간　③ 50,000시간
④ 52,500시간　⑤ 55,000시간

15 직접노무원가차이 (19. 경영지도사)

(주)대한의 직접노무원가 자료가 다음과 같을 때 유리한 직접노무원가 능률차이는?

실제직접노동시간	20시간
표준직접노동시간	21시간
직접노무원가 임률차이(불리)	₩300
직접노무원가 실제발생액	₩10,000

① ₩300　② ₩485　③ ₩500
④ ₩515　⑤ ₩600

16 직접노무원가차이 (21. 세무사)

(주)세무는 표준원가계산제도를 채택하고 있으며, 당기직접노무원가와 관련된 자료는 다음과 같다.

제품 실제생산량	1,000단위
직접노무원가 실제발생액	₩1,378,000
단위당 표준직접노무시간	5.5시간
직접노무원가 능률차이	₩50,000(유리)
직접노무원가 임률차이	₩53,000(불리)

(주)세무의 당기직접노무시간당 실제임률은?

① ₩230 ② ₩240 ③ ₩250
④ ₩260 ⑤ ₩270

17 직접노무원가차이 (19. 국가직 7급)

(주)한국의 당기실제제품생산량은 400개, 직접노무비 실제발생액은 ₩31,450, 제품 단위당 표준직접노동시간은 5시간이다. 표준원가계산하에서 계산된 직접노무비 임률차이는 ₩3,700 불리한 차이, 직접노무비 능률차이는 ₩2,250 유리한 차이이다. 직접노무비의 시간당 표준임률은?

① ₩14 ② ₩15
③ ₩16 ④ ₩17

18 변동제조간접원가차이 (20. 세무사)

(주)세무는 표준원가계산제도를 채택하고 있으며 직접노무시간을 기준으로 제조간접원가를 배부한다. 20×1년의 생산 및 원가 자료가 다음과 같을 때 변동제조간접원가 소비차이는?

변동제조간접원가 실제발생액	₩130,000
실제총직접노무시간	8,000시간
당기제품생산량	3,600단위
제품당 표준직접노무시간	2시간
변동제조간접원가 능률차이	₩8,000(불리)

① ₩25,000(유리) ② ₩25,000(불리) ③ ₩50,000(유리)
④ ₩50,000(불리) ⑤ ₩75,000(불리)

19 **변동제조간접원가차이** (17. 재경관리사)

(주)삼일의 변동제조간접원가와 관련한 자료가 다음과 같을 때 변동제조간접원가 실제발생액은 얼마인가?

실제작업시간기준 변동제조간접원가 예산	₩185,000
변동제조간접원가 소비차이	₩15,000(유리)

① ₩170,000
② ₩185,000
③ ₩214,000
④ ₩234,000

20 **변동제조간접원가차이** (12. 재경관리사)

(주)삼일의 변동제조간접원가와 관련한 자료는 다음과 같다.

변동제조간접원가 실제발생액	₩3,257,000
실제투입시간에 허용된 표준변동제조간접원가	3,450,000
실제산출량에 허용된 표준변동제조간접원가	3,200,000

(주)삼일의 변동제조간접원가 소비차이는 얼마인가?

① ₩57,000(불리)
② ₩193,000(불리)
③ ₩193,000(유리)
② ₩250,000(불리)

21 **변동제조간접원가차이** (21. 감정평가사)

(주)감평은 표준원가제도를 도입하고 있다. 변동제조간접원가의 배부기준은 직접노무시간이며, 제품 1개를 생산하는 데 소요되는 표준직접노무시간은 2시간이다. 20×1년 3월 실제 발생한 직접노무시간은 10,400시간이고, 원가자료는 다음과 같다.

변동제조간접원가 실제발생액	₩23,000
변동제조간접원가 능률차이	₩2,000(불리)
변동제조간접원가 총차이	₩1,000(유리)

(주)감평의 20×1년 3월 실제제품생산량은?

① 4,600개
② 4,800개
③ 5,000개
④ 5,200개
⑤ 5,400개

22 표준원가계산 (19. 감정평가사)

표준원가계산에 관한 설명으로 옳은 것을 모두 고른 것은?

ㄱ. 표준원가계산제도는 전부원가계산에서 적용할 수 있으나 변동원가계산에서는 적용할 수 없다.
ㄴ. 표준원가계산제도는 종합원가계산제도에 적용이 가능하다.
ㄷ. 직접재료원가 가격차이를 구입시점에서 분리하든 사용시점에서 분리하든 직접재료원가 능률차이는 동일하다.
ㄹ. 고정제조간접원가의 예산차이는 실제투입량 변동예산과 실제산출량 변동예산의 차이를 의미한다.

① ㄱ, ㄴ　② ㄱ, ㄷ　③ ㄴ, ㄷ
④ ㄴ, ㄹ　⑤ ㄷ, ㄹ

23 고정제조간접원가차이 (21. 국가직 9급)

(주)한국은 표준원가계산제도를 적용하고 있으며, 당기 변동제조간접원가 예산은 ₩1,500,000, 고정제조간접원가 예산은 ₩2,000,000이다. (주)한국의 제조간접원가 배부율을 구하기 위한 기준조업도는 1,000기계시간이며, 당기실제기계시간은 800시간이었다. 변동제조간접원가 능률차이가 ₩75,000 불리한 것으로 나타났다면, 고정제조간접원가 조업도차이는?

① ₩250,000(유리)　② ₩250,000(불리)
③ ₩500,000(유리)　④ ₩500,000(불리)

24 고정제조간접원가차이 (21. 공인회계사)

(주)대한은 표준원가계산을 적용하고 있다. 20×1년 1월과 2월에 실제로 생산된 제품수량과 차이분석 자료는 다음과 같다.

월	실제 생산된 제품수량	고정제조간접원가 소비차이(예산차이)	고정제조간접원가 조업도차이
1월	1,500단위	₩500(불리)	₩1,000(불리)
2월	2,000단위	₩500(유리)	₩500(유리)

(주)대한이 20×1년 1월과 2월에 동일한 예산과 표준배부율을 적용하고 있다면, 제품 1단위당 고정제조간접원가 표준배부율은 얼마인가? (단, 고정제조간접원가의 배부기준은 제품생산량이다)

① ₩3　② ₩4　③ ₩5
④ ₩6　⑤ ₩7

25 고정제조간접원가차이 (19. 관세사)

(주)관세는 단일제품을 생산하며, 실제산출물에 허용된 표준직접노무시간을 기초로 제조간접원가를 제품에 배부하는 표준원가계산시스템을 사용한다. 20×1년 고정제조간접원가와 관련된 자료는 다음과 같다.

연간 예산(예상) 고정제조간접원가	₩500,000
예산 표준직접노무시간(기준조업도)	25,000단위 × 직접노무시간 2시간/단위 = 50,000시간
연간 실제고정제조간접원가	₩508,000
실제직접노무시간	54,000시간

(주)관세가 20×1년에 제품을 26,000단위 생산하였을 경우, 고정제조간접원가 조업도차이는?

① ₩20,000(유리) ② ₩20,000(불리) ③ ₩32,000(유리)
④ ₩32,000(불리) ⑤ ₩40,000(유리)

26 고정제조간접원가차이 (22. 세무사)

(주)세무는 표준원가계산제도를 사용하고 있으며, 매월 동일한 표준원가를 적용한다. 20×1년 5월과 6월의 실제제품생산량은 각각 100단위와 120단위이었고, 다음과 같은 조업도차이가 발생했다.

기 간	조업도차이
5월	₩1,000(불리)
6월	₩600(불리)

(주)세무의 고정제조간접원가 월간 예산은?

① ₩3,000 ② ₩3,200 ③ ₩4,800
④ ₩5,400 ⑤ ₩6,000

27 고정제조간접원가차이 (19. 세무사)

(주)세무는 표준원가계산제도를 채택하고 있으며 기계작업시간을 기준으로 고정제조간접원가를 배부한다. 다음 자료에 의할 경우 기준조업도 기계작업시간은? (단, 기초 및 기말 재공품은 없다)

실제제품생산량	700단위
제품 단위당 표준기계작업시간	2시간
실제발생 고정제조간접원가	₩12,000
고정제조간접원가 예산차이	₩2,000(불리)
고정제조간접원가 조업도차이	₩4,000(유리)

① 600시간 ② 800시간 ③ 1,000시간
④ 1,200시간 ⑤ 1,400시간

28 고정제조간접원가차이 (18. 경영지도사)

(주)한국은 표준원가계산제도를 채택하고 있으며, 고정제조간접원가는 기계시간을 기준으로 배부하고 있다. 기준조업도는 1,000기계시간이며, 제품 단위당 10시간의 표준기계시간이 소요된다. 고정제조간접원가 실제발생액은 ₩220,000이다. 고정제조간접원가 예산차이(소비차이)는 ₩20,000(불리)이고, 고정제조간접원가 조업도차이는 ₩40,000(불리)인 경우, 당기의 실제제품생산량은?

① 80개　② 100개　③ 120개
④ 140개　⑤ 160개

29 고정제조간접원가차이 (20. 관세사)

(주)관세는 기준조업도로 연 48,000시간의 직접노무시간을 적용하고 있다. 변동제조간접원가와 고정제조간접원가 연간 예산은 각각 ₩144,000과 ₩192,000이다. 제품단위당 표준직접노무시간은 2시간이며, 예산차이는 ₩4,000(불리), 조업도차이는 ₩6,000(유리)으로 나타났다. 실제생산량은 몇 단위일까? (단, 재공품은 없다)

① 23,250단위　② 23,400단위　③ 23,800단위
④ 24,500단위　⑤ 24,750단위

30 제조간접원가차이 (18. 관세사)

(주)관세는 표준원가계산제도를 채택하고 있으며, 20×1년 제품 2,000단위를 기준으로 제조간접원가에 대한 표준을 다음과 같이 설정하였다.

제조간접원가 예산 = ₩720,000 + 직접노동시간 × ₩100
제품단위당 표준직접노동시간 5시간

20×1년 실제직접노동시간은 20,400시간이고, 실제생산량은 4,000단위이다. 변동제조간접원가 능률차이와 고정제조간접원가 조업도차이는?

	능률차이	조업도차이
①	₩40,000(불리)	₩720,000(유리)
②	40,000(유리)	720,000(불리)
③	40,000(불리)	1,280,000(유리)
④	40,000(유리)	1,280,000(불리)
⑤	차이 없음	1,280,000(불리)

31 제조간접원가차이 (23. 세무사)

(주)세무는 표준원가계산제도를 적용하고 있다. 20×1년 변동제조간접원가와 고정제조간접원가 예산은 각각 ₩540,000과 ₩625,000이다. 20×1년 기준조업도는 1,000직접노무시간이며, 실제직접노무시간은 900시간이다. 제조간접원가의 조업도차이가 ₩110,000(불리)이라면 제조간접원가의 능률차이는?

① ₩20,820(불리) ② ₩41,040(불리) ③ ₩62,680(불리)
④ ₩86,680(불리) ⑤ ₩95,040(불리)

32 매출가격차이와 매출조업도차이 (18. 공인회계사)

(주)대한은 20×1년도 고정예산과 실제결과를 비교하기 위해 다음과 같은 손익계산서를 작성하였다.

	고정예산	실제결과
판매량	10,000단위	12,000단위
매출액	₩500,000	624,000
변동원가		
제조원가	250,000	360,000
판매관리비	50,000	84,000
공헌이익	200,000	180,000
고정원가		
제조원가	15,000	19,000
판매관리비	25,000	25,000
영업이익	160,000	136,000

(주)대한의 경영자는 20×1년도 실제판매량이 고정예산판매량보다 20% 증가하였으나, 영업이익은 오히려 15% 감소한 원인을 파악하고자 한다. 다음 설명 중 옳지 않은 것은? (단, (주)대한은 20×1년도에 12,000단위를 생산・판매할 수 있는 용량(capacity)을 확보하고 있다)

① 매출조업도차이(sales-volume variance)는 ₩40,000만큼 유리하다.
② 변동예산차이(flexible-budget variance)는 ₩84,000만큼 불리하다.
③ 매출가격차이(selling-price variance)는 ₩24,000만큼 유리하다.
④ 고정원가 소비차이(fixed overhead spending variance)는 ₩4,000만큼 불리하다.
⑤ 고정예산차이(static-budget variance)는 ₩24,000만큼 불리하다.

33 시장점유율차이 (20. 세무사)

(주)세무는 사무실용과 가정용 공기청정기를 판매한다. 다음은 (주)세무의 20×1년 예산과 실제결과이다.

(20×1년 예산)

제 품	단위당 판매가격	단위당 변동원가	판매수량
사무실용 공기청정기	₩180	₩120	30,000대
가정용 공기청정기	₩135	₩90	90,000대

(20×1년 실제결과)

제 품	단위당 판매가격	단위당 변동원가	판매수량
사무실용 공기청정기	₩165	₩112.5	37,800대
가정용 공기청정기	₩120	₩82.5	88,200대

20×1년도 공기청정기의 전체 실제시장규모는 1,050,000대이며, (주)세무의 시장점유율차이는 ₩1,023,750(유리)이다. (주)세무가 예상한 20×1년도 전체 공기청정기의 시장규모는?

① 857,143대 ② 923,077대 ③ 1,100,000대
④ 1,150,000대 ⑤ 1,200,000대

IV

의사결정과 성과평가

13 의사결정과 관련원가

가격, 제품배합, 아웃소싱, 제품추가·폐지를 결정한다

14 전략적 원가관리

품질원가, 제약이론, 원가기획을 사용한다

15 불확실성과 의사결정

불확실성을 고려하여 결정한다

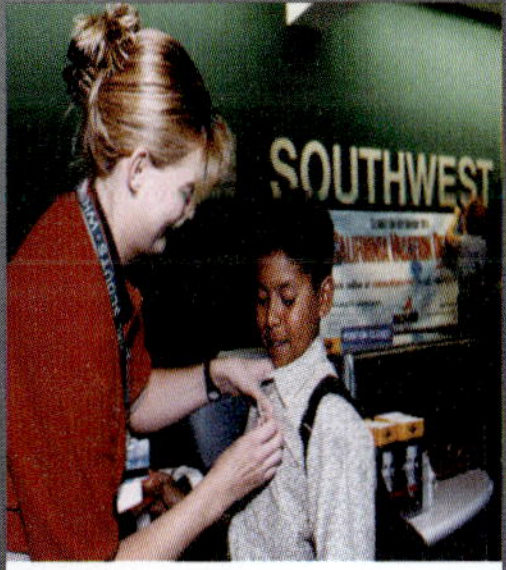

16 성과평가

책임회계, 경제적 부가가치, 균형성과표를 사용한다

17 사내대체가격

사내내부거래제도를 사용한다

제IV부는 조직의 운영과 관련된 의사결정에 회계정보를 활용하는 방법과 운영의 성과를 평가하고 관리하는 방법을 다룬다. 제13장은 기업에서 전형적으로 이루어지는 가격결정, 사업구조 조정, 신제품 추가와 적자제품 중단 결정, 제약자원의 최적 활용, 외부주문과 자체조달 결정, 추가가공 결정에 회계정보를 적절히 활용하는 방법을 소개한다. 제14장은 기업의 성공전략과 관련성이 높은 적시(JIT)구매/생산시스템, 품질원가계산, 제약이론, 제품수명주기원가계산, 원가기획을 소개한다. 제15장은 의사결정의 결과가 불확실한 상황에서 활용할 수 있는 상황분석, 기대이익, 정보의 가치, 위험의 고려 등의 개념을 학습한다. 제16장은 조직의 전체나 하부 단위가 달성한 성과를 평가하는 방법을 다룬다. 책임회계, 성과평가의 일반적 이슈, 투자액을 고려한 성과평가, 비재무적 지표도 중시하는 균형성과표를 소개한다. 제17장은 분권화와 이익중심 부문평가를 위한 조직 내부의 부문간 내부가격제도를 다룬다.

13 의사결정과 관련원가

가격, 제품배합, 아웃소싱, 제품추가 · 폐지를 결정한다

백화점의 세일기간에 많은 사람이 할인된 가격에 상품을 사려고 백화점에 몰려든다. 상품가격을 얼마나 할인하는 것이 적절할까? 정상가격은 어떻게 결정될까? 고객의 수요도 고려하겠지만 원가 이하로 팔 수는 없다. 이러한 결정에 관련된 원가수치는 어떻게 구하는지를 이 장이 다룬다. 가격결정 이외의 여러 가지 의사결정에 필요한 원가개념과 적용방법을 다음과 같은 내용으로 다룬다.

- 정상가격과 할인가격과 관련된 원가는 다르다.
- 제품라인이나 부문 추가폐지결정에 원가정보를 이용한다.
- 최적의 제품배합을 결정하려면 제약자원의 이용효율성을 고려하여 수익성을 비교한다.
- 외부주문(외주), 외주가공, 아웃소싱 등을 통해 원가를 절감할 수 있다.
- 제품을 추가가공하여 수익성을 높인다.

원가가산가격결정

원가에 이익을 더하여 가격을 설정하는 방법

가격 = 단위당 원가 + 이익 마진

- 원가의 일정비율로 계산
- 투자된 자본의 적정수익률에 의해 계산

13

- 제품가격을 얼마로 정할까?
- 원가를 기준으로 가격설정을 하는 방법이 있다
- 판매량 영향을 고려하여 가격을 정한다
- 사업중단도 대안이다
- 가격을 얼마나 할인하여 판매할 수 있는가?
- 적자제품생산을 중단하면 손실이 더 커질 수 있다
- 여러 제품의 매출이 서로 영향을 미칠 수도 있다
- 제약자원이 있을 때 어느 제품을 더 생산판매해야 하는가?
- 외부주문으로 원가를 절감한다
- 제품의 추가가공으로 수익성을 높인다

이통사 '원가보상률' 논란 재점화

■ 미래부가 매년 산출… 단통법 시행 이후 이통사 영업이익 큰 폭으로 늘어 의혹

단말기유통구조개선법(단통법) 시행 후 이동통신사들의 영업이익이 큰 폭으로 늘면서 통신업계의 '원가보상률'을 둘러싼 논쟁이 재차 수면 위로 떠오르고 있다. 시민단체 등은 이통사들의 영업이익 확대폭에 비해 원가보상률 변동이 크지 않은 점을 들어 원가보상률이 비현실적으로 산정되고 있다는 의혹을 제기중이다. 정부는 "영업이익 규모와 원가보상률 간 직접적인 상관관계가 없다"면서도 원가보상률 산정기준 등에 대한 구체적인 자료 공개는 거부하고 있다.

원가보상률은 특정 재화나 서비스를 제공해 얻는 영업수익을 총괄원가로 나눠서 산출하는 값이다. 원가보상률이 100보다 크면 클수록 원가 이상의 수익을 내고 있다고 해석할 수 있다. 원가보상률은 주로 전기나 가스, 수도, 도로 등 공공서비스 영역에서 요금 산정시 중요 자료로 활용된다. 원가보상률이 낮은 서비스일수록 요금을 높여야 공공서비스의 영속성을 유지할 수 있다.

■ 시민단체 "산정과정 공개하라" 요구

이동통신서비스는 각 이통사의 원가보상률 자료가 중요하게 쓰인다. 이통사별 원가보상률은 매년 3월 미래창조과학부가 사업자로부터 자료를 제출받아 산출한 뒤 이통사간 상호접속료, 도매대가, 설비제공비용 등을 산정하는 데 활용한다. 정부가 통신요금을 정하지는 않기 때문에 원가보상률 자체가 소비자가 부담하는 통신요금 수준에 직접적인 영향을 주지는 않는다. 특정 이통사의 원가보상률이 경쟁사보다 높다고 해서 해당 이통사만 요금을 내리게 할 수는 없다는 뜻이다. 다만 원가보상률이 높을수록 통신요금을 인하할 여지가 더 많다는 해석은 충분히 가능하다. 미래부는 이통사의 요금인가 심사시 원가보상률을 참고해 요금산정 수준이 적절한지 여부 등을 판단한다.

시민단체 등은 2～3년 전부터 정부에 원가보상률 산정과정을 투명하게 공개하라고 요구 중이다. 영업수익의 경우 기업의 공시를 통해 구체적인 수치가 확인되지만 총괄원가의 경우 정부가 워낙 복잡한 수치들을 종합해 산출하다 보니 신뢰하기 어렵다는 게 시민단체들의 입장이다.

총괄원가는 '(사업비용＋투자보수비)×투자보수율'의 계산으로 산출한다. 지난해 국정감사에서 공개된 자료를 보면 사업비용에는 영업비용, 출연금, 보편적 역무손실보전금, 전기통신 관련 유형자산처분손익 및 법인세비용 등이 포함된다. 투자보수비에는 연평균 유형자산 등 장부가액, 연평균 재고자산, 적정운전자본 등이 포함된다. 투자보수율은 이통사가 투자비용을 무위험자산에 투자했을 때 얻을 수 있는 일종의 '기회비용'으로, 매년 시장금리 수준과 연동해 변동된다. (후략)

최근 5년간 이동통신 3사의 원가보상률 현황 (단위 : 억원, %)

구 분		2012년	2013년	2014년	2015년	2016.2Q(누적)
SKT	매출액	123,327	128,604	130,126	125,570	641,903
	영업이익	16,754	19,697	17,371	16,588	9,081
	원가보상률	111.5%	112.5%	111.5%	108.6%	−
KT	매출액	188,630	179,370	174,358	169,424	84,044
	영업이익	10,750	3,099	−7,195	8,639	6,091
	원가보상률	99.6%	105.6%	92.1%	97.2%	−
LGU+	매출액	109,046	114,522	109,849	107,804	55,850
	영업이익	1,268	5,426	5,931	6,463	3,555
	원가보상률	83.1%	88.6%	97.21%	97.9%	−
3사	매출액	421,003	422,496	414,333	402,798	201,797
	영업이익	28,772	28,222	16,107	31,690	18,727
	원가보상률	101.6%	104.8%	101.4%	102.9%	−

※ 매출액, 영업이익 : 사업자 공시자료(IR), 원가보상률(영업보고서)

(주간경향, 2016년 10/11월호)

제품가격을 얼마로 정할까?

시장형태별 가격설정

완전경쟁시장

생산기업＝가격수용자 (Price-taker)

독과점시장

생산기업＝가격설정자 (Price-setter)

독점적 경쟁시장

생산기업＝범위 내 가격결정

소비자는 유사제품 구입

생산자의 손해

임시특별가격이란?

기업이 일시적 판매부진에서 벗어나기 위해 대폭 할인한 가격

수집된 원가자료는 기업과 단체의 여러 의사결정에 사용된다. 먼저 가격설정(Pricing)을 생각하자. 이익을 얻기 위해 원가보다 높은 가격을 받아야 한다. 경쟁기업들이 거의 똑같은 제품을 판매하는 시장[1]에서는 다른 기업이 받는 시장가격과 다른 가격을 받기는 어렵다. 그러나 많은 경우에 경쟁제품 사이에도 기능, 내구성, 디자인 등의 차이가 있어 서로 다른 가격에 팔린다. 백화점이나 대형할인점에 있는 다양한 제품의 다양한 가격을 생각해 보라. 심지어 농산물도 이천쌀, 성거포도처럼 생산지에 따라 특산품은 높은 가격에 거래된다. 이렇게 차별화된 제품의 시장[2]에서 생산기업은 가격을 스스로 설정한다. 독점적 경쟁상황에서 가격을 너무 올리면 소비자는 유사제품을 대신 구입할 것이고, 가격을 너무 낮추면 손해를 본다. 원가 이상으로 판매하여 이익을 얻으면서 판매량도 고려하여 이익을 최대로 할 수 있는 가격이 가장 좋다.

원가를 알아야 어느 가격에서 얼마나 이익이 남는지 계산할 수 있다. 가격설정을 위해 모든 원가를 고려해야 할까? 고정원가도 포함해야 할까? 그것은 고려할 원가의 범위가 정상가격인가 아니면 임시특별가격인가에 따라 다르다. 정상가격은 모든 원가를 다 고려해야 한다. 제조원가와 판매관리비의 총원가 이상의 가격을 받아야 이익을 창출할 수 있다. 변동원가, 고정원가, 계단원가(준고정원가) 등 모든 행태의 원가를 고려하여 최저정상가격을 구한다. 순수변동원가 이외의 원가는 단위당 원가가 일정하지 않으므로 판매량에 따라 최저정상가격이 변한다. 〈표 13.1〉에서 판매량이 늘어날 때 고정제조원가와 고정판매관리비의 단위당 금액이 작아져서 단위당 원가합계가 420원에서 336.7원으로 작아져서 최저정상가격이 낮아지는 예를 보여준다.

1) 경제학에서 많은 수의 생산자들이 거의 같은 제품을 판매하는 시장을 완전경쟁시장이라고 한다. 이 경우 시장에서 결정된 가격으로 각 생산자가 제품을 팔아야 하므로 생산자는 가격수용자(price taker)가 된다.

2) 비슷한 기능의 제품이나 서비스가 서로 차별화되어 서로 다른 가격에서 거래되는 경우를 독점적 경쟁(Monopolistic Competition)이라 한다. 이때와 독과점의 경우 생산자가 가격을 스스로 결정할 수 있으므로 가격설정자(price setter)가 된다.

표 13.1 판매량과 최저정상가격

판매량(백만개)	4		6	
	총 액 (백만원)	단위당 금액 (원/개)	총 액 (백만원)	단위당 금액 (원/개)
변동매출원가	560	140	840	140
변동판매관리비	120	30	180	30
고정제조원가	450	112.5	450	75
고정판매관리비	550	137.5	550	91.7
원가합계	1,680	420	2,020	336.7
최저정상가격		420		336.7

원가를 기준으로 가격설정을 하는 방법이 있다

가격을 설정하는 방법에는 무엇이 있을까?

일반기업의 방법

상품취득원가 or 직접제조원가 + 이익 마진

좋은점

- 복잡한 간접원가 배부를 회피

문제점

- 여기서 마진은 진정한 이익이 아니라 간접원가 회수를 포함한 금액
- 간접원가가 상품이나 제품 사이에 큰 차이를 보인다면 가격이 너무 높거나 너무 낮을 수 있음

적자를 면하게 하는 최저의 가격은 총원가를 판매량으로 나눈 단위당 원가이다. 이익을 주는 가격을 정하려면 단위당 원가에 이익 마진을 더하여 가격을 정한다. 이 방법을 원가가산 가격설정(cost-plus pricing)이라 한다. 원가에 더해지는 이익 마진은 원가의 일정비율 또는 투자된 자본의 적정수익률에 의해 계산한다.[3] 전기, 전화, 교통요금 등의 공공요금이나 독과점 상품의 가격규제를 할 때에도 흔히 사용된다. 또는 건설공사나 값비싼 군수장비의 납품을 수의계약에 의해 실시할 때 발생한 원가를 기준으로 대금을 주기도 한다.

실제 발생한 원가에 이익을 더하여 대금을 정산하는 경우, 공급업자의 이익이 보장되어 있어 원가를 줄이려는 동기가 없고 심지어 원가를 부풀리려는(cost-padding) 동기가 생긴다. 이익 마진이 투하된 자본에 일정수익률을 보장하는 수준으로 정하는 경우에는 자본이 지나치게 투하되는 문제도 생긴다.[4]

3) 공공요금을 규제할 때 발생원가에 투하된 자본의 적정수익률을 보장하는 이익 마진을 더하여 가격을 결정하게 하는 방법을 공정보수율 규제라고 한다.

원가가산 가격설정
원가에 이익을 더하여 가격을 설정하는 방법

일반 기업도 여러 가지 제품과 서비스의 가격을 간편하게 결정할 때 원가가산방식을 사용한다. 많은 기업이 상품이나 제품에 간접원가를 배부한 후의 총원가 대신에 직접원가인 상품매입원가나 직접제조원가에 마진을 붙여 가격을 결정한다. 이것은 복잡한 간접원가 배부를 피할 수 있어 편리하나 문제가 있다. 이때 마진은 진정한 이익이 아니고 간접원가의 회수를 포함한 금액이므로, 만약 간접원가가 상품이나 제품 사이에 큰 차이를 보인다면 직접원가만을 고려하여 마진을 붙인 가격이 지나치게 낮거나 높을 수 있다.

YouTube 원가계산 후 판매가 전략을 세우자

이 동영상은 피자 신메뉴 출시에 원가관리표를 사용하여 가격 대비 원가율을 관리하는 방법을 소개한다.

"무조건 맛있다고 신메뉴를 출시하지 않습니다. 메뉴가 맛있어도 적정원가율에 들어와야 합니다. 음식의 비쥬얼, 맛, 양 대비 소비자의 저항이 생기지 않는 가격대가 나와야 신메뉴로 출시가 가능합니다. 원가관리표를 통해서 메뉴를 출시한다 안 한다를 결정합니다. 준비하는 과정 순서를 통해서 보여드리면 현실적으로 느끼실 것 같아서 준비해 봤습니다.

제품기초원가를 계산하는 순서와 방법에 대해서 시연해 드리겠습니다. 두 가지의 포인트를 잘 숙지하시길 바랍니다. 첫째, 들어가는 재료는 투입중량에 맞게 넣어 주세요. 여기서 투입 중량을 결정하는 것은 매우 중요한 순서입니다. 모든 재료는 투입단가를 고려하여 판매가로 나눴을 때 원가율이 나옵니다. 원가율이 높게 나왔을 경우, 판매가를 높여서 원가를 낮추게 되면 소비자 가격저항, 다시 말해 고

4) 실제 발생한 원가를 전액 보상하고 일정이익을 보장하는 기존 공공요금 제도의 문제를 해결하기 위해 최근에 여러 가지 방법이 사용되고 있다. 실제원가 대신에 표준원가에 의해 요금을 설정할 수 있으나 표준원가의 결정이 어렵다. 가격상한제(price-cap)를 사용하여 원가절감을 유도하거나 경제적 장기증분원가(Long-Run Incremental Cost)를 회계적 원가 대신 사용하는 나라가 있다. 전기통신업의 원가기준 요금산정에 대해 이태희 외의 '규제시장에서 원가주의 요금산정을 위한 원가배부에 관한 사례'(회계저널 2009년 6월)를 참고하라.

판매량 영향을 고려하여 가격을 정한다

가격이 높을수록 이익이 커지므로 가격규제를 받지 않는 기업은 원가와 상관없이 가격을 높일수록 좋지 않을까? 그렇지 않다. 높은 가격이 판매량을 줄여 이익은 오히려 줄 수 있다.[5] 국회제과가 〈표 13.2〉처럼 3가지 수준으로 판매가를 정할 수 있고 그에 따라 판매량이 변한다고 하자. 이익을 쉽게 계산하기 위해서 공헌이익계산서를 사용하였다.[6] 3가지 판매가격안의 이익을 비교하면 판매가가 500원인 2안에서 이익이 가장 높은 것을 알 수 있다. 고정제조원가, 고정판매관리비, 이자비용은 매출과 무관하고 법인세는 세전이익에 비례하므로 공헌이익만을 비교하여도 어느 안이 가장 큰 순이익을 창출하는지 알 수 있다.

객이 가격을 비싸게 느끼게 됩니다. 이런 경우 고객 이탈로 이어질 수 있습니다.

둘째, 소비자 저항이 생기는 가격 혹은 동네에서 나아가 옆집보다 비싼 경쟁력 없는 판매가는 원가율을 낮추기 위해 더 이상 판매가를 높일 수 없을 때 재료의 양을 조절하거나 한 등급 낮은 품질을 선택할 수 있습니다. 하지만 이 또한 소비자 음식 만족도에 반영되어 이탈이 일어날 수 있습니다. 그래서 재료의 구성과 중량의 단가를 계산하는 것은 매우 중요한 순서이며 메뉴별 원가율은 우리 한 달 정산에 정확한 이익을 예상하도록 도와줍니다.

시연과정이 끝나면 엑셀로 원가율을 계산해 보고 판매가를 입력해 보면서 메뉴 출시로 적절한지 경쟁력은 있는지를 판단해 보는 과정입니다. 들어가는 재료의 품목을 모두 입력합니다. 재료의 전체 수량을 먼저 입력하고, 메뉴에 들어가는 투입량을 입력합니다. 전체 재료의 구매단가를 입력하면 실제투입단가는 자동계산됩니다. 끝으로 판매가를 입력하여 원가율을 확인합니다. 판매가 입력시 주변의 유사 업종 혹은 유사 아이템과 경쟁력이 있는 가격인지 따져 보셔야 합니다.

현재 저희 매장에서는 이 피자를 15,500원에 23.7% (재료)원가율로 판매하고 있습니다. 고객에게 제공하는 피클과 소스 그리고 유산지와 같은 소모품은 제외한 금액으로 이보다 원가는 다소 높을 수 있습니다. 또한 사이드 메뉴가 1만원 미만인 경우 50% (재료)원가에 해당하는 메뉴가 있기 때문에 피자에서 원가율을 다소 낮게 잡아서 원가를 맞추고 있습니다. 이러한 가격전략은 원가계산을 통해 세울 수 있으니 꼼꼼히 준비하여 경쟁력 있는 매장을 만드시길 바랍니다." (맥형 TV, 2020.3.17)

---

5) 가격에 따라 판매량이 변하는 정도를 수요의 가격탄력성이라 한다.
6) 생산량을 판매량에 일치시킨다고 가정하고 전부원가계산으로 조정하지 않았다.

표 13.2 판매가와 이익

(단위 : 백만원)

	1안	2안	3안	비 고
판매가격(원/개)	400	500	600	
판매량(백만개)	5	4	3	
매 출	2,000	2,000	1,800	
(−)변동매출원가	700	560	420	140원×판매량
(−)변동판매관리비	150	120	90	30원×판매량
공 헌 이 익	1,150	1,320	1,290	
(−)고정제조원가	450	450	450	
(−)고정판매관리비	550	550	550	
영 업 이 익(손실)	150	320	290	
(−)이 자 비 용	50	50	50	
세 전 이 익	100	270	240	
(−)법 인 세	10	27	24	10%×세전이익
순 이 익	90	243	216	

유니켐 심양보 회장 "원가 올라도 납품가 유지… 주문 몰려"

부실 피혁기업 인수 2년반 만에 흑자

인수 후 피혁 빼고 싹 정리

현대기아차 · 르노 추가계약… 2013년 2분기 영업익 6억원

피혁 전문업체 유니켐의 심양보 회장(사진)은 2010년 12월 대표이사로 취임하기 전까지만 해도 '피혁 물처리 공정'을 맡았던 하도급업체 삼애의 사장이었다. 유니켐이 태양광 나노 창호 등으로 사업을 확대하다 경영난에 빠지자 심 회장은 유니켐의 경영권을 사들였다. 그리고 2년반 만에 흑자 전환에 성공했다.

■ 피혁 이외 사업 과감히 정리

심 회장은 "회사를 인수한 뒤 원자잿값이 치솟아 납품가격을 올려야 하는 상황이었는데도 거래처와 한 번 한 약속은 반드시 지켜야 한다는 신념으로 품질이 좋은 제품을 계속 공급했더니 거래처에서 주문량을 늘려주고 가격도 올려줘 올해 이익을 낼 수 있었다"고 말했다.

1976년 설립된 유니켐은 자동차 가죽시트와 고급 핸드백용 천연가죽 원단 등을 만드는 기업이다. 현대 · 기아차와 르노삼성차, 명품업체인 코치와 MCM 등에 가죽원단을 납품해 왔다. 하지만 사업다각화 실패로 거액의 손실을 입었고 부도 직전까지 내몰렸다.

심 회장은 "유니켐이 무너지면 납품업체인 삼애 역시 부도가 날 수밖에 없는 상황이었다"며 "유니켐은 영업력과 기술력이 세계적 수준인 데다 빚도 많지 않아 실패한 사업들만 제대로 정리하면 회생

사업중단도 대안이다

고정원가는 일정해 대안비교에 관련이 없으므로 변동원가만을 고려한 공헌이익이 충분한 이익 비교기준인가? 일반적으로 그렇다. 그러나 예외가 있다. 고정원가 전액 또는 일부가 의사결정에 따라 변하는 경우이다. 정상가격의 결정에는 고정원가 전액을 고려해야 한다. 정상가격이 고정원가를 회수하지 못할 수준이라면 장기적·계속적으로 손실이 누적되므로 사업을 중단하는 것이 낫다. 달리 말하면 사업을 중단하여 고정원가의 발생을 막는 것도 하나의 대안으로 존재한다. 이 점을 〈표 13.3〉이 예로 보인다. 〈표 13.2〉와 〈표 13.3〉의 차이는, 고정제조원가가 커져서 공헌이익을 가장 크게 하는 판매가 500원의 2안에서도 순손실이 생긴다는 사실이다. 이 상황이 계속될 전망이면 사업을 중단하는 4안을 선택하여 손실을 막는 것이 바람직하다.

시킬 수 있다는 확신이 있었다"고 말했다.

그는 2010년 말 유니켐을 인수한 즉시 태양광사업부를 없앴다. 나노분야 자회사 'NPC'와 창호업체 '한길' 지분도 정리했다. 그러나 이 회사가 경쟁력을 갖고 있는 피혁사업은 그대로 유지했다. 그는 "회사가 무너질 위기였지만 도급 인력까지 포함한 320여 명의 직원은 한 사람도 해고하고 싶지 않았다"고 했다.

■ "거래처와 약속 지켜야"

심 회장이 대표로 취임할 당시 피혁 원자재인 소가죽 가격은 72달러(한 마리 기준)에서 1년 뒤 107달러로 50%가량 올랐다. 유니켐은 이 때문에 2011년 1,097억원의 매출을 올렸는데도 104억원의 영업손실을 냈다.

회사 재무·영업 담당자들은 "지금 가격으로는 거래해선 안 된다"며 납품 중단을 건의했다. 그러나 심 회장은 받아들이지 않았다. 유니켐은 이로 인해 지난해에도 88억원(매출 994억원)의 손실을 냈다. 올해 2월에는 운전자금 마련을 위해 137억원의 유상증자까지 했다.

유니켐은 이런 노력 덕분에 르노삼성차에 시트 원단을 전량 공급하고 있다. 올해 초에는 현대·기아차로부터 차량용 시트 원단 납품가를 16.3% 더 받는 계약을 맺었다. 유니켐은 올해 2분기 매출 242억원에 영업이익 6억원을 내 흑자전환했다.

거래처와 약속을 철저히 지켜 후속 물량을 따낸다는 그의 판단은 옳았다. 유니켐은 올해 말 출시 예정인 기아차 카니발 후속모델에 내년부터 4년간 238억원어치의 가죽시트 원단을 납품키로 했다. 기아차 중국법인 둥펑위에다기아에도 내년 4월부터 2018년까지 148억원어치 가죽시트 원단을 공급하기로 했다. (한국경제, 2013.10.18)

표 13.3 사업중단의 고려

(단위 : 백만원)

	1안	2안	3안	4안	비 고
판매가격(원/개)	400	500	600	사업중단	
판매량(백만개)	5	4	3	0	
매 출	2,000	2,000	1,800	0	
(−)변동매출원가	700	560	420	0	140원×판매량
(−)변동판매관리비	150	120	90	0	30원×판매량
공 헌 이 익	1,150	1,320	1,290	0	
(−)고정제조원가	*760*	*760*	*760*	0	
(−)고정판매관리비	550	550	550	0	
영 업 이 익(손실)	(160)	10	(20)	0	
(−)이 자 비 용	50	50	50	0	
세 전 이 익(손실)	(210)	(40)	(70)	0	
(−)법 인 세	0	0	0	0	10%×세전이익
순 이 익(손실)	(210)	(40)	(70)	0	

가스전이 단돈 1달러, 석유공사 '눈물의 떨이'

한국석유공사가 국내 기술로는 처음으로 개발한 해외 가스전을 러시아 국영 석유회사에 '1달러'에 매각하는 방안을 추진중인 것으로 19일 알려졌다. 생산량이 개발 당시 예상한 것보다 빠르게 줄어들면서 채산성이 악화됐다고 판단했기 때문이다.

더불어민주당 강훈식 의원에 따르면, 석유공사는 최근 베트남 11-2광구에 대해 석유공사가 갖고 있는 지분을 전부 러시아 국영 석유회사인 자루베즈네프트에 1달러에 매각하는 방안에 대한 법률자문을 국내 법무법인에 의뢰했다. 강 의원과 석유공사에 따르면, 베트남 11-2 광구는 베트남 남부 붕따우에서 약 280km 떨어진 바다에 있다. 1992년 탐사를 시작해 2003년 가스전이 발견됐고 2006년 12월 생산을 시작했다. 석유공사와 한국 기업들이 개발에 참여했고, 한국 측 지분은 75%였다. 당시 한국 측은 이 가스전 개발로 15억달러 매출을 올릴 것으로 예상했고, 23년간 생산이 가능하리라고 봤다.

그러나 생산 시작 9년 만인 2015년 생산량이 지속적으로 감소하면서 운영비가 수익을 초과하기 시작했다. 2017년 1월부터는 생산한 가스를 소비지까지 수송하는 것과 관련해, 계약상의 최소 물량조차 채우지 못했다. 하지만 이 가스전과 관련된 수송계약은 2029년까지 유효하다. 이 때문에 생산량이 줄어들어도 계약상 수송료는 2029년까지 계속 내야 하는 상황이었다.

석유공사는 11-2광구의 현재가치를 2019년말 기준 '-2억달러' 또는 그 미만으로 추산하고 있다. 보유할수록 손해가 나는 자산이라는 것이다. 석유공사가 지난해 말까지 11-2광구에 투자한 금액은 7억5,600만달러, 회수한 금액은 7억9,700만달러였다. 27년간

〈표 13.3〉의 2안을 단위당 수치로 표시하면 〈표 13.4〉와 같다. 단위당 공헌이익이 330원이나 고정원가가 단위당 340원이어서 손실이 생긴다. 이 경우, 판매가가 고정원가를 포함한 단위당 원가의 합인 510원 이상이 되어야 이익을 얻을 수 있다.

표 13.4 판매가와 단위당 원가 (단위 : 원)

	2안
판매량(백만개)	4
단위당 판매가	500
(−)단위당 변동제조원가	140
(−)단위당 변동판매관리비	30
단위당 공헌이익	330
(−)단위당 고정제조원가	190
(−)단위당 판매관리비	137.5
(−)단위당 이자비용	12.5
단위당 순이익(손실)	(10)

총 4,100만달러 수익을 내는 데 그쳤다.

이 때문에 석유공사는 11-2광구에 대한 한국 측 지분 전체(75%)를 자루베즈네프트에 1달러에 넘기는 방안을 추진하고 있다. 자루베즈네프트에 오히려 돈을 주고 넘기는 방안도 검토되고 있는 것으로 알려졌다. 강훈식 의원은 "에너지 공기업들이 경제성에 대한 면밀한 분석 없이 해외 자원 개발에 뛰어들어 상당한 사회적 비용을 유발하고 있다"며 "공사들은 사업성 검토를 위한 장기 비용·편익 분석에 있어서 전문성을 강화하고, 전략적 중요성이 낮은 사업에 대한 합리적인 출구 전략을 마련할 필요가 있다"고 했다.

(조선일보, 2020.10.19)

가격을 얼마나 할인하여 판매할 수 있는가?

신장개업 할인판매(바겐세일), 폐업 할인판매, 재고처분 할인판매, 신규고객 할인판매 등 여러 가지 할인판매 행사를 주변에서 흔히 본다. 이러한 가게들은 왜 할인판매를 하며, 할인판매를 해도 손실이 없는가? 최대한 얼마나 할인하여 판매를 해도 되는가? 앞에서 정상판매가는 고정원가를 포함한 모든 원가를 초과하는 수준에서 결정되어야 함을 보았다. 그러나 임시특별가격은 다르다. 만약 기업이 일시적 경기침체로 대폭적인 할인판매를 해야 한다면 순손실이 발생해도 공헌이익이 있다면 할인판매를 할 가치가 있다. 사업을 중단하지 않는다면 고정원가는 그대로 있을 것이므로 매출이 변동원가를 초과하여 공헌이익이 있으면 고정원가의 일부라도 회수하는 것이 낫다. 임시가격 결정을 위해서는 고정원가를 제외한 변동원가만이 의사결정과 관련된 관련원가(Relevant Cost)이다. 할인판매가 초래하는 이미지 훼손 등의 기회원가도 관련원가로 고려해야 한다. 사업중단의 대안에서는 고정원가도 관련원가이다. 의사결정의 성격에 따라 다른 종류의 관련원가를 필요로 하므로 '상이한 목적을 위한 상이한 원가(different costs for different purposes)'라는 표현이 쓰인다.

관련원가
의사결정에 따라 달라지는 원가

정상판매량과 별도로 신규고객으로부터 특별주문을 받았거나 첫 거래를 위하여 할인가를 제공한다면 얼마나 가격을 낮출 수 있는가? 이 특별판매에 의해 추가적으로 발생하는 원가만을 고려하면 된다. 이를 증분원가(Incremental

증분원가
의사결정에 따라 증가하는 원가액

세일, 회사에 득인가 실인가

잘 쓰면 '약' 잘못 쓰면 '독'

매출 30% 내외 오르지만 수익성은 뚝 떨어져

할인의 가장 큰 이점은 매출증대다. 경기상황과 업종에 따라 다르지만 세일기간중 보통 20~30% 정도의 매출신장으로 이어진다는 것이 마케팅전문가들의 설명이다. 재고를 줄이는 데도 매우 효과적이다. 소비재 업체들의 재고는 암적 존재 그 자체로 매일 재고와의 전쟁을 벌일 정도다. 하지만 세일은 이런 재고문제를 크게 덜어준다. 의류업계의 한 관계자는 "의류브랜드의 경우 재고를 제대로 처리하지 않을 경우 30%에 육박한다"며 "하지만 세일 등을 통해 이를 10~20% 수준으로 줄이고 있다"고 말했다.

기업 입장에서 할인판매 실시여부는 여러 가지 상황을 고려해 결정해야 한다. 누가 뭐래도 불황기의 세일은 분명히 메리트 있는 가격전략이다. 재고를 줄이고 현금유동성을 확보하기 위해서는 적절한 할인판매가 필요할 수 있다. 다만 몇 가지 주의할 점이 있다. 가격을 내리지 않아도 되는지 꼼꼼한 검토가 이뤄져야 한다. 불황기에는 이익실현이 더욱 어려워지기 때문이다. 아울러 세일기간 이후 가격을 정상화해도 소비자들의 저항이 없는지 살펴봐야 한다. 지나친 세일은 나중에 가격을 정상화하는 데 걸림돌이 될 수 있기 때문이다. (중략)

Cost)라고 한다. 의사결정에 따라 증가된 원가라는 의미이다. 제조원가, 판매관리비의 변동원가가 대부분 증분원가이고 만약 추가적인 고정원가가 있다면 그 부분만이 증분원가에 포함될 수 있다. 〈표 13.4〉의 예를 사용한다면 단위당 변동원가 170원만이 증분원가이므로 이 이상으로만 특별판매가를 설정하면 공헌이익이 생긴다. 즉 이 공헌이익이 이익의 증가분, 즉 증분이익이다.

기발생원가 (매몰원가)
이미 발생하여 변경이 불가능한 원가

극단적인 경우에 변동원가 이하로 판매하는 것이 바람직할 수도 있다. 폐업세일(Out-Of-Business Sale), 재고처분 할인판매(Clearance Sale)를 생각해 보자. 사업을 중단하기로 결정하였거나 지나치게 보유한 특정 재고를 처분해야 하는 경우, 지금 가지고 있는 재고를 얻기 위해 이미 지급한 변동원가는 더 이상 관련원가가 아니다. 그 변동원가는 이미 발생하여 회수할 수 없는 기발생원가(매몰원가, Sunk Cost)이다. 재고를 정상적으로 판매할 수 없다면 대폭 할인하여 직접 판매할 것인가 아니면 전문 처분업자에게 모두 넘길 것인가를 결정해야 한다(부도난 자기회사제품을 헐값에 판다는 자칭 중소기업 사장을 지하철에서 본 경험이 있는가?). 이때 재고의 취득원가는 고려사항이 아니다.

적자제품생산을 중단하면 손실이 더 커질 수 있다[7)]

〈표 13.5〉가 보여주듯이 제과부의 제품 중에서 딸기샌드가 영업손실을 주고 있다고 하자.

하지만 큰 폭의 할인은 곳곳에 많은 후유증을 남기기도 한다. 대표적인 것이 수익률의 저하다. 예컨대 1만원에 팔던 것을 20% 할인해 8,000원에 팔면 수익성 면에서 개당 2,000원씩 떨어진다. 특히 할인율을 높일수록 수익성은 떨어진다. 심지어 원가수준에 파는 상황이 생기고, 이는 회사의 부실로 이어질 수밖에 없다. 할인을 자주 할 경우 브랜드 이미지에도 부정적이다. 소비자들에게 '싼 게 비지떡'이라는 이미지를 심어줄 수 있다. 특히 국내 소비자들의 경우 가격으로 상품의 질까지 판단하는 경향이 강하다. 이런 점에서 외국의 유명 브랜드들이 자사에서 정한 가격을 고수해 명품대열에 오른 것은 시사하는 바가 크다.

소비자 가운데 제품에 대해 완벽한 정보를 가진 사람은 거의 없다. 단서에 의존해 힌트를 얻을 뿐이다. 대부분 잘 모르면 가격을 따져보고 제품을 평가한다. 비싸면 명품 운운하며 신뢰하고, 싸면 그렇고 그런 제품 정도로 여긴다. 국내 제조업체들이 나중에 세일을 하더라도 일단은 가격을 높게 매기는 경향이 강한 것도 소비자들의 이런 마인드와 무관치 않다는 분석이다.

(한경비즈니스, 2003.5.26)

7) 제품 대신 부문이나 지점을 폐지하는 경우도 이와 비슷한 분석이 가능하다.

표 13.5 딸기샌드 생산시 제품별 이익 (단위 : 백만원)

	땅콩샌드	딸기샌드	합 계
매 출	100	60	160
(−)변동제조원가	40	24	64
(−)변동판매관리비	12	8	20
공 헌 이 익	48	28	76
(−)고정제조원가	20	25	45
(−)고정판매관리비	6	4	10
영 업 이 익(손실)	22	(1)	21

딸기샌드의 생산판매를 중단하면 제과부의 영업이익이 증가할 것인가? 반드시 그렇지 않다. 만약 고정제조원가와 고정판매관리비 모두 딸기샌드의 생산과 무관하게 제과부 전체로 일정하다면, 〈표 13.6〉이 보여주듯이 오히려 딸기샌드의 생산중단이 제과부의 영업이익을 감소시킨다.

표 13.6 딸기샌드 생산중단시 이익 (단위 : 백만원)

	땅콩샌드	합 계
매 출	100	100
(−)변동제조원가	40	40
(−)변동판매관리비	12	12
공 헌 이 익	48	48
(−)고정제조원가	45	45
(−)고정판매관리비	10	10
영 업 이 익(손실)	(7)	(7)

회피가능원가
의사결정에 따라 줄어드는 원가

땅콩샌드만을 생산할 경우, 제과부의 영업이익이 줄었을 뿐만 아니라 제과부 전체가 손실을 보인다. 왜 이렇게 되는가? 딸기샌드를 더 이상 생산하지 않으면 매출이 60백만원 감소하는데 줄어든 원가 또는 회피가능원가(Avoidable Cost)는 변동원가인 32백만원에 불과하다. 딸기샌드가 부담하고 있던 고정원가 29백만원은 그대로 제과부에 남아 있어 땅콩샌드의 수익성을 떨어뜨린다. 즉, 고정원가 29백만원은 의사결정과 무관하게 회피불가능원가(Unavoidable Cost)이다. 딸기샌드가 공헌이익을 창출하는 한 생산라인을 유지하는 것이 바람직하다. 이 결과를 증분액 관점으로 정리[증분접근법]하면 다음과 같다.

표 13.7 딸기샌드 판매중단시 이익변화 (단위 : 백만원)

	증분액	비 고
매출변화(증분수익)	−60	딸기샌드의 매출
(−)변동제조원가 변화	−24	딸기샌드의 변동제조원가
(−)변동판매관리비 변화	−8	딸기샌드의 변동판매관리비
공헌이익 변화	−28	딸기샌드의 공헌이익
(−)고정제조원가 변화	0	회피가능원가 없음
(−)고정판매관리비 변화	0	회피가능원가 없음
영업이익(손실) 변화	−28	〈표 13.5~6〉의 (−7)−21과 일치

회피가능원가와 증분원가는 모두 관련원가이며 거의 같은 개념이다. 단지 증분원가는 대안선택에 따른 원가증가분을, 회피가능원가는 원가감소분을 의미하는데 어떤 대안을 중심으로 보느냐의 차이일 뿐이다. 위의 예에서 땅콩샌드만을 생산하다가 딸기샌드 생산라인을 추가하는 결정을 한다고 하면 위의 회피가능원가가 증분원가로 대신 불린다.

여러 제품의 매출이 서로 영향을 미칠 수도 있다

위의 예에서 딸기샌드와 땅콩샌드의 매출은 서로 영향을 주지 않는 것으로 보았다. 실제로는 한 회사의 여러 제품의 매출은 서로 영향을 미치는 경우가 많다. 전자제품이나 가구가 세트로 판매되면 제품 매출이 같이 증가한다. 한 제품의 판매증가가 비슷한 다른 제품의 판매를 줄게 만들기도 한다. 딸기샌드의 판매를 중단하는 경우 회사 제품의 이미지에 악영향을 미쳐서 땅콩샌드의 판매량이 20% 줄어든다고 하자. 또한 딸기샌드의 고정제조원가 중 15백만원이 회피가능하다고 가정하자. 이때 과연 딸기샌드의 생산판매를 중단하는 것이 옳은가?

표 13.8 딸기샌드 생산중단시 이익 (보완적 매출의 경우)[8)]

(단위 : 백만원)

	땅콩샌드	합 계	비 고
매 출	80	80	100×0.8
(−)변동제조원가	32	32	40×0.8
(−)변동판매관리비	9.6	9.6	12×0.8
공 헌 이 익	38.4	38.4	48×0.8
(−)고정제조원가	30	30	45−15
(−)고정판매관리비	10	10	
영 업 이 익(손실)	(1.6)	(1.6)	

이 경우도 땅콩샌드만을 생산할 경우, 제과부의 영업이익이 줄었을 뿐만 아니라 제과부 전체가 손실을 본다. 이 결과를 증분액 관점으로 분석[증분접근법]하면 다음과 같다.

표 13.9 딸기샌드 생산중단시 이익변화 (보완적 매출의 경우)

(단위 : 백만원)

	증분액	계산식	비 고
매출변화(증분수익)	80 감소	60+100×0.2	딸기샌드와 땅콩샌드의 매출 감소
(−)변동제조원가 변화	32 감소	24+ 40×0.2	딸기샌드와 땅콩샌드의 변동제조원가 감소
(−)변동판매관리비 변화	10.4 감소	8+ 12×0.2	딸기샌드와 땅콩샌드의 변동판매관리비 감소
공헌이익 변화	37.6 감소	28+ 48×0.2	딸기샌드와 땅콩샌드의 공헌이익 감소
(−)고정제조원가 변화	15 감소		회피가능원가
(−)고정판매관리비 변화	0		회피가능원가 없음
영업이익 변화	22.6 감소		−1.6−21과 일치

8) 두 제품의 판매량이 서로 같은 방향으로 움직이면 보완재이고 다른 방향으로 움직이면 대체재라고 불린다.

제약자원이 있을 때 어느 제품을 더 생산판매해야 하는가?

국회제과가 땅콩샌드와 딸기샌드를 같이 생산할 때 두 제품의 생산량을 각각 별도로 결정할 수 있는가? 만약 생산설비가 충분히 커서 생산능력에 여유가 있다면 그렇다. 그러나 생산설비에 여유가 없다면 딸기샌드를 더 생산하기 위해 땅콩샌드의 생산량을 줄여야 한다.[9] 그러면 생산능력에 제한이 있을 때, 땅콩샌드와 딸기샌드의 생산판매량을 어떻게 결정해야 이익을 늘릴 수 있는가? 수익성이 높은 제품을 더 많이 판매해야 전체 이익이 늘어날 것이다. 제품의 수익성은 어떻게 비교할 수 있는가? 제품별 매출총이익, 영업이익, 공헌이익 또는 다른 어떤 이익수치로 수익성을 비교해야 옳은가? 제품판매량 변화에 따른 이익변화, 즉 증분이익은 공헌이익이 가장 잘 나타낸다. 변동제조원가와 변동판매관리비가 생산량 결정에 대한 관련원가이기 때문이다. 〈표 13.10〉은 제품의 단위당 공헌이익을 비교한다.

표 13.10 제품단위당 공헌이익 비교 (단위 : 원)

	땅콩샌드	딸기샌드
단위당 판매가	50	60
(−)단위당 변동제조원가	20	24
(−)단위당 변동판매관리비	6	8
단위당 공헌이익	24	28

딸기샌드는 신제품이어서 재료원가가 비싸고 생산효율이 아직 높지 않아 변동제조원가가 높다. 또한 판매수량이 아직 작아 변동판매관리비도 높다고 하자. 그 대신 고객의 반응이 좋아 가격은 높게 책정하였다. 딸기샌드의 단위당 공헌이익이 더 높으므로 수요가 충분히 있는 한 땅콩샌드의 생산판매를 줄이고 딸기샌드의 생산판매를 늘리면 이익이 더 커질까? 그렇지 않다. 문제는

9) 앞의 각주에서 두 제품이 서로 대체적이면 한 제품의 판매증가가 다른 제품의 판매감소를 초래한다고 하였다. 이것은 시장에서의 수요에 의한 제품 사이의 상호작용이다. 지금 다루는 제약자원에 의한 제품 사이의 생산판매량의 대체[상충] 문제는 기업내부적인 생산 제약자원에 의한 제품 사이의 상호작용이다. 설비가동시간 이외에 기술인력의 시간, 생산이나 판매공간이 제약자원인 경우도 있다. 여러 생산공정 중 일부 공정의 처리능력이 제약자원일 때의 문제는 제14장의 제약이론이 다룬다.

두 제품의 생산설비 가동효율성이다. 두 제품이 같은 생산설비를 사용하는데 그 생산속도가 다를 수 있다. 이 설비가 현재 땅콩샌드는 1시간에 800개를 생산하지만 딸기샌드는 400개를 생산한다고 하자. 그러면 같은 1시간에 땅콩샌드는 800개가 생산되어 19,200원의 공헌이익을 주지만, 딸기샌드는 400개가 생산되어 11,200원의 공헌이익을 준다. 따라서 제한된 생산능력을 고려하면 땅콩샌드의 수익성이 더 좋다. 이를 〈표 13.11〉이 보여준다.

표 13.11 생산시간당 제품 공헌이익 비교

(단위 : 원)

	땅콩샌드	딸기샌드	차 이
단위당 공헌이익	24	28	4
(×)설비시간당 생산량	800	400	400
생산시간당 공헌이익	19,200	11,200	8,000

달리 말하면, 땅콩샌드 1개의 설비이용시간은 1/800시간이나, 딸기샌드는 1/400시간으로 두 배나 더 오래 걸린다. 설비이용시간에 따라 증가한 제조간접원가는 이미 변동제조원가에 포함되어 있다. 그러나 더 중요한 점은 딸기샌드 1개를 더 생산하기 위해 땅콩샌드 2개를 덜 생산해야 하는 것이다. 딸기샌드 1개를 더 생산판매하면 딸기샌드의 단위당 공헌이익 28원만큼 이익이 증가하나, 땅콩샌드 2개의 생산판매가 줄어 땅콩샌드 2개의 공헌이익인 48원(24원×2)만큼 이익이 준다. 딸기샌드 1개를 생산하기 위해 포기된 땅콩샌드 2개의 공헌이익을 기회원가(Opportunity Cost)라고 부른다. 딸기샌드 1개를 추가로 생산판매할 때의 진정한 증분이익은 기회원가 48원을 고려하면 〈표 13.12〉와 같이 손실이 된다.[10]

기회원가
포기한 대안의 이익

10) 땅콩샌드를 없애고 딸기샌드를 생산하는 경우와, 딸기샌드를 없애고 땅콩샌드를 생산하는 경우를 같이 계산하므로 이중계산이지만 이해의 편의를 위해 같이 보여준다. 이때 두 제품의 증분이익의 차이는 아무런 의미가 없다. 단지 증분이익이 양수인 제품을 선택해야 한다.

표 13.12 제품단위당 증분이익 비교 (단위 : 원)

	땅콩샌드	딸기샌드
단위당 판매가	50	60
(−)단위당 변동제조원가	20	24
(−)단위당 변동판매관리비	6	8
단위당 공헌이익	24	28
(−)단위당 기회원가	14 (28/2)	48 (24×2)
단위당 증분이익(손실)	10	(20)

설비이용시간이라는 제약자원 단위당 제품 수익성을 비교한 〈표 13.11〉의 결과와, 제약자원에 의해 초래되는 기회원가를 고려하여 제품단위당 수익성을 비교한 〈표 13.12〉의 결과는 모두 제약자원의 존재라는 같은 사실을 달리 표현한 것이다. 기회원가는 실제로 현금이 지급되지도 장부에 기록되지도 않아 잊기 쉽지만, 대안선택에 따라 차이를 보이는 항목이므로 관련원가이다. 이에 반해 실제로 외부에 지출해야 하는 원가는 지출원가(Out-of-pocket Cost)라고 한다.

지출원가
실제 지출되는 원가

땅콩샌드의 수익성이 더 높으므로 현재로서는 수요가 있는 한 최대한 땅콩샌드를 생산하고 그 후 생산능력에 여유가 있으면 딸기샌드를 생산한다. 만약 생산설비의 총가동시간이 1,000시간이라면 땅콩샌드가 딸기샌드보다 얼마나 많은 총이익을 주는가? 생산시간당 공헌이익을 보여주는 〈표 13.11〉을 이용하여 표를 만들면 땅콩샌드가 총 19,200천원의 이익을 주는 것을 알 수 있다.

표 13.13 제품별 공헌이익 비교

	땅콩샌드	딸기샌드	차이(증분)
생산시간당 공헌이익(원)	19,200	11,200	8,000
(×)총설비사용시간	1,000	1,000	
총공헌이익(천원)	19,200	11,200	8,000

〈표 13.13〉의 결과를 제품단위당 공헌이익을 이용한 〈표 13.12〉의 증분이익 자료를 이용해서도 구할 수 있는데 다음과 같다.

표 13.14 제품별 증분이익 비교 (단위 : 원/개, 백만원)

	땅콩샌드		딸기샌드	
	단위당	총액 (1,000시간 ×800개/시간)	단위당	총액 (1,000시간 ×400개/시간)
공헌이익	24	19,200	28	11,200
(−)기회원가	14	11,200	48	19,200
증분이익(손실)	10	8,000	(20)	(8,000)

외부주문으로 원가를 절감한다

관련원가 비교

자체제작

- 부품제작을 위한 직접재료원가
- 직접노무원가
- 제조간접원가

제조간접원가 중 비관련원가

- 부품제작을 중단할 때 회피불가능원가
- 감가상각비, 본사에서 배부된 간접원가 등

기회원가도 관련원가로 고려

- 자체제작을 중단할 때 남는 설비와 공간의 대체 용도 이익 등
- 외주를 더 유리하게 하는 요소

외부주문

- 외주업체(하청업체)에 지급하는 가격
- 업체선정 및 납품검사, 납품관리비 등의 본사 비용

현대자동차가 YF소나타를 생산할 때, 차의 모든 부품을 스스로 제작하지 않는다. 엔진 등의 핵심부품을 제외하고는 상당부분의 부품을 하청업체에서 공급받는다. 타이어와 유리도 전문생산업체에서 조달받는다. 왜 많은 부품을 외부에서 조달받는가? 자체제작하는 것보다 원가가 낮기 때문이다. 특정 부품을 외부주문[외주]하는 것이 자체제작하는 것보다 얼마나 저렴한지 어떻게 계산하는가? 두 대안의 관련원가를 비교해야 한다. 외주의 관련원가는 외주업체(하청업체)에 지급하는 가격 이외에 업체선정 및 납품관리를 위한 본사 원가도 고려해야 한다. 자체제작비의 계산도 주의해야 한다. 부품제작을 위한 직접재료원가, 직접노무원가의 계산은 상대적으로 쉬우나, 제조간접원가의 계산은 쉽지 않다. 제조간접원가 중에 부품제작을 중단할 때 회피불가능원가가 있으면 이는 관련원가에서 제외한다. 자체제작의 기회원가도 관련원가로 고려한다. 자체제작을 중단할 때 남는 설비와 공간을 다른 용도로 이용하여 이익을 창출할 수 있으면, 이것은 자체제작의 기회원가이며 외주를 더 유리하게 만든다.

신발회사가 자체생산하던 100만개의 신발끈을 외부주문생산할까 하고 검토하고 있다. 자체생산과 외부주문생산의 관련원가를 〈표 13.15〉에서 정리하였다.

표 13.15 자체생산원가

(단위 : 만원)

원가항목	내 용	발생원가	관련원가	단위당 관련원가
직접재료원가	50원/개×100만개	5,000	5,000	50
직접노무원가	10원/개×100만개	1,000	1,000	10
변동제조간접원가	5원/개×100만개	500	500	5
고정제조간접원가	회피가능 (재료관리비 등)	300	300	3
	회피불가능 (감가상각비, 본사배부액 등)	2,000		
설비기회원가	설비 대체용도 이익		1,500	15
합 계		8,800	8,300	83
단위당 원가		88원/개	83원/개	

자체생산원가를 계산할 때, 관련원가를 잘 구분해야 한다. 자체생산을 중단하면 직접재료원가, 직접노무원가, 동력비 등의 변동제조간접원가가 절약된다. 고정제조간접원가는 회피가능한지 아닌지 잘 판단해야 한다. 자체생산을 위한 재료관리비는 더 이상 불필요하다. 설비를 계속 보유한다면 감가상각비가 계속 발생한다. 본사에서 이 부문에 배부한 간접원가도 기업전체로 보면 여전히 계속 존재한다. 신발끈 생산이 중단될 때, 현재 설비를 다른 목적으로 사용하여 1,500만원의 추가이익을 창출할 수 있다면 이 금액은 기회원가로 고려되어야 한다. 결론적으로, 신발끈이 계속 자체생산될 때 보고되는 원가는 총 8,800만원이지만, 신발끈 생산이 중단될 때 감소하는 회피가능원가는 이보다 적은 8,300만원이다. 100만개에 대하여 단위당 83원의 관련원가이다.

신발끈을 외부주문할 때 납품가격이 1개당 80원이라면 외부주문이 1개당 3원의 원가절감을 가져오는가? 반드시 그렇지는 않다. 납품업체 선정 및 납품검사, 대금정산을 위해 직원이 필요하면 고정원가인 납품관리비가 발생한다. 이를 〈표 13.16〉으로 정리하였다.

100만개 기준으로 계산하면 외부주문 단위당 관련원가가 85원이어서 자체생산하는 것보다 더 비싸다. 따라서 100만개가 필요할 때에는 자체생산이 기업의 원가를 낮춘다. 그러나 외부주문과 자체생산의 원가 비교는 필요량에 따라 달라진다. 자체생산은 단위당 65원의 변동원가와 1,800만원의 관련 고정원가를

표 13.16 외부주문원가

(단위 : 만원)

원가항목	내 용	관련원가
구입가격	80원/개×100만개	8,000
납품관리비		500
합 계		8,500
단위당 원가		85원/개

가지고 있으나, 외부주문은 단위당 80원의 변동원가와 500만원의 관련 고정원가를 가지고 있다. 물량이 줄어들면 고정원가가 낮고 변동원가가 높은 외부주문이 원가를 절약한다. 예를 들어 물량이 50만개로 줄면 외부주문의 총관련원가는 4,500만원(=80원/개×50만개+500만원)이고 단위당 원가는 90원(=80원/개+500만원/50만개)이다. 이에 비해 자체생산의 총관련원가는 5,050만원(=65원/개×50만개+1,800만원)이고 단위당 원가는 101원(=65원/개+1,800만원/50만개)으로 더 높다. 약 87만개가 두 원가가 일치하게 되는 물량이다.

외부주문을 결정할 때 중요한 질적 요인은 외주의 안정성과 품질이다. 아무리 납품가격이 싸도 품질을 믿을 수 없거나 납기를 못 지킨다면 더 큰 손해를 입는다. 따라서 자체조달의 원가가 높아도 핵심적인 부품의 생산은 자체적으로 하는 경우가 많다.

그림 13.1 자체생산원가와 외부주문원가

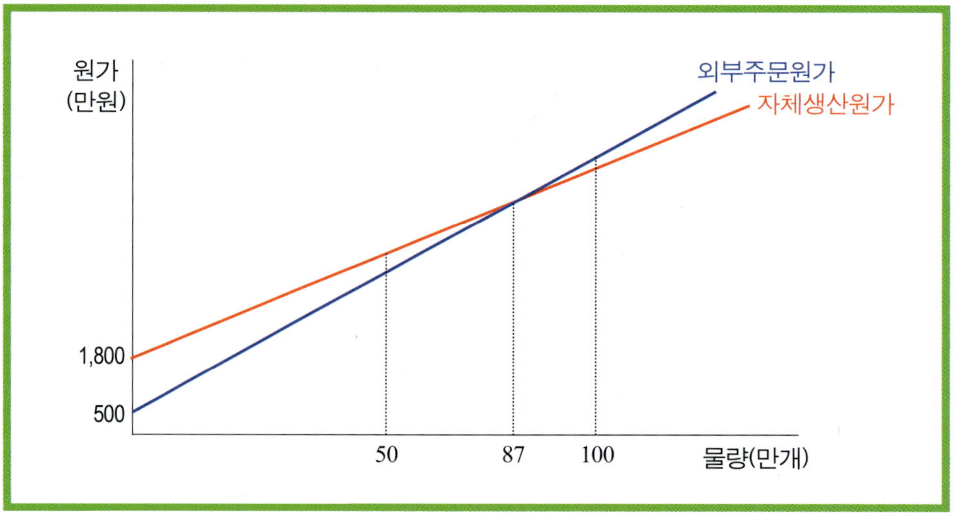

아웃소싱 전문기업 제니엘, 금융 · 의료 어떤 업종이든… 맞춤형 인재 매칭해 드려요

11개 부문 인력 서비스, 2030년 매출 5조 목표

장애인 사회 진출 돕는 사회적 기업 인증받기도

1996년 설립된 아웃소싱 전문기업 제니엘은 IMF의 한파를 단기필마로 돌파하며 성장 가도를 달렸다. 2002년 상공의 날 대통령표창을 시작으로 2007년 동탑산업훈장, 2013년 은탑산업훈장 등을 받으며 일자리 창출에 기여한 공로를 널리 인정받았다.

제니엘 사명은 'Zenith Business Elite'로 '최고의 업무를 제공하는 사람들'이라는 뜻이다. 미래를 향해 달려가는 사람 모습을 형상화한 CI는 미래 지향적 기업가 정신을 표현한다. 제니엘을 포함한 아웃소싱 11개 법인과 1개 비영리 재단을 운영하며 2019년 기준 연매출 4,160억원, 파견직을 포함한 직원이 약 1만1,000명에 달하는 건실한 중견기업으로 확고히 자리 잡았다.

제니엘 사업영역은 아웃소싱을 기본으로 인재 파견, 채용 대행 등 인재 고용 전 분야를 망라한다. 사업 초기 기반이 된 금융 인력 파견과 물류 대행 서비스에 안주하지 않고 시너지 효과를 창출할 수 있는 신사업 모델 발굴에 집중한 결과다. 고급 기술력이 필요한 아웃소싱 분야를 세분화해 전문 인력 서비스를 제공하는 차별화 전략이면서 제니엘이 유독 '국내 최초' 타이틀을 많이 갖게 된 비결이기도 하다.

유통 · 물류 전문 '제니엘시스템', 토털 아웃소싱 '제니엘유넌', 의료 아웃소싱 '제니엘메디컬', 단기 파견 · 채용 대행 분야 '제니엘이노베이션', 제조 · 생산 분야 '지앤디전자' '제니엘이엔지' '제니엘텍', 솔루션 분야 '이엠룩', 사회적 기업 '제니엘플러스', 기업자문 인사노무 컨설팅 전문 '노무법인 지상' 등 제조 · 물류 · 텔레마케팅(TM) · 자동차 · 항공 · 의료 · 정보기술(IT) 등 계열 법인의 면면은 말 그대로 산업 전반을 가로지른다.

국내 최초의 신화는 1997년 한미은행에 개인 여신 연체 관리 업무 담당 직원을 파견하면서 시작됐다. 카드 신청 상담 TM, 카드 배송 등 제1 · 2금융권 채권 관리 업무의 체계적 전문성을 높게 인정받은 결과다. 동종 업계 최초로 개인 여신의 시작인 상담부터 연체 관리까지 모든 분야에 전문 인력을 공급하게 되면서 1998년에는 제니엘시스템을 설립해 카드 배송을 포함한 물류 서비스 체계를 대폭 강화했다.

2001년에는 간호, 사무자동화, TM, 통역 등 전문 인력을 양성한 성과를 바탕으로 국제품질표준인 품질경영시스템 ISO9001을 획득하고 제1회 아웃소싱서비스대상 산업통상자원부장관상을 수상했다. 2005년 대한민국 고객만족 경영대상에 이어 2008년 항공우주경영시스템 AS9100을 획득하면서 항공 · 정비 인력 분야에서도 전문성을 확고히 각인했다. 2010년에는 전화, 인터넷, 모바일 등 다양한 통신 채널 고객 대응 서비스인 콘택트센터 운영 능력을 검증받아 콘택트센터운영시스템 CMS2008을 획득했다. 모두 '최초'다.

'인재를 통한 가치 경영', '일하고 싶은 사람이 마음껏 일할 수 있는 행복한 사회 구현'은 제니엘의 가장 높은 두 기둥이다. 사회 구성원으로서 합당한 책무를 감당하는 일은 윤리적 당위라고 믿는다. 약한 이웃의 곁에 다가서는 일이 최우선이어야 함은 물론이다.

2011년 고용 취약계층인 장애인이 사회에 안정적으로 진출할 수 있도록 돕기 위해 제니엘플러스를 설립했다. 처음엔 사무보조, 카드 분류 배송 등 단순 업무를 수행하는 장애인 사원 20여 명이 고작이었지만 헬스키퍼, 소셜네트워크서비스(SNS) 홍보, 카페테리아 사업에 진출하면서 2019년 기준 중증장애인 83명을 포함해 102명까지 늘어났다. 박인주 제니엘 회장은 "다음 목표는 IT 혁신이고 2030년 목표는 매출 5조원 달성"이라면서 "인공지능과 바이오 기술을 융합한 노인 거주단지 제니엘타운을 중심으로 유통, 물류 등 특화 사업 분야를 결합해 양질의 일자리를 창출하고, 빅데이터 기술을 활용해 인재 매칭과 인력 공급의 틀을 혁신하는 글로벌 아웃소싱 기업으로 도약하겠다"고 밝혔다. (매경, 2020.7.7)

외주가공
외부에 가공을 의뢰하는 것

가치사슬
연구개발에서 고객 서비스까지의 부가가치창출 사슬

외부조달을 통한 원가절감은 부품뿐만 아니라 가공공정이나 다른 내부 서비스에도 확대되었다. 생산공정을 외부에 의뢰하는 것을 외주가공이라 하며, 직접노무원가와 제조간접원가를 절약해 준다. 제조활동 이외의 설비 수선유지, 식당, 보안경비, 제품디자인, 회계 등의 업무를 전문업체에 맡겨서 원가절감을 하는 아웃소싱(Outsourcing)도 보편화되고 있다. 외주, 외주가공, 하청, 용역 등을 모두 포함한 넓은 의미의 아웃소싱은 기업이 수행하는 활동의 일부를 외부에 의뢰하는 것이다. 아웃소싱은 연구개발부터 설계, 원재료의 획득, 제조, 유통, 애프터서비스까지의 가치사슬(value chain)의 어느 단계에서나 가능하다. 아웃소싱의 장점은 원가의 유연성에 있다. 자체조달을 하면 설비와 전문인력의 고정원가 부분이 많은데 아웃소싱은 대부분이 변동원가이다. 따라서 아웃소싱은 경기변동과 수요변화에 따라 원가를 변동시켜 기업의 수익성을 안정시킨다. 즉, 제10장에서 설명한 레버리지도를 낮추어 기업의 위험을 낮춘다.

마켓컬리의 미래가 '수직농장'에 있는 이유? '비즈니스 후방통합' 전략을 구사하라!

언더백 기업들은 유통의 후방통합으로써 제조업의 대안, 혹은 제조업이 유통과 어떻게 손잡고 콘텐츠 확장을 할 수 있을 것인가를 고민해야 한다.

■ "밤 11시 전에 주문하면 다음날 아침 7시까지 도착합니다"

마켓컬리 웹 사이트에 들어가면 가장 먼저 눈에 띄는 문구다. 2015년에 시작한 O2O 배송 서비스 마켓컬리는 일명 새벽배송으로 70여 가지의 깐깐한 기준을 바탕으로 식품을 엄선해서 새벽에 배송해 주는 서비스로 시작됐다.

창업 2년 만에 매출 452억원을 돌파했고, 작년에는 1,600억원을 넘었다. 마켓컬리 스스로가 밝히는 그들의 핵심역량은 '전문MD'다. 김슬아 마켓컬리 대표는 "전국 산지로 각 담당 MD를 직접 보내 식재료를 발굴하고 100% 직매입으로 중간 유통망을 없애 식품의 합리적인 가격을 제시한다"고 밝혔다.

게다가 김 대표는 일주일에 한 번씩 회사 내 '상품위원회'를 통해 모든 담당 MD들과 모든 상품을 직접 면밀히 살펴본다고 한다. 이런 과정을 통해 통상 10개의 후보 중 단 1개 정도만 통과시킨다고 한다. 이처럼 생산자와 소비자 사이에서의 단계, 즉 시간·비용·노력 등을 줄여주는 유통은 현 시대 많은 고객가치를 창출하며 빠르게 성장하고 있다.

■ 한 해 10조원을 콘텐츠 제작 강화에만 투자한 넷플릭스… 유통업체들은 이미 생산쪽으로 '제조의 지도'를 넓혀가고 있다

이미 아마존·넷플릭스 같은 글로벌 기업들을 포함해 국내에서는 이마트, 롯데마트, 배달의 민족, 야놀자, 쿠팡, 마켓컬리 등등 스타트업들까지도 이처럼 유통단계에서 일어나고 있는 소비자에게 불필요한 자원들을 줄여주는 서비스들을 하고 있다.

제품의 추가가공으로 수익성을 높인다

아웃소싱은 기업이 직접 수행할 수 있는 가치사슬의 일부 활동을 외부에 의뢰하는 것이다. 이와 반대로 현재 이 기업이 직접 담당하지 않은 가치사슬의 일부로 사업영역을 확대할 수도 있다. 원재료 조달이나 연구개발 등의 생산 이전 단계인 상류(upstream)로 진출하는 예로는 한국가스공사가 해외의 가스전 개발에 참여한 것과 제지회사가 조림사업과 펄프사업을 하는 것을 들 수 있다. 생산 이후 단계인 물류와 유통의 하류(downstream)로 진출하는 예로는 주류회사인 진로가 진로유통으로 유통업에서 적극적으로 사업을 하는 것을 들 수 있다. 참치어획회사인 사조산업(주)가 참치회 음식점 체인사업에 참여하는 것도 비슷

그런데 이런 유통업체들은 사실 유통에만 머물러 있지 않고 콘텐츠, 혹은 제품의 생산쪽으로 '제조의 지도'를 넓혀가고 있다. 대표적인 예가 우리나라에서 상당한 가입자를 모아가고 있는 넷플릭스다. 넷플릭스는 작년 한 해 동안에만 약 90억달러(한화 약 10조 5,000억원)의 어마어마한 금액을 콘텐츠 제작 강화에 쏟아부었다.

넷플릭스의 개별 최다 제작비가 투자된 마이클 베이의 신작 '식스 언더그라운드'(1억7천만달러 이상으로 추정)를 포함해 올해 넷플릭스가 발표한 신작 영화수는 총 82편이 넘는다. 같은 기간 경쟁사인 워너브라더스가 28편, 디즈니가 10편 정도에 그친 것에 비하면 독보적인 수치다.

야놀자는 지난 9월 부산 토종 호텔 브랜드인 WNH를 인수했다. 이 회사는 부산과 경남에서 하운드, 브라운도트, 넘버25 등 3개의 호텔 브랜드를 가진 회사다. 야놀자는 HN미디어, 헤이, 호텔야자, 호텔얌과 함께 이번에 인수한 WHN 3개 브랜드 등 총 7개의 호텔 브랜드를 직접 '후방통합'하는 데 성공했다.

'제조'와 '유통', 이 두 '파워' 중 어느 쪽이 더 강한가에 대해서는 의견들이 많이 있지만 이미 기존 유통사들이 미래시장을 염두에 두고 자신들만의 강력한 콘텐츠나 제조역량을 키우고 있는 현상들은 여러 기사들을 통해 확인이 가능하다. 전통적 경영학에서도 이런 현상들에 대해 '비즈니스 후방통합'이라는 용어로 설명한다.

■ 일반 농장과 비교해 생산성이 390배에 달하는 수직농장의 출현… 우리 기업은 비즈니스 후방통합으로 어떤 대안을 만들 것인가

다시 마켓컬리로 돌아와 보자. 현재 '대박'을 내고 있는 마켓컬리도 결국 제조와 생산이라는 과제를 만나게 될 것이다. 전반적인 삶의 질이 계속 높아지면서 고객들은 더 건강하고 신선한 제품을 원하고 있다. 현재 마켓컬리가 구현하고 있는 짧은 리드타임도 언젠가는 고객의 불만요소가 될 수 있다는 이야기다. 또한 70여 가지 깐깐한 기준을 바탕으로 엄선한 식품의 신선도에 대해서도 앞으로 충분히 불만요소가 나올 수 있다. 책 '위대한 기업을 넘어 사랑받는 기업으로'에 소개된 바 있는 '미국 사람들이 가장 사랑하는 마켓'으로 불리는 홀푸드마켓의 경우 이미 마켓의 일부에서 '옥상 수경재배'를 시작함으로써 비즈니스 후방통합을 구현해 내기 시작했다. (후략)

(사례뉴스, 2019.10.24)

한 예이다.

가치사슬 중 생산단계에서도 제품을 현 상태보다 추가로 가공하여 제품의 부가가치를 높일 수 있다. 제품을 고급화하거나 소비자가 사용하기 편리하게 만들어 제품을 좀더 비싼 가격에 판매하여 수익성을 높일 수 있다. 예를 들면 사조산업(주)가 살코기 참치통조림뿐만 아니라 야채나 고추가 추가된 참치통조림을 생산하고, 오뚜기식품(주)가 카레가루뿐만 아니라 즉석 3분카레를 생산 판매한다. 시장이나 백화점 식품부에서 식품재료뿐만 아니라 약간의 조리만이 필요한 양념불고기감, 냉동만두, 찌개거리를 팔고, 완성된 밑반찬이나 음식을 파는 것을 볼 수 있다. 이것은 전혀 가공이 되지 않은 원재료부터 일부 가공이 된 반제품, 완성품까지의 다양한 가공단계에 있는 식품이 소비자에게 제공되는 예이다.

만약 기업이 생산설비 등의 제약자원 때문에 동시에 여러 가공 단계의 제품을 제공할 수 없다면 제품의 추가가공 여부를 결정해야 한다. 이때 추가가공을 위한 증분원가보다 판매가격 증가에 의한 증분수익이 높다면 이익이 증가하므로 추가가공하는 것이 바람직하다.

토 론

"폭우땐 속옷 잘 팔리고 춘곤증 4월엔 껌 '불티'"

• 세븐일레븐 편의점 월별 인기상품 분석해 보니…

한여름에 편의점에서 가장 잘 팔리는 품목은 뭘까. 더울수록 생수, 탄산음료 등의 매출은 당연히 올라간다. 이와 함께 여름철에 판매량이 급증하는 제품으로 '속옷'이 있다. 편의점 세븐일레븐에서 속옷은 가장 더운 8월 매출이 한겨울인 1월보다 66%나 많았다. 속옷을 편의점에서 사는 건 급하게 갈아입어야 할 때다. 여름 휴가철에 여벌의 속옷을 못 챙긴 채 여행지로 갔을 때, 장마철 폭우로 속옷까지 흠뻑 젖었을 때 속옷을 사러 편의점을 찾는 손님이 많은 것이다. 동아일보 소비자경제부가 최근 3년(2010년 7월~2013년 6월)간 세븐일레븐의 월평균 매출을 100으로 보고 각 달의 매출비율을 따진 '세븐일레븐 판매지수'를 내 봤더니 속옷은 8월에 133, 1월에 80으로 나타났다. 8월에는 연평균보다 33% 더 팔린다는 뜻이다.

가장 더운 8월에 많이 판매되는 품목은 스포츠음료(158), 생수(136), 탄산음료(125) 등이었으며 스포츠음료는 겨울철의 3배가 팔렸다. 이들 상품은 더울수록 잘 팔리는 상품으로 탄산음료는 기온이 24도, 생수와 스포츠음료는 29도가 넘어서면 판매량이 급격히 늘어나는 것으로 알려져 있다. 하지만 아이스크림이 가장 많이 판매되는 달은 7월(165)이었다. 8월 아이스크림 판매(162)는 6월(164)보다도 낮았다. 세븐일레븐 관계자는 "무더위엔 소비자들이 갈증을 많이 느껴 청량감이 떨어지는 아이스크림보다 시원한 음료를 많이 찾게 된다"고 설명했다.

스타킹은 월평균 기온보다 일교차의 영향을 더 많이 받았다. 여름(8월 · 35)과 겨울(1월 · 70)엔 상대적으로 매출이 적었으나 봄 · 가을인 4월, 10월에 연평균보다 50~60%가 더 팔렸다. 스타킹이 필요한 옷차림을 많이 하는 시기이기도 하고, 맨살에 외출했다가 갑자기 기온이 떨어져 급히 사는 경우도 많다는 게 세븐일레븐 측의 분석이다.

과자류 매출은 '○○○데이'로 불리는 기념일에 크게 움직였다. 밸런타인데이가 낀 2월엔 초콜릿이 월평균의 2.3배, 화이트데이가 낀 3월엔 캔디가 월평균의 3배 팔렸다. 한국에서는 밸런타인데이 땐 연인 중 여자가 남자에게 초콜릿을, 화이트데이 땐 반대로 사탕을 주는 게 일반적이다. 세븐일레븐 관계자는 "여성은 초콜릿을 백화점이나 빵집에서 신경 써서 사는 경우가 많은 데 반해 남성은 상대적으로 가까운 곳에서 쉽게 사탕을 사려 하기 때문"이라고 설명했다. 다만 초콜릿은 2월 외에도 3, 4, 11월에 연평

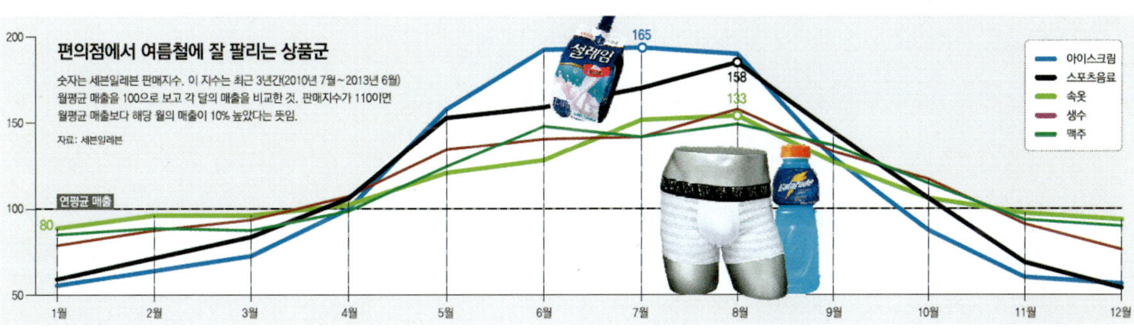

균 이상이 팔렸으나 캔디는 3월에 팔지 못하면 안 되는 '한철 상품'이었다. 또 이른바 '빼빼로데이'도 11월 비스킷 매출에 큰 영향을 줬다.

껌은 꾸준히 팔리는 품목이었지만 춘곤증이 몰려오는 4월에 가장 많이 팔렸다. 주류의 경우 소주는 2월에, 맥주는 8월에 많이 팔리지만 소주 판매는 월별 격차가 크지 않았다.

월별 판매지수 격차가 20 이하인 상품들은 연중 꾸준히 팔리는 제품으로 볼 수 있다. 담배와 라면, 커피 등이 이 같은 '스테디셀러'에 들어갔다. 세븐일레븐 관계자는 "기온이나 날씨, 기념일에 따라 소비자 구매 성향이 크게 변하기 때문에 월별 판매분석은 매우 중요하다"며 "계절별로 재고를 달리하고 진열할 때에도 이 같은 분석을 활용한다"고 말했다. (동아일보, 2013.7.25)

토론해 보자

(1) 편의점에서의 제약자원은 무엇이며, 이 제약자원을 고려하여 어떤 상품의 재고를 많이 준비해야 하는가 토론해 보자.

(2) 편의점의 수익성을 높이기 위해 재고조정 이외에 어떤 방법이 있을지 토론해 보자.

요약정리

상이한 목적을 위한 상이한 원가라는 표현이 의사결정의 목적에 따라 서로 다른 원가정보가 필요함을 잘 표현해 준다. 의사결정에 관련된 적절한 원가정보를 관련원가라고 한다. 의사결정의 선택대안에 따라 달라지는 원가수치가 의사결정에 중요한 정보이므로 선택대안간에 차이가 나는 원가항목이 관련원가이다. 이미 과거에 발생하여 지금 어떻게 결정하든지 변할 수 없는 원가를 기발생원가(매몰원가)라고 하며 관련원가는 아니다. 이에 반하여 다른 대안을 선택하였더라면 얻을 수 있었을 수익이나 혜택을 기회원가라고 부른다. 기회원가는 실제로 지급하는 원가는 아니지만 대안선택에 따라 발생여부가 달라지므로 관련원가이다.

일상적으로 기업에서 볼 수 있는 의사결정과 관련원가의 예는 다음과 같다. 정상가격결정에는 제조원가, 판매관리비, 이자비용 등 모든 원가가 고려되어야 하나, 임시적인 특별할인가격결정에는 직접적으로 영향을 받는 증분원가만이 고려되어야 적절한 수익성 평가가 된다. 특정 제품이나 부문의 추가나 폐지의 결정에는 증분원가나 회피가능원가가 관련원가가 되며, 다른 제품이나 부문의 수익에 영향을 미친다면 이를 기회원가로 고려해야 한다. 생산설비 등의 제약자원이 존재하여 이익을 최대로 높이는 제품배합을 결정해야 한다면, 생산설비를 가장 효율적으로 이용하여 제약자원 단위당 관련수익과 관련원가의 차이인 공헌이익을 최대화하는 제품배합을 사용한다. 제품의 추가가공을 통해 이익을 높이려면 추가가공 결정의 관련원가인 추가가공비(증분원가)와 매출증가액(증분수익)을 비교하여 결정한다.

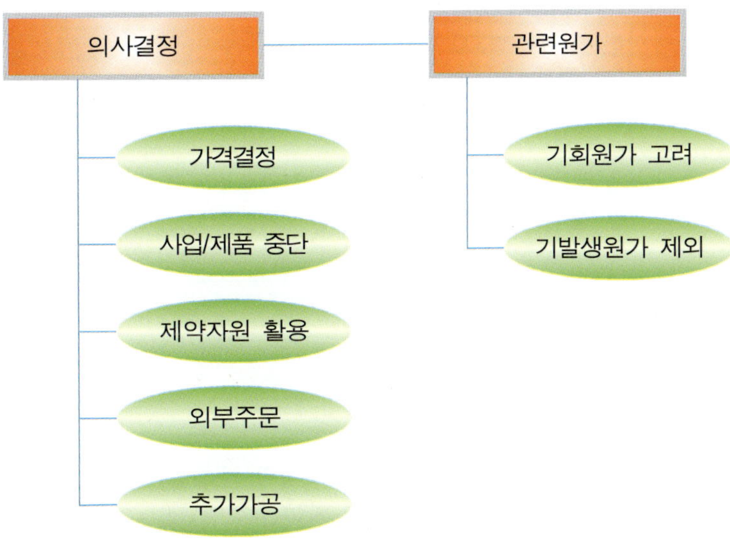

13 연습문제

객관식

01 **관련원가** (14. 경영지도사)

의사결정을 위한 원가에 관한 설명으로 옳지 않은 것은?

① 관련원가는 의사결정에 있어 대안간에 차이가 나는 원가를 말한다.
② 회피가능원가는 의사결정에 있어서 다른 대안 대신 특정 대안을 선택함에 따라 감소할 수 있는 원가를 말한다.
③ 변동원가는 생산라인의 폐지와 관련한 의사결정과 관련이 없다.
④ 기회원가는 한 대안이 다른 대안에 우선하여 선택되는 경우 포기되는 잠재적 효익을 의미한다.
⑤ 매몰원가는 현재 또는 미래의 의사결정에 의하여 변하지 않는 이미 발생한 원가를 말한다.

02 **관련원가** (17. 세무사)

(주)세무는 흠집이 있는 제품 C를 5개 보유하고 있다. 흠집이 없는 정상적 제품 C의 판매가격은 ₩300이다. 제품 C의 생산에는 단위당 변동제조원가 ₩80과 단위당 고정제조원가 ₩20이 투입되었다. 흠집이 있는 제품 C를 외부에 단위당 ₩150에 처분하려면 단위당 판매관리비가 ₩12이 소요될 것으로 추정된다. 이 의사결정에 고려될 관련 항목은?

① 단위당 판매관리비 ₩12
② 단위당 변동제조원가 ₩80
③ 단위당 고정제조원가 ₩20
④ 단위당 제조원가 ₩100
⑤ 정상판매가격 ₩300

03 **외부구입 의사결정** (21. 공인회계사)

(주)대한은 제품에 사용되는 부품 A를 자가제조하고 있으나, 외부공급업체로부터 부품 A와 동일한 제품을 구입하는 방안을 검토중이다. (주)대한의 회계팀은 아래의 자료를 경영진에게 제출하였다.

	부품 A 1단위당 금액
직접재료원가	₩38
직접노무원가	35
변동제조간접원가	20
감독관 급여	40
부품 A 전용제조장비 감가상각비	39
공통관리비의 배분	41

- 매년 10,000개의 부품 A를 생산하여 모두 사용하고 있다.
- 만일 외부에서 부품 A를 구입한다면 감독관 급여는 회피가능하다.
- 부품 A 전용제조장비는 다른 용도로 사용하거나 외부매각이 불가능하다.
- 공통관리비는 회사 전체의 비용이므로 외부구입 여부와 관계없이 회피가 불가능하다.
- 만일 부품 A를 외부에서 구입한다면, 제조에 사용되던 공장부지는 다른 제품의 생산을 위해서 사용될 예정이며, 연간 ₩240,000의 공헌이익을 추가로 발생시킨다.

(주)대한의 경영진은 부품 A를 자가제조하는 것이 외부에서 구입하는 것과 영업이익에 미치는 영향이 무차별하다는 결론에 도달하였다. 이 경우 외부공급업체가 제시한 부품 A의 1단위당 금액은 얼마인가?

① ₩93　② ₩117　③ ₩133
④ ₩157　⑤ ₩196

04 외부구입 의사결정 (18. 경영지도사)

(주)한국은 부품 X를 매년 10,000단위 자가생산하여 이를 완제품 생산에 사용해 왔으며, 부품 X의 생산과 관련된 원가자료는 다음과 같다.

	단위당 원가
직접재료원가	₩60
직접노무원가	200
제조간접원가	
변동원가	80
고정원가(₩1,000,000/10,000단위)	100

(주)대한은 (주)한국에게 부품 X를 단위당 ₩400에 전량 납품하겠다고 제안하였다. (주)한국이 (주)대한의 제안을 받아들인다면 (주)한국은 그동안 부품 X를 생산하던 라인을 부품 Y의 생산에 이용하여 부품 Y의 생산원가를 연간 ₩400,000 절감할 수 있다. 또한 부품 X는 위험한 작업을 통해 생산되기 때문에 (주)한국은 그동안 특별산재보험에 가입하여 매년 ₩100,000의 보험료를 지불해 왔다. (주)한국이 (주)대한의 제안을 받아들인다면, (주)한국은 특별산재보험료 ₩100,000을 지출할 필요가 없게 된다. 두 가지 대안(자가생산과 외부구입) 중 (주)한국에게 유리한 대안은 무엇이며, 그 대안이 다른 안보다 금액적으로 얼마나 유리한가를 옳게 연결한 것은?

① 자가생산, ₩100,000　② 자가생산, ₩200,000　③ 외부구입, ₩100,000
④ 외부구입, ₩200,000　⑤ 외부구입, ₩300,000

05 외부구입 의사결정 (21. 세무사)

(주)세무는 제품 A와 제품 B를 생산하고 있는데, (주)대한으로부터 제품 A 전량을 단위당 ₩18에 공급하는 제안을 받았다. 이 제안을 검토하기 위해 (주)세무의 회계부서에서 분석한 제품 A에 대한 원가자료는 다음과 같다.

	단 가	1,000단위
직접재료원가	₩5	₩5,000
직접노무원가	4	4,000
변동제조간접원가	1	1,000
감독자급여	3	3,000
특수기계 감가상각비	2	2,000
공통간접원가 배분액	5	5,000
제조원가 합계	₩20	₩20,000

제품 A를 생산하지 않을 경우 제품 A 감독자는 추가비용 없이 해고가능하고, 특수기계는 제품 A 제조에만 사용되는 전용기계이다. 공통간접원가는 공장임대료 등으로 제품 A 생산라인을 폐쇄하더라도 감소하지 않는다. 제품 A를 생산하지 않을 경우 그에 대한 여유생산능력으로 제품 B를 추가생산할 수 있는데, 이로 인해 증가되는 수익은 ₩5,000이고 증가되는 원가는 ₩3,000이다. (주)세무가 (주)대한의 제안을 받아들이면 자가생산하는 것보다 얼마나 유리(불리)한가?

① ₩3,000 유리 ② ₩3,000 불리 ③ ₩4,000 유리
④ ₩4,000 불리 ⑤ ₩5,000 불리

06 외부구입 의사결정 (14. 감정평가사)

(주)대한은 완제품 생산에 필요한 A부품을 매월 500단위씩 자가제조하고 있다. 그런데 타회사에서 매월 A부품 500단위를 단위당 ₩100에 납품하겠다고 제의하였다. A부품을 자가제조할 경우 변동제조원가는 단위당 ₩70이고, 월간 고정제조간접원가 총액은 ₩50,000이다. 만약 A부품을 외부구입하면 변동제조원가는 발생하지 않으며, 월간 고정제조간접원가의 40%를 절감할 수 있다. 또한 A부품 생산에 사용되었던 설비는 여유설비가 되며 다른 회사에 임대할 수 있다. A부품을 외부구입함으로써 매월 ₩10,000의 이익을 얻고자 한다면, 여유설비의 월임대료를 얼마로 책정해야 하는가?

① ₩5,000 ② ₩6,000 ③ ₩7,000
④ ₩8,000 ⑤ ₩10,000

07 외부구입 의사결정 (16. 서울시 7급)

(주)서울은 화장품 제조회사로 화장품을 담는 용기도 함께 생산하고 있다. 화장품 용기 생산량은 매년 1,000개이며, 1,000개 조업도수준하에서 화장품 용기의 단위당 제조원가는 아래의 표와 같다. 그런데 외부의 용기 생산업자가 화장품 용기 1,000개를 개당 ₩95에 공급하겠다고 제안하였다. (주)서울이 이 제안을 수락할 경우 화장품 용기 생산에 사용되는 설비를 연 ₩10,000에 다른 회사에 임대할 수 있다. 한편, 화장품 용기를 외부에서 구입하더라도 고정제조간접원가의 50%는 계속해서 발생된다. (주)서울이 외부공급업자의 제안을 수락할 경우 연간 이익은 얼마만큼 증가 혹은 감소하겠는가?

직접재료원가	₩30
직접노무원가	20
변동제조간접원가	10
고정제조간접원가	40
화장품 용기의 단위당 제조원가	₩100

① ₩5,000 증가 ② ₩5,000 감소
③ ₩10,000 증가 ④ ₩10,000 감소

08 외부구입 의사결정 (19. 경영지도사)

(주)대한은 월 5단위의 부품 A를 자가제조하고 있으며, 단위당 제조원가는 다음과 같다.

직접재료원가	₩120
직접노무원가	175
변동제조간접원가	80
고정제조간접원가	250
계	₩625

(주)대한은 부품 A 5단위를 단위당 ₩575에 외부구입이 가능하다. 외부구입할 경우 유휴시설을 임대하여 월 ₩625의 수익을 얻을 수 있으며, 부품 A에 배부된 고정제조간접원가를 단위당 ₩100만큼 회피가능하다. 외부구입시 (주)대한의 월간 이익에 미치는 영향은?

① ₩125 감소 ② ₩100 감소 ③ ₩100 증가
④ ₩125 증가 ⑤ ₩150 증가

09 외부구입 의사결정 (20. 감정평가사)

레저용 요트를 전문적으로 생산·판매하고 있는 (주)감평은 매년 해당 요트의 주요 부품인 자동제어센서 2,000단위를 자가제조하고 있으며, 관련 원가자료는 다음과 같다.

	총원가	단위당 원가
직접재료원가	₩700,000	₩350
직접노무원가	500,000	250
변동제조간접원가	300,000	150
고정제조간접원가	800,000	400
합 계	₩2,300,000	₩1,150

(주)감평은 최근 외부업체로부터 자동제어센서 2,000단위 전량을 단위당 ₩900에 공급하겠다는 제안을 받았다. (주)감평이 동 제안을 수락할 경우, 기존설비를 임대하여 연간 ₩200,000의 수익을 창출할 수 있으며, 고정제조간접원가의 20%를 회피할 수 있다. (주)감평이 외부업체로부터 해당 부품을 공급받을 경우, 연간 영업이익에 미치는 영향은?

① ₩0 ② ₩60,000 감소 ③ ₩60,000 증가
④ ₩140,000 감소 ⑤ ₩140,000 증가

10 외부구입 의사결정과 보조부문 상호지원 (15. 공인회계사)

(주)한국은 두 개의 보조부문(부문 S_1과 부문 S_2)과 두 개의 제조부문(부문 P_1과 부문 P_2)을 사용하여 제품을 생산하고 있다. 20×1회계연도에 각 보조부문이 생산하여 타부문에 제공할 용역의 양과 보조부문의 원가에 관한 예산자료는 다음과 같다.

(1) 보조부문의 용역생산량과 타부문에 제공할 용역량

보조부문	보조부문의 용역생산량	각 보조부문이 타부문에 제공할 용역량			
		S_1	S_2	P_1	P_2
S_1	200단위	–	40단위	100단위	60단위
S_2	200단위	100단위	–	20단위	80단위

(2) 보조부문의 원가

	부문 S_1	부문 S_2
간접재료원가(변동비)	₩560,000	₩80,000
감독자급여(고정비)	80,000	80,000
감가상각비(고정비)	200,000	240,000
계	₩840,000	₩400,000

20×0년말 (주)한국은 (주)대한으로부터 현재 부문 S_2에서 제공하고 있는 용역을 단위당 ₩1,400에 공급해 주겠다는 제안을 받았다. 만약 이 제안을 20×1년초에 수락할 경우 (주)한국은 부문 S_2의 간접재료원가를 회피할 수 있으며 부문 S_2의 감독자급여를 50%만큼 절감할 수 있다. 그리고 부문 S_2의 설비는 타사에 임대하여 연간 ₩24,000의 수익을 얻을 수 있다. 만약 20×1년초에 (주)한국이 (주)대한의 제안을 수락함으로써 부문 S_2를 폐쇄하고 (주)대한으로부터 용역을 구입하기로 결정하는 경우, 이러한 결정은 (주)한국의 20×1회계연도 이익에 어떠한 영향을 미치게 될 것인가?

① ₩1,000 증가　② ₩2,000 증가　③ ₩3,000 증가
④ ₩4,000 증가　⑤ ₩5,000 증가

11 특별주문 의사결정 (14. 주택관리사)

(주)한국은 단일제품을 생산・판매하고 있다. 내년도 예정생산량 2,000단위를 기준으로 편성된 제조원가예산은 다음과 같으며, 제품의 단위당 판매가격은 ₩20이다.

	단위당 원가	총원가
직접재료원가	₩4	₩8,000
직접노무원가	2	4,000
변동제조간접원가	2	4,000
고정제조간접원가	5	10,000
합 계	₩13	₩26,000

(주)한국은 거래처로부터 단위당 ₩12에 제품 100단위를 구매하겠다는 특별주문을 받았다. (주)한국은 특별주문 수량을 생산하는 데 필요한 여유생산설비를 충분히 확보하고 있으나, 초과근무로 인하여 특별주문 단위당 ₩2의 원가가 추가로 발생한다. (주)한국이 특별주문을 수락할 경우, 내년도 영업이익의 증감은? (단, 기초 및 기말 재고자산은 없으며, 특별주문이 기존 시장에 미치는 영향은 없다)

① ₩200 증가　② ₩300 감소　③ ₩500 감소
④ ₩1,000 감소　⑤ ₩1,000 증가

12 특별주문 의사결정 (18. 공인회계사)

(주)대한은 연속된 공정 A와 B를 거쳐서 완제품을 생산한다. (주)대한은 매년 500단위의 제품을 생산하여 기존시장에서 단위당 ₩3,000에 전부 판매한다. 당기에 (주)대한은 새로운 거래처인 (주)민국으로부터 완제품 150단위를 단위당 ₩2,500에 공급해 달라는 주문을 받았다. 이 주문은 완제품 150단위를 모두 수락하거나 거절해야 한다. 공정별 연간 생산능력, 연간 생산량 및 단위당 변동원가는 다음과 같다.

	공정 A	공정 B
연간 생산능력	550단위	600단위
연간 생산량	500단위	500단위
단위당 변동원가	₩700	₩1,000

(주)대한은 외부공급업체로부터 공정 A에서 생산된 것과 동일한 부품을 단위당 ₩1,500에 필요한 만큼 공급받을 수 있다. (주)대한이 (주)민국의 주문을 수락하면 (주)대한의 당기순이익은 얼마나 증가(또는 감소)하는가? (단, (주)대한은 상기 주문과 관련된 기회원가를 최소화하고자 한다)

① ₩5,000 증가 ② ₩8,000 감소 ③ ₩10,000 감소
④ ₩15,000 증가 ⑤ ₩80,000 증가

13 특별주문 의사결정 (22. 관세사)

(주)관세는 제품 A 100단위를 생산·판매하고 있으며, 제조원가와 판매관리비는 각각 50%가 고정비이다. 신규 고객으로부터 단위당 ₩1,800에 50단위를 공급해 달라는 특별주문을 받았다. 특별주문수량에 대해 단위당 변동판매관리 중 20%는 발생하지 않는다. 특별주문을 수락할 경우 (주)관세의 영업이익에 미치는 영향은? (단, 특별주문수량을 생산하는 데 필요한 여유생산설비를 충분히 확보하고 있다)

	제품 A
매출액	₩400,000
제조원가	240,000
판매관리비	60,000

① ₩38,000 감소 ② ₩18,000 감소 ③ ₩12,000 증가
④ ₩18,000 증가 ⑤ ₩38,000 증가

14 특별주문 의사결정 (13. 경영지도사)

(주)대한에서는 모자를 생산하여 개당 ₩8,000에 800,000개 판매하는 계획을 수립하였다. 개당 변동원가는 ₩3,200, 총고정원가는 ₩100,000,000이다. (주)대한은 5월중 개당 ₩4,600으로 8,000개를 구매하겠다는 특별주문을 받았는데, 추가생산에 대하여 충분한 생산능력을 보유하고 있지만 초과근무수당 때문에 개당 ₩600의 추가비용이 발생한다. 그러나 특별주문에 따른 추가판매비는 발생하지 않는다. (주)대한이 특별주문을 수락하면 영업이익은 어떻게 변화하는가?

① ₩9,600,000 감소 ② ₩6,400,000 감소 ③ ₩4,800,000 감소
④ ₩4,800,000 증가 ⑤ ₩6,400,000 증가

15 특별주문 의사결정 (20. 세무사)

(주)세무는 20×1년에 오토바이를 생산·판매하고 있다. 오토바이 1대당 판매가격은 ₩200이며, 단위당 제조원가 내역은 다음과 같다.

직접재료원가	₩86
직접노무원가	45
변동제조간접원가	9
고정제조간접원가	42
단위당 제조원가	₩182

(주)세무는 경찰청으로부터 순찰용 오토바이 100대를 1대당 ₩180에 공급해달라는 특별주문을 받았다. 특별주문에 대해서는 오토바이를 순찰용으로 변경하기 위해 네비게이션을 장착하는 데 1대당 ₩10의 원가가 추가적으로 발생한다. 또한 경찰청 로고 제작을 위해 디자인 스튜디오에 ₩1,200을 지급해야 한다. 현재 (주)세무의 생산능력은 최대생산능력에 근접해 있으므로 특별주문을 수락하면 기존 오토바이 10대의 생산을 포기해야 한다. (주)세무가 경찰청의 특별주문을 수락할 때, 증분이익은?

① ₩0　② ₩800　③ ₩1,000
④ ₩1,200　⑤ ₩1,400

16 특별주문 의사결정 (13. 감정평가사)

(주)감평은 제품 A를 단위당 ₩100에 판매하고 있는데, (주)한국으로부터 제품 A 2,000단위를 단위당 ₩70에 구입하겠다는 제안을 받았다. 제품 A의 단위당 원가는 다음과 같다.

직접재료원가	₩20	직접노무원가	₩15
변동제조간접원가	₩10	고정제조간접원가	₩5

판매비와관리비는 모두 변동비로 매출액의 20%이다. (주)감평은 (주)한국의 제안을 수락할 수 있는 충분한 유휴생산능력을 보유하고 있다. (주)감평이 (주)한국의 제안을 수락하는 경우 영업이익 증가액은?

① ₩2,000　② ₩12,000　③ ₩22,000
④ ₩40,000　⑤ ₩50,000

17 특별주문 의사결정 (19. 관세사)

다음은 (주)관세가 생산 · 판매하는 제품 A에 관한 자료이다.

최대 생산가능 수량	10,000단위
현재 생산 · 판매수량	8,000단위
단위당 외부판매가격	₩300
단위당 변동제조원가	100
단위당 변동판매비	40
단위당 고정제조간접원가	90(최대 생산가능 수량기준)

(주)한국은 (주)관세에게 제품 A에 특수장치를 부착한 제품 B를 제작하여, 단위당 ₩220에 1,500단위를 공급해 줄 것을 제안하였다. (주)관세는 제품 A의 생산라인에서 제품 B를 생산할 수 있으며, (주)한국의 주문으로 기존 판매 및 원가 구조는 영향을 받지 않는다. (주)관세는 제품 A에 단위당 ₩30의 특수장치를 추가하여 제품 B를 생산하며, 제품 B의 단위당 변동판매비는 ₩30이 된다. (주)관세가 (주)한국의 특별주문을 수락하는 경우 이익에 미치는 영향은?

① ₩90,000 감소 ② ₩90,000 증가 ③ ₩120,000 감소
④ ₩120,000 증가 ⑤ ₩150,000 증가

18 특별주문 의사결정 (20. 세무사)

(주)세무는 20×1년 연간 최대생산량이 8,000단위인 생산설비를 보유하고 있다. (주)세무는 당기에 제품 7,000단위를 단위당 ₩1,000에 판매할 것으로 예상하며, 단위당 변동제조원가는 ₩500, 단위당 변동판매관리비는 ₩100이다. (주)세무는 거래처로부터 제품 2,000단위를 판매할 수 있는 특별주문을 받았으며 단위당 변동제조원가와 단위당 변동판매관리비는 변화가 없다. 이 특별주문을 수락한다면, 예상 판매량 중 1,000단위를 포기해야 한다. 이때 특별주문 제품의 단위당 최저판매가격은?

① ₩500 ② ₩600 ③ ₩800
④ ₩900 ⑤ ₩1,000

19 제약자원과 특별주문 의사결정 (23. 감정평가사)

범용기계장치를 이용하여 제품 X와 Y를 생산・판매하는 (주)감평의 당기 예산자료는 다음과 같다.

	제품 X	제품 Y
단위당 판매가격	₩1,500	₩1,000
단위당 변동원가	1,200	800
단위당 기계가동시간	2시간	1시간
연간 정규시장 판매수량	300단위	400단위
연간 최대기계가동시간	1,000시간	

(주)감평은 신규거래처로부터 제품 Z 200단위의 특별주문을 요청받았다. 제품 Z의 생산에는 단위당 ₩900의 변동원가가 발생하며 단위당 1.5기계가동시간이 필요하다. 특별주문 수락시 기존제품의 정규시장 판매를 일부 포기해야 하는 경우, (주)감평이 제시할 수 있는 단위당 최소판매가격은? (단, 특별주문은 전량 수락하든지 기각해야 한다)

① ₩900 ② ₩1,125 ③ ₩1,150
④ ₩1,200 ⑤ ₩1,350

20 제약자원과 의사결정 (18. 보험계리사)

(주)한국의 전자사업부는 제품 A와 제품 B를 생산·판매하고 있다. (주)한국이 매월 사용가능한 기계시간은 60,000시간이다. (주)한국의 20×1년 4월중 예상되는 제품 A와 제품 B의 판매가격, 원가 및 시장수요량에 관한 자료는 다음과 같다.

	제품 A	제품 B
단위당 판매가격	₩270	₩520
단위당 변동원가	190	280
단위당 고정원가	20	20
단위당 필요 기계시간	4시간	8시간
월간 시장수요량	8,000단위	5,000단위

(주)한국이 매월 최대 사용가능한 60,000기계시간을 증가시킬 수 없는 경우, 제품 A와 제품 B 각각에 대한 20×1년 4월 최적생산량은?

	제품 A	제품 B		제품 A	제품 B
①	5,000단위	5,000단위	②	8,000단위	3,500단위
③	6,000단위	4,500단위	④	7,000단위	4,000단위

21 제약자원과 의사결정 (20. 세무사)

(주)세무는 제약자원인 특수기계를 이용하여 제품 A, 제품 B, 제품 C를 생산·판매한다. 제품의 생산·판매와 관련된 자료는 다음과 같다.

	제품 A	제품 B	제품 C
단위당 판매가격	₩50	₩60	₩120
단위당 변동원가	20	36	60
단위당 특수기계 이용시간	2시간	1시간	3시간

특수기계의 최대이용가능시간이 9,000시간이고 각각의 제품에 대한 시장수요가 1,000단위(제품 A), 3,000단위(제품 B), 2,000단위(제품 C)로 한정되어 있을 때, (주)세무가 달성할 수 있는 최대공헌이익은?

① ₩181,250　② ₩192,000　③ ₩196,250
④ ₩200,000　⑤ ₩211,250

22 제약자원과 의사결정 (16. 세무사)

(주)세무는 제품 A와 제품 B를 생산·판매하고 있으며, 두 제품의 단위당 연간 자료는 다음과 같다. 변동제조간접원가는 제품생산에 소요되는 기계시간을 기준으로 계산한다.

	제품 A	제품 B
판매가격	₩200,000	₩240,000
직접재료원가	₩85,000	₩95,000
직접노무원가	10,000	10,000
변동제조간접원가(기계시간당 ₩5,000)	20,000	30,000
변동판매관리비	5,000	15,000
고정제조간접원가	15,000	25,000
고정판매관리비	30,000	20,000
단위당 원가 계	₩165,000	₩195,000

(주)세무가 제품 A와 제품 B의 생산에 사용할 수 있는 최대 기계시간은 연간 3,700시간이다. (주)세무가 제품을 외부로 판매할 경우 시장의 제한은 없으나, 연간 외부 최대 수요량은 제품 A 700개, 제품 B 400개이다. (주)세무가 영업이익을 최대화할 수 있는 제품배합은?

	제품 A	제품 B
①	700개	100개
②	700개	150개
③	700개	400개
④	250개	400개
⑤	325개	400개

23 제약자원과 의사결정 (16. 공인회계사)

(주)한국은 동일한 직접재료 M을 사용하여 세 가지 제품 A, B, C를 생산·판매한다. 다음은 (주)한국이 생산·판매하고 있는 각 제품의 단위당 판매가격, 변동원가 및 공헌이익에 관한 자료이다.

	제품 A	제품 B	제품 C
단위당 판매가격	₩900	₩1,350	₩1,200
단위당 변동원가			
직접재료원가	160	320	200
기타변동원가	480	590	700
계	640	910	900
단위당 공헌이익	₩260	₩440	₩300

(주)한국은 공급업체로부터 직접재료 M을 매월 최대 4,000kg까지 구입가능하며, 직접재료 M의 구입가격은 kg당 ₩40이다. (주)한국의 각 제품에 대한 매월 최대 시장수요량은 400단위이다. (주)한국이 이익을 최대화하기 위해 각 제품을 매월 몇 단위씩 생산·판매해야 하는가?

	제품 A	제품 B	제품 C
①	400단위	50단위	400단위
②	400단위	300단위	0단위
③	200단위	400단위	0단위
④	0단위	400단위	160단위
⑤	0단위	250단위	400단위

24 제약자원과 의사결정 (17. 세무사)

(주)세무는 제품 A, 제품 B 및 제품 C를 생산하여 판매한다. 이 세 제품에 공통으로 필요한 재료 K를 품귀현상으로 더 이상 구입할 수 없게 되었다. (주)세무의 재료 K 보유량은 3,000kg이며, 재료 K가 소진되면 제품 A, 제품 B 및 제품 C는 더 이상 생산할 수 없다. (주)세무는 각 제품의 사전계약 물량을 의무적으로 생산해야 하며, 사전계약 물량과 별도로 추가 최대수요량까지 각 제품을 판매할 수 있다. (주)세무의 관련 자료가 다음과 같을 때, 최대의 공헌이익 총액(사전계약 물량 포함)은?

	제품 A	제품 B	제품 C
사전계약 물량	100단위	100단위	300단위
추가 최대수요량	400단위	100단위	1,500단위
단위당 판매가격	₩100	₩80	₩20
공헌이익률	24%	25%	60%
단위당 재료 K 사용량	3kg	5kg	2kg

① ₩19,000　② ₩19,500　③ ₩20,000
④ ₩20,500　⑤ ₩21,000

25 제약자원과 특별주문 (18. 세무사)

(주)세무는 20×1년에 제품 A를 5,000단위 생산하여 전량 국내시장에 판매할 계획이다. 제품 A의 단위당 판매가격은 ₩10,000, 단위당 변동제조원가는 ₩7,000, 단위당 변동판매관리비는 ₩1,000이다. (주)세무는 20×1년초에 해외 거래처로부터 제품 A 3,000단위를 단위당 ₩8,000에 구입하겠다는 특별주문을 받았다. 해외 거래처의 주문을 수락하기 위해서는 제품 A 1단위당 부품 B(단위당 외부구입가격 : ₩500) 1단위를 추가로 투입해야 하고, 20×1년도 국내시장 판매량을 350단위 감소시켜야 한다. 특별주문과 관련된 판매관리비는 주문수량에 관계없이 ₩300,000 발생한다. (주)세무가 특별주문을 수락할 경우, 20×1년도 예산이익의 증가(또는 감소) 금액은? (단, 특별주문은 전량 수락하든지 기각해야 한다)

① ₩300,000 증가　② ₩420,000 증가　③ ₩500,000 증가
④ ₩550,000 감소　⑤ ₩800,000 감소

26 제약자원과 특별주문 의사결정 (19. 공인회계사)

(주)대한은 제품 A를 생산하며, 연간 최대생산능력은 10,000단위이다. (주)대한은 20×1년초에 제품 A의 예상 수요량인 9,500단위를 생산・판매하기로 하고 종합예산을 편성하였다. 제품 A의 단위당 판매가격과 원가예산은 다음과 같다.

	단위당 금액
판매가격	₩40
직접재료원가	12
직접노무원가	5
제조간접원가	8
변동판매비	2

단위당 제조간접원가에는 단위당 변동원가 ₩5과 단위당 고정원가 ₩3(10,000단위 기준)이 포함되어 있다. 예산편성 직후에 (주)대한은 (주)민국으로부터 제품 A 1,000단위를 단위당 ₩30에 공급해 달라는 특별주문을 받았다. (주)민국의 특별주문량 1,000단위는 전량 수락하거나 거절해야 한다. (주)대한이 (주)민국에 제품 A를 판매할 경우에는 단위당 변동판매비의 50%를 절감할 수 있다. 한편, (주)대한은 (주)만세로부터 제품 A와 동일한 제품을 단위당 ₩25에 필요한 만큼 공급받을 수 있다. (주)대한이 (주)민국의 주문을 수락하면 (주)대한의 예산영업이익은 얼마나 증가 또는 감소하는가? (단, (주)대한은 이익을 극대화하고자 한다)

① ₩4,000 감소 ② ₩4,000 증가 ③ ₩5,500 감소
④ ₩5,500 증가 ⑤ ₩6,000 증가

27 제약자원과 특별주문 (22. 공인회계사)

(주)대한은 A필터와 B필터를 생산 및 판매하고 있으며, 이익극대화를 추구한다. (주)대한의 최대조업도는 월 12,000기계시간이며, (주)대한이 20×1년 2월에 대해 예측한 A필터와 B필터의 자료는 다음과 같다.

	A필터	B필터
시장수요량	2,500단위	1,500단위
단위당 직접재료원가	₩290	₩400
단위당 직접노무원가	100	150
단위당 변동제조간접원가(기계시간당 ₩40)	80	160
단위당 변동판매관리비	50	90
단위당 고정원가	20	20
단위당 판매가격	840	1,280

(주)대한은 20×1년 2월의 판매예측에 포함하지 않았던 (주)민국으로부터 B필터 500단위를 구입하겠다는 일회성 특별주문을 받았다. (주)대한이 (주)민국의 특별주문을 수락하더라도 해당 제품의 단위당 변동원가는 변하지 않는다. (주)대한이 (주)민국의 특별주문을 수락하여 20×1년 2월 영업이익을 ₩180,000 증가시키고자 할 경우에 특별주문의 단위당 판매가격은 얼마인가? (단, 특별주문과 관련하여 생산설비의 증설은 없다)

① ₩1,300 ② ₩1,350 ③ ₩1,400
④ ₩1,450 ⑤ ₩1,500

28 새 제품 추가결정 (17. 세무사)

(주)세무는 기존 제품에 추가하여 새로운 제품 F(단위당 변동제조원가 ₩34)를 생산·판매하려고 한다. 이 경우 기존 제품의 총공헌이익이 연간 ₩80,000 감소할 것으로 예상된다. 제품 F를 생산하면, 연간 총고정제조간접원가 중 ₩55,000이 제품 F에 배부되며, 기존에 납부하던 연간 유휴토지부담금 ₩25,000이 전액 면제된다. 제품 F를 판매할 경우, 판매 대리점에 지급하는 기존 제품에 대한 연간 고정판매비를 ₩35,000만큼 줄이는 대신에 제품 F의 판매비를 단위당 ₩4씩 지급하게 된다. 제품 F의 연간 판매량이 4,000단위로 예상될 때, (주)세무의 연간 총손익에 변화가 없으려면 제품 F의 단위당 판매가격은?

① ₩13 ② ₩23 ③ ₩35
④ ₩43 ⑤ ₩55

29 제품생산중단 결정 (23. 세무사)

(주)세무는 A, B, C 세 종류의 제품을 생산·판매하고 있으며, 관련 자료는 다음과 같다.

	제품 A	제품 B	제품 C
매출액	₩100,000	₩200,000	₩150,000
변동원가	70,000	110,000	130,000
고정원가	20,000	40,000	30,000
이익	₩10,000	₩50,000	(₩10,000)

각 제품별 고정원가는 회사 전체적으로 발생하는 고정원가 ₩90,000을 각 제품의 매출액에 비례하여 배분한 것으로, 제품 생산 여부나 생산 및 판매 수량에 관계없이 일정하게 발생한다. 손실이 발생하고 있는 제품 C의 생산을 중단하는 경우 제품 A의 매출액은 50% 증가하고, 제품 B의 매출액은 변화 없을 것으로 예상된다. 제품 C의 생산을 중단하면 회사 전체 이익은 얼마나 감소하는가?

① ₩1,000 ② ₩3,000 ③ ₩5,000
④ ₩7,000 ⑤ ₩9,000

30 부문폐쇄 결정 (21. 감정평가사)

(주)감평은 제품라인 A, B, C 부문을 유지하고 있다. 20×1년 각 부문별 손익계산서는 다음과 같다.

	A부문	B부문	C부문	합 계
매출액	₩200,000	₩300,000	₩500,000	₩1,000,000
변동원가	100,000	200,000	220,000	520,000
공헌이익	₩100,000	₩100,000	₩280,000	₩480,000
고정원가				
급여	30,000	50,000	80,000	160,000
광고선전비	10,000	60,000	70,000	140,000
기타 배부액	20,000	30,000	50,000	100,000
영업이익	₩40,000	(₩40,000)	₩80,000	₩80,000

(주)감평의 경영자는 B부문의 폐쇄를 결정하기 위하여 각 부문에 관한 자료를 수집한 결과 다음과 같이 나타났다.

- 급여는 회피불능원가이다.
- 광고선전비는 각 부문별로 이루어지기 때문에 B부문을 폐쇄할 경우 B부문의 광고선전비는 더 이상 발생하지 않는다.
- 기타 배부액 총 ₩100,000은 각 부문의 매출액에 비례하여 배부한 원가이다.
- B부문을 폐쇄할 경우 C부문의 매출액이 20% 감소한다.

(주)감평이 B부문을 폐쇄할 경우 (주)감평 전체 이익의 감소액은? (단, 재고자산은 없다)

① ₩36,000 ② ₩46,000 ③ ₩66,000
④ ₩86,000 ⑤ ₩96,000

31 제품생산중단 결정 (17. 공인회계사)

(주)한국은 제품 A와 제품 B를 생산 · 판매하고 있다. 제품 A와 제품 B 각각에 대한 연간최대조업도 100,000단위의 활동수준에서 예상되는 20×1년도 생산 및 판매와 관련된 자료는 다음과 같다.

	제품 A	제품 B
단위당 판매가격	₩120	₩80
단위당 변동원가 :		
직접재료원가	30	12
직접노무원가	20	15
변동제조간접원가	7	5
변동판매관리비	12	8
단위당 고정원가 :		
추적가능 고정제조간접원가	16	18
공통고정비	15	10
단위당 총원가	100	68
연간최대생산능력	100,000단위	100,000단위

제품별 추적가능 고정제조간접원가는 해당 제품의 생산을 중단하면 회피가능하나, 공통고정비는 제품 A 혹은 제품 B의 생산을 중단해도 계속해서 발생한다. (주)한국은 20×1년초에 향후 1년 동안 제품 A 80,000단위와 제품 B 60,000단위를 생산 · 판매하기로 계획하였다. 그런데 (주)한국이 기존의 계획을 변경하여 20×1년에 제품 B를 생산하지 않기로 한다면, 제품 A의 20×1년도 연간 판매량은 원래 계획한 수량보다 15,000단위 증가할 것으로 예측된다. (주)한국이 20×1년에 제품 B의 생산을 전면 중단할 경우, 이익에 미치는 영향은?

① ₩165,000 감소　② ₩165,000 증가　③ ₩240,000 증가
④ ₩265,000 감소　⑤ ₩265,000 증가

32 제품생산중단 결정 (18. 주택관리사)

(주)한국은 제품 A를 포함하여 여러 종류의 제품을 생산한다. 20×1년도 제품 A에 관한 예산자료는 다음과 같다.

매출액	₩840,000
공헌이익	280,000
고정원가	320,000
영업이익	(−)40,000

만일 제품 A의 생산을 중단하면 제품 A의 고정원가 ₩320,000 중 ₩190,000을 절감할 수 있다. 제품 A의 생산중단이 (주)한국의 20×1년도 예산영업이익에 미치는 영향은?

① ₩90,000 증가　② ₩90,000 감소　③ ₩130,000 증가
④ ₩190,000 감소　⑤ ₩190,000 증가

14 전략적 원가관리

품질원가, 제약이론, 원가기획을 사용한다

시장경쟁의 심화로 기업은 생존과 성장을 위해 소비자에게 높은 품질, 빠른 고객대응을 통한 고객만족을 주어야 한다. 이를 위해 기업의 끊임없는 자기혁신과 전략적 경영이 강조되고 있다. 관리회계도 과거의 소극적인 역할에서 좀더 적극적이고 전략과 연계된 역할을 하게 되었다. 이 장은 전략경영에 중요한 핵심성공요소나 경영혁신과 관련된 의사결정을 지원하는 다음과 같은 전략적 원가관리 문제를 다룬다.

– 적시주문생산시스템으로 재고관련원가를 줄인다.
– 품질원가를 측정하여 품질경영을 한다.
– 납기단축으로 수익성을 높인다.
– 제약이론에 의해 병목공정을 확장하여 수익성을 높인다.
– 생산 전후 단계를 포함한 제품수명주기원가를 관리한다.
– 원가기획(목표원가계산)으로 대폭적인 원가절감을 한다.

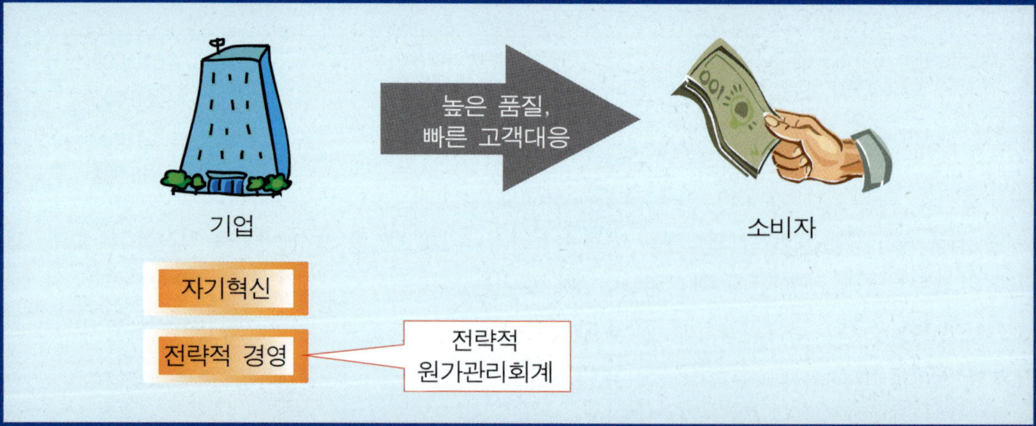

14

- 전략적 원가관리를 한다

재고관련 원가분석

- 재고는 왜 필요한가?
- 재고관련원가를 줄이는 최적의 재고량을 결정한다 - 경제적 주문량(EOQ) 모형
- 적시구매시스템
- 적시생산시스템
- 적시구매/생산시스템의 원가와 혜택

품질경영을 위한 품질원가계산

- 품질이란 무엇인가?
- 품질원가란 무엇인가?
- 무결점이 최선이다
- 품질원가를 어떻게 측정하는가?

스피드경영의 효과분석

- 빠른 고객대응이 경쟁력이다

제약이론과 의사결정

- 병목공정을 찾아 확장하여 수익성을 높인다
- 병목공정의 처리능력 확대는 이익으로 직결된다

제품수명주기원가계산

- 생산 전후 단계의 원가도 중요하다
- 생산 이전 단계에서 대부분의 원가가 확정된다

원가기획과 목표원가

- 신제품의 기획/개발/설계 단계에서 원가기획을 한다
- 목표원가, 표준원가, 카이젠원가는 서로 다르다

배터리 따로, 차 따로… 신개념 전기차 나온다

－르노삼성 연말 출시 SM3 Z.E.

－월 배터리 리스료 10만원대… 한 달 기름값과 비슷하게 책정

올해 말 국내에 SM3 기반 전기차인 'SM3 Z.E.'를 출시하는 르노삼성자동차가, 공차(空車)만 구매한 뒤 배터리는 월 리스료를 내고 빌려쓰는 '배터리 따로' 판매방식을 도입하기로 했다. 전기차가 동급 일반차량 대비 2배 이상 비싼 이유가 바로 배터리값 때문이라는 점에 착안했다. 월 배터리 리스료를 한 달 기름값과 비슷하게 책정해 전기차 실질보유비용을 내연기관차 수준으로 확 떨어뜨리면 전기차 시대가 앞당겨질 수 있을 것으로 보고 있다.

르노삼성차 관계자는 17일 "올해 말 공공기관을 중심으로 500대, 내년에는 6,000대를 일반에 판매할 예정인 SM3 Z.E.는 배터리를 제외한 순수 차량만 판매하고 배터리는 빌려 쓰는 방식을 채택할 것"이라고 밝혔다. 월 리스료는 10만원대 초반으로 책정할 예정이다. 르노의 계열 금융회사 RCI가 2,400만원에 달하는 배터리를 사들인 뒤 개별 소비자들에게 일정기간 약정리스료를 받는 식이 될 전망이다.

르노삼성의 모기업인 르노는 이미 올봄부터 프랑스 등 일부 유럽국가에서 SM3 Z.E.의 유럽형 모델인 '플루언스 Z.E.'를 배터리 리스방식으로 판매하기 시작했다. 대당 5,000유로(735만원)의 프랑스 정부보조금을 감안한 플루언스 Z.E 공차값은 2만900유로(3,070만원). 여기에 연평균 1만km를 달리는 조건으로 월 82유로(12만원 · 36개월 약정)의 배터리 리스료를 내면 된다. 주행거리가 늘어나면 추가요금을 지불해야 하고, 개인이 직접 충전할 때에는 소정의 충전료도 부담해야 한다. 르노삼성 그린카프로젝트 본부 이상태 부장은 "값싼 전기요

금 덕분에 전기차 충전비는 일반 가솔린차 대비 8분의 1 수준밖에 안 되지만, 배터리값이 워낙 비싸기 때문에 '본전'을 뽑기 위해선 전기차를 초장기 보유해야 한다"고 말했다. 이 때문에 배터리값 부담을 덜어주는 방식을 고안하게 됐다는 설명이다.

르노삼성 휘발유차와 전기차 경제성 비교

구 분	차 값	연간 연료비	
		단 가	총비용
SM3 1.6 가솔린	1,350～1,920만원	2,000원/L	133만5,000원
SM3 Z.E(전기차)	6,391만5,500원(보조금 제외)	100원/kW	17만5,000원
SM3 Z.E(배터리 리스)	최고 1,920만원	월 12만원(예상리스료)	144만원

※ 1년에 1만km 주행기간, 주행거리 늘어나면 리스료도 인상 예정

르노와 르노삼성이 이런 방식을 계획할 수 있는 것은 현대 · 기아차나 벤츠, GM 등 다른 업체들과 달리 배터리를 꺼내서 충전한 뒤 갈아 끼우는 '퀵드롭 방식'을 채택하고 있기 때문이다. 차를 들어 올려 트렁크 부분에 탑재돼 있는 배터리를 뽑아낸 뒤, 준비돼 있던 충전 배터리를 바로 갈아 끼워 다시 조립하는 방식으로, 휴대전화 배터리를 충전해 갈아 끼우는 것과 같은 원리다. 다른 업체들은 안전성 등을 이유로 이 방식을 도입하지 않고 있다. 르노삼성차 관계자는 "현 수준에서 정부의 전기차 보조금은 최대 720만원인데, 전기차 대중화를 앞당기려면 배터리에 대한 보조금 등을 추가해 총 1,000만원 상당의 보조금이 필요하다"고 말했다. SM3 Z.E.는 6～8시간 완속충전으로 최대 182km를 달릴 수 있다.

(조선일보, 2012.6.18)

전략적 원가관리를 한다

전략적 원가관리의 탄생

전통적 관리회계기법

- 원가-조업도-이익 분석
- 예산제도
- 차이분석
- 관련원가 분석

기획과 통제

1970년대 이후

- 전사적 품질관리(TQM)
- 적시생산시스템(JIT)
- 원가기획(목표원가계산)
- 제약이론
- ABM(활동기준원가관리)
- BSC(균형성과표)

전략적 원가관리

이제까지 소개한 원가-조업도-이익 분석, 예산제도, 차이분석, 전형적인 의사결정의 관련원가분석은 상당히 오랫동안 사용되어 온 관리회계기법이며 기획과 통제기능을 수행하는 방법들이다. 약 20년 전부터 시작된 전 세계적인 경쟁과 소비자의 다양화요구에 직면한 기업들은 급변하는 환경에서 생존하고 성공하기 위해서는 제품과 서비스의 가격, 품질, 고객만족, 연구개발 등의 핵심성공요소(Critical Success Factor)를 중시하는 혁신과 전략적 경영이 중요함을 깨닫게 되었다. 이에 따라, 원가관리회계도 전략수립과 실행에 적극적인 역할을 하게 되었다.

1970년대에 일본에서 개발된 전사적 품질관리(TQM), 적시생산시스템(JIT), 원가기획[목표원가계산]도 1980년대에 미국에 도입되어 전 세계로 확산되었다. 품질문제를 계량화하기 위한 품질원가의 측정과 관리도 같이 강조되고 있다. 「*The Goal*」이라는 책으로 유명해진 제약이론도 1980년대에 처음 시작되었다. 이러한 새로운 경영혁신기법의 효과를 측정하는 원가-효익 분석과 이에 따른 원가관리회계기법의 변화가 최근 원가관리회계의 중요한 주제가 되고 있다.

이 장은 전략적 관점을 중시하는 이러한 최신 원가관리회계 주제를 다룬다. 전략을 구체적으로 지표화하여 조직구성원에게 이에 대한 인식을 높이고자 10년 전에 개발된 균형성과표(BSC)도 전략적 관리회계의 한 분야로 볼 수 있는데 이 주제는 제16장의 성과평가 부문에서 다룬다.[1)]

1) 활동기준원가계산과 활동기준관리(ABM)도 전략적 원가관리의 주제로 볼 수 있는데 이 주제는 이미 제7장에서 다루어서 이 장에서는 다시 설명하지 않는다. 원가발생을 조직내 활동의 수행에 따른 자원소비로 보는 관점을 가진 활동기준원가계산(ABC)과 활동기준관리(ABM)가 1980년대에 미국에서 시작하여 우리나라에는 1990년대에 도입된 후 빠른 속도로 확산되고 있다.

재고관련 원가분석

재고는 왜 필요한가?

안전재고
생산과 수요의 불확실성에 대비한 재고

재고부족원가
재고부족에 의한 이익감소

재고유지원가
재고유지에 의한 원가

생산된 제품이 판매되지 않아 재고가 쌓이기도 하지만 기업이 일부러 어느 정도의 재고수준을 유지하기도 한다. 수요가 갑자기 증가할 때 생산량을 늘리는데 시간이 걸리므로 이에 대비한 여유분으로 제품재고를 가지고 있다. 생산공정상의 문제나 재료구입상의 문제에 대비하여 재료, 재공품, 제품의 여유분으로 재고를 가지는 경우도 있다. 불확실성에 대비하여 보유하고 있는 이러한 재고를 안전재고(Safety Stock)라고 한다. 안전재고는 재고부족으로 인하여 판매기회를 놓쳐서 기업이 입는 손실, 즉 재고부족원가(Stockout Costs)를 줄여준다. 재고부족원가는 지금 재고부족으로 놓쳐버린 매출의 공헌이익뿐만 아니라 고객의 실망에 의한 미래 매출감소의 미래 공헌이익감소도 포함한다.

재료를 다량으로 구입하거나 제품을 다량으로 한꺼번에 생산하는 것이 유리하여 재고가 발생하기도 한다. 이 경우 재고의 보관관리비용과 자금비용이 발생하고 재고가 파손되거나 유행과 기술의 변화로 가치가 떨어지는 재고유지원가(Inventory Carrying Cost)가 발생한다. 그러나 재료를 소량으로 자주 주문하면

YouTube **편의점 간편식 상품 폐기**

현 편의점 점주가 알려주는 편의점 수익, 마진율

매출이 아무리 좋더라도 과자 같은 것은 잘 팔리고 냉장식품이 안 팔리면 마이너스가 많이 나죠. 유통기간 지난 거는 POS로 다 찍으면서 폐기를 해요. 폐기를 하면서 집에 가서 먹든가 식구를 나눠 주든가 아니면 알바생들 일하면서 취식하든가. 유통기한 지나서 버리는 음식을 돈으로 따지면 다른 데는 100만원 안 쪽 나온다고 하더라고요. 한 60만원에서 70만원 정도. 근데 저희는 좀 구색을 좀 잘해 놔서 그만큼 폐기가 많이 나와요. 한 달에 평균 120만원 정도 나오는데 요번 달은 170만원 나왔어요. 날씨가 갑자기 추워지면서 손님들이 많이 줄었잖아요. 제가 조절을 잘 못해가지고. 간편식(도시락, 샌드위치, 햄버거)이 최고의 무기면서 최고의 약점이거든요. 왜냐면 물건이 많아야 손님들이 많이 유입이 되거든요. 간편식 때문에. 반대로 물건이 많으면 폐기가 많이 되죠. (게으른장사장TV, 2019.12.16)

재고주문원가
재고주문 관련원가

주문원가(Ordering Cost)가 너무 커지고, 제품을 소량으로 여러 번 생산하면 생산배치수준원가가 너무 커져서 더 비경제적일 수 있다. 이런 경우, 재고유지원가를 발생시키더라도 어느 정도 재고를 유지하는 주문량 또는 생산량이 재고관련 총원가를 최소화한다. 다음 〈표 14.1〉은 재고관련원가의 종류와 예를 보여준다.

표 14.1 재고관련원가의 종류와 예

종 류	예
취득원가	구입가, 운송비 등의 부대비용
주문원가	납품업체 선정 · 주문 · 정산 등의 업무처리원가, 납품검수원가
재고유지원가	창고비, 보험료, 파손비, 진부화원가, 재고의 자금비용
재고부족원가	현재와 미래의 매출손실에 따른 공헌이익손실

재고관련원가를 줄이는 최적의 재고량을 결정한다 - 경제적 주문량(EOQ) 모형

경제적 주문량
재고유지원가와 주문원가의 합을 최소화하는 주문량

재고관련원가의 관계를 이용하여 재고수준을 결정하는 것이 경제적 주문량(EOQ, Economic Order Quantity) 모형이다. 이 모형은 재고유지원가와 주문원가의 합을 최소화하는 경제적 주문량과 이에 따른 최적의 재고수준을 계산한다. 경제적 주문량 모형은 도소매업에서 상품구입주문당 최적량 또는 제조기업에서의 재료구입주문당 최적량 계산에 사용된다. 이후의 설명은 재료구입의 경우를 예로 사용한다.

경제적 주문량 모형에서는 다음의 가정을 한다.

- 재료사용의 수요를 미리 알고 있고 이 수요는 기간 내내 일정하게 발생한다. 따라서 불확실성에 의한 안전재고와 재고부족원가는 고려하지 않는다.
- 재료취득원가는 주문량과 무관하게 일정하다. 주문량이 많으면 구입가격 할인이 있거나 운송비가 절감될 수 있으나 이를 고려하지 않는다.
- 주문원가는 주문횟수에 따라 비례적으로 증가한다.[2] 즉, 주문건당 주문

그림 14.1 재고관련원가와 경제적 주문량(EOQ)

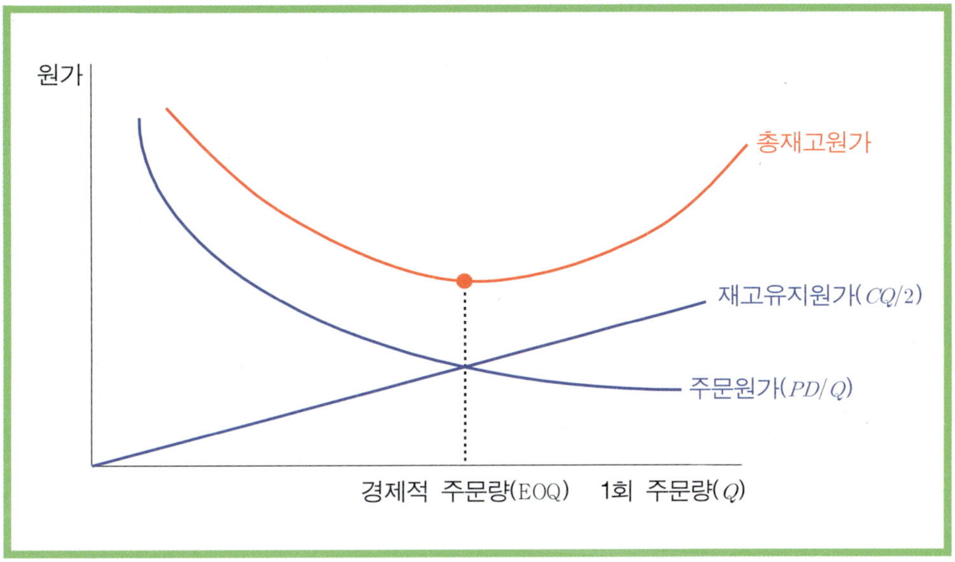

원가는 일정하다고 가정한다.

- 재고유지원가는 재고수준에 따라 비례적으로 증가한다.

이러한 가정을 사용하여 재고관련 연간 총원가를 다음과 같이 표시한다.

재고관련 총원가 = 총주문원가 + 총재고유지원가
= 주문당 주문원가 × 주문횟수
+ 재고단위당 연간유지원가 × 평균재고수준

$$= P \times D/Q + C \times Q/2$$

P : 주문당 주문원가　　D : 연간 총수요
Q : 1회 주문량　　C : 재고단위당 연간유지원가

연간 총수요를 1회 주문량으로 나눈 것이 주문횟수이고, 평균재고수준은 1회 주문량의 절반이다.

재고관련 총원가를 주문량에 대해 미분하여 총원가를 최소화하는 경제적 주문량(EOQ)을 구하면 다음과 같다.[3]

2) 주문원가 중 협력업체 선정원가 등은 주문량이나 주문횟수와 무관하게 일정하게 발생하므로 경제적 주문량 결정에는 비관련원가로 제외하고 분석한다.
3) EOQ는 산출평균과 기하평균의 관계에 의해 총주문원가와 재고유지원가가 일치하는 주문량이기도 하다. $PD/Q = CQ/2$

$$PD/Q^2 = C/2 \quad \Rightarrow \quad \text{EOQ} = \sqrt{2DP/C}$$

예를 들어

P : 주문당 주문원가, 100,000원/회
D : 연간 총수요, 8,000,000톤
C : 재고단위당 연간유지원가, 1,000원/톤

이면

$$\text{EOQ} = \sqrt{2 \times 8{,}000{,}000\text{톤} \times 100{,}000\text{원} / 1{,}000\text{원}/\text{톤}} = 40{,}000\text{톤}$$

이다. 이때 주문횟수는 D/Q=8,000,000톤/40,000톤/회=200회이다. 총주문원가는 100,000원/회×200회=20,000,000원이며 재고유지원가는 1,000원/톤×40,000톤/2=20,000,000원이다. 따라서 총재고관련원가는 40,000,000원이다.[4)]

적시구매시스템

적시구매시스템
상품이나 재료를 필요한 때에 필요한 양만 구입하는 방식

세계적인 할인판매점인 WAL-MART는 적시구매시스템으로 유명하다. 적시구매시스템(Just-In Time Purchasing)은 필요한 상품을 필요한 때에 맞추어 구매하여 재고수준을 최소로 낮추는 방법이다. 경제적 주문량 모형에서 보았듯이 재고수준을 낮추면 재고유지원가를 낮출 수 있다. 이때 주문원가의 증가는 어떻게 해결할 것인가?

WAL-MART의 경우 주문원가를 낮추기 위해 상품주문을 일일이 담당직원이 서류처리하지 않고 WAL-MART의 재고관리시스템과 협력업체의 전산시스템을 연결하였다. 협력업체는 WAL-MART에 납품한 상품의 재고수준 변화를 항상 파악할 수 있으므로 해당 재고가 어느 수준 이하가 되면 자동으로 협력업체에서 납품을 하고 정기적으로 가격정산을 하는 장기계약을 체결하여 주문관련원가를 줄인다. 또한 고객기호의 빠른 변화에 의해 상품의 수명이 짧아져

4) EOQ모형에서 최소 총재고관련원가는 기하평균의 2배인 $\sqrt{2DPC} = \sqrt{2 \times 8{,}000{,}000 \times 100{,}000 \times 1{,}000}$ =40,000,000원으로도 구할 수 있다.

그림 14.2 적시구매시스템의 경제적 주문량

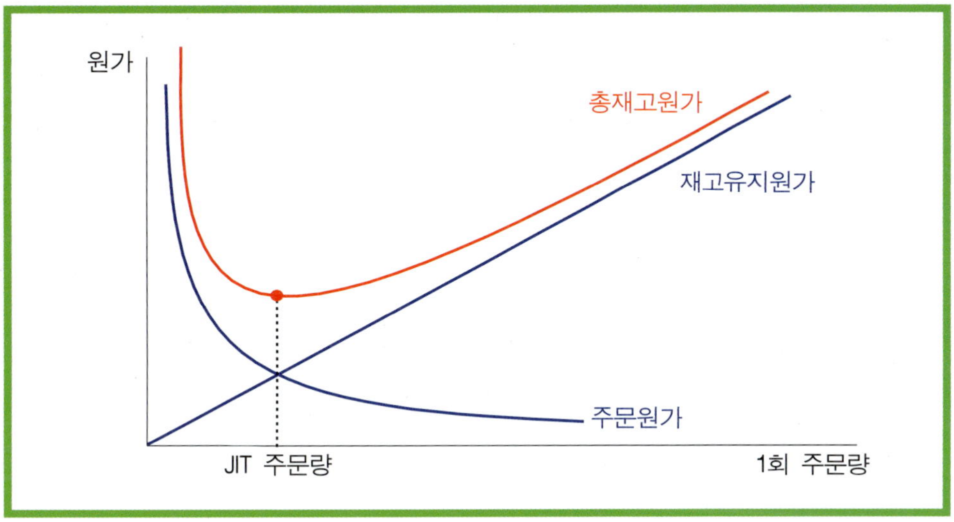

더욱 커진 진부화원가는 재고유지원가의 부담을 크게 만들어 소량주문을 유리하게 만든다.

요약하면 증가한 재고유지원가와 감소된 주문원가가 최적의 주문량과 재고량을 상당히 낮게 만들어 적시구매시스템을 경제적으로 만든다.

적시생산시스템

적시생산시스템
필요한 때에 필요한 양만을 생산하는 방식

필요한 때[適時]에 필요한 제품[適品]을 필요한 양[適量]만큼 생산하는 적시생산시스템(JIT Manufacturing)은 풀(pull) 시스템이라고도 불린다. 원재료부터 완성품까지의 연결된 생산공정에서 마지막 단계에 있는 제품수요가 생산량을 결정하고 생산량이 재료구입을 초래하는 방식으로 각 생산단계가 다음 단계의 요구에 의해 끌려간다는 의미이다. 이와 대비하여 재료가 구입된 후 생산부문은 수요와 무관하게 재고를 위한 밀어내기식으로 생산을 한 후 이것을 판매하는 것을 푸시(push)시스템이라고 한다.

적시생산시스템은 단순히 재고수준만 낮추는 단편적인 재고관리기법이 아니다. 적시생산시스템은 셀 생산방식, 칸반 시스템 등과 함께 총체적으로 생산공정을 개선하는 린 생산방식(lean production)[5]의 일부이다. 칸반(Kanban, 看板)은 표시판을 뜻하는 일본어로, 부품들이 담긴 상자에 붙어 있는 부품의 종류와 수를 적은 카드이다. 칸반이 풀(pull) 시스템에서 다음 단계의 요구에 의해 전단계의 작업수준이 결정되게 신호를 보내는 역할을 한다. 셀 생산방식(cellular manufacturing)은 U자형으로 여러 가지의 관련설비가 배치된 작업 셀 안에서 서너 명의 작업자가 여러 설비를 조작하면서 생산과정의 일부를 처리한다. 셀 방식에서는 설비간의 이동거리가 짧고 배치크기가 작아 재고와 대기시간이 줄어드는 장점이 있다. 또한 작업자 자신이 생산과 품질검사를 동시에 하므로 책임의식과 품질수준이 높아진다.

셀 생산방식
다기능의 작업자가 서너 개의 설비가 배치된 셀 안에서 작업하는 방식

적시생산시스템에서는 재고의 수준이 낮으므로 품질문제를 여유재고로

현대차 파업 때 부품업체가 울어버린 '진짜 이유'

연초부터 벌어진 현대차 파업 때문에 부품을 공급하는 협력업체들도 울상을 지었습니다.

흔히 현대차가 파업을 해도 부품은 미리 만들어 쌓아 놓으면 될 것 같다는 생각을 하지만, 현장에서 보니 불가능한 일이더군요. 오늘날 자동차산업의 표준이 되어버린 모듈(Module)과 '저스트 인 타임(JIT)' 생산방식 때문에 완성차 공장이 멈추면 부품업체 공장도 동시에 가동을 중단할 수밖에 없다고 합니다.

모듈생산은 여러 개의 작은 부품을 결합해 운전석·도어 같은 중간부품을 만든 다음 이를 완성차업체가 조립하는 방식입니다. 완성차업체의 조립시간을 단축하기 위한 생산방식입니다. '저스트 인 타임' 방식은 일본 도요타에서 개발한 것으로 자동차회사가 부품재고를 줄이기 위해 현재 생산하는 차에 꼭 필요한 만큼의 부품만 보유하는 것을 의미합니다.

울산시 북구 연암동 덕양산업의 아반떼 콕핏모듈 조립라인. 지난 17일 오전 현대차의 부분파업으로 같은 시간 조립라인이 완전히 멈춰서 있다.

현대차 울산공장 옆에 있는 덕양산업이 '콕핏(Cockpit)모듈'을 납품하는 과정을 예를 들어보겠습니다. 콕핏모듈은 운전대·계기반·대시보드·오디오 등을 포함한 실내의 앞부분 전체를 조립한 것입니다. 덕양산업의 아반떼 콕핏모듈도 저스트 인 타임 방식으로 생산됩니다. 현대차 라인에서 당장 필요로 하는 콕핏모듈의 종류와 양이 덕양산업 라인의 컴퓨터 스크린에 뜨면 그때부터 생산에 들어가죠. 주문이 들어온 뒤 현대차 조립라인에 부품이 인도되기까지 걸리는 시간은 2시간도 채 안 됩니다. 아반떼 콕핏모듈만 종류가 2,000가지나 되기 때문에 미리 재고를 생산해 쌓아 두는 것이 불가능합니다. 따라서 울산공장의 아반떼 조립라인이 4시간 멈추면 덕양산업 라인도 똑같이 4시간 멈춰서는 사태가 발생하는 것이지요. 이런 식으로 모든 부품공장의 생산라인이 완성차업체 라인에 톱니바퀴처럼 얽혀 있는 셈이지요.

따라서 현대차의 부분파업 손실이 몇 백억원 발생하면, 수많은 '모듈' 부품업체과 그에 딸린 2·3차 협력업체의 피해규모는 현대차 파업 손실의 몇 배에 달하게 됩니다. 어떤 일이 있어도 완성차 라인이 멈춰서면 안 되는 이유입니다. (조선일보, 2007.1.23)

5) 1960년대 이후 도요타자동차에 높은 생산성 향상을 가져다준 혁신적인 생산방식이다. 과잉생산, 재고 등 생산조직 내의 모든 낭비적인 요소들을 제거하여 생산성과 품질을 높이고 원가를 낮춘다. 도요타 생산시스템이라고도 불리며 군살빼기 생산, 감량 생산이라고 번역될 수 있다.

해결하기 어렵다. 따라서 품질문제가 드러나게 되고 이에 대한 해결을 하게 된다. 또한 수요와 무관한 재고를 위한 생산을 하지 않으므로 필요한 양만큼을 생산한 후 여유시간에 작업자들은 품질개선에 대한 학습과 개선운동을 하도록 요구된다. 불량률이 높으면 생산이 자주 중단되므로 적시생산시스템의 운영이 불가능하다.

적시구매/생산시스템의 원가와 혜택

적시시스템은 생산운영관리 분야에서 주로 다루는 주제이지만, 원가관리회계가 이 시스템 도입의 원가와 효익을 분석하는 역할을 해야 한다. 예제를 통해 적시시스템의 효과를 분석해 보자.

[종합예제]

나무나라(주)는 자동화 작업기계를 사용하여 목재로 가구를 생산하는 업체이다. 이 회사의 목재 평균재고액은 현재 5,000만원이다. 나무나라(주)의 사장과 회계담당이사는 목재의 재고유지원가에 대해 걱정하고 있다. 목재 납품업체는 소량의 주문량에 대해서도 추가적 부담 없이 목재를 공급할 준비가 되어 있는 상태이다. 회계담당이사는 목재재고를 실질적으로 제거하기 위해 적시주문시스템을 도입할 경우의 득실을 다음과 같이 예상하였다.

적시시스템의 혜택은 재고의 감소에 의한 재고유지원가의 감소이다. 현재 사용중인 목재보관창고 2개가 더 이상 필요없게 된다. 나무나라(주)는 이 중 한 창고는 다른 회사로부터 연간 400만원에 임차중인데 계약을 취소하여 임차료를 절약할 수 있다. 다른 창고는 나무나라(주)의 소유로 면적이 300평이다. 이 회사소유 창고의 공간 중 3분의 2는 연간 평당 1만원에 임대할 수 있다. 또한 연간 창고 손해보험료 및 재산세 40만원을 줄일 수 있다. 이상의 혜택을 정리하면 다음과 같다.

연간 창고 임차료 감소		400만원
연간 창고 임대수익	(300평×2/3×1만원/평)	200만원

연간 창고 손해보험료 및 재산세 감소	40만원

이에 더하여 재고파손비와 진부화원가가 연간 평균재고액의 1%로 발생한다면 이 재고유지원가의 감소도 혜택으로 고려한다. 또한, 빠뜨리지 않도록 조심해야 하는 적시시스템의 혜택(또는 기존 시스템의 기회원가)은 재고수준의 감소에 의한, 재고에 묶인 자금비용의 감소이다. 기업의 자금비용이 연간 5%라면 이 금액도 무시할 수 없다. 평균재고액에 따라 변하는 이러한 원가변화를 추가하면 다음과 같다.

연간 재고파손비 및 진부화원가 감소	(1%×5,000만원)	50만원
연간 재고자금원가 감소	(5%×5,000만원)	250만원

지금까지 계산한 적시시스템 혜택의 이익증가 효과 총액은 940만원(=400만원+200만원+40만원+50만원+250만원)이다.

삼성전자, 도요타 생산방식 도입

주5일제 실시로 '생산성 향상'이 국내 기업의 화두로 떠오른 가운데 삼성전자가 일본 도요타자동차의 생산방식(Toyota Product System)을 도입해 주목을 끌고 있다. 삼성전자 관계자는 13일 "이달부터 액정표시장치(LCD) 생산공정에 도요타의 'JIT'를 도입했다"고 밝혔다.

'JIT(Just In Time)'는 제조업체가 부품업체로부터 부품을 필요한 시기에 필요한 수량만큼만 공급받아 재고가 없도록 해주는 재고관리시스템으로, 도요타가 원가절감을 통한 생산성 향상을 위해 처음 도입했다. 국내전자업계에서 이 시스템을 본격 도입하기는 이번이 처음이다.

삼성전자는 JIT 도입을 위해 백라이트 유닛(BLU), 인쇄회로기판(PCB) 등 LCD 주요 부품을 공급하는 협력사와 정보를 공유하기 위한 온라인 시스템을 구축하고, 부품을 비축하던 물류센터(허브창고)를 없앴다. 최대 14일까지 창고에 보관되던 각종 부품이 필요할 때마다 즉시 공급되는 시스템으로 바뀐 것이다. 삼성전자는 JIT 도입으로 LCD 부문에서만 연간 수백억원에 달하는 재고관리비용을 절감하고 품질개선에 집중할 수 있을 것으로 보고 있다.

삼성전자의 JIT 도입은 국내 제조/부품업계의 거래관행에도 일대 변화를 가져올 전망이다. 삼성경제연구소 남양호 수석연구원은 "제조업체가 부품을 쌓아 놓고 생산하는 관행은 사라질 것"이라며 "수많은 협력사와 관계를 맺고 있는 삼성전자의 JIT 도입은 장기적으로 제조업체와 협력업체 관계에 변화를 가져올 것"이라고 내다봤다.

삼성전자는 지난해 하반기에는 생활가전 부문에도 도요타 생산방식을 도입, 지펠냉장고의 경우 고객이 원하는 선택사양에 따라 주문을 하면 2~3일 내에 생산, 배송해주는 시스템을 갖추고 있다. 삼성전자 관계자는 "앞으로 휴대폰 등 모든 사업부문의 생산공정에 고객이 원하는 물건을 원하는 시기에 공급하는 도요타 생산방식을 전면 도입하는 방안을 검토하고 있다"고 말했다.

(한국일보, 2004.7.13)

적시주문시스템에 의한 손해는 무엇이 있는가? 주문횟수의 증가로 주문원가가 증가한다.

연간 주문원가 증가 100만원

또한 적시시스템은 재고수준을 거의 없애므로 가구 수요가 일시적으로 늘어날 때 재고가 없어서 물건을 못 팔아 이익이 감소한다. 목재 재고부족 때문에 가구판매량이 연간 300단위 감소한다면 이 300단위에 대한 손실된 공헌이익, 즉 재고부족원가가 발생한다. 이 기업의 단위당 공헌이익이 2만원이면 재고부족원가는 다음과 같다.

연간 재고부족원가 (2만원/개×300개) 600만원

적시시스템의 혜택 940만원이 손해액 700만원(=100만원+600만원)보다 크므로 적시시스템의 도입이 연간 240만원의 이익증가를 가져다준다.

품질경영을 위한 품질원가계산

품질이란 무엇인가?

현대의 소비자들은 제품의 가격과 더불어 품질에 많은 관심이 있다. 기업의 핵심성공요인으로 품질이 중요하다. 품질이란 무엇인가? 제품이 고장이 나지 않아 오래 쓸 수 있는 내구성인가? 여러 편리한 성능을 가진 기능성인가? 제품의 외형이 멋있는 디자인인가? 이 여러 가지 면이 복합되어 있는 것이 품질이다. 품질이 좋은 자동차는 고장이 나지 않고, 승차감이 좋고, 운전하기 편리하고, 연비가 높고, 디자인이 좋은 자동차일 것이다.

설계품질
설계에 의해 결정되는 기능성, 디자인 등의 품질

품질의 여러 요소는 크게 두 가지로 나뉜다. 설계품질과 적합품질이다. 설계품질(Quality of Design)은 제품의 설계에 따라 결정되는 품질이다. 소비자 품질이라고도 하는데 소비자의 기대와 설계된 성능이 일치하면 설계품질이 높다. 그랜저의 승차감이나 힘이 티코보다 좋은 것은 처음부터 그렇게 설계된 것이므로 설계품질이 좋은 것이다. 제품의 기능성, 디자인은 설계품질이다. 설계품질 문제의 한 예가 뉴그랜저XG이다.

적합품질
설계 사양에 적합하게 작동하는 품질

적합품질(Quality of Conformance)은 제품이 설계된 대로 적합하게 작동하는지를 말한다. 생산자 품질이라고도 말하는데 생산자가 설계 사양에 맞게 제품을 생산하였는지를 측정한다. 흔히 말하는 불량품은 적합품질이 낮아 제대로 작동하지 않는 제품을 말한다. 자동차의 시동이 자주 꺼진다거나 유리창이 제대로 닫히지 않으면 적합품질이 낮은 것이다.

현대 그랜저XG 새모델 외국에만 팔기로 "국내소비자 무시" 논란

현대자동차가 최근 뉴그랜저XG의 뒷모습을 바꾼 '수출용 신모델'(사진 ③) 개발을 완료, 수출을 시작한 것으로 확인됐다. 하지만 국내시장에는 현재 시판중인 '뉴그랜저XG'(사진 ②)를 계속 판매할 방침이어서 국내 소비자를 역차별하고 있다는 비판을 받고 있다. 현대차 관계자는 12일 "최근 개발을 끝낸 수출용 그랜저XG 신모델이 일본을 시작으로 해외시장 판매에 들어갔으며, 하반기에는 미국에도 수출할 계획"이라고 말했다. 그러나 "이 차는 수출 전용으로 만들어져 국내 판매 계획은 없다"고 설명했다.

현대차는 지난해 3월 800억원을 투자, 그랜저XG의 후속모델인 뉴그랜저XG를 개발했다. 하지만 해외 바이어들이 "뉴그랜저XG의 뒷모습이 마음에 들지 않는다"며, 인수를 거부하는 바람에 해외 시장에서는 '구형 그랜저XG'(사진 ①)를 판매했다. 특히 미국 딜러들은 "뉴그랜저XG 후면에 장착된 빨간색 정지등(燈)이 지나치게 커 기형적인 모습"이라고 불만을 제기했다.

이에 대해 현대차 미국법인(HMA) 관계자는 "뉴그랜저XG 개발 과정에서 서울 본사가 보내온 디자인 기획안을 미국의 딜러와 소비자들에게 보여준 결과 '나쁘다'는 반응이 나와서 본사에 디자인 수정을 요청했으나 묵살됐다"고 말했다. 그는 "소비자 반응이 민감한 미국시장에 소비자들이 싫어하는 모델을 출시할 경우 차량 판매도 감소할 뿐만 아니라 회사에 대한 이미지도 나빠질 수 있다고 판단해, 뉴그랜저XG 인수를 거부하고 구형 그랜저XG를 보내줄 것을 요청했다"고 설명했다. 이 때문에 현대차는 약 100억원을 추가로 투자, '수출용 그랜저XG 신모델'을 별도로 개발했다.

현대차는 새로 개발한 신형 뉴그랜저XG를 해외시장에만 판매하고 국내시장엔 출시하지 않는다고 밝혔다. 이는 해외시장에는 그랜저XG의 경쟁모델이 다수 있지만, 국내에는 SM5를 제외하고 그랜저XG의 경쟁모델이 없기 때문으로 보인다. 자동차10년타기시민운동연합 임기상 대표는 "해외에서 외면받은 자동차를 국내 소비자에게 떠안기는 것은 문제"라며 "현대차가 신모델을 개발해 놓고도 국내에 판매하지 않는 것은 국내 소비자들을 완전히 무시하는 처사"라고 지적했다.

처음 나온 '그랜저XG'
최근까지 수출해온 모델

국내 판매중인 '뉴그랜저XG'

이번에 수출용으로 새로 만든 '그랜저XG' 신모델

(조선일보, 2003.5.13)

품질원가란 무엇인가?

품질원가
품질과 관련된 원가

예방원가
불량품 예방을 위한 원가

평가원가
품질상태평가를 위한 원가

품질이 낮으면 제품이 잘 팔리지 않을 뿐만 아니라 원가도 높아진다. 적합품질에 관련하여 발생하는 원가를 품질원가(Quality Cost)라고 한다. 품질원가에는 품질을 높이기 위한 원가와 품질이 낮으면 생기는 원가가 있다. 품질을 높이기 위하여 무엇을 할 수 있는가? 원자재와 부품의 질을 높이고, 작업자를 훈련하여 제조과정의 실수를 줄인다. 생산설비를 항상 점검하고 정비하여 설비불량에 의한 불량품을 줄인다. 이러한 불량품 예방조치를 위한 원가를 예방원가(Prevention Cost)라고 한다. 예방조치에도 불구하고 불량품이 생산되면, 이 불량품을 찾아내어 소비자 손에 들어가지 않게 하면 소비자가 느끼는 품질은 높다. 제품을 검사하여 불량품을 찾아내는 활동을 위한 원가를 평가원가(Appraisal Cost)라고 한다. 품질 예방조치가 철저하면 품질검사의 중요성이 낮아지고, 예방조치가 불충분하면 품질검사를 철저히 해야 소비자가 느끼는 품질을 높은 수준으로 유지할 수 있다. 따라서 예방원가와 평가원가는 서로 보완적이며 예방과 검사의 불량통제 노력을 많이 할수록 품질수준이 높아지므로 이 예방평

그림 14.3 품질원가와 품질수준 – 과거의 시각

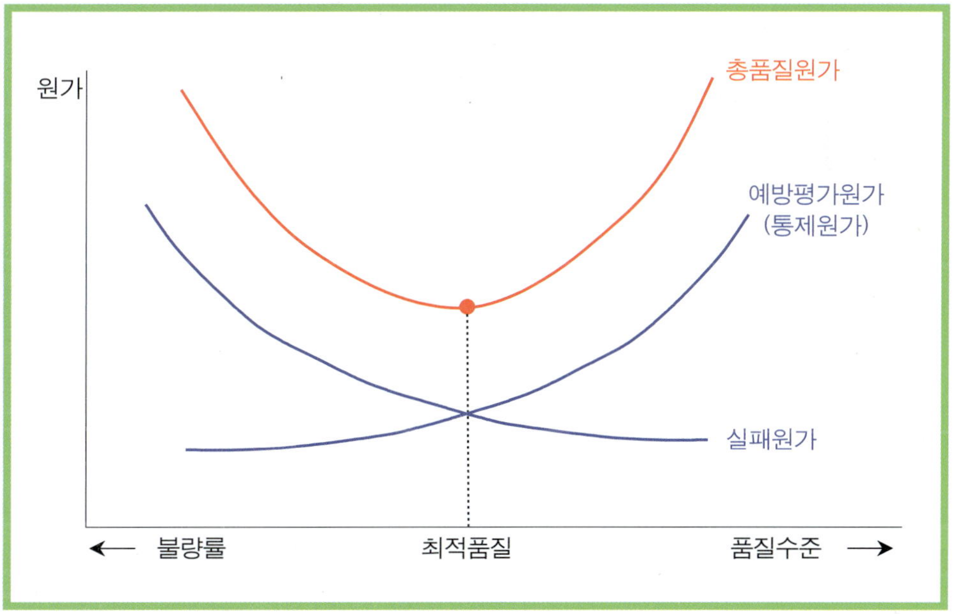

가의 품질통제원가와 품질수준은 [그림 14.3]과 같이 양(+)의 관계를 가진다.

실패원가
불량품 발생에 의한 원가

내부실패원가
내부적으로 발견된 불량품에 의한 원가

외부실패원가
외부적으로 발견된 불량품에 의한 원가

예방평가원가와 달리 품질수준에 따라 결과적으로 발생하는 원가가 실패원가이다. 실패원가(Failure Cost)는 제품이 적합하게 생산되지 못하여 기업이 부담해야 하는 원가이다. 실패원가 중에 불량품이 소비자에게 전달되기 전에 내부적으로 발견되어 제품을 수리하거나 폐기하는 원가를 내부실패원가(Internal Failure Cost)라 한다. 이에 비해, 불량품이 소비자에게 전달되어 기업 외부에서 발견되어 보증수리를 하는 원가를 외부실패원가(External Failure Cost)라 한다. 보증수리와 소비자 불만처리 등을 위한 고객서비스센터의 운영비와 고객불만에 의한 미래 매출감소의 기회비용도 외부실패원가에 포함된다. 품질수준이 높아지면 실패원가가 낮아지므로 [그림 14.3]과 같이 품질과 음(−)의 관계를 가진다. 각 품질원가의 종류와 예를 〈표 14.2〉가 보여준다.

〈최근 수입차업체 리콜 현황〉

기간	업체	차종
4월	도요타	렉서스 ES350 등 3종
	볼보	S80D5, XC70D5
	포르쉐	신차 파나메라 3종
5월	포드	익스플로러
6월	스바루	레거시, 아웃백
	닛산	인피니티 G35
	람보르기니	무르시엘라고
	볼보	S80D5, XC70D5
	포드	익스플로러 등 3종
	도요타	렉서스 LS460, LS600hL 등 4종
7월	BMW	그란투리스모

※자료제공 : 국토해양부(2010)

표 14.2 품질원가의 종류와 예

종 류	예
예방원가	우수협력업체 선정원가, 직원 품질교육 훈련비, 예방적 설비 유지보수비, 설계개선원가
평가원가	공정검사원가, 재공품/완성품 검사원가
내부실패원가	불량품 재작업원가, 불량품 폐기원가, 공손원가, 설비 고장수리비
외부실패원가	보증수리비, 고객서비스센터 운영비, 제품 리콜원가, 손해배상금, 미래매출감소의 기회원가, 기업이미지 훼손

[그림 14.3]에서 총품질원가는 예방원가, 평가원가, 실패원가의 합이다. 최적품질수준은 총품질원가를 가장 낮게 하는 품질수준이다. 과거에는 품질수준을 상당히 높여서 불량품을 너무 낮추려면 예방평가원가가 너무 커져 총품질원가가 높아진다고 여겼다. 따라서 어느 정도의 불량률을 허용하는 것이 바람직하다고 보았다.

무결점이 최선이다

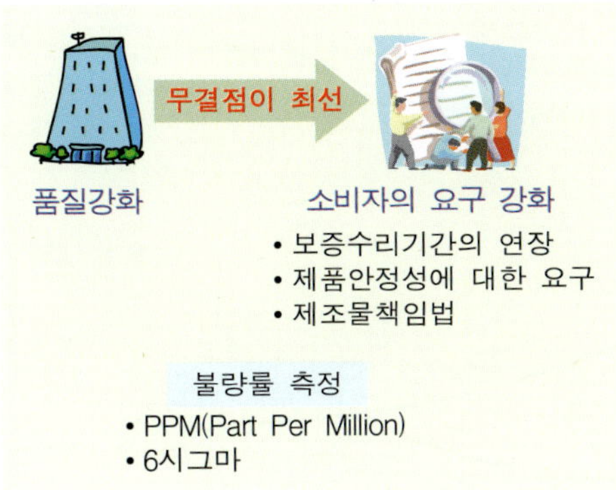

불량을 허용해야 한다는 과거의 시각은 전사적 품질관리(TQM, Total Quality Management)가 도입된 후 바뀌었다. 품질수준을 높이기 위해 높은 원가의 검사활동을 강화하기보다 예방조치에 더 많은 노력을 한다. 장비와 설비를 정비하고 공정을 개선하고 생산직원을 훈련하면 품질이 높아질 뿐만 아니라 생산성도 높아져서 오히려 제조원가가 낮아질 수 있다. 따라서 품질은 공짜로 얻어진다(Quality is free)는 표현이 생겼다. 이러한 변화는 예방평가원가의 큰 증가 없이 높은 수준의 품질이 얻어질 수 있는 [그림 14.4]의 상황을 의미한다.

YouTube 흙먼지 뒤로한 채 추락한 BMW… '급발진' 첫 인정

2년 전 호남고속도로에서 급발진이 의심되는 사고가 나 운전자 부부가 숨진 일이 있었습니다. 하지만 차량 결함에 따른 급발진이 법원에서 인정된 경우는 거의 없습니다. 이번 사건도 1심에서는 졌는데, 2심 재판부가 유가족의 손을 들어줬습니다.

검은색 BMW 승용차 한 대가 엄청난 속도로 흙먼지를 일으키며 고속도로 갓길을 달립니다. 다른 차량보다 훨씬 빠른 속도로 나들목 커브길로 진입하더니 곧 가드레일을 들이받고 추락했습니다. 이 사고로 66살 여성 운전자와 남편이 그 자리에서 숨졌습니다. 사고 후 주변 CCTV와 다른 차량 블랙박스를 확인한 유가족은 차량 결함으로 인한 급발진 사고로 의심하고 BMW 코리아를 상대로 손해배상소송을 냈습니다. 사고가 나기 전 300미터 넘게, 비상등을 켠 채로 갓길을 주행했는데 이는 차량에 이상이 생긴 상태에서 운전자가 비상조치를 취하려 한 것으로 봐야 한다는 근거를 댔습니다.

[이인걸/변호사(사위) : 이상하잖아요. 브레이크를 가속페달로 오인해가지고 10여 미터나 20여 미터 진행한다는 건 그런 경우는 뭐 있을 수 있는 거겠죠. 그런데 300미터 이상의 거리를 오인해가지고 쭉 밟는다? 그렇게 해서 실수할 리는 없잖아요.]

1심에서는 유가족이 패소했습니다. 유가족이 제출한 증거만으로는 자동차 결함에 따른 급발진 사고로 인정하기 어렵다고 봤습니다. 하지만 2심 재판부는 유가족이 낸 근거들을 대부분 인정해 정상적으로 차를 운행하는 상태에서 차량 결함으로 사고가 난 것으로 판단하고 유가족 2명에게 각 4천만원을 배상하라고 판결했습니다. 급발진이 아니었다고 주장하려면 그 근거를 자동차 회사가 제시해야 한다는 취지입니다. 2심에서 급발진이 인정돼 운전자 측이 승소한 건 처음으로, 차량 결함에 따른 급발진 여부는 대법원에서 최종적으로 가려질 전망입니다.

(SBS 뉴스, 2020.11.19)

그림 14.4 품질수준과 품질원가 – 무결점주의

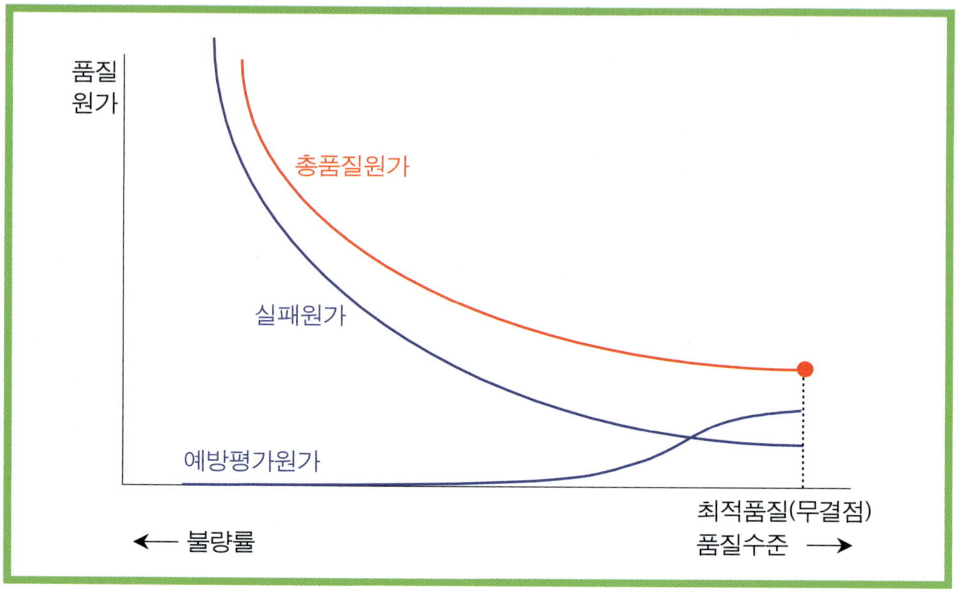

현대차 품질비용 3.4조 쌓는다, 3분기 적자 반전

현대·기아자동차가 '세타2 엔진'의 리콜(시정조치) 등과 관련해 3조 3,900억원의 충당금을 지난 3분기(7~9월) 실적에 반영하기로 했다. 현대·기아차는 19일 코스피시장 마감 후 공시를 통해 엔진 품질개선 비용을 3분기 실적에 반영한다고 밝혔다. 현대차는 2조 1,300억원, 기아차는 1조 2,600억원이다. 이렇게 하면 두 회사의 3분기 실적은 대규모 적자가 불가피할 것으로 증권업계는 보고 있다. 이날 현대·기아차는 투자자들의 불안을 해소하기 위한 기업설명회(IR)도 열었다.

현대·기아차 추가 품질 비용

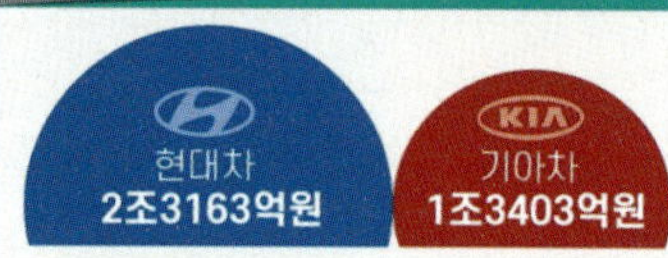

대상 차량 대수

	현대차	기아차
세타GDI (2011~2014년식)	120만9000대 (쏘나타·투싼·싼타페)	70만5000대 (K5·스포티지·쏘렌토)
세타GDI (2015~2018년식)	119만6000대 (쏘나타·투싼·싼타페)	110만4000대 (K5·스포티지·쏘렌토)
기타 엔진 (세타MPI, 하이브리드, 감마·누우)	132만4000대 (쏘나타·투싼·벨로스터 등)	183만5000대 (K3·K5·쏘울·스포티지 등)

ⓙ중앙일보 자료: 현대자동차그룹

정의선 '품질경영' 빅배스 전략
'세타2 엔진 논란 해소' 충당금 공시
리콜 보증기간 19.5년으로 재산정
대상차종도 737만 대로 대폭 늘려

현대·기아차의 이번 결정은 2015년부터 문제가 된 세타2 직분사(GDi) 엔진의 논란을 해소하고 적자를 털고 가겠다는 '빅배스(Big Bath)' 전략이라고 업계는 보고 있다. "목욕을 철저히 해서 더러운 것을 씻어낸다"는 뜻의 빅배스는 경영진 교체 등을 계기로 부실자산을 한꺼번에 정리해 회계 장부에 반영하는 것을 말한다. 지난 14일 정의선 현대차그룹 회장 체제가 출범한 것과 내년을 '전기차 원년'으로 삼겠다는 정 회장의 구상을 의식한 조치라는 게 업계의 시각이다.

금융정보업체 에프엔가이드에 따르면 이번 발표가 나오기 전 현대차의 3분기 실적 컨센서스(증권사들의 실적 추정치 평균)는 매출액 26조 6,895억원에 영업이익은 1조 1,338억원이었다. 3분기 순이익 추정치는 1조 457억원이었다. 여기에 2조원가량의 충당금을 고려하면 3분기 영업이익은 1조원가량 적자를 기록할 것으로 보인다. 지난해 3분기 현대차는 6,100억원, 기아차는 3,100억원을 충당금으로 반영했었다. 세타2 GDi 엔진을 단 차량의 소유자에게 엔진 진동감지 시스템(KSDS) 적용을 확대하고 엔진의 평생 보

소비자의 품질에 대한 강한 요구도 최적품질수준을 높게 만들었다. 고객만족의 중요성 증가, 보증수리 기간의 연장, 제품안전성에 대한 요구, 제조물책임(PL, Product Liability)법 도입 등이 과거에 생각지 않았던 고객서비스센터 운영비, 제품 리콜(Recall)원가, 법적 배상책임비 등의 외부실패원가를 증가시켰다. 이는 [그림 14.4]의 실패원가가 낮은 품질수준에서 급증하게 만들었다.

무결점주의
불량률 0의 무결점을 추구하는 품질관리

급증하는 실패원가와 낮아진 예방원가가 불량률 0의 무결점주의(Zero Defect)를 최적의 품질수준으로 만들었다. 이제는 불량률을 백만개를 단위로 계산하는 PPM(Part Per Million)으로 측정한다.

증을 제공하기로 한 비용이었다.

현대·기아차의 리콜 관련 충당금이 급증한 것은 보증기간과 대상차종을 당초 계획보다 대폭 확대하기로 했기 때문이다. 현대차는 "지난해는 미국 산업평균인 12.6년으로 보증기간을 산정했다. 이번에는 실제 폐차기준을 적용해 19.5년으로 재산정했다"고 설명했다.

현대·기아차는 지난해 세타2 GDi 엔진만 품질개선 대상으로 했지만 앞으로는 세타2 MPI·HEV와 감마·누우 엔진도 포함하기로 했다. 이렇게 하면 품질개선 대상이 되는 차량은 국내와 해외 판매분을 합쳐 737만 대가 된다. 지난해 현대·기아차가 제시했던 규모(세타2 GDi 엔진 차량 469만 대)보다 268만 대가량 많아졌다. 현대·기아차는 세타2 MPI·HEV와 감마·누우 엔진을 단 차량도 선제적으로 엔진 진동감지 시스템(KSDS)을 적용하는 캠페인을 할 계획이다. 현대·기아차는 지난해 전 세계에서 719만 대를 판매했다.

다만 세타2 GDi 엔진을 단 차량만 놓고 보면 품질개선 대상은 50만 대가량 줄었다. 현대차는 "지난해 엔진 품질개선 캠페인에 포함한 2019년식은 엔진 교체가 거의 없어 이번 비용 산정에서 제외했다"고 설명했다.

세타2 GDi 엔진 사태 일지

2015년 초	미국서 시동꺼짐, 화재 등 이상 발생
2015. 8	현대차, 세타2엔진 결함 인지
2015. 9	현대차, 미국서 YF소나타 47만대 리콜
2017. 3	미국서 싼타페 등 119만대 추가 리콜
2017. 4	현대차, 국내에서 그랜저 등 17만대 리콜
2019. 10	현대차, 미국 집단소송 소비자와 화해안 합의. 국내 결함차량 엔진 평생 보증 발표

증권업계에선 지난해 현대·기아차가 발표한 리콜의 범위가 충분치 않았다는 의견이 나온다. 고태봉 하이투자증권 리서치센터장은 "(현대·기아차가) 엔진 교체 요구에 부응하는 금액을 충당금으로 잡은 것으로 본다"고 말했다. 현대차는 독자 개발한 세타 엔진의 후속인 세타2를 2009년부터 양산했다. 그러나 2015년부터 주행 중 시동 꺼짐 등 엔진 결함 논란이 일면서 결국 대규모 리콜에 들어갔다. 이호근 대덕대 자동차학과 교수는 "(이번 발표는) 엔진 관련 이슈를 확실히 털고 가자는 빅배스 전략으로 볼 수 있다"며 "정 회장 체제에 들어선 이후 품질경영에 대한 의지 표명"이라고 말했다.

현대차 관계자는 "관련 정보를 시장에 투명하게 공개하자는 그룹의 의지를 반영한 것"이라며 "향후 유사한 이슈가 재발하지 않도록 품질관리를 철저히 하고 비용 예측의 정확도를 개선할 것"이라고 말했다. (중앙일보, 2020.10.20)

품질원가를 어떻게 측정하는가?

품질원가보고서
범주별 품질원가를 집계한 보고서

예방원가나 평가원가는 해당 활동에 사용되는 원가를 별도로 집계하여 계산한다. 여러 제품에 공통적으로 발생한 품질예방/평가활동이 있다면 활동기준원가계산을 사용하여 해당 활동의 원가동인을 찾아 제품별로 배부할 수 있다. 내부실패원가는 공손원가와 재작업원가를 집계한다. 외부실패원가는 품질보증비 등의 지출원가는 집계하고 미래매출감소의 기회비용은 손실된 공헌이익을 추정한다. 품질원가를 범주별로 집계하여 매출액 대비의 크기를 계산한 보고서를 품질원가보고서(Quality Cost Report)라고 한다. 품질원가보고서는 품질개선활동의 원가-효익 분석을 가능하게 한다.

표 14.3 품질원가보고서

항 목	세부항목	금액(억원)	매출액 대비율(%)
예방원가	설계개선	250	
	공정개선	100	
	품질 교육훈련	150	
	계	500	2.5
평가원가	재공품 검사	160	
	완성품 검사	40	
	계	200	1
내부실패원가	재작업	200	
	공 손	100	
	계	300	1.5
외부실패원가	고객지원	200	
	보증수리	250	
	손해배상	150	
	매출감소의 기회원가	400	
	계	1,000	5
합 계		2,000	10

스피드경영의 효과분석

빠른 고객대응이 경쟁력이다

고객은 높은 품질의 저렴한 제품과 서비스를 원한다. 또한 제품이나 서비스를 빠른 시간 안에 공급받기를 바란다. 자동차를 주문한 후 몇 달씩 기다려야 하는 자동차보다는 며칠 내에 납품이 되는 자동차가 더 잘 팔릴 것이다. 종합병원은 예약 후 몇 주를 기다려야 진료가 가능하므로 가벼운 병에는 빠른 시간 안에 진료가 가능한 동네 의원을 이용한다. "시간이 돈이다"라는 말이 시간의 가치를 잘 나타낸다. 납품기한(납기)이 짧은 회사는 다른 회사보다 같은 제품이나 서비스를 좀더 비싼 가격에 팔거나 더 많이 팔 수 있다. 완행열차보다는 급행열차 요금이 더 비싸고, 보통우편보다는 빠른우편 요금이 더 비싸다.

고객대응시간
주문접수 후 제품/서비스가 제공되기까지의 시간

리드타임
생산부문에 접수된 주문이 생산완료되는 데 걸리는 시간

제조업이나 서비스업에서 고객의 주문이 접수되어 제품이나 서비스가 고객에게 제공되기까지의 시간이 고객대응시간(Customer-Response Time) 또는 납품기간이다. 고객대응시간은 크게 세 단계로 나눌 수 있다. 첫 단계는 주문이 영업부문에서 접수되어 생산부문에 전달될 때까지의 접수시간(receipt time)이다.[6] 둘째 단계는 생산부문에 전달된 주문이 생산완료되는 데 걸리는 시간인 생산 리드타임(Lead Time) 또는 사이클 타임(Cycle Time)이다. 마지막 단계는 완성된 제품이 고객에게 전달되는 배달시간(Delivery Time)이다. 생산 리드타임은 다시 생산과정을 위한 생산 대기시간(Waiting Time)과 생산시간(Manufacturing Time)으로 나눌 수 있다. 이를 [그림 14.5]와 같이 그림으로 표시할 수 있다.[7]

음식점의 예를 들면, 손님이 도착하여 자리에 앉아 종업원에게 주문을 하고 그 주문이 주방에 전달될 때까지의 시간이 접수시간이다. 주방에서 주문이 순서를 기다리는 시간이 대기시간이고 실제로 음식이 만들어지는 시간이 생산시간이다. 만들어진 음식이 주방에서 손님의 식탁으로 이동하는 시간이 배달시간이다. 중국음식점에 자장면 배달을 주문하거나 피자집에 피자 배달을 주문한다면 각 단계별로 얼마나 시간이 걸리는지 생각해 보라.

서비스업에서는 서비스가 생산 즉시 소비되므로 배달시간은 존재하지 않

---

6) 고객이 음식점이나 은행에서 주문이나 접수를 하기 위해 기다리는 시간도 접수시간에 포함할 수 있다.
7) 이 그림은 Horngren 외(2003) p.664의 [그림 19-7]을 인용하였다.

그림 14.5 고객대응시간의 구성

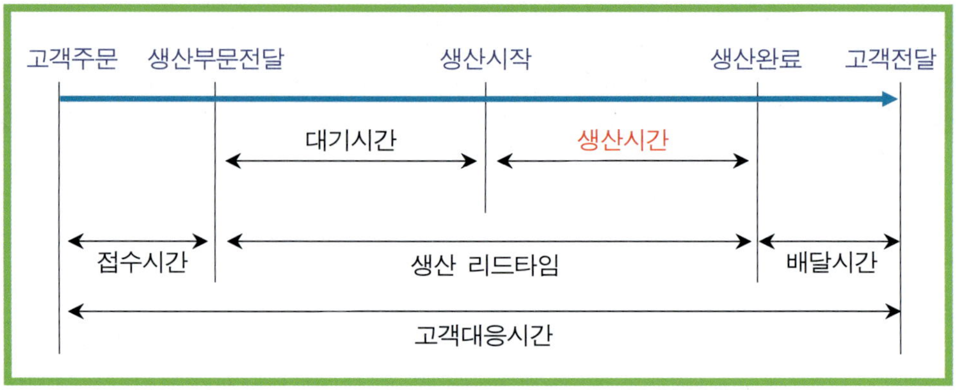

으나 접수시간과 대기시간이 상당히 길 수 있다. 병원에서 생산시간에 해당하는 외래진료시간은 5분 이내이지만 예약 후 진료일(접수기간)이 몇 주 걸리고 진료 전(대기시간)에 30분을 기다린 경험을 생각해 보자. 제조업에서도 실제 생산시간보다 접수시간이나 대기시간, 배달시간이 더 긴 경우가 많다. 뒤에서 설명할 제약이론은 병목공정에 의한 대기시간을 줄이는 방법을 설명한다. 맥도날드나 롯데리아와 같은 패스트푸드점에서는 접수시간과 배달시간을 줄이고 종업원 인건비를 줄이기 위해 손님이 직접 카운터에서 주문하고 음식을 받아 식탁으로 이동한다. 또한 음식조리과정을 단순화하고 체계화하여 생산시간을 상당히 단축한다.

맥도날드화

맥도날드는 들어오는 것에서부터 나가는 것에 이르기까지 속도를 높이기 위한 모든 것을 갖추었다. 인접한 곳에 설치된 주차장은 고객이 차를 쉽게 댈 수 있도록 해 준다. 계산대까지는 몇 발자국이 채 안 되며, 가끔 줄을 서기도 하지만 음식은 대체로 빨리 주문되고 전달되고 계산된다. 그리고 매우 제한된 메뉴는 먹는 사람의 선택을 쉽게 하여, 다른 식당에서의 다양한 선택과 대조를 이룬다. 음식을 받으면 식탁까지 몇 걸음 걸어가서는 곧바로 식사를 할 수 있다. 식사를 마치면 머뭇거릴 여지가 없기에 고객은 남은 휴지, 스티로폼, 플라스틱 쓰레기를 모아 가까운 휴지통에 버리고 자동차로 돌아가서는 다음 활동(대개의 경우 맥도날드화된) 장소로 이동한다.

근래에 패스트푸드점 경영자들은 이 모든 과정에 있어서 운전자용 창구의 설치가 좀더 효율적이라는 것을 발견했다. 맥도날드는 최초의 운전자용 창구를 1975년 오클라호마 시에 설치했고, 4년 만에 전체 점포의 절반 정도에 설치하였다. 주차를 하고 카운터까지 걸어가서 줄을 서고 주문하고 계산하고, 식탁으로 음식을 가져가서 식사하고, 또 식사후 쓰레기를 휴지통에 버려야 하는 귀찮고 비효율적인 과정을 거치는 대신, 운전자용 창구에서는 고객이 창구에 차를 세우고(물론 차도 줄을 서야 할 때가 있다) 주문과 계산을 마친 후, 음식을 받는 대로 다음 목적지로 향하면 된다. 보다 효율적이기를 원한다면 운전하면서 먹으면 된다. 운전자용 창구는 패스트푸드점의 입장에서도 효율적이다. 그것을 이용하는 사람들이 늘어나면 늘어날수록 주차공간, 식탁, 종업원의 필요성이 줄어들기 때문이다. 더욱이 고객이 쓰레기를 가지고 떠나기 때문에 별도의 쓰레기통을 설치하거나 정기적으로 쓰레기통을 비우는 사람을 고용할 필요도 없다. (조지 리처, 「맥도날드 그리고 맥도날드화」 시유시, 1999)

제약이론과 의사결정

병목공정을 찾아 확장하여 수익성을 높인다

제약이론
병목공정의 처리능력 제약을 해결하여 수익성을 높이는 이론

길에 차가 많이 막혀서 매우 천천히 움직이는 것을 본 적이 있을 것이다. 도로의 차선이 줄어드는 부분이거나 공사나 사고로 한 차선이 막혀서 차량정체현상이 일어날 수 있다. 길이 좁아져서 차량의 흐름이 느려지는 현상을 병목(Bottleneck)현상이라고 한다. 병의 목처럼 길이 좁아져서 흐름이 막힌다는 의미로 붙인 이름이다. 병목현상은 기업의 생산공정이나 업무처리과정에서도 일어난다. 연속된 생산공정 중에 한 공정의 처리능력이 다른 공정보다 느리다면 이 병목공정(애로공정) 직전에서 재고로 쌓이고 이 병목공정 다음 공정에서는 처리힐 물량이 모자라게 된다. 마치 도로의 병목지점까지 차가 많이 막히다가 병목지점을 지나면 도로에 차가 한산한 것과 같다. 병목공정의 낮은 처리능력 때문에 병목공정 전 공정의 처리물량은 재고로 쌓여 재고유지원가가 발생하고, 병목공정 후 공정은 처리량이 부족하여 기업의 생산판매물량이 병목공정의 처리량에 의해 제약된다. 이것을 제약이론(Theory of Constraint)이라고 한다.

제약이론을 실감나게 소개한 「*The Goal*」이라는 소설은 병목공정의 문제

YouTube 미국이 17년간 비밀 속에 감춰놨던 효율성을 극대화시키는 이론

1970년 후반 미국에서 공장을 운영하던 한 경영자는 이스라엘 물리학자 친구에게 도움을 요청합니다. 과학적 이론을 통해 자신이 운영하고 있는 공장을 좀더 효율적으로 만들어 달라는 부탁이었습니다. 물리학자 친구는 공장 경영에 과학적 요소를 가미한 결과 엄청난 생산성의 향상, 재고의 감소, 비용 절감의 결과를 만들어 냅니다. 마법과 같은 효과를 보자, 서서히 입소문이 나기 시작합니다. 1980년 위기에 처해 있던 미국의 대기업들은 너나 할 것 없이 이 물리학자의 새로운 생산관리방식을 도입하였고, 미국 경제를 살리는 데 큰 공헌을 합니다. 엄청난 경영비법을 만들어낸 사람은 바로 이스라엘 물리학자 엘리 골드렛 박사입니다. 그리고 이 엄청난 이론은 TOC(제약이론)라고 불립니다. 신흥국이 TOC를 도입해 급성장할 경우 미국 경제를 위협할까 우려해 출간 이후 17년 동안이나 책의 번역을 금지했다는 숨겨진 이야기도 있습니다. 정말로 1984년에 출간했던 'The Goal'은 우리나라에서 2001년에 들어서야 번역 출간되었습니다.

(더나은삶TV, 2019.10.14)

와 해결책을 보이스카웃 일행의 산행을 통해 설명한다. 병목공정에 해당하는 허비라는 아이가 가장 느리게 걸어 전체 일행의 속도를 느리게 만든다. 허비의 앞에서 걷는 아이들은 빨리 걸어도 허비와의 거리(재고에 해당됨)만 멀어져 단체행동만 어려워질 뿐 일행 전체의 산행 속도에 도움이 되지 않는다. 허비 뒤에서 걷는 아이들은 허비를 추월하여 갈 수가 없다. 이때 허비를 일행의 선두에서 걷게 하는 것이 바람직하다. 어차피 일행의 속도는 가장 느린 허비의 속도 이상이 될 수 없으니 아이들 사이의 간격이라도 줄이는 것이 낫다. 이것은 병목공정의 느린 속도에 다른 공정의 속도를 맞추어 재고를 줄이는 단기적인 해결책을 의미한다. 병목공정 작업을 추가로 아웃소싱하여 해당 작업처리량을 높이는 것도 단기적인 해결책이다.

장기적인 해결책은 무엇인가? 병목공정의 처리능력을 높여 기업 전체의 생산능력을 높이는 것이다. 산행의 예에서 허비는 원래 느리게 걷기도 하지만 배낭에 음료수 캔, 통조림, 비옷, 장화, 텐트 말뚝, 야전삽, 프라이팬 등을 잔뜩 지고 걷고 있었다. 허비의 배낭 짐을 다른 아이들이 나누어 가지자 허비의 속도가 빨라져서 일행 전체의 속도가 빨라졌다.

병목공정의 처리능력 확대는 이익으로 직결된다

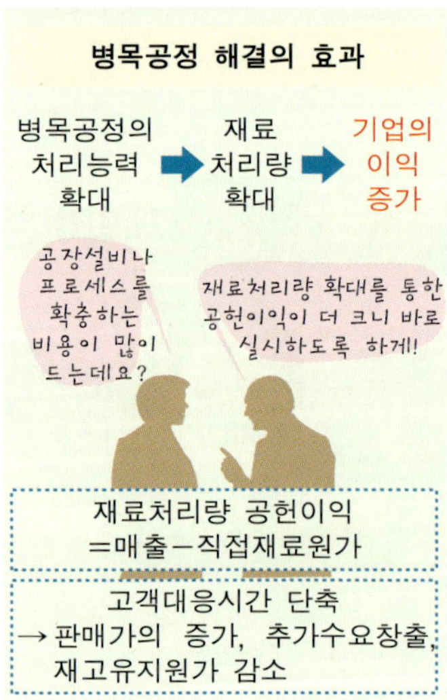

병목공정의 처리능력 제약이 기업 전체의 생산판매량을 제한하므로 병목공정의 확대에 의한 재료처리량(Throughput)의 증가는 생산판매량의 증가에 의한 이익증가를 가져다준다. 제약이론에서는 가공원가와 판매관리비의 영업비용(운영비)이 모두 고정원가인 극단적인 생산환경을 가정한다. 이 경우 병목공정의 확대는 추가적인 재료의 투입만으로 이익이 증가한다. 즉 확장된 처리능력은 판매가에서 직접재료원가를 차감한 재료처리량 공헌이익(Throughput Contribution)[8]만큼의 이익증가를 초래한다. 만약 직접재료원가 이외의 다른 변동제조원가나 변동판매관리비가 있다면 병목공정의 처리능력 확장은 증가한 생산량의 공헌이익만큼의 이익증가를 달성할 것이다. 병목공정의 처리능력 확장을 위한 원가가 이 공헌이익보다 작으면 확장이 바람직하다. 병목공정의

8) 제약이론의 가정처럼 가공원가와 판매관리비가 고정비이면 재료처리량 공헌이익은 일반적인 공헌이익과 같아진다. 일부 문헌은 이것을 현금창출률로 번역하였다.

처리능력 증가는 고객대응시간의 단축도 달성하므로 이에 따른 판매가의 증가와 추가수요창출, 재고유지원가의 감소도 혜택으로 고려해야 한다.

제품수명주기원가계산

생산 전후 단계의 원가도 중요하다

과거에는 생산단계의 제조원가만을 중시하여 원가관리를 하였다. 제품기획, 연구개발, 설계의 생산 이전 단계에서 발생하는 원가가 낮았고 이 단계를 중요하게 생각하지 않았다. 생산 이후 단계인 마케팅, 유통, 고객서비스도 중요하게 여겨지지 않았다. 그러나 이제 소비자 권리가 강해져서 고객만족과 품질이 중요하게 여겨지면서 품질향상을 위한 연구개발과 설계의 중요성, 고객만속을 위한 고객서비스의 중요성이 강조되고 있다. 이에 따라 생산 전후 단계의 원가가 높아지고 있다. 또한 각 단계의 원가 사이에 상반관계(Trade-off)가 있어 이를 고려하여 모든 단계의 총원가를 최소화하는 것이 바람직하다. 제품개발과 설계 단계에서 제품의 생산을 효율적으로 만들고 사용편리성과 안전성을 높이는 노력에 투자를 하면, 생산 이전 단계의 원가는 늘어나지만 생산단계와 이후 단계의 원가는 크게 줄어들어 총원가는 줄어들 수 있다.

제품수명주기
제품의 기획부터 폐기까지의 전 단계

제품수명주기원가계산
수명주기 단계별 원가계산에 의한 총체적 원가관리

사람이 태어나서 자라서 늙고 죽는 인생을 살 듯이, 제품도 「기획 → 개발 → 설계 → 생산 → 마케팅 → 유통 → 고객서비스 → 폐기처분」의 전 단계를 거쳐 수명을 다하는 것을 제품수명주기(Product Life-Cycle)라고 한다. 제품수명주기의 각 단계에서 발생하는 원가를 모두 각각 계산하여 의사결정에 사용하는 것이 제품수명주기원가계산(PLCC, Product Life-Cycle Costing)이다. 전체 수명주기중에 「기획 → 개발 → 설계 → 생산 → 마케팅 → 유통 → 고객서비스」의 부분을 생산자 제품수명주기라고 하고, 「구입 → 사용 → 폐기처분」의 부분을 소비자 제품수명주기라고 한다. 다음 [그림 14.6]이 이 관계를 보여준다.

소비자 제품수명주기원가계산은 미국 국방성이 방위산업물품을 구입할 때 구입가격뿐만 아니라 운영비도 함께 고려하여 구입하면서 처음 사용되었다. '싼 게 비지떡'이라는 표현이 싸구려는 쉽게 못 쓰게 되니 조금 비싸더라

그림 14.6 제품수명주기

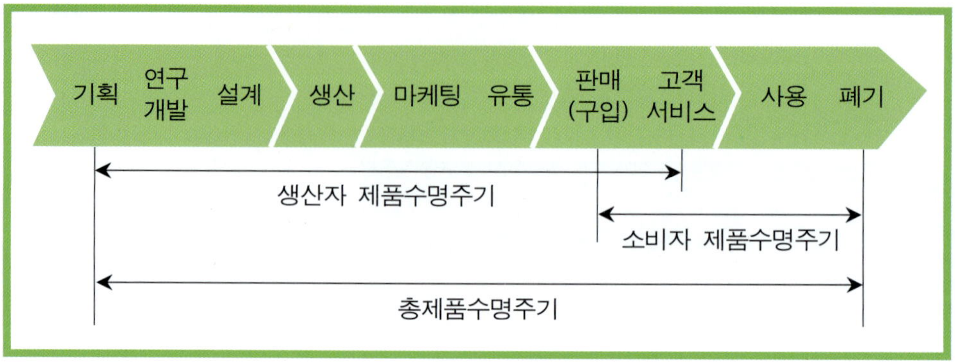

도 오래 쓸 것을 사라는 뜻이 되는데 이것이 바로 소비자 제품수명주기원가계산의 관점이다. 프린터나 자동차 등의 내구재 구입을 생각한다면 취득원가와 유지원가를 같이 고려하는 것이 소비자 제품수명주기원가계산이다.

국내 총연구개발비 86조원… 기업 R&D 전년비 10%↑

기업의 적극적인 연구개발(R&D) 투자가 국내 연구개발비 상승을 견인한 것으로 나타났다. 지난 2018년 우리나라에서 집행된 민간과 정부 분야 연구개발비용은 약 86조원 규모로 OECD 국가 중 세계 5위, 국내총생산(GDP) 대비 세계 1위를 기록했다. 과학기술정보통신부는 18일 지난해 국내에서 수행한 정부·공공, 민간 분야의 연구개발활동을 조사한 '2018년 연구개발활동조사' 결과를 국가과학기술심의 운영위원회에 최종 보고했다고 밝혔다.

조사 결과, 2018년도 우리나라 총연구개발비는 전년 대비 8.8%(6조 9,395억원) 증가한 85조 7,287억원을 기록했다. OECD 국가 중 세계 5위 수준이다. GDP 대비 연구개발비 비중은 전년 대비 0.26%p 증가한 4.81%로 지난 2017년에 이어 또다시 세계 1위로 집계됐다.

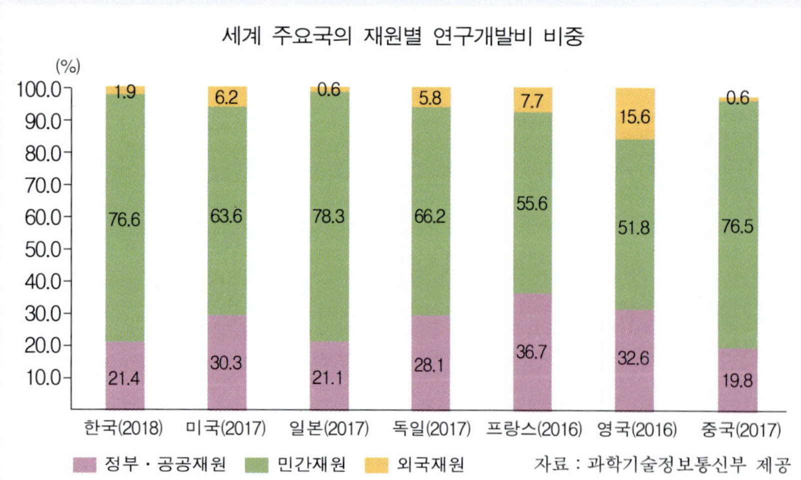

2018년도 재원별 R&D 비용은 정부·공공 분야가 18조 3,630억원(21.4%), 민간 분야 65조 7,028억원(76.6%), 외국 1조 6,629억원(1.9%)이다. 전년 대비 증가폭은 각각 정부·공공재원이 3.5%(6,259억원), 민간 9.4%(6,385억원), 외국이 68.4%(6,752억원)으로 나타났다. 우리나라 연구개발비 상승의 주요 원인은 2017년부터 최근 2년간 민간 R&D 투자 증가율이 크게 상승했기 때문으로 분석됐다. 실제 기업체 연구개발비

생산자 입장에서 마지막 제품의 품질보증기간이 끝나는 시점이 생산자 제품수명주기의 끝으로 이제까지 알려져 왔으나, 제조물책임법으로 강화된 배상책임은 시한이 없으므로 품질보증기간 이후에도 생산자 제품수명주기가 연장되어야 한다. 또한 소비자 제품수명주기원가를 생산자가 무시할 수 없다. 소비자가 제품을 사용하면서 부담하는 운영비 등의 소비자 제품수명주기원가가 낮다면 소비자는 제품을 그만큼 비싼 가격에 사고자 하기 때문이다. 생산자의 원가가 높아지더라도 소비자의 원가가 더 많이 줄어 더 높은 가격에 팔 수 있다면 생산자의 이익은 높아진다.

는 전년 대비 10%(6조 2,710억원) 증가한 68조 8,344억원(80.3%)이다. 이는 국내에서 연구개발활동 조사를 집계한 이래 처음으로 기업 투자가 전체 비중의 80%를 초과한 결과다. 이러한 R&D 비용은 기업 유형별로 벤처기업, 산업별로 서비스업에 집중적으로 투입된 것으로 조사됐다. (후략) (조선비즈, 2019.12.18)

프린터, 배보다 배꼽이 크네

잉크값, 프린터값 6배까지

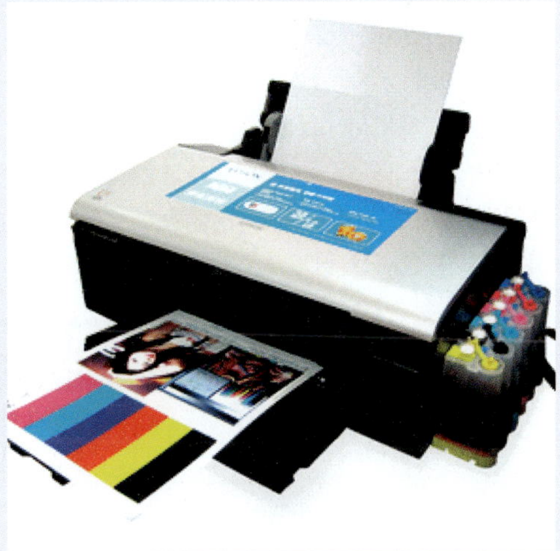

피시(PC)에 패키지로 주로 팔리는 저가형 잉크젯 프린터로 하루 3장씩 매일 인쇄할 경우 1년 뒤에는 잉크값이 프린터값의 6배에 이른다는 주장이 나왔다.

가격비교 사이트인 '다나와'는 삼성전자와 한국휴렛팩커드, 캐논, 엡손 등 4개사의 보급형 잉크젯 프린터를 대상으로 하루 약 3장, 1년간 1천장을 프린트할 경우의 잉크 소모량을 따져본 결과 이런 결과를 얻었다고 25일 밝혔다.

다나와는 에이치피 데스크젯 3745(6만 2천원). 삼성 마이젯 MJC-200i(6만 1천원), 엡손 스타일러스 C45(5만 7천원), 캐논 픽스마 iP1000 플러스(5만 6천원) 등 4개 제품을 조사했다. 흑백 잉크로 텍스트 문서만 인쇄할 경우는 4개 모델 모두 1년 잉크값이 최저 2만 4천원(캐논)에서 최고 5만 5천원(삼성)으로 제품값보다 적었다. 그러나 이미지와 텍스트를 함께 인쇄하면 한국휴렛팩커드는 37만 1천원, 삼성은 31만 5천원, 엡손은 30만 6천원, 캐논은 12만 6천원이 들어가는 것으로 조사됐다. 캐논은 제품 가격의 약 2배, 엡손과 삼성은 약 5배, 에이치피는 약 6배에 해당하는 것이다. (한겨레, 2005.1.26)

화장품의 경쟁력은 '가격인가, 이미지인가'?

2004년 9월 17일자 '매경 이코노미'는 서로 상이한 전략을 사용하여 초저가 화장품 시장에서 1위와 2위를 다투고 있는 두 개의 화장품회사를 소개하였다.

■ MISSHA(미샤) "노하우 풍부… 시장 검증 거쳐"

1999년 뷰티넷이라는 여성포털 사이트를 운영하면서 초저가 화장품 시장에 뛰어든 미샤의 성장세는 눈부시다. 2002년 3월, 첫 오프라인 매장을 설립한 후 불과 2년 6개월 만에 전국 200여 곳의 매장을 거느린 거대 화장품회사로 성장했다. 지난해까지만 해도 130억원 매출에 그쳤지만 올 상반기 500억원 매출을 달성했다. 올 10월에는 코스닥 등록심사를 청구하고 연말까지는 적어도 1,200억원 매출을 달성한다는 방침이다. (중략)

미샤가 내세운 가장 큰 경쟁력은 가격이 싸다는 점. 기존 화장품회사와 비교해서는 물론 더페이스샵과 비교해도 가격은 절대적으로 싼 수준이라는 설명이다. 그동안 소비자들의 검증을 받아왔던 제품이라는 사실도 미샤의 강점. 1999년 첫 제품을 온라인 회원들에게 선보인 이후 5년 동안 쌓아 온 화장품산업에 대한 노하우에서 경쟁회사들을 압도한다는 설명이다. 김 이사는 "이미 미샤제품들은 가격 대비 품질을 시장에서 철저히 검증받아 왔다"며 경쟁업체와의 차별화를 강조했다. (중략) 김 이사는 "소비자들을 일일이 제품개발 초기단계에서부터 참여시키면서 쌍방향 커뮤니케이션을 강화하고 있으며 이미 선보인 600여 제품 가운데 악성재고 물량이 하나도 없다"는 점을 강조했다.

■ THEFACESHOP(더페이스샵) "고급 이미지 구축… 자연주의 가미"

"현재의 열세를 인정한다. 그러나 앞으로는 다를 것이다." 더페이스샵에서는 1위를 쫓는 자의 '패기'가 느껴진다. 정운호 사장(38)을 비롯해 임직원이 대부분 20대 후반, 30대 초반으로 모두 '한번 해보자'는 마음 자세다.

2003년 12월, 명동 1호점을 설립하며 가맹점사업에 나선 더페이스샵 성장세는 미샤를 추월할 정도다. 8월말 현재 전국가맹점이 110개로 늘어났고 상반기 매출 역시 350억원을 기록해 미샤와의 격차를 추격권 내로 좁혔다는 게 회사측 판단이다. (중략)

더페이스샵은 초저가 화장품 시장에서 미샤가 확실히 시장을 선점했다는 사실을 인정한다. 그러나 더페이스샵이 미샤와는 달리 '고급 이미지'를 구축하는 데 성공했다고 판단한다. 저가 화장품에 자연주의, 천연화장품 컨셉트를 접목해 소비자 마음을 잡는 데 성공했다는 평가다. 특히 저가 화장품 진출은 미샤에 비해 늦었지만 단순한 저가 화장품에서 벗어나 '웰빙' 이미지를 더해 새로운 화장품 시장을 만들어 냈다는 설명이다. 더페이스샵은 요즘 여성들로부터 최고 인기를 끌고 있는 권상우를 모델로 기용해 한층 기업이미지를 높였다고 자평한다. 이승민 더페이스샵 차장은 "화장품은 이미지 싸움이다. 품질과 가격에 차이가 없다면 소비자는 이미지를 사게 된다. 사고 싶은 화장품 이미지를 만들어 내는 데 성공했다"고 설명했다. 부가가치가 높은 기초화장품 부문에서 미샤에 비해 강점이 있다는 점 역시 더페이스샵의 강점으로 꼽는다. (중략)

정 사장은 서울 명동에서 알아주는 화장품 세일즈맨 출신이다. 대학 중퇴 후 1993년 세계화장품을 설립해 화장품 업계에서 잔뼈가 굵었다. 1999년 쿠지인터내셔널을 설립해 매출 300억원대의 'COOGI' 브랜드를 만들어내기도 했다. 명 세일즈맨 출신답게 '마케팅'에 강점이 있다.

먼저 기사내용을 간단히 정리해 보자. 미샤는 원가절감을 통한 가격인하를 구축한 회사이다. 이런 전략은 기존의 제조업체들이 흔히 사용해오던 전략으로서 전혀 새로울 것이 없다. 그러나 한 가지 주지할 사실은 '어떻게 절감해야 하는가?'이다. 그러기에 앞서 원가의 범위를 살펴보고자 한다.

회사명	2004년 상반기 매출액	초저가 화장품 업계순위	기업전략
미샤	500억원	1위	원가절감을 통한 가격인하
더페이스샵	350억원	2위	제품이미지 구축을 통한 매출확대

■ 원가의 범위는 어디까지인가?

원가는 제조원가만을 의미하는 것이 아니다. 우리가 흔히 생각하기에는 제조원가만을 원가로 생각하기 쉽지만, 기업이 제품을 창출하기까지 아래와 같은 여러 단계의 원가가 소요된다.

연구개발원가	제품설계원가	제조원가	마케팅원가	유통원가	고객서비스원가

기업이 6단계의 원가를 거쳐 제품가치를 창출하게 되는데, 위의 6가지의 활동들이 가치를 창출하는 데 유기적으로 관련이 되어 있다고 하여 '가치사슬(value chain)'이라 부른다. 가치사슬상의 원가를 제조 이전과 제조 이후 단계로 구분하는데, 제조 이전 단계의 원가를 하류원가라고 하고 제조 이후 단계의 원가를 상류원가라고 한다. 연구개발원가, 제품설계원가, 제조원가는 제품제조원가를 결정하는 데 결정되는 범위이고, 거기에 마케팅원가, 유통원가, 고객서비스원가를 가산하면 정부계약 등 원가보상계약에서 사용되는 원가의 범위가 된다. 그리고 기업이 내부적으로 제품수익성을 분석할 경우, 연구개발원가부터 고객서비스원가까지 총원가범위를 가지고 수익성을 분석할 수 있는데, 이를 제품수명주기원가에 의한 수익성분석이라 한다.

■ 원가절감은 어떻게 이루어지는가?

한 가지 흥미로운 사실은 미샤가 제품개발단계부터 소비자를 참여시키고 있다는 사실이다. 위에서 언급한 원가범위에서 제조단계에서 발생하는 원가를 줄이려면 제조 이전 단계에서 발생하는 연구개발 및 제품설계원가를 감소시켜야 제조단계의 원가가 감소된다. 참고적으로 두 개의 회사에 대한 원가를 임의로 구성 및 비교해 보았다.

회사명	연구개발 원가	제품설계 원가	제조 원가	마케팅 원가	유통 원가	고객서비스 원가	계
미샤	50	40	100	80	80	15	365
더페이스샵	50	30	150	100	100	100	530

위 표는 각 회사의 원가범위를 나타내고 있다. 제조단계 이전에 발생하는 원가의 총계는 전체원가에서 차지하는 비중은 각각 24%(=90/365), 15%(=80/530)이지만 이 단계에서 전체원가 대부분이 확정된다. 따라서 품질의 우수성을 강조하는 미샤의 경우에는 제품개발단계에서 고객을 참여시킴으로써 제조 이후 단계의 원가를 절감할 수 있다. 이것은 곧 원가절감을 통한 가격인하전략을 의미하고 있다.

반면 더페이스샵의 경우 마케팅을 강조하는 회사이므로 마케팅, 유통 및 고객서비스를 강조하는 회사라고 볼 수 있다. 이 경우 전체원가는 미샤보다는 높으며, 가격도 미샤보다 높아진다. 그러나 제품광고 및 이미지를 강조하여 고객에게 보다 친근하게 접근하고자 하는 것이 회사의 전략이다.

두 회사의 전략에 대한 평가를 지금 단계에서 하는 것은 다소 무리이다. 하지만 원가측면에서 볼 때 미샤의 경우 제품품질과 총원가절감을 위하여 노력하고 있는 것은 사실이다. 따라서 제조 이전 단계인 개발 및 제품설계 단계에서 고객을 참여시키고, 개선시키는 노력이 전체원가의 감소를 가져오고, 가격의 인하를 가져오게 하는 미샤의 정책은 원가 측면에서는 상당히 의미가 있으며, 품질에 관한 고려가 가격경쟁력을 키울 수 있다는 사실은 주지해야 할 사실이다.

물론 두 회사의 전략에 대하여 모범답안을 제시하면서 평가하는 것은 아니다. 시장에 대한 해답은 어디까지나 소비자에 의하여 평가받는 것이기 때문이다. 그러나 객관적인 측면에서 경쟁력 제고의 노력을 음미할 수 있는 정책을 제시한 미샤의 제품전략에 대하여 한 번쯤은 음미해 볼 가치가 충분히 있다. (조영주 회계사 작성)

생산 이전 단계에서 대부분의 원가가 확정된다

발생원가
각 수명주기 단계에서 발생하는 원가

확정원가
각 수명주기 단계에서 확정되는 원가

단 몇 퍼센트의 원가절감에는 피나는 노력이 필요하고 달성하는 것도 어렵지만, 수십 퍼센트의 원가절감 또는 원가반감은 착상만 바르게 하면 의외로 쉽다는 말이 있다. 좋은 아이디어로 대규모 원가절감이 정말로 가능할까? 새로운 아이디어를 제품생산 이전 단계에 적용하면 이것이 가능하다고 한다. 제품개발 및 설계 단계에서 그 후 단계에서 발생할 대부분의 원가가 확정되므로 큰 원가절감을 위한 새로운 아이디어와 기술은 생산 이전단계에서 적용되어야 한다. 다음 [그림 14.7]은 제품수명주기 단계별로 계산된 두 가지 원가를 보여준다.

발생원가(Cost Incurrence)는 각 단계까지 실제 발생하는 누적원가를 말하며, 확정원가(고착원가, committed cost, lock-in cost)는 각 단계까지 확정된 누적원가를 말한다. 설계단계까지 발생하는 누적원가가 총수명주기원가의 10%인데, 설계단계까지 확정된 원가는 총원가의 85%나 된다. 설계가 끝나고 생산이 시작되

그림 14.7 제품수명주기의 발생원가와 확정원가

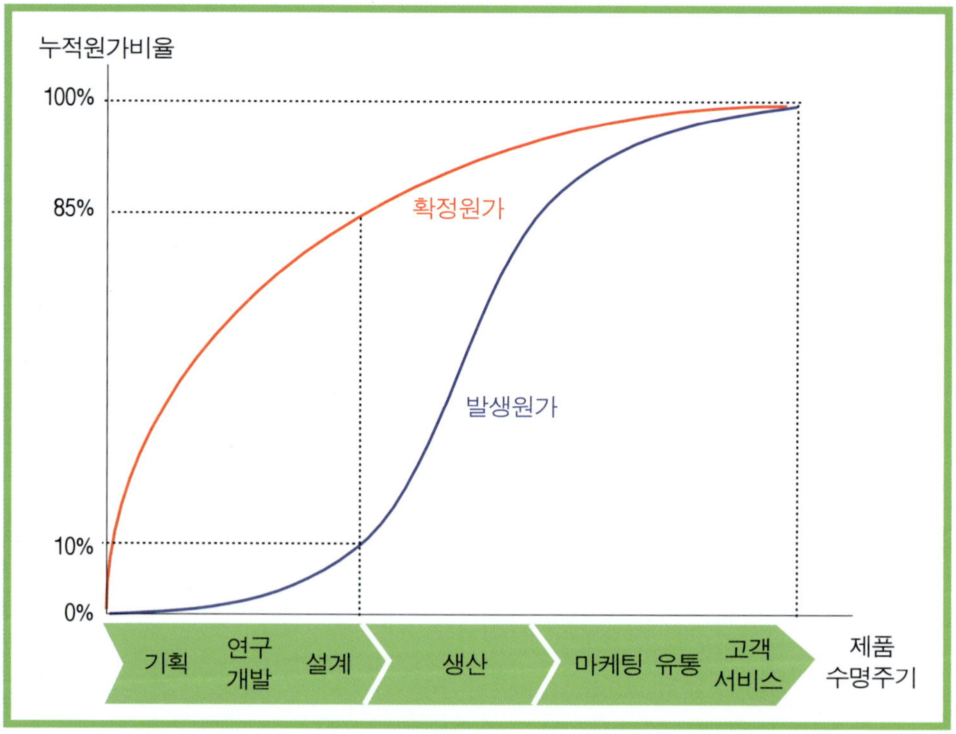

기 직전에 재료의 종류, 제품의 구조와 부품의 수, 생산방식 등의 제품과 관련된 거의 모든 결정이 끝나므로 수명주기원가의 대부분이 확정된다. 원가는 생산단계에서 대부분 실제로 발생하지만 이에 대한 결정은 이미 생산 이전 단계에서 결정된다. 따라서 새로운 소재나 기술, 제품구조 등을 사용하여 대규모의 원가절감을 얻으려면 생산 이전 단계에 적용되어야 한다.

원가기획과 목표원가

신제품의 기획/개발/설계 단계에서 원가기획을 한다

원가기획
생산 이전 단계에서 신제품의 목표원가수준에 대해 기획하는 기법

목표원가
목표가격에서 목표이익을 차감한 금액

생산 이전 단계에서 목표원가수준에 대해 미리 기획하는 것이 원가기획이나. 원가기획은 일본 자동차 산업에서 처음 개발된 후 전세계로 확산된 경영기법이다. 원가기획은 목표원가의 계산과 달성의 두 단계로 크게 나눌 수 있어서 미국문헌에서는 목표원가계산(Target Costing)이라고 불린다. 삼성르노자동차(주)가 SM7을 개발한다고 생각하고 원가기획을 적용해 보자.

원가기획의 첫 단계로 SM7의 목표원가를 계산한다. 우선 SM7의 용도와 시장을 고려하여 기획해야 한다. SM5와 같이 중형 승용차로 중상층 고객을 대상으로 판매를 예상한다고 하자. SM7과 비슷한 성능의 중형차 시장가격과 SM7의 기능, 디자인, 유통시스템, 상품전략, 영업점 지원정책 등을 고려하여 소비자가 지불할 목표가격(Target Price)을 예상한다. 이 목표가격에서 기업의 중장기 이익계획에 의한 목표이익을 빼면 목표원가가 결정된다.[9)]

목표원가 = 목표가격 − 목표이익

SM7의 목표가격이 3,000만원이고 목표이익이 1대당 200만원이면 목표원가는 2,800만원으로 설정된다. 이 목표원가가 현재의 재료와 생산방식에 의해 달성가능한 원가보다 낮다면 목표원가 달성을 위한 원가절감 노력이 필요하다.

9) 원가기획에 대한 내용은 육근호 역, 「원가기획」(풀빛, 1994)을 부분적으로 많이 인용하였다.

판매예상가격과 목표이익이 먼저 결정되고 이에 따라 목표원가가 설정되는 목표원가계산은 제13장에서 본 원가가산 가격설정과 대비된다. 원가가산 가격설정에서는 원가가 먼저 결정되면 이에 이익을 더하여 가격을 정한다. 원가가산 가격설정은 생산자 주도의 시장상황에서 가능하다. 독점력이나 제품차별성에 의한 시장지배력을 가진 생산자가 시장에서 소비자보다 큰 힘을 가져서 자신의 원가를 모두 보상받고 이익을 보장받는 수준으로 가격을 결정한다. 이에 반하여 생산자가 소비자가 원하는 수준으로 가격을 먼저 설정하고, 이 가격에서 이익을 얻을 수 있는 목표원가수준으로 원가를 낮추도록 생산 이전에 원가절감 노력을 하는 목표원가계산은 치열한 생산자 사이의 경쟁에 의해 소비자의 힘이 큰 상황에서 나타났다.

가치공학
최소의 원가로 필요한 기능을 달성하는 공학적인 방법

원가기획의 두 번째 단계는 가치공학을 이용한 목표원가의 달성이다. 가치공학(VE, Value Engineering)은 '수명주기원가를 최소화하되 필요한 기능은 확실하게 달성하기 위해 제품과 서비스의 기능분석에 들어가는 조직적 노력'이라고 정의될 수 있다. 가치공학의 본질은 기능분석으로, 가치공학의 대상이 되는 제품이나 서비스가 기능의 집합체로 구성되어 있다는 사고에 근거하여 제품의 가치를 기능으로부터 얻을 수 있는 효용과 기능 실현을 위한 원가의 함수로 이해한다.

가치 = 기능에서 얻을 수 있는 효용 / 기능 실현을 위한 원가

예를 들어 텔레비전을 기능분석하면 화상재생(화면), 음성재생(스피커), 제어(리모컨과 제어판), 기기보호(케이스) 기능으로 나눈다. 기능분석은 개발 후기단계에서도 자주 이용되지만 제품개발 초기단계에서 적용하는 것이 필수적이다. 목표원가의 달성 책임단위에 구체적인 목표원가 수치를 부여하기 위해 목표원가는 기능별, 부문별, 구조별, 원가요소별, 개발설계담당자별 등으로 쪼개진다. 이를 목표원가의 세분할당이라고 한다. 부문별, 구조별, 설계담당자별 등의 목표원가 세분은 기본설계나 구상설계 단계에서 실시할 필요가 있다. 원가요소별 목표원가의 세분은 상세설계나 생산준비 단계에서의 대체안의 착상, 신공법의 검토, 공정설계의 개선 등을 촉진해서 제품기술면에서의 원가의식을 높이는 데 도움을 준다. [그림 14.8]은 닛산자동차에서 제품의 기획, 개발, 설계단계에서 가치공학이 단계별로 적용되는 체계도를 보여준다.

그림 14.8 닛산자동차의 원가기획 체계도

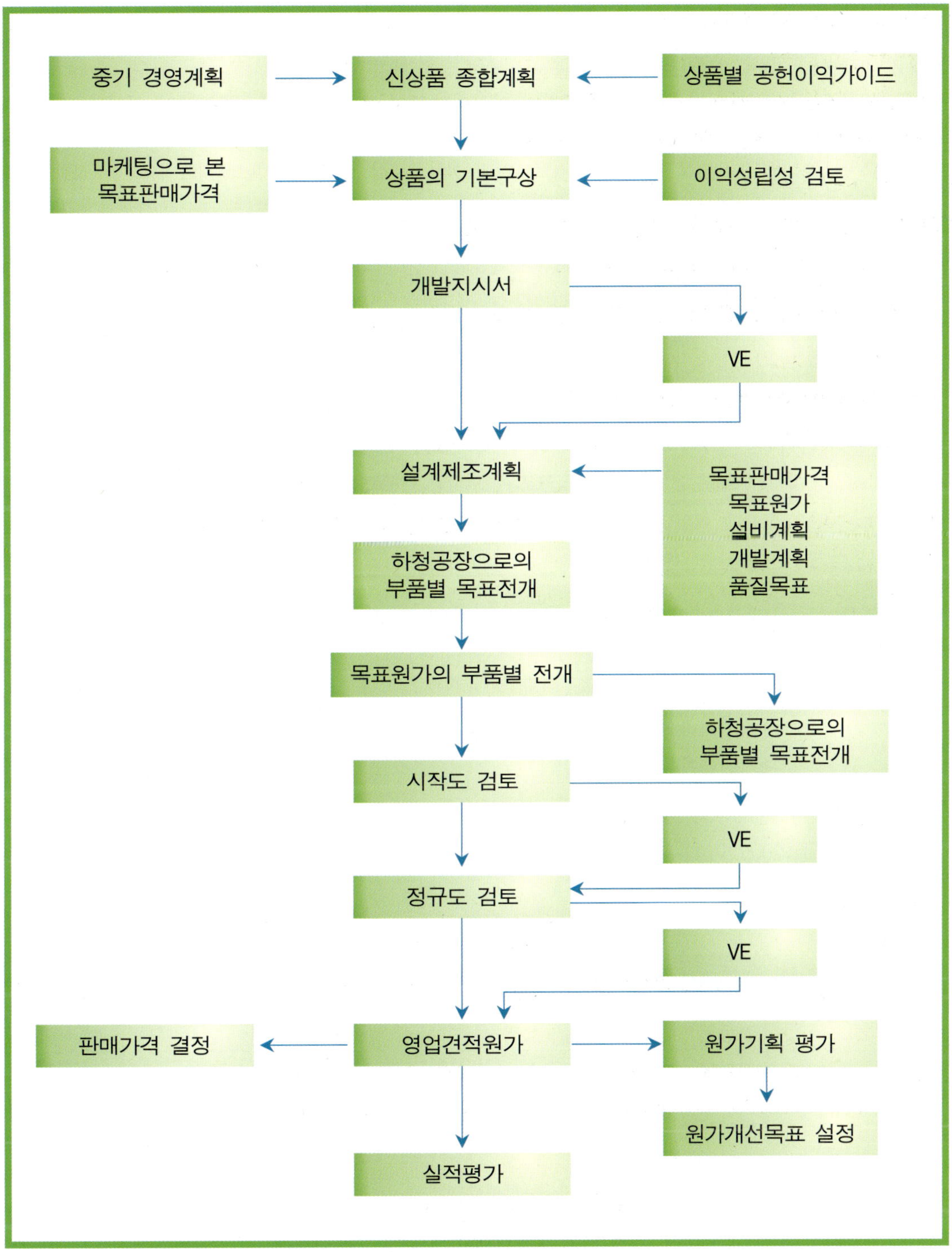

수명주기원가분석을 이용한 가치공학

이상철의 '수명주기원가분석을 이용한 가치공학 도입 효과'(회계저널 2007년 6월)는 한국도로공사의 고속도로 건설공사 가운데 교량을 대상으로 수명주기원가분석(LCCA)을 이용하여 설계 가치공학(VE)을 실행하는 사례를 분석하였다. 영동고속도로 신갈-호법 구간 2공구 회차로교에 대해 LCCA를 수행한 예시에서 검토 1안은 도로의 곡선반경에 적합한 교량을 설계한 안이다. 기존 도로의 곡선반경(반지름 25m^2)이 그대로 유지되면서, 곡선도로와 회차로교를 연결시키기 위해 회차로교 종점부에 교량의 폭이 넓어지는 확폭 부분이 생긴다. 검토 2안에서는 검토 1안의 회차로교상 교량확폭부를 배제하여 회차로교를 동일 폭원으로 설계하고 확폭부를 토공부측에 적용함으로써, 도로의 곡선반경(반지름 20m^2)이 줄어든다.

검토 1안의 총수명주기원가(LCC)가 8.19억원 그리고 검토 2안의 총LCC가 7.98억원으로 나타났다. 검토 2안은 검토 1안에 비해 0.21억원의 수명주기비용을 절감하여, 경제성이 높은 대안으로 판정되었다. 검토 1안의 단위면적당 비용은 2,776.27천원이며, 검토 2안의 단위면적당 비용은 2,705.08천원으로 나타났다. 대안별로 교량면적의 차이가 없기 때문에, 단위면적당 비용은 검토 2안이 적게 나타났다. 수명주기 단계별로 총LCC 대비 LCC 구성항목의 비중을 살펴본 결과, 검토 1안은 검토 2안에 비해 초기투자비용의 비중은 낮으나, 유지관리비용의 비중은 높은 것으로 나타났다. 수명주기 단계별 비용분석 결과에 기초하여, 검토 2안이 검토 1안에 비해 경제성이 높은 것으로 판정하였다.

〈표 1〉 수명주기 단계별 비용분석 결과

구 분	검토 1안	검토 2안
총LCC(억원)	8.19	7.98
상대비용(억원)	+0.21	0.00
상대LCC	1.03	1.00
면적(m^2)	295m^2(=50×5.90)	295m^2(=50×5.90)
단위면적당 비용(천원)	2,776.27	2,705.08
초기투자비용/총LCC(%)	60.68	61.03
유지관리비용/총LCC(%)	39.07	38.72
폐기처분비용/총LCC(%)	0.24	0.25
순위	2	1

한국도로공사는 2005년부터 교량에 대한 설계VE 실행시 LCCA결과를 활용하였으며, 19개 교량을 검토하여 75.6억원의 예산을 절감하였다.

〈표 2〉 2005년 LCCA를 이용한 설계VE 실행으로 예산원가를 절감한 내역

노 선	구 간	공구수	검토교량수	원가절감(억원)
경부선	기흥~판교	1	2	2.4
영동선	신갈~호법	3	4	25
음성~충주	음성~충주 5~7공구	3	5	17.7
삼척~동해	삼척~동해	1	2	6.1
남해선	사천~산인	5	6	24.4
계		13	19	75.6

LCCA를 이용한 설계VE 도입으로 얻은 공사비 효율성 검토 결과를 활용하여 시설물에 대한 성능과 경제성을 전체 수명주기 관점에서 평가할 수 있게 되었다. 또한 고속도로 교량의 기능 향상을 위해 신재료, 신기술 및 신공법을 설계에 반영한 효과를 검토할 수 있으며, 대안입찰이나 턴키발주에서 낙찰자를 결정하는 데 LCCA 결과를 활용할 수 있게 되었다.

YouTube 재경부문 '원가기획팀' 직무 소개영상

원가기획팀 곽유수 대리입니다. 기아자동차에 2013년 7월에 입사하여 현재 원가기획팀에서 친환경차 나로와 대형 SUV 신차의 원가기획을 담당하고 있습니다.

Q. 하시고 계신 일이 어떤 업무인지 자세한 설명 부탁드립니다.

담당하고 있는 차종의 개발 초기 단계에서부터 양산, 상품성 개선까지 지속적으로 차량원가를 관리하여 목표수익성을 달성하는 업무를 하고 있습니다. 영업부문과는 판매사양과 가격을 점검하고 연구소부문과 투자비를 점검하고 구매부문과는 재료비를 점검하면서 목표 수익성 달성을 할 수 있도록 회사 내 여러 팀들과 협업을 하고 있습니다.

Q. 해당직무를 수행할 때 필요한 역량은 어떤 것들이 있나요?

숫자를 다루는 재경부문이라면 필수적인 꼼꼼함과 인내심은 기본이라 할 수 있습니다. 원가를 검토하는 과정에서 누락하거나, 잘못 계산되는 부분이 있으면 해당차량의 개발 방향성이 바뀌는 문제가 생길 수도 있습니다. 또한 각 차종이 회사에 해주어야 하는 목적이 무엇인지 파악하고 이에 맞는 원가관리 방향성을 제시하는 능력이 필요하다고 생각합니다. 예를 들어 연비가 최우선인 차량을 개발하는 단계에서는 연비와 무관한 불필요한 사양추가에 따르는 재료비, 투자비가 발생하는 것을 최소화하도록 타 팀들을 이끌어나갈 수 있어야 합니다. (후략) (기아자동차채용, 2018.9.4)

목표원가, 표준원가, 카이젠원가는 서로 다르다

원가기획에서 사용하는 목표원가는 전통적인 원가통제수단인 표준원가와 몇 가지 점에서 다르다. 목표원가는 신제품의 기획, 개발, 설계 단계에서 설정되어 목표이익을 확보하는 경영관리수단으로 사용된다. 이에 비해 표준원가는 재료원가, 노무원가, 경비의 제조원가를 생산단계에서 통제하는 수단으로 사용한다.

표 14.4 목표원가와 표준원가

	목표원가	표준원가
적용시점	생산 이전 단계 : 기획, 개발, 설계	생산단계
용 도	생산 개시 전 원가기획	생산공정상 원가통제

원가개선
생산이 시작된 제품의 지속적인 원가절감 노력

신제품에 대해 목표원가를 계산하고 달성하고자 하는 활동을 원가기획이라고 부르는 반면, 이미 생산이 시작된 제품의 지속적 원가절감 노력은 원가개선이라 부른다. 이때 지속적인 원가절감이 반영된 원가수치를 카이젠(Kaizen) 원가라 한다.[10)]

10) 카이젠(Kaizen)은 개선(改善)의 일본발음을 영어로 표시한 것으로 지속적 개선(continuous improvement)으로 영어 문헌에 번역되어 사용된다.

도요타의 실적잔치, 엔低 덕만 봤다고? 숨은 힘은 '카이젠'에 있었다

불필요한 공정 모두 없애고 설비투자 절반 줄여 내실경영

뼈 깎는 자구노력 "집념의 결과"

2009년 5월 8일. 도요타자동차는 참담한 성적표를 발표했다. 2008회계연도(2008년 4월~2009년 3월)에 4,610억엔의 대규모 적자를 냈다는 게 골자였다. 무리한 확대 경영에 리먼브러더스 사태가 겹친 탓이었다. 도요타의 영업이익 적자는 창업 직후였던 1937년 이후 71년 만에 처음 겪는 일로 충격이 컸다. 당시 뉴욕타임스는 "(도요타 본사가 있는) 도요타시가 (자동차 산업 부진으로 황폐화한) 미국 디트로이트로 변하고 있다"고 썼다.

그로부터 딱 4년이 흐른 지난 8일. 작년 회계연도(2012년 4월~2013년 3월) 실적을 발표하는 자리에서 도요타 아키오 도요타자동차 사장은 "집념의 결과물이 나왔다"고 목소리에 힘을 줬다. 그리고 1조3,000억엔이 넘는 영업이익 수치를 발표했다. 단발성 엔저(低)로만 도요타의 실적을 설명하지 말아 달라는 뉘앙스였다.

도요타의 혁신활동을 일컫는 '카이젠(改善)'은 한때 세계 모든 기업의 학습대상이었다. 그러나 리먼 사태 등을 겪으며 신화는 무너졌다. 엔고에 대지진, 태국 홍수 등의 악재도 겹쳤다.

시련의 기간. 도요타는 카이젠을 원점에서 재점검했다. 우선 생산라인에 주목했다. 불필요한 공정은 모두 없앴다. 4년여의 노력 끝에 지금은 생산라인이 예전의 절반 수준으로 짧아졌다. 투입되는 인력과 비용도 줄였다. 니혼게이자이신문은 "리먼 사태 이전엔 새로운 생산라인 투입 후 이익을 낼 수 있는 최소 생산대수가 20만대였는데 지금은 10만대 수준으로 줄어들었다"고 설명했다. 그만큼 원가경쟁력이 높아진 것이다.

무리한 투자보다는 내실을 다지는 데 주력했다. 리먼 사태 이전 1조5,000억엔(2007년 기준)에 달했던 설비투자 금액은 현재 8,000억엔대로 감소했다. 대형 설비가 줄면서 감가상각비용에 대한 부담도 덜었다. 앞으로도 3년 동안은 국내외에 새로운 공장을 짓지 않을 방침이다.

살아난 도요타

(단위 : 억엔)

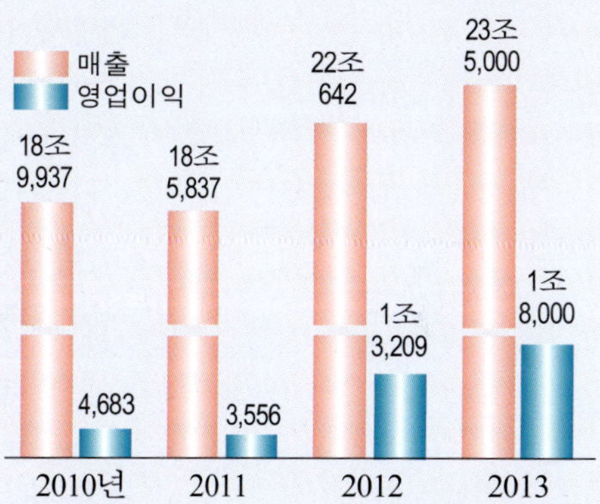

자료 : 니혼게이자이신문

도요타의 카이젠 성과는 실적에서도 고스란히 드러났다. 작년에 거둔 영업이익 1조3,209억엔 가운데 비용 삭감에 의한 효과가 4,500억엔에 달한다는 것이 회사 측의 추산이다. 엔화 가치 하락에 의한 추가이익(1,500억엔)보다 세 배가량 많은 규모다. 내년 실적은 올해보다 더 나을 전망이다. 그래도 긴장의 끈은 늦추지 않겠다는 각오다. 도요타 사장은 "공격적으로 나설 시점이 되지 않았느냐는 얘기도 들리지만, 이제 겨우 새로운 출발선상에 섰을 뿐"이라고 말했다. (한국경제, 2013.5.10)

토 론

자동차는 왜, 툭하면 리콜인가

• 2만개 넘는 車부품, 이 중 단 하나만 이상해도 대량 리콜 가능성

현대·기아차가 지난 3일 미국에서 187만대, 캐나다에서 36만대 등 확인된 것만 240만대의 사상 최대규모 리콜을 발표하면서, 자동차업계에 다시 '리콜 공포'가 엄습하고 있다. 3년 전 도요타 대규모 리콜의 그림자가 어른거리고 있기 때문이다. GM을 꺾고 세계 1위 자리에 막 올랐던 도요타는, 2010년 가속페달 결함으로 한 해 판매하는 차량 대수를 뛰어넘는 1,400만대라는 기록적 리콜을 했다.

리콜 대수가 많기로 따지면 포드를 따라올 업체가 없다. 포드는 1981년 파킹 기어 문제로 2,100만대를 리콜하는 등 규모가 훨씬 컸다. 하지만 도요타는 문제발생 초기에 '차에는 문제가 없다'는 식으로 대응하면서 피해규모를 키웠고 소비자의 공분을 샀다. 줄소송 끝에 도요타는 배상금 등을 포함해 31억달러(약 3조5,200억원)를 쓰면서 리콜의 대명사가 돼버렸다.

2011년 유럽에서 집계한 산업군별 리콜 횟수를 보면, 자동차 관련 리콜은 전체 건수의 11%로 의류(27%), 장난감(21%)보다 훨씬 적었다. 전자제품(10%)과 비슷한 수준이었다. 그런데도 자동차 분야의 리콜이 크게 주목받는 건 사소한 결함으로도 사람이 죽고 다칠 위험성이 크기 때문이다. 물론 업체들도 불량률을 줄이기 위해 필사적 노력을 하고 있다. 그런데도 자동차 분야 리콜이 계속되는 이유는 뭘까.

① 부품수가 많다

우선 다른 제품보다 부품수가 훨씬 많기 때문이다. 자동차 부품 가짓수는 2만개를 훌쩍 넘는다. 보닛을 열면 보이는 엔진은 한 덩어리지만, 그 안에는 부품 1,200개가 빼곡하게 들어차 있다. 대략 1,000가지 부품이 들어가는 스마트폰 등 다른 제품과는 비교할 수 없을 정도로 많은 편이다. 그런 부품의 조합이 시속 100km 이상으로 내달리다 보니 고장가능성이 크다는 것이다.

▲ 주요 부품 단위로 분해된 현대차 제네시스. 왼쪽은 패널과 유리 등 차 외부를 구성하는 부품, 가운데는 시트와 스피커 같은 인테리어 부품, 오른쪽은 엔진·변속기를 비롯한 파워트레인과 배기 장치다. (자료 : 현대자동차)

부품수가 많다 보니 완성품 전체 품질을 정밀하게 통제하는 것도 어려운 작업이다. 부품끼리 맞물리는 구조, 강도에 따라 미세한 오차가 발생할 가능성이 상존한다는 얘기다. 자동차 패널과 패널 사이의 틈(단차)이 얼마 이하여야 한다는 규정이 있을 뿐, 정확히 얼마가 돼야 한다고 정해놓지 못한 것도 이런 까닭이다.

이번 현대차 리콜도 단순한 브레이크 스위치 불량 하나 때문에 불거졌다. 브레이크가

기계적으론 밝히지만, 밝혔다는 것을 인식해 차내 각종 전자장치로 밝힌 상태를 알려주는 기능을 하는 스위치가 고장 나 브레이크 등(燈)이 안 들어오는 등 20여 가지가 넘는 문제가 발생했다. 교통안전공단 이광범 박사는 "간단한 스위치 하나로 20여 가지 문제가 발생할 수 있기 때문에 부품 2만개로 구성된 자동차에선 수십, 수백만 가지 리콜 경우가 생길 수 있다"고 말했다.

그렇다 보니 BMW · 벤츠 같은 세계 유수 자동차 회사도 리콜을 피해 가지 못한다. 기름이 새고 시동이 꺼지는 단순한 문제로 아직도 리콜을 하고 있다.

② 짧아진 자동차 개발주기

전문가들은 부품 숫자는 늘어났는데 자동차 개발주기는 짧아진 것도 원인이라고 말한다. 그만큼 필연적으로 실수가 생길 확률도 높아졌다는 것이다. 플랫폼(자동차의 기본을 이루는 뼈대) 통합작업이 개발기간 단축에 기여하기도 했지만, 예전엔 실물을 갖다놓고 하던 페달 테스트를 3차원 디지털 시험으로 대체하는 식으로 효율성을 추구하면서 문제가 생길 가능성이 커졌다는 설명이다. 통상 5년이 걸리던 신차 개발주기가 최근엔 30개월 이내로 줄었다. 현대 · 기아차는 더 나아가 20개월 미만으로 줄여가고 있다.

③ 늘어난 전자부품 결함

자동차가 '달리는 스마트폰'처럼 변하고 있는 것도 한 원인이다. 요즘은 차에 타기도 전에 집에서 스마트폰으로 조작해 차량 에어컨을 틀어놓는 건 초보적 기능이 돼 버렸다. 차에 타서 스마트폰과 차에 단 스크린을 연결해 이메일을 확인하는 것도 보편화됐다. 벤츠 · 폴크스바겐 등 유럽업체들은 앞으로 나올 차에 휴대용 컴퓨터를 붙였다 뗐다 할 수 있게 만들어 둘이 한 몸이 되는 형태를 설계하고 있다. 모두 전자장비가 늘어난 덕분이다.

하지만 이렇게 되면서 차량 결함 원인 분석에 더 시간이 걸리는 문제가 생겼다. 실제로 국토해양부에서 이번 현대 · 기아차 리콜의 원인을 정확히 분석하는 데 3개월 이상이 걸릴 것으로 예상된다.

업체들도 대책마련에 나서고 있다. BMW는 파워트레인, 섀시, 차체 등 각 부분에 분산돼 일하던 전자부문 인력을 '전자개발센터'로 통합했다. 도요타도 '제어시스템총괄부'를 신설해 기획단계부터 자동차의 전자화에 대응하고 있다.

◉ 리콜(Recall)

원래는 문제가 있는 대표를 임기 전에 해임하는 '주민소환제'에서 나온 말이다. 문제가 있는 제품을 만든 제조회사가 해당 제품을 수리 · 파기 · 교환 · 환불해주는 시정조치를 하는 경우, 리콜이라고 부르게 됐다. 회사가 먼저 대처에 나서는 '자발적 리콜'과, 관계 당국이 처분을 지시하는 '강제적 리콜'로 구분된다.

(조선일보, 2013.4.11)

현대기아차 역대 최대규모 리콜, 쏘나타 등 15종 66만대

현대·기아자동차가 대규모 리콜에 나선다. 25일 국토교통부에 따르면 현대자동차와 기아자동차에서 제작 판매한 쏘나타 등 15종 66만 2,519대에서 결함이 발견돼 리콜한다. 이는 역대 최대 규모로, 앞서 지난 4월 같은 결함으로 시행한 리콜이 확대된 것이다. 현대차 관계자는 "국토부에서 리콜 대상 차량의 적정성을 조사하던 중 다른 차종에서도 동일한 결함이 있을 수 있다는 가능성이 제기돼 자발적으로 추가 리콜에 나섰다"고 밝혔다.

발견된 결함은 브레이크 스위치 접촉 불량으로 시동이 걸리지 않고 제동등이 켜지지 않는 현상과 정속주행장치(크루즈 컨트롤)와 차체자세제어장치(차량이 흔들리지 않게 차체를 바로잡는 장치)가 정상적으로 작동되지 않는 점이다. 이로써 국내에서 리콜하는 현대·기아차 차량은 82만 5,028대로 늘어났다. 쏘나타 18만 5,176대, 투싼 6만 9,253대, K5 6만 3,096대, 포르테 6만 1,870대, 제네시스 5만 270대 등이다.

리콜 대상 차량은 대부분 2007년 6월 21일에서 2011년 8월 15일까지 생산된 차량이다. 해당 자동차 소유자는 다음 달 1일부터 현대자동차와 기아자동차 서비스센터에서 무상으로 수리받을 수 있다. 현대기아차 리콜에 네티즌들은 "현대기아차 리콜, 이미지 손상 큰일" "현대기아차 리콜, 무려 15종" "현대기아차 리콜, 안타깝다" 등 다양한 반응을 보였다.

(조선일보, 2013.9.26)

토론해 보자

(1) 품질문제가 있을 때, 자발적 리콜을 하는 것의 장단점을 품질원가 분류를 이용하여 토론해 보자.

(2) 품질문제를 줄이기 위한 방법들을 조사하여 토론해 보자.

요약정리

시장경쟁의 심화는 기업이 생존과 성장을 위해 소비자에게 높은 품질, 빠른 고객대응을 통한 고객만족을 주어야 한다. 이를 위해 기업은 끊임없는 자기혁신과 전략적 경영을 강조하게 되었다. 관리회계도 과거의 소극적인 역할에서 좀더 적극적이고 전략과 연계된 역할을 하게 되었다.

소비자 기호의 빠른 변화로 상당히 짧아진 제품수명과 제품수요 다양성에 따라 점점 증가하는 재고관리원가, 진부화 원가, 재고에 묶인 자금비용 등의 재고유지원가를 줄이기 위해 적시(JIT)주문생산시스템이 사용될 수 있다. 적시구매시스템의 소량 주문으로 크게 증가할 수 있는 주문원가를 장기계약 납품회사와의 전자자동주문결제 시스템으로 절약하면 소량주문이 경제적 주문량(Economic Order Quantity)이 된다.

품질은 중요한 핵심성공요인이다. 품질문제의 심각성을 금전적으로 파악하고 품질관련 의사결정의 타당성을 파악하기 위해 품질원가를 측정한다. 품질원가는 종업원 품질교육훈련, 설계개선 등의 불량예방 노력의 원가인 예방원가와 제품과 공정의 검사를 위한 평가원가와 불량품 발생에 의한 실패원가로 나눈다. 실패원가는 판매전에 기업 내에서 발견된 불량품에 대한 조치를 위한 내부실패원가와 판매후 고객이 발견한 불량품에 대한 외부실패원가로 나눈다. 생산성 증가를 동반하는 설계개선 등의 불량예방 노력을 강조하는 전사적 품질관리(TQM)에 의한 예방평가원가의 감소와, 고객의 품질의식 증가와 제조물책임의 강화에 의한 실패원가의 증가는 무결점을 최적의 품질수준으로 만들었다.

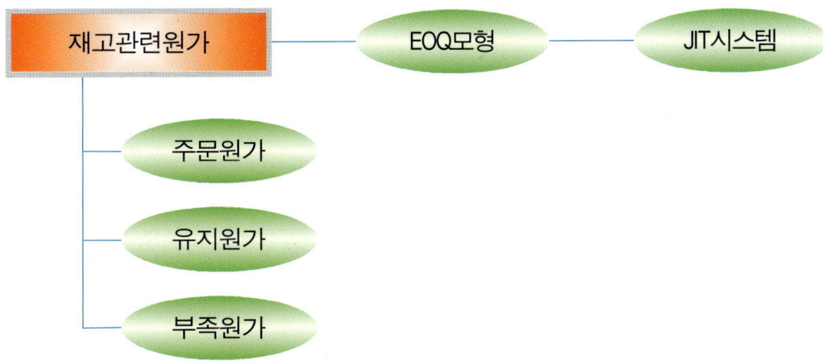

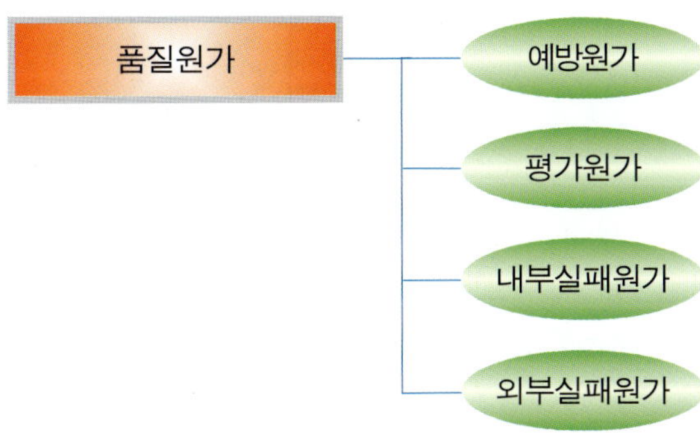

납기를 줄여서 고객이 원하는 제품이나 서비스를 빨리 제공할 수 있으면 늘어난 판매량이나 높아진 판매가격으로 매출과 이익을 높일 수 있다. 고객주문부터 납품까지의 총고객대응시간(Customer Response Time)은 접수시간, 생산 리드타임, 배달시간으로 구성되어 있는데, 생산 리드타임 중 부가가치가 없는 대기시간을 줄이는 방법을 찾는 것이 바람직하다.

제약이론(Theory of Constraint)은 처리를 기다리는 많은 재고가 쌓여 있는 병목공정을 찾아내어 조치를 취하여 이익을 높일 것을 제안한다. 단기적으로는 다른 공정의 처리속도를 병목공정의 속도에 맞추어 불필요한 재고증가를 막아 재고유지원가를 절약한다. 장기적으로는 병목공정의 처리능력을 확대하여 기업 전체의 생산판매량을 늘려서 추가적인 이익을 창출한다.

생산 이전에 이루어지는 연구개발 및 제품설계/디자인과, 생산 이후에 이루어지는 유통 및 고객서비스에 대한 고객의 관심이 높아져서 이 단계를 위한 원가의 중요성이 높아진다. 또한 제품개발/설계 단계의 투자가 제조원가와 고객서비스 원가를 훨씬 더 크게 절감할 수 있으므로 제품수명주기(Product Life-Cycle) 원가를 단계별로 측정 관리하는 것이 필요하다. 생산 이전 단계에서 생산과 그 이후 단계의 원가를 실질적으로 확정하므로 대폭적인 원가절감을 위한 노력은 제품개발 및 설계 단계에서 이루어져야 한다. 이것이 원가기획(목표원가계산, Target Costing)의 정신이다. 신제품을 개발/설계할 때 소비자가 원하는 가격에서 기업의 목표이익을 뺀 목표원가를 설정한다. 이 목표원가를 달성하기 위해 최소의 원가로 최대의 제품기능을 달성하는 공학적 방법을 찾는 가치공학(Value Engineering)을 사용한다.

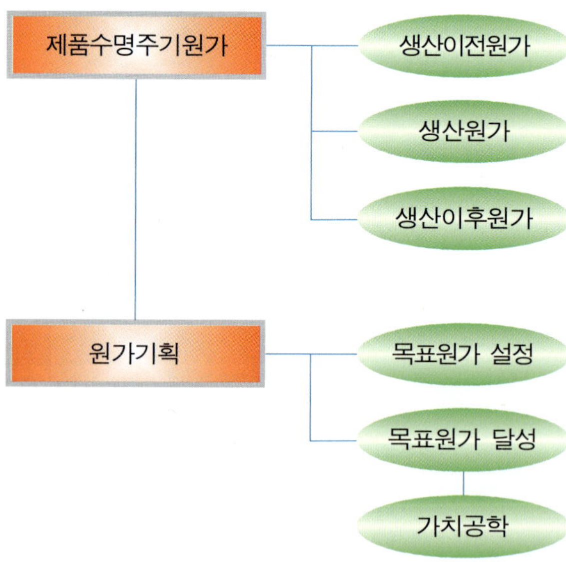

14 연습문제

객관식

01 전략적 원가관리 개념 (21. 공인회계사)

다음 중 원가관리회계의 이론 및 개념들에 대한 설명으로 옳지 않은 것은?

① 안전재고는 재고부족으로 인해 판매기회를 놓쳐서 기업이 입는 손실을 줄여준다.
② 제품의 품질수준이 높아지면, 실패원가가 낮아진다. 따라서 품질과 실패원가는 음(−)의 관계를 가진다.
③ 제약이론은 주로 병목공정의 처리능력 제약을 해결하는 것에 집중해서 기업의 성과를 높이는 방법이다.
④ 제품수명주기원가계산은 특정제품이 고안된 시점부터 폐기되는 시점까지의 모든 원가를 식별하여 측정한다.
⑤ 적시생산시스템(JIT)은 재고관리를 중요하게 생각하며, 다른 생산시스템보다 안전재고의 수준을 높게 설정한다.

02 전략적 원가관리 개념 (15. 공인회계사)

전략적 원가관리에 관한 설명으로 옳지 않은 것은?

① 적시생산시스템(JIT)은 짧아진 제품수명 및 제품의 다양성에 따라 증가하는 재고관리비용 등을 감소시키는 방안으로 유용하며, 초변동원가계산(throughput costing)을 사용하여 제품원가를 계산한다.
② 목표원가계산(target costing)은 컴퓨터, 자동차 등 조립형 산업에서 주로 활용되는 것으로서, 시장중심의 목표원가와 생산중심의 표준원가의 차이를 줄이려는 노력을 원가절감의 일차적 대상으로 삼고 기술개발과 디자인 등에 주력한다.
③ 품질원가계산(quality costing)은 통제원가(예방 및 평가 원가)와 실패원가를 포함한 품질관련원가를 최소화시키면서 품질수준을 최대화시키는 데 목적이 있다.
④ 카이젠원가계산(kaizen costing)은 제조단계에서의 원가절감에 초점을 맞추고 있다.
⑤ 제약이론(theory of constraints)은 기업의 목표를 달성하는 과정에서 병목공정을 파악하여 이를 집중적으로 관리하고 개선해서 기업의 성과를 높이는 방법이다.

03 전략적 원가관리 개념 (14. 세무사)

전략적 원가관리에 관한 설명으로 옳지 않은 것은?

① 목표원가계산(target costing)은 제품개발 및 설계 단계부터 원가절감을 위한 노력을 기울여 목표원가를 달성하고자 한다.

② 카이젠원가계산(kaizen costing)은 제조이전단계에서의 원가절감에 초점을 맞추고 있다.

③ 품질원가계산(quality costing)은 예방원가, 평가원가, 실패원가 간의 상충관계에 주목한다.

④ 제품수명주기원가(product life-cycle cost)는 제품의 기획 및 개발·설계에서 고객서비스와 제품폐기까지의 모든 단계에서 발생하는 원가를 의미한다.

⑤ 제약이론(theory of constraint)은 기업의 목표를 달성하는 과정에서 병목공정을 파악하여 이를 집중적으로 관리하고 개선해서 기업의 성과를 높이는 방법이다.

04 전략적 원가관리 개념 (16. 공인회계사)

전략적 원가관리에 관한 다음 설명 중 옳은 것은?

① 품질원가계산(quality costing)에서 품질관리계획수립, 품질관리보고서의 작성, 품질관리기술개발, 품질개선을 위한 토의원가 등은 품질원가 중 평가원가에 해당한다.

② 활동기준경영(ABM : activity-based management)은 활동분석을 통하여 파악된 정보를 토대로 활동과 프로세스의 개선을 통한 가치창출능력 증대에 초점을 두고 있다.

③ 카이젠원가계산(kaizen costing)은 제조 이전의 전방단계에서의 지속적인 원가절감을 강조한다.

④ 적시재고시스템(JIT : just-in-time inventory system)은 공장 내에 재고가 거의 없기 때문에 원재료계정을 별도로 철저하게 기록·관리해야 한다.

⑤ 제품수명주기원가계산(product life-cycle costing)은 제조이후단계에서 대부분의 제품원가가 결정된다는 인식을 토대로 생산단계와 마케팅단계에서 원가절감을 강조한다.

05 전략적 원가관리 개념 (17. 공인회계사)

전략적 원가관리 및 성과평가에 관한 옳지 않은 설명은?

① 제약이론을 원가관리에 적용한 재료처리량 공헌이익(throughput contribution)은 매출액에서 직접재료원가를 차감하여 계산한다.

② 목표원가계산은 제품개발 및 설계단계에서의 원가절감에 초점을 맞추는 반면, 카이젠원가계산은 제조단계에서 원가절감을 강조한다.

③ 적시생산시스템하의 제조작업은 제조 셀(manufacturing cell)을 중심으로 이루어지며, 역류원가계산을 사용하여 제품원가를 계산한다.

④ 수명주기원가계산은 활동분석과 원가동인분석을 통하여 파악된 정보를 토대로 활동과 프로세스를 개선하여 기업 전체의 성과를 개선하는 데 초점을 두고 있다.

⑤ 균형성과표는 조직의 비전과 전략을 성과평가지표로 구체화함으로써 조직의 전략수행을 지원한다.

06 전략적 원가관리 개념 (15. 관세사)

전략적 원가관리에 관한 설명으로 옳지 않은 것은?

① 목표원가계산은 제조이전단계에서의 원가절감에 초점을 두고 있다.
② 가치사슬원가계산에서는 제품생산 이전에 발생한 활동과 관련된 원가는 물론 제품생산 이후에 발생한 활동과 관련된 원가도 분석한다.
③ 품질원가에서 예방원가는 대부분 제품이 내부고객과 외부고객의 요구사항을 충족하고 있는지 확실하게 하기 위해서 제품을 검사하는 것과 관련이 있다.
④ 제품수명주기원가계산에서는 특정제품의 기획에서부터 폐기까지의 모든 비용을 식별・추적한다.
⑤ 카이젠원가계산은 제품의 수명주기상의 제조단계에서 원가를 절감시키려는 데 초점을 맞추고 있다.

07 전략적 원가관리 개념 (08. 세무사)

원가관리기법과 관련한 새로운 접근방법들에 대한 설명으로서 옳은 것은?

① 카이젠원가계산은 제품제조 이전단계에서의 지속적인 원가절감에 초점을 둔다.
② 목표원가계산기법은 기존의 표준원가계산과 마찬가지로 제품제조단계에서의 원가절감을 강조한다.
③ 제품수명주기원가계산은 제품제조단계에서의 원가절감을 강조한다.
④ 가치사슬원가계산에 있어서는 제품생산 이전에 발생된 활동과 관련된 원가는 물론 제품생산 이후에 발생된 활동과 관련된 원가도 분석한다.
⑤ 품질원가분석에 있어서 제품보증수리비용은 내부실패원가에 해당한다.

08 전략적 원가관리 개념 (10. 관세사)

전략적 원가관리에 대한 설명 중 옳지 않은 것은?

① 제품수명주기원가계산은 생산이전단계와 생산이후단계의 원가를 포함한다.
② 제약이론(theory of constraint)은 병목프로세스(제약요소)를 찾아 대책을 마련하여 수익성을 높이는 방법이다.
③ 카이젠원가계산(원가개선)은 제조단계에서 지속적인 원가절감활동을 한다.
④ 품질원가는 예방원가, 평가원가, 내부실패원가, 외부실패원가로 분류하여 측정한다.
⑤ 원가기획은 목표생산원가에 목표이익마진을 더하여 제품의 목표판매가격을 설정하는 것이다.

09 전략적 원가관리 개념 (11. 세무사)

전략적 원가관리(Strategic Cost Management)기법에 관한 설명으로 옳은 것을 모두 고른 것은?

ㄱ. 제약이론(Theory of Constraint)에 의하면 병목공정의 처리능력을 확장시키기 위해서는, 재료처리량 공헌이익(throughput contribution)이 병목공정 처리능력 확장에 소요되는 원가보다 커야 한다.
ㄴ. 목표원가계산(Target Costing)을 생산단계에 적용하는 경우 효과가 가장 크게 나타난다.
ㄷ. 카이젠원가계산(Kaizen Costing)에서는 프로세스를 개선시키는 데 가장 크게 공헌할 수 있는 조직구성원은 경영자와 공학자라고 가정한다.
ㄹ. 품질원가계산(Quality Costing)은 통제원가(예방 및 평가 원가)와 실패원가를 포함한 품질관련원가를 최소화시키면서 품질수준을 최대화시키는 데 목적이 있다.
ㅁ. 수명주기원가계산(Life Cycle Costing)과 품질원가계산을 환경문제에 적용하면, 탄소배출량을 줄이면서 환경관련원가도 절감할 수 있다.

---

① ㄱ, ㄴ, ㄹ ② ㄱ, ㄷ, ㅁ ③ ㄱ, ㄹ, ㅁ
④ ㄴ, ㄷ, ㄹ ⑤ ㄴ, ㄷ, ㅁ

10 JIT 원가-효익 분석 (03. 세무사)

대규모 가구제조업을 영위하는 J회사는 적시(JIT)구매/생산시스템을 채택하고자 한다. 높은 재고수준을 요하는 업종의 특성으로 이 회사의 평균재고액은 ₩75,000,000이다. J회사가 JIT시스템을 채택하면 현재 사용중인 가구보관창고 2곳이 더 이상 필요 없게 되며, 이 가구보관창고를 다른 회사에 임대할 경우 한 곳당 연간 ₩4,000,000의 임대료를 받을 것으로 예상한다. 추가적인 원가절감요인으로 창고운영비와 재고자산 손해보험료 등 연간 ₩500,000을 절감할 수 있으며, 재고수준 감소에 따라 재고자산 파손비와 기업의 자금비용으로 각각 평균재고액의 1%와 5%를 절감할 수 있다. 그러나 JIT시스템은 가구의 주문횟수를 증가시켜 주문원가 ₩5,000,000이 추가적으로 발생한다. 또한 수요가 일시적으로 증가할 경우 수요에 감당하지 못하여 연간 200단위의 재고부족원가가 예상된다. 재고자산의 단위당 공헌이익은 ₩20,000이다. J회사가 JIT시스템을 채택할 경우 절감할 수 있는 원가를 구하시오.

① ₩4,000,000 ② ₩5,000,000 ③ ₩6,000,000
④ ₩7,000,000 ⑤ ₩8,000,000

11 품질원가 (13. 경영지도사)

내부실패원가에 해당하는 것은?

① 보증수리비 ② 고객불만처리비 ③ 제품교환비용
④ 재작업비 ⑤ 반품처리비

12 품질원가 (13. 감정평가사)

(주)감평은 품질관련 활동원가를 예방원가, 평가원가, 내부실패원가 및 외부실패원가로 구분하고 있다. 다음에 제시한 자료 중 외부실패원가로 집계할 금액은?

제품보증수리활동	₩21,000
원재료 검사활동	11,000
직원 품질교육활동	50,000
고객서비스센터활동	6,000
불량품 재작업활동	8,000
설비보수 및 유지 활동	5,000
판매기회 상실로 인한 기회비용	18,000
공정검사활동	7,000
설계개선활동	10,000

① ₩35,000 ② ₩43,000 ③ ₩45,000
④ ₩53,000 ⑤ ₩57,000

13 품질원가 (13. 관세사)

다음 품질원가 항목 중 예방원가에 해당하는 것을 모두 고른 것은?

ㄱ. 설계엔지니어링	ㄴ. 품질교육훈련	ㄷ. 재작업
ㄹ. 고객지원	ㅁ. 부품공급업체 평가	ㅂ. 작업폐물

① ㄱ, ㄴ, ㄷ ② ㄱ, ㄴ, ㅁ ③ ㄱ, ㅁ, ㅂ
④ ㄴ, ㄷ, ㄹ ⑤ ㄹ, ㅁ, ㅂ

14 품질원가 (12. 관세사)

품질원가는 불량품 예방을 위해서나 제품의 불량으로부터 초래되는 모든 원가를 의미한다. 품질원가와 관련된 다음의 설명 중 옳지 않은 것은?

① 예방원가(prevention costs)와 평가원가(appraisal costs)는 불량제품이 생산되어 고객에게 인도되는 것을 예방하는 활동에 의해 발생한다.
② 내부실패원가(internal failure costs)와 외부실패원가(external failure costs)는 불량품이 생산됨으로써 발생하는 원가이다.
③ 품질원가는 제조활동뿐만 아니라, 초기 연구개발부터 고객 서비스까지의 모든 활동과 관련되어 있다.
④ 일반적으로 품질문제가 발생한 후에 이를 발견하고 해결하는 것보다 문제가 발생하기 전에 이를 예방하는 것이 총품질원가를 감소시킨다.
⑤ 예방 및 평가 원가가 증가하면 내부실패원가는 감소하나 외부실패원가는 증가한다.

15 품질원가 (15. 세무사)

품질원가에 관한 설명으로 옳지 않은 것은?

① 제품의 품질은 설계품질(quality of design)과 적합품질(quality of conformance)로 구분할 수 있는데, 품질원가는 생산자 품질이라 할 수 있는 설계품질과 관련된 것이다.
② 품질원가는 예방원가 및 평가원가로 구성되는 통제원가와 내부실패원가 및 외부실패원가로 구성되는 실패원가로 분류할 수 있다.
③ 품질원가에 대한 전통적인 관점에서는 통제원가와 실패원가 사이에 상충관계(trade-off)가 존재한다고 보고 있다.
④ 예방원가는 제품의 생산과정에서 불량품이 발생하지 않도록 예방하기 위하여 발생하는 원가로서 품질관리를 위한 종업원들에 대한 교육훈련비, 생산설비의 유지보수비 등이 여기에 속한다.
⑤ 품질원가는 제품에 불량이 발생하지 않도록 예방하거나 불량이 발생하는지를 검사하고, 불량이 발생한 경우 초래하는 모든 원가를 의미한다.

16 품질원가 (19. 세무사)

(주)세무의 품질관리 활동원가는 다음과 같다. 품질관리 활동원가 중 예방원가(prevention cost)와 평가원가(appraisal cost)의 계산결과를 비교한 것으로 옳은 것은?

활 동	원가(또는 비용)	활 동	원가(또는 비용)
원재료 검사	₩40	설계엔지니어링	₩20
반품 재작업	10	보증수리원가	70
재공품 검사	50	예방적 설비유지	30
납품업체 평가	90	반품 재검사	20
공손품 재작업	10	품질교육훈련	60

① 예방원가가 평가원가보다 ₩110 더 크다.
② 예방원가가 평가원가보다 ₩90 더 크다.
③ 예방원가가 평가원가보다 ₩50 더 작다.
④ 예방원가가 평가원가보다 ₩70 더 작다.
⑤ 예방원가가 평가원가보다 ₩90 더 작다.

17 품질원가 (20. 공인회계사)

(주)대한은 자동차를 생산하여 판매한다. (주)대한의 원가관리 담당자는 효율적으로 원가를 관리하기 위해 다음과 같이 제품의 품질원가(예방원가, 평가원가, 내부실패원가, 외부실패원가로 구성)를 측정하였다.

내 용	품질원가
불량률을 낮추기 위한 생산직원들의 교육훈련비	₩5,400
제조단계에서 발생한 불량품을 폐기하기 위해 지불한 비용	6,100
공정별 품질검사를 진행하는 직원들의 관리비	3,200
완성품을 검사하는 기계의 수선유지비	10,200
고객 제품보증수리센터에서 근무하는 직원의 인건비	24,700
높은 품질의 부품조달을 위한 우수협력업체 조달비용	2,300
품질검사과정에서 발견한 불량품 재작업으로 인해 발생한 생산직원의 특근수당	7,400
제품 리콜로 인해 발생한 미래 매출감소의 기회원가	9,300
총합계	₩68,600

(주)대한이 지금보다 예방원가를 50% 확대하면 내부실패원가와 외부실패원가를 각각 20%와 10% 절감할 수 있다고 한다. (주)대한이 지금보다 예방원가를 50% 확대할 때 품질원가의 총합계는 얼마인가?

① ₩65,200　② ₩66,350　③ ₩67,280
④ ₩72,000　⑤ ₩73,050

18 품질원가 (23. 세무사)

(주)세무의 품질관리 활동원가는 다음과 같다.

활 동	원가(또는 비용)	활 동	원가(또는 비용)
공손품 재작업	₩400	보증수리원가	₩2,000
납품업체 평가	500	반품 재작업	1,000
불량품 폐기	600	품질교육훈련	1,000
완제품 검사	700	재공품 검사	300

위 원가(비용)를 다양한 유형별로 구분하여 자세히 분석한 결과, 예방원가(prevention cost)를 현재보다 50% 증가시키면 외부실패원가(external failure cost)를 현재보다 40% 절감할 수 있을 것으로 예상하였다. 이를 실행할 경우, 회사의 이익은 얼마나 증가하는가?

① ₩400　② ₩450　③ ₩690
④ ₩700　⑤ ₩850

19 품질원가 (21. 세무사)

(주)세무는 에어컨을 제조하는데, 에어컨의 품질원가를 파악하기 위해 다음의 자료를 수집하였다. 품질원가에 관한 설명으로 옳지 않은 것은?

생산판매단위	6,000개
시험검사 노무임률	₩60
판매단가	₩1,500
재작업률	10%
단위당 변동원가	₩800
단위당 재작업원가	₩400
제품설계시간	1,000시간
보증수리비율	5%
제품설계 노무임률	₩80
단위당 수리원가	₩500
단위당 시험검사시간	0.5시간
품질로 인해 상실된 추정판매량	400개

① 예방원가는 ₩80,000이다.
② 평가원가는 ₩180,000이다.
③ 내부실패원가는 ₩240,000이다.
④ 외부실패원가는 ₩150,000이다.
⑤ 총품질원가는 ₩930,000이다.

20 제약이론 (09. 공인회계사)

제약이론에 대한 다음의 설명 중 가장 타당하지 않은 것은?

① 제약이론에서는 기업의 생산활동과 관련된 내부적 제약요인을 집중적으로 관리하고 개선하여 생산활동을 최적화하고자 한다.
② 제약이론의 생산최적화과정은 제약요인을 찾아 개선한 후에 또 다른 제약요인을 찾아 지속적으로 개선하는 과정을 밟는다.
③ 제약이론을 원가관리에 적용한 재료처리량 공헌이익(throughput contribution)은 매출액에서 직접재료비와 직접노무비를 차감하여 계산한다.
④ 제약이론은 재료처리량 공헌이익을 증가시키고, 투자 및 운영원가를 감소시키는 것을 목적으로 한다.
⑤ 제약이론에서는 운영원가를 단기적으로 변화시킬 수 없는 고정비로 본다.

다음은 **21**과 **22**에 관한 자료이다. (**21**과 **22**는 서로 독립된 문제임)

W회사는 기계공정과 마무리공정에서 사무용 의자를 만들고 있다. 이에 관련된 자료는 다음과 같다.

	기계공정	마무리공정
연간처리능력	1,000단위	800단위
연간생산수량	800단위	800단위
고정운영원가(직접재료원가 제외)	₩8,000,000	₩4,800,000
단위당 고정운영원가	₩10,000	₩6,000

의자는 단위당 ₩90,000에 판매되고 기계공정 초기에 ₩40,000의 직접재료원가가 투입된다. 이 외에 다른 변동원가가 없다. 또한 생산된 완제품은 모두 판매할 수 있다.

21 제약이론 (04. 공인회계사)

마무리공정의 처리능력을 100단위 증가시킬 수 있는 최신설비를 마무리공정에 설치할 것을 고려하고 있다. 이 최신설비의 연간원가는 ₩4,000,000이다. 이 설비를 설치한다면 얼마의 순이익이 추가로 발생하는가?

① ₩0　② ₩1,000,000　③ (₩4,000,000)
④ ₩4,000,000　⑤ ₩8,000,000

22 제약이론 (04. 공인회계사)

현재 마무리공정에서 200단위의 불량품을 생산했다. 이 불량품으로 인해 발생하는 총손실은 얼마인가?

① ₩0　② ₩4,800,000　③ ₩8,000,000
④ ₩10,000,000　⑤ ₩18,000,000

23 제약이론 (19. 공인회계사)

(주)대한은 연속된 공정 A와 B를 거쳐서 완제품을 생산한다. 완제품의 단위당 판매가격은 ₩50이다. 직접재료원가 이외의 운영원가는 모두 고정원가로 간주한다. 20×1년에 공정별 생산 및 원가 자료는 다음과 같다.

	공정 A	공정 B
시간당 생산능력	15단위	10단위
연간 이용가능시간	2,000시간	2,000시간
연간 생산량	20,000단위	20,000단위
단위당 직접재료원가	₩10	₩10
연간 고정운영원가	₩120,000	₩140,000

(주)대한은 공정 B의 종료단계에서 품질검사를 실시한다. 당기중에 공정 B에서 불량품 100단위가 생산되었다면, 불량품 100단위로 인해 영업이익은 얼마나 감소하는가? (단, (주)대한의 기초 및 기말 재고자산은 없으며, 불량품은 전량 폐기된다)

① ₩2,000　② ₩2,500　③ ₩3,000
④ ₩4,000　⑤ ₩5,000

24 제약이론 (21. 세무사)

(주)세무는 CCTV 장비를 제조하여 고객에게 설치판매하는 사업을 하고 있다. 장비제조는 제조부서에서 장비설치는 설치부서에서 수행하는데, 장비설치에 대한 수요는 연간 처리능력을 초과하고 있다. 따라서 (주)세무는 제약자원개념하에서 운영개선을 검토하기로 하고, 다음의 자료를 수집했다.

	장비제조	장비설치
연간 처리능력	400개	300개
연간 제조설치량	300개	300개

장비의 단위당 설치판매가격은 ₩40,000이고, 단위당 직접재료원가는 ₩30,000이다. 직접재료원가 이외의 모든 원가는 고정되어 있고 장비설치 오류시 해당 장비는 폐기된다. 이와 같은 상황하에서 (주)세무가 영업이익 증가를 위해 취하는 행동으로 옳은 것은?

① 장비설치 부서에 두 명의 작업자를 고정배치하여 연간 설치수량을 20개 증가시키고, 이로 인해 두 명의 작업자에 대해서 연간 ₩300,000의 추가적 원가가 발생한다.
② 직접재료는 (주)세무가 제공하는 조건으로 개당 ₩10,000에 30개의 장비를 제조해 주겠다는 외주업체의 제안을 받아들인다.
③ 연간 ₩550,000의 추가원가를 투입하여 설치시간을 단축함으로써 설치부서의 연간 설치수량을 50개 더 증가시킨다.
④ 장비는 (주)세무가 제공하는 조건으로 개당 ₩12,000에 30개의 장비설치를 해주겠다는 외주업체의 제안을 받아들인다.
⑤ 연간 ₩700,000의 추가원가를 투입하여 오류 설치수량을 연간 20개 줄인다.

25 제약이론 (23. 세무사)

(주)세무는 두 공정을 거쳐 제품을 생산·판매하며, 각 공정별 자료는 다음과 같다.

	제1공정	제2공정
최대생산능력	8,000단위	10,000단위
총고정원가	₩400,000	₩200,000
단위당 변동원가	₩20	₩10

제1공정 완성품은 외부 판매시장이 존재하지 않지만, 제2공정에서 추가가공하여 완제품(양품)을 생산한 후 단위당 ₩120에 모두 판매할 수 있다. 제1공정에서는 공손이 발생하지 않지만, 제2공정 투입량의 5%는 제2공정 종점에서 공손이 되며, 공손품의 처분가치는 없다. ₩80,000을 추가투입하여 제1공정의 최대생산능력을 1,000단위 증가시킬 수 있다면, 회사이익은 얼마나 증가하는가?

① ₩4,000
② ₩4,500
③ ₩10,000
④ ₩10,500
⑤ ₩14,500

26 수명주기원가계산 (12. 재경관리사)

다음의 수명주기원가계산(LCC)과 관련된 설명 중 가장 옳지 않은 것은?

① 제조이후단계에서 대부분의 제품원가가 결정된다는 인식을 토대로 생산단계와 마케팅단계에서 원가절감을 위한 노력을 기울여야 한다는 것을 강조한다.
② 제품 또는 서비스의 수명주기 매 단계마다 모든 가치사슬단계에서 발생하는 수익과 비용에 대한 집계를 가능하게 하여 프로젝트 전체에 대한 이해가 향상된다.
③ 프로젝트와 관련하여 언제 어떤 가치사슬단계에서 얼마만큼의 원가가 발생하는지를(비율로) 알게 됨으로써 상이한 가치사슬단계에서 원가발생의 상호관계 파악이 가능하다.
④ 신제품 개발에서 판매까지의 기간이 점차 짧아짐에 따라 제품의 수명주기 관리에 대한 중요성이 강조되고 있다.

27 수명주기원가계산 (17. 재경관리사)

다음의 수명주기원가계산(LCC)과 관련된 설명 중 가장 올바르지 않은 것은?

① 연구개발 · 제품설계 등의 상위활동, 제조활동, 마케팅 · 유통 등의 하위활동이 모여서 제조기업 경영활동의 사슬을 형성한다는 가치사슬관점에서 원가를 분석한다.
② 제조 이후 단계에서 대부분의 제품원가가 결정된다는 인식을 토대로 생산단계와 마케팅단계에서 원가절감을 위한 노력을 기울여야 한다는 것을 강조한다.
③ 제품 또는 서비스의 수명주기 매 단계마다 모든 가치사슬단계에서 발생하는 수익과 비용에 대한 집계를 가능하게 하여 프로젝트 전체에 대한 이해가 향상된다.
④ 프로젝트와 관련하여 언제 어떤 가치사슬단계에서 얼마만큼의 원가가 발생하는지를 (비율로) 알게 됨으로써 상이한 가치사슬단계에서 원가발생의 상호관계 파악이 가능하다.

15 불확실성과 의사결정

불확실성을 고려하여 결정한다

이제까지 의사결정 문제는 관련자료를 확실히 알고 있는 경우만을 다루었다. 예를 들면 부품을 자체생산할 것인가 아니면 외부에서 조달할 것인가를 결정할 때 외부납품가격과 자체생산원가를 계산할 수 있다고 가정하고 의사결정을 하였다. 만약 자체생산원가가 재료원가의 변동으로 불확실하면 어떻게 결정해야 하는가? 이 장에서는 원가 등의 관련정보가 불확실한 경우에 의사결정을 하는 방법을 소개한다. 이 장의 주요 내용은 다음과 같다.

- 불확실성이 있을 때 어떻게 결정을 해야 하는가?
- 불확실성을 감소시키는 정보의 가치는 어떻게 계산하는가?
- 불확실성, 위험은 어떻게 표현하는가?
- 불확실성이 의사결정에 어떤 영향을 미치는가?

불완전정보와 의사결정

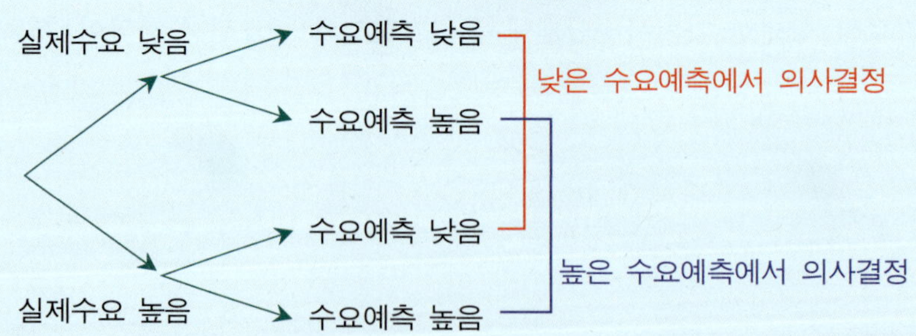

15

- 불확실한 미래에 어떻게 대처할 수 있는가?
- 상황분석을 한다
- 미래의 불확실성을 확률로 표시한다
- 기대이익을 최대화한다
- 최선의 결정을 하여도 결과적으로 보면 잘못될 수 있다
- 정보를 구하여 이익을 높인다
- 불완전한 정보의 예측은 어떻게 표시하는가?
- 불완전한 정보도 가치가 있다
- 위험을 고려한다
- 위험을 좋아하는가 싫어하는가?
- 효용으로 위험에 대한 태도를 표시한다
- 기대효용을 최대화한다

불확실한 미래에 어떻게 대처할 수 있는가?

미래는 불확실하다. 제품이 얼마나 팔릴지, 원자잿값이 얼마나 변할지, 임금이 얼마나 오를지, 이자율이 얼마나 변할지 불확실하다. 미래가 불확실해도 지금 필요한 결정은 해야 한다. 주문생산이 아니라면 미리 판매량을 예측하여 생산을 시작해야 하고, 원자재도 미리 구입해야 한다. 필요한 인원도 미리 채용, 교육하여 조달해야 한다. 필요한 설비확장도 미리 준비한다. 미래의 수요를 지나치게 크게 예측하여 불필요한 자재와 인력을 조달하고 설비를 확충하여 생산하면 자금의 낭비와 차입금의 이자부담으로 기업이 어려워진다. 반대로 미래의 수요를 지나치게 낮게 예측하여 필요한 자재와 인력, 설비를 준비하지 못하면, 판매기회를 놓쳐서 낮은 매출, 낮은 이익, 낮은 시장점유율을 가지게 되어 기업이 발전, 성장하는 기회를 놓치게 된다.

불확실성은 말 그대로 미래의 상황에 대해 확실히 모른다는 뜻이다. 그러나 미래가 어떻게 될지 전혀 모른다고 하더라도 지금 아무런 일도 하지 않고 있을 수는 없다. 불확실성하의 의사결정에서는 미래에 일어날 가능한 경우를 모두 고려하고 그중에 하나의 경우가 실제로 나타날 것을 예상한다. 가능한 상황을 모두 시뮬레이션을 하여 그 결과를 보고 의사결정을 하는 것이 한 가지 방법이다. 가능한 상황이 너무 많으면 대표적이거나 극단적인 상황을 골라 상황분석을 할 수도 있다.

상황분석을 한다

국희제과가 방부제를 사용하지 않는 고급 빵의 내일 생산량을 결정하려 하는데 내일의 제품 수요가 두 가지 수준으로 가능하다고 하자.

표 15.1 불확실한 수요의 상황

수 요	낮 음	높 음
수요량(개)	500	1,000

내일 수요를 알기 전에 생산을 아침 일찍 미리 해야 하고 초과생산량은 신선도의 문제 때문에 모두 폐기처분하는 상황을 생각하자.[1)]

제품의 원가와 공헌이익은 다음과 같다.

표 15.2 원가와 공헌이익 (단위 : 원/개, 원)

항 목	금 액
단위당 판매가	1,000
단위당 변동제조원가	600
단위당 변동판매관리비	100
단위당 공헌이익	300
총고정원가	30,000

사랑의 빵, 신라호텔 '엔젤수비대' 15년째 봉사

서울 중구 장충동 신라호텔 지하 2층 제과팀에는 매주 2~3번씩 들르는 '손님'들이 있다. 서울·경기 일대 장애자·고아시설과 종교단체 등 9곳의 관계자들이다. 이들은 제과팀이 준비해둔 '최고급 호텔의 빵'을 갖고 간다. 한 번에 가져가는 양은 시설의 규모에 따라 10~30kg. 이 빵은 이 시설들에 수용돼 있는 500여명들의 식사·간식거리로 요긴하게 쓰이고 있다. 서울 강북구 번동에 있는 '정신지체 장애인 보호작업장'의 김홍민(48) 사무국장은 "별다른 간식거리가 없는 40여명의 장애인들에게 소중한 간식거리"라며 "빵이 오면 장애인들이 '환성'을 지른다"고 말했다.

'천사 같은 마음을 지키자'는 의미로 지난 1987년 결성된 신라호텔의 「엔젤수비대」는 올해로 15년째 '소리 없는 봉사활동'을 해오고 있다. 호텔 본점과 서울시내 각 지점에 공급되는 빵들은 호텔 정책에 따라 하루가 지나면 팔지 않고 따로 보관한다. 제과팀 직원 46명으로 구성된 엔젤수비대는 이 빵을 급속냉동시켜 신선한 상태로 보존한다. 1987년 창립 초기부터 활동해온 이현일(43·제과팀 과장) 수비대장은 "우리가 만든 빵이 소중하게 쓰이는 걸 보면 마음이 뿌듯해진다"며 "매일 영업시간이 끝나면 이들에게 나눠줄 빵을 챙기는 일을 15년째 거르지 않고 있다"고 말했다. 엔젤수비대가 서울 종로 '라파엘의 집', 반포 '엘림선교원' 등 9개 사회단체들에 제공하는 빵의 양은 1주일에 100kg이 넘는다. 단체들마다 요일을 정해 받아가고 있다. (조선일보, 2002.3.15)

1) 이러한 종류의 모형을 신문판매원의 문제(Newsboy Problem)라고 하는데 가판용 신문을 너무 많이 준비하면 남아서 버려야 하고, 너무 적게 준비하면 없어서 못 파는 문제를 다룬다 하여 붙은 이름이다. 단순한 신문판매원의 문제에서는 변동판매비에 대한 고려가 없고 초과확보량을 모두 폐기처리하는 것으로 가정한다. 현실에서는 팔지 않고 남은 물량을 대개 싼값에 판매한다. 백화점에서 전년도 이월상품 할인판매를 하고, 식품부에서 내일 판매가 불가능한 변질이 쉬운 식품을 저녁에 헐값에 팔고, 일부 제과점에서 전날 만든 빵을 싸게 파는 것이 이런 예이다.

상황분석
가능한 상황별로 결과를 분석하는 방법

이 경우, 500개를 생산하는 것이 좋은가 아니면 1,000개를 생산하는 것이 더 좋은가? 각 상황의 이익을 계산하여 판단하는 상황(시나리오, What-if)분석을 하자.

표 15.3 수요와 생산에 따른 이익

(단위 : 개, 만원)

	소량생산 (500개)		대량생산 (1,000개)		비 고
수 요 량	낮은 수요 (500개)	높은 수요 (1,000개)	낮은 수요 (500개)	높은 수요 (1,000개)	
판 매 량	500	500	500	1,000	min(생산량, 수요량)
매 출	50	50	50	100	판매량×판매가
변동 제조원가	30	30	60	60	생산량× 단위당 변동제조원가
변동 판매관리비	5	5	5	10	판매량× 단위당 변동판매관리비
공헌이익	15	15	−15	30	매출−변동원가
총고정원가	3	3	3	3	
이 익	12	12	−18	27	공헌이익−총고정원가

변동제조원가는 생산량에 비례하고, 변동판매관리비는 판매량에 비례한다고 가정한다. 1,000개를 생산할 때 수요가 500개라도 변동제조원가가 60만원임을 보라. 변동제조원가는 판매량과 무관하게 미리 발생하고 과잉생산분이 폐기된다면 변동제조원가가 판매량에 대해서는 고정원가처럼 취급된다.

〈표 15.4〉에 정리되었듯이 500개를 생산하면 수요와 무관하게 이익이 12만원으로 결정되나, 1,000개를 생산하면 수요에 따라 18만원의 손실이나 27만원의 이익이 발생한다. 500개를 생산해야 하나, 1,000개를 생산해야 하나? 두 가지 수준의 수요에 대한 가능성과 이익의 크기가 고려되어야 한다.

표 15.4 이익성과표

(단위 : 만원)

	낮은 수요 (500개)	높은 수요 (1,000개)
소량생산 (500개)	12	12
대량생산 (1,000개)	−18	27

미래의 불확실성을 확률로 표시한다

두 가지 수준의 수요에 대한 불확실한 상황에 처하여 생산량을 결정할 때 좀 더 체계적·과학적으로 의사결정을 하려면 무엇이 필요한가? 우선 미래의 불확실성을 숫자로 표시한다. 가능한 모든 경우에 대해 일어날 가능성을 0과 1 사이의 수치인 확률로 표시한다.2) 국희제과의 두 가지 경우의 수요가 다음과 같다고 하자. 확률은 시장조사나 과거의 경험에 의한 객관적인 확률이나 직관적인 판단에 의한 주관적인 확률이 사용될 수 있다. 국희제과의 수요 확률은 다음과 같다.

표 15.5 확률과 이익성과표 (단위 : 만원)

	낮은 수요	높은 수요
소량생산	12	12
대량생산	−18	27
확 률	0.3	0.7

이제 가능한 수요별 확률을 사용하여 의사결정을 하자. 높은 수요의 확률이 낮은 수요의 확률보다 높으니 높은 수요의 경우만을 생각하여 대량생산을 할 것인가?

그런 의사결정도 가능하나 낮은 수요의 가능성 30%도 무시할 수 없고 그 때의 손실도 적지 않다면 두 가지 경우를 같이 고려하는 방법이 필요한데, 이것이 기댓값의 사용이다.

2) 통계학에서 확률은 다음의 두 조건만 만족시키면 된다. 각 확률이 0과 1 사이의 숫자이고 모든 경우의 확률의 합이 1이다. 확률은 각 경우에 대한 가중치로도 볼 수 있다.

기대이익을 최대화한다

기대이익
이익의 기댓[평균]값

불확실성이 있을 때 확률을 이용하여 기대[평균]이익을 계산하고 이를 기준으로 의사결정을 하는 것이 한 가지 방법이다. 이익의 평균 또는 기댓값(Expected Value)을 기대이익(Expected Profit)이라고 부른다. 평균(기댓값)은 각 가능한 경우의 값에 확률을 곱하여 구한다.3)

$$\textbf{평균(기댓값)}\ \bar{x} = \sum_{i=1}^{N} x_i p_i = x_1 p_1 + x_2 p_2 + \cdots + x_N p_N$$

N : 경우의 수
x_i : N가지 가능한 경우의 값 $i=1, \cdots, N$
p_i : 각 경우 x_i의 확률 $i=1, \cdots, N$

표 15.6 이익의 확률과 기대이익 (단위 : 만원)

	이 익		기대이익
	낮은 수요	높은 수요	
소량생산	12	12	12 [0.3×12+0.7×12]
대량생산	−18	27	13.5 [0.3×(−18)+0.7×27]
확 률	0.3	0.7	

〈표 15.6〉에서 대량생산에서의 손실의 가능성[확률] 30%와 손실의 크기 18만원을 기대이익 13.5만원이 반영하고 있다. 대량생산하면 손실이 발생할 수 있어도 기대[평균]이익은 13.5만원으로, 소량생산하여 12만원의 이익을 얻는 것보다 더 크다. 기대[평균]이익으로 판단한다면 1,000개를 생산하는 것이 낫다.

3) 확률을 가중치로 볼 수 있으므로 기댓값은 가중평균이다.

최선의 결정을 하여도 결과적으로 보면 잘못될 수 있다

예측오류의 원가
결과적[사후적]으로 보아 의사결정이 부적절하여 잃은 공헌이익[기회원가]의 크기

불확실한 수요에 대한 확률을 사용하여 기대이익을 가장 높이는 최선의 선택이 대량생산이었다. 그러나 대량생산을 하였을 때 실제수요가 낮으면 손해를 본다. 이를 예측오류의 원가(Cost of Prediction Error)라고 한다. 결과적으로 보아 잘못된 예측에 의해 의사결정이 부적절하여 잃어버린 공헌이익(기회원가)의 크기라는 의미이다. 수요가 낮은 경우 소량생산을 하였다면 12만원을 얻었을 텐데 대량생산을 하여 18만원의 손실이 났으니 정확한 손해액, 즉 예측오류의 원가는 30만원(=12+18)이다. 대량생산을 하였을 때 수요가 높으면 결과적으로 최적의 결정을 한 것이니 예측오류의 원가는 0이다.

소량생산을 하였을 때 수요가 높아도 예측오류의 원가가 발생한다. 대량생산을 하였다면 27만원을 얻었을 텐데 소량생산을 하여 12만원의 이익만을 얻었으니 예측오류의 원가는 15만원(=27−12)이다. 소량생산을 하였을 때 수요가 낮으면 결과적으로 최적의 결정을 한 것이니 예측오류의 원가는 0이다.

표 15.7 예측오류의 원가 (단위 : 만원)

	낮은 수요	높은 수요	기댓값
소량생산	0	15	10.5
대량생산	30	0	9
확 률	0.3	0.7	

예측오류의 원가의 기댓값을 계산하여 보니 소량생산이 10.5만원, 대량생산이 9만원이다. 사전적으로 보면 대량생산이 사후적인 예측오류의 원가의 기댓값을 최소화하므로 대량생산이 소량생산보다 더 좋은 결정이다. 대량생산과 소량생산 사이의 예측오류의 원가의 기댓값 1.5만원이, 〈표 15.6〉에서의 기대이익의 차이인 1.5만원과 정확히 일치함을 보라.

정보를 구하여 이익을 높인다

완전정보
불확실성을 완전히 없애주는 정보

완전정보의 가치
완전정보에 의해 증가한 기대이익

미래의 수요에 대한 정보를 얻으면 수요에 맞는 생산을 하여 이익을 높일 수 있다. 극단적으로, 미래에 대한 완전정보(Perfect Information)를 얻는 경우도 있다. 완전정보를 얻으면 얼마나 이익을 높일 수 있는가? 완전정보를 얻어 증가한 기대이익의 크기를 완전정보의 (기대)가치(EVPI, Expected Value of Perfect Information)라고 한다.

완전정보의 (기대)가치는, 수요를 미리 정확히 아는 완전정보의 경우에서의 기대[평균]이익과 정보 없이 얻을 수 있는 최대 기대[평균]이익의 차이로 구한다. 국희제과가 철저한 시장조사를 하여 수요에 대한 완전정보를 얻는다면 시장조사원가를 고려하지 않은 기대이익은 22.5만원이다. 30%의 확률로 수요가 낮으면 소량생산하여 12만원의 이익을 얻고, 70%의 확률로 수요가 높으면 대량생산하여 27만원의 이익을 얻으므로 그 기댓값은 22.5만원이다. 완전정보의 경우도 기댓값 계산이 필요한데, 이는 완전정보를 얻기 전에 그 정보의 내용을 모르기 때문에 완전정보를 가질 때의 이익을 계산할 경우 정보의 내용에 대한 불확실성을 고려하기 때문이다.

$$\text{완전정보에서의 기대이익} = 0.3 \times 12 + 0.7 \times 27 = 22.5\text{만원}$$

〈표 15.6〉에서 정보가 없는 경우의 기대이익이 13.5만원이므로 완전정보의 (기대)가치는 9만원(=22.5만원−13.5만원)이다.

$$\begin{aligned}\text{완전정보의 (기대)가치} &= \text{완전정보에서의 기대이익} - \text{정보가 없을 때의 기대이익}\\ &= 22.5 - 13.5\end{aligned}$$

완전정보의 가치가 9만원이므로 정보를 얻는 원가가 9만원 이하이면 완전정보를 얻는 것이 유리하다. 이 9만원은 〈표 15.7〉에서 정보가 없을 때 최적결정인 대량생산이 주는 예측오류의 원가의 기댓값 9만원과 같다.[4] 이는 완전정보가 예측오류의 원가를 어느 상황에서나 0으로 만들기 때문이다.

4) 완전정보의 가치와 예측오류의 원가는 서로 다른 개념이다. 그러나 완전정보의 가치와 예측오류의 원가의 기댓값은 같다.

불완전한 정보의 예측은 어떻게 표시하는가?

사전확률
정보를 얻기 전의 확률

미래의 수요를 완전히 예측 못하고 틀릴 가능성이 있는 정보도 가치가 있을 수 있다. 불완전한 정보도 정보가 전혀 없는 것보다는 나은 예측을 하게 한다. 국희제과의 시장조사가 불완전하여 실제수요와 시장조사 결과의 관계가 〈표 15.8〉과 같다. 이를 [그림 15.1]로 표시한다. 그림에서 정보를 얻기 전에 알고 있던 확률을 사전확률(Prior Probability)이라 한다.

표 15.8 불완전정보의 가능도[우도]

실제수요 / 수요예측	낮 음	높 음
낮 음	P(수요예측 낮음 / 실제수요 낮음) 0.8	P(수요예측 낮음 / 실제수요 높음) 0.4
높 음	P(수요예측 높음 / 실제수요 낮음) 0.2	P(수요예측 높음 / 실제수요 높음) 0.6
합 계	1	1

그림 15.1 불완전정보의 가능도[우도]

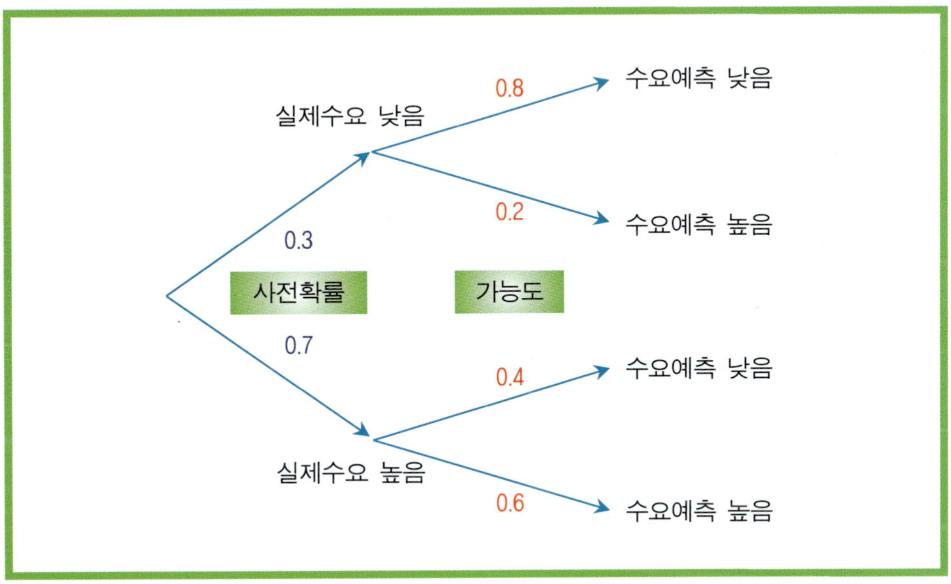

가능도[우도]
특정 상황이 특정 정보를 주는 조건부 확률
P(정보/상황)

사후확률
특정 정보(예측)가 주어졌을 때 특정 상황이 나타날 조건부 확률
P(상황/정보)

베이즈의 규칙
사전확률과 정보의 가능도를 사용하여 사후확률을 계산하는 방법

〈표 15.8〉의 확률은 실제수요(상황)가 특정의 예측치(정보)를 주는 확률인데 통계학에서 가능도(우도, Likelihood)라고 불린다. 즉 가능도는 P(정보/상황)이다.5) 예를 들어, 실제수요가 낮을 때 낮은 수요가 예측될 확률, P(수요예측 낮음 / 실제수요 낮음)이 0.8이다. 이 확률들은 주어진 예측치에서 여러 실제수요가 나타날 확률과 다르다. 예를 들어, 낮은 수요가 예측될 때 실제수요가 낮을 확률, P(실제수요 낮음 / 수요예측 낮음)은 0.8이 아니다. 이 조건부 확률은 P(상황 / 정보)이며 사후확률(Posterior Probability)로 불린다.6) 다른 예를 든다면, 어떤 사람이 천재인가 아닌가가 실제상황이고, 짱구인가 아닌가가 천재인지 아닌지를 구분하는 정보라 하자. 이때, 천재가 짱구일 확률과 짱구가 천재일 확률은 다르다. 또 다른 예를 들면, 사람이 동물일 확률은 1이지만 동물이 사람일 확률은 1이 아니다.

어떤 정보의 정확성이 70%라면 이것은 가능도인가 사후적 확률인가? 이것은 말하는 사람의 의도에 따라 다를 수 있으므로 표현을 정확히 해야 한다.7)

불완전정보를 가지고 미래의 예측을 어떻게 개선하는가? 달리 말하면, 주어진 정보를 이용하여 미래에 나타날 경우에 대한 확률을 어떻게 변경하는가? 통계학자인 베이즈가 개발한 베이즈의 규칙을 사용한다. 베이즈의 규칙(Bayes's Rule)은 정보를 얻기 전의 확률, 즉 사전확률과 가능도를 이용하여 사전확률보다 정확한 사후확률을 얻는 방법을 보인다. 정보를 얻기 전의 확률인가 얻은 후의 확률인가를 구분하기 위해 사전확률, 사후확률이라 부른다. 국회제과의 예에서 사전확률은 0.3과 0.7이다.

---

5) 많은 서적이 이 확률을 조건부 확률이라 부르나, 뒤에 소개할 사후적 확률도 조건부 확률이므로 이 용어는 혼동의 여지가 있다.
6) 실제수요 및 수요예측과 관련된 표본이 100개 관찰되었고 그 분류가 다음과 같다고 하자.

수요예측 \ 실제수요	낮 음	높 음	가로 합
낮 음	24	28	52
높 음	6	42	48
세로 합	30	70	100

즉, 수요예측과 실제수요가 모두 낮은 표본이 24개, 수요예측은 낮으나 실제수요는 높았던 표본은 28개 등이다. 이 경우, 가능도 P(수요예측 낮음 / 실제수요 낮음)은 24/30=0.8로 계산되나, 사후확률 P(실제수요 낮음 / 수요예측 낮음)은 24/52=0.462로 계산되어 서로 다르다.
7) 기존의 많은 저서에서 정보의 정확성은 가능도를 의미한다고 보는데, 현실적으로는 사후확률로 정보의 정확성을 측정하는 것이 쉽다. 예를 들면 일기예보의 정확성을 측정한다면 전체 예보 중 몇 번이나 사실과 일치하였는지의 비율을 계산하는 것이 쉬운데 이는 사후적 확률이지 가능도가 아니다.

[사전확률]
P(실제수요 낮음)=0.3
P(실제수요 높음)=0.7

4가지 사후확률 중에서 수요예측이 낮을 때 실제수요가 낮을 확률을 우선 구해보자. 다음의 [그림 15.2]를 보면 수요예측이 낮을 경우가 2가지인데, 실제수요가 낮으면서 예측이 낮은 ①의 경우와 실제수요가 높으면서 예측이 낮은 ③의 경우이다. ①의 경우가 나타날 확률은 0.24이고 ③의 경우가 나타날 확률은 0.28이므로, 수요예측이 낮을 확률은 총 0.52이다.[8] 두 가지 경우 중 실제수요가 낮은 경우는 ①이므로, 수요예측이 낮을 때 실제수요가 낮을 확률은 0.462(=0.24/0.52)이다.

확률이론 '베이즈 정리'의 중요성

불멸의 이론(샤론 버치 맥그레인 지음 | 이경식 옮김 | 휴먼사이언스 | 640쪽 | 2만8,000원)

1980년대 이후 세계 금융시장에서 위험관리를 계량화한 것은 확률이론, 그중에서도 '베이즈 정리'가 있었기에 가능했다. 이전의 경험과 현재의 증거를 토대로 사건의 확률을 추론하는 알고리즘 덕분에 온갖 파생상품이 탄생했다.

《불멸의 이론》은 1740년대 영국 목사이자 수학자 토머스 베이즈가 생각해낸 이론인 베이즈 정리의 파란만장한 250년사를 담은 책이다. 이 이론의 핵심은 '어떤 대상에 대한 믿음을 객관적이고도 새로운 정보로 업데이트할 때 보다 개선된 새로운 믿음을 가질 수 있다'는 것.

미발표 원고로 책상 서랍 속에 있던 이 이론은 그의 친구이자 수학자였던 리처드 프라이스에 의해 세상에 알려졌고, 피에르 시몽 라플라스에 의해 수학적으로 이론화됐다. 하지만 베이즈 정리는 오랫동안 금기시됐다. 주관적인 믿음을 측정하기 때문에 합리적이지 않다는 이유에서였다. 하지만 베이즈 정리의 활용도는 갈수록 커지고 있다. 암호 해독부터 전쟁 중 의사결정, 실종된 사람이나 선박의 위치 추정, 암 발병률 예측, 스팸메일 걸러내기 등 무한대에 가깝다. (한국경제, 2013.8.16)

8) 이 확률들은 결합확률과 그 합(한계확률로 불림)이며 다음의 표로 정리된다.

수요예측 \ 실제수요	낮 음	높 음	가로 합 : P(수요예측)
낮 음	P(실제수요 낮고 수요예측 낮음) 0.3×0.8=0.24	P(실제수요 높고 수요예측 낮음) 0.7×0.4=0.28	P(수요예측 낮음) 0.52
높 음	P(실제수요 낮고 수요예측 높음) 0.3×0.2=0.06	P(실제수요 높고 수요예측 높음) 0.7×0.6=0.42	P(수요예측 낮음) 0.48
세로 합 : 사전확률	P(실제수요 낮음) 0.3	P(실제수요 높음) 0.7	1

결합확률은 각주 6)의 표가 보여주는 전체 표본 분류 중 해당 경우의 상대도수(빈도수)로 이해하면 쉽다.

그림 15.2 사후확률의 계산

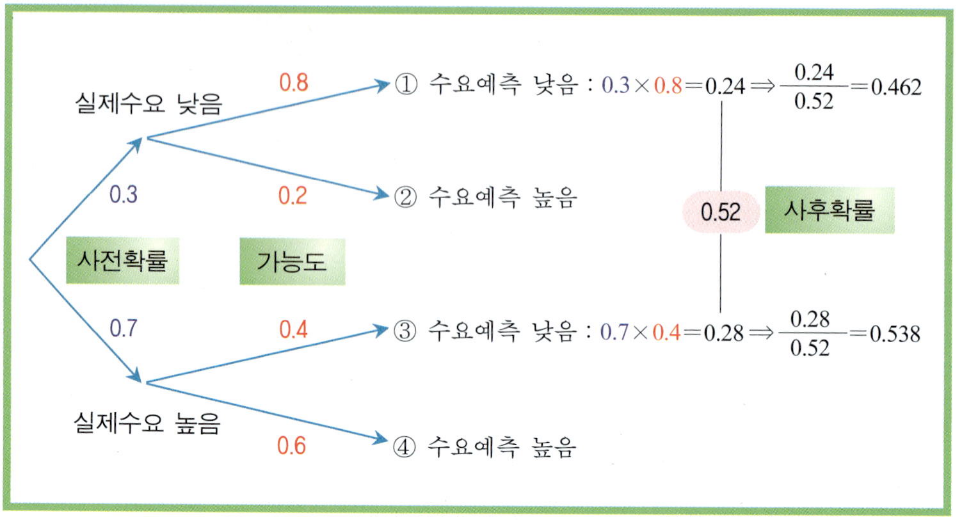

이를 수식으로 정리하면 다음과 같다.

[사후확률]

P(실제수요 낮음 / 수요예측 낮음)

$$= \frac{\text{P(실제수요 낮고 수요예측 낮음)}}{\text{P(수요예측 낮음)}}$$

$$= \frac{\text{P(실제수요 낮고 수요예측 낮음)}}{\text{P(실제수요 낮고 수요예측 낮음)} + \text{P(실제수요 높고 수요예측 낮음)}}$$

$$= \frac{\text{P(실제수요 낮음)} \times \text{P(수요예측 낮음 / 실제수요 낮음)}}{[\text{P(실제수요 낮음)} \times \text{P(수요예측 낮음 / 실제수요 낮음)} + \text{P(실제수요 높음)} \times \text{P(수요예측 낮음 / 실제수요 높음)}]}$$

$$= \frac{0.3 \times 0.8}{0.3 \times 0.8 + 0.7 \times 0.4} = \frac{0.24}{0.24 + 0.28} = \frac{0.24}{0.52} = 0.462$$

나머지 사후확률은 다음과 같이 계산된다.

P(실제수요 높음 / 수요예측 낮음)

= 1 − P(실제수요 낮음 / 수요예측 낮음)

= 1 − 0.462

$= 0.538$

또는 $\frac{0.28}{0.52} = 0.538$

P(실제수요 높음 / 수요예측 높음)

$$= \frac{0.7 \times 0.6}{0.7 \times 0.6 + 0.3 \times 0.2} = \frac{0.42}{0.42 + 0.06} = \frac{0.42}{0.48} = 0.875$$

P(실제수요 낮음 / 수요예측 높음)

= 1 − P(실제수요 높음 / 수요예측 높음)

$= 1 - 0.875$

$= 0.125$

또는 $\frac{0.06}{0.48} = 0.125$

표 15.9 사후확률

수요예측 \ 실제수요	낮 음	높 음	합계
낮 음	P(실제수요 낮음/수요예측 낮음) $\frac{0.24}{0.52} = 0.462$	P(실제수요 높음/수요예측 낮음) $\frac{0.28}{0.52} = 0.538$	1
높 음	P(실제수요 낮음/수요예측 높음) $\frac{0.06}{0.48} = 0.125$	P(실제수요 높음/수요예측 높음) $\frac{0.42}{0.48} = 0.875$	1

불완전한 정보도 가치가 있다

불완전한 정보의 가치는 어떻게 계산할 수 있을까? 불완전하지만 이 정보를 이용하여 의사결정이 개선된다면 가치가 있다. 사전확률과 불완전정보가 반영된 사후확률을 이용하여 최적의 생산량을 결정하자. 정보의 내용에 따라 사후확률이 다르므로 정보의 내용에 따라 최적생산량이 달라질 수 있다. 주어진 정보에서 소량생산과 대량생산 중 어느 것이 높은 기대이익을 주는지 비교한다.

표 15.10 사후확률과 기대이익

(1) 수요예측 낮음

생산량	이 익		기대이익
	낮은 수요	높은 수요	
소량생산	12	12	12
대량생산	−18	27	6.2 [0.462×(−18)+0.538×27]
사후확률	0.462	0.538	

(2) 수요예측 높음

생산량	이 익		기대이익
	낮은 수요	높은 수요	
소량생산	12	12	12
대량생산	−18	27	21.4 [0.125×(−18)+0.875×27]
사후확률	0.125	0.875	

불완전정보에서의 기대이익
불완전정보를 가지고 얻을 수 있는 최대기대이익

수요예측이 낮을 때에는 소량생산을 하여 12만원의 이익을 얻는 것이 더 좋고, 수요예측이 높을 때에는 대량생산을 하여 21.4만원의 기대이익을 얻는 것이 유리하다. 불완전정보가 있을 때의 전체적인 기대이익은 얼마인가? 수요예측이 낮을 확률이 0.52, 높을 확률이 0.48이므로 불완전정보에서의 기대이익은 16.5만원이다.

불완전정보에서의 기대이익$=0.52\times12+0.48\times21.4=16.5$만원

불완전정보의 가치
불완전정보를 이용하여 증가한 기대이익

정보가 없을 때의 기대이익은 13.5만원이므로, 불완전정보가 기대이익을 3만원 증가시킴을 알 수 있다. 불완전정보에 의한 기대이익 증가분을 불완전정보의 (기대)가치(EVSI, Expected Value of Sample Information)라고 한다.

불완전정보의 (기대)가치 = 불완전정보에서의 기대이익 − 정보가 없을 때의 기대이익
= 16.5 − 13.5
= 3만원

불완전정보를 얻는 원가가 3만원보다 낮으면, 이 정보를 얻어 사용함으로

써 기대이익을 높일 수 있다. 달리 이야기하면, 불완전정보의 (기대)가치가 이 정보의 최대 지급가능한 가격이다.

위험을 고려한다

위험
결과의 불확실성

위의 예에서 국희제과가 대량생산하면 손실을 볼 가능성이 있다. 이러한 사업위험은 수요의 불확실성에 직면한 생산계획 때문이다. 이익이나 매출 등의 사업결과가 불확실한 것을 위험(Risk)이라고 한다. 위험이란 용어는 일상적으로는 나쁜 결과의 가능성을 말하지만 경영학에서는 이익 등의 사업결과의 불확실성과 거의 같은 뜻으로 사용된다. 위험을 어떻게 숫자로 표시할 것인가? 재무관리 분야에서는 위험을, 실제결과가 얼마나 크게 서로 다른 값을 가질 수 있는가를 보여주는 분산이나 표준편차로 나타낸다. 분산(Variance)은 각각의 가능한 값이 평균과 차이를 보이는 정도를 나타내는 통계수치인데, 각 수치와 평균치의 차이를 제곱하여 확률을 곱한 후 모두 더하여 구한다. 즉, 평균과의 편차의 제곱의 평균값이다. 분산은 각 수치의 제곱의 평균에서 수치평균의 제곱을 차감하여 구할 수도 있다.

$$\textbf{분 산 :}\quad Var(x) = \sum_{i=1}^{N}[x_i - \bar{x}]^2 p(x_i) = \sum_{i=1}^{N} x_i^2 p(x_i) - \bar{x}^2$$

표준편차(Standard Deviation)는 분산의 제곱근(루트)이다.

$$\textbf{표준편차 :}\quad SD(x) = \sqrt{Var(x)}$$

국희제과의 생산량에 따른 이익의 분산과 표준편차는 〈표 15.11〉과 같다. 정보가 없을 때의 사전확률에 의한 수치이다.

표 15.11 생산량 결정에 따른 이익의 분산과 표준편차(단위 : 분산은 억원, 나머지는 만원)

	이 익		기대이익	이익의 분산	이익의 표준편차
	낮은 수요	높은 수요			
소량생산	12	12	12	0	0
대량생산	−18	27	13.5 [0.3×(−18) +0.7×27]	425.26 [$0.3\times(-18-13.5)^2$ $+0.7\times(27-13.5)^2$]	20.6 [$\sqrt{425.26}$]
확 률	0.3	0.7			

분산이나 표준편차로 측정한 위험이 대량생산의 경우에 소량생산의 경우보다 더 큼을 보인다. 소량생산의 경우에 수익과 비용, 이익이 수요와 관계없이 일정하게 발생하여 전혀 위험이 없다. 그러나 대량생산의 경우에는 수요에 따라 수익이 변하고 비용은 일정하므로, 이익이 수요에 따라 크게 변하는 위험이 있다.

수요에 따라 수익이 변하는 좀더 일반적인 경우에는 「변동원가/고정원가」의 원가구조에 따른 위험이 있다. 변동원가가 낮고 고정원가가 높은 경우와 변동원가가 높고 고정원가가 낮은 경우를 비교하면 첫 번째 경우가 더 위험이 크다. 설비투자에 의한 자동화는 감가상각비와 수선유지비 등의 고정원

영화계의 성과급, 러닝 개런티

봉준호 감독은 영화 기생충의 흥행으로 러닝개런티로 65억원을 받았다. 한국의 영화감독이면 꿈꾸기 힘든 개런티이긴 하나, 이 영화의 흥행(3,220억원 수익 추산)과 연출뿐만 아니라 제작에 참여한 점, 오스카에서의 실적을 생각하면 그리 큰돈은 아니다. 개런티로 120억원을 넘게 번 김한민 감독의 제작, 연출작인 명량도 이 정도 수익은 벌지 못했다. 사실 제작사까지 차린 흥행 감독들이 수익의 10%를 받는 조건으로 연출하는 경우가 늘었을 뿐이지, 스태프의 급여가 짠 우리나라의 영화계를 생각한다면, 2% 정도의 수익을 받는 게 적절한 편이다. 봉준호 정도면 10%를 충분히 받을 만한 위치에 오른 감독이지만, 스태프의 급여 관련된 관계로 돈을 이렇게 받은 것으로 추정한다. 흥행에 자신감이 없는 것을 생각해도, 이런 감독이 수익을 포기하고 영화 기획과 스태프의 처우를 먼저 생각한 것은 감독으로서 모범이다. 그리고 오스카 수상 실적을 생각하면 봉준호 감독의 개런티는 상당히 커졌을 것으로 생각한다. (나무위키)

가를 높이고 인건비 등의 변동원가를 낮추어 위험을 높인다. 부품이나 내부 서비스를 위해 아웃소싱(외부조달, 용역, 하청)을 이용하면 설비나 인력 감축에 의해 고정원가에서 변동원가로의 전환이 이루어져 위험을 줄일 수 있다. 또한 전부원가계산에서는 고정제조원가를 재고자산에 배부하여 변동원가처럼 처리하므로, 전부원가계산에 의한 이익은 변동원가계산에 의한 이익보다 판매량의 변화에 따라 덜 민감하게 변하므로 위험이 줄어든다.

고정급 대신에 성과급을 사용하여 위험을 줄이는 경우도 많다. 출판사가 책의 저자에게 저작권에 대해 고정금액 대신에 판매부수에 따른 인세를 지급하는 것도 위험을 줄이는 방법이다. 영화사는 감독이나 주연배우에게 고정금액의 계약금 대신에 관객수에 따른 성과급을 지급하여 흥행위험을 분담할 수 있다.[9]

의사결정에 따른 위험의 차이를 다음과 같이 정리한다.

표 15.12 의사결정과 위험

	위험이 높은 경우 (높은 고정원가, 낮은 변동원가)	위험이 낮은 경우 (낮은 고정원가, 높은 변동원가)
설비투자	높은 설비투자	낮은 설비투자
하청여부	자체생산, 자체인력 사용, 인소싱	외주, 하청, 용역, 아웃소싱
급여(보상)체제	고정급	성과급
원가계산방법	변동원가계산	전부원가계산

위험을 좋아하는가 싫어하는가?

기대이익이 큰 것을 선택할 것인가, 위험이 적은 것을 선택할 것인가? 이것은 위험에 대한 의사결정자의 태도에 달려 있다. 대부분의 사람은 위험을 싫어하는데, 이를 위험회피(Risk Aversion)라 한다. 위험을 싫어하므로 사고에 대비해 보험을 사고, 차 안에서 안전벨트를 맨다. 기차를 놓칠까 염려하여 기차시간에 여유를 두고 일찍 역에 나간다. 모험적인 사람들이나 보통 사람도 가끔은 위험을

9) 성과급은 위험의 분담뿐만 아니라 동기부여를 위해 사용된다. 인세의 지급은 저자가 책의 판매를 의식하여 열심히 저술하게 하고, 감독과 주연배우의 성과급은 영화의 흥행성공을 위한 노력을 유도한다.

즐긴다. 사고의 위험을 알면서도 행글라이딩이나 번지점프를 하고, 돈을 잃을 것을 알면서도 도박을 하고 복권을 산다. 위험을 좋아하는 것을 위험선호(Risk Loving)라 하고, 위험에 대해 무관심한 것을 위험중립(Risk Neutral)이라 한다.

금전적인 결정에 대한 위험태도는 확정된 금액의 대안과 같은 기댓값을 가진 불확실한 금액의 대안간의 선택으로 정의된다. 예를 들면, 1백만원을 확실히 받거나, 2백만원이나 0원을 동전 던지기로 결정하여 받을 수 있다고 하자. 동전 던지기의 기댓값도 1백만원이나 동전 던지기보다 확실한 1백만원을 원한다면 위험회피자이고, 동전 던지기를 원한다면 위험선호자이며, 차이가 없

생명보험 가입한 마술사… 수학적 확률이냐, 불안감이냐

'나우 유 씨 미'를 통해 본 보험경제학

–마땅히 줘야 할 보험금을 지급하지 않은 보험사 상대로 복수전 펼치는 이야기
–4명의 마술사 고용해 마술쇼처럼 꾸며 보험사 회장 통장에서 돈 빼내 카트리나 피해자들에게 나눠줘

"여러분에겐 공통점이 하나 있죠. 모두 허리케인 카트리나로 피해를 본 분들이란 겁니다. 보험회사는 모두 같은 곳 '트레슬러 보험사'를 이용했습니다. 하지만 여러분은 허술한 약관 때문에 보상도 못 받았습니다."

1년 전만 해도 길거리나 작은 무대에서 공연하던 무명의 마술사 대니얼 아틀라스(제시 아이젠버그 분), 메리트 오스본(우디 해럴슨 분), 헨리(아일라 피셔 분), 잭(데이브 프랑코 분)은 전설의 마술 조직 '디아이'의 초대장을 받고 '포 호스맨'이라는 이름으로 뭉쳤다. 그들의 첫 번째 공연은 5,000명의 관객 앞에서 프랑스의 한 은행으로 3초 만에 이동해 300만유로(약 44억원)를 훔쳐 관객들에게 뿌리는 것이었다. 이 사건으로 포 호스맨은 전 세계의 이목을 집중시킨다.

▪ 보험료 vs 보험금

표를 구하기도 어려워진 그들의 두 번째 공연. 관객들에게 각자 은행 잔액을 메모지에 적으라고 한 젊은 마술사들은 마술쇼 후원자인 아서 트레슬러 회장(마이클 케인 분)을 무대로 부른다. 회장의 은행 잔액은 1억4,457만달러. 종이 위로 라이트를 비추자 회장의 잔액에서 7만달러가 빠져나갔다. 대신 한 관객의 계좌에 7만달러가 입금됐다. 실제 상황에 환호성이 터져 나왔다. 회장의 예금 잔액은 금세 바닥이 났다. 알고 보니 부당하게 보험금을 지급하지 않은 트레슬러 회장의 돈을 카트리나 피해자들에게 나눠준 것이었다.

지난 8월 개봉한 '나우 유 씨 미(Now You See Me)'는 마땅히 줘야 할 보험금을 지급하지 않은 보험사에 원한을 품은 사람이 보험사를 상대로 복수전을 펼치는 이야기를 담고 있다. 마술에 필요한 각종 트릭을 교묘하게 엮어 생각하는 재미를 더해주는 영화다.

대개 보험사들은 보험금을 지급하는 데 인색하다는 평가를 받는다. 고객들로부터 보험료는 꼬박꼬박 챙기면서 막상 보험금을 지급해야 할 상황이 오면 이것저것 따지면서 얼굴을 바꾼다. 오죽하면 보험상품 광고문구 중에 '묻지도, 따지지도 않고…'라는 표현이 등장하겠는가.

다고 생각하면 위험중립자이다.

위험중립자나 위험선호자는 위험이 많고 기대이익이 높은 대량생산을 선택할 것이다. 위험회피자는 높은 기대이익과 높은 위험 사이에서 선택을 해야 한다. 국회제과의 예에서 의사결정자가 1.6만원의 기대이익차이를 20.6만원의 이익 표준편차로 표시된 위험보다 중요시 생각하면 위험한 대량생산을 할 것이다. 만약 위험을 더 중요시 생각한다면 안전한 소량생산을 할 것이다. 완전정보나 불완전정보를 얻으면 기대이익이 높아질 뿐만 아니라 위험도 줄어든다. 따라서 정보의 가치가 위험회피자에게 더 높다.

보험사도 기업이기 때문에 수익을 내야 살아남을 수 있다. 그 기준이 손해율이다. 손해율이 100%라면 보험료와 보험금이 똑같다는 얘기다. 하지만 손해율이 100%에 이르면 보험사는 적자다. 인건비, 마케팅 비용 등 회사를 유지하는 데 들어가는 사업비를 건지지 못하기 때문이다. 그래서 실제 보험사가 목표로 하는 손해율은 100% 미만이다. 한국 자동차보험의 경우 대개 77% 안팎이다. 100원의 보험료를 거둬 77원을 지급할 수 있도록 보험 구조를 짠다는 얘기다.

■ 기대이익 추정 vs 위험 대하는 태도

다시 영화로 들어가 보자. 나중에 드러나지만 포 호스맨 네 명이 보험사에 원한을 가진 것은 아니다. 그들은 누군가의 조종을 받아 복수를 대리하는 역할을 하는 것이다. 배후 조종자의 아버지는 리오넬 슈라이크(일라이어스 코티스 분)라는 이름의 마술사였다. 그는 금고에 갇힌 채 강물에서 탈출하는 마술을 시도하다가 죽는다. 그는 혹시 실패할 수 있다는 생각에 어린 아들과 아내를 생각해 생명보험을 들어둔 상태였다. 하지만 보험사는 보험금 지급을 거부했다. 아버지의 허망한 죽음을 지켜본 아들이 복수의 일념에 사로잡히는 순간이었다.

그렇다면 슈라이크는 왜 보험을 든 것일까. 다름 아닌 미래의 불확실성 때문이다. 일반적으로 사람들이 보험을 들 때는 보험료와 사건이 발생할 확률, 그로 인한 손해(피해)액 등을 고려하게 된다. 예를 들어 사고가 날 확률이 4분의 1이고 보상금이 4억원인 보험이 있다고 하자. 이 경우 보험 가입에 따른 기대이익은 1억원이다. 따라서 1억원의 보험료를 내면 가입자나 보험사나 공정한 게임이 만들어지게 된다(물론 앞서 언급했듯이 보험사가 떼는 사업비를 감안하면 보험료는 더 올라갈 수 있다).

하지만 개인이 사건 사고가 발생할 수 있는 정확한 확률과 적정 보험료(금)를 계산해낼 수는 없다. 가입여부를 결정하는 가장 중요한 요인은 미래에 대한 불안감이다. 기꺼이 위험부담을 감수하는 사람들은 1억원짜리 보험료가 5,000만원으로 떨어져도 가입을 주저할 가능성이 있다. 수익이 불안정한 투기성 자산을 구입하거나 카지노에서 도박을 즐기는 사람들일수록 그럴 것이다. 재해보험 가입률이 낮은 것에서도 위험을 대하는 농어민들의 태도를 유추할 수 있다. 정부는 농어민들이 태풍 적조 등 자연재해로 피해를 볼 경우에 대비해 재해보험료의 70%가량을 국고에서 보조해 주고 있지만 정작 가입률은 절반 정도에 불과하다. 비록 싸더라도 '생돈'이나 마찬가지인 보험료를 낼 바에야 미래의 손실 위험을 감수하겠다는(→ 카지노 도박자들이 보험을 잘 들지 않는 까닭) 사람이 많다는 얘기다.

반면 위험을 최대한 피하고 싶어 하는 사람들은 보험료가 다소 비싸더라도 보험 가입을 서두를 가능성이 높다. 이들은 재테크를 할 때도 가급적 안정적이고 변동성이 덜한 포트폴리오를 짜는 경향이 강하다. 이런 점에서 보면 슈라이크는 위험 회피적인 인물이었다. 비록 생전에 기대했던 보험지급 시스템이 작동하지 않았지만….

(한국경제, 2013.10.26)

효용으로 위험에 대한 태도를 표시한다

위험에 대한 선호를 정확히 표시하려면 효용함수를 사용한다. 효용(Utility)은 돈과 같은 재화에 대한 만족도 또는 선호(Preference)를 숫자로 표시한 것이다. 불확실성이 있을 때 효용함수의 모양이 위험에 대한 태도를 나타낸다. 위로 볼록한[10] 효용함수는 위험회피를, 위로 오목한[11] 효용함수는 위험선호를, 직선인 효용함수는 위험중립을 나타낸다.

위험회피 효용함수의 대표적인 예는 다음과 같다. x는 소득의 양을, $U(x)$는 소득에 대한 효용함수를 나타낸다.

$$U(x) = \log(x)$$
$$U(x) = \sqrt{x}$$

그림 15.3 효용함수와 위험에 대한 태도

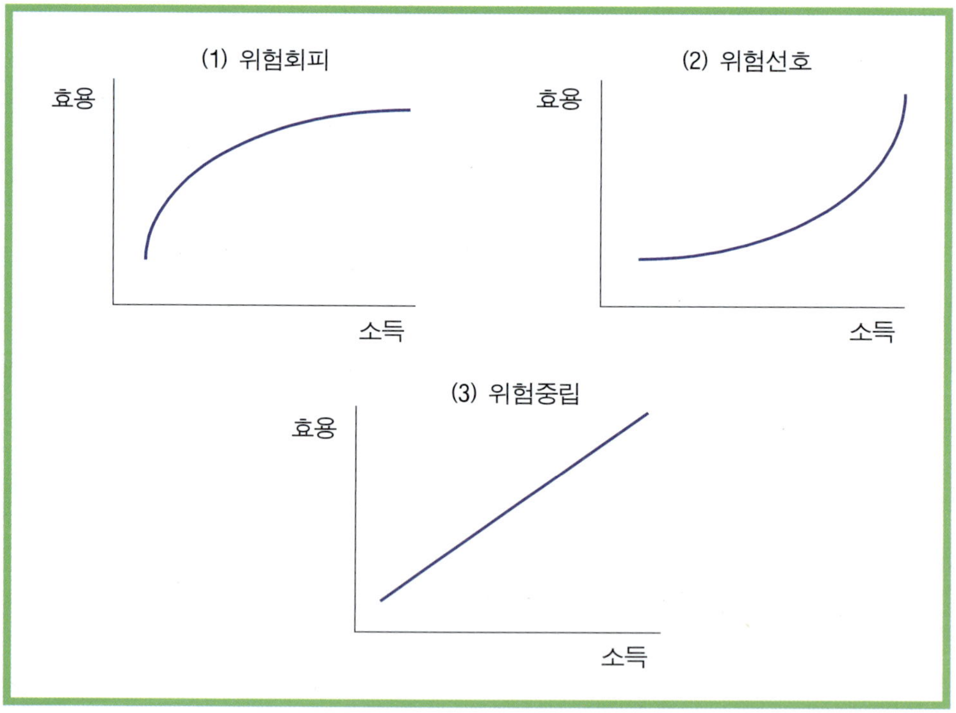

10) 2차 도함수, d^2U/dx^2가 음수인 함수를 말한다. 즉, 1차 도함수인 기울기가 점점 작아지는 함수이다.
11) 2차 도함수가 양수인 함수를 말한다.

기대효용을 최대화한다

기대효용
효용의 기댓값

위험선호 태도를 효용함수로 나타낼 때에는 위험을 분산 등으로 측정할 필요가 없다. 그 대신 효용을 최종적인 목적함수로 이용한다. 의사결정을 할 때 기대이익이 가장 큰 대안을 선택하는 것이 아니라, 위험선호가 반영되어 있는 효용의 기댓값, 즉 기대효용(Expected Utility)이 가장 큰 대안을 선택한다.[12)]

위험회피 효용함수에서는 불확실한 이익의 기대효용이 그 기대이익의 효용보다 낮고, 위험선호 효용함수에서는 그 반대이다. 위험중립의 경우 그 값이 같다. 위의 동전 던지기의 예에서 의사결정자의 효용함수가 $U(x) = \sqrt{x}$ 라고 하자. 확실한 100만원 소득의 효용은 1,000이다.[13)] 불확실한 동전 던지기의 기대효용은 얼마인가? 200만원의 효용은 $1{,}000\sqrt{2}$, 즉 약 1,414이다. 0원의 효용은 0이므로 동전 던지기의 기대효용은 707(=1/2×1,414)이다. 따라서 제곱근 형태의 위험회피 효용함수의 경우, 확실한 소득과 동일한 100만원의 기댓값을 가진다고 하더라도 불확실한 동전 던지기가 기대효용이 낮음을 볼 수 있다. 이를 다음의 〈표 15.13〉에서 정리한다.

표 15.13 동전 던지기의 기대효용

	확실한 소득	불확실한 소득(동전 던지기)	
경 우		앞면	뒷면
소득(만원) : x	100	0	200
효용 : $\sqrt{x}$	1,000	0	1,414
확 률	1	0.5	0.5
기대효용	1,000	707 [0.5×0+0.5×1,414]	

국희제과가 사업위험을 싫어하는 정도를 $U(x) = \sqrt{x + 20\text{만원}}$ 의 효용함수로 나타내자.[14)] 이때 어느 생산량을 선택할까? 〈표 15.14〉에서 소량생산할

12) 불확실성이 있는 경우의 선호는 효용의 기댓값, 즉 기대효용의 크기로 비교할 수 있다는 것을 경제학에서는 기대효용 정리(Expected Utility Theorem)라고 부른다.
13) 경제학에서는 효용의 단위로 util을 사용하나 여기서는 생략한다.

때의 기대효용이 더 높으므로, 이 효용함수로 판단할 때에는 안전한 소량생산이 더 유리함을 보여준다.

표 15.14 생산량 결정에 따른 기대효용

	소량생산		대량생산	
수요량	낮은 수요	높은 수요	낮은 수요	높은 수요
이익(만원) : x	12	12	−18	27
효용 : $\sqrt{x+20만원}$	565.69	565.69	141.42	685.57
확 률	0.3	0.7	0.3	0.7
기대효용	565.69		522.33 [0.3×141.42+0.7×685.57]	

기대이익과 기대효용의 순위차이를 보기 위해 〈표 15.6〉과 〈표 15.14〉를 같이 표시하면 다음의 〈표 15.15〉와 같다.

표 15.15 기대이익과 기대효용

	소량생산		대량생산	
수요량	낮은 수요	높은 수요	낮은 수요	높은 수요
이익(만원) : x	12	12	−18	27
기대이익	12		13.5 [0.3×(−18)+0.7×27]	
효용 : $\sqrt{x+20만원}$	565.69	565.69	141.42	685.57
확 률	0.3	0.7	0.3	0.7
기대효용	565.69		522.33 [0.3×141.42+0.7×685.57]	

위험을 고려하지 않은 기대이익의 최대화는 대량생산을 선택하게 하고, 위험기피 태도를 반영한 기대효용을 최대화하려면 소량생산을 선택하게 된다. 이는 소량생산이 기대이익은 낮지만 이익의 불확실성, 즉 위험이 전혀 없기 때문에 위험회피자에게 유리하기 때문이다.

14) 제곱근(루트)함수는 양의 값에 대해서만 사용할 수 있으므로 손실의 경우를 위해 이익에 20만원을 더한 제곱근 함수 형태를 사용하였다.

토 론

부자들은 로또를 왜 안 살까?

우리나라에서 가장 인기 있는 복권인 로또에서 1등에 당첨될 확률은 814만 5,000분의 1 정도라고 한다. 이 복권은 판매금액의 50%를 당첨금으로 돌려주므로, 1만원어치를 살 때 수학적 기대치는 5,000원이 된다. 이처럼 뻔히 손해를 보는 것이 분명한 복권에 참여하는 사람이 있는 것은 무엇 때문일까? 그것은 1등 당첨금이 커서 당첨될 때 얻을 수 있는 이익을 심리적으로 과대평가하기 때문이다.

그렇다면 당첨금이 크면 무조건 그 심리적 이익을 과대평가하는 사람이 많은 것일까? 좀 복잡하지만 다음과 같은 게임의 예를 생각해 보자. 앞면이 나올 때까지 동전을 계속 던지는 게임이 있다. 이 게임에서 첫 번째에 앞면이 나오면 상금으로 2원을 주고, 만일 첫 번째는 뒷면이 나오고 2번째 앞면이 나오면 2의 제곱인 4원을 주고, 첫 번째와 두 번째는 뒷면이 나오고 세 번째에야 앞면이 나오면 2의 세제곱인 8원을 주는 식으로, 앞면이 나중에 나올수록 상금이 커진다.

• 로또복권을 구입하는 행동은 '위험선호적'으로 분류

만일 이 게임에 참가하는 데 참가금이 100만원이라면 당신은 참여하겠는가? 십중팔구는 참여하기를 주저할 것이다. 물론 상금이 무한히 불어날 수도 있지만 그 확률이 너무 낮아서 100만원씩이나 되는 확실한 돈을 참가비로 내고 손해를 볼 사람이 많지 않을 것이기 때문이다. 그런데 역설적으로 이 게임의 수학적 기대치를 계산해보면, 그 값이 무한대라는 것을 알 수 있다. 계산을 간단히 해보자. 첫 번째 앞면이 나와 바로 게임이 끝날 확률은 2분의 1인데 상금은 2원이므로 평균적으로 1원을 탈 수 있는 셈이다. 다음으로 첫 번째는 뒷면, 두 번째는 앞면이 나와 게임이 끝나는 경우는 확률상 4분의 1인데 상금은 4원이므로 기대치는 역시 1원이다. 뒷면 · 뒷면 · 앞면의 경우는 확률은 8분의 1인데 상금은 8원이므로 기대치도 1원이다. 이런 식으로 모든 경우를 합하면 기대치의 합은 (1+1+1+1+…)이 되고, 1을 무한개 합치면 그 값은 무한대가 된다. 말하자면 몇 억원을 주고서라도 참여하면 평균적으로 돈을 무한정 딸 수 있는 게임에 100만원만 내고 참여하라고 해도 참여할 사람이 많지 않은 역설적 상황이 생기는 것이다.

이 게임은 스위스의 수학자 다니엘 베르누이(Daniel Bernoulli, 1700~1782)가 소개한 것으로, 불확실성하의 모순적 행동들을 연구하는 시발점이 되었다. 베르누이는 수학자 집안 출신으로, 수학자 오일러(Euler)와 어릴 때부터 친구였다. 이 게임은 원래 베르누이의 사촌인 니콜라스 베르누이가 제안한 것인데, 1738년 다니엘 베르누이가 이 게임을 설명한 논문을 페테르스부르크 대학의 잡지에 게재함으로써 '페테르스부르크의 역설'(St. Petersburg's paradox)로 불렸다. 베르누이는 사람들이 불확실한 상태에서 객관적으로 사물을 평가하여 단순한 산술평균에 따라 행동하는 것이 아니라, 이익과 손해를 주관적으로 평가하는 가중평균에 따라 행동한다고 생각했다. 구체적으로 베르누이는 사람들의 주관적 평가함수는 로그함수 형태로, 상금액이 커지더라도 주관적 평가금액은 아주 미미하게 증가한다고 주장했다. 이 추정에 따라 계산할 경우 페테르스부르크 역설 게임의 주관적 평가금액은 약 2.5원 정도밖에 되지 않는다. 아무리 상금의 기대치가 크더라도 주관적 평가금액이 2.5원밖에 되지 않는 게임에 100만원을 내고 참여하라고 하니, 참여할 사람이 많지 않은 것이다.

언뜻 이해가 가기도 하지만, 오히려 훨씬 더 큰 의문이 생긴다. 로또 게임에서는 사람들이 상금액을 과대평가하여 손해인 줄 알면서 참여했는데, 베르누이의 게임에서는 반대로 상금액을 과소평가하여 평균적으로 이익인 게임에 참여하는 사람이 많지 않을 것이라니 완전히 반대가 아닌가? 경제학에서는 이 같은 현상이 사람들의 주관적 평가 때문에 발생한다고 분석한다. 로또복권을 구입하는 행동은 위험한 상황을 스스로 선택한다고 하여 '위험선호적'(risk-loving)이라고 말하고, 베르누이 게임에 참여하지 않는 행동은 '위험기피적'(risk-averse)이라고 분류한다.

• 원금회복 위해 무리한 투자를 하는 것도 지극히 정상적

'위험선호적' 유형과 '위험기피적' 유형의 사람들은 각기 따로 존재할까? 불확실한 상태에서 공격적인 성향의 사람은 일관되게 공격적인 선택을 하고, 조심스런 사람은 계속 위험을 피하는 선택을 하는 것인가? 이 문제에 대한 답은 비교적 최근에야 내려졌다. 심리학자 카네만(Kahneman)과 트버스키(Tversky)는 1979년에 발표한 공동연구를 통해 대부분의 사람들은 두 가지 성향을 다 가지고 있다는 것을 밝혀냈다. '전망(prospect) 이론'이라고 명명된 이들의 이론에 따르면, 사람들이 어떤 기준 상태를 중심으로 현재 상태가 기준보다 낫다고 생각하면 '위험기피적'이 되고 반대라고 생각하면 '위험선호적'인 행동을 하는 것이 정상적이라는 것이다.

전망이론을 현실에 적용하면 궁금증이 풀린다. 경제적으로 여유가 있다고 생각하는 사람들은 '부자몸조심'을 하는 반면, 원금을 회복해야 한다고 절박하게 생각하면 공격적이 되는 것이다. 왜 스스로 여유가 없다고 생각하는 사람들이 평균적으로 손해인 복권을 많이 사고, 반대로 상대적으로 여유 있다고 생각하는 사람들은 복권 대신 보험에 가입하는지 알 수 있는 대목이다. 또한 멀쩡하게 객관적으로 잘 판단하던 사람이 주식시장이나 노름판에서 돈을 잃고 나면 원금회복을 위해 무리한 투자를 하는 것도 지극히 정상적이라고 보아야 한다.

(홍기현 교수의 경제사상 탐구〈14〉, 조선일보, 2007.6.23)

토론해 보자

(1) 일상생활이나 조직 내에서 위험기피적 또는 위험선호적 행동을 보이는 경우의 예를 논의해 보자.

(2) 위험에 대한 태도에 영향을 주는 제도나 환경에 대해 논의해 보자.

요약정리

우리는 결과가 어떻게 될지 모르면서 결정을 해야 하는 때가 많다. 달리 말하면 현재나 미래의 상황을 정확히 모르면서 선택을 한다. 결과가 불확실한 상황에서의 의사결정은 어떻게 해야 하는가? 우선 가능한 상황(경우)을 나열하고 각 상황의 가능성을 확률로 표시한다. 이 확률을 사용한 기대(평균)이익이 가장 높은 대안을 선택하면 된다.

각 상황의 가능성에 대한 정보를 수집하여 상황에 대한 예측력을 높일 수 있으면 좀더 적절한 결정을 하여 기대이익을 높일 수 있다. 달리 보면, 선택된 결정의 결과와 결과론적으로 보아 최적이었을 결정의 결과 차이로 측정되는 예측오류의 원가를 줄일 수 있다. 불확실성을 완전히 없애는 완전정보나 불확실성을 줄이는 불완전정보를 이용하여 의사결정을 개선하여 높아지는 이익을 정보의 (기대)가치라고 한다. 이 정보의 가치가 정보획득의 대가보다 높다면 정보를 획득하여 사용하는 것이 유리하다.

의사결정 결과의 불확실성 자체를 위험이라고 하며 이러한 위험을 싫어하는 태도를 위험회피라고 한다. 위험기피자가 의사결정을 할 때에는 기대이익뿐만 아니라 대안의 위험도 고려하게 된다. 위험에 대한 태도를 계량화하기 위해 효용함수를 사용한다. 위험을 고려한 선택은 기대효용의 최대화로 표시한다. 기대이익이 높은 대안도 위험이 많이 높거나 의사결정자의 위험회피 정도가 크면 기대이익이 낮은 대안보다 낮은 기대효용을 줄 수 있다.

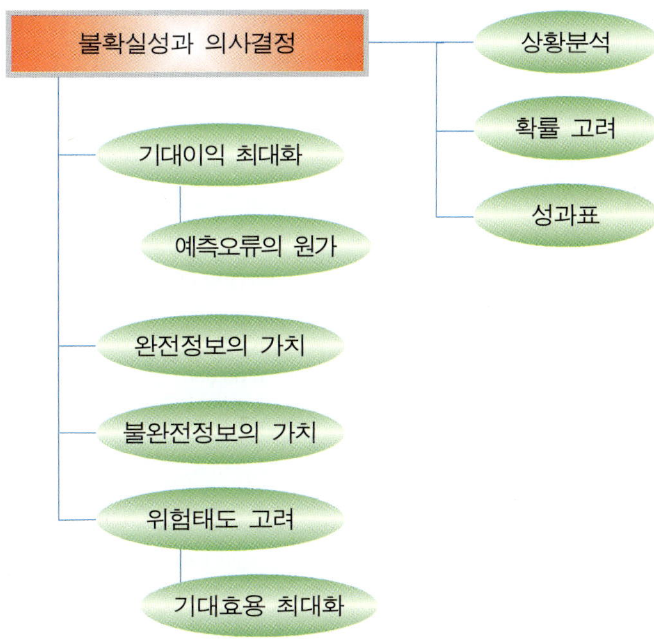

15 연습문제

객관식

01 불확실성에서의 원가-조업도-이익 분석 (19. 세무사)

(주)세무는 단일제품을 생산 · 판매하는데 단위당 변동원가는 ₩225이고 공헌이익률은 40%이다. 당기 예상판매량은 2,000단위부터 6,000단위 사이에서 균등분포(uniform distribution)를 이룬다. 당기 총고정원가가 ₩630,000일 때 ₩120,000 이상의 이익을 얻을 확률은?

① 25% ② 45% ③ 55%
④ 60% ⑤ 75%

02 불확실성에서의 원가-조업도-이익 분석 (02. 세무사)

C사는 기념품을 생산하여 판매하는 유망 중소업체이다. 기념품의 판매가격은 단위당 ₩100이며 회사의 현재 설비의 최대생산능력은 150,000단위이다. 100,000개를 생산하는 경우 기념품의 단위당 원가구조는 다음과 같다.

직접재료원가	₩20
직접노무원가	30
변동제조간접원가	10
고정제조간접원가	15

C사는 위의 원가구조가 미래에도 동일할 것으로 보며 올해의 판매량도 100,000개일 것으로 예측하고 있다. 최근에 미국의 한 기업이 기념품을 개당 ₩70에 구입할 수 있는지를 문의해왔다. C사의 예측에 따르면 미국회사가 50,000개를 구입할 확률은 20%이고 40,000개를 구입할 확률이 40%이고 30,000개를 구입할 확률은 40%이다. 미국에 대한 수출은 신규판매로서 기존의 국내시장에는 영향이 없을 것으로 기대된다. 만일 C사가 미국회사의 제의를 거절하면 유휴설비를 이용하여 ₩350,000의 이익을 올릴 수 있다. C사가 미국회사의 제의를 받아들이는 경우 기대이익의 증감은 얼마인가?

① ₩30,000 증가 ② ₩50,000 감소 ③ ₩300,000 증가
④ ₩500,000 감소 ⑤ 증감 없음

03 불확실성에서의 원가-조업도-이익 분석 (19. 공인회계사)

(주)대한은 단일제품을 생산하며 20×1년의 판매가격 및 원가 자료는 다음과 같다.

	단위당 금액
판매가격	₩50
변동제조원가	20
변동판매비	5

고정제조원가와 고정판매비는 각각 ₩20,000과 ₩10,000이다. (주)대한의 경영자는 판매촉진을 위해 인터넷 광고를 하려고 한다. 인터넷 광고물 제작에는 ₩5,000의 고정판매비가 추가로 지출된다. 인터넷 광고를 하지 않을 경우 판매량은 1,200단위와 1,800단위 사이에서 균등분포(uniform distribution)를 이루고, 인터넷 광고를 하면 판매량은 1,500단위와 2,000단위 사이에서 균등하게 분포한다. (주)대한이 인터넷 광고를 함으로써 기대 영업이익은 얼마나 증가 또는 감소하는가?

① ₩0 ② ₩1,250 증가 ③ ₩1,250 감소
④ ₩2,250 증가 ⑤ ₩2,250 감소

04 불확실성에서의 원가-조업도-이익 분석 (06. 세무사)

김밥 도시락을 단위당 판매가격 ₩1,000에 판매하려 한다. 단위당 변동원가는 ₩500이며, 월간 고정원가는 ₩750,000이다. 도시락의 수요량은 불확실하지만 정규분포를 이룰 것으로 보이며 월간 기대판매량은 2,100개, 표준편차는 400개로 예상한다. 도시락 판매로 인해 이익이 발생할 확률은? (단, 아래의 표준정규분포표를 이용하여 계산하시오)

Z	$p(Z<)$	Z	$p(Z<)$	Z	$p(Z<)$
0.5	0.69	1.0	0.84	1.5	0.93
2.0	0.98	2.5	0.994	3.0	0.999

① 7% ② 69% ③ 84%
④ 93% ⑤ 98%

05 불확실성에서의 원가-조업도-이익 분석 (09. 세무사)

다음은 매출관련 예상 자료이다.

매출액	₩240,000
총변동비	135,000
총고정비	40,000
판매량	3,000단위

추가판촉행사에 ₩10,000을 투입한다면, 예상판매량이 400단위 증가할 확률이 60%, 200단위 증가할 확률이 40%이다. 이 판촉행사를 실시하면 영업이익의 기대치가 어떻게 변하는가?

① ₩1,000 감소 ② ₩1,200 감소 ③ ₩1,200 증가
④ ₩1,500 감소 ⑤ ₩1,500 증가

06 기대이익 최대화 (18. 감정평가사)

다음은 (주)감평의 20×1년도 매출관련 자료이다.

매출액	₩282,000	총변동원가	₩147,000
총고정원가	₩30,000	판매량	3,000단위

20×2년도에 광고비 ₩10,000을 추가로 지출한다면, 판매량이 300단위 증가할 확률이 60%이고, 200단위 증가할 확률이 40%로 될 것으로 예상된다. 이때 증가될 것으로 예상되는 기대이익은? (단, 20×2년도 단위당 판매가격, 단위당 변동원가, 광고비를 제외한 총고정원가는 20×1년도와 동일하다고 가정한다)

① ₩700 ② ₩800 ③ ₩1,200
④ ₩1,700 ⑤ ₩2,700

07 기대영업이익 최대화 (06. 공인회계사)

(주)싸이언은 게임용 소프트웨어를 개발하여 판매하고 있다. 제품의 단위당 변동원가는 ₩30,000이며 단위당 판매가격은 ₩40,000이다. 이 회사는 곧 개최되는 컴퓨터박람회에 참가하려고 하는데 박람회 주관기관에서 부스(booth)임차료와 관련하여 다음의 2가지 지급방안을 제안하였다.

방안 1 : 고정임차료 ₩8,000,000 지급
방안 2 : 고정임차료 ₩2,000,000과 매출액의 10% 지급

이 회사는 과거 경험자료에 기초하여 소프트웨어 1,000단위와 2,000단위를 판매할 확률을 각각 40%와 60%로 평가하였다. 기대영업이익을 극대화하려면 어느 방안을 선택해야 하며 그 기대영업이익은 얼마인가?

① 방안 1, ₩14,000,000 ② 방안 2, ₩14,000,000 ③ 방안 1, ₩8,000,000
④ 방안 1, ₩7,600,000 ⑤ 방안 2, ₩7,600,000

08 기대이익 최대화 (21. 세무사)

(주)세무는 기존에 생산중인 티셔츠 제품계열에 새로운 색상인 하늘색과 핑크색 중 한 가지 제품을 추가할 것을 고려중이다. 추가될 제품은 현재의 시설로 생산가능하지만, 각각 ₩200,000의 고정원가 증가가 요구된다. 두 제품의 판매단가는 ₩10, 단위당 변동원가는 ₩8으로 동일하다. 마케팅부서는 두 제품의 시장수요에 대해 다음과 같은 확률분포를 제공하였다.

수요량	기대확률	
	하늘색	핑크색
50,000단위	0.0	0.1
100,000단위	0.2	0.1
200,000단위	0.2	0.2
300,000단위	0.4	0.2
400,000단위	0.2	0.4

(주)세무의 기대영업이익을 최대화하는 관점에서 두 제품 중 상대적으로 유리한 제품과 유리한 영업이익차이 모두를 올바르게 나타낸 것은?

① 핑크색, ₩30,000　② 하늘색, ₩32,000　③ 핑크색, ₩34,000
④ 하늘색, ₩36,000　⑤ 핑크색, ₩38,000

09 기대현금흐름의 비교 (21. 공인회계사)

(주)대한은 월드컵에서 한국 축구팀이 우승하면, 10억원 상당의 경품을 증정하는 이벤트를 실시할 예정이다. 동 경품 이벤트의 홍보효과로 인해 (주)대한의 기대현금유입액은 한국 축구팀의 우승 여부에 관계없이 3억원이 증가할 것으로 예상된다. (주)대한은 경품 이벤트에 대비하는 보험상품에 가입할 것을 고려하고 있다. 동 보험상품 가입시 한국 축구팀이 월드컵에서 우승하는 경우, 보험사가 10억원의 경품을 대신 지급하게 된다. 동 상품의 보험료는 1억원이며, 각 상황에 따른 기대현금흐름은 다음과 같다.

	기대현금흐름(보험료 제외)	
	월드컵 우승 성공	월드컵 우승 실패
보험 가입	3억원	3억원
보험 미가입	(−)7억원	3억원

한국 축구팀이 월드컵에서 우승할 가능성이 최소한 몇 퍼센트(%)를 초과하면 (주)대한이 보험상품에 가입하는 것이 유리한가? (단, 화폐의 시간가치는 고려하지 않는다)

① 5%　② 10%　③ 20%
④ 30%　⑤ 40%

10 차이조사결정 (01. 세무사)

딸기작물은 서리에 노출되면 그렇지 않은 경우보다 가격이 대폭 하락한다. 딸기작물을 재배하는 어떤 농부가 딸기를 서리로부터 전문적으로 보호해 주는 회사에 서리보호용역을 맡기고자 한다. 서리(보호)의 유무에 따라 딸기재배로 인한 이익이 다음과 같이 예상되는 상황에서, A회사는 최소한 ₩1,000,000을 서리보호대가로서 수취하고자 한다. 농부는 서리가 내릴 확률이 최소한 몇 % 이상일 때 A회사에 용역을 맡길 가치가 있겠는가?

	딸기재배로 인한 이익의 예상액	
	서리가 있는 상황	서리가 없는 상황
서리보호가 있는 경우	₩9,000,000	₩6,000,000
서리보호가 없는 경우	4,000,000	6,000,000

① 16.7% ② 20.0% ③ 33.4%
④ 44.5% ⑤ 50.0%

11 완전정보의 가치 (06. 감정평가사)

충무회사는 자사가 생산하는 제품의 정확한 원가를 모른다. 회계부서에 의하면 고정원가는 ₩100,000으로 확정지을 수 있으나, 단위당 변동제조원가는 불확실하며, 단위당 변동제조원가의 분포 및 확률은 다음과 같다.

단위당 변동제조원가	₩6	₩9	₩12	₩15
확 률	1/6	1/3	1/6	1/3

충무회사의 판매부서는 고객으로부터 단위당 ₩10에 100개의 제품을 구매하겠다는 특별주문을 받았다. 이 회사가 특별주문을 처리할 충분한 유휴생산설비를 가지고 있으며, 위험중립형이라고 가정할 때 특별주문과 관련하여 단위당 변동제조원가에 대한 완전정보의 기대가치를 계산하면?

① ₩0 ② ₩100 ③ ₩150
④ ₩200 ⑤ ₩300

12 완전정보의 가치 (02. 공인회계사)

김밥을 말아서 판매하는 L양은 한국시리즈가 진행되는 야구장에서 김밥을 판매하려고 한다. 김밥의 단위당 제조원가는 ₩400이며, 판매가격은 ₩1,000이다. 야구는 야간경기이기 때문에 야구장에서 팔고 남은 김밥은 쉬게 되어 폐기처분해야 하며, 미리 만들어 간 김밥이 다 팔린 후에는 추가로 김밥을 만들어 팔 수 없다. 김밥 아가씨 L양이 예상한 김밥의 판매량은 다음과 같다.

판매량	2,500개	3,000개	3,500개
확 률	0.4	0.3	0.3

김밥의 판매량에 관하여 완전한 예측을 해주는 완전정보시스템이 있다면 그러한 완전정보의 기대가치는 얼마인가?

① ₩0 ② ₩90,000 ③ ₩170,000
④ ₩220,000 ⑤ ₩270,000

13 완전정보의 가치와 예측오류의 원가 (23. 공인회계사)

(주)대한은 제품 A를 생산하여 판매하려고 한다. 제품 A의 단위당 제조원가는 ₩200이며, 단위당 판매가격은 ₩500이다. 제품 A는 판매되지 못하면 전량 폐기처분해야 하며, 미리 생산한 제품 A가 전량 판매된 후에는 추가로 생산하여 판매할 수 없다. (주)대한이 예상한 제품 A의 판매량은 다음과 같다.

판매량	500개	600개	700개
확 률	0.4	0.3	0.3

제품 A의 판매량에 관하여 완전한 예측을 해주는 완전정보시스템이 있다면, 다음 설명 중 옳은 것은?

① 기존정보하의 기대가치는 ₩155,000이다.
② 기존정보하에서는 생산량이 700개인 대안을 선택할 것이다.
③ 완전정보하의 기대이익은 ₩17,000이다.
④ 완전정보하의 기대가치는 ₩177,000이다.
⑤ 기존정보하에서 기대가치가 가장 큰 대안을 선택하였고 실제로 제품 A가 500개 판매된 경우 예측오차의 원가는 ₩20,000이다.

14 완전정보의 가치 (03. 세무사)

S회사는 방식 A 또는 방식 B를 이용하여 신제품을 개발하려고 한다. 신제품이 개발되면 소비자의 선호여부에 따라 판매량이 달라진다. 각 상황별 기대이익은 다음과 같다.

방식 \ 상황	선호됨	선호되지 않음
방식 A	₩100,000	₩60,000
방식 B	150,000	40,000

신제품이 선호될 확률은 40%, 선호되지 않을 확률은 60%로 예상될 때, 신제품 선호에 대한 완전정보의 가치를 구하시오.

① ₩3,200　② ₩4,200　③ ₩6,000
④ ₩8,000　⑤ ₩12,000

15 완전정보의 가치 (05. 공인회계사)

J회사는 새로운 생산설비를 도입하면서 자본집약적인 경우와 노동집약적인 경우의 두 가지 대안을 생각하고 있다. 각 대안의 원가구조는 다음과 같다.

원 가	자본집약적 설비	노동집약적 설비
고정원가	₩1,000,000	₩200,000
단위당 변동원가	4,000	7,000

설비를 도입한 후 월 예상판매량과 그 확률이 다음과 같을 때, 원가최소화를 목표로 하는 J회사가 월 예상판매량에 관한 불확실한 정보 때문에 입게 될 경제적 손실은 얼마인가?

생산량	100단위	200단위	300단위	400단위
확 률	40%	30%	20%	10%

① ₩60,000 ② ₩260,000 ③ ₩1,540,000
④ ₩1,600,000 ⑤ ₩1,800,000

16 완전정보의 가치 (19. 세무사)

(주)세무는 공정이 정상인지에 대해 조사 여부를 결정하고자 한다. 공정 조사비용은 ₩20,000이며, 조사 후 공정이 비정상 상태일 때 교정비용은 ₩30,000이다. 공정이 비정상인데 조사하지 않으면 손실 ₩90,000이 발생한다. 공정이 정상일 확률은 60%, 비정상일 확률은 40%이다. 공정 상태에 대해 완전한 예측을 해주는 완전정보시스템이 있다면 그 완전정보를 얻기 위해 지불가능한 최대금액은?

① ₩4,000 ② ₩12,000 ③ ₩16,000
④ ₩20,000 ⑤ ₩32,000

17 완전정보의 가치 (23. 세무사)

(주)세무는 기계 A, B 중 하나를 구입하고, 이를 사용하여 신제품을 생산하려 한다. 관련 자료를 근거로 작성한 성과표(payoff table)는 다음과 같다. 성과표에서 $P(S_i)$는 확률을 의미하고, 금액은 이익을 의미한다.

대안 \ 상황	S_1=호황 $P(S_1)=0.4$	S_2=불황 $P(S_2)=0.6$
기계 A	₩9,000	₩1,000
기계 B	7,000	K

기계 A의 기대이익이 기계 B의 기대이익보다 더 크며, 호황일 때는 기계 A의 이익이 더 크고 불황일 때는 기계 B의 이익이 더 크다. 완전정보의 기대가치(EVPI)가 ₩600인 경우, 성과표에서 K는 얼마인가?

① ₩1,500 ② ₩2,000 ③ ₩2,200
④ ₩2,300 ⑤ ₩2,500

18 불완전정보의 가치 (06. 세무사)

불완전정보의 기대가치에 영향을 주는 요인으로 가장 옳지 않은 것은?

① 발생상황과 행동대안에 따른 성과 ② 발생상황의 불확실성 정도
③ 각 행동대안의 기대성과 ④ 불완전정보의 예측정확성
⑤ 각 행동대안의 실현가능성

19 불완전정보의 가치 (18. 공인회계사)

(주)대한은 제품 A와 제품 B 중 어느 것을 생산·판매할 것인지 결정하기 위해 외부경제연구소로부터 시장 상황에 대한 예측정보를 얻으려고 한다.

(1) (주)대한은 미래의 시장 상황을 호황과 불황으로 나누고, 외부경제연구소의 예측정보를 얻기 전에 각 상황에 대한 확률과 영업이익을 다음과 같이 예상하였다.

대 안	시장 상황	
	호황(확률 : 60%)	불황(확률 : 40%)
제품 A	₩1,200	₩900
제품 B	850	1,100

(2) 외부경제연구소는 시장 상황에 대해 호황이라고 예측하는 정보(R_1) 또는 불황이라고 예측하는 정보(R_2)를 제공한다.

(3) (주)대한은 시장 상황에 대해 사전에 예상한 확률과 외부경제연구소의 예측정확도를 고려하여 각 정보(R_1과 R_2)가 제공될 확률을 계산하였다. 각각의 정보가 제공될 확률, 정보가 주어졌을 때의 최적대안 및 최적대안의 기대영업이익은 다음과 같다.

	R_1	R_2
정보가 제공될 확률	56%	44%
최적대안	제품 A	제품 B
최적대안의 기대영업이익	₩1,157	₩1,032

(주)대한이 외부경제연구소의 예측정보에 대해 지불할 수 있는 최대금액은 얼마인가?

① ₩10 ② ₩12 ③ ₩22
④ ₩53 ⑤ ₩80

16 성과평가

책임회계, 경제적 부가가치, 균형성과표를 사용한다

이 장은 관리회계시스템의 중요한 부분인 성과평가 문제를 다룬다. 부문의 재무적 성과평가인 책임회계를 먼저 소개한다. 해당 부서가 통제하는 재무지표가 무엇인가에 따라 원가, 수익, 이익, 투자 책임단위로 나눌 수 있다. 이는 성과평가의 기본원칙인 통제가능성의 원칙이 적용된 것이다. 투자책임단위의 성과지표로 사용되는 투자수익률, 잔여이익, 그리고 최근에 각광을 받는 경제적 부가가치(EVA)를 비교한다. 전통적인 재무성과 중심 평가제도의 한계를 극복한 균형성과표(BSC)도 소개한다.

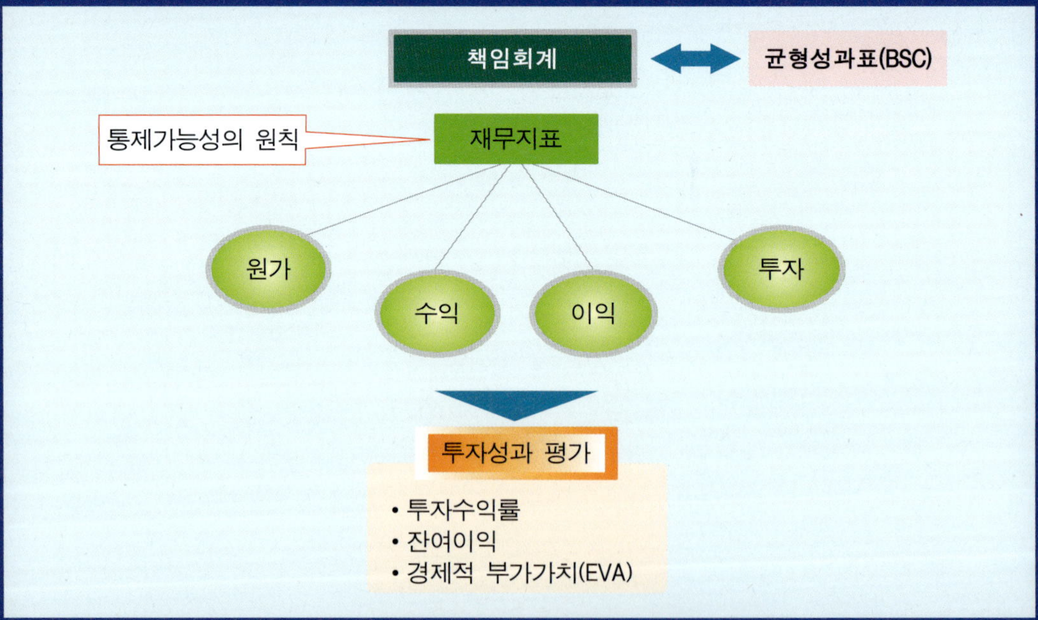

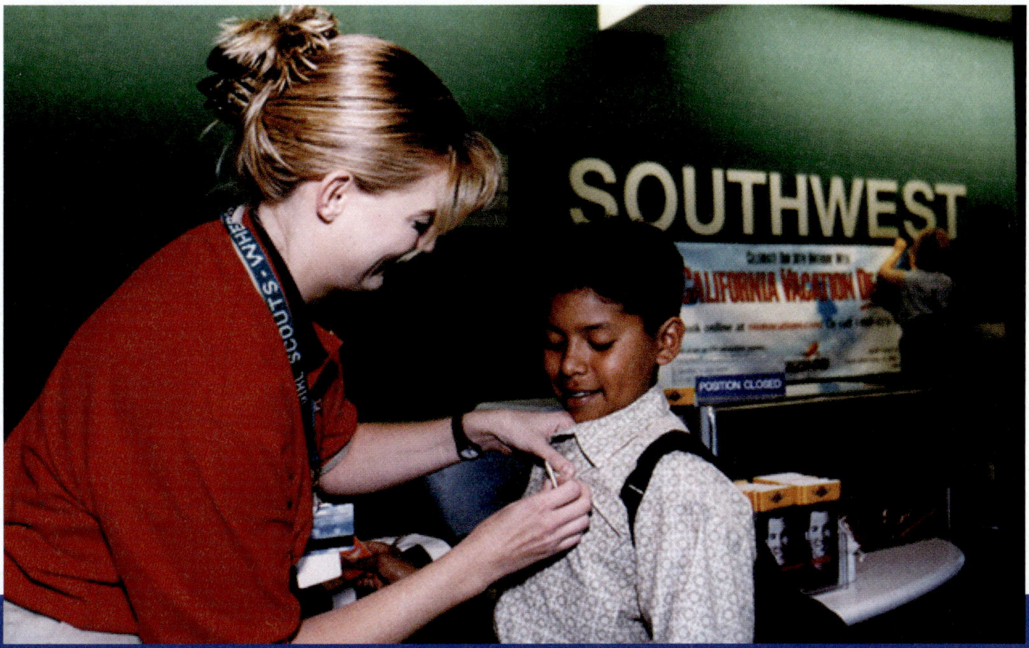

16

책임회계와 성과평가의 일반적 고려사항

- 각 부문을 책임과 권한에 따라 평가한다 – 책임회계
- 통제가능성은 완벽하지 않다
- 상대평가와 절대평가 중 어느 것이 좋은가?
- 목표는 어렵지만 달성가능한 수준으로
- 모든 평가지표는 계량화되어야 하는가?
- 성과평가결과를 활용한다

투자성과 평가지표

- 투자성과를 수익률로 평가한다 – 투자수익률
- 투자수익률을 세분화한다 – 듀퐁 분석
- 투자수익률에 의한 평가의 역기능에 주의한다
- 잔여이익은 모든 자본비용을 고려한 이익이다
- 경제적 부가가치는 무엇인가?
- 투하자본은 어떻게 구하는가?
- 자본비용을 구한다

균형성과표

- 재무성과지표와 비재무성과지표를 보완적으로 사용한다
- 균형성과표는 4가지 관점으로 평가한다
- 학습과 성장부터 내부 프로세스, 고객만족, 재무적 성과까지의 인과관계
- 전략을 성과지표로 구체화한다

국민은행, 무늬만 연봉제 → 성과중심으로 임금체계 바꾼다

–기본급 낮추고 성과급 올려
–개인실적 철저히 따져 반영
–"수익성 악화로 생산성 제고"

국민은행이 성과를 반영해 임금을 차등 지급하는 방식으로 임금체계를 확 바꾼다. 각종 수수료 면제와 순이자 마진 하락으로 수익성은 악화되고 있는 반면 생산성 향상을 이끌어낼 수 있는 성과급제도가 미흡하다는 판단에 따른 것이다. 국민은행의 한 임원은 24일 "임금체계를 전면 개편해 기본급의 비중을 낮추는 대신 성과급이 차지하는 부분을 높인 임금체계 개편안을 마련해 단체협상 사측안으로 제시했다"고 말했다.

■ 성과 따른 철저한 차등 임금 지급

국민은행 인건비 및 생산성 현황

임직원수	2만1,867명
연간 인건비	1조6,220억원
실질적인 기본급과 성과급 비중	87 대 13
상반기 당기순이익	1조26억원
1인당 당기순이익	4,600만원

국민은행은 현재 70% 수준인 기본급의 비중을 최대 60% 선까지 줄인다는 원칙을 세웠다. 기본급의 비중을 낮춤으로써 철저하게 성과를 반영해 임금을 지급하겠다는 전략의 일환이다.

성과를 평가하는 방식도 개인의 실적을 제대로 반영할 수 있는 쪽으로 바꾼다. 국민은행에 따르면 현재 기본급과 성과급의 실질적인 비율은 87 대 13이다. 성과급 안에 각종 피복비와 명절 보너스 등 '기본급' 성격의 임금이 많은 탓이다. 임금체계가 바뀌면 개인의 실적을 철저히 따져 성과급을 차등 지급하는 명실상부한 연봉제를 도입하는 효과를 거둘 수 있다는 설명이다. 이에 대해 국민은행 측은 "직원들이 납득할 만한 기준을 찾는 데 고심하고 있다"고 말했다.

업계에서는 국민은행이 임직원수는 국내 은행권에서 가장 많으면서 생산성은 떨어진다는 지적을 반영해 임금체계를 손보려는 것으로 받아들이고 있다. 현재 국민은행의 임직원수는 2만1,867명으로 신한은행의 1만4,430명보다 7,000명 정도 많다. 하지만 올 상반기 순이익은 신한은행(1조483억원)이 국민은행(1조26억원)보다 약간 앞선다.

■ 서구식 성과체계 도입 신호탄

국민은행이 성과중심으로 임금체계를 바꾸면 다른 은행들도 임금 차등 지급을 강화하는 쪽으로 바꿀 가능성이 적지 않다. 한 시중은행 인사담당 임원은 "국민은행이 기본급을 조정하고 나서면 다른 은행들도 따라서 임금체계에 대해 전면적으로 검토할 것"이라고 말했다. 국민은행 노조 측은 강력 반발하고 나섰다. 박병권 국민은행 노조위원장은 "외환위기 당시만큼 어려운 상황도 아닌데 기본급 비중을 일방적으로 내리려는 의도를 납득하기 어렵다"고 말했다.

(한국경제, 2012.9.25)

책임회계와 성과평가의 일반적 고려사항

각 부문을 책임과 권한에 따라 평가한다 - 책임회계

부문별 원가계산에서 부문별로 원가를 계산하였다. 각 부문이 원가를 잘 통제하였는지를 보고 또 원가통제를 열심히 하도록 동기부여하려면, 각 부문을 원가자료로 평가한다. 그러나 모든 부문에서 원가통제가 최우선적인 역할은 아니다. 판매부문은 원가통제보다는 매출확대가 더 중요한 업무일 것이다. 독립적인 사업부에서는 이익증대가 최종적인 목표이므로 매출과 원가는 이를 위해 부수적이다. 최근에는 거의 모든 부문을 부문이익으로 평가하려는 추세가 있다. 어느 부문을 어떤 회계수치로 평가하는 것이 적절한지를 보자.

책임회계
해당 부문이 책임지고 있는 재무적 결과로 부문을 평가하는 제도

각 부문이 책임지고 있는 재무적 결과로 부문을 평가하는 회계분야를 책임회계(Responsibility Accounting)라고 한다. 생산부문은 계획된 생산량을 달성하면서 원가를 통제할 책임이 있고, 판매부문은 주어진 자원으로 판매를 촉진할 책임이 있으며, 독립적인 사업부는 목표이익을 달성할 책임이 있다. 수익성 있는 투자를 할 책임이 있는 조직단위도 있다. 각 조직단위가 담당한 역할이 다르므로 책임져야 하는 재무적 결과도 다르다.

결과에 대한 책임을 물으려면 관련된 의사결정을 할 권한이 주어져야 한다. 권한이 없으면서 책임만을 진다면 평가의 효과가 없다. 책임회계는 행사된 권한에 대한 평가이다. 따라서 책임회계 평가지표는 각 책임단위가 통제할 수 있는 재무적 결과를 이용한다. 이를 통제가능성의 원칙(Controllability Principle)이라 한다. 해당 부서의 노력과 무관하게 나타난 나쁜 결과에 대해 책임을 묻는다면 무슨 효과가 있겠는가? 오히려 역효과가 난다. 평가가 불공정하다고 불만이 생길 것이다. 또한 부서의 노력보다는 운에 따라 평가가 달라질 것이므로 열심히 일을 하고 고심하여 의사결정을 할 필요가 없어진다. 어느 부서의 직원과 관리자가 유능한지도 제대로 판단할 수 없다. 즉, 통제가능성의 원칙이 지켜져야 평가의 공정성, 동기부여, 성과측정의 정확성이 달성된다.

통제가능성의 원칙
평가단위가 통제할 수 있는 결과로만 평가하는 원칙

통제가능성의 원칙에 의해 원가발생을 통제할 수 있는 부서는 원가수치로 평가한다. 이를 원가책임단위(Cost Center)라고 하는데 주로 표준원가 대비 원가차이로 평가한다. 생산부서와 지원부서가 이에 속한다. 판매부서는 매출을 담당

하므로 수익책임단위(Revenue Center)로 매출목표 대비 매출실적으로 평가된다. 원가발생과 수익창출을 모두 관리하는 독립적인 사업조직은 부문이익으로 평가를 하는 이익책임단위(Profit Center)이다. 독립적인 사업단위에게 판매, 지출뿐만 아니라 투자결정까지 위임한다면 투자책임단위(Investment Center)이다.[1] 투자책임단위는 투자액을 고려한 수익성으로 평가되는 것이 바람직하므로 투자수익률이나 잔여이익으로 성과가 평가된다. 이 성과지표는 뒷부분에서 설명된다.

통제가능성은 완벽하지 않다

통제가능성의 원칙이 성과평가지표를 고르는 가장 기본적인 원칙이나 현실적인 어려움이 있다. 현실에서는 완전한 통제가능성이 존재하지 않기 때문이다. 판매부서의 노력에 따라 매출실적이 달라지지만 시장수요의 변화와 경쟁사의 판매전략에 따라 우리 회사의 매출이 영향을 받는다. 생산부서의 원가절감 노력이 원가를 낮추는 데 기여하지만 납품업체의 영향, 노조와의 임금협상, 수입원자재와 부품가격의 환율이 제조원가를 변경시킨다. 즉, 담당부서의 노력과 판단에 외부적인 환경요소가 결합되어 결과가 나타난다. 이러한 불완전한 통제가능성의 경우에도, 담당부서가 열심히 일하고 올바른 결정을 내리도록 동기부여를 하기 위해 이렇게 부분적으로 통제가능한 항목으로도 성과를 평가한다. 이때 가급적 통제불가능한 요소를 제거하는 분석을 한다. 예를 들어, 노무원가 증가 부분을 노사협상에 의한 임금상승 부분과 노무시간 증가 부분으로 원가차이 분석을 할 수 있다. 수입원자재 가격변화분을 환율변화분과 생산지 가격변화분으로 나누어 성과평가에 사용하는 것이 좋다.

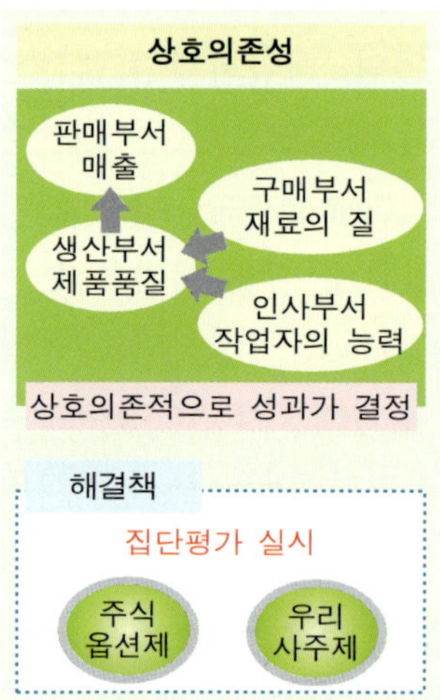

부서의 성과가 다른 부서의 노력과 결정에 의존하는 상호의존성도 문제가 된다. 매출은 제품의 품질에 영향을 받는데 품질은 판매부서가 아닌 생산부서가 통제한다. 제조원가가 구입된 재료의 질과 작업자의 능력에 영향을 받는데, 이는 생산부서가 아닌 구매부서나 인사부서가 통제할 문제이다. 이처럼 각 부서의 성과가 완전히 독립적으로 발생하지 않고 서로 영향을 주고받으며 결정

1) 4가지 책임단위(Responsibility Center)를 원가중심점, 수익중심점, 이익중심점, 투자중심점으로 번역한 서적이 많으나 중심점이란 용어가 자연스럽지 않으므로 책임단위라는 표현을 쓴다.

된다. 이런 상황에서 개별평가만을 사용하면 부작용이 날 수 있다. 생산부서가 시장수요를 생각하지 않고, 단위당 원가를 낮추기 위해 과잉생산을 하여 재고를 지나치게 쌓아 놓을 수 있다. 자재부서가 구매원가를 낮추기 위해, 지나치게 질이 나쁜 원자재를 구입할 수 있다. 그러므로 부분이 아닌 전체의 이익을 추구하도록 하기 위해 상부 조직단위의 성과지표로 집단평가(Group Evaluation)한다. 이는 서로 유기적으로 연결되어 있는 하부 조직단위가 서로 협조하여 전체적인 성과를 달성하도록 유도하기 위해서이다. 그 한 예가 기업의 주가를 기업 전체의 성과지표로 여기어 직원을 보상하는 주식 옵션제나 우리 사주제이다.

집단평가
피평가단위가 속한 집단 전체를 하나로 평가하는 것

집단평가도 문제점이 있다. 여러 부문이 같이 협력해야만 좋은 성과가 나온다면, 우리 부서만 열심히 해도 소용이 없다는 의식이나, 우리 부서는 적당히 해도 나쁜 성과는 다른 부서의 탓으로 돌리면 된다는 의식이 나타날 수 있다. 남의 노력에 편승하는 이러한 무임승차(Free-rider) 현상을 줄이기 위해 여전히 각 부서의 개별평가지표에 의한 개별평가(Individual Evaluation)가 필요하다.

개별평가
개별 피평가 단위별로 평가하는 것

상대평가와 절대평가 중 어느 것이 좋은가?

은행에는 많은 지점과 지원부서가 있다. 여러 부문의 평가를 상대적으로 할 것인가 절대적으로 할 것인가? 지점들끼리 수신고, 수익성 등의 성과를 비교하여 순위를 결정하여 포상을 한다면 이는 상대평가(Relative Evaluation)이다. 상대평가의 장점은 평가를 어렵게 만드는 공통의 통제불가능한 요소를 제거하는 점

한국 공인회계사 시험은 상대평가인가 절대평가인가?

우리나라는 2006년까지 공인회계사를 매년 1,000명씩 선발했다. 이 합격자들은 절대적인 합격점에 의해 합격되는 것이 아니라 응시자들의 상대적인 시험점수 순위에 의해 상위 1,000명이 합격했다. 이러한 평가방식이 상대평가이다. 과목별 40점의 과락제도는 절대평가이다. 미국의 공인회계사 시험은 절대평가이다. 합격인원이 정해져 있지 않고 매년 일정점수 이상의 응시자가 합격된다. 2007년부터 우리나라 공인회계사 시험도 각 과목 60점 이상의 절대평가로 변경되었으며, 부분합격제가 도입되었다. 절대평가합격제도에 추가하여 최소합격인원을 보장하는 상대평가제도도 같이 사용되고 있다. 상대평가와 절대평가 중 어느 것이 더 좋은 제도인가? 두 방식은 장단점이 있다. 절대평가에서 문제의 난이도가 일정하지 않다면, 즉 전체적으로 쉬운 문제가 나오면 쉽게 합격하고 어려운 문제가 나오면 불합격하는 공정성의 문제가 있다. 상대평가는 난이도라는 공통의 통제불가능한 요소를 제거할 수 있다. 모든 응시자가 같은 난이도의 문제를 풀어야 하므로 절대점수가 아닌 상대점수로 평가된다면 난이도는 평가결과에 영향을 미치지 않는다.

상대평가
다른 피평가 단위와 비교하여 평가하는 것

절대평가
다른 피평가 단위와 무관하게 독립적으로 평가하는 것

이다. 모든 지점에 영향을 미치는 경제 전반이나 금융분야의 여건이나 은행 자체의 공통된 문제점은 상대평가에 영향을 미치지 않는다. 상대평가를 하려면 비교되는 지점들끼리 동질적이어야 한다. 서로 상당히 다른 환경에 처한 지점들을 단순 비교한다면 비교가능성이 낮아서 평가가 적절하지 못하다. 상대평가의 또 다른 문제점은 지나친 경쟁의식으로 지점간의 협조가 불가능해지는 점이다. 다른 지점의 성과가 나쁠수록 우리 지점의 평가가 좋아지므로 다른 지점을 위한 협조를 기피하게 된다. 상대평가인 등수 가리기에서 앞서 가던 달리기 선수들이 넘어지면 뒤에 가던 선수는 나쁜 기록으로도 1등을 하여 금메달을 받을 수 있다. 남의 불행이 나의 행복이 되게 하는 제도이다.

절대평가를 하면 다른 지점의 성과와 무관하게 우리 지점만 좋은 성과를 올리면 된다. 절대평가를 하려면 절대적인 평가기준을 마련해야 한다. 이 평가기준을 만드는 것이 어렵다. 또한 절대평가는 평가에 영향을 미치는 통제불가능한 요소를 제거하기 어렵다.

평가제도를 설계할 때에는 결정해야 하는 사항이 많다. 누가 얼마나 자주 평가할 것인가? 평가결과를 어떻게 활용할 것인가? 공개할 것인가 말 것인가? 보상이나 인사고과에 어떻게 반영할 것인가? 이러한 사항보다 더 중요한 것은 평가지표의 선택이다. 책임회계에서는 원가, 수익, 이익, 수익률 등의 회계지표가 사용된다.

목표는 어렵지만 달성가능한 수준으로

원가, 매출, 이익, 투자수익률, 불량률, 납기 등 어떤 지표로 성과를 측정하든 목표수치 대비로 실제성과를 평가하게 된다. 이때 목표수치를 얼마나 어렵게 만들어야 하나? 목표달성이 너무 어려우면 처음부터 포기하여 노력을 하지 않을 것이다. 목표수준이 너무 쉬우면 쉽게 달성한 후 더 이상의 노력을 하지 않고 쉽게 만족할 것이다. 목표의 가장 적당하게 어려운 정도는 '어렵지만 달성가능한(difficult but attainable)' 수준이다.[2] 노력을 하도록 어려운 수준으로 하되, 노력을 하면 달성하여 만족감을 느낄 정도의 수준이 바람직하다.

2) 이것을 stretch target이라 한다.

그러면 어느 정도가 '어렵지만 달성가능한' 수준인가? 목표설정을 담당한 사람의 직관적인 판단이 필요하지만 과거의 경험을 이용하면 좋다. 만약 목표가 계속 달성되면 목표가 너무 낮을 가능성이 높으므로 목표를 좀더 어렵게 상향조정하고, 만약 목표가 계속 달성되지 못하면 목표가 너무 높을 가능성이 높으므로 목표를 좀더 쉽게 하향조정한다.

모든 평가지표는 계량화되어야 하는가?

성과평가는 사후적인 결과평가와 결과의 활용에 못지않게 사전적인 동기부여를 위해 중요하다. 과목을 수강하는 학생들에게 시험을 보게 하는 이유는, 시험성적에 따라 학점을 주기 위해서이기도 하지만 학생들이 시험을 준비하면서 공부를 하게 만들기 위해서이다. 사후적인 평가만을 생각한다면 객관성 시비 문제의 소지가 적고 채점이 쉬운 객관식이나 계산문제가 적절하나, 사전적인 교육효과를 생각한다면 주관식이나 이해력을 묻는 논술형 문제가 더 적절할 수 있다. 과거의 단순암기식의 단답식이나 계산 위주의 시험이 사후적인 평가의 편의성만을 생각하였다면, 최근의 논술형 문제는 바람직한 교육과 평가 방향을 제시한다. 조직의 부문이나 팀 평가에서도 객관성을 위해 계량평가지표는 필요하나 계량지표에만 지나치게 의존하는 것은 평가의 균형과 본래 취지를 잃게 할 수 있다. 따라서 객관적 평가와 주관적 평가의 균형, 계량[정량]평가와 비계량[정성]평가의 균형이 필요하다.

성과평가결과를 활용한다

평가는 평가만으로 끝나서는 큰 의미가 없다. 어떤 형태로든 평가결과가 활용되어야 한다. 성과평가제도의 도입 초기에는 평가를 한다는 사실 자체가 평가대상 단위에 긴장감을 주고 평가지표에 대한 관심을 높이고 평가지표의 좋은 결과를 얻으려는 노력을 유도한다. 이것은 평가결과가 어떤 형태로든 나중에 활용될 것이라는 생각을 평가대상이 가지게 되기 때문이다. 그러나 장기간에 걸쳐 반복적으로 평가가 평가 자체로만 끝나고 아무런 활용이 없다면 평가에 대한 관심이 식고 평가는 아무런 의미를 가지지 않게 된다.

평가제도를 중요하게 여기도록 하기 위해 평가결과를 어떻게 활용할 수 있는가? 가장 간단한 방법이 평가결과를 단순히 공개하는 것이다. 아무런 구체적인 보상이나 불이익이 없이 평가결과를 단순히 공개적으로 발표해도 평가대상들의 관심이 높아진다. 평가결과를 비공개적이고 개별적으로 통보하는 것보다 공개적으로 발표하면 좋은 결과를 얻은 평가대상은 심리적인 만족감을 얻는다.

가장 일반적인 평가결과의 활용은 금전적 보상이다. 급여의 일부분을 성과평가결과에 따른 성과급으로 지급하거나 임시적인 특별상여금을 지급하는 방법이다. 아래의 은행 사례는 상대평가제도에 의해 선정된 우수 영업점 직원에게 상금과 해외연수의 혜택이 주어지는 경우이다. 어느 표창제도에서나 상장과 함께 상금이나 상품 등의 부상이 함께 제공되는데 이것이 금전적인 보상이다. 물론 표창 수상이 주는 보람, 만족감, 명예심의 심리적 보상 효과가 부상의 금전적 중요성보다 큰 경우가 있고 그 반대의 경우도 있다. 중요한 점은 심리적 보상과 금전적 보상이 서로 보완적이므로, 심리적 보상이나 금전적 보상 한 가지에만 지나치게 의존하는 것은 효과가 적다.

성과평가에 의한 보상제도의 사용은 공공부문도 예외는 아니다. 우리나라 정부도 일부 성과급을 지급하나 외국 정부부문의 사례에 비해 아직 효과적으로 사용되지 못하고 있는 듯하다. 싱가포르의 사례는 능력급과 장학금 제도의 효과적인 활용을 보여준다.

은행의 영업점 상대평가와 결과 활용

일반평가에서 한 가지 흥미로운 사실은 점포 특성을 고려하여 평가항목별 배점을 차등화하여 평가한다는 것이다. 구체적으로 말하면 모든 영업점포를 각 영업점이 직면하고 있는 영업환경, 대상고객, 업무성격 등의 차이에 따라 12개의 군으로 나누고 이를 다시 4개 그룹(각 그룹당 3개 군씩 포함됨)으로 분류하여 그룹에 따라 평가항목에 대한 배점을 차등화하는 것이다. 물론 동일 그룹에 속하는 3개 군의 영업점은 모두 동일한 배점기준에 따라 평가된다. … 일반평가에서는 총 8개 부문에 대해 최우수 평가를 받은 영업점을 각 군별로 1개씩 선정하여 이 12개 점포 중 최우수 점포에 대해 대상을 수여한다. 그리고 각 군별로 1, 2, 3위에 대해 금상, 은상 및 동상을 각각 수여한다. 모든 수상 점포에 대해서는 일정액의 상금이 지급되고 소속직원에 대해 해외연수의 특전이 부여된다. 또한 대상수상 점포의 직원에 대해서는 50%~100%의 특별상여금이 지급된다.[3)]

3) 이 사례는 김용환 · 이경태의 '서비스 부문의 성과평가시스템 : 우리나라 은행과 외국은행의 사례연구'(회계학연구보고서, 제7호, 한국회계학회, 1997)에서 인용되었다.

투자성과 평가지표

투자성과를 수익률로 평가한다 - 투자수익률

투자성과를 평가하는 데 이익금액 자체로는 불충분하다. 왜 그런가? 투자규모가 고려되지 않았기 때문이다. A사업부가 10억원의 영업이익을 달성하고 B사업부가 6억원의 이익을 달성하였을 때, A사업부가 더 좋은 성과를 올렸다고 말할 수 있는가? 두 사업부의 모든 조건이 같다면 그렇다. 그러나 A사업부가 100억원을 투자하여 10억원의 이익을 내고, B사업부가 50억원으로 6억원의 이익을 냈다면 이야기가 달라진다. A사업부는 많은 투자액에 비해 충분하지 않은 이익을 냈다고 할 수 있다. 비율로 보면 A사업부는 투자액 100억원 대비로 10%의 수익률을 내었고, B사업부는 투자액 50억원에 대해 12%의 수익률을 내

싱가포르의 '관료 경쟁력'

공무원도 능력급… 성장률 따라 보너스 결정

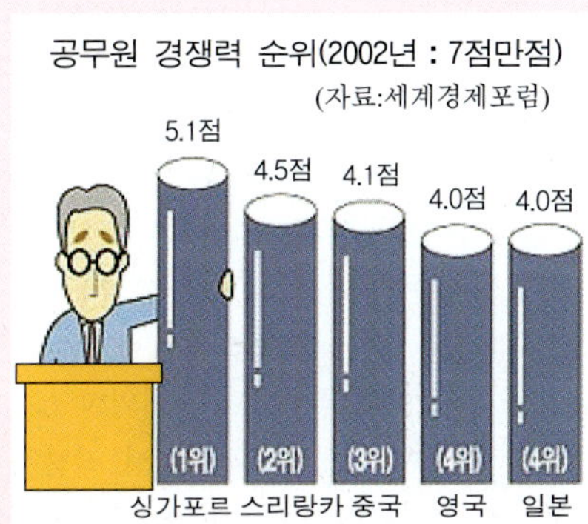

작년 12월 11일 싱가포르 경제개발청(EDB) 회의실. 인터뷰를 위해 팅 밍키안 싱가포르 경제개발청 회장을 기다리는 동안 배석했던 관리들과 기자 사이에 싱가포르 공무원 6만명이 연말에 받게 될 보너스가 화제에 올랐다. 싱가포르 정부가 발표한 연말 보너스는 4분의 1개월치. 보너스가 없던 2001년보다 사정이 낫지만, 두 달 보름치를 받았던 2000년에 비해서는 낮은 수준이다. "올 경제성장률이 안 좋으니 어쩔 수 없지요. 분발해서 외국 기업들을 더 유치해야 할 텐데…."(용 빈 유엔·아태 지역 담당) "경기가 안 좋은데 공무원들만 보너스를 받을 수는 없지 않습니까."(쿠엑 제네비베 마케팅 담당)

싱가포르에서는 공무원에게 일정액이 보장되는 '철밥그릇'이 없다. 1990년대말 개인별 능력급 제도가 도입된 데다 연말 보너스도 경제성장률에 따라 결정되는 시스템이기 때문이다. 결국 공무원들 지갑의 두께가 경제성장률을 그대로 반영하게 된다. 세계경제포럼(WEF)이 발표한 2002년 국가경쟁력 순위에서 4위를 차지한 싱가포르의 실력은 관료조직에서 나온다. 공무원 능력 부문에서 싱가포르는 세계에서 단연 1위다. 그런데도 능력급까지 실시하며 '달리는 말'에 채찍질을 하고 있다.

싱가포르 공무원은 철저하게 '만들어지는' 시스템이다. 정부는 똑똑하고 장래성 있는 고등학생들을 뽑아 대학·대학원 교육에 필요한 장학금을 지급한다. 장학금 종류가 인생을 결정지을 만큼 중요하다. 대통령 장학금에서 총리도서(圖書) 장학금, 정부 각 부처 장학금 등 서열이 매겨져 있을 정도다. 싱가포르의 높은 교육열은 장학금을 둘러싼 치열한 경쟁이 배경에 있다. 총리부터 유력한 공무원은 거의 예외 없이 장학생 출신이다. 장학생들은 미국·일본·유럽·호주 등으로 유학을 떠나고, 대체로 석사 과정을 마치고 귀국한다. 덕분에 해당국의 언어소통은 물론이고 세계의 조류에도 눈을 뜬 인재가 싱가포르에는 넘쳐난다.

(조선일보, 2003.1.14)

투자수익률(ROI)
투자액에 대한 이익의 비율

었으니 투자액 대비로 보면 B사업부가 더 잘한 것이다. 투자액에 대한 이익의 비율을 투자수익률(ROI, Return On Investment)이라 한다.

$$\text{투자수익률} = \frac{\text{이익}}{\text{투자액}}$$

부문의 투자수익률을 계산할 때, 분자인 이익수치는 자본비용을 고려하기 전의 영업이익이 많이 쓰이고, 투자액은 총자산액이나 투하자본(=총자산－유동부채)이 많이 이용된다.4)

"작년 순익 2조원… 많은 것 아니다"

증자 감안 땐 투자수익률 낮아
매년 200억원 사회공헌기금도

신용카드사의 탐욕 논란이 수그러들지 않고 있다. 중소가맹점들은 신용카드사들이 막대한 순이익을 올리고 있는 만큼 수수료율을 낮춰야 한다고 목소리를 높이고 있다.

신용카드사는 실제 얼마나 벌까. 지난해 7개 전 업계 카드사는 2조원이 넘는 순이익을 올린 것으로 파악된다. 업계 1위인 신한카드가 8,759억원, 삼성카드가 3,752억원을 기록했으며 지난해 3월 국민은행에서 분사한 KB국민카드는 9개월 동안 3,198억원의 이익을 남겼다. 하나SK카드도 소폭이긴 하지만 흑자전환했다. 중소가맹점들은 모든 카드사가 흑자를 내는 것은 문제가 있다고 지적한다.

카드업계는 이에 대해 "탐욕이라고 할 만큼 이익이 많은 것은 아니다"라고 밝히고 있다. 카드업계는 우선 최근 들어 순이익이 감소 추세에 있다고 말한다. KB국민카드를 제외한 6개 카드사를 기준으로 카드업계 순이익은 2010년 2조7,217억원에서 지난해 1조6,919억원으로 1조원 이상 줄었다. 또 지난해 순이익 규모는 2009년의 1조8,643억원보다 작은 것이다.

2011년 카드업계 이익과 자산규모 (단위 : 원)

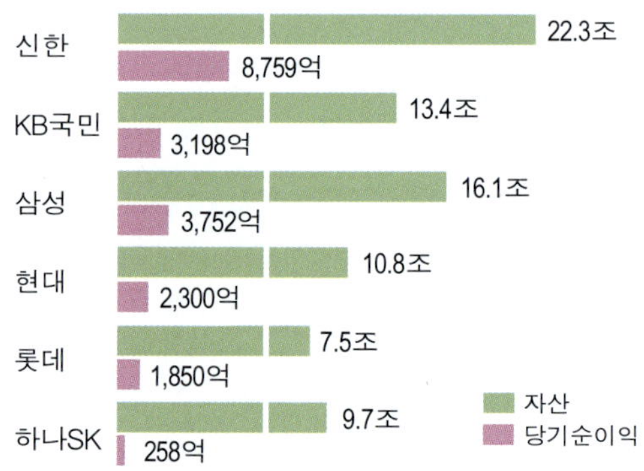

※ 2011년말 기준, KB국민카드는 2011년 3월 분사 이후 실적
자료 : 각 사

카드업계는 더불어 은행과 비교해 이익률 지표가 좋은 것이 아니라고 자체 분석하고 있다. 여신금융협회 조사 결과 2003년부터 2010년까지 은행권의 연평균 투자수익률은 15.35%였지만 카드사는 1.41%에 그쳤다. 투자수익률이란 주주가 회수한 돈(배당과 자기자본 증가액 등)을 투자금으로 나눈 비율이다. 함정식 여신금융협회 조사연구센터장은 "2003년 카드 유동성 위기를 거치면서 카드사들이 수조원을 증자해 이익률 지표가 악화됐다"며 "당시 피해를 감안하면 이제 겨우 본전치기를 할 만한 상황"이라고 말했다.

이 같은 설명에도 △카드 사태로 세금이 투입됐고 △상당수 사람들이 신용불량자로 전락했으며 △카드사들이 사회공헌 활동에 적극 나서지 않는다는 등의 이유로 카드업계를 보는 시선은 여전히 곱지 않다. 이에 대해 박성업 여신금융협회 홍보부장은 "카드업계가 매년 200억원을 사회공헌기금으로 조성하는 등 나름대로 노력하고 있으며 앞으로도 다양한 활동에 나설 계획"이라고 말했다.

(한국경제, 2012.2.22)

4) 투하자본이 분모로 사용될 때 투자수익률 대신 투하자본수익률(ROIC, Return On Invested Capital)이라 불린다.

투자수익률을 세분화한다 - 듀퐁 분석

자산수익률(ROA)
자산에 대한 이익의 비율

듀퐁 분석
자산수익률의 세부 분석

자산을 기준으로 구한 투자수익률, 즉 자산수익률(ROA, Return on Assets)은 2개의 재무비율로 분해하여 평가할 수 있다. 이를 듀퐁 분석(Du Pont Analysis)이라고 부르는데 종합화학회사인 듀퐁사가 개발하여 처음 사용한 데서 유래된 이름이다. 자산수익률을 매출수익률, 총자산회전율로 나눌 수 있다.

$$\text{자산수익률} = \text{매출수익률} \times \text{총자산회전율}$$

$$\frac{\text{이익}}{\text{자산}} = \frac{\text{이익}}{\text{매출}} \times \frac{\text{매출}}{\text{총자산}}$$

매출수익률
매출액에 대한 이익의 비율

총자산회전율
매출과 총자산의 비율

매출수익률(Return On Sale)은 매출액을 기준으로 한 수익률이므로 이익마진율이라 할 수 있다. 총자산회전율(Asset Turnover)은 총자산이 매출을 얼마나 창출하였는지를 보여주는 일종의 생산성 지표이다. 판매가격이 낮아도 이익마진율이 높고 매출량이 크면 높은 자산수익률을 얻을 수 있다. 미국의 달러스토어가 이 점을 잘 보여준다.

A사업부와 B사업부의 매출이 똑같이 200억원이라 하고 듀퐁 분석을 하여 두 사업부를 비교하자.

$$\begin{aligned} \text{A사업부 자산수익률} &= 10/200 \times 200/100 \\ &= 5\% \times 2 = 10\% \\ \text{B사업부 자산수익률} &= 6/200 \times 200/50 \\ &= 3\% \times 4 = 12\% \end{aligned}$$

B사업부의 이익마진, 매출수익률은 3%로 A사업부의 5%보다 낮으나, 자산회전율이 A사업부에 비해 2배나 되어 전체적인 자산수익률이 더 높다. B사업부의 일종의 박리다매 사업이 높은 수익률을 달성하였다 할 수 있다.

듀퐁 분석은 매출수익률과 자산회전율을 좀더 세분화할 수 있다. 매출수익률은 (1－비용비율)로 표시할 수 있으므로 각 비용의 매출액 대비 비율로 세분한다.

$$\text{매출수익률} = \frac{\text{영업이익}}{\text{매출}} = \frac{\text{매출} - \text{영업비용}}{\text{매출}} = 1 - \frac{\text{영업비용}}{\text{매출}}$$
$$= 1 - \frac{\text{매출원가}}{\text{매출}} - \frac{\text{판매관리비}}{\text{매출}}$$

매출원가와 판매관리비를 다시 세부항목으로 나누어 다른 사업부 사이나 같은 사업부의 다른 기간의 차이를 비교한다. 〈표 16.1〉은 B사업부의 판매관리비율 17%는 A사업부의 25%보다 낮으나 매출원가율은 80%로 A사업부의 70%보다 높아 매출수익률이 낮음을 보인다. 매출원가율이 왜 높은지를 더 세부적으로 보려면 제조원가 세부항목의 비율을 본다.

표 16.1 사업부의 매출액 대비 원가비율 분석 (단위 : 억원, %)

	A사업부		B사업부	
	금 액	비 율	금 액	비 율
매 출	200	100	200	100
매 출 원 가	140	70	160	80
매출총이익	60	30	40	20
판매관리비	50	25	34	17
영 업 이 익	10	5	6	3

자산회전율은 분모인 자산을 세부항목으로 나누어 매출액과의 비율을 구한다.

$$\text{총자산회전율} = \frac{\text{매출}}{\text{총자산}} = 1 \div \frac{\text{총자산}}{\text{매출}}$$
$$= 1 \div \left(\frac{\text{유동자산}}{\text{매출}} + \frac{\text{비유동자산}}{\text{매출}}\right)$$
$$= 1 \div \left(\frac{\text{현금}}{\text{매출}} + \frac{\text{매출채권}}{\text{매출}} + \frac{\text{재고자산}}{\text{매출}} + \frac{\text{기타유동자산}}{\text{매출}} + \frac{\text{유형자산}}{\text{매출}} + \frac{\text{기타비유동자산}}{\text{매출}}\right)$$

현금, 매출채권, 유형자산 등 각 자산이 매출액 대비로 너무 많으면 자산

그림 16.1 영업순환과정

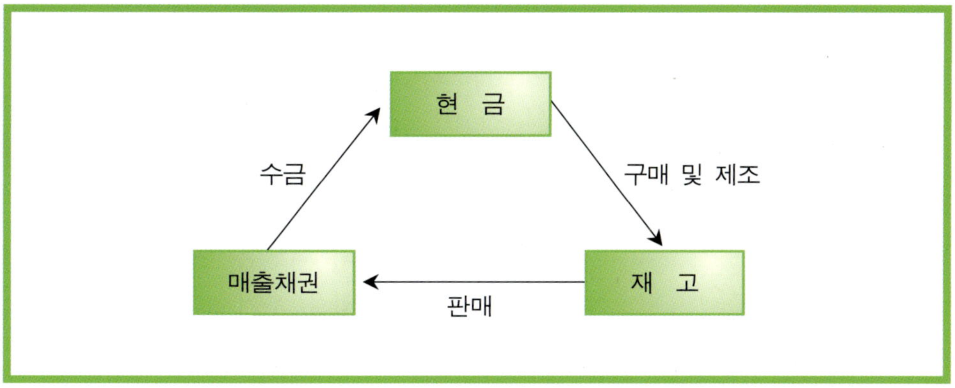

회전율이 낮아진다. 자산회전율의 구성요소 중 매출채권/매출은 매출채권의 회수기간을 보여준다. 이 비율이 1/6이면 매출채권을 회수하는 데 평균 1/6년, 즉 2개월이 걸림을 보여준다. 이 비율의 역수, 즉 매출/매출채권을 매출채권회전율이라 부른다. 재고자산/매출은 재고자산보유기간을 보여주며, 재고자산회전율의 역수이다.[5] 재고자산회전율은 재고자산이 얼마나 빨리 판매되는지를 보여준다. 회전율이 클수록 판매, 수금이 빨리 이루어져 [그림 16.1]의 영업순환과정(Operating Cycle)이 효율적으로 빨리 돌아간다.

매출채권회전율
매출과 매출채권의 비율

투자수익률에 의한 평가의 역기능에 주의한다

투자수익률은 이해하기 쉽고 듀퐁 분석이 가능하여 편리하나 한 가지 문제점이 있다. 투자수익률을 기준으로 부문을 평가할 때 역기능이 나타날 수 있다. B사업부가 현재 12%의 투자수익률을 달성하여 좋은 평가를 받아, 부문관리자 및 직원이 승진과 급여에서 혜택을 받고 있다고 하자. 이때, 이 사업부가 투자수익률 10%의 20억원 규모의 사업에 투자를 할 것인가? 투자수익률 10%의 사업을 추가하면 사업부의 평균 투자수익률은 현재의 12%보다 낮은 11.4%가 된다.

5) 매출 대신 매출원가를 사용하여 재고자산회전율을 구하는 것이 더 정확한데 이는 매출은 판매가로, 매출원가와 재고자산은 원가로 계산되어 있기 때문이다.

표 16.2 사업추가 전후의 투자수익률 (단위 : 억원, %)

	사업추가 전	추가 사업	사업추가 후
이 익	6	2	8
투 자 액	50	20	70
투자수익률	12%	10%	11.4%

이때 부문관리자와 직원은 투자수익률 하락으로 불이익을 받을 수 있어 이 수익률 10%의 사업을 포기할 것이다. 이 기업의 요구수익률이 8%이어서

달러 스토어 인기

■ 숨겨진 보물 찾는 재미에 고객 줄이어

뉴욕 맨해튼 32번가를 따라 서쪽으로 걷다 보면 눈길을 끄는 상점을 하나 발견할 수 있다. 잭스99센트스토어. 제대로 쓰지도 못할 싸구려 물건만 모아서 파는 곳이겠지 하는 생각은 잠시. 엄청난 규모, 다양한 상품에 입이 절로 벌어진다. 강당 크기의 매장 1, 2층이 발 디딜 틈 없이 붐빈다. 꽤 괜찮아 보이는 장난감을 하나 들고 미심쩍은 눈으로 본 가격표에는 '99센트'라는 글자가 선명하게 찍혀 있다.

'달러 스토어'(Dollar Store)가 인기를 끌고 있다. 달러 스토어는 일종의 저가 편의점으로 대부분의 상품을 1달러에 판매하는 곳이다. 맨해튼에 있는 잭스99센트스토어 같은 99센트 스토어도 달러 스토어로 분류된다.

달러 스토어에서 잘 팔리는 상품종류는 대략 50가지. 파티용품, 패션 액세서리, 주방용품, 가정용품, 식품 등이다. 보통 달러 스토어 한 곳에서 2,000~3,000가지 상품을 판매한다. 웬만한 생활용품은 대부분 구비하고 있을 정도다. 일부 달러 스토어는 1달러가 넘는 상품도 팔고 있다. 물론 다른 곳과 비교해 가격이 매우 저렴하다.

달러 스토어의 최대 강점은 역시 가격. 그렇지만 그게 전부는 아니다. 달러 스토어 창업지원회사인 ASI의 댄 마글즈 부사장은 달러 스토어가 인기를 끌고 있는 이유로 다양한 상품을 꼽았다. 그는 "달러 스토어는 다양한 상품을 보유하고 있다. 특히 매달 전체 상품의 30%를 새로운 품목으로 채운다. 고객들은 1달러에 살 수 있는 다양한 상품을 보려고 자주 찾는다"고 설명했다. 필라델피아의 세인트조셉대 존 스탠턴 교수는 이런 현상을 보물찾기에 비유했다. 그는 "고객들은 달러 스토어에 숨어 있는 질 좋고 값싼 물건을 발견하는 재미로 자주 방문한다"고 분석했다.

달러 스토어가 성공하기 위해서는 무엇보다 고객들의 방문 횟수가 중요하다. 고객들의 방문 횟수가 매출로 이어지는 확률이 다른 곳보다 훨씬 높기 때문이다. 달러 스토어에서 판매하는 상품은 가격이 싸 일단 방문한 고객은 당초 계획보다 많이 사는 경향이 있다. (중략)

■ 1달러의 비밀

달러 스토어가 1달러를 유지할 수 있는 가장 큰 이유는 대량 구매에 있다. 달러 스토어 납품회사들은 생산자로부터 한꺼번에 상품을 구입해 단가를 낮춘다. 개별 달러 스토어는 납품회사들로부터 원하는 상품을 주문한다. 달러 스토어 창업지원 및 상품공급을 하는 벅스스토어의 홍보담당자 마이클 월셔 씨는 "전국에 있는 달러 스토어에서 주문을 받아 대량으로 구매할 뿐만 아니라 최근에는 공급자들간 경쟁이 치열해 가격은 더욱 내려가고 품질은 올라가고 있다"고 설명했다. 대형 체인은 자체적으로 구매한다.

8% 이상의 수익률을 가진 사업이 기업의 이익을 증가한다면 B사업부의 수익률 10% 사업의 포기는 기업 전체로 보아 바람직하지 않다. 투자수익률 수준 자체가 평가지표로 사용될 때의 이러한 역기능을 준최적화(Sub-optimization) 현상이라 한다. 이 기업이 요구수익률 8% 이상을 달성한 사업부는 모두 똑같이 평가한다면 이러한 역기능이 없어지는가? 이 역기능은 없어지지만 그 대신 사업부가 8% 이상의 높은 수익률을 달성하려는 동기가 없어진다. 사업부를 잔여이익으로 평가한다면 이러한 문제가 없어진다.

준최적화 현상
기업이익이 최대화되지 않는 현상

1달러를 유지하는 또 다른 방법은 철 지난 상품을 판매하는 것. 유행이 지난 상품을 값싸게 구매해 판매한다. 재미있는 사실은 상하기 쉬운 식품도 동일한 방식으로 구매한다는 것이다. 잭스99센트스토어의 마케팅담당자 아이라 스타인버그 씨는 "달러 스토어는 상품이 판매될 때까지 걸리는 시간이 매우 짧기 때문에 유통기간이 임박한 식품을 저가에 구매, 판매할 수 있다"고 말했다. 사실 일반 슈퍼마켓은 유통기간이 얼마 남지 않은 상품을 사려 하지 않아 생산자들에게 식품재고는 큰 골칫거리다. 폐기하기는 아깝고 그렇다고 팔 수도 없기 때문이다. 이런 문제를 달러 스토어가 해결해주었다. 달러 스토어에서는 얼마 남지 않은 유통기간 내에 충분히 팔 수 있기 때문이다. 생산자는 재고를 처리할 수 있어 좋고, 달러 스토어는 싸게 물건을 들여올 수 있어 좋다. 완벽한 윈-윈 전략인 셈이다.

■ 달러 스토어 급성장

달러 스토어는 미국경기가 몇 년째 침체를 보이면서 오히려 활기를 띠고 있다. 경기가 어려울수록 소비자들은 싼 곳에 눈을 돌리기 때문이다. 댄 마글즈 부사장은 "달러 스토어는 경기 침체기에 오히려 번창하는 몇 안 되는 비즈니스 가운데 하나"라고 말했다. 최근 고객층이 저소득층에서 고소득층으로 확대되면서 더욱 빠른 성장세를 보이고 있다.

달러 스토어는 수익도 짭짤한 편이다. 댄 콜리 ASI 마케팅담당부장은 "달러 스토어는 마진이 상당히 높은 편"이라며 "평균 마진이 전체판매액의 20% 정도"라고 말했다.

달러 스토어 숫자도 급속하게 불어나고 있다. 정확한 수치는 나와 있지 않지만 현재 미국 전역에 퍼져 있는 달러 스토어는 수만 개에 달할 것으로 추정된다. 새로 문을 여는 달러 스토어는 일일이 셀 수 없을 정도다. 미국에서 가장 대표적인 달러 스토어 체인인 달러트리의 경우 극심한 불경기였던 지난해에만 318개의 상점을 새로 열었다. 달러트리는 현재 전국에 2,263개의 상점을 운영하고 있으며, 나스닥에 등록돼 있다.

달러 스토어의 매출도 가파르다. 경기침체가 오히려 달러 스토어의 성장을 가져다준 것이다. 달러 스토어 시장규모 역시 정확하게 조사되지 않은 까닭에 달러트리를 통해 대략적인 상황을 짐작해 볼 수 있다. 달러트리는 지난해 무려 23억 3,000만달러의 매출을 올렸다. 1달러짜리 상품을 무려 23억개나 판 것이다. 초당 72개꼴로 팔았다는 계산이 나온다. 지난 2001년 달러트리 매출은 19억 9,000만달러. 1년 사이에 17.1%나 성장했다. 지난해 순익은 15만 5,000달러를 기록해 전년(12만 3,000달러)보다 6.6%나 향상됐다. 대부분의 기업들이 극심한 매출감소를 겪고 있는 것과 대조적이다. 달러트리는 올해 매출이 지난해보다 15% 성장할 것으로 내다보고 있다. 달러트리 매콘 브록 사장은 "달러 스토어 비즈니스는 경기에 상관없이 향후 5~10년간 지속적인 성장세를 보일 것"이라고 내다봤다.

(한경 비즈니스, 2003.5.19)

잔여이익은 모든 자본비용을 고려한 이익이다

잔여이익
영업이익에서 투자액의 자본비용을 차감한 이익

잔여이익(Residual Income)은 영업이익과 투자액의 자본비용의 차이로 다음과 같이 계산한다.

잔여이익 = 영업이익 − 요구수익률 × 투자액

요구수익률(Required Rate of Return)은 기업의 자금조달비용, 즉 자본비용(Cost of Capital)을 고려하기 위해 기업 본부에서 설정하는데, 사업의 위험성(Risk)이나 더 좋은 투자기회에 대한 기대 등이 반영되어 실제자금 조달비용 수준보다는 좀더 높게 설정된다. 요구수익률로 측정하는 자본비용은, 차입자금에 대해 실제로 지급된 명시적인 이자비용뿐만 아니라, 자체 조달된 자기자본에 대한 암묵적인 자본비용도 고려한다. 암묵적인 자본비용은 자기자본에 대한 기회원가로, 사업을 하여 기회원가 이상을 벌지 못하면 사실상 이익을 얻은 것이 아니라는 것을 명백히 알려준다.

요구수익률을 8%로 가정하면, A, B사업부의 현재 잔여이익과 B사업부의 사업추가 후의 잔여이익은 〈표 16.3〉과 같다.

표 16.3 잔여이익 (단위 : 억원, %)

	A사업부	B사업부 사업추가 전	B사업부 추가 사업	B사업부 사업추가 후
이 익	10	6	2	8
투 자 액	100	50	20	70
자본비용	8 (100×8%)	4 (50×8%)	1.6 (20×8%)	5.6 (70×8%)
잔여이익	2	2	0.4	2.4

〈표 16.3〉이 보여주듯이 B사업부는 요구수익률 8%를 초과하는 사업을 추가하여 잔여이익을 2억원에서 2.4억원으로 높일 수 있다. 따라서 사업부의 투자성과를 잔여이익으로 평가하여 포상하면, 기업의 이익을 증가시키는 모든 사업에 사업부가 자율적으로 투자하도록 유도하는 바람직한 동기부여 효과가

나타난다.

〈표 16.3〉에서 두 사업부는 현재 같은 2억원의 잔여이익을 달성한다. A사업부의 투자수익률이 10%로 B사업부보다 낮으나 투자규모가 2배로 커서 잔여이익은 같게 나타난다. 이처럼 잔여이익은 자본비용을 차감한 후의 초과이익의 절대 규모를 나타내므로, 투자효율성 지표인 투자수익률과 투자규모의 복합적인 결과이다. 따라서 잔여이익은 같은 수익률에서 규모가 큰 부문의 평가를 유리하게 만든다. 이를 식으로 나타내면 다음과 같다.

잔여이익 = 영업이익 − 요구수익률 × 투자액
= 투자액 × (영업이익 / 투자액 − 요구수익률)
= 투자액 × (투자수익률 − 요구수익률)

A사업부 잔여이익 = 100 × (10% − 8%) = 2
B사업부 잔여이익 = 50 × (12% − 8%) = 2

투자수익률이 요구수익률보다 크면 잔여이익이 양수가 된다. 투자액이 같다면 투자수익률이 클수록 잔여이익이 커지지만, 투자액이 다르면 투자수익률의 크기 순위와 잔여이익의 크기 순위가 달라질 수 있다.

경제적 부가가치는 무엇인가?

최근 기업 전체나 기업의 사업부문을 경제적 부가가치로 흔히 평가한다. 많은 기업의 경제적 부가가치가 한국신용평가정보(주)나 한국거래소에서 매년 발표된다.

경제적 부가가치
사업단위가 자본비용을 초과하여 달성한 세후이익을 기업가치 관점에서 조정한 가치평가지표

경제적 부가가치(EVA, Economic Value Added)는 사업단위가 자본비용을 초과하여 달성한 세후이익을 기업가치 관점에서 조정한 가치평가지표이다.

경제적 부가가치 = 조정 세후영업이익 − 평균 (세후)자본비용 × 조정투하자본

이익수치에서 투자액의 자본비용을 차감한 초과이익을 측정하는 면에서

경제적 부가가치가 잔여이익과 차별되는 점은?

1. 세후영업이익과 세후자본비용을 사용
2. 회계수치를 적절히 조정하여 사용
3. 자산평가손익이나 처분손익을 영업관련 손익으로 판단 및 반영

는 잔여이익과 상당히 비슷하다. 그러나 몇 가지 중요한 차이가 있다. 첫째, 경제적 부가가치는 법인세를 명시적으로 고려하기 위해 세후영업이익과 세후자본비용을 사용한다. 둘째, 경제적 부가가치는 기업가치 관점에서 회계수치를 그대로 사용하지 않고 적절히 조정한다. 대표적인 예로, 연구비를 당기 비용으로 처리하지 않고 자산화한다. 즉, 손익계산서의 영업이익은 연구비를 비용으로 차감하여 계산되나, 경제적 부가가치 계산에서는 연구비는 실질적인 자산가치가 있다고 판단한다. 따라서 연구비를 자산으로 인정하여 투하자산에 추가하고 그 상각비만을 비용으로 인정하여 조정된 영업이익을 계산한다. 영업활동의 범위를 확대하여 자산평가손익이나 처분손익은 회계적으로는 영업외손익이나 경제적 부가가치에서는 영업관련 손익으로 판단하여 조정영업이익 계산에서 반영한다. 감가상각비는 현금지급을 초래하지 않지만 경제적 비용으로 인정하여 조정하지 않는다.

조정영업이익 = **영업이익** + **당기 연구비** − **자산화된 연구비상각**
+(−) **자산평가 / 처분이익(손실)** +(−) **기타조정**

A사업부의 영업이익이 10억원이고 당기 연구비가 3억원이라 하자. 연구비의 효과가 3년간 지속된다고 추정하여 경제적 부가가치 계산을 위해 3년에 걸쳐 상각하기로 한다. 연구비의 내용연수를 3년으로 보면, 올해의 연구비자산상각액은 지난 2년간의 연구비의 상각액을 포함해야 한다. 2년 전과 1년 전의 연

NICE 평가정보의 EVA 자료

NICE 평가정보 상장코스닥분석(media.kisline.com) 사이트는 EVA 수치를 보여준다. 기업명을 입력하여 선택한 후 투자정보로 들어가면, 개별기업의 5년간 EVA 계산항목과 그 추세를 보여준다. 삼성전자의 예는 다음과 같다.

EVA지표

(단위 : 10억원, %)

구 분	2014.12.31		2015.12.31		2016.12.31	
	당 사	업종평균	당 사	업종평균	당 사	업종평균
평균투자자본(IC)	52,484	149	57,563	161	60,200	166
세후영업이익(NOPLAT)	8,750	15	11,131	20	9,175	16
투자자본수익률(ROIC)	16.67	10.31	19.34	12.71	15.24	9.51
가중평균자본비용(WACC)	7.58	6.77	5.66	5.48	6.16	5.36
EVA	4,773	5	7,872	12	5,467	7

구비가 각각 2.4억원, 2.7억원이면, 올해의 연구비상각액 총액은 2.7억원이다. 자산평가/처분손익을 0.2억원, 기타조정 금액을 −0.1억원으로 가정한다. 법인세율이 40%일 때 조정 세후영업이익은 〈표 16.4〉와 같다.

표 16.4 조정 세후영업이익 계산

항 목	내 역	금액(억원)
영업이익		10
당기 연구비		3
(−) 연구비자산상각		−2.7
당기연구비상각	1	
전기연구비상각	0.9	
전전기연구비상각	0.8	
자산평가/처분손익		0.2
기타조성		−0.1
조정 영업이익		10.4
법인세(세율 40%)		−4.16
조정 세후영업이익		6.24

삼성, 성과달성 아닌 목표기준 따라 PS 지급

삼성그룹이 매년 1월 지급하는 초과이익분배금(PS · Profit Sharing) 제도를 절대적 '성과달성'보다는 '목표달성' 여부로 판단하기로 했다. PS의 근간인 EVA(Economic Value Added · 경제적 부가가치)를 산정할 때 자기자본비용을 합리화, 당장의 수익성보다는 목표를 달성했는지 여부를 주요 변수로 산정한다는 방침이다.

7일 삼성에 따르면, 그룹 미래전략실은 이달 초 이 같은 내용의 PS지급 방안을 확정해 각 계열사에 전달한 것으로 알려졌다. 삼성 관계자는 "삼성은 매년 PS를 지급하고 난 후, 삼성 관계사의 PS 담당자들이 모여 전년도 PS 지급기준에 대해 개선점이 없는지 논의하는 자리를 갖는다"면서 "EVA 방식을 통한 PS 산출방식은 변함없이 유지하기로 했지만, 연간 영업이익에서 자본비용을 차감할 때 자본비용을 계산하는 방식을 합리적으로 개선했다"고 말했다. 이 관계자는 이어 "자기자본비용을 산정할 때 회사에서 갖고 있는 기대수준이 반영이 됐다"면서 "예를 들어 당장의 수익성이 안 나는 사업이라도 연간 실적이 기대수준에 만족이 된다면 PS를 지급하는 형식"이라고 설명했다. (아시아경제, 2011.6.7)

투하자본은 어떻게 구하는가?

투하자본
이자비용이 발생하는 타인자본과 자기자본의 합

타인자본
(재무상태표의 부채)
이자발생부채
예 : 차입금, 지급어음, 사채

자기자본
(재무상태표의 자본)

이자 대신
기회비용이 발생

투하자본(Invested Capital)은 이자비용이 발생하는 타인자금과 자기자본의 합으로 구한다. 타인자본(재무상태표의 부채총액) 중 장기충당부채[6]는 이자를 발생시키지 않지만 비유동부채(장기부채)의 대부분인 사채와 장기차입금은 이자비용을 발생시킨다. 유동부채(단기부채)는 단기차입금과 지급어음만이 이자를 발생시키고 외상매입금 등의 유동부채는 이자가 발생하지 않으므로 투하자본에서 제외한다. 자기자본(재무상태표의 자본총액)은 이자비용이 발생하지 않으나 기회비용이 발생하므로 자본비용의 계산대상인 투하자본에 포함한다. 따라서 투하자본은 주로 비유동부채와 자기자본인 자본총액의 합이다.

투하자본 ＝ 조정자본총액 ＋ 이자발생부채
＝ 조정자본총액 ＋ 부채총액 － 이자미발생부채

부채총액과 자본총액의 합이 자산총액이므로 투하자본을 자산으로 표시하면,

투하자본 ＝ 조정자산총액 － 이자미발생부채
＝ 유동자산 ＋ 조정비유동자산 － 이자미발생부채

조정자본총액, 조정자산총액, 조정비유동자산은 연구비 자산화와 비영업자산 제외 등에 의해 조정된 금액이다.

A사업부의 재무상태표가 〈표 16.5〉와 같다.

6) 퇴직급여충당부채, 수선충당부채 등으로 외부에서 차입한 것이 아니라 미래의 예상지급액을 미리 비용화하여 부채로 인식한 것이므로 자본비용이 발생하지 않는다.

표 16.5 재무상태표

자산항목	금액(억원)	부채와 자본 항목	금액(억원)
유 동 자 산	9	유 동 부 채	7
현 금	2	매 입 채 무	5
매 출 채 권	3	단기차입금	2
재 고 자 산	4	비유동부채	29
비유동자산	48	사 채	14
유 형 자 산	35	장기차입금	10
무 형 자 산	13	장기충당부채	5
		부채총액	36
		자본총액	21
자산총액	57	부채와 자본 총액	57

연구비 자산화와 기타 조정에 의해 비유동자산과 자본이 조정되면 재무상태표의 조정 후 주요 금액은 〈표 16.6〉과 같다.[7]

표 16.6 조정 재무상태표

자산항목	금액(억원)	부채와 자본 항목	금액(억원)
유 동 자 산	9	부채총액	36
조정비유동자산	56	조정자본총액	29
조정자산총액	65	부채와 조정자본 총액	65

위의 자료를 사용하여 투하자본을 계산하면 다음과 같다. 투하자본은 〈표 16.7〉과 〈표 16.8〉의 두 가지 방법으로 같은 금액을 구한다.

7) 연구비의 자산화 등으로 자본총액은 8억원만큼 상향조정되었다고 가정한다.

표 16.7 투하자본의 계산 : 자산 관점

항 목	금액(억원)	
조정자산총액		65
(−)이자미발생부채		10
매 입 채 무	5	
장기충당부채	5	
투 하 자 본		55

표 16.8 투하자본의 예산 : 자본 관점

항 목	금액(억원)	
조정자본총액		29
이자발생부채		26
단기차입금	2	
사 채	14	
장기차입금	10	
투 하 자 본		55

유동자산과 유동부채의 차액을 운전자본(Operating Capital)이라 하므로 투하자본을 운전자본과 비유동자산의 합으로 표시하기도 한다. 그러나 일반적인 운전자본은 유동자산에서 유동부채 전체를 차감하나, 투하자본 계산에는 이자가 발생하지 않는 부채를 차감하는 차이가 있다.

자본비용을 구한다

평균 (세후)자본비용
차입자금과 자기자금의 평균자본비용

(가중)평균 (세후)자본비용(WACC, Weighted Average Cost of Capital)은 차입자금(타인자본)에 대한 자본비용과 자기자금(자기자본)에 대한 자본비용을 각각 계산하여 차입자금과 자기자금의 크기에 따라 가중평균한 자본비용이다. 차입자금과 자기자금의 크기는 장부가보다 시장가로 계산하는 것이 일반적이다. 차입자금의 시가는 해당 회사의 사채 시가 등을 사용하고, 자기자금의 시가는 주가를 사용

차입자금(타인자본)의 자본비용
- 실제 지급된 이자비용이나 그 기업이 발행한 채권의 수익률
- 이자비용은 절세효과가 있으므로 세후자본비용을 사용

자기자금(자기자본)의 자본비용
- 자본자산가격모형에 의한 위험조정수익률 사용

→ 크기에 따라 가중평균

가중평균자본비용

할 수 있다.

$$\text{평균 (세후)자본비용} = \frac{\text{차입자금(시가)}}{\text{투하자본(시가)}} \times \text{차입자금의 자본비용} \times (1 - \text{법인세율}) + \frac{\text{자기자금(시가)}}{\text{투하자본(시가)}} \times \text{자기자금비용}$$

$$\text{투하자본(시가)} = \text{차입자금(시가)} + \text{자기자금(시가)}$$

차입자금에 대한 자본비용은 실제 지급된 이자비용을 사용하거나 그 기업이 발행한 채권의 수익률을 사용할 수 있다. 자기자금에 대한 자본비용은 재무관리의 자본자산가격모형(CAPM, Capital Asset Pricing Model)에 의한 위험조정수익률을 사용할 수 있다.

자본비용은 사업부별로 계산하기보다는 기업 수준의 단일 자본비용을 사용한다. 이 기업의 차입자금이 300억원이고 그 세전자본비용이 5%, 자기자금 시가가 200억원이고 그 자본비용이 4%라 하면 평균자본비용은 다음과 같다.

표 16.9 평균자본비용의 계산

항 목	수 치	항 목	수 치
세전차입자금비용	5%	자기자금비용	4%
법인세율	40%		
세후차입자금비용	3%		
차입자금	300억원	자기자금	200억원
가중치	60%	가중치	40%
평균자본비용	60% × 3% + 40% × 4% = 3.4%		

균형성과표

재무성과지표와 비재무성과지표를 보완적으로 사용한다

전통적인 성과평가지표는 모두 재무지표이다. 원가, 매출, 이익, 수익률, 경제적 부가가치는 모두 재무적 수치이다. 재무성과지표는 몇 가지 편리한 점이 있다. 첫째, 화폐라는 공통단위를 사용하므로 전혀 성격이 다른 제품이나 서비스 부문을 비교하는 데 편리하다. 둘째, 주주나 최고경영자는 구체적인 생산 프로세스보다 그 결과인 재무적인 성과가 더 관심사이다. 최고경영진은 주주에 대해 책임을 지므로 주주가 가장 관심이 있는 재무적인 성과를 중심으로 모든 경영상태를 이해하는 것이 편리하다.

재무성과지표는 몇 가지 문제점을 가지고 있으므로 비재무성과지표가 보완적으로 사용되어야 한다.

첫째, 재무성과지표는 결과지향적 지표이므로, 이 결과를 달성하기 위해 어떤 것을 중요시하고 무엇을 실천해야 하는지에 대한 방향제시가 없다. 성과지표는 사후적인 결과평가의 측면과 함께 사전적인 동기부여의 역할을 해야 하는데, 성과달성을 위한 방향제시가 없다면 동기부여의 효과가 줄어든다. 예를 들어 매출증대가 목표라면 무엇을 실천해야 고객만족이 높아져서 판매가 늘지를 성과평가시스템이 제시한다면 동기부여가 잘된다. 불량률, 생산공정시간, 납기, 반품률, 고객만족도 조사수치 등 비재무성과지표는 기업의 성공을 위해 품질, 고객만족, 고객대응속도 등이 중요함을 직원에게 분명히 알려주고 이를 위해 노력하게 한다. 기업의 핵심성공요소(Critical Success Factors)를 찾아내어 이를 비재무성과지표로 사용하면 성과관리제도가 기업성공전략 수행에 큰 기여를 한다.

둘째, 재무성과지표는 추상적인 회계수치이므로 현장에 있는 중간관리자 이하의 직원에게는 피부에 와 닿지 않을 수 있다. 이에 비해 불량률, 생산공정시간, 납기, 반품률, 고객만족도 조사수치 등 비재무성과지표는 현장의 지표를 그대로 사용하므로 그 달성여부와 의미를 쉽게 이해하게 한다. 또한 재무성과지표는 단기적 성과를 측정하는 반면 비재무성과지표는 장기적인 기업가치를 높여주는 핵심성공요소를 측정하고자 한다.

표 16.10 재무성과지표와 비재무성과지표 비교

특 징	재무성과지표	비재무성과지표
지향성	결과지향적	과정지향적
시 야	단기적	장기적
자료성격	회계 및 재무 자료	생산운영 및 마케팅 자료
구체성	추상적임	구체적임

균형성과표는 4가지 관점으로 평가한다

균형성과표
재무, 고객, 내부 프로세스, 학습과 성장의 4가지 관점에 의한 균형잡힌 성과관리제도

재무지표와 비재무지표를 균형적으로 성과관리에 사용하는 제도가 균형성과표(BSC, Balanced Scorecard)이다. 관리회계학자인 Kaplan과 경영자문가인 Norton에 의해 최근에 정립된 균형성과표는 성과관리를 4가지 관점으로 나눈다. 재무적 관점, 고객의 관점, 내부 프로세스 관점, 학습과 성장의 관점이다. 재무적 관점(Financial Perspective)은 주주의 부를 최대로 하고자 하는 관점인데, 전통적인 재

은행 인사원칙 바뀐다… 실적 많아도 수익 없으면 퇴출

"여·수신 실적이 아무리 많아도 은행 수익에 도움 안 되면 퇴출 당한다" 급변하는 금융환경에 맞춰 은행원에 대한 인사고과기준이 완전히 바뀌었다. 지점에 대한 평가기준도 바뀌어 수익성이 낮으면 문을 닫게 된다. 과거 여·수신 실적 등 외형적인 실적을 인사고과 판단기준으로 삼았던 은행들이 철저하게 수익성 위주의 평가기준으로 바꾸어 나가고 있다.

신한은행은 최근 선진은행으로 도약하기 위한 발판을 마련하고 은행 수익성을 높인다는 방침 아래 새로운 인사고과 평가기준인 균형평가표(BSC)제도를 도입해 시행중이다. 이에 따라 3급 이상 간부직원들은 지난해까지는 인사고과시 여·수신 실적 등 재무목표의 달성 정도만을 평가받았으나 올 연말부터는 여·수신 취급에 따른 실질적인 손익과 부실비율 등을 중점 평가받는다. 또 이 같은 재무실적 외에 내부직원관리, 사업계획수립, 업무개선 제안·채택실적 등 비재무적인 측면도 종합 평가받게 된다.

기업은행도 각 영업점별로 영업실적이 아닌 수익성을 평가해 적자가 나거나 수익성이 낮은 지점은 과감히 문을 닫게 하는 '지점평가제'를 실시한다. 거래실적이 많은 중대형 지점이라도 수익보다 비용이 많이 들어 은행 손익에 도움이 안 되면 문을 닫게 하고 관련 영업점 책임자에게는 인사고과 때 이를 반영한다.

조흥은행은 부실발생 등으로 은행에 손해를 입힌 담당자에 대해서는 해당 업무를 끝까지 맡아 처리하게 하는 내부규정을 새로 만들고 있다. 또 종전과는 다른 평가기준을 적용하는 인사고과제도도 마련중인데 영업실적보다는 은행 손익에 얼마나 많은 기여를 했는가를 반영하는 것이 골자이다.

(매일경제, 1999.11.6)

무지표를 사용한다. 영리단체에서 가장 최종적인 성과목표라고 할 수 있다. 고객의 관점(Customers Perspective)은 고객만족에 대한 성과를 측정한다. 재무적 성과를 위해서는 고객만족이 필수적이라는 인식을 분명히 한다. 고객관점의 성과측정은 고객만족도 조사, 고객확보율, 고객유지(이탈)율, 반복구매율 등을 사용한다. 기업이 적자를 보면서 고객을 만족시킬 수는 없으므로 최종적인 지표는 아니다.

내부 프로세스 관점(Internal Process Perspective)은 기업 내부의 업무 프로세스의 효율성을 측정한다. 원가를 낮은 수준으로 유지하여 저렴한 가격에 제품을 고객에게 제공하려면 기업의 모든 프로세스가 효율적으로 운영되어야 한다. 불량률(Defect Rate), 작업폐물, 재작업률, 수율(Yield), 납기, 생산처리시간(Cycle Time), 재고회전율 등이 측정지표로 사용된다. 품질관련 지표는 내부 프로세스 관점이면서 고객관점과 직결된다. 학습과 성장의 관점(Learning and Growth Perspective)은 기술 및 제품의 혁신적인 발전을 추구하는 정도를 측정한다. 기존의 프로세스와 제품에 안주하지 않고 새로운 발전을 추진해야 급변하는 환경에서 기업의 성공이 있다. 조직의 인적 자산인 직원에 대한 교육투자와 직원의 조직만족도도 중시한다. 학습과 성장의 관점은 신제품 매출비율, 특허등록수, 직원만족도 등으로 측정한다.

직원이 승객보다 중요하다

창업 이래 31년간 매년 흑자를 기록한 항공사. 2002년 다른 미국 주요 항공사들의 시장가치를 모두 합한 것보다 더 많은 시장가치를 자랑하는 항공사. '미국에서 가장 일해 보고 싶은 100대 기업'에 3년 연속 선정된 항공사. 사우스웨스트항공이 바로 이 회사다. 사우스웨스트항공이 이 같은 극찬을 받는 이유는 무엇일까. 항공사의 "도요타 모델"로 일컬어지고 있는 '사우스웨스트 에어라인 웨이'를 들여다보자.

"우리는 이곳에서 '사랑'이라는 말을 자주 사용한다." 창업자 허버트 켈러허의 뒤를 이어 사우스웨스트항공 최고경영자에 오른 콜린 바렛의 말이다. 공교롭게도 이 회사 본사도 미국 댈러스의 러브필드이며 심볼도 LUV다. '사랑'을 빼놓고는 사우스웨스트항공을 이해하기 어렵다.

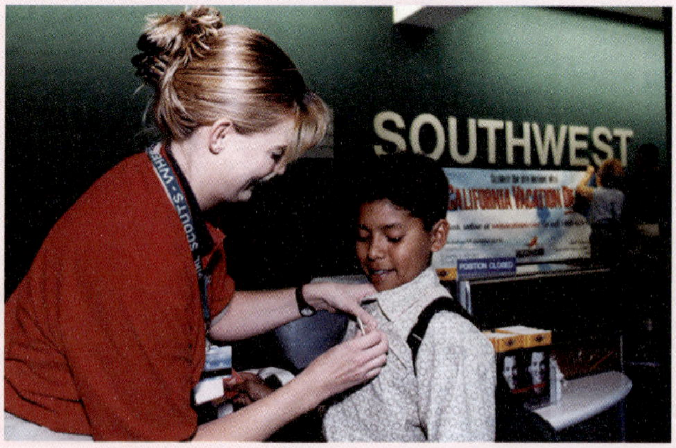

학습과 성장부터 내부 프로세스, 고객만족, 재무적 성과까지의 인과관계

균형성과표의 4가지 관점은 서로 보완적인 관계를 가지지만 또한 인과관계를 가지고 있다고 여겨진다. 재무적 관점이 최종적인 결과이며 재무적 성과는 수익을 제공하는 고객으로부터 오므로 고객관점지표가 재무적 지표의 원인이 된다. 고객만족은 효율적이고 효과적인 내부 프로세스 없이 달성될 수 없으므로 내부 프로세스 지표는 고객관점지표의 원인이 된다. 내부 프로세스의 효율성 향상은 끊임없는 학습과 혁신의 노력과 직원의 만족도에 의해서 이루어지므로 학습과 성장의 지표가 가장 근본적인 원인지표로 여겨진다. 미국의 가장 성공적인 항공사인 사우스웨스트항공의 사례가 이 점을 잘 보여준다.

한편, 외국의 한 보험회사인 내셔널보험사와 국내기업인 동아오츠카의 4대 관점과 지표 간의 인과관계는 [그림 16.2] 및 [그림 16.3]과 같다.

영리기업에서는 재무성과가 가장 상위의 궁극적인 목적이 된다. 그러나 비영리조직이나 정부부문에서는 일반적으로 고객(이해관계자) 관점을 최상위의 관점으로 놓는다.

전략지도(Strategy Map)는 각 관점별로 어떠한 성과동인(핵심성공요인)이나 KPI가 있으며, 이것들이 서로 어떤 인과관계(선행 후행 관계)를 가지고 있는지를 화살표로 연결하여 보여주는 균형성과표의 종합적 요약표이다.

9.11테러 이후 미국의 항공업계는 노동력의 20%인 12만여명을 해고했다. 대형 항공사들은 비행노선을 폐쇄하고 임금과 각종 복지혜택을 낮췄고 승무원의 규모와 기내식 횟수마저 줄이는 비상조치를 취하는 등 사상 최악의 사태를 겪었다.

놀랍게도 사우스웨스트항공은 아무런 조치도 취하지 않았다. 비행스케줄을 유지했으며 심지어 단 한 명의 직원도 해고하지 않았다. 오히려 직원들이 회사를 지켜야 한다며 봉급의 일부를 반납하는 사태까지 벌어졌다. 이러한 사태(?)는 신뢰와 충성심 없이는 불가능한 일이다. 그만큼 사우스웨스트항공은 달랐다. 그것은 사우스웨스트항공이 고객보다 직원을 우선시했기 때문에 가능했다.

"우리 회사의 조직도는 다른 대부분의 기업과 달리 거꾸로 되어 있다. 직원들이 최우선이다. 승객은 그 다음이고 세 번째가 주주다." 이는 사우스웨스트항공 최고경영자의 말이다.

그것은 만약 회사가 직원을 진심으로 대해준다면 충성도가 높아지며 직원들도 고객에 대한 서비스를 잘하게 된다는 간단한 논리다. 실제로 사우스웨스트항공의 직원들은 동료나 고객에 대한 서비스가 자신의 임무라고 생각하고 실천하고 있다. 이러한 직원들에게 서비스를 받은 고객 또한 직원들만큼이나 사우스웨스트항공에 대한 충성도가 높다. 만족한 고객들은 사우스웨스트항공에 대한 충성도가 높아질 것이고 그들의 충성도는 회사의 수익과 이윤을 창출하게 되며 궁극적으로 주주를 위한 가치를 창출하게 된다.

(Excellence Korea, 2005.5)

그림 16.2 내셔널보험사의 전략적 목표와 평가지표

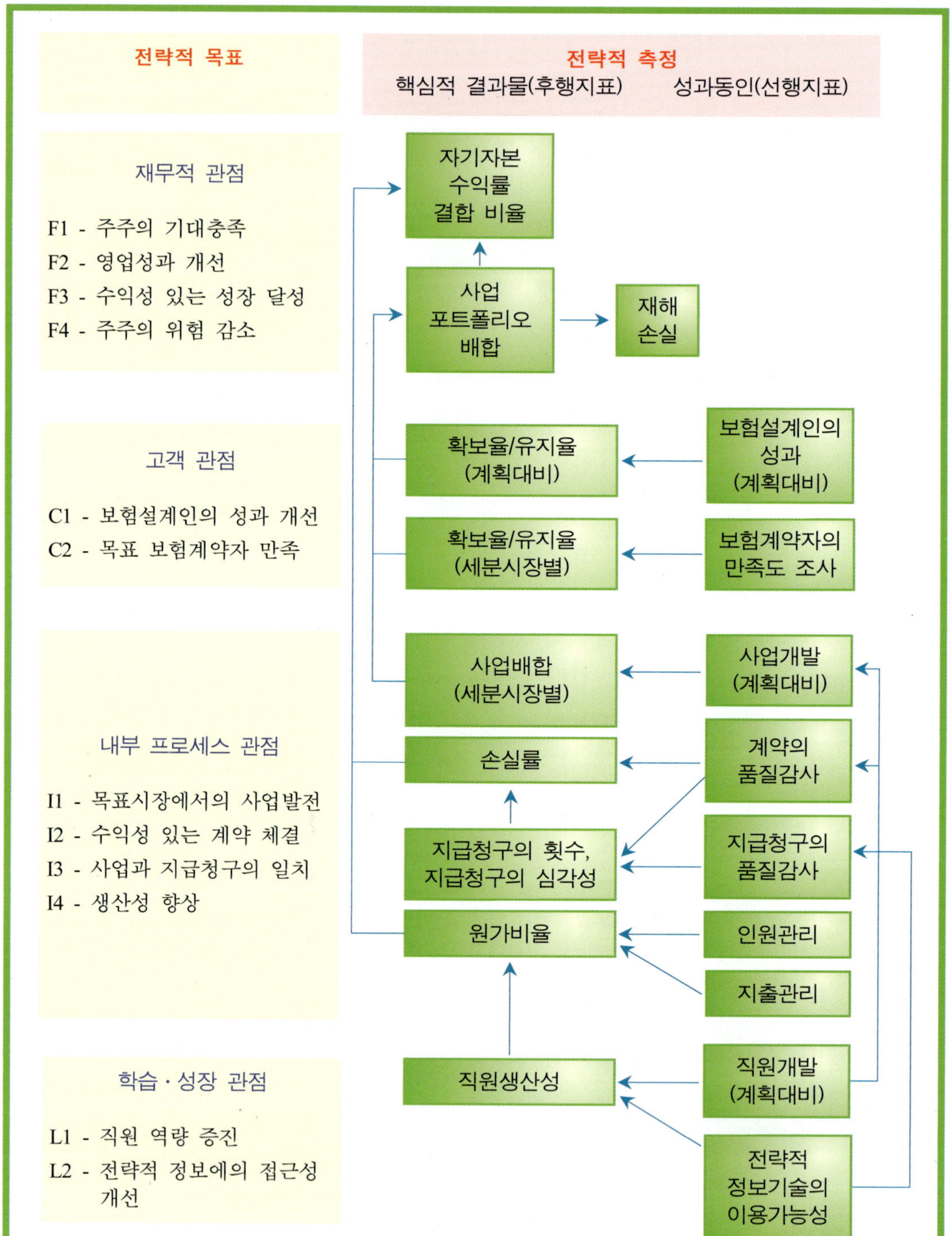

(Kaplan & Norton, *The Balanced Scorecard*, 1996, p.160)

그림 16.3 동아오츠카의 2007년 BSC 전략지도

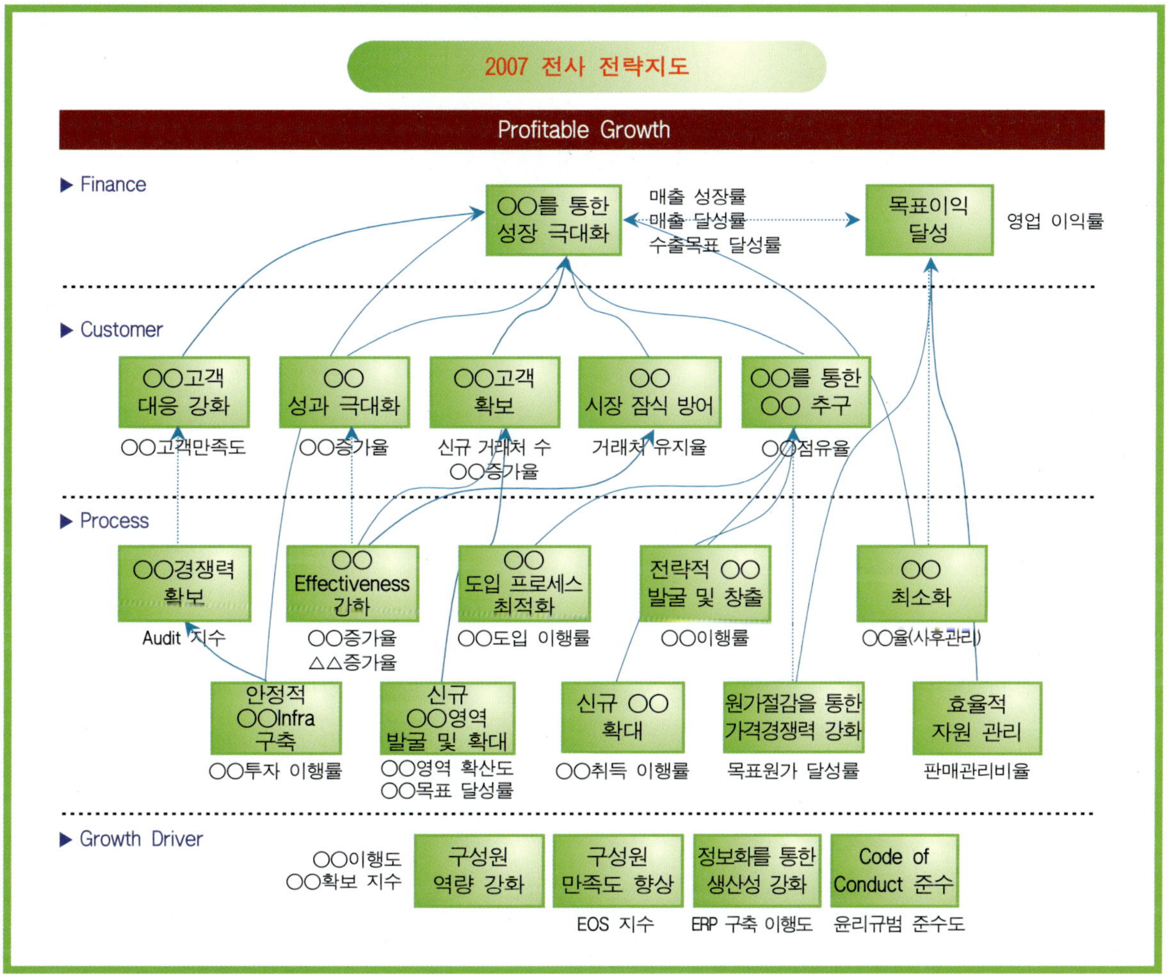

전략을 성과지표로 구체화한다

4가지 관점에 의한 균형 있는 평가를 하는 장점과 더불어 다른 장점들을 균형성과표가 가지고 있다. 평가지표가 근거 없이 주먹구구식으로 결정되지 않고, 조직의 비전과 전략과 연계되어 선정된다. 균형성과표는 조직의 비전과 전략을 성과지표로 구체화하여 전략수행을 지원하는 것을 목표로 한다. 성과지표가 독자적으로 선정되는 것이 아니라, 조직전체의 비전과 이를 달성하기 위한 조직전체의 전략과 각 하부조직의 전략에 연계된 계량성과지표를 선정하여 사용한다. 성과평가의 목적이 전략수행지원이므로 전략달성을 위해 필요한 주요 성과지표(KPI, Key Performance Indicators)를 평가단위별로 정하여 사용한다. 이러한 성과지표는 조직이 추구하는 전략을 조직구성원이 구체적으로 이해하게 하는 의사소통(Communication) 수단의 역할을 한다.

BSC 프로젝트 공기업 확산

올 최소 20~30건 달할 듯

정부 공공부문의 경영혁신에 대한 관심이 높아지면서 균형성과표(BSC) 기반의 성과관리시스템 구축 프로젝트가 올 들어 공기업 및 산하기관으로 빠르게 확산되고 있다. 지난 2~3년간 대기업과 KOTRA 등 일부 공기업을 중심으로 추진된 BSC 프로젝트는 지난해부터 주요 중앙행정기관으로 확산되기 시작한 데 이어 최근에는 공기업, 산하기관의 프로젝트가 봇물을 이루고 있다.

13일 관련업계에 따르면 이달 들어서만 한국방송광고공사, 한국과학재단, 부산대학교병원, 한국컨테이너부두공단 등 4건의 BSC 프로젝트가 공고되는 등 최근 들어 공기업 및 산하기관을 중심으로 BSC 프로젝트가 활발하게 추진되고 있다. 한국방송광고공사는 '성과관리 체제 구축 및 조직 인사 설계' 프로젝트를 발주하고, 내달부터 6개월간 관련 시스템을 구축할 예정이며, 부산대학교병원은 내달부터 활동기준원가(ABC) 및 BSC시스템 구축에 나설 계획이다. 한국과학재단과 한국컨테이너부두공단도 최근 각각 '직무분석, BSC 기반 종합성과관리 및 인사고과시스템 구축'과 'BSC 성과관리시스템 구축'을 위한 입찰공고를 내고, 이달중 사업자를 선정할 계획이다.

이처럼 BSC 프로젝트에 대한 관심이 늘어나면서 올 들어 시작된 공기업 및 산하기관의 BSC 프로젝트가 이미 10여건에 달하며, 여기에 보건복지부·노동부 등 중앙행정기관과 제주도·부천시 등 지방자치단체의 프로젝트까지 포함할 경우, 올 들어 추진된 공공부문의 BSC 프로젝트는 최소 20~30건에 달할 것으로 추산된다. 특히, 아직까지 BSC를 도입하지 않은 상당수의 중앙부처는 물론 지자체, 공기업 등이 연내에 BSC 도입을 추진할 것으로 보여, 올해 국내 BSC 기반의 성과관리시스템 시장은 가히 최고 절정기를 맞을 것으로 업계는 기대하고 있다.

최근 BSC 프로젝트를 시작한 경찰청은 내년부터 14개 전 지방경찰청으로 확대 구축할 계획이며, 정보통신부와 조달청은 연말까지 BSC시스템을 구축할 방침이다. 또 부산시설관리공단, 서울 동작구시설관리공단 등 지방공기업의 BSC 성공사례가 확산되면서 유사한 프로젝트가 하반기에 잇따를 전망이다. 기획예산처의 '2005년도 경영혁신 대상 공기업 및 산하기관' 자료에 따르면 BSC 성과관리시스템을 구축할 가능성이 높은 '경영혁신 지침 필수 적용대상기관'에 속하는 공기업 및 산하기관은 정부투자기관법 및 민영화법 적용대상기관 14개, 정부산하기관법 적용기관 88개, 출연연법 적용기관 47개 등 총 152개사(기관)에 달한다. 이 중 투자기관 소속 일부 공기업을 제외하고는 대부분이 공기업과 산하기관이 올해와 내년에 걸쳐 BSC 프로젝트를 추진할 것으로 업계는 전망하고 있다.

(디지털타임스, 2005.6.14)

이랜드 신화의 비결 'BSC'

로엠 사업부의 부활

로엠은 1998년까지만 하더라도 최악의 상황이었다. 1997년 500억원이었던 매출이 1998년 190억원까지 추락했다. 230여명이던 직원은 100여명으로 줄었고 167개의 대리점은 94개까지 축소됐다. 고민을 거듭하던 당시 오상흔 로엠 사업본부장은 1999년 가을 장광규 전무의 방을 노크하게 된다. 지푸라기라도 잡고 싶은 심정으로 대책을 논의한 그가 내린 결론은 BSC 도입. 업무 노하우가 지식창고에 쌓이더라도 평가를 하지 않으면 지식경영이 제대로 수행될 수 없다는 결론이었다.

한 달 가량 장 전무 방을 드나들며 BSC를 배운 그는 BSC 운영원칙을 준수하고 매월 실적평가회의를 열어 직원들의 개별 목표를 관리했다. 직원들에게 매장회전율, 납기준수율, 제조이익률 등 각종 경영지표를 익히게 하고 그 변수를 관리할 수 있는 역량을 키웠다.

그런 노력 끝에 서울 종각점에서 성과가 나타났다. 정수정 대리가 매출 50% 성과를 달성했던 것. "2000년 5월 당시 종각점은 매출액 5천만원, 하루 방문고객수 170여명, 구매율 35%, 객단가 4만원, 재구매율 5% 수준이었어요. 그래서 연구 끝에 브랜드 파워를 높여야 한다고 판단했어요." 정 대리는 브랜드 파워를 높이기 위해 상권 내에서 최고의 매출액을 올리기로 했다.

매장 외벽에 대형 광고판을 설치하고 이틀에 한 번씩 마네킹의 코디를 바꿔 행인들의 시선을 붙잡았다. 구매율은 판매사원의 능력이 좌우한다고 보고 최고의 능력을 지닌 사람을 투입했다. 또 풍부한 코디 자료를 만들어 윗도리를 사는 손님에게는 거기에 어울리는 바지를 추천해주는 식으로 객단가를 올리고 단골고객을 대상으로 "마일리지제"를 도입, 재구매율도 끌어올렸다. 그리고 이 같은 변수들을 조합해 그는 "매출성장 공식"을 만들었다. 매출이 안 늘면 어느 변수에 문제가 있는지 따져보고 원인을 분석해 해결책을 마련하는 것이다.

그런 노력을 한 지 1년. 종각점은 성과가 눈에 띄게 나아졌다. 1년이 지난 2001년 5월 종각점은 월매출액 1억원, 구매율 55%, 객단가 5만원, 재구매율 10%라는 놀라운 성과를 거뒀다. 파장은 컸다. 어떻게 해냈느냐는 문의가 다른 사업부에서 빗발쳤다. BSC에 대한 열정이 "푸마", "브랜따노" 등으로 번져가며 "생산성 50% 향상 직원 참여율 70%"가 불가능하다는 생각이 바뀌기 시작했다. 로엠사업부의 성공사례는 큰 반향을 불러일으켰다. 무엇보다 직원들이 "BSC의 힘"을 깨닫기 시작했다. 돌이켜 보면 이랜드는 2000년까지 BSC와 지식경영을 위한 시스템 정착과 직원들의 관심 끌어내기에 매달렸다.

그러나 로엠이 1억 매장 만들기에 성공한 후 분위기가 완전히 바뀌었다. 장 전무는 "BSC의 가장 큰 공헌은 회사의 목표를 개개인에 연결시켜 보여준 것"이라고 평가한다. BSC시스템을 도입하자 가치사슬의 흐름이 바로 드러났다. 그 결과 직원들은 그때그때 적절하게 목표를 조절할 수 있게 됐다. 매장들은 제품이 나오는 즉시 반응을 점검해 가격과 생산량을 적당히 조정하고 재고를 없애 매장 순이익을 높일 수 있었다. 디자이너들은 자신이 만든 디자인이 얼마나 팔려나가는지 바로 확인해 다음 디자인에 참고할 수 있었다.

매장별, 개인별 실적은 더욱 투명하게 드러났다. 실적이 잘 보이니 인센티브도 모든 직원들이 공감할 수 있게 부여했다. 한 디자이너는 성과상여금으로 급여의 800%를 받았다. 그가 속한 사업부가 BSC 종합평가에서 1위를 차지했기 때문이었다. 언더우드 사업부는 사업이익에서 목표의 204%를, 매장평균 기여이익에서 목표의 661%를 달성했다. (후략) (한국경제, 2006.8.1)

토 론

KT의 BSC시스템 구축 사례[8]

• BSC 구축절차

KT는 BSC 프로젝트를 본격적으로 이행하기에 앞서 1998년 10월부터 약 3개월 동안 성과관리의 도구로 BSC가 가치가 있는 것인지 조사하였다. 1999년 5월부터 본격적으로 다음 그림의 단계에 의해 BSC를 구축하였다.

[그림 1] KT의 BSC 구축단계

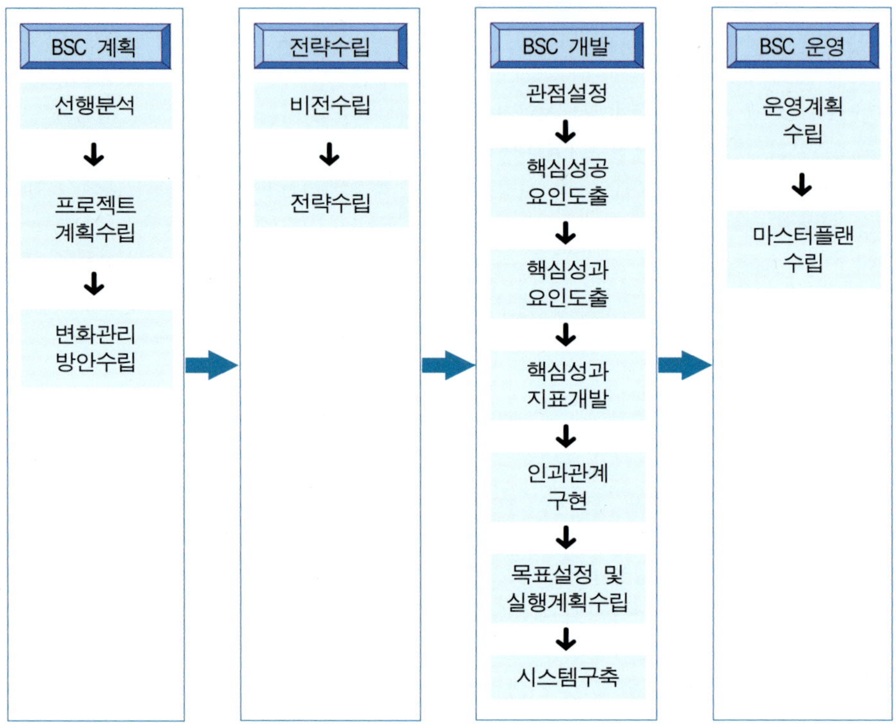

• BSC 계획단계

(1) 선행분석

조직 내에서 BSC를 구축하는 목적을 명확히 하고, 현행 성과평가 체계를 분석하였으며, 마지막으로 현행의 전략수립 프로세스를 분석하였다.

(2) BSC 구축 프로젝트 계획수립

조직규모 및 조직별로 프로젝트 범위를 구체화시키고, 프로젝트 추진일정 및 프로젝트 조직 및 인력을 구성하였다.

KT의 BSC는 단지 BSC시스템만을 추진하는 것이 아니라, ERP와 ABC,

8) 정순여 · 김윤정(2004), "KT의 BSC시스템 구축 사례", 경상연구(제주경상학회)의 일부 내용을 축약하였음. 이 논문은 '새로운 한국의 원가관리'(서강관리회계연구회, 2005)에도 수록되어 있음.

Technology팀을 함께 운용하고 있었기 때문에 각 팀간의 연계를 중요시하였으며, 이러한 연계를 원활하게 하기 위하여 BSC팀, ERP팀, ABC팀, Technology팀은 프로젝트 총괄팀에 의하여 통제되며, 4개의 프로젝트는 변화관리팀과 사업관리팀에 의하여 조절된다. 다음의 [그림 2]는 KT의 BSC 프로젝트의 추진체계도이다.

(3) 변화관리방안 수립

구축 및 운영에 이르는 각 단계별 변화관리 프로그램을 계획하였다.

[그림 2] KT의 BSC 프로젝트 추진체계도

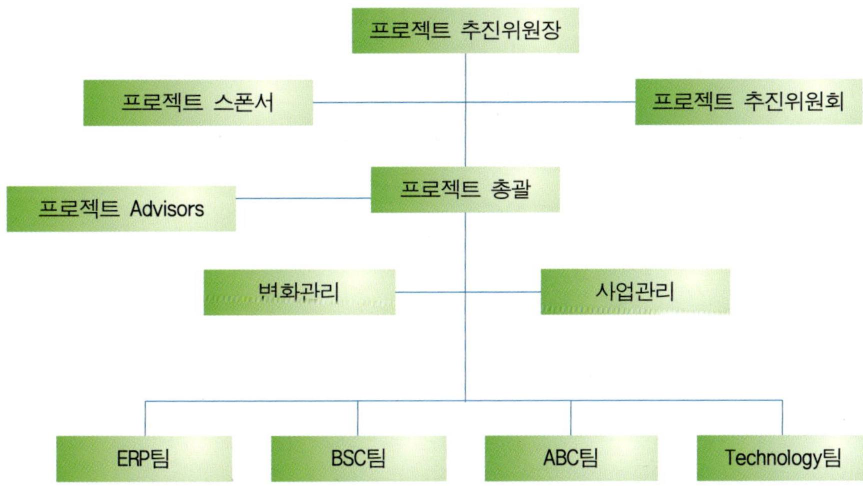

- 전략수립단계

(1) 비전수립

비전수립단계에서는 기업의 사명(mission) 및 전략 사업단위를 재정의하였다. KT는 기존의 전통적인 확대성장전략에 의한 재무적 지표 중시의 경영이 기업환경변화에 따른 요구를 충족시켜 주기에는 한계가 있다고 생각하고, 혁신적인 변화를 모색하여 21세기의 사이버 월드 리더(Cyber World Leader)라는 새로운 기업비전을 수립하였다. 이러한 비전은 환경의 변화에 따라 변화하여 지금의 'The Value Networking Company'라는 비전을 갖게 되었다.

(2) 전략수립

전략수립단계에서는 조직의 비전과 전략을 수립하는 단계에서 최고경영진들과 워크숍을 실시하여 BSC의 관점에 따라 '균형적'으로 전략을 수립하였으며, 거시환경, 산업구조, 경쟁사, 고객분석과 같은 외부환경분석과, 수익성, 시장성과, 비즈니스 시스템, 핵심역량 등과 같은 내부역량분석을 통해 전략수립 프로세스를 수립하였다.

- BSC 개발단계

KT의 BSC추진배경은 21세기에 적합한 비전과 전략을 달성할 수 있는 성과평가체계를 구축하기 위함이다. KT가 추구하고자 하는 비전과 전략을 알아보고, BSC의 개념에 입각하여 기존의 평가체계에서 KT의 비전과 전략을 달성할 수 있도록 성과체계를 사업별, 조직별로 어떻게 재구축하였는지, 그리고 기존의 시스템에서 단계적으로 접근한 방법은 어떤 것인지에 대하여 살펴볼 필요가 있다.

[그림 3] KT의 BSC 프로젝트의 비전/전략/CSF/KPI

비전	Cyber World Leader			
전략	사업구조전환	핵심역량 강화	가치실현 프로그램	➡
핵심성공요소	지속적인 기업성장 확보 등 4	마케팅 핵심역량 강화 등 6	기업가치 극대화 등 5	데이터, 무선사업에 집중
	전사 성과지표(22개)			
부서성과지표	20개 부서 256개 지표 성과측정 및 관리			

(1) 관점 설정

외부 이해관계자, 내부 이해관계자, 환경변수, 비전 및 전략 등을 고려하여 Kaplan과 Norton의 사상대로 재무, 고객, 내부 비즈니스 프로세스, 학습 및 성장의 관점별로 설정하였다.

(2) 핵심성공요인(CSF) 도출

핵심성공요인 도출단계에서는 환경분석, 경쟁사 분석 및 고객 분석을 먼저 실시하고, KT의 전략적 사업단위별로 하나의 전략 과제별로 1~2개의 상이한 핵심성공요인을 도출하였으며, 이러한 각 사업부별 CSF는 전사적 전략과 연계되도록 재조정하였다.

(3) 핵심성과지표(KPI) 개발

전략의 달성여부를 평가할 수 있는 핵심성과지표를 생성하기 위해 노력하였는데, 지표의 도출단계는 다음과 같은 프로세스를 거쳐 도출하였다.

- 성과지표수집
- 후보성과지표생성
- 1차 KPI 선정
- 조정 및 확정
- 지표상세화

· 지표 가중치부여

· 지표 확정

한편, 핵심성과지표(KPI) 선정기준으로는 전략과의 연계성, 측정가능성, 통제가능성을 고려하였다.

KT의 성과지표는 재무적 지표, 고객만족지표, 학습 및 성장지표, 내부 비즈니스 프로세스지표별로 나누어 설정되었다. 재무적 지표는 당기순이익, 주당순이익, 매출액, 매출총이익, 총자산수익률, 자기자본수익률, 경제적 부가가치(EVA) 등이며, 고객지표는 시장점유율, 고객확보율, 고객유지율, 고객만족도, 고객수익성 등이다. 학습 및 성장지표는 종업원만족도(내부고객만족도), 직원유지도(이직률), 직원의 생산성 등이며, 내부 비즈니스 프로세스지표는 업무효율성 증대 및 혁신 프로세스 도입 정도이다. [그림 4]는 KT의 성과평가지표별 KPI를 나타낸 것이다.

[그림 4] KT의 성과평가지표별 KPI

관 점	성장 및 혁신	고객만족	운영상의 탁월성	재무계획
핵심성공요소	· 글로벌판매 및 지원과의 조화 · 고객과 시장요구에 대한 이해 · PCS전환 지원 · 다음을 통한 종업원 확보 : - 종업원 요구 이해 - 경력기회 제공 - 참여 - 권한부여 · 교육훈련 및 개발 · 의사소통 · 성장지원을 위한 인사구조 · 인원선발 및 배치계획	· 글로벌 판매 및 마케팅 의사소통 채널 · 서비스 품질 및 고객대응의 향상 · 명확하고 일관성 있는 고객접점 · 고객확보 및 보유	· 효과적인 사업 프로세스 · 성장지원을 위한 신축적인 인프라 · 생산성 향상 · 정보기술의 효과적인 이용 · 프로세스에 대한 지식을 가진 직원의 직무순환 · 효과적인 리쿠르트 및 선발 프로세스 · 프로세스 품질평가 현안들	· 순비용 목표치 달성 · 비용/예산/계획관리 · 인원조절 · 신규고객 확보 볼륨 예측 · 수익 견인 목표 수립 · 현금회수 극대화
성과지표	· 신규 가입자 - 신규시장별 - 신규 Account · 분기별 PPR 완성률 · 종업원별 교육훈련 시간 · 종업원 보유율 · 종업원별 초과근무 시간 및 결근시간	· 이탈고객 - 전체 NAS별 - 시장별 - 고객별 · 초기 고객 이탈 · 고객 불평의 종류 및 횟수	· FRE별 가입자 · 가입자별 운영비 · 가입자별 데이터베이스 오류 · 시장별로 가입신청부터 사용까지의 시간	· 순비용가변성 · 수익가변성 · 비용가변성 · 인원수가변성 · 순가입자 증가수 · 가입자별 수익 · 가입자별 용도 · 신규고객수 · Account별 가입자수 · Account별 수익 · 기간 경과된 외상매출의 % · 평균 외상매출일수 · 외상매출 상각

⑷ 인과관계 구현

인과관계 구현단계에서는 선행지표와 후행지표의 인과관계, 성과동인과 결과 간의 인과관계, 관점간의 인과관계 및 관점과 전략의 인과관계를 유지하기 위해 노력하였다.

⑸ 목표설정 및 실행계획수립

목표설정 및 실행계획수립 단계에서는 다소 달성하기 어려운 목표를 수립하였으며, 이를 기간별로 장·단기 목표와 조직계층별 목표, 협업을 고려한 목표(공통목표) 및 실행계획을 수립하였다. 이때, 실행목표의 달성방법을 구상하였으며, 목표를 달성하기 위한 조직구성, 예산편성, 일정계획 등도 함께 설정하였다.

⑹ 시스템 구축

다음과 같은 선정기준 및 시스템 구축 성공요소를 충족시키는 IT 솔루션 업체의 제품을 구입하여 시스템 구축에 들어갔다.

· BSC시스템 선정기준
  - 사용자 측면 : 사용의 편리성, 지표표현의 다양성, 커뮤니케이션의 용이성
  - 시스템 측면 : 시스템 확장의 용이성, 시스템 보안
  - 일반사항 : 비용 및 개발지원, 개발경험
· BSC시스템 구축 성공요소
  - 사용자 측면 : 사용편의성, 지표계량화, Help 체계의 완비
  - 데이터 측면 : 정보의 신뢰성 확보, 정보의 적시성 보장, 다차원 정보제공
  - 시스템 측면 : 시스템 성능확보 및 확장용이성, 타시스템과의 통합 및 연계
  - 시스템운영 측면 : 운영의 용이성, 보안체계, 지표 풀(pool) 형성

• BSC 운영단계

⑴ BSC 운영계획수립

BSC 운영계획수립단계에서는 평가대상을 전사, 각 사업부, 사업부 이하 팀, 지원부문, 조직구성원 등의 단위로 할 것인지를 결정하였으며, 평가주체로 전략평가조직(CEO), 운영평가조직(중간관리자), BSC 평가위원회 등을 선정하였다. 다음과 같은 기타 운영계획도 수립하였다.

· 평가운영 프로세스 설정
  - 전략 목표 및 지표 작성, 성과평가 결과 산출, 확정 및 재검토
· 평가주기 및 횟수 결정
· 평가결과 피드백 방안 수립
· 평가결과 활용방안 수립

⑵ BSC 마스터플랜 수립

BSC 마스터플랜 수립단계에서는 BSC 마스터플랜을 정교화하는 단계를 마련함으로

써 현행의 BSC 성과관리가 견고한 제도가 될 수 있는 기반을 마련하였다.

• BSC 프로젝트의 시행과 프로젝트의 목표

KT의 BSC 프로젝트는 BSC의 구축만을 목표로 하는 것이 아니라 기존에 구축했거나 구축중인 ABC, ABB, 재무ERP, 물류시스템, 기타 기간시스템과의 연계를 통한 기업비전을 위한 전략의 실현을 목표로 하였다. 기업 전략을 실행하기 위한 성과지표들을 개발하여 BSC시스템을 통해 성과를 측정하며, ABC를 통해 수익성을 관리하고, ABB를 통하여 예산을 계획·통제함으로써 기업의 신념과 핵심가치를 창출하고, 책임경영을 시행함으로서 기업의 전략을 달성하고자 하였다. 이러한 프로젝트의 목적을 그림으로 표현하면 [그림 5]와 같다.

[그림 5] KT의 BSC 프로젝트의 목적

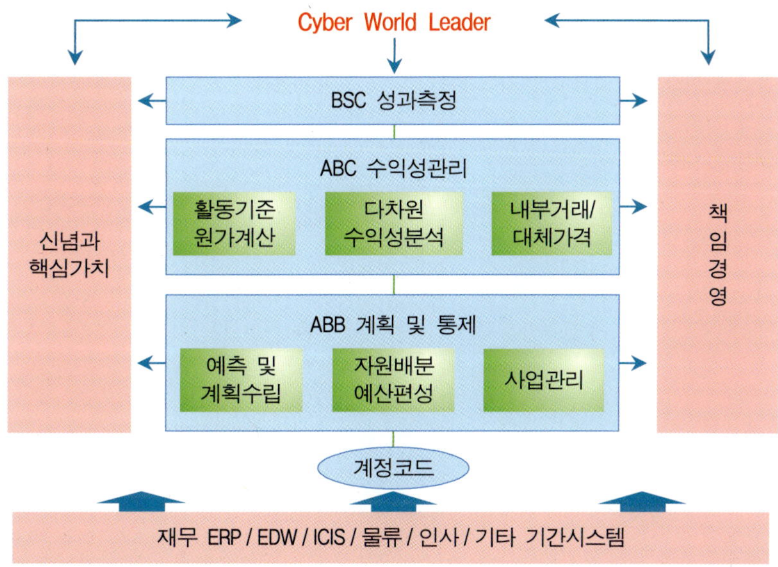

KT가 BSC시스템을 통하여 이루고자 하는 목표는 크게 제도적인 측면, 정보시스템 측면, 변화관리 측면으로 나누어진다.

우선, 제도적인 측면에서의 목표는 전사 및 부서별 경영전략을 측정가능한 지표로 구체화하는 것과 목표대비 실적 수준의 모니터링 주기를 연 3회에서 연 12회로 단축시키는 것, 그리고 성과에 따른 보상, 인사의 실질적 차등을 실시하는 것이다. 이러한 제도적 측면의 변화는 과거의 제도와는 달리 종업원들로 하여금 해야 할 일을 신속하게 할 필요성을 인식시킬 수 있다는 것이다.

둘째, 정보시스템 측면에서의 목표는 재무ERP, ABC, ICIS, 물류ERP 등 기간시스템을 개편하는 것과 기존시스템의 정확성, 적시성, 적합성을 제고하는 것이다. 예를 들어 KT는 모든 자원을 26개 기능별, 72개 서비스별로 회선수와 통화량 등의 기준으로 배분하였는데, ABC를 통하여 분류를 세분화하여 원가정보의 기초를 재구축하고, 요소개념을 도입, 서비스 세분화로 원가정보의 폭을 확대하며, 배부기준의 정교화 및 시스템화로 원가정보의 수준(깊이)을 확대하여, 최종적으로는 원가의 대외 신뢰도를 제고하고 원가계산 체계를 다양한 내부의사결정에 지원할 수 있게 한다는 목표를 가지고 있다.

마지막으로 변화관리의 측면에서는 경영진 및 관리자의 적극적인 관심과 참여를 유도하고, 수립된 전략과 계획을 체계적/계량적으로 관리하는 업무관행을 정착한다는 목표를 세우고 있다.

토론해 보자

BSC 구축과정에서 중요한 점이 무엇인지 논의해 보자.

요약정리

각 부문의 통제권한과 책임에 따라 원가, 수익, 이익, 또는 투자성과관련지표로 부문평가를 실시하는 관리회계 분야가 책임회계이다. 원가를 통제해야 하는 생산, 관리 지원 부문은 원가책임단위이며, 매출을 높여야 하는 영업, 마케팅 분야는 수익책임단위이다. 원가와 수익에 대한 책임을 같이 가지고 있는 사업부는 이익책임단위이다. 투자결정에 대한 권한과 책임까지도 같이 가진 가장 자율적인 조직단위는 투자책임단위이다.

통제가능성의 원칙에 따라 해당 평가단위가 통제할 수 있는 지표만으로 성과평가를 실시해야 평가가 공정하고 정확하고 효과적으로 이루어진다. 그러나 현실적으로 완전히 통제가능한 지표는 드물고 부분적으로나 간접적으로 통제가능한 지표가 대부분이어서 평가의 목적을 위해

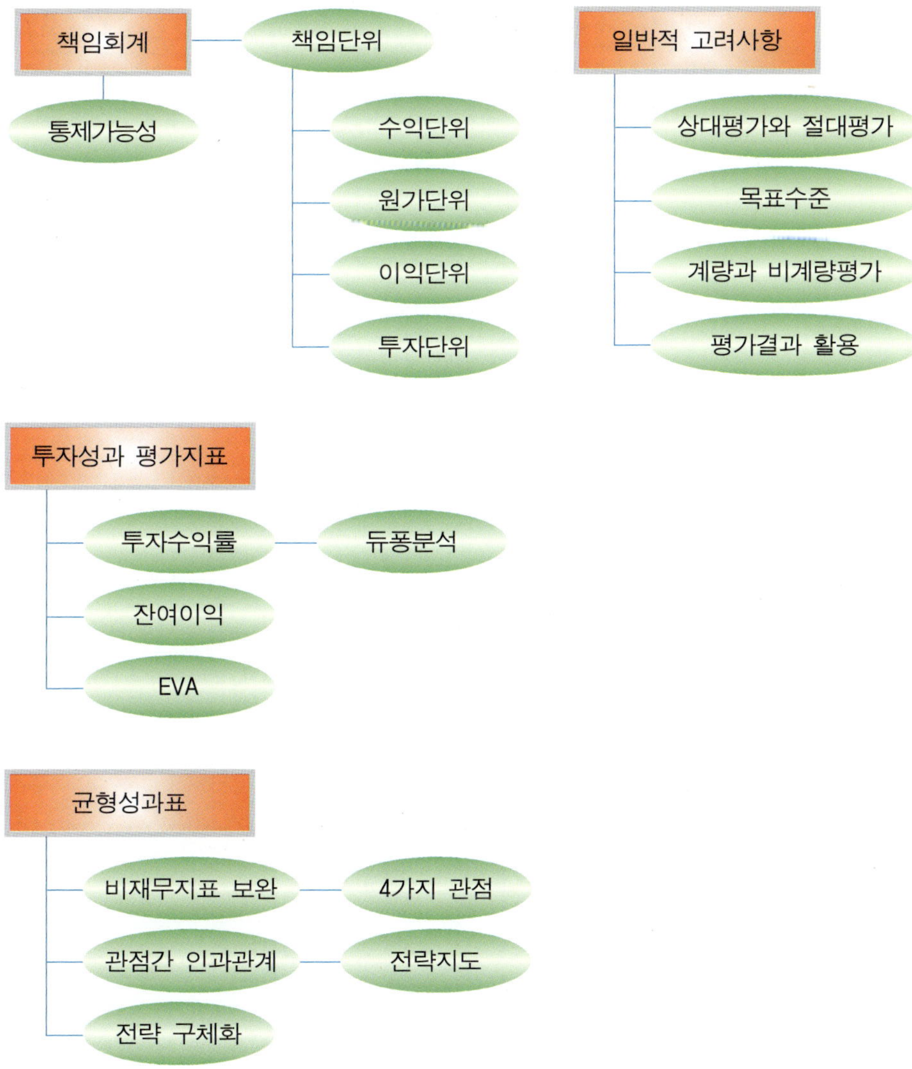

이러한 지표가 사용된다. 공통의 통제불능요인을 제거하기 위해 평가대상을 상대적으로 비교하는 상대평가가 사용되면 편리하나 평가대상 사이에 부정적 혹은 지나친 경쟁관계를 초래할 수도 있다. 이러한 문제점을 보완하려면 평가대상이 절대적인 평가기준에 의해서만 평가되는 절대평가와 독립적으로 평가되는 개별평가를 사용할 수 있다. 평가대상 사이의 협조와 공통의 노력이 중요하다면 평가대상을 묶어서 집단으로 평가하는 집단평가를 사용한다. 결과가 잘못되면 남의 탓이고, 잘되면 내 덕이라고 말하게 되는 책임감의 약화에 의한 무임승차문제가 집단평가의 가장 큰 문제이므로 집단평가와 개별평가를 서로 보완적으로 사용하는 것이 좋다.

투자책임단위의 평가지표는 영업이익을 투자액으로 나눈 투자수익률(ROI)과 영업이익에서 투자액의 (자기자본의 기회비용까지 포함한) 모든 자본비용을 차감하고 남은 잔여이익이 사용되어 왔다. 투자수익률은 듀퐁 분석에 의해 세부적인 요인분석이 가능한 장점이 있으나 절대평가지표로 잘못 사용되면 역기능적으로 기업의 이익을 최대화하지 못하는 단점이 있다. 잔여이익은 투자수익률과 같은 준최적화 현상을 초래하지 않으나 투자규모가 큰 단위가 유리하게 평가되는 단점이 있다. 잔여이익과 비슷하게 자기자본의 자금비용을 명시적으로 고려하면서 이익과 투자액 측정을 현금창출의 관점에서 조정하여 사용하는 경제적 부가가치(EVA)가 있다. 연구비 지출을 비용이 아닌 자산으로 처리하는 것이 대표적인 조정의 예이다.

책임회계의 성과지표는 모두 재무적 지표인데 결과지향적, 단기적 성과 측정치이므로 장기적인 조직목표와 전략수행에 부족하다. 이러한 결함을 보완하기 위해 과정지향적, 장기적인 개선 효과를 측정할 비재무적 지표를 같이 사용한다. 균형성과표(BSC)는 재무적, 고객중심, 내부프로세스, 학습과 성장의 4가지 관점의 균형적 평가, 전략과 연계된 핵심성공요인의 구체적 지표화, 전략에 대한 구성원들의 분명한 이해를 달성하기 위해 사용된다.

16 연습문제

객관식

01 성과평가 (12. 공인회계사)

성과평가와 관련된 다음 설명 중 옳지 않은 것은?

① 경제적 부가가치(EVA)를 계산할 때 연구개발비 자산화는 경제적 부가가치를 감소시킬 수 있다.
② 균형성과표(BSC)는 내부관점(내부 프로세스 관점, 학습과 성장 관점)과 외부관점(재무적 관점, 고객 관점) 간의 균형을 추구한다.
③ 기업의 균형성과표(BSC)에서 내부 프로세스 관점의 성과지표는 학습과 성장 관점의 성과지표에 대해 선행지표인 것이 일반적이다.
④ 총자산회전율이 커져도 매출이익률이 작아지면 총자산이익률은 작아질 수 있다.
⑤ 원가중심점(원가책임단위), 수익중심점(수익책임단위) 등의 분류는 통제가능성의 원칙이 적용된 것이다.

02 성과평가 (18. 관세사)

책임회계와 성과평가에 관한 설명으로 옳지 않은 것은?

① 책임회계(responsibility accounting)의 평가지표는 각 책임단위가 통제할 수 있는 결과를 이용하며, 이를 통제가능성의 원칙(controllability principle)이라고 한다.
② 투자책임단위(investment center)의 경영자는 얼마의 금액을 투자해서 이익을 얼마나 창출했는지에 의하여 성과평가를 받아야 하므로 이익과 투자액을 동시에 고려해야 하며, 바람직한 성과지표는 잔여이익(RI), 경제적 부가가치(EVA), 투자수익률(ROI) 등이다.
③ 균형성과표(BSC)는 기업의 가치를 향상시키기 위해 전통적인 재무적 지표 이외에 다양한 관점의 성과지표가 측정되어야 한다는 것을 강조하고 있다.
④ 균형성과표(BSC)의 내부 프로세스 관점은 기존의 프로세스와 제품에 만족하지 않고 기술 및 제품의 혁신적인 발전을 추구하는 정도를 의미하는데, 종업원 만족도, 종업원 이직률 등의 지표가 이용된다.
⑤ 균형성과표(BSC)에서 고객의 관점은 고객만족에 대한 성과를 측정하는 데 고객만족도, 고객확보율, 반복구매정도 등의 지표가 사용된다.

03 성과평가 (20. 관세사)

성과평가방법에 관한 설명으로 옳은 것은?

① 투자수익률(ROI)은 사업부의 역기능적 행동, 즉 준최적화의 문제를 해소한다.
② 잔여이익(RI)은 투자중심점별로 투자규모가 다른 경우 성과비교에 유용하다.
③ 투자수익률(ROI)과 잔여이익(RI)에서 채택된 최적 투자안은 같아야 한다.
④ 균형성과표(BSC)를 적용할 때 관점의 수와 명칭은 모든 조직에 동일하게 적용되어야 한다.
⑤ 경제적 부가가치(EVA)는 타인자본비용뿐만 아니라 자기자본비용도 고려한다.

04 성과평가 (15. 세무사)

성과평가 및 보상에 관한 설명으로 옳은 것은?

① 투자이익률(ROI : return on investment)은 사업부 또는 하위 사업단위의 성과평가에 적용될 수 있으나, 개별 투자안의 성과평가에는 적용되지 않는다.
② 잔여이익(RI : residual income)은 영업이익으로부터 산출되며, 평가대상의 위험을 반영하지 못한다.
③ 투자이익률(ROI)에 비해 잔여이익(RI)은 투자규모가 서로 다른 사업부의 성과를 비교·평가하기가 용이하다.
④ 상대평가에 비해 절대평가는 인구, 경제상황, 규제정책 등 공통의 통제 불가능한 요소가 성과평가에 미치는 영향을 제거하기 쉽다.
⑤ 경영자가 장기적 성과에 관심을 갖도록 동기부여하기 위해 회사의 주가를 기준으로 보상을 결정하는 방법이 있다.

05 책임회계 (10. 재경관리사)

책임회계제도에 대한 다음 설명 중 가장 잘못된 것은?

① 책임중심점이란 경영관리자가 특정활동에 대해 통제할 책임을 지는 조직의 부문을 말한다.
② 책임회계제도가 도입되면 사전에 설정된 예산과 실제 성과를 비교하여 각 책임중심점의 성과평가를 하게 된다. 이때 고정예산이란 원가행태분류상 고정원가로 분류된 원가항목에 대한 예산이며, 변동예산이란 변동원가로 분류된 원가항목에 대한 예산을 의미한다.
③ 분권화된 환경에서 소규모 부문 경영자들은 상위 경영자들보다 더 융통성 있고 민첩하게 시장기회에 적응할 수 있다.
④ 책임중심점은 책임의 성격 및 책임범위에 따라 원가중심점, 수익중심점, 이익중심점 및 투자중심점으로 분류할 수 있다.

06 책임회계 (10. 재경관리사)

책임회계제도하에서 작성되는 내부책임중심점에 대한 성과보고서의 설명으로 가장 올바르지 않은 것은?

① 원가를 통제가능원가와 통제불가능원가로 구분하여 작성한다.
② 책임중심점으로의 추적가능성에 따라 책임중심점별 원가와 공통원가로 구분하여 작성한다.
③ 책임중심점에 배분된 고정제조간접원가는 통제가능원가에 포함시켜야 한다.
④ 특정 책임중심점의 경영자에 대한 성과평가시 통제불가능원가는 제외해야 한다.

07 투자수익률 (12. 관세사)

A사업부의 자료는 다음과 같다. A사업부가 16%의 총자산이익률을 달성하기 위해서는 제품가격을 얼마로 결정해야 하는가?

연간 총고정원가	₩490,000
제품 단위당 변동원가	₩140
연간 예상판매량	15,000단위
평균총자산	₩2,000,000

① ₩186　② ₩188　③ ₩190
④ ₩192　⑤ ₩194

08 투자수익률 (13. 관세사)

(주)관세는 다음과 같은 듀퐁식 수익성분석방법을 사용하여 성과를 관리하고 있다.

$$\frac{₩1,200,000(\text{매출액})}{₩1,000,000(\text{총자산})} \times \frac{₩240,000(\text{영업이익})}{₩1,200,000(\text{매출액})} = 24\%(\text{ROI})$$

다른 조건이 일정할 때 (주)관세가 투자수익률(ROI) 30%를 달성하기 위한 총자산감소액은 얼마인가?

① ₩200,000　② ₩220,000　③ ₩240,000
④ ₩250,000　⑤ ₩260,000

09 투자수익률 (12. 세무사)

(주)국세는 분권화된 세 개의 사업부(X, Y, Z)를 운영하고 있다. 이들은 모두 투자중심점으로 설계되어 있으며, (주)국세의 최저필수수익률은 20%이다. 각 사업부와 관련된 정보는 다음과 같다.

	X	Y	Z
자산회전율	4회	6회	5회
영업이익	₩400,000	₩200,000	₩210,000
매출액	₩4,000,000	₩2,000,000	₩3,000,000

투자수익률(ROI)이 높은 사업부 순서대로 옳게 배열한 것은?

① X > Y > Z ② X > Z > Y ③ Y > X > Z
④ Y > Z > X ⑤ Z > Y > X

10 **투자수익률과 잔여이익** (21. 감정평가사)

(주)감평은 평균영업용자산과 영업이익을 이용하여 투자수익률(ROI)과 잔여이익(RI)을 산출하고 있다. (주)감평의 20×1년 평균영업용자산은 ₩2,500,000이며, ROI는 10%이다. (주)감평의 20×1년 RI가 ₩25,000이라면 최저필수수익률은?

① 8% ② 9% ③ 10%
④ 11% ⑤ 12%

11 **투자수익률과 잔여이익** (19. 관세사)

(주)관세의 사업부는 부문 A와 부문 B로 구성되어 있고, 부문별 성과는 투자수익률(ROI : Return On Investment)과 잔여이익(RI : Residual Income)으로 평가한다. (주)관세가 투자에 대해 적용하는 최소요구수익률은 15%이다. 다음은 (주)관세의 20×1년 각 부문에 대한 성과자료이다.

	부문 A	부문 B
매출액	?	?
순영업이익	?	₩162,000
평균영업자산	₩600,000	?
매출액 영업이익률	?	?
영업자산회전율	5	4.5
투자수익률(ROI)	20%	18%
잔여이익(RI)	?	?

위의 자료에 근거한 다음 설명 중 옳지 않은 것은?

① 부문 A와 부문 B의 매출액 영업이익률은 4%로 동일하다.
② 부문 B의 매출액은 ₩4,500,000이다.
③ 부문 B의 잔여이익은 ₩27,000이다.
④ 부문 A의 매출액은 ₩3,000,000이다.
⑤ 부문 A의 잔여이익은 ₩30,000이다.

12 투자수익률과 잔여이익 (22. 관세사)

(주)관세는 가전제품을 생산하여 판매하는 기업으로 투자중심점인 사업부 A, B, C, D를 운영하고 있다. 다음 자료를 이용하여 각 사업부의 성과를 평가할 때 옳지 않은 것은?

	사업부 A	사업부 B	사업부 C	사업부 D
평균영업자산	₩750	₩840	₩800	₩800
영업이익	210	210	220	210
최저필수수익률	10%	10%	12%	10%

① 잔여이익은 사업부 A가 사업부 D보다 크다.
② 잔여이익은 사업부 B가 사업부 C보다 크다.
③ 투자수익률은 사업부 D가 사업부 B보다 크다.
④ 투자수익률은 사업부 C가 사업부 D보다 크다.
⑤ 잔여이익은 사업부 A가 가장 크고, 투자수익률은 사업부 C가 가장 크다.

13 투자수익률과 잔여이익 (14. 세무사)

(주)세무는 전자제품을 생산·판매하는 회사로서, 세 개의 사업부 A, B, C는 모두 투자중심점으로 설계·운영되고 있다. 회사 및 각 사업부의 최저필수수익률은 20%이며, 각 사업부의 20×1년도 매출액, 영업이익 및 영업자산에 관한 자료는 다음과 같다.

	사업부 A	사업부 B	사업부 C
매출액	₩400,000	₩500,000	₩300,000
영업이익	32,000	30,000	21,000
평균영업자산	100,000	50,000	50,000

현재 사업부 A는 ₩40,000을 투자하면 연간 ₩10,000의 영업이익을 추가로 얻을 수 있는 새로운 투자안을 고려하고 있다. 이 새로운 투자에 소요되는 예산은 현재의 자본비용 수준으로 조달할 수 있다. (주)세무가 투자수익률 혹은 잔여이익으로 사업부를 평가하는 경우, 다음 설명 중 옳지 않은 것은?

① 투자수익률로 사업부를 평가하는 경우, 20×1년에는 사업부 B가 가장 우수하다.
② 잔여이익으로 사업부를 평가하는 경우, 20×1년에는 사업부 B가 가장 우수하다.
③ 잔여이익으로 사업부를 평가하는 경우, 사업부 A의 경영자는 동 사업부가 현재 고려중인 투자안을 채택할 것이다.
④ 투자수익률로 사업부를 평가하는 경우, 사업부 A의 경영자는 동 사업부가 현재 고려중인 투자안을 채택할 것이다.
⑤ 투자수익률 혹은 잔여이익 중 어느 것으로 사업부를 평가하는 경우라도, 회사전체 관점에서는 사업부 A가 고려중인 투자안을 채택하는 것이 유리하다.

14 투자수익률과 잔여이익 (15. 공인회계사)

(주)한국의 엔진사업부는 단일의 제품을 생산·판매하는 투자중심점이다. (주)한국의 최근 몇 해 동안의 투자수익률(ROI)은 평균 20%이며, 자본비용(즉, 최저필수수익률)은 15%이다. 다음은 20×1회계연도 (주)한국의 엔진사업부에 관한 예산자료이다.

엔진사업부의 연간 총고정원가	₩200,000
제품 단위당 변동원가	₩100
제품의 연간 생산·판매량	1,000단위
엔진사업부에 투자된 평균영업자산	₩500,000

(주)한국의 CEO는 엔진사업부 경영자의 성과평가측정치로 투자수익률 혹은 잔여이익(residual income)을 고려중이다. 만약 투자수익률이 채택되는 경우, 엔진사업부 경영자가 불리한 평가를 받지 않기 위해서는 20×1회계연도에 20% 이상의 투자수익률을 달성해야 한다. 만약 잔여이익이 채택되는 경우, 20×1회계연도에 엔진사업부가 음(−)의 잔여이익을 창출하게 되면 유리한 성과평가를 받을 수 없게 된다. (주)한국이 엔진사업부의 성과평가측정치로 투자수익률 혹은 잔여이익을 사용하게 되는 각각의 경우에 대해, 엔진사업부 경영자가 20×1회계연도에 불리한 평가를 받지 않기 위해 책정해야 하는 제품 단위당 최소평균판매가격은 얼마인가?

	투자수익률을 사용하는 경우	잔여이익을 사용하는 경우
①	₩375	₩380
②	375	390
③	375	400
④	400	375
⑤	400	390

15 투자수익률과 잔여이익 (16. 감정평가사)

(주)감평은 A, B 두 개의 사업부만 두고 있다. 투자수익률과 잔여이익을 이용하여 사업부를 평가할 때 관련 설명으로 옳은 것은? (단, 최저필수수익률은 6%라고 가정한다)

	A사업부	B사업부
투자금액	₩250,000,000	₩300,000,000
감가상각비	25,000,000	28,000,000
영업이익	20,000,000	22,500,000

① A사업부와 B사업부의 성과는 동일하다.
② A사업부가 투자수익률로 평가하든 잔여이익으로 평가하든 더 우수하다.
③ B사업부가 투자수익률로 평가하든 잔여이익으로 평가하든 더 우수하다.
④ 투자수익률로 평가하는 경우 B사업부, 잔여이익으로 평가하는 경우 A사업부가 각각 더 우수하다.
⑤ 투자수익률로 평가하는 경우 A사업부, 잔여이익으로 평가하는 경우 B사업부가 각각 더 우수하다.

16 잔여이익 (16. 공인회계사)

(주)한국의 투자중심점인 A사업부의 지난해 영업과 관련된 자료는 다음과 같다.

매출액	₩1,000,000
총변동원가	300,000
공헌이익	700,000
총고정원가	500,000
영업이익	200,000
평균영업자산	625,000

A사업부가 새로운 투자기회를 고려하지 않는다면, A사업부의 당기 성과와 평균영업자산은 지난해와 동일한 수준을 유지할 것이다. 그러나 당기에 A사업부가 고려중인 투자안에 연간 평균 ₩120,000만큼 투자하게 되면, 이 새로운 투자안으로부터 예상되는 연간 수익, 원가 및 공헌이익률 관련 자료는 다음과 같다.

매출액	₩200,000
총고정원가	90,000
공헌이익률	60%

투자안의 채택 여부를 결정할 때 회사전체와 각 사업부에 적용되는 최저필수수익률은 15%이다. 만약 A사업부가 새로운 투자안을 채택한다면, A사업부의 올해 예상되는 잔여이익(residual income)은 얼마인가?

① ₩106,250 ② ₩110,450 ③ ₩118,250
④ ₩121,450 ⑤ ₩124,450

17 잔여이익과 경제적 부가가치 (23. 공인회계사)

(주)대한의 A사업부는 단일제품을 생산 및 판매하는 투자중심점이다. A사업부에 대해 요구되는 최저필수수익률은 15%, 가중평균자본비용은 10%, 그리고 법인세율은 40%이다. 다음은 20×3년도 (주)대한의 A사업부에 관한 예산자료이다.

- A사업부의 연간 총고정원가는 ₩400,000이다.
- 제품 단위당 판매가격은 ₩550이다.
- 제품 단위당 변동원가는 ₩200이다.
- 제품의 연간 생산 및 판매량은 각각 2,000단위이다.
- A사업부에 투자된 평균영업자산과 투하자본은 각각 ₩1,000,000이다.

A사업부의 잔여이익(RI)과 경제적 부가가치(EVA)는 각각 얼마인가?

	잔여이익	경제적 부가가치		잔여이익	경제적 부가가치
①	₩150,000	₩80,000	②	₩150,000	₩90,000
③	150,000	100,000	④	140,000	80,000
⑤	140,000	90,000			

18 경제적 부가가치 (21. 관세사)

(주)관세는 사업부 평가를 위해 각 사업부의 EVA(경제적 부가가치)를 계산한다. 다음은 사업부 중 한 곳인 A 사업부의 재무상태표와 포괄손익계산서의 일부 자료이다.

총자산	₩2,000,000
유동부채	500,000
세전영업이익	400,000

(주)관세의 모든 사업부는 유사한 위험에 직면해 있으므로 각 사업부의 EVA 계산시 기업전체 가중평균자본비용 11%를 적용한다. 이 경우 A사업부의 EVA는? (단, 법인세율은 30%이다)

① ₩115,000 ② ₩125,000 ③ ₩145,000
④ ₩215,000 ⑤ ₩235,000

19 경제적 부가가치 (17. 관세사)

다음은 (주)관세의 재무상태표와 포괄손익계산서 자료의 일부이다.

항 목	금 액	항 목	금 액
유동자산	₩12,000	유동부채	₩6,000
비유동자산	8,000	세전영업이익	4,000

(주)관세의 가중평균자본비용 계산에 관련된 자료가 다음과 같을 때 경제적 부가가치(EVA)는? (단, 법인세율은 30%이다)

장기부채	시장가치 ₩14,000	이자율 10%
자기자본	시장가치 ₩14,000	자본비용 14%

① ₩600 ② ₩840 ③ ₩1,070
④ ₩1,270 ⑤ ₩1,330

20 경제적 부가가치 (21. 세무사)

(주)세무는 사업부의 성과를 평가하기 위해 각 사업부의 EVA(경제적 부가가치)를 계산하려고 하는데, 사업부 중 한 곳인 남부사업부의 재무상황은 총자산 ₩2,000,000, 유동부채 ₩500,000, 영업이익 ₩400,000이다. (주)세무의 두 가지 자금원천 중 하나인 타인자본의 시장가치는 ₩6,000,000이고, 그에 대한 이자율은 10%이다. 나머지 원천인 자기자본의 시장가치는 ₩9,000,000이고 그에 대한 자본비용은 15%이다. (주)세무에게 적용되는 법인세율은 40%이다. 각 사업부의 EVA 계산은 기업 전체의 가중평균자본비용을 적용한다. 이러한 상황에서 계산된 남부사업부의 EVA는?

① ₩58,000 ② ₩69,000 ③ ₩72,000
④ ₩74,000 ⑤ ₩78,000

21 예산과 균형성과표 (23. 공인회계사)

예산과 성과평가에 대한 다음 설명 중 옳지 않은 것은?

① 변동예산은 일정범위의 조업도수준에 관한 예산이며 성과평가 목적을 위해 실제원가를 실제조업도수준에 있어서의 예산원가와 비교한다.

② 균형성과표에서 전략에 근거하여 도출한 비재무적 성과측정치는 재무적 성과측정치의 선행지표가 된다.

③ 예산과 관련된 종업원들이 예산편성과정에 참여하는 참여예산제도는 예산의 편성과정에서 종업원들이 깨닫지 못하고 있던 책임에 관심을 가지도록 하며, 예산슬랙(예산여유)이 발생할 가능성을 줄여 준다.

④ 균형성과표는 조직의 수익성을 최종적인 목표로 설정하기 때문에 4가지 관점의 성과지표 중에서 재무적인 성과지표를 가장 중시한다.

⑤ 종합예산은 조직의 각 부문활동에 대한 예산이 종합된 조직 전체의 예산이며, 예정조업도를 기준으로 수립하므로 고정예산이다.

22 균형성과표 (12. 재경관리사)

다음 중 균형성과표(BSC)의 장점으로 가장 올바르지 않은 것은?

① 재무적 측정치와 고객, 기업내부 프로세스, 학습과 성장 관점에 의한 비재무적 측정치 간의 균형있는 성과평가를 달성할 수 있다.

② 재무적 관점, 고객관점에 의한 외부적 측정치와 기업내부 프로세스 관점, 학습과 성장 관점에 의한 내부 측정치 간의 균형을 이룰 수 있다.

③ 비재무적 측정치에 대한 객관적인 측정이 가능하며, 업종을 불문하고 정형화된 측정수단까지도 제공한다.

④ 투자수익률 등의 후행지표와 종업원 교육시간 등과 같은 선행지표 간의 연계관계를 이해하는 데 도움을 준다.

23 균형성과표 (13. 세무사)

균형성과표(Balanced Scorecard, BSC)에 대한 내용 중 옳지 않은 것은?

① 전사적인 BSC는 하부조직의 BSC를 먼저 수립한 후 하의상달식으로 구축한다.

② BSC에서 관점의 수와 명칭은 조직별로 다를 수 있다.

③ BSC는 대학교나 정부기관과 같은 비영리조직에도 적용된다.

④ 성과지표는 조직의 비전과 전략에 연계되어 선정되어야 한다.

⑤ 전략체계도는 관점간의 인과관계를 보여준다.

24 균형성과표 (14. 공인회계사)

균형성과표에 관한 다음의 설명 중 옳지 않은 것은?

① 균형성과표에서 전략에 근거하여 도출한 비재무적 성과측정치는 재무적 성과측정치의 후행지표가 된다.

② 균형성과표의 다양한 성과지표간의 인과관계를 통하여 조직의 전략목표 달성과정을 제시하는 성과지표의 체계를 전략지도(strategy map)라고 한다.

③ 균형성과표의 고객 관점은 고객만족에 대한 성과를 측정하는데, 고객만족도, 고객유지율, 반복구매 정도, 시장점유율 등의 지표가 사용된다.

④ 균형성과표의 내부 프로세스 관점은 기업 내부의 업무가 효율적으로 수행되는 정도를 의미하는데, 불량률, 작업폐물, 재작업률, 수율, 납기, 생산처리시간 등의 지표가 사용된다.

⑤ 균형성과표의 학습과 성장 관점은 기존의 프로세스와 제품에 만족하지 않고 기술 및 제품의 혁신적인 발전을 추구하는 정도를 의미하는데, 종업원만족도, 종업원이직률, 종업원 1인당 사내훈련시간 등의 지표가 이용된다.

25 균형성과표 (10. 관세사)

균형성과표(BSC)에 대한 설명 중 옳은 것은?

① 균형성과표는 영리기업을 대상으로 만들어졌기 때문에 비영리기업이나 공기업에서는 사용하기가 부적절하다.

② 영리기업의 경우 균형성과표는 재무관점, 고객관점, 외부 프로세스 관점, 학습과 성장 관점을 사용한다.

③ 균형성과표는 과거 성과에 대한 재무적인 측정지표와 현재나 미래지향적인 비재무적인 측정지표를 포함하고 있다.

④ 균형성과표의 여러 관점은 서로 연계되어 인과관계를 가지고 있으며, 영리기업의 경우에 최종적으로 고객관점으로 연계되어야 한다.

⑤ 학습과 성장 관점의 성과지표로서는 신상품판매비율, 서비스 완료시간, 개인의 역량개발 등이 있다.

26 균형성과표 (11. 세무사)

균형성과표(BSC)에 관한 설명으로 옳지 않은 것은?

① 조직구성원들이 조직의 전략을 이해하여 달성하도록 만들기 위해, 균형성과표에서는 전략과 정렬된 핵심성과지표(Key Performance Indicators)를 설정한다.

② 전략 달성에 초점을 맞춘 조직을 구성하여, 조직구성원들이 전략을 달성하는 데 동참할 수 있도록 유도한다.

③ 조직의 사명과 비전에 근거하여 다양한 관점에서 전략을 도출한 후, 도출된 전략의 인과관계를 도식화한다.

④ 균형성과표에서 전략에 근거하여 도출한 재무적 성과측정치는 비재무적 성과측정치의 선행지표가 된다.

⑤ 조직구성원들은 전략 달성을 위한 의사소통수단으로 핵심성과지표를 사용한다.

27 균형성과표 (15. 관세사)

균형성과표(Balanced Scorecard)에 관한 설명으로 옳지 않은 것은?

① 영리기업의 경우, 균형성과표에서 내부 프로세스 관점의 성과지표는 학습과 성장 관점의 성과지표에 대해 후행지표인 것이 일반적이다.

② 균형성과표의 여러 관점은 서로 연계되어 인과관계를 가지고 있으며, 영리기업의 경우에 최종적으로 재무적 관점과 연계되어야 한다.

③ 균형성과표는 일반적으로 재무적 관점, 고객 관점, 내부 프로세스 관점, 학습과 성장 관점의 다양한 성과지표에 의하여 조직의 성과를 측정한다.

④ 조직구성원들이 조직의 전략적 목표를 달성할 수 있도록 균형성과표에서 핵심성과지표(KPI)는 조직의 전략과 연계하여 설정된다.

⑤ 균형성과표의 내부 프로세스 관점은 기업 내부의 업무가 효율적으로 수행되는 정도를 의미하며 종업원 만족도, 이직률, 종업원 생산성 등의 지표를 사용한다.

17 사내대체가격

사내내부거래제도를 사용한다

국희제과의 조직이 커지면서 분권화를 하였다. 기존에 원가통제만이 강조되던 재료반죽부문이 독자적인 이익단위로 취급되기 시작하였다. 이는 최근에 반죽부문이 개발한 '즉석 과자'와 '즉석 빵'이 시장에 판매되면서 실시되었다.

'즉석 과자'와 '즉석 빵'은 미리 준비된 과자나 빵의 재료반죽을 냉장판매하는 것으로, 소비자가 이 반죽을 전자레인지에 넣고 가열하면 신선한 과자나 빵을 즉석에서 만들 수 있다. 이제 반죽부문은 시장판매되는 반죽과 내부적으로 제빵부문과 제과부문에 제공하는 반죽을 같이 생산하고 있다. 반죽부문을 부문이익수치로 평가하기 위해 다른 부문에 제공하는 반죽도 내부적으로 가격을 매겨 부문매출에 포함하기로 하였다. 이 사내대체(내부거래)가격을 어떻게 정할 것인가? 원가로 하는가? 원가에 이익을 가산하여 정하는가? 아니면 반죽의 시장가격과 비슷하게 정하는가? 이러한 문제를 이 장이 다룬다.

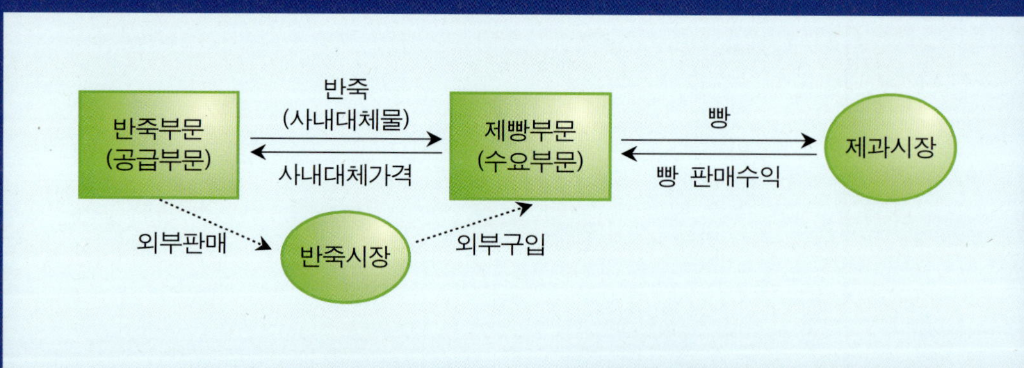

17

- 사내대체가격이 왜 필요한가?
- 사내대체가격이 왜 중요한가?
- 사내대체가격으로 부문과 기업전체의 목표를 일치시킨다
- 사내대체를 막는 사내대체가격의 역할도 필요하다
- 모든 생산량에서 항상 목표일치시키는 사내대체가격이 있다
- 부품을 외부에서 구입할 수 있다면 사내대체가 어떻게 달라지는가?
- 사내대체물의 외부시장가격이 최적의 사내대체가격이다
- 원가를 기준으로 사내대체가격을 정한다
- 공급부문의 기회원가를 고려한다
- 이중가격이나 협상에 의한 사내대체가격 결정도 가능하다
- 국제이전가격은 절세가 관심사

소니의 컴퍼니제와 사내관리제도

소니는 1994년 기존의 19개 사업본부를 8개로 축소, 통합하고, 이 8개의 독립된 사업단위를 마치 별개의 회사처럼 운영시키는 컴퍼니제를 도입하였다. 컴퍼니제 도입과 더불어 신속한 경영의사결정이 가능하도록 "프레지던트"라고 부르는 각 컴퍼니의 장들에게 대폭적인 권한위양을 실시하였다. 예를 들면 종전에는 5억엔 이상의 투자안건에 대해서는 반드시 소니그룹 전체의 경영회의에 상정하도록 하였으나, 컴퍼니제 도입 이후에는 10억엔 이하의 투자안에 대해서는 각 컴퍼니의 프레지던트가 자율적으로 판단하여 의사결정하도록 한 것이다. 10억엔 규모의 투자안이라면 생산라인의 변경, 생산계획의 조정 등이 충분히 가능한 규모이다.

컴퍼니제를 도입하면서 소니는 본사에서의 전략적인 모니터링뿐만 아니라 각 컴퍼니의 경영관리 능력을 향상시키기 위해 다양한 사내관리제도를 정비하였다. 그 대표적인 예가 구분회계제도와 사내대체가격 결정시스템이다. 우선 소니는 자율·책임경영을 보장하고, 경영성과를 정확히 평가할 수 있도록 각 컴퍼니별로 대차대조표와 손익계산서를 작성하는 구분회계제도를 정비하였다.

소니그룹 전체의 자본금을 각 컴퍼니별 고정자산 비율에 따라 배분하였다. 각 컴퍼니 장은 자신의 사업에 투하된 자산이 얼마이며, 어느 정도 자본이 투입되었으며 자본비용이 얼마인지를 파악할 수 있게 된 것이다. 그리고 컴퍼니에서 발생하는 자금의 부족분(여유분)에 대해서는 본사에서 차입(대출)하는 형태를 취하여 지급이자(수입이자)를 계상하도록 하였다. 본사비용도 각 컴퍼니가 실질적으로 본사로부터 제공받는 서비스에 따라 배분하도록 하였다.

소니 경영진은 이러한 사내관리제도를 통해 작성된 대차대조표와 손익계산서를 바탕으로 자기자본이익률(return on equity, ROE)이나 사업현금흐름(operating cash-flow) 등의 지표를 통해 각 컴퍼니의 경영성과를 평가하고 있다. 이것은 결국 대폭적인 권한위양 대신 각 컴퍼니가 절대적인 경영성과에 대한 책임을 지도록 하는 것을 의미하며, 한편으로는 본사에서 각 컴퍼니의 경영성과를 전략적으로 모니터링할 수 있게 된 것이다.

• 각 컴퍼니간의 거래에도 시장경쟁원리 도입

소니가 사내관리제도를 정비하면서 가장 큰 변화를 일으킨 것은 사내대체가격 결정제도였다. 소니는 각 컴퍼니간 대체가격을 시장가격을 기준으로 설정하고 있다. 실제로 1995년초 컨슈머 AV 컴퍼니가 VTR용 소형 모터를 외부업자에게 발주하는 일이 발생하였다. 소니그룹 내에서 부품공급을 담당하던 컴포넌트 컴퍼니가 있었음에도 불구하고 외부업자를 선택한 것은 동일한 품질의 부품에 대해 외부업자의 공급가격이 낮았기 때문이었다. 이전 같으면 상상할 수도 없는 일이 발생한 것이다. 그러나 이 사건으로 말미암아 컴포넌트 컴퍼니는 부품의 외부판매처를 확보하려는 움직임을 보이기 시작했고, 한편으로는 일부 공장을 폐쇄하거나 설비나 종업원을 다른 공장으로 이동시키는 등 코스트 절감에 필사적인 노력을 기울이게 되었다. 이와 같이 각 컴퍼니간의 거래에도 시장경쟁원리를 도입함으로써 보다 장기적인 관점에서 소니 전체의 성과를 극대화하고, 경영체질을 강화시키는 데 컴퍼니제가 일익을 담당하게 된 것이다.

(박진석, 성공적 구조조정을 위한 경영인프라, 주간경제 477호, 1998.7.29)

사내대체가격이 왜 필요한가?

사내대체
조직의 부문간에 재화나 서비스가 제공되는 것

기업의 조직이 커지면 부문별로 업무가 나뉘고 부문간에 부품이나 서비스가 제공된다. 예를 들어, 자동차회사의 엔진생산부문은 생산된 엔진을 완성차 조립부문에 제공한다. 전자회사의 헤드생산부문이 VTR 생산부문에 핵심부품인 헤드를 공급한다. 의류회사의 디자인부문은 의상디자인을 봉제부문에 제공한다. 같은 기업의 부문간에 재화나 서비스가 제공되는 것을 사내대체(Internal Transfer) 또는 사내이전, 내부거래라고 한다. 엔진부문, 디자인부문과 같이 완성품을 직접 생산하지 않는 부문은 소비자에게의 매출과 직접 관련이 없으므로 기존에는 원가책임단위로 분류되어 왔다. 이들 부문은 전체 조직의 한 부분으로서, 기획부문이나 다른 부문이 요구하는 수준의 생산활동을 최소한의 원가로 달성하는 것을 목표로 삼았다. 원가책임단위로 평가되는 이들 부문의 원가는 사내대체를 받는 부문에 배분된다.

사내대체가격
사내대체물에 대한 내부거래가격

최근 많은 기업들이 구성원의 창의력 발휘와 책임의식에 의한 기업발전을 원하고 있다. 이를 위해 분권화, 권한이양, 책임경영을 강조하면서, 거의 모든 부문을 독립적인 이익창출단위로 취급하여 평가하고자 한다. 즉, 각 부문이 독자적인 이익창출단위로서의 의식을 가지고 업무에 임하고, 생산수준 등에 대한 의사결정을 자율적으로 하도록 요구한다. 기존의 원가책임단위를 이익책임단위로 취급하기 위해, 사내대체거래도 공급부문의 내부매출로 기록한다. 사내대체가 회사내부시장에서의 거래로 취급될 때 이 사내거래를 위한 가격이 사내대체가격(Transfer Price)이다. 사내대체물을 받는 수요부문은 사내대체가격을 대체물의 구입원가로 기록한다.

그림 17.1 사내대체흐름

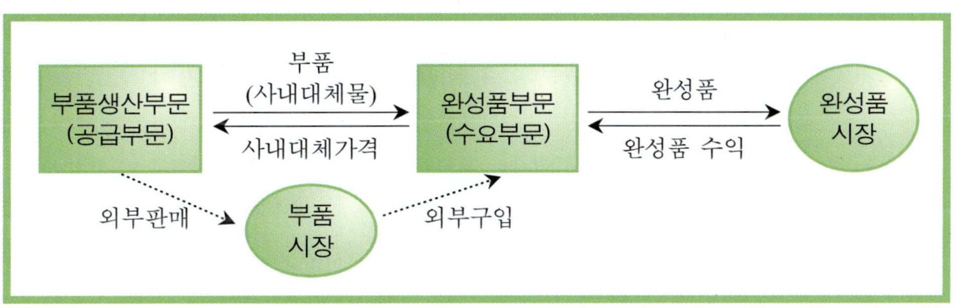

사내대체가격이 높아지면 공급부문은 사내대체의 수익과 부문이익이 증가하여 좋아하나, 수요부문은 내부구입원가가 높아짐에 따라 부문이익이 줄어들어 싫어한다. 사내대체가격이 낮아지면 반대로 공급부문이 싫어하고 수요부문이 좋아한다. 이처럼 사내대체가격은 거래의 양 당사자인 공급부문과 수요부문의 이해가 대립하는 민감한 문제이므로 신중히 결정해야 한다.

사내대체가격이 왜 중요한가?

사내대체가격을 어떻게 결정해야 공급부문, 수요부문, 기업전체가 모두 만족할 수 있는가? 공급부문은 최소한 사내대체를 위한 관련원가를 보상받아야 만족한다. 수요부문은 사내대체물의 가치보다는 싸게 구입해야 만족한다. 기획부문은 기업전체의 이익을 최대화하는 적절한 가격이 결정되기를 바라는데, 사내대체가격 수준 자체는 중요하지 않다. 사내대체가격에 의해 계산되는 내부거래는 기업전체로 보아 서로 상쇄되어 기업전체의 이익과는 무관하기 때문이다.[1] 사내대체거래에 의한 수익과 비용이 서로 상쇄되는 것을 다음의 〈표 17.1〉가 보인다.[2]

기업전체의 이익에 영향을 미치는 것은 사내대체가격이 아니라 사내대체물량이다. 사내대체물량이 최종 완성품량과 판매량에 영향을 미치어 기업의 이익과 관련된다. 사내대체가격과 무관하게 사내대체물량이 기획부문에 의해 중앙집권적으로 결정된다면, 사내대체가격은 공급부문과 수요부문의 이익계산에만 영향을 미치고 기업이익과는 무관하다. 그러나 분권화에 의해 사내대체물량이 사내대체가격에 따라 공급부문과 수요부문 사이에 자율적으로 결정될 때에는 사내대체가격이 사내대체물량을 결정하여 기업이익에 영향을 미친다. 사내대체가격이 너무 낮아서 부품생산부문이 부품을 부족하게 공급하면, 완성품부문의 완성품 생산량이 부족하거나 공급부문에서의 제조원가보다 비싼 가

1) 이는 연결손익계산서에서 회계단위의 확대로 연결된 기업간의 판매분에 대한 매출과 구입원가가 서로 상쇄되어 없어지는 것과 마찬가지이다.

2) 〈표 17.1〉은 부품의 외부시장이 없어서 공급부문이 생산한 부품을 모두 수요부문에 제공하는 가장 간단한 경우이다. 공급부문이 생산된 부품의 일부를 외부시장에 파는 경우, 공급부문과 기업전체의 수익에 이 부품의 외부시장 판매분에 대한 수익항목이 추가된다.

격에 부품을 외부에서 구입하여 완성품을 생산하게 되어 기업전체의 이익이 줄어든다.

표 17.1 부문과 기업전체의 이익계산

	부품생산부문 (공급부문 S)	완성품부문 (수요부문 D)	기업전체
수 익	사내대체 수익 (TP × TQ)	완성품 수익(R_D)	완성품 수익(R_D)
비 용	부문자체원가(C_S)	부문자체원가(C_D)	부문자체원가 합계 ($C_S + C_D$)
		사내대체 원가 (TP × TQ)	
이 익	$TP \times TQ - C_S$	$R_D - C_D - TP \times TQ$	$R_D - C_D - C_S$

TP : 사내대체가격, TQ : 사내대체물량

사내대체가격으로 부문과 기업전체의 목표를 일치시킨다

목표일치
부문이익 최대화와 기업이익 최대화가 일치하는 것

분권화 조직에서 사내대체물량이 자율적으로 결정될 때, 기업전체이익을 가장 높이는 사내대체물량을 어떻게 유도할 수 있는가? 기획부문이 사내대체가격을 적절히 설정하면 이 가격에 의해 최적의 물량이 사내대체된다.[3] 기획부문에서 설정한 적절한 사내대체가격에 기초하여 공급부문과 수요부문이 자신의 부문이익을 최대화하기 위해 자율적으로 사내대체 결정을 할 때 기업의 이익이 최대화되면 이를 목표일치(Goal Congruence)라고 한다. 목표일치 사내대체가격을 찾기 위해 기업전체이익을 최대화하는 최적의 사내대체물량을 먼저 구한다. 〈표 17.1〉에서 보았듯이 사내대체가격 자체는 기업의 이익과 무관하므로 사내대체가격을 고려하지 않고 최적(이익최대화) 사내대체물량을 구한다.

우선 가장 단순한 상황인 부품을 외부에서 구입하거나 판매하는 것이 불가능한 경우에 최적의 사내대체물량을 구해 보자. 완성품의 판매가가 단위당

3) 이것은 적절한 가격제도가 자원의 최적배분을 유도하는 것과 같은 원리이다.

600원이고 완성품 1단위에 부품 1단위가 필요하며 두 부문의 원가구조가 다음과 같다고 가정하자.

표 17.2 부문별 원가구조

	부품생산부문 (부문 S)	완성품부문 (부문 D)	기업전체
단위당 변동원가	65원	135원	200원
총고정원가	1,800만원	2,200만원	4,000만원
단위당 고정원가	1,800만원/생산량	2,200만원/생산량	4,000만원/생산량

기업전체의 단위당 공헌이익이 400원이므로 손익분기점이 10만개이며 10만개 이상 많이 팔수록 이익이 증가한다. 단위당 원가의 관점에서는 10만개에서 단위당 고정원가가 400원이 되어 단위당 원가가 단위당 판매가 600원보다 작아지기 시작하여 이익이 발생하기 시작한다. 따라서 예상판매량이 10만개 이상이면 제품을 생산판매하는 것이 제품을 전혀 생산판매하지 않고 0의 이익을 얻는 것보다 좋다.[4] 따라서 완성품 판매량이 10만개 이상이면 그 수량만큼 부품을 사내대체하는 것이 최적이다.

표 17.3 부문과 기업전체의 이익계산 예

		부품생산부문 (공급부문 S)	완성품부문 (수요부문 D)	기업전체
수 익		TP × 15만개	9,000만원 (600원/개 × 15만개)	9,000만원
비 용	자체원가	2,775만원 (65원/개 × 15만개 +1,800만원)	4,225만원 (135원/개 × 15만개 +2,200만원)	7,000만원 (200원/개 × 15만개 +4,000만원)
	사내대체원가		TP × 15만개	
이 익		TP × 15만개 −2,775만원	4,775만원 − TP × 15만개	2,000만원

4) 모든 고정원가가 생산판매를 중단할 때 회피가능하다고 가정하였다. 따라서 모든 원가가 관련원가이다. 만약 고정원가가 전액 회피불가능하면 변동원가만이 관련원가이다. 만약 고정원가 중 일부만이 회피가능하면 회피가능한 원가만을 고려하여 사내대체를 결정한다.

이 최적 사내대체물량을 유도하는 목표일치 사내대체가격은 얼마인가? 완성품 생산판매량과 사내대체물량이 15만개일 때 부문과 기업전체의 이익은 다음과 같이 계산된다.

부품생산부문이 15만개의 부품을 공급하고 이익을 얻으려면

$$이익 = TP \times 15만개 - 2{,}775만원 \geq 0$$

즉, 사내대체 수익(TP×15만개)이 부문원가 2,775만원보다 커야 한다. 따라서 사내대체가격(TP)은 단위당 부품원가 185원(=2,775만원/15만개)보다 커야 한다. 단위당 부품공급원가 185원은 부품부문의 단위당 변동원가 65원과 15만개에서의 단위당 고정원가 120원(=1,800만원/15만개)의 합계이다.

완성품부문이 15만개의 부품을 사내구입하고 이익을 얻으려면

$$이익 = 4{,}775만원 - TP \times 15만개 \geq 0$$

즉, 완성품 매출수익과 완성품부문 자체원가의 차액으로 계산되는 부품의 총가치인 4,775만원[5]이 부품사내구입 원가(TP×15만개)보다 커야 한다. 따라서 사내대체가격(TP)은 단위당 부품가치인 318원(=4,775만원/15만개)보다 작아야 한다. 단위당 부품가치 318원은 부품을 완성품으로 추가가공하는 단위당 원가(282원)와 판매가(600원)의 차액이다. 달리 해석하면, 단위당 부품가치 318원은 완성품부문의 자체발생한 변동원가만을 고려한 단위당 공헌이익 465원에서 15만개에서의 단위당 고정원가 147원(=2,200만원/15만개)을 뺀 금액이다. 물량 단위당으로 계산된 부문과 기업전체의 수익과 비용은 〈표 17.4〉와 같이 정리된다.

생산판매량 15만개에서 기업전체가 단위당 133원의 이익을 얻으므로 사내대체를 하도록 유도해야 한다. 이를 위한 사내대체가격은 부품생산부문이 요구하는 최저가격 185원과 완성품부문이 요구하는 최고가격 318원의 사이에서 결정되어야 한다. 이 범위 밖에서 사내대체가격이 결정되면 두 부문 중 하나가 사내거래를 원하지 않으므로 거래가 불가능하다. 생산량이 적어질수록 두 부문의 단위당 원가가 증가하여 최저가격과 최고가격의 범위가 점점 줄어든다. 기업의 손익분기점인 10만개에서 최저가격과 최고가격이 245원으로 일치된다.

---

5) 완성품부문의 원가는 부품에 대한 추가가공비와 판매관리비이므로 완성품부문 입장에서 부품의 가치 4,775만원은 결합원가계산에서 배운 순실현가치와 같은 개념이다.

표 17.4 부문과 기업전체의 단위당 수익과 비용 (15만개인 경우)

		부품생산부문 (공급부문 S)	완성품부문 (수요부문 D)	기업전체
단위당 수익		TP	600원/개	600원/개
단위당 비용	자체원가	185원 (65원/개 +1,800만원/15만개)	282원 (135원/개 +2,200만원/15만개)	467원 (200원/개 +4,000만원/15만개)
	사내대체원가		TP	
단위당 이익		TP − 185원/개	318원/개 − TP	133원/개

사내대체를 막는 사내대체가격의 역할도 필요하다

생산판매량이 10만개 이하이면 손실이 발생하므로 생산판매를 중단하는 것이 바람직한데 이때의 목표일치 사내대체가격은 얼마일까? 판매가능량이 5만개일 때의 부문과 기업전체의 단위당 수익과 비용은 다음과 같이 정리된다.

표 17.5 부문과 기업전체의 단위당 수익과 비용 (5만개인 경우)

		부품생산부문 (공급부문 S)	완성품부문 (수요부문 D)	기업전체
단위당 수익		TP	600원/개	600원/개
단위당 비용	자체원가	425원 (65원/개 +1,800만원/5만개)	575원 (135원/개 +2,200만원/5만개)	1,000원 (200원/개 +4,000만원/5만개)
	사내대체원가		TP	
단위당 이익		TP − 425원/개	25원/개 − TP	−400원/개

부품생산부문에 손익분기가 되는 최저 사내대체가격이 425원이고, 완성품부문에 손익분기가 되는 최고 사내대체가격이 25원이므로 두 부문 사이에 자율적인 사내대체를 유도하는 사내대체가격은 존재하지 않는다. 그러나 이 사

실이 목표일치의 사내대체가격이 존재하지 않는다는 것을 의미하지는 않는다. 목표일치의 사내대체가격은 사내대체가 기업의 이익을 위해 필요하면 사내대체를 유도하고, 사내대체가 바람직하지 않으면 사내대체를 막는 가격이다. 기업이 손실을 입는 생산판매량 5만개의 경우에는 어느 가격에 사내대체가격이 설정되든지 사내대체는 자율적으로 이루어지지 않으므로 모든 가격이 목표일치의 가격이다.

모든 생산량에서 항상 목표일치시키는 사내대체가격이 있다

어느 생산량 수준에서도 목표일치인 사내대체가격이 존재하는가? 손익분기점 10만개에서의 부품생산부문의 단위당 원가 245원이 이러한 가격이다. 사내대체가격을 생산량과 무관하게 항상 245원에 고정시키면 생산량이 손익분기점보다 클 때에는 사내대체가 이루어져 기업전체에 이익이 발생하고, 생산량이 손익분기점보다 작을 때에는 사내대체가 이루어지지 않아 기업전체에 손실이 발생하는 것을 막아준다. 요약하면, 기획부문에서 설정한 적절한 사내대체가격에 기초하여 공급부문과 수요부문이 자신의 부문이익을 최대화하기 위해 자율적으로 사내대체 결정을 할 때 기업의 이익이 최대화된다. 즉 사내대체가격제도에 의해 부문 이익최대화와 기업전체 이익최대화의 목표일치가 이루어진다. 여러 생산량 수준에서의 목표일치 사내대체가격을 다음 〈표 17.6〉과 [그림 17.2]가 정리해 보여준다. 그림의 화살표는 해당 생산량에서의 목표일치 사내대체가격의 범위를 나타낸다.

표 17.6 생산량과 목표일치 사내대체가격 (부품시장이 없는 경우)

생산량	완성품 생산 여부	사내대체 여부	목표일치 사내대체가격
손익분기점 이하	생산중단	사내대체 없음	모든 가격
손익분기점 이상	생산	사내대체	부품의 자체생산원가 ≤ TP ≤ 부품의 가치

그림 17.2 생산량과 목표일치 사내대체가격의 범위 (부품시장이 없는 경우)

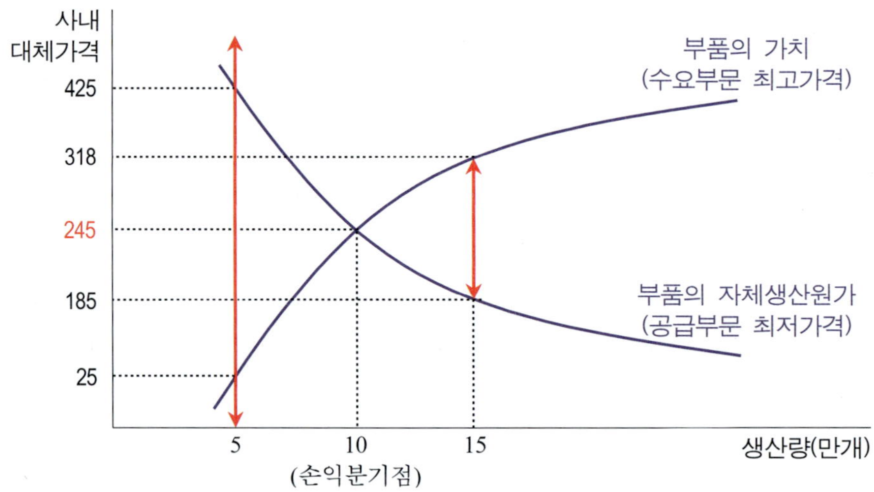

부품을 외부에서 구입할 수 있다면 사내대체가 어떻게 달라지는가?

부품을 내부에서 조달하지 않고 외부에서 구입할 수 있다면 완성품부문과 기업전체는 이 대안을 고려하여 좀더 유리한 조건으로 사내대체 결정을 하게 된다. 앞에서 사용한 부문 S와 D의 예를 계속 사용하자. 부품생산부문의 원가는 앞에서와 같고 부품의 외부구입원가는 95원이라고 하자.[6] 이때 최적의 사내대체량과 사내대체가격을 구해 보자.

표 17.7 자체생산과 외부구입의 원가

	자체생산	외부구입
단위당 변동원가	65원	95원
단위당 고정원가	1,800만원/생산량	–

6) 분석의 편의상 완성품부문이 부품을 외부에서 구입할 수는 있으나 부품생산부문이 부품을 외부시장에 판매할 수는 없다고 가정한다.

그림 17.3 자체생산과 외부구입의 원가

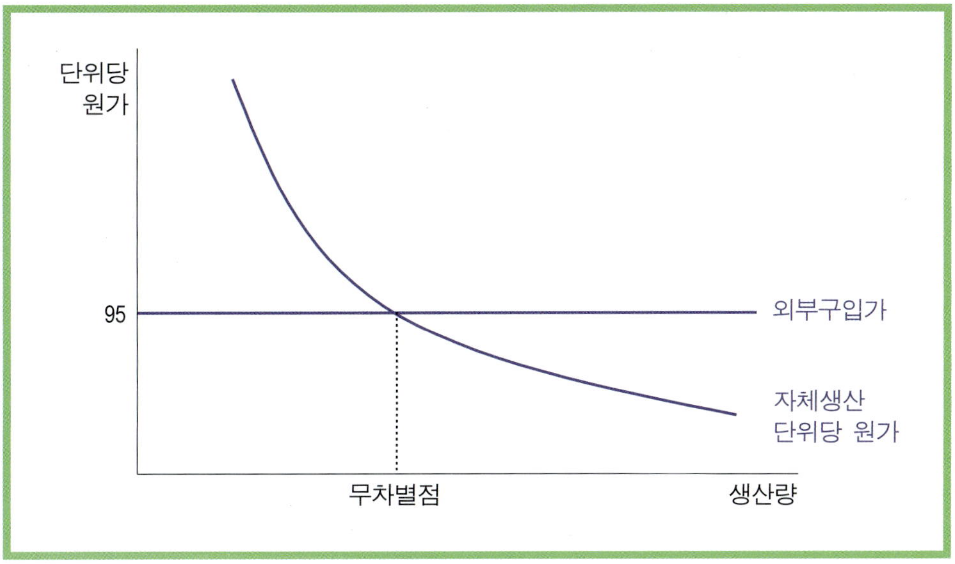

최적의 사내대체물량을 구하는 문제는 제13장에서 다룬 자체생산과 외부주문의 아웃소싱 결정문제와 같다. 자체생산원가가 외부주문원가보다 싸면 자체생산, 즉 사내대체하고 외부주문원가가 더 싸면 외부주문을 하고 사내대체를 하지 않는다. 생산량이 60만개일 때 부품의 단위당 제조원가가 95원이 되므로 생산량이 이보다 많으면 자체생산 사내대체가 유리하고 생산량이 이보다 적으면 외부구입이 유리하다.

이 최적의 사내대체 결정을 자율적으로 유도하는 목표일치 사내대체가격은 얼마인가? 부품생산부문[공급부문]은 부품을 직접 외부시장에 판매할 수 없으므로 요구하는 최저 사내대체가격은 앞에서와 마찬가지로 단위당 제조원가이다.[7] 그러나 완성품부문[수요부문]은 이제 부품을 사내대체받거나 외부구입할 수 있으므로 외부구입가 이상으로 사내대체가격을 지급할 필요가 없다. 따라서 완성품부문이 지급하고자 하는 최고한도의 사내대체가격은 부품의 외부시장가격이다.[8] 아웃소싱 결정이 무차별해지는 60만개 이상의 경우, 부품의 자체생산원가가 외부구입원가보다 낮으므로 부품생산부문의 최저가격인 부품의

7) 부품생산부문이 외부에 직접 부품을 팔 수 있으면 단위당 제조원가와 외부판매가 중 높은 금액이 사내대체에 대한 최저 요구가격이 된다.

8) 정확히 말하면 수요부문의 최고 사내대체가격은 부품의 외부구입가와 부품의 (순실현)가치 중 낮은 금액이다. 완성품 생산량이 너무 적어 완성품부문의 단위당 고정원가가 매우 높을 때, 부품의 가치는 매우 낮으며 이때 부품의 가치보다 더 높은 가격을 완성품부문이 내부나 외부에 지급하려 하지 않기 때문이다.

자체생산원가와 완성품부문의 최고가격인 외부구입가 사이에서 사내대체가격이 설정되면 바람직한 사내대체가 이루어진다. 60만개 이하의 경우 사내대체보다 외부구입이 유리하고 이때 어느 가격에서도 사내대체가 자율적으로 이루어지지 않으므로 사내대체가격은 어느 가격이든 상관없다.

이 사실을 생산량 100만개와 15만개의 경우를 통해 확인해 보자. 생산량이 무차별점보다 큰 100만개인 경우, 사내대체할 때와 외부구입할 때의 부문과 기업전체의 이익은 다음과 같다.

표 17.8 부문과 기업전체의 단위당 수익과 비용 (100만개인 경우)

(1) 사내대체할 때

		부품생산부문 (공급부문 S)	완성품부문 (수요부문 D)	기업전체
단위당 수익		TP	600원/개	600원/개
단위당 비용	자체원가	83원 (65원/개 +1,800만원/100만개)	157원 (135원/개 +2,200만원/100만개)	240원 (200원/개 +4,000만원/100만개)
	사내대체 원가		TP	
단위당 이익		TP − 83원/개	443원/개 − TP	360원/개

(2) 외부구입(부품생산중단)할 때

		부품생산부문 (공급부문 S)	완성품부문 (수요부문 D)	기업전체
단위당 수익		0	600원/개	600원/개
단위당 비용	자체원가	0	157원 (135원/개 +2,200만원/100만개)	157원
	외부구입 원가		95원/개	95원/개
단위당 이익		0	348원/개	348원/개

생산판매량 100만개에서 사내대체하면 부품을 외부구입할 때보다 단위당 12원(=360−348)[9]의 이익이 증가하여 총 1,200만원(=12원/개×100만개)의 이익이

9) 이 단위당 이익차이 12원은 외부구입가 95원과 자체생산원가 83원의 차이이다.

더 생긴다. **사내대체를 유도하는 사내대체가격은 공급부문의 단위당 원가인 83원과 수요부문의 외부구입가 95원 사이이다.** 가격이 83원 이상이 되어야 공급부문이 생산중단하는 것보다 생산후 사내대체하는 것이 유리하다.

$$TP - 83 \geq 0 \Leftrightarrow TP \geq 83\text{원}$$

또한 내부가격이 95원 이하가 되어야 수요부문이 부품을 외부구입하지 않고 내부에서 구입할 때 이익이 더 커진다.

$$443 - TP \geq 348 \Leftrightarrow TP \leq 95\text{원}$$

따라서 목표일치 사내대체가격의 범위는 83원 $\leq$ TP $\leq$ 95원이다.

생산량이 무차별점보다 낮은 15만개인 경우, 사내대체할 때와 외부구입할 때의 부문과 기업전체의 이익은 다음과 같다.

표 17.9 부문과 기업전체의 단위당 수익과 비용 (15만개인 경우)

(1) 사내대체할 때

		부품생산부문 (공급부문 S)	완성품부문 (수요부문 D)	기업전체
단위당 수익		TP	600원/개	600원/개
단위당 비용	자체원가	185원 (65원/개 +1,800만원/15만개)	282원 (135원/개 +2,200만원/15만개)	467원 (200원/개 +4,000만원/15만개)
	사내대체 원가		TP	
단위당 이익		TP − 185원/개	318원/개 − TP	133원/개

(2) 외부구입(부품생산중단)할 때

		부품생산부문 (공급부문 S)	완성품부문 (수요부문 D)	기업전체
단위당 수익		0	600원/개	600원/개
단위당 비용	자체원가	0	282원/개 (135원/개 +2,200만원/15만개)	282원/개
	외부구입 원가		95원/개	95원/개
단위당 이익		0	223원/개	223원/개

생산판매량 15만개에서 사내대체하면 부품을 외부구입할 때보다 단위당 90원(=223−133)[10]의 이익이 감소하여 총 135만원(=90원/개×15만개)의 이익이 감소한다. 이때 사내대체를 하지 않고 외부구입을 하도록 사내대체가격이 역할을 해야 한다. 공급부문이 요구하는 최저 사내대체가격은 단위당 원가인 185원이고 수요부문이 지급하고자 하는 최고 사내대체가격은 부품의 외부구입가인 95원이므로 사내대체를 성립시키는 가격은 없다. 따라서 어느 가격에서나 사내대체가 이루어지지 않으므로 15만개에서 **어느 가격이나 목표일치 사내대체가격이다.** 부품 외부구입이 가능한 경우의 이러한 결과를 다음 [그림 17.4]가 보여준다.[11]

그림 17.4 생산량과 목표일치 사내대체가격의 범위 (부품시장이 있는 경우)

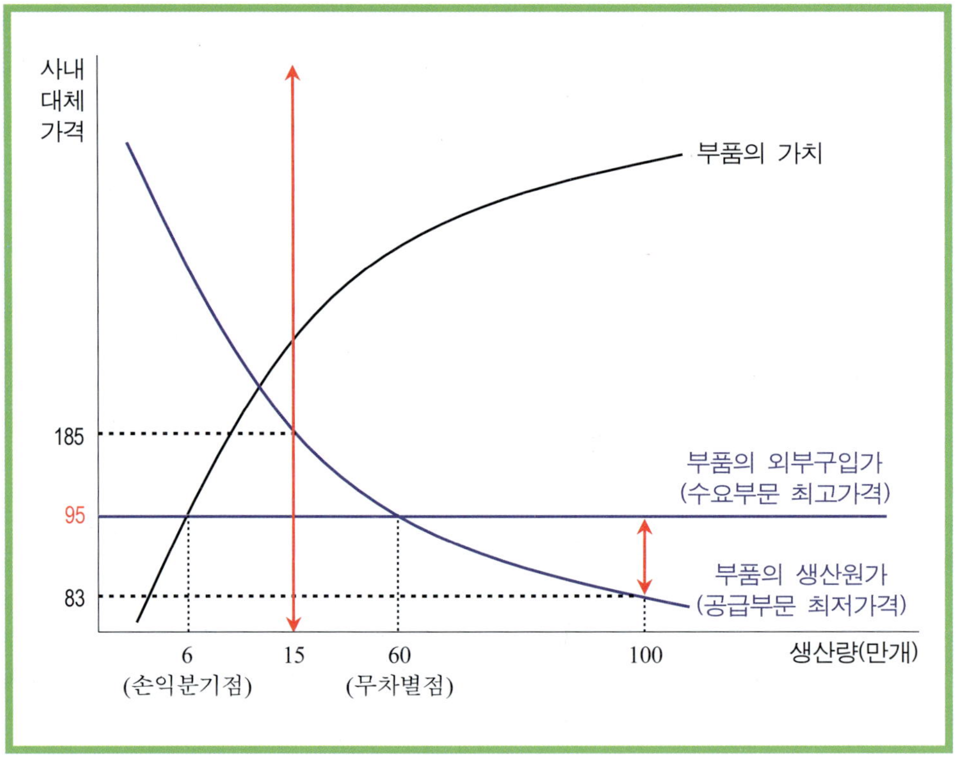

10) 이 단위당 이익차이 90원은 외부구입가 95원과 자체생산원가 185원의 차이이다.

11) 이 예에서 부품의 외부구입가능성이 손익분기점을 약 6만개로 낮추었다.

손익분기점	= 고정원가	/ (판매가	− 완성품부문변동원가	− 부품 외부구입가)
6만개	= 2,200만원	/ (600원/개	− 135원/개	− 95원/개)

표 17.10 생산량과 목표일치 사내대체가격 (부품시장이 있는 경우)

생산량	완성품 생산 여부	사내대체/외부구입 여부	목표일치 사내대체가격
손익분기점 이하	생산중단	사내대체 없음 외부구입 없음	모든 가격
손익분기점 이상 무차별점 이하	생산	외부구입	모든 가격
무차별점 이상	생산	사내대체	부품의 자체생산원가 ≤ TP ≤ 외부구입가

사내대체물의 외부시장가격이 최적의 사내대체가격이다

사내대체와 외부구입이 무차별해지는 60만개에서는 최저 및 최고 사내대체가격이 95원으로 일치된다. 외부구입가격인 95원이 모든 생산량 수준에서 항상 목표일치의 사내대체가격이므로, 생산량 수준에 관계없이 사내대체가격을 95원으로 항상 사용하는 것도 편리한 방법이다.

부품을 외부에서 구입할 경우, 사내대체할 때에 비해 수요부문의 원가가 변하는 경우도 많다. 이 경우 부품의 외부구입가격에 단위당 자체 원가변화액을 조정한 가격이 수요부문에게 사내대체와 외부구입을 무차별하게 만든다. 따라서 이 가격이 수요부문의 최고 사내대체가격이 된다. 예를 들어 외부구입할 때 완성품부문의 단위당 원가가 10원씩 증가한다면 최고 사내대체가격은 105원(=95+10)이 된다.

이제까지는 부품의 외부구입만을 고려하고 부품의 외부판매는 생각하지 않았다. 외부구입가 대신에 외부판매가가 존재하는 경우에는 외부판매가가 목표일치의 사내대체가격이 된다. 공급부문의 외부판매가격과 수요부문의 외부구입가격이 동일하면 그 시장가격이 가장 적절한 사내대체가격이다. 수요부문이 외부에서 구입할 수 있는 가격보다 비싼 가격에 내부적으로 구입하라고 하는 것은 수요부문에게 부당하다. 또한 공급부문이 대체물을 외부에 판매할 수 있다면 그 시장가격보다 싼 가격에 내부적으로 판매하라고 하는 것이 공급부문에서 부당하다. 사내대체물이 외부시장에서 거래되고 있다면 그 시장가격을 사내대체가격으로 정하는 것이 바람직하다. 만약 거래비용 때문에 공급부문의 외부판매가격이 수요부문의 외부구입가격보다 낮다면 그 두 시장가격 사이에서 사내대체가격을 정하면 적절하다. 이때 외부판매나 구입시 발생할 운송비, 광고선전비, 판매수수료, 대금 정산비용, 대손비용 등이 내부거래시에 절약된다면 이 비용만큼 시장가격에서 조정하여 사내대체가격을 정하는 것이 옳다.

시장가격을 사내대체가격으로 사용하는 것은 목표일치성 이외의 다른 장점도 있다. 첫째, 시장가격은 객관적이어서 계산에 대한 논란이 적다. 제품가격목록, 시장조사, 견적수집 등을 통해 시장가격을 조사할 수 있다. 이때, 실제거래가격이 공표된 가격보다 낮은 경우에는 실제거래가격을 사용하도록 주의해야 한다. 둘째, 외부시장가격으로 내부거래를 하면 공급부문이 원가를 절약할수록 자기부문의 이익이 커지므로 부문원가절감의 동기가 있다.

원가를 기준으로 사내대체가격을 정한다

한 기업의 사내대체물이 특이하여 외부시장이 존재하지 않을 수 있다. 이때 사내대체가격을 위해 시장가격을 사용할 수 없으므로 제조원가를 사용할 수밖에 없다. 원가를 사용한다면 어떤 원가를 사용해야 할까? 실제원가인가 예정원가인가? 변동원가만인가 고정원가를 포함한 원가인가?

실제원가는 이해하기가 쉬워 사내대체가격으로 많이 사용되나, 공급부문의 실제발생원가를 모두 가격으로 보장해 주므로 원가절감의 동기를 주지 못하는 단점이 있다. 또한 공급부문의 비효율성을 수요부문이 부담해야 하는 부당함이 있다. 공급부문의 원가절감을 유도하려면 사전에 정한 표준원가로 사내대체가격을 정하면 된다. 이때의 문제점은 공급부문이 표준원가를 정할 때 정말로 예상하는 원가보다 부풀려서 높이 정하여 높은 가격을 확보하려 하는 점이다. 공급부문이 주도적으로 정한 표준원가를 과연 수요부문이 받아들일 수 있을 것인가? 공급부문이 제공한 원가자료를 수요부문과 기획부문이 같이 검토하는 절차가 있으면 이 문제가 줄어들 것이다.

변동원가는 생산량 변화에 대한 증분원가로, 사내대체물량의 결정에 대한 적절한 관련원가라는 장점이 있다. 사내대체를 전혀 하지 않을 경우에 고정원가의 일부분도 회피가능하며 관련증분원가에 포함되어야 한다. 목표일치성을 위한 관련원가의 관점에서는 회피불가능한 고정원가는 사내대체가격 결정에 포함하지 않아야 하나, 이 경우 공급부문은 제외된 고정원가만큼 손실을 보고해야 하는 부당함이 있다. 모든 고정원가를 포함한 전부원가로 사내대체가격을 결정하면 공급부문은 손실을 보지 않으나 이익도 볼 수 없다. 공급부문에게 이익을 보장하기 위해 일정 이익마진을 가산하여 사내대체가격을 결정하기도 한다. 전부원가 이익가산(Full Cost Plus Profit Margin) 가격은 공급부문을 만족시키나 이 가격으로 사내대체물량을 자율적으로 결정하면 가격이 너무 높아져서, 기업전체의 이익을 위한 사내대체 결정이 이루어지지 않는다.

공급부문의 기회원가를 고려한다

사내대체가격의 일반적 지침
공급부문 단위당 증분원가와 기회원가를 합한 최소사내대체가격

공급부문의 사내대체 관련원가를 모두 반영하려면 실제원가항목으로 기록되는 관련 지출원가(out-of-pocket cost)뿐만 아니라 기회원가도 포함한 사내대체가격을 사용해야 한다. 기회원가를 포함하여 공급부문이 요구하는 최소가격을 사내대체가격의 일반적 지침(General Guideline)이라 한다.

사내대체가격의 일반적 지침(최소사내대체가격)
= 공급부문 사내대체 단위당 증분지출원가 + 단위당 기회원가

이때 주의할 점은 사내대체시의 단위당 증분원가(incremental cost per unit)는 사내대체를 한 단위 증가할 때의 원가증가액 또는 한계원가(marginal cost)가 아니라, 사내대체 여부에 따라 추가되는 총증분원가를 사내대체물량으로 나눈 평균증분원가(average incremental cost)라는 점이다.

단위당 증분원가 = 총증분원가 / 물량

공급부문의 기회원가는 어떻게 측정할까? 이것은 공급부문이 사내대체 이

외의 어떤 다른 용도에 부품을 사용할 수 있는가에 달려 있다. 대안이 전혀 없으면 기회원가는 0이다. 만약 부품을 사내대체하는 대신에 외부에 팔 수 있다면 외부판매에 의한 이익이 기회원가이다.

총기회원가 = 외부판매수익 − 외부판매 증분원가
단위당 기회원가 = 외부판매가 − 외부판매 단위당 증분원가

공급부문의 사내대체 증분원가와 외부판매 증분원가가 같다면 사내대체가격의 일반적 지침(최소사내대체가격)은 외부판매가가 된다. 이를 식으로 보이면 다음과 같다.

사내대체가격의 일반적 지침(최소사내대체가격)
= 사내대체 단위당 증분원가 + 단위당 기회원가
= 사내대체 단위당 증분원가 + (외부판매가 − 외부판매 단위당 증분원가)
= 외부판매가

부품생산부문이 부품을 생산하는 대신에 부문의 설비와 인력을 다른 용도로 사용하여 이익을 얻거나 기업전체의 원가를 줄일 수 있다면 이 혜택이 기회원가로 계산되어야 한다.

이중가격이나 협상에 의한 사내대체가격 결정도 가능하다

공급부문과 수요부문을 같이 만족시키기 위해 이중가격(Dual Pricing)이 사용될 수도 있다. 공급부문에게는 이익을 보장하기 위해 전부원가 이익가산 대체가격으로 수익을 계산하고, 수요부문은 최적 대체물량 결정을 위해 기회원가를 고려한 증분원가로 사내대체원가를 계산한다. 이중가격제도는 자율적으로 최적 대체물량을 결정하게 하는 장점이 있으나 운영이 복잡하여 많은 기업이 사용하지는 않는다.

사내대체가격 결정방법을 미리 정하지 않고 당사자인 공급부문과 수요부문이 협상(Negotiation)에 의해 전적으로 결정하게 할 수 있다. 두 부문이 각각 자기부문이 가진 정보를 이용하여 자기부문의 이익을 위해 사내대체가격과 물량을 자율적으로 결정하게 한다. 공급부문만이 제조원가를 정확히 알고 있거나 수요부문만이 대체물의 가치를 알고 있는 경우에 쓸모가 있는 방법이다. 그러나 협상에 시간과 노력이 많이 소모되고 두 부문의 지위나 협상자의 협상력에 의해서 기업전체를 위해 바람직하지 못한 결과가 초래될 가능성이 있다. 이제까지 소개한 사내대체가격 결정방법의 특성을 비교정리하면 다음 〈표 17.11〉과 같다.[12]

표 17.11 사내대체가격 결정방법의 비교

특 성	시장가격기준	원가기준	협 상
목표일치성 달성	가능	종종 가능하나 항상은 아님	가능
부문성과평가 유용성	유용	사내대체가격이 전부원가를 초과하지 않으면 유용하지 않음	유용하나 협상력이 가격에 영향을 미침
원가절감 동기부여	동기부여	표준원가를 사용하면 가능, 실제원가를 사용하면 불가능	동기부여
부문자율성	가능	불가능	가능
기 타	중간재 시장이 없거나 불완전하거나 비정상적일 수 있음	전부원가를 계산할 때 유용하고 적용이 쉬움	협상에 시간이 듦

12) 이 표는 Horngren 외 *Cost Accounting*(2003)의 〈표 22.3〉(p.768)을 조금 수정하였다.

국제이전가격은 절세가 관심사[13)]

사내대체에 관련된 두 부문이 서로 다른 나라에 위치하여 서로 다른 법인세를 적용받는다면 전사적인 관점에서 법인세 절감이 고려사항이 된다. 예를 들어, 공급부문이 한국에서 30%의 법인세율을 적용받고 수요부문은 미국에서 40%의 법인세율을 적용받으면 국제이전가격을 높여서 공급부문의 이익을 높이고 수요부문의 이익을 낮춘 만큼 전사적인 법인세가 절감이 된다. 국제이전가격 총액이 1원 올라갈 때마다 1원의 10%(=40%−30%)만큼의 법인세가 절감된다. 이때 추가로 고려할 점은 대체물의 수입가격이 올라가면 미국에 위치한 수요부문이 지급해야 하는 수입관세는 증가한다는 사실이다. 국제이전가격의 조정에 의한 조세회피를 방지하기 위해 각국의 조세기관은 허용되는 국제이전가격

스타벅스 특별 세무조사… 이전가격 조작 여부 집중

〈앵커〉 스타벅스 코리아에 대해 국세청이 세무조사를 벌이고 있는 걸로 SBS 취재 결과 확인됐습니다. 해외에서 들여오는 원두 같은 원재료 등의 공급가를 높이거나 낮춰서 세금을 덜 냈는지 조사중인 걸로 알려졌습니다. 보도에 김혜민 기자입니다.

〈기자〉 국세청이 스타벅스 코리아에 대한 세무조사를 시작한 건 지난달 중순부터입니다. 서울지방국세청 국제거래조사국 소속 조사관들은 스타벅스 코리아 본사를 수차례 방문해 회계장부와 전산자료 등을 확보한 것으로 알려졌습니다. 이번 조사는 정기 세무조사가 아닌 비정기 세무조사로, 조사를 맡은 국제거래조사국은 구글을 포함한 다국적기업들의 역외 탈세 의혹을 광범위하게 조사하고 있습니다.

스타벅스 코리아에 대해서도 다국적기업들의 가장 흔한 탈세 유형인 이전가격 조작 여부를 집중적으로 들여다보는 것으로 알려졌습니다. 이전가격은 해외법인 사이에서 원재료와 제품 등을 공급할 때 적용되는 가격으로, 이 가격을 높이거나 낮춰서 세금을 회피할 수 있습니다. 특히 스타벅스 코리아는 100% 직영으로 운영하면서 커피 원두는 물론, 매장 인테리어 원자재까지 미국 등에서 수입해 들여오고 있습니다.

국세청은 올해 초 다국적기업의 공격적 조세회피에 대해 검증을 강화하겠다고 예고한 바 있습니다. 스타벅스 코리아는 지난 1997년 미국 본사와 신세계그룹 이마트가 절반씩 지분을 투자해 설립했고, 20%대 고성장을 이어오며 지난해 국내 1천370여 개 매장에서 1조 8천700억원의 매출을 올렸습니다.

(SBS 뉴스, 2020.6.4)

---

13) 국제간의 대체가격은 국제조세 분야에서 국제이전가격으로 불린다.

의 범위를 제한하고 있다.

국제이전가격에 의한 절세는 법인세율이 매우 낮은 제3국을 중개지로 사용하는 방법도 있다. 파나마에 법인세가 없다면 한국에서 미국으로 보내는 물건을 파나마의 지사가 낮은 가격에 한국에서 사서 높은 가격에 미국으로 판매하는 형식을 취하면 거래이익의 대부분이 세율이 낮은 파나마 지사에 귀속되어 전사적인 법인세가 감소한다. 이렇게 조세회피에 사용되는 낮은 세율의 국가를 조세피난처(Tax Haven)라고 부른다.

토 론

조세피난처에 묻어둔 돈 7조달러… 다국적기업 '세테크' 논란

–영국·독일 "꼼수 손보자"… 구글 등 "1차대전 이후 지속된 관행"
–불황에 세수 부족해지자 단속 칼 든 각국 정부
–美 전쟁 선포… G20 공조 추진
–MS·아마존·스타벅스… '비도덕적 행위' 질타 이어져
–구글 회장 "절세는 당연"

"구글은 왜 법인세를 내지 않았죠." (재키 도일프라이스 영국 보수당 의원)
"우리는 법대로 냈습니다." (매트 브리틴 구글 영국법인 부사장)
"지금 지적하는 것은 '불법' 문제가 아니에요. 구글의 '비도덕성'에 대해 얘기하고 있어요." (마거릿 호지 노동당 의원)

지난달 12일 영국 하원의 공공회계위원회(PAC) 청문회장. 의원들과 증언대에 불려나온 구글, 아마존, 스타벅스 등 글로벌 기업 중역들간 설전이 벌어졌다. 조세피난처를 이용하는 것은 관행적 절세라는 기업들의 항변과 비도덕적 행위라는 의원들의 공방이 오갔다.

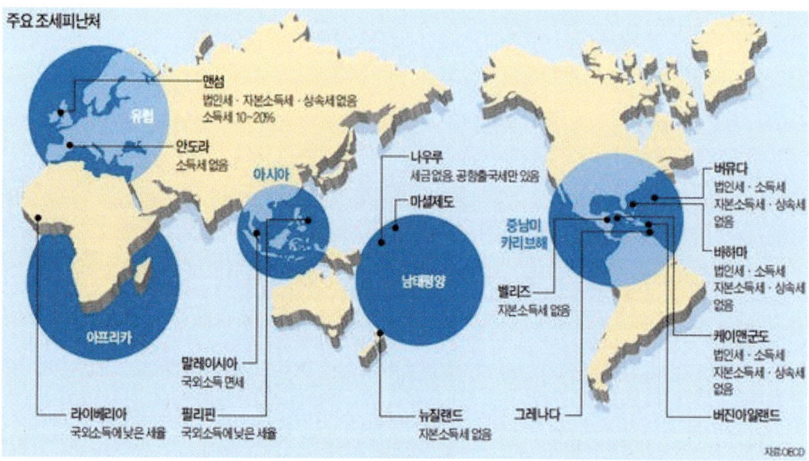

미국 금융위기·유럽 재정위기로 불황이 장기화하면서 나타난 충돌과 논란이다. 기업 유치를 위해 그동안 조세피난처 활용을 눈감아줬던 영국, 미국 등 주요국들이 부족한 세수를 메우기 위해 단속의 칼을 들이대기 시작한 것이다.

버뮤다, 케이맨군도 등 세계 조세피난처로 들어온 자금은 2008년 현재 경제협력개발기구(OECD) 추산으로 7조달러(약 7,518조원)에 달한다. 한국 국내총생산(GDP)의 5배가 넘는 규모다.

• 불법과 적법 사이의 '꼼수'

블룸버그통신에 따르면 세계 최대 인터넷 검색 업체인 미국 구글은 지난해 조세피난처로 수익을 옮겨 20억달러(약 2조1,000억원)에 이르는 세금을 회피했다. 커피업체 스타벅스는 3년간 영국에서 4억파운드(약 7,000억원)의 매출을 올리고도 조세피난처 덕분에 법인세를 한푼도 내지 않은 것으로 드러났다.

구글의 '세금 꼼수'는 간단했다. 법인세가 없는 영국령 버뮤다에 '서류상 회사(페이퍼 컴퍼니)'를 세웠다. 영국이나 프랑스에서 수익이 나면 로열티·컨설팅비 명목으로 수익을 버뮤다 회사로 넘겼다. 비용이 생기면 반대로 가장 세율이 높은 국가로 옮겨 공제받았다. 유럽 본사는 법인세율이 12.5%로 낮은 아일랜드에 뒀다. OECD 국가 평균세율(25.25%)보다 훨씬 낮은 곳이다. 구글은 이런 꼼수로 지난해 미국 외에서 발생한

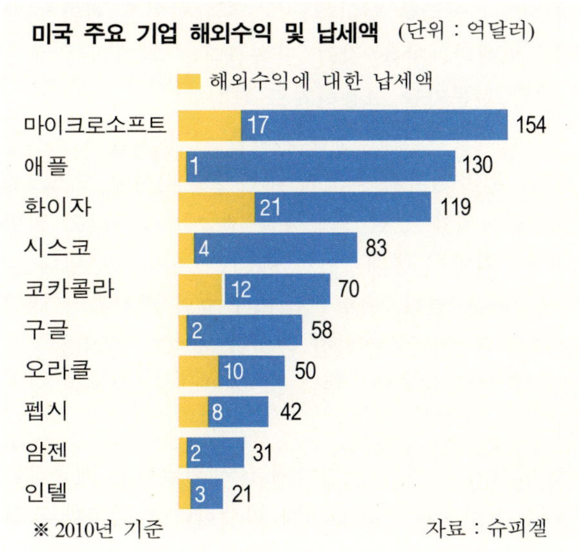

수익의 딱 3.2%만 세금으로 냈다.

또 다른 미국 기업인 아마존과 스타벅스도 비슷한 방식을 썼다. 온라인 거래 업체인 아마존은 유럽 본사를 룩셈부르크에, 스타벅스는 네덜란드에 설립했다. 두 국가 모두 법인세율이 낮다. 소프트웨어 업체인 마이크로소프트(MS) 본사도 아일랜드에 있다.

이 같은 세금 회피가 불법은 아니다. 그렇다고 적법하다고 말하기도 어렵다. 조세피난처는 일종의 회색지대다. 국가나 지역 간 세율이 달라 생긴 빈틈을 글로벌 기업들이 교묘하게 이용하는 것이다. 절세는 적법한 절차 안에서 세금을 줄이는 것이지만 세금 회피는 불법은 아니지만 '꼼수'를 쓴다는 의미가 강하다.

• 글로벌 기업, "왜 이제 와서…"

글로벌 기업 입장에서는 세금을 회피할 방법이 있는데 마다할 이유가 없다. 에릭 슈미트 구글 회장은 "구글의 납세 구조가 자랑스럽다"는 말로 논란을 일축했다. "자본주의란 이런 것"이라고도 했다. 세율이 다른 여러 나라에서 글로벌 영업을 하면서 절세를 하는 것뿐이라는 얘기다. 스타벅스는 "고용 효과 등을 따지면 영국 경제에 매년 8,000만파운드(약 1,383억원)씩 기여하고 있다"고 반박했다.

이런 주장은 "탈세도 부도덕하지만 쓸데없이 세금을 많이 내는 것은 더 나쁘다"는 인식에 뿌리를 두고 있다. 기업의 존재 목적은 이윤 추구이고, 최대한 비용을 줄여 주주들에게 더 많은 이익을 돌려주는 게 최고의 미덕이라는 것이다. 조세피난처를 애용하는 애플도 자사의 아이디어와 혁신으로 만든 제품을 팔아 남긴 이익을 떼어내 다른 국가에 많은 세금을 낼 필요가 없다고 주장한다.

각국 정부도 이 같은 관행을 모르지는 않았다. 기업들이 조세피난처를 적극 이용하기 시작한 것은 무려 100여년 전부터다. 1차 세계대전 때 전쟁 비용을 마련하기 위해 각국 정부가 세율을 대폭 올리자 세금 피할 곳을 찾기 시작했다. 1970년대부터는 주요국 정부가 감세 경쟁을 벌이기 시작했다. 조세피난처에 기업을 빼앗기지 않기 위해서였다. 기업들이 "지금까지 가만히 있다가 왜 이제 와서 마녀사냥식으로 몰아붙이느냐"고 항변하는 이유다.

• 국제 공조식 단속가능할까

조세피난처 활용에 대한 각국 정부의 인식을 바꿔 놓은 것은 2008년 미국 금융위기와 이후 겹쳐진 유로존(유로화 사용 17개국) 재정위기다. 조세피난처로 줄줄 새는 세금을 막아 불황으로 부족해진 세수를 채우는 정책으로 방향을 바꾸고 있는 것이다.

버락 오바마 미국 대통령은 2009년 취임하자마자 '조세피난처와의 전쟁'을 선포했다. 금융위기의 원인 중 하나로 조세피난처를 지목했다. 위기를 불렀던 각종 모기지(주택담보대출) 유동화 상품이 조세피난처를 통해 설계·유통됐다는 사실을 발견했다. JP

모건체이스와 골드만삭스 같은 투자은행이 영국령 케이맨군도 등에 법인을 세워 파생상품을 파는 식이었다. 영국 정부는 조세피난처를 강력 단속한다는 취지에서 최근 7,700만파운드(약 1,300억원)를 들여 세금 전문가를 고용하기로 결정했다.

그러나 한 나라 단독으로는 조세피난처를 이용한 세금 회피를 막기 힘들다는 지적이다. 해법은 국제적 공조 체제에 있다. 당장 영국과 독일은 내년 2월 러시아 모스크바에서 열리는 주요 20개국(G20) 재무장관회의에 관련 보고서를 제출할 것이라고 밝혔다. 지난 6월 열린 멕시코 G20 재무장관회의를 통해 "이미 폭넓은 지지를 받았다"고 했다. 유럽은 '세금 정상회담'까지 구상하고 있다. 유럽연합(EU) 고위 인사들이 내년 중 국제회의를 열어 주요국의 실질 세율 동일화를 추진할 예정인 것으로 알려졌다.

하지만 각국의 이해관계가 엇갈리는 데다 글로벌 기업들의 반발이 커 국제적 공조가 쉽지 않을 것이라는 시각도 있다.

외자유치 외에는 경쟁력이 없는 국가나 지역은 기업들에 조세피난처를 제공하는 유혹을 벗어나기 힘들다. 케이맨군도는 지난 7월 외국인에게 과세하려다 강력한 저항을 받고 결국 철회했다.

• 조세피난처는 어디에

－중남미 카리브해에 몰려 있어… 한국, 서류상 회사 필리핀에 1,374개

조세피난처는 케이맨군도, 버뮤다, 바하마 등 중남미 카리브해 연안에 집중돼 있다. 제조업 등의 기반이 없는 영국령 국가들이 외국 회사를 유치하기 위해 세금 없는 천국을 많이 만들었다. 스위스와 룩셈부르크, 벨기에 등 유럽에도 있고 홍콩, 싱가포르 등 아시아에도 있다.

국내 기업이 조세피난처에 세운 회사수 (단위 : 개)

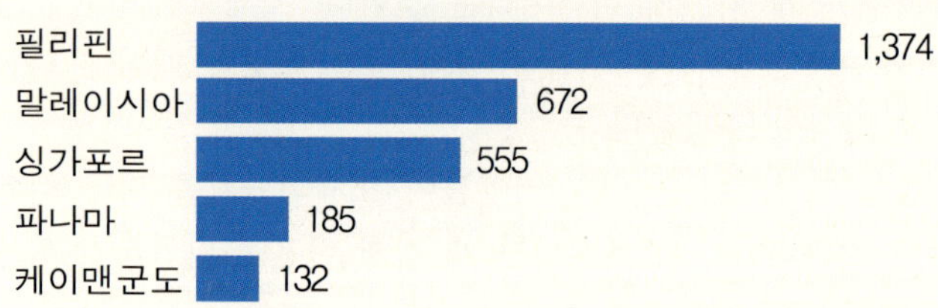

※ 2012년 6월 기준 자료 : 국세청

경제협력개발기구(OECD)는 2009년 조세피난처를 '블랙리스트'와 '회색리스트'로 구분해 지정했다. 조세정보 공개로 투명성을 높이기 위해서다. 블랙리스트는 세금 정보를 공개한다는 이행 원칙을 약속하지 않은 국가이고, 회색리스트는 약속을 했지만 아직 이행하지 않은 국가나 조세피난처를 말한다. 당시 블랙리스트에는 코스타리카, 말레이시아, 필리핀, 우루과이 등 4개국이 올랐다. 회색리스트에는 브루나이, 리히텐슈타인, 룩셈부르크, 모나코 등 38개국이 포함됐다. 이후 블랙리스트에 올랐던 4개국은 조세정보 교환에 합의하면서 회색리스트 국가로 바뀌었다.

탈세를 방지하기 위해 노력하는 각국 정부는 OECD와는 별개로 자체 조세피난처 혐의국 명단을 만들어 놓고 있다. 한국 관세청은 세금 회피 및 불법 외환 거래 가능성이 존재하는 62개국을 우범지역(사실상의 조세피난처)으로 지정해 관리하고 있다.

기업들은 조세피난처에 서류상 회사인 페이퍼 컴퍼니를 설립한다. 버진아일랜드(영국령)에는 페이퍼 컴퍼니가 50만개나 등록돼 있다. 케이맨군도(영국령)는 인구(5만명)보다 페이퍼 컴퍼니(9만개)가 더 많다.

한국 기업이 페이퍼 컴퍼니를 가장 많이 설립한 곳은 필리핀(1,374개)이다. 국외 소득에 대해 매우 낮은 세율을 적용하는 데다 지리적으로 가깝기 때문이다. 말레이시아에 있는 조세피난처 라부안에도 672개의 한국 기업 자회사와 지사 등이 있다.

(한국경제, 2012.12.15)

토론해 보자

(1) 정부의 입장과 기업의 입장으로 나누어 조세피난처의 사용에 대한 찬반토론을 해 보자.
(2) 기업의 사회적 책임 관점에서 조세피난처를 사용하는 장단점을 토론해 보자.
(3) 윤리적 관점과 수익성 관점이 대립되는 다른 이슈들을 찾아서 토론해 보자.

요약정리

기업이나 조직의 한 부문이 다른 부문에게 재화나 서비스를 제공할 때 이 사내대체물에 내부거래가격을 설정하는 것이 사내대체가격 제도이다. 사내대체가격은 대체물의 공급부문을 이익책임단위로 평가할 때 필요하다. 사내대체가격은 공급부문의 사내대체수익과 수요부문의 사내대체비용을 결정한다.

사내대체는 기업내 부문 사이의 거래이므로 가격 자체는 기업전체의 이익에 직접적으로 영향을 미치지 않는다. 그러나 사내대체물량은 기업의 수익과 비용에 영향을 미치므로, 분권적 조직에서 사내대체가격에 따라 사내대체물량이 결정될 때 사내대체가격이 간접적으로 기업이익에 영향을 미친다. 따라서 분권적 조직에서는 사내대체가격에 의해 대체물의 공급부문과 수요부문이 스스로 바람직한 사내대체 결정을 하도록 유도해야 한다. 양 부문이 부문이익을 최대화하기 위해 사내대체가격에 따라 사내대체물량 결정을 자율적으로 결정할 때 기업전체의 이익이 최대화되도록 한다. 이를 목표일치성이라 하는데 사내대체가격에 요구되는 중요한 특성이다. 이외에 원가절감 동기부여, 부문성과평가의 공정성 등이 요구된다.

대체물의 외부시장가격이 바람직한 특성을 모두 만족한다. 시장가격은 내부거래를 대신하여 가능한 외부거래 대안에 대한 원가와 수익을 나타내므로, 자율적으로 목표일치의 내부거래 결정을 하도록 유도한다. 또한 시장가격기준 사내대체가격은 양 부문의 원가와 무관하게 결정되므로 양 부문이 원가절감을 하여 부문이익을 높일 동기를 준다.

공급부문원가 바탕 기준으로 사내대체가격을 정할 수도 있다. 이때 변동원가, 전부원가, 증분원가, 실제원가, 표준원가 등 어떤 원가를 사용하느냐에 따라 다른 효과가 나타난다. 공급부문의 원가보상과 이익인식을 위해서는 전부원가나 이익가산 전부원가를 사용할 수 있으나, 공급부문의 모든 실제발생원가가 보상되면 원가절감의 동기가 전혀 없는 문제가 있다. 합리적인 의사결정을 위해서는 사내대체의 (기회원가를 포함한) 증분원가만을 사내대체가격에 인정할 수 있다. 그러나 이때 공급부문은 비관련원가가 보상되지 않아 항상 손실을 보고하게 되어 공정성의 문제가 있다. 시장가격과 원가를 기준으로 한 결정방법 이외에 협상에 의한 사내대체가격 결정과 이중가격제도도 가능하다.

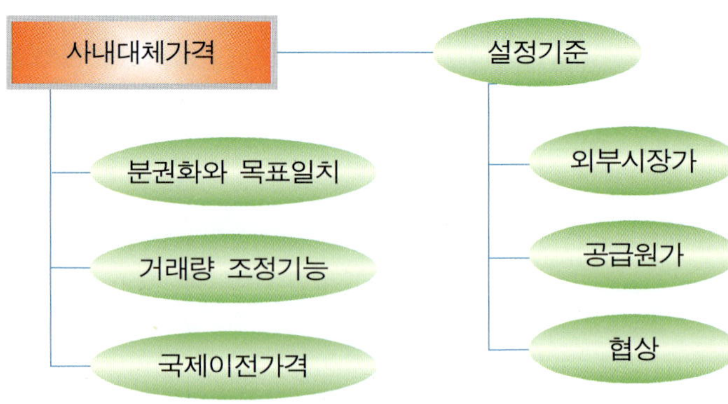

17 연습문제

객관식

01 성과평가와 사내대체가격 (17. 공인회계사)

분권화된 조직에서의 책임회계제도, 책임중심점, 사내대체가격, 성과평가에 대하여 옳은 설명은?

① 책임회계제도에서는 공통고정원가가 통제가능성의 원칙에 따라 각 책임중심점에 배부된다.
② 책임중심점의 하나인 원가중심점에 속하는 예로 생산부문, 판매부문, 인력관리부문, 재무부문 등이 있다.
③ 기업 외부의 시장이 매우 경쟁적이고 기업 내부의 사업부서간에 상호의존도가 적을 경우 원가에 기초하여 사내대체가격을 결정하는 것이 합리적이다.
④ 절대평가는 기업 내부 또는 외부의 벤치마크와 비교하여 성과평가를 하는 것이므로 상대평가에 비해 성과에 영향을 미치는 통제 불가능한 요소를 제거하는 데 유용하다.
⑤ 투자수익률이 투자중심점 경영자의 성과평가목적으로 사용될 경우에 준최적화 현상이 발생할 수 있는데, 이와 같은 투자수익률의 문제점을 보완하기 위해 잔여이익이 사용될 수 있다.

02 사내대체가격의 결정방법 (12. 재경관리사)

사업부간 대체가격 결정방법에는 대체되는 재화의 원가를 기준으로 결정하는 원가기준과 대체되는 재화의 시장가격을 기준으로 결정하는 시장가격기준이 있다. 다음 중 각 방법의 특징으로 가장 옳지 않은 것은?

① 원가기준은 공급사업부가 원가를 통제하도록 하는 경제적인 동기를 제공하지 못한다.
② 원가기준은 이미 회계시스템에 기록된 원가자료를 이용하므로 적용이 용이하다.
③ 시장가격기준은 많은 시간이 소요되며 사업부 관리자의 협상능력에 따라 영향을 받는다.
④ 시장가격기준은 시장가격이 존재할 경우 객관적이며 적절한 경제적인 동기를 제공한다.

03 사내대체가격의 결정방법 (02. 공인회계사)

이전가격 결정방법의 선택에는 아래와 같은 5가지의 요소들이 고려된다. 각 요소의 특성이 3가지의 이전가격 결정방법별로 모두 올바르게 기술된 것은?

	고려요소	이전가격 결정방법		
		시장가격 이전가격	원가기준 이전가격	협상이전가격
①	경영노력 동기부여	동기부여	예산원가에서 가능	동기부여
②	목표일치성	경쟁시장에서 가능	항상 가능	가능
③	하위단위 성과평가 유용	경쟁시장에서 유용	유용	협상력의 영향
④	하위단위 자율성 유지	경쟁시장에서 가능	불가능	불가능
⑤	적용용이성	시장유무에 따라 상이	용이	용이

04 사내대체가격의 결정방법 (11. 공인회계사)

다음 중 내부대체가격의 결정방법에 관한 설명으로 가장 타당하지 않은 것은?

① 내부대체가격은 공급부문과 구매부문의 성과평가에 영향을 미치며, 각 부문의 자율적인 내부대체가격의 결정은 기업 전체의 이익을 최대화하지 못하는 결과를 초래할 수 있다.

② 전부원가를 기준으로 하는 경우에 공급부문의 이익을 보고할 수 있도록 하기 위해서는 전부원가에 제품의 단위당 공헌이익을 가산하여 내부대체가격을 결정해야 한다.

③ 제품의 원가를 기준으로 내부대체가격을 결정하는 경우에는 제품원가의 계산방법과 공급부문의 유휴생산능력 등을 고려할 필요가 있다.

④ 공급부문에 유휴생산능력이 없고 외부시장이 완전경쟁적일 경우에는 제품의 시장가격이 기업 전체의 이익을 최대화할 수 있는 내부대체가격이 될 수 있다.

⑤ 공급부문에 충분한 유휴생산능력이 있는 경우에는 기업 전체의 이익을 최대화하기 위하여 제품의 표준변동원가를 내부대체가격으로 사용할 수 있다.

05 사내대체가격제도의 개념 (07. 공인회계사)

(주)트랜스퍼는 서로 독립적으로 운영되는 중간사업부와 최종사업부로 이루어져 있다. 중간사업부는 중간제품을 생산해 이를 최종사업부에 공급하거나 경쟁적인 외부시장에 판매한다. 최종사업부는 중간제품을 가공하여 이를 외부시장에 판매한다. 회사의 최고경영자는 사업부의 자율경영을 촉진하기 위해 중간제품에 대한 사내대체가격제도의 도입을 검토중이다. 이와 관련된 다음 설명 중 적절하지 않은 것은?

① 회사가 중간사업부를 이익중심점 또는 투자중심점으로 설정하기 위해서는 사내대체가격제도의 도입이 필요하다.

② 중간제품에 대한 경쟁적인 외부시장이 있을 경우에는 원칙적으로 외부시장가격을 사내대체가격으로 채택하는 것이 장기적으로 회사의 이익 증대에 유리하다.

③ 이익중심점인 중간사업부로 하여금 공정개선 및 기술혁신을 통한 원가절감을 이루도록 하기 위해서는 시장가격보다 고정원가를 포함한 단위당 제품원가를 사내대체가격으로 채택하는 것이 효과적이다.

④ 회사 전체에 이익이 되도록 사내대체가격제도를 운영하기 위해서는 최종사업부가 중간제품을 외

부로부터 구입하는 것을 허용해야 한다.

⑤ 사내대체가격제도를 도입하게 되면 각 사업부의 경영자는 회사 전체의 성과보다는 자신의 사업부의 성과를 극대화하고자 할 수 있다.

06 최소사내대체가격 (13. 감정평가사)

(주)감평은 이익중심점인 A사업부와 B사업부를 운영하고 있다. A사업부가 생산하는 열연강판의 변동제조원가와 고정제조원가는 각각 톤당 ₩2,000과 톤당 ₩200이며, 외부 판매가격과 판매비는 각각 톤당 ₩3,000과 톤당 ₩100이다. 현재 B사업부가 열연강판을 외부에서 톤당 ₩2,600에 구입하여 사용하고 있는데, 이를 A사업부로부터 대체받을 것을 고려하고 있다. A사업부는 B사업부가 필요로 하는 열연강판 수요를 충족시킬 수 있는 유휴생산능력을 보유하고 있으며, 사내대체하는 경우 판매비가 발생하지 않을 것이다. A사업부가 사내대체를 수락할 수 있는 최소사내대체가격은?

① ₩2,000　② ₩2,100　③ ₩2,200
④ ₩2,600　⑤ ₩3,000

07 최소사내대체가격 (18. 보험계리사)

(주)한국은 풍력발전에 사용되는 기어박스를 생산 · 판매하는 부품부문과 기어박스를 이용하여 발전설비를 생산 · 판매하는 설비부문으로 구성되어 있다. (주)한국의 부품부문의 기어박스의 제조와 관련한 자료는 다음과 같다.

연간 최대 생산능력	1,000단위
기어박스의 단위당 제조원가 :	
직접재료원가	₩20
직접노무원가	40
변동제조간접원가	40
고정제조간접원가	50

부품부문은 단위당 판매가격 ₩180에 연간 최대 생산한 기어박스 1,000단위를 외부시장에 판매할 수 있으며, 외부판매시 변동판매관리비가 단위당 ₩20이 추가적으로 발생한다. 설비부문은 발전설비를 생산하는 데 연간 400단위의 기어박스가 필요하다. 부품부문의 기어박스를 설비부문으로 이전하는 경우 단위당 최소대체가격은?

① ₩160　② ₩180
③ ₩100　④ ₩150

08 최소사내대체가격 (05. 감정평가사)

A사업부에서 중간재를 생산하고 B사업부에서 완제품을 생산하고 있다. A사업부는 중간재를 외부에 판매하거나 B사업부에 대체할 수 있다. 관련자료는 다음과 같다.

A사업부의 중간재 제조원가	₩900
B사업부의 추가변동원가	600

A사업부의 경영자는 다음의 두 가지 대안을 고려중이다. 대안 1은 중간재 1,000단위를 단위당 ₩1,400에 전량 외부판매하는 것이고, 대안 2는 중간재 600단위를 단위당 ₩1,600에 외부판매하고 나머지 400단위를 B사업부에 적절한 가격으로 대체하는 것이다. A사업부의 경영자가 두 가지 대안을 동일하게 판단할 수 있도록 하려면 B사업부에의 대체가격은 얼마가 되어야 하는가?

① ₩1,050 ② ₩1,100 ③ ₩1,200
④ ₩1,250 ⑤ ₩1,300

09 최소사내대체가격 (14. 세무사)

(주)세무는 사업부 A와 사업부 B를 이익중심점으로 운영하고 있다. 사업부 B는 사업부 A에 고급형 제품 X를 매월 10,000단위 공급해 줄 것을 요청하였다. 사업부 A는 현재 일반형 제품 X를 매월 50,000단위 생산·판매하고 있으나, 고급형 제품 X는 생산하고 있지 않다. 회계부서의 원가분석에 의하면 고급형 제품 X의 단위당 변동제조원가는 ₩120, 단위당 포장 및 배송비는 ₩10으로 예상된다. 사업부 A가 고급형 제품 X 한 단위를 생산하기 위해서는 일반형 제품 X 1.5단위의 생산을 포기해야 한다. 일반형 제품 X는 현재 단위당 ₩400에 판매되고 있으며, 단위당 변동제조원가와 단위당 포장 및 배송비는 각각 ₩180과 ₩60이다. 사업부 A의 월 고정원가 총액은 사업부 B의 요청을 수락하더라도 변동이 없을 것으로 예상된다. 사업부 A가 현재와 동일한 월간 영업이익을 유지하기 위해서는 사업부 B에 부과해야 할 고급형 제품 X의 단위당 최소판매가격은 얼마인가? (단, 사업부 A의 월초재고 및 월말재고는 없다)

① ₩220 ② ₩270 ③ ₩290
④ ₩370 ④ ₩390

10 기회원가를 고려한 최소사내대체가격 (23. 감정평가사)

(주)감평은 분권화된 사업부 A와 B를 이익중심점으로 운영한다. 사업부 A는 매년 부품 X를 8,000단위 생산하여 전량 외부시장에 단위당 ₩150에 판매하여 왔다. 최근 사업부 B는 제품 단위당 부품 X가 1단위 소요되는 신제품 Y를 개발하고 단위당 판매가격 ₩350에 4,000단위를 생산·판매하는 방안을 검토하고 있다. 다음은 부품 X에 대한 제조원가와 신제품 Y에 대한 예상제조원가 관련 자료이다.

	부품 X	신제품 Y
단위당 직접재료원가	₩40	₩80
단위당 직접노무원가	35	70
단위당 변동제조간접원가	25	30
연간 고정제조간접원가	200,000	100,000
연간 최대생산능력	10,000단위	5,000단위

사업부 B는 신제품 Y의 생산에 필요한 부품 X를 사내대체하거나 외부로부터 단위당 ₩135에 공급받을 수 있다. 사업부 A는 사내대체를 전량 수락하든지 기각해야 하며, 사내대체시 외부시장 판매를 일부 포기해야 한다. 사업부 A가 사내대체를 수락할 수 있는 부품 X의 단위당 최소대체가격은?

① ₩100 ② ₩125 ③ ₩135
④ ₩170 ⑤ ₩180

11 기회원가를 고려한 최소사내대체가격 (19. 세무사)

(주)세무는 이익중심점으로 지정된 A, B 두 개의 사업부로 구성되어 있다. A사업부는 부품을 생산하고, B사업부는 부품을 추가가공하여 완제품을 생산하여 판매한다. A사업부의 부품 최대생산능력은 5,000단위이고, 단위당 변동원가는 ₩100이다. A사업부는 부품의 단위당 판매가격을 ₩200으로 책정하여 외부에 3,000단위 판매하거나 단위당 판매가격을 ₩180으로 책정하여 외부에 4,000단위 판매할 수 있을 것으로 기대한다. 다만, A사업부가 외부시장에서 2가지 판매가격을 동시에 사용할 수는 없다. 이 같은 상황에서 B사업부가 A사업부에게 부품 2,000단위를 내부대체해 줄 것을 요청하였다. 2,000단위를 전량 대체하는 경우 A사업부의 단위당 최소대체가격은?

① ₩80 ② ₩100 ③ ₩110
④ ₩120 ⑤ ₩180

12 기회원가를 고려한 최소사내대체가격 (15. 관세사)

(주)관세는 분권화된 사업부 A와 사업부 B를 이익중심점으로 운영하고 있다. 사업부 A에서 생산되는 표준형 밸브는 외부시장에 판매하거나 사업부 B에 대체할 수 있다. 사업부 A는 현재 최대생산능력을 이용하여 생산하는 표준형 밸브 전량을 단위당 판매가격 ₩50으로 외부시장에 판매하고 있고, 생산 및 판매와 관련된 자료는 다음과 같다.

연간 최대생산능력	180,000단위
단위당 변동제조원가	₩29
단위당 변동판매관리비	4
단위당 고정제조간접원가(연간 180,000단위 기준)	7
단위당 고정판매관리비(연간 180,000단위 기준)	5

사업부 A가 표준형 밸브를 사업부 B에 사내대체할 경우 단위당 변동제조원가를 ₩2만큼 절감할 수 있으며, 변동판매관리비는 발생하지 않는다. 사업부 A가 외부시장에 판매한 경우와 동일한 이익을 얻기 위한 표준형 밸브의 단위당 사내대체가격은 얼마인가?

① ₩29 ② ₩34 ③ ₩36
④ ₩40 ⑤ ₩44

13 균등이익 사내대체가격 (23. 세무사)

(주)세무는 사업부 A와 B를 이익중심점으로 두고 있다. 사업부 A는 부품 S를 생산하여 사업부 B에 대체하거나 외부에 판매할 수 있으며, 사업부 B는 완제품 생산을 위해 필요한 부품 S를 사업부 A에서 구입하거나 외부에서 구입할 수 있다. 부품 S 1,000단위를 대체하는 경우 사업부 A의 단위당 최소대체가격은 ₩160이다. 부품 S 1,000단위를 내부대체하면 대체하지 않는 것에 비해 회사 전체 이익이 ₩50,000 증가한다. 이 경우 부품 S 1,000단위에 대한 사업부 B의 단위당 최대대체가격(M)과 대체로 인하여 증가하는 이익을 두 사업부가 균등하게 나눌 수 있는 대체가격(E)의 합(M+E)은?

① ₩370　② ₩380　③ ₩385
④ ₩390　⑤ ₩395

다음은 **14**와 **15**에 관한 자료이다.

(주)대한은 사업부 A와 B로 구성되어 있고, 각 사업부는 이익중심점으로 운영된다. 사업부 A는 동일한 기계를 이용하여 성능이 다른 두 종류의 제품 X와 Y를 생산하며, 각 제품과 관련된 자료는 다음과 같다.

	제품 X	제품 Y
단위당 판매가격	₩40	₩7
단위당 직접재료원가	₩5	₩2
단위당 기타 변동제조원가	(단위당 1시간, 시간당 ₩10) ₩10	(단위당 0.2시간, 시간당 ₩10) ₩2
연간 외부수요량	20,000단위	30,000단위

(주) 상기 표에서 시간은 기계시간을 의미함.

사업부 A의 연간 고정제조간접원가는 ₩200,000이고, 연간 이용가능한 기계시간은 25,000시간이다. 사업부 B는 제품 Q를 생산한다. 제품 Q 1단위를 생산하기 위해서는 외부업체로부터 특수부품 S 1단위를 단위당 ₩40에 구매해야 한다. 제품 Q와 관련된 자료는 다음과 같다.

항 목		제품Q
단위당 판매가격		₩100
단위당 직접재료원가	특수부품 S	40
	일반부품 G	10
단위당 기타 변동제조원가		20
연간 외부수요량		3,000단위

사업부 B의 연간 고정제조간접원가는 ₩30,000이다. 사업부 B는 외부수요를 충족할 만큼 충분한 생산능력을 갖추고 있다.

최근에 (주)대한의 생산기술부서는 제품 Q를 생산하기 위해 특수부품 S 1단위 대신에 제품 X 1단위를 투입할 수 있으며, 이러한 부품 교체가 제품 Q의 단위당 판매가격, 단위당 일반부품 G의 원가, 단위당 기타 변동제조원가, 외부수요량에 미치는 영향은 없다고 보고하였다. (주)대한은 생산기술부서의 보고를 토대로 특수부품 S를 사업부 A의 제품 X로 교체하는 방안을 고려하고 있다.

14 **기회원가를 고려한 사내대체 의사결정** (19. 공인회계사)

특수부품 S를 사업부 A의 제품 X로 교체할 경우, 회사 전체의 영업이익은 얼마나 증가 또는 감소하는가?

① ₩30,000 증가 ② ₩30,000 감소 ③ ₩45,000 증가
④ ₩45,000 감소 ⑤ ₩50,000 증가

15 **최소사내대체가격** (19. 공인회계사)

특수부품 S를 사업부 A의 제품 X로 교체할 경우, 사업부 A가 현재의 영업이익을 감소시키지 않기 위해 사업부 B에 제시할 수 있는 제품 X의 단위당 최소판매가격은 얼마인가?

① ₩18 ② ₩20 ③ ₩24
④ ₩27 ⑤ ₩30

16 **기회원가를 고려한 최소사내대체가격** (17. 감정평가사)

(주)대한은 펌프사업부와 밸브사업부를 이익중심점으로 운영하고 있다. 밸브사업부는 X제품을 생산하며, X제품의 단위당 판매가격과 단위당 변동원가는 각각 ₩100과 ₩40이고, 단위당 고정원가는 ₩20이다. 펌프사업부는 연초에 Y제품을 개발했으며, Y제품을 생산하는 데 필요한 A부품은 외부업체로부터 단위당 ₩70에 구입할 수 있다. 펌프사업부는 A부품 500단위를 밸브사업부로부터 대체받는 것을 고려하고 있다. 밸브사업부가 A부품 500단위를 생산 및 대체하기 위해서는 단위당 변동제조원가 ₩30과 단위당 운송비 ₩7이 발생하며, 기존시장에서 X제품의 판매량을 200단위만큼 감소시켜야 한다. 밸브사업부가 대체거래를 수락할 수 있는 A부품의 단위당 최소대체가격은?

① ₩53 ② ₩58 ③ ₩61
④ ₩65 ⑤ ₩70

17 **기회원가를 고려한 사내대체 의사결정** (12. 관세사)

(주)백제에는 A, B 두 사업부가 있는데, B사업부는 신제품을 생산하기 위하여 필요한 부품 2,000개를 A사업부로부터 구입하려고 한다. A사업부가 이 부품을 생산하는 데 단위당 변동원가 ₩22이 소요될 것으로 추정된다. 또한 A사업부는 이 부품 2,000개를 생산하기 위해 현재 생산·판매중인 Z제품 2,500개를 포기해야 한다. Z제품의 판매단가는 ₩45이고, 단위당 변동원가는 ₩15이다. B사업부는 이 부품을 외부에서 단위당 ₩65에 구입할 수 있다. 다음 중 최적사내이전가격에 해당하는 것은?

① ₩45 ② ₩47 ③ ₩55
④ ₩60 ⑤ ₩67

18 기회원가를 고려한 최소사내대체가격 (16. 세무사)

(주)세무는 분권화된 A사업부와 B사업부가 있다. A사업부는 반제품 M을 최대 3,000단위 생산할 수 있으며, 현재 단위당 판매가격 ₩600으로 2,850단위를 외부에 판매하고 있다. B사업부는 A사업부에 반제품 M 300단위를 요청하였다. A사업부 반제품 M의 단위당 변동원가는 ₩300(변동판매관리비는 ₩0)이며, 사내대체를 해도 외부판매가격과 단위당 변동원가는 변하지 않는다. A사업부는 사내대체를 전량 수락하든지 기각해야 하며, 사내대체 수락시 외부시장 판매를 일부 포기해야 한다. A사업부가 사내대체 전 이익을 감소시키지 않기 위해 제시할 수 있는 최소사내대체가격은?

① ₩350 ② ₩400 ③ ₩450
④ ₩500 ⑤ ₩550

19 기회원가를 고려한 사내대체 의사결정 (12. 공인회계사)

(주)갑은 분권화된 사업부 1과 사업부 2를 이익중심점(이익책임단위)으로 설정하고 있다. 사업부 1은 반제품 A를 생산하여 사업부 2에 이전(대체)하거나 외부시장에 판매할 수 있다. 사업부 2가 제품 B를 생산하려면, 반제품 A를 사업부 1로부터 구입해야 하며 외부시장에서 구입할 수는 없다.

반제품 A와 제품 B에 관한 단위당 자료는 다음과 같다.

사업부 1 : 반제품 A의 생산 · 판매	사업부 2 : 제품 B의 생산 · 판매
• 외부판매가격 : ₩25 • 변동원가 : ₩10	• 외부판매가격 : ₩80 • 변동가공원가 : ₩30 • 변동판매관리비 : ₩5

만약 사업부 1이 유휴생산능력을 보유하고 있지 않다면, 두 사업부간 이전거래(대체거래)가 이루어지는 반제품 A의 단위당 사내이전가격(사내대체가격)은 얼마인가?

① ₩10과 ₩15 사이 ② ₩10과 ₩25 사이 ③ ₩10과 ₩45 사이
④ ₩25과 ₩35 사이 ⑤ ₩25과 ₩45 사이

20 국제이전가격 (13. 공인회계사)

(주)무역은 칠레에서 와인을 생산하여 한국에서 판매한다. 칠레에는 와인의 생산사업부가, 한국에는 와인의 판매사업부가 존재한다. 한국과 칠레의 법인세율은 각각 20%와 10%이며, 한국은 칠레산 와인 수입에 대해 15%의 관세를 부과해왔다고 가정한다. 관세는 판매사업부가 부담하며, 당해연도에 수입된 와인은 당해연도에 모두 판매된다.

와인 생산과 관련된 단위당 변동원가와 단위당 전부원가는 각각 ₩1,000과 ₩4,000이다. 생산된 와인은 원화가격 ₩5,000에 상당하는 가격으로 칠레에서 판매가능하며 수요는 무한하다. 판매사업부는 한국에서 이 와인을 ₩10,000에 판매하고 있으며, 국내에서 다른 도매업체로부터 동일한 와인을 ₩7,000에 필요한 양만큼 공급받을 수 있다.

한편 한국과 칠레는 FTA를 체결하고 양국간 관세를 철폐하기로 했다. (주)무역의 세후이익을 극대화시키는 대체가격(transfer price)은 FTA 발효 이후에 발효 이전보다 얼마나 증가(또는 감소)하는가? (단, 두 나라의 세

무당국은 세금을 고려하지 않았을 때 각 사업부가 이익을 극대화하기 위해 주장하는 범위 내의 가격만을 적정한 대체가격으로 인정한다. 또한 대체거래 여부에 관계없이 각 사업부는 납부할 법인세가 존재한다)

① ₩6,000 증가 ② ₩6,000 감소 ③ ₩2,000 증가
④ ₩2,000 감소 ⑤ 증감 없음

주관식

21 **대체가격, 특별주문 의사결정, 절세** (99. 공인회계사)

컴퓨터회사의 사업부는 보드를 제작하는 사업부와 조립하는 사업부로 구성되어 있으며, 보드제작사업부와 컴퓨터제작사업부는 각각의 이익중심점으로 의사결정을 하는 성과평가제도를 쓰고 있다. 보드사업부의 생산능력은 5,000단위인데, 현재 80% 조업도인 4,000단위를 생산하여 전부 조립사업부로 대체하고 있다. 대체가격은 제시하지 않는다. 조립사업부는 보드를 외부시장에서도 구입가능한데 가격은 ₩800이다.

〈보드사업부의 원가자료〉

단위당 변동제조원가	직접재료원가 :	₩175
	직접노무원가 :	₩125
	변동제조간접원가 :	₩100
총고정원가 :		₩750,000

보드부문의 생산량 4,000단위는 모두 조립부문에 대체되고 있으며 외부시장에는 판매하고 있지 않다. 그런데 최근에 보드부문은 외부구매업체로부터 최대생산능력의 50%에 해당하는 2,500단위를 단위당 ₩750에 공급해 달라는 주문을 받았다. 이 주문은 전량을 모두 수락하거나 거부해야 한다. 또한 주문된 보드는 기존의 보드와는 조금 다르나 동일한 작업시간이 소요된다. 주문된 보드의 직접재료비는 단위당 ₩150이고 직접노무비는 단위당 ₩105이며 변동제조간접원가는 단위당 ₩75이다.

[요구사항]

1. 외부구매업체로부터 2,500단위 특별주문의 수락여부를 회사전체의 관점에서 결정하시오.
2. [요구사항 1]에서 제시한 회사전체의 관점에서 최적의사결정이 이루어지려면 대체가격이 얼마가 되어야 하는지 범위를 계산하시오.
3. 조립부문의 경영자는 보드부문의 제조간접원가를 모두 배분한 후의 총원가로 결정하자고 제안하였다(보드부문은 제조간접원가를 생산량에 기초하여 배부한다). 대체가격은 얼마인가?
4. 대체가격으로 생산부문의 전부원가를 사용하는 방법의 장점과 단점을 각각 두 가지씩 제시해 보시오.
5. 조립부문은 10%의 법인세가 부과되는 국가에 위치하고 있으며 보드부문은 법인세가 부과되지 않는 국가에 위치하고 있다고 가정한다. 컴퓨터 사업부가 회사전체 관점에서 법인세 지급액을 최소화하기 위해서는 대체가격을 얼마로 결정해야 하는가?(단, 양 국가의 국세청에서는 전부원가보다는 크거나 같고 컴퓨터 사업부가 생산하는 것과 유사한 보드의 외부시장가격보다는 작거나 같은 대체가격만을 용인해 준다고 가정한다)

원가계산준칙

[제정 2000.7.22. 증권선물위원회공고 제2000-13호]

제1장 총 칙

제 1 조(목적)

이 준칙은 기업회계기준 제90조의 규정에 의하여 회사가 재무제표를 작성하기 위하여 제품의 원가를 산정함에 있어 준거해야 할 세부사항에 관하여 정함을 목적으로 한다. (99.12.8. 개정)

제 2 조(적용범위)

이 준칙은 회사가 제품의 생산과 관련하여 발생한 원가(이하 "제조원가"라 한다)를 산정하는 데 적용한다.

제 3 조(원가계산제도의 확립 등)

① 회사는 제조원가를 계속적으로 수집 · 측정 · 배분 · 보고하기 위한 계산절차로서 실제원가계산제도 또는 표준원가계산제도를 확립하여야 한다.

② 회사가 채택한 원가계산제도는 매기 계속하여 적용하여야 하며, 정당한 이유없이 이를 변경하여서는 아니된다.

제 4 조(제조원가의 범위)

① 제조원가는 제품의 생산과 관련하여 소비된 경제적 자원의 가치만을 포함한다.

② 비정상적으로 발생한 경제적 자원의 소비는 제조원가에 포함하지 아니한다.

제 5 조(원가계산기간)

원가계산기간은 회사의 회계연도와 일치하여야 한다. 다만, 필요한 경우에는 월별 또는 분기별 등으로 세분하여 원가계산을 실시할 수 있다.

제 6 조(원가계산의 일반원칙)

제조원가의 계산은 다음 각호에 따른다.

1. 제조원가는 일정한 제품의 생산량과 관련시켜 집계하고 계산한다.
2. 제조원가는 신뢰할 수 있는 객관적인 자료와 증거에 의하여 계산한다.
3. 제조원가는 제품의 생산과 관련하여 발생한 원가에 의하여 계산한다.
4. 제조원가는 그 발생의 경제적 효익 또는 인과관계에 비례하여 관련 제품 또는 원가부문에 직접 부과하고, 직접 부과가 곤란한 경우에는 합리적인 배부기준을 설정하여 배부한다.

제 7 조(제조원가요소의 분류)

① 제조원가요소는 재료비, 노무비 및 경비로 분류하거나, 회사가 채택하고 있는 원가계산방법에 따라 직접재료비, 직접노무비 및 제조간접비 등으로 분류할 수 있다.

② 제조원가요소와 판매비와 관리비요소는 구분하여 집계한다. 다만, 그 구분이 명확하지 아니한 경우에는 발생원가를 비목별로 집계한 후, 일정한 기준에 따라 제조원가와 판매비와 관리비로 구분하여 배부할 수 있다.

제 2 장 실제원가계산제도

제 8 조(실제원가계산의 절차)

실제원가계산은 원가요소의 실제발생액을 비목별 계산을 거쳐 원가부문별로 계산한 후 제품별로 제조원가를 집계한다.

제 9 조(재료비의 계산)

① 재료비는 기초재료재고액에 당기재료매입액을 가산하고 기말재료재고액을 차감하여 계산한다.

② 재료의 소비수량은 계속기록법에 의하여 계산하며 필요한 경우에는 실지재고조사법 또는 역산법에 의하여 계산할 수 있고, 2 이상의 방법을 병행하여 적용할 수 있다.

③ 재료의 소비가격은 취득원가에 의하여 계산하며, 동일재료의 취득원가가 다를 경우에는 개별법 · 선입선출법 · 후입선출법 · 이동평균법 또는 총평균법 등의 방법을 적용하여 계산한다.

제10조(노무비의 계산)

① 노무비는 그 지급기준에 기초하여 당해 기간에 실제로 발생한 비용을 집계하여 계산한다.

② 작업시간 또는 작업량에 비례하여 발생하는 노무비는 실제작업시간 또는 실제작업량에 임율을 곱하여 계산한다. 이 경우 임율은 개별임율 또는 평균임율에 의한다.

③ 상여금 또는 특별수당 등과 같이 월별 · 분기별로 지급금액 또는 지급시기가 일정하지 아니한 노무비는 회계연도중의 원가계산기간에 안분하여 계산한다.

제11조(경비의 계산)

① 경비는 제조원가 중 재료비와 노무비를 제외한 모든 비용을 포함하고 그 내용을 표시하는 적절한 세부과목으로 구분하여 기재한다.

② 경비는 당해 기간에 실제로 발생한 비용을 집계하여 계산한다.

③ 시간 또는 수량에 비례하여 발생하는 경비는 실제시간 또는 실제수량에 단가를 곱하여 계산한다.

제12조(외주가공비의 계산)

① 당기제품제조와 관련하여 발생한 외주가공비는 당해 기간에 실제로 발생한 비용을 집계하여 계산한다.

② 외주가공비는 그 성격에 따라 재료비 또는 경비에 포함하여 계상할 수 있으며, 그 금액이 중요한 경우에는 별도의 과목으로 기재할 수 있다.

제13조(예정가격 등의 적용 특례)

제8조의 규정에 불구하고 제조원가는 재료의 가격, 임율 및 경비를 예정가격 또는 예정액으로 계산할 수 있으며, 제조간접비는 예정배부율을 적용하여 계산할 수 있다.

제14조(원가부문별 계산)

① 원가계산은 원가의 발생을 관리하고 제품원가의 계산을 정확히 하기 위하여 부문별로 계산할 수 있다. 이 경우 원가의 비목별 계산에서 집계된 원가요소는 그 전부 또는 일부를 다시 원가부문별로 집계한 후, 이를 다시 제품별로 배분할 수 있다.

② 원가부문은 원가요소를 분류 · 집계하는 계산상의 구분으로서 제조부문과 보조부문으로 구분한다.

③ 제조부문은 직접 제조작업을 수행하는 부문을 말하며 제조활동 등에 따라 세분할 수 있다.

④ 보조부문은 직접 생산활동을 수행하지 아니하고 제조부문을 지원 · 보조하는 부문으로서 그 수행하는 내용에 따라 세분할 수 있다.

제15조(부문비 계산의 절차)

① 원가의 부문별 계산은 원가요소를 제조부문과 보조부문에 배부하고, 보조부문비는 직접배부법 · 단계배부법 또는 또는 상호배부법 등을 적용하여 각 제조부문에 합리적으로 배부한다.

② 제조부문에 집계된 원가요소는 필요에 따라 그 부문의 소공정 또는 작업단위별로 집계할 수 있다.

제16조(부문개별비와 부문공통비)

① 원가요소는 발생한 원가의 직접적인 집계가능성 여부에 따라 부문개별비와 부문공통비로 구분한다.

② 부문개별비는 원가발생액을 당해 발생부문에 직접 부과하고, 부문공통비는 인과관계 또는 효익관계 등을 감안한 합리적인 배부기준에 의하여 관련부문에 배부한다.

제17조(원가의 제품별 계산방법)

원가의 제품별 계산은 원가요소를 제품단위에 집계하여 단위 제품의 제조원가를 산정하는 절차를 말하며, 이는 생산형태에 따라 개별원가계산방식과 종합원가계산방식 등으로 분류한다.

제18조(개별원가계산)

① 개별원가계산은 다른 종류의 제품을 개별적으로 생산하는 생산형태에 적용하며, 각 제조지시서별로 원가를 산정한다.

② 제조간접비의 제품별 배부액은 각 제조부문별 · 소공정별 또는 작업단위별로 예정배부율 또는 실제배부기준에 의하여 배부한다. 다만, 필요한 경우에는 제조부문에 배부하지 않고 직접 제품에 부과할 수 있다.

제19조(종합원가계산)

① 종합원가계산은 동일 종류 또는 다른 종류의 제품을 연속하여 반복적으로 생산하는 생산형태에 적용한다.

② 종합원가계산의 단위당 원가는 발생한 모든 원가요소를 집계한 당기총제조비용에 기초재공품원가를 가산한 후 그 합계액을 완성품과 기말재공품에 안분계산함으로써 완성품총원가를 계산하고, 이를 제품단위에 배분하여 산정한다.

③ 종합원가계산에 있어서 완성품원가와 기말재공품원가는 완성품환산량에 의하여 선입선출법・후입선출법 또는 총평균법 등 기타 합리적인 방법을 적용하여 계산한다.

④ 기말재공품의 완성품환산량은 재료의 투입정도 또는 가공정도 등을 고려하여 직접재료비와 가공비로 구분하여 산정할 수 있다.

⑤ 종합원가계산은 생산되는 제품의 형태 및 공정에 따라 공정별 원가계산, 조별 원가계산, 등급별 원가계산 및 연산품원가계산 등으로 분류한다.

제20조(공정별 원가계산)

① 공정별 원가계산은 제조공정이 2 이상의 연속되는 공정으로 구분되고 각 공정별로 당해 공정제품의 제조원가를 계산할 경우에 적용한다.

② 전공정에서 다음 공정으로 대체되는 제조원가는 전공정대체원가로 하여 다음 공정의 제조원가에 가산한다.

③ 재료가 최초 공정에 전량 투입되고 다음 공정 이후에는 단순히 가공비만이 발생하는 경우 완성품총원가는 각 공정별로 가공비를 집계하고 여기에 재료비를 가산하여 계산할 수 있다.

제21조(조별 원가계산)

① 조별 원가계산은 다른 종류의 제품을 조별로 연속하여 생산하는 생산형태에 적용한다.

② 조별 원가계산에서는 당해 기간의 제조원가를 조직접비와 조간접비로 구분하여 조직접비는 각 조에 직접 부과하고, 조간접비는 일정한 배부기준에 의하여 각 조별로 배부하여 조별 총제조원가를 산출한다.

제22조(등급별 원가계산)

① 등급별 원가계산은 동일 종류의 제품이 동일 공정에서 연속적으로 생산되나 그 제품의 품질 등이 다른 경우에 적용한다.

② 등급품별 단위당 원가는 각 등급품에 대하여 합리적인 배부기준을 정하고, 당해 기간의 완성품총원가를 동 배부기준에 따라 안분하여 계산한다.

③ 등급품별로 직접원가를 구분하는 것이 가능할 경우 직접원가는 당해 제품에 직접부과하고 간접원가는 제2항의 배부기준에 따라 배부할 수 있다.

제23조(연산품원가계산)

① 연산품원가계산은 동일재료로 동일공정에서 생산되는 다른 종류의 제품으로서 주산물과 부산물을

명확히 구분하기 곤란한 경우에 적용한다.

② 연산품원가계산은 제22조 제2항 및 제3항의 규정을 준용한다.

제24조(부산물과 작업폐물의 평가)

① 부산물은 제22조의 규정을 준용하여 평가하거나, 다음 각호의 방법에 의하여 그 가액을 산정하여 이를 발생부문의 주산물 총원가에서 안분하여 차감한다.

1. 부산물을 그대로 외부에 매각할 수 있는 경우에는 추정매각가격에서 판매비와 관리비 및 정상이윤을 공제한 가액
2. 부산물로서 추가가공 후 매각하는 경우에는 가공제품의 추정매각가격에서 추가가공비, 판매비와 관리비 및 정상이윤을 공제한 가액
3. 부산물을 그대로 자가소비하는 경우에는 그 추정매입가격
4. 부산물로서 추가가공 후 자가소비하는 것은 그 추정매입가격에서 추가가공비 발생액을 공제한 가액

② 부산물의 추정매각가격 또는 추정매입가격은 최근 거래가격 또는 권위있는 물가조사기관의 물가조사표에 의한 시가를 적용한다.

③ 판매비와 관리비 및 정상이윤은 유사제품의 최근 평균매출원가율을 적용하여 계산한다.

④ 작업폐물은 제1항 내지 제3항의 규정을 준용하여 평가하고, 이를 발생부문의 제조원가에서 차감하거나 필요에 따라 당해 제품의 제조원가에서 차감할 수 있다.

제25조(공손비의 계산)

① 공손비는 다음 각 호에 따라 계산하여 당해 제품의 제조원가에 부과하거나 원가발생부문의 간접비용으로 한다. 다만, 비정상적인 공손비는 영업외비용으로 한다.

1. 공손이 보수에 의하여 회복될 경우 공손비는 그 보수비용으로 한다.
2. 공손이 보수로서 회복되지 않고 그 전부를 다시 생산할 경우 공손비는 기발생된 공손품 제조원가에서 공손품의 평가액을 차감한 가액으로 한다.
3. 공손이 보수로서 완전 회복되지 않고 그 일부를 다시 생산할 경우 공손비는 추가적으로 발생하는 제조원가에서 공손품의 평가액을 차감한 가액으로 한다.

② 제1항 제2호 및 제3호의 규정에 의한 공손품의 평가는 제24조의 규정을 준용한다.

제 3 장 표준원가계산제도

제26조(표준원가계산의 적용)

① 표준원가계산은 사전에 객관적이고 합리적인 방법에 의하여 산정한 원가(이하 "표준원가"라 한다)를 이용하여 제조원가를 계산하는 경우에 적용한다.

② 표준원가는 회사의 제반사정을 고려하여 현실적으로 달성가능하도록 설정한다.

제27조(표준원가의 산정)

① 표준원가는 직접재료비, 직접노무비 및 제조간접비에 대하여 산정하고, 다시 제품원가에 대하여 설정한다.

② 원가요소의 표준은 수량과 가격에 대하여 각각 설정한다.

제28조(표준직접재료비)

① 표준직접재료비는 직접재료의 종류별로 제품단위당 표준소비수량과 표준소비가격을 설정하고, 이 양자를 곱하여 산정한다.

② 표준소비수량은 과학적 · 통계적 조사에 의하여 제품의 생산에 필요한 각종 재료의 종류, 품질, 가공방법 등을 고려하여 정한다. 이 경우 표준소비수량에는 정상적인 공손 및 감손을 포함한다.

③ 동일한 기능을 수행하는 여러 종류의 재료가 대체적으로 사용되는 경우 표준직접재료비는 각 재료의 표준배합비율을 설정하고, 이에 각 재료의 표준소비수량과 표준소비가격을 곱하여 산정한다.

④ 표준소비가격은 과거 및 현재의 시장가격과 장래에 예측되는 가격동향이나 거래관습 등 제반 경제적 여건을 고려하여 정한다.

제29조(표준직접노무비)

① 표준직접노무비는 직접작업의 구분마다 제품단위당 표준작업시간과 표준임률을 설정하고, 이 양자를 곱하여 산정한다.

② 표준작업시간은 과학적 · 통계적 조사에 의하여 작업의 종류, 사용기계공구, 작업방식, 노동의 등급 등을 고려하여 정한다.

③ 표준임률은 과거 및 현재의 임률과 장래에 예측되는 변동 등 제반 여건을 고려하여 정한다.

제30조(제조간접비의 표준)

① 제조간접비의 표준은 부문별 또는 작업단위별로 일정기간에 발생할 제조간접비의 예정액으로 산정한다.

② 부문별 제조간접비 표준의 산정방법은 제14조 내지 제16조의 규정을 준용한다.

제31조(표준원가의 수정)

표준원가는 생산의 조건 등에 변화가 있는 경우 이를 적절히 수정한다.

제32조(원가차이의 산정)

표준원가와 실제발생원가와의 차액(이하 "원가차이"라 한다)은 원가계산기간별로 산정한다. 이 경우 실제발생원가의 산정은 제8조 내지 제16조의 규정에 의한다.

제33조(원가차이의 회계처리)

① 원가차이는 일정한 기준에 따라 회계연도의 매출원가와 기말재고자산에 배부하며, 원가차이의 배부

를 보다 정확히 하기 위하여 원가요소별로 다른 배부기준을 적용할 수 있다.

② 비정상적으로 발생한 원가차이는 영업외수익 또는 영업외비용으로 한다.

③ 실제원가계산제도에 있어서 원가의 일부를 예정가격 등으로 계산할 경우 발생한 원가차이는 제1항 및 제2항의 규정을 준용하여 처리한다.

제 4 장 보 칙

제34조(준용규정)

이 준칙은 제조업 이외의 업종을 영위하는 회사가 원가계산을 함에 있어서도 이를 준용할 수 있다.

부 칙 (1998.4.1)

제1조(시행일)

이 준칙은 1998년 4월 1일부터 시행한다.

제2조(종전 준칙의 폐지 및 이에 따른 경과조치)

① 종전 증권관리위원회의 원가계산준칙(이하 "종전 준칙"이라 한다)은 이 준칙 시행일부터 이를 폐지한다.

② 이 준칙 시행 전에 종전 준칙에 의하여 회계처리한 경우에는 이 준칙을 적용한 것으로 본다.

제3조(다른 규정과의 관계)

이 준칙 시행당시 다른 규정에서 종전준칙을 인용하고 있는 경우에 이 준칙 중 그에 해당하는 규정이 있는 경우에는 종전준칙에 갈음하여 이 준칙 또는 이 준칙의 해당 규정을 인용한 것으로 본다.

부 칙 (1999.12.8)

이 준칙은 1999년 12월 9일부터 시행한다.

찾아보기

‖ ㅇ ‖

‖ ㅈ ‖

저자약력

서울대학교 경제학과 졸업

U. C. Berkeley 경영학 박사(회계학 전공)

New York University 회계학과 교수

다양한 공인국가시험 출제위원

성균관대학교 경영대학 명예교수

현 IFRS재단 ISSB 상근위원

제 8 판 **원가관리회계**

2003년 1월 10일 제 1 판 1쇄 발행
2024년 1월 20일 제 8 판 1쇄 인쇄
2024년 1월 30일 제 8 판 1쇄 발행

저　　자　백　태　영
발 행 인　권　영　섭
발 행 처　(주)신　영　사

경기도 파주시 심학산로 12(출판문화단지)
등　　록 : 1988. 5. 2 / 제406-1988-000020호
전　　화 : 031-946-2894(代)
F　A　X : 031-946-0799
e-mail : sys28945@naver.com
홈페이지 : http://www.shinyoungsa.co.kr

정가 40,000원　　ISBN 978-89-5501-851-6

장별 주요 수식

10 장

총원가(총비용) = 총변동원가+총고정원가=단위당 변동원가×판매량(생산량)+총고정원가
총매출 = 단위당 판매가×판매량(생산량)
손익분기점(판매량) = 총고정원가 / (단위당 판매가−단위당 공헌이익)
목표이익 판매량 = (목표이익+총고정원가) / (단위당 판매가−단위당 공헌이익)
세후이익 = 세전이익−법인세=세전이익−법인세율×세전이익=(1−법인세율)×세전이익
전부원가계산의 이익 = 변동원가계산의 이익+단위당 고정제조간접원가×(생산량−판매량)
단위당 고정제조간접원가 = 총고정제조간접원가 / 생산량

11 장

매출예산 = 예상판매량×예상판매가
예상생산량 = 예상판매량+예상기말제품재고−예상기초제품재고
직접재료(표준)사용량 = 생산량×(제품)단위당 직접재료(표준)사용량
직접재료(표준)원가 = 직접재료(표준)사용량×직접재료(표준)가격
직접재료구입량 = 직접재료사용량+기말직접재료재고량−기초직접재료재고량
직접재료구입예산 = 직접재료구입량×직접재료가격
직접노무시간 = 생산량×단위당 직접노무시간
직접노무원가 = 직접노무시간×시간당 임금(임률)
변동제조간접원가 = 생산량×단위당 변동제조간접원가(배부율)

12 장

직접재료수량차이 = (재료실제사용량−재료표준사용량)×재료표준가격
직접재료가격차이 = (재료실제가격−재료표준가격)×재료실제사용량
직접재료 실제원가 = 재료실제가격×단위당 재료실제사용량×실제생산량
= 재료실제가격×재료실제수량
원가 = 가격×제품단위당 사용량×생산량
직접노무수량차이 = (실제노무시간−표준노무시간)×표준임률
직접노무임률차이 = (실제임률−표준임률)×실제노무시간
변동제조간접원가 소비차이 = (실제배부율−표준배부율)×실제배부기준량
변동제조간접원가 능률차이 = (실제배부기준량−표준배부기준량)×표준배부율
고정제조간접원가 소비차이 = 예산차이
= 실제고정제조간접원가−고정제조간접원가 예산
표준배부율 = 예산제조간접원가 / 기준조업도
매출조업도차이 = 단위당 표준공헌이익×(실제판매량−예상판매량)
판매량 = 시장점유율×시장규모
시장점유율차이 = 단위당 표준공헌이익×(실제시장점유율−예상시장점유율)×실제시장규모
시장규모차이 = 단위당 표준공헌이익×예상시장점유율×(실제시장규모−예상시장규모)
매출조업도차이 = 시장점유율차이+시장규모차이
매출가격차이 = (실제판매가−표준판매가)×실제판매량